本卷由中國敦煌石窟保護研究基金會資助出版

敦煌吐魯番研究

Journal of the Dunhuang and Turfan Studies

第二十二卷

Volume XXII

慶祝中國敦煌吐魯番學會成立四十周年專號

中國敦煌吐魯番學會
首都師範大學歷史學院
香港大學饒宗頤學術館
北京大學東方學研究院
合辦

上海古籍出版社

二〇二三年・上海

卷首語

1983年8月，中國敦煌吐魯番學會在蘭州成立，季羨林先生當選爲第一屆會長。轉眼之間，學會已經成立40年了。過去的40年，是中國敦煌吐魯番學突飛猛進的時期，也是中國的敦煌吐魯番學趕上世界先進水平並在諸多領域取得領先地位的時期。在此過程中，學會發揮了重要的組織和協調作用。

在組織協調國内研究力量方面，學會一向支持在各高校和研究機構的敦煌吐魯番學研究者組成研究實體，形成合力，進行學術攻堅。現在，除敦煌研究院外，北京大學、蘭州大學、浙江大學、西北師範大學、南京師範大學和吐魯番地區等都有關於敦煌吐魯番學的專門研究機構。學會組織協調國内研究力量進行學術攻關的一項重要工作就是組織編纂了《敦煌學大辭典》，這部大辭典幾乎動員了國内有關敦煌學各個領域、各個方面的重要研究者參與，多達百餘人。這部大辭典既有很高的學術性，同時總結了國内外研究敦煌學的相關成果，出版後得到了學術界極高的評價。目前，學會和上海辭書出版社正在組織編纂《敦煌學大辭典》（第二版），計劃在今年年底前出版。

在加强國内外學術交流方面，學會組織或參與組織了十多次大中型國際或國内的敦煌吐魯番學學術研討會。爲了加强國際學術交流，學會還參與策劃和組織了敦煌學國際聯絡委員會。現在，國内敦煌吐魯番學研究者的對内和對外學術交流管道通暢，交往頻繁，與學會成立之初的狀況已經完全不可同日而語了。

在資料建設方面，學會資助中國國家圖書館（時稱北京圖書館）和蘭州大學建立了兩個敦煌學資料中心，資助新疆考古所建立了吐魯番學閲覽室。現在，國家圖書館和蘭州大學的敦煌學資料中心都已成爲在國内外著名的資料中心。在20世紀80年代學術著作出版困難的時期，學會還資助出版了一批敦煌吐魯番學的研究專著和重要的譯著。受到資助的著者和譯者後來都成爲著名敦煌吐魯番學專家。

本刊的創刊主編是季羨林、周一良和饒宗頤三位先生，而季先生長期擔任學長的會長。先後主持本刊具體編務者和編委、編輯部成員都是學會的重要骨幹。所以，本刊實際是中國敦煌吐魯番學會的會刊。本刊自1996年出版第一卷，二十多年來，已經出版了21卷，發表論文和書評1 000多篇，成爲國内外敦煌吐魯番研究者發表成果的重要園地，很多在敦煌吐魯番學産生過重要影響的論文都是在這本雜誌上首發的。

在學會成立四十周年之際,中國敦煌吐魯番學界將舉行"傳承與創新:中國敦煌吐魯番學會成立四十周年國際學術研討會",本刊編委會亦決定闢此卷爲"慶祝中國敦煌吐魯番學會成立四十周年專號",以紀念過去四十年中國敦煌吐魯番學界和學會所取得的光輝業績和巨大成就,並進而推動國際敦煌吐魯番學的深入發展。本專號得到了國內外學者的大力支持,踴躍貢獻鴻篇佳製,謹向長期支持本刊的新老作者表示衷心的感謝!

郝春文

2023 年 5 月於北京

目　録

書評

Contents

《敦煌吐魯番研究》第二十二卷
2023 年,1—13 頁

Two More Fragmentary Folios from the *Book of Zambasta*?

Nicholas Sims-Williams

The *Book of Zambasta* (abbreviated 'Z') is a long poem in Old Khotanese which has been described as 'a veritable Manual of Buddhism'.[1] The best-preserved copy, sometimes referred to as 'Z_1', seems to have formed part of a manuscript miscellany, in which the 24 chapters of Z occupied folios 143 verso to 440 recto. Of these 298 folios, more than two thirds are still extant in whole or part. In Z_1 each verse is written on a single line, with six lines to the page. The text is presented in four columns separated by spaces which in principle correspond to the caesurae between the four *pāda*s ('abcd') of the verse. The verse number is frequently indicated at the end of the line, often in abbreviated form (e.g. '2' in place of '52', or '52' in place of '152').

The *Book of Zambasta* was very popular and there existed many other copies, of which we now have no more than single leaves or small fragments. The number of lines per page varies, but most copies share the layout in four columns, which is not known to have been used for any other text and is therefore useful as a diagnostic tool for identifying likely fragments of Z. In a few cases a fragment of one of these other copies can be identified, with more or less certainty, as filling a lacuna in Z_1. For example, Mauro Maggi has recently shown that the folio IOL Khot 7/7 probably contains Z15.73 – 84, a passage missing in the principal manuscript.[2] In most cases, however, such fragments merely attest text already

[1] Emmerick 1968: xi.

[2] Maggi 2022. I take this opportunity to thank Mauro Maggi for his kind advice on the reading of the text edited here. Some of his specific suggestions are cited below and marked 'MM'. I would also like to thank Dr Liu Bo of the National Library of China for supplying the photos used for the montages in fig.1 – 4 and Professor Rong Xinjiang for his help in putting us in touch.

known from Z_1, often with trivial orthographic differences.

The first edition of the *Book of Zambasta* included just three of these ‘variant’ fragments.[1] By 1968, when R. E. Emmerick published his new edition of Z, the number had grown to seventeen.[2] Since then many more variants have been identified, in particular by P. O. Skjærvø in his catalogue of the Khotanese manuscripts of the British Library.[3] Most recently, the fragment BH3 - 68 in the National Library of China, Beijing, was identified as a variant to Z2.97 - 113 and published by the late Professor Duan Qing 段晴.[4] According to my count, this brings the total number of identified variants up to thirty-nine. To these we may add the following previously unidentified variants:

1. Z9.25 - Z10.6: IOL Khot 173/7 (Bailey 1963: 121; Skjærvø 2002: 385).
2. Z14.67 - 78: IOL Khot 215/4 (Skjærvø 2002: 465).[5]
3. Z23.13 - 24: IOL Khot 202/3 (Skjærvø 2002: 444).
4. Z24.241 - 252(?): IOL Khot 22/20 (Skjærvø 2002: 216).[6]
5. Z24.469 - 480: Or.8212/1699c (Skjærvø 2002: 62).

The most interesting of these new variants is the first, which contains the following text:

Recto 1 bi] tsāgya [
2 ji] ṅga härānu [
3 pa] *n*iña × [[8]

Verso 1 a] ggaṃ*js*[ä[7]
2 uspu] rrä rraṣṭä [
3] *ha*mrraṣṭu [

[1] Leumann 1933 - 36. See Emmerick 1968: xiii.

[2] Listed and mostly edited in Emmerick 1968: 424 - 36; for variant 9, omitted there because no photo was available, see now Maggi 2004: 185, Pl. 1.

[3] See the index to Skjærvø 2002: 609 under ‘Zambasta, Book of’.

[4] Duan 2015: 35 - 8.

[5] Not quite certain. Apart from the verse-numbers 67 - 69 and 76 - 78, the text preserved on the fragment is limited to the last two *akṣaras* of verses 77 and 78, *[ū] tco* and *[ho] tte* respectively.

[6] Uncertain. The correctness of the identification depends on whether the last word of verse 43 can be read *yäḍāndä*, with unusually narrow *ḍā*, in r3. This part of the text is obscured by ink imprints or text from another page (also visible in the preceding lines).

[7] Bailey/*ggaṃ<g>v<o>*/; Skjærvø/*ggaṃ[g] vo*/.

[8] Bailey/*tiñä* ×/(with *t* marked as uncertain); Skjærvø/*-iña*/.

In general, the text preserved in this fragment agrees perfectly with that of Z9.25 – 27 and Z10.4 – 6 as previously known. Two lines, containing Z9.28 and Z10.1, must be missing at the bottom of the recto, and two more lines, containing Z10.2 – 3, at the top of the verso. The only textual discrepancy is in the first verse, which runs as follows in Z_1:

Z9.25 nirvānä trāmu paysendi samu kho hūsandä bäysendä
ttāri duva yāna biysāṃgya kye mara stāsīndä saṃtsera

In Emmerick's translation:

'One so recognizes Nirvāṇa as when a sleeper wakes up. Those two Vehicles are the waking up of those who become weary here in *saṃsāra*'.

In place of *biysāṃgya* 'waking up' the variant has *[bi] tsāgya*, i.e. * *bitsāṃgya* 'relief, alleviation'. This must in fact be the correct reading, since it is confirmed by *baitsāga* in a Late Khotanese adaptation of this passage in the *Mañjuśrīnairātmyāvatārasūtra*.[1] Following a suggestion by Almuth Degener, one may assume that the correct form * *bitsāṃgya* was altered to *biysāṃgya* in Z_1 (or the manuscript from which it was copied) under the influence of *bäysendä* 'wakes up' in the first hemistich.[2]

* * *

In addition to BH3 – 68, the variant to Z2.97 – 113 mentioned above, Duan Qing's edition of Khotanese manuscripts in the National Library of China contains some other small fragments which are likely to belong to Z, potentially even to the principal manuscript Z_1 itself:

1. BH3 – 60+61/1 and BH3 – 60+61/2 (Duan 2015: 24 – 5, colour plates 10 – 11) are two pairs of fragments, each pair already joined by Professor Duan. These fragments contain the final words of several verses in metre C, the rarest of the three Old Khotanese metres,

[1] See P4099.404 in Emmerick 1968: 450; cf. also Bailey 1979: 283.

[2] Degener 1989: 206.

attested in about 450 verses of the *Book of Zambasta* and hardly anywhere else.[1] Most of the verses are numbered. Parts of five verse-lines are preserved on each page. The surviving text belongs to verses numbered 1 – 10 and 49 – 58, but it is possible that the manuscript originally had six verses on each side, in which case one verse must be wholly lost at the top of each recto page and another at the bottom of each verso. If both fragments belong to the same chapter, three folios (containing verses 12 – 23, 24 – 35 and 36 – 47 respectively) are missing between them. However, since the two fragments are extremely similar in shape, they are very likely to belong to consecutive folios. In that case, the folio with the higher numbers belongs to the end of one chapter (verses 49 – 58, with verse 59 lost at the bottom of this folio and the final verse 60 lost at the top of the next), while the folio with the lower numbers contains the first ten verses of the following chapter.

In fact, it seems almost certain that these fragments are remnants of the missing folios 221 and 222 of Z_1, containing the end of Chapter 7 and the beginning of Chapter 8, both of which are concerned with the doctrine of *śūnyatā* 'emptiness'.[2] Formally, this fits perfectly. Both chapters are in metre C and the verses attested by the numbers on our two fragments are exactly those which are expected to appear on these folios. As Mauro Maggi has kindly confirmed for me, the writing is consistent with that of Z_1; in particular, Maggi draws attention to the shape of the numeral signs, which tend to vary significantly from one scribe to another. As regards the contents, the evidence is limited by the fact that what survives of most verses is no more than the final word, which in this metre is typically a colourless word such as *käḍe* 'very', *karä* 'at all', *pharu* 'much' or *samu* 'merely'.[3] However, verse 51 ends *]ā jäṅga karä*, which Duan Qing restored to *[ne-n ju upāta ne-n ju v]ā jäṅga karä* 'they have no origination, nor do they have cessation at all', adopting wording already known from Z7.11. An equally acceptable restoration would be *[kvī ne upāta nai ju v]ā jiṅga*

〔1〕 The St. Petersburg folio published by Ernst Leumann (1920: 168 – 9) may belong to Z, perhaps as Z1.106 – 115 as suggested by Leumann himself. His son Manu Leumann (1967: 374) proposed that the fragment IOL Khot 141/6 (ed. Bailey 1963: 55, #134, and Skjærvø 2002: 323 – 4, where the mention of metre A must be a misprint) also belongs to Z. The only poem in metre C which definitely does not belong to the *Book of Zambasta* is a section of the *Saṅghāṭa-sūtra* (part of § 99 in the edition of Canevascini 1993: 44 – 7). On all these texts in metre C see now Sims-Williams 2023.

〔2〕 See Emmerick 1968: 127, 135.

〔3〕 See the list in Emmerick 1968b: 4 – 6.

karä ' since it has no origination, it has no cessation at all' , the wording of Z8.27. Another link between these two fragmentary folios and Z7 – 8 is the frequent occurrence (partly restored, it must be admitted) of the word *härṣṭāyä* ' in reality' , which is already attested four times in Z7 and no less than eight times in Z8.

2. The identification of these fragments as belonging to folios 221 and 222 of Z_1 is strengthened by the recognition that they can be joined to two further fragments in the Beijing collection, BH4 – 39/1 – 2 (Duan 2015: 56 – 8, colour plate 22) . These fragments are again very similar to one another in shape, confirming the likelihood that they belong to consecutive folios. Both attest the characteristic four-column layout of Z and each contains parts of *pāda*s c – d together with a tiny remnant of *pāda* b.

3. Finally, the fragments BH4 – 40 and BH4 – 41 (Duan 2015: 58 – 9, colour plate 23) seem likely if not certain to belong to the same two folios. If they do belong here, their approximate positions are determined by the fact that both include part of the upper/lower margin (presumably the lower margin of the recto and the upper margin of the verso, as in the case of the other fragments) and part of a space between columns (presumably that between *pāda*s a and b, since the other two spaces are partially preserved on BH4 – 39/ 1 – 2) . In the absence of a close join the proposed inclusion of these fragments in the reconstruction cannot be regarded as certain, but echoes between the surviving words on the various fragments provide some support. Note in particular: Z7.52a *dharma* ' things' —52d *dharmānu*; Z7.54b *kṣa[ṇ-]* ' moment(s) ' —54c *kṣaṇä kṣaṇä*; Z8.5b *cī[yä]* ' when' —5c *ttīyä* ' then' ; Z8.5d *tcei'mä* ' eye' —6b *tcei'mä*.

Reconstructed text with translation

*Folio * 221 recto* (fig.1)

[7.48 broken off]

7.49[. . . . .] [. . . . .]

[. . . . .] [. . . . .] × [ ] *u*[1] [·] 9

---

[1] Read *[.] u* for Duan's *ña* (MM) .

7.50[. . . . .]　　[. . . . .]

[. . . . .]　　[. . . .] × samu·　50

'... merely.'

7.51[. . . . .]　　[. . . . . . .]

[nenju upāta　　nenju v] ā jäṅga karä 1

'... [they have no origination, nor do they have] cessation at all.'

7.52[. . . .] *no* dharma·　　ttye [. . . .]

*u*pāta saiyä·　　dharmānu jsīḍä kä*ḍe* 52

'... things; (if) it should seem to him ... (that there is) origination of things, (he is) very much deceived.'

7.53[. . . .] × paysendi　　ttye × [. . . .]

ce śśäña ggurvī'ca　　tvāyäte kṣettra biśśä 53

'... he recognizes ... who conveys all *kṣetra*s in one particle.'

Folio ∗221 verso (fig.2)

7.54[. . . .] × kalpa·　　kṣa[ṇ- . . . . .] tä

kṣaṇä kṣaṇä dätte　　ttṛadhva rūva *v*[ä] te 54

Fig.1 – 2. The *Book of Zambasta*, folio ∗221 (recto and verso). Montage by the author. Photos published by permission of the National Library of China, Beijing.

'... *kalpas* ... moment ... moment by moment it/he appears in the forms of the three times.'

7.55[. . . .] ä *b*āru o[. . . . . .]

*abu*stä[1] hva' ndä ttye du—ṣkaru saittä käḍe 55

'... rain(?) ... to the unknowing man—to him it seems very marvellous.'

7.56[. . . . .] × × [.] e [. . . . .]

[. . .] o [.] o *kalpa* para—māṇvo [kṣ] *et*[ra] samu 56

'... *kalpas*, the *kṣetras* in atoms merely.'

7.57[. . . . .] [. . . . .]

[. . . . .] [. . . . .] × × te· 57

7.58[. . . . .] [. . . . .]

[. . . . .] [. . . . . .] *phar*[u] 8

[7.59 broken off]

Folio ∗ *222 recto* (fig.3)

[7.60 and 8.1 broken off]

8.2[. . . . .] [. . . . .]

[. . . . .] [. . . . .] × karä 2

'... at all.'

8.3[. . . . .] [. . . . .]

[. . . . .] [. . . hä] *rṣṭā*yä väte 3

'... was in reality.'

8.4[. . . . . . .] ndä vä[. . . . . .]

× ju ne ne byode kye ṣä kye ṣā saṃña × [.] *i*[2] 4

'... is not found (or: did not obtain), whoever that *saṃjñā* ...'

8.5[. . . . . . .] yä cī[yä . . . . .]

atäcai ttīyä tcei'mä härṣṭāyä väte 5

'... when ... then (it was) ineffective for him; in reality it was (merely) the eye.'

---

[1] Reading *abustä* suggested by MM.

[2] The last two *akṣaras*, for which Duan Qing has *ka [×]*, are problematic. The latter seems to be a wide, flat character with the vowel *-i*, perhaps *yi* (MM).

Folio ∗ *222 verso* (fig.4)

8.6[. . . . . . .] śä　　tcei'*mä* [. . .] ×

kuṃjsa nä īyä vi—jñānä daiyä *r*o ṣṣei 6

'... eye ... since therefore it would not be *vijñāna*, he also sees (it).'

8.7[. . . . . .] × va　　va[. . . . . .]

*va*rju ne daiyä rū—va härṣṭāyä väte 7

'... he does not see (it) there; in reality it was (merely) form.'

8.8[. . . . . . .] ä　　[. . . . . . .]

[. . .] ä *n*e [d] aiyä　　rū*va* [h] ärṣṭāyä vätä 8

'... he does not see ...; in reality it was (merely) form.'

8.9[. . . . .]　　[. . . . .]

[. . . . .]　　[. . . . .] āśa ttäna 9

'... therefore.'

8.10[. . . . .]　　[. . . . .]

[. . . . .]　　[. . . . .] × tä 10

[8.11 broken off]

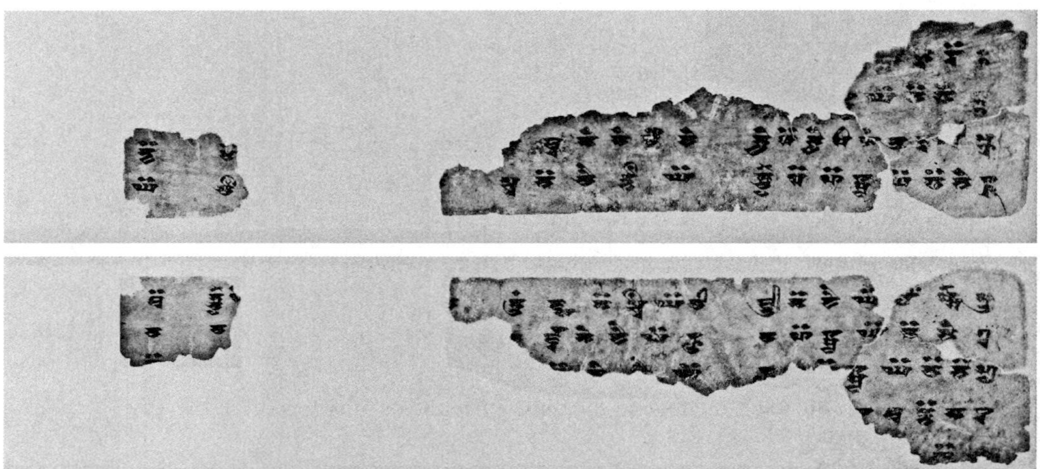

Fig.3 – 4. The *Book of Zambasta*, folio ∗ 222 (recto and verso). Montage by the author. Photos published by permission of the National Library of China, Beijing.

Notes

7.51 As noted above, the restoration *[nenju upāta nenju v] ā jäṅga karä* '[they have no origination, nor do they have] cessation at all' was suggested by Duan Qing, evidently on the basis of Z7.11ab. Almost identical wording is found in Z8.27cd:

kvī ne upāta nai ju vā jiṅga karä

'since it has no origination, it has no cessation at all'.

7.53 – 54 *ce śśäña ggurvī'ca tvāyäte kṣettra biśśä ... kalpa ... kṣaṇä kṣaṇä dätte ttṛadhva rūva v[ä] te* 'who conveys all *kṣetras* in one particle ... *kalpas* ... moment by moment it/he appears in the forms of the three times'. Cf. Z1.187ab:

kṣaṇvo biśśä kalpa ttuvāyīndä u parimāṇvo kṣettra

'in moments, they convey (beings) over all the *kalpas* and in atoms the *kṣetras*';

and Z3.111:

ttriadhva kṣettra śśäña śśäña mä grvīca mamä

triadhva satva śśiña śśäña mä kṣetra biśśä

'I have the *kṣetras* of the three times in every single particle of me. The beings of the three times are all in every single *kṣetra* of mine'.

The expression 'forms of the three times' also occurs in Z3.119 (*triadhva rūva*).

7.55 *abustä hva'ndä* 'the unknowing man'. The negated past participle *abusta-* means both 'unknown' (e.g. Z23.11) and 'unknowing' (e.g. *abustañi* 'unknowingly', Z23.14).[1] The ambiguity no doubt results from the borderline transitive/intransitive status of the root *bud-* 'to know', which is exceptional in having an intransitive perfect but governing the accusative like a transitive verb.[2] Similarly, the cognate Sogdian verb *ptβγδ-* can be treated as transitive or intransitive and its past participle means both 'knowing, learned' and '(well) known'.[3]

7.56 ... *kalpa paramāṇvo [kṣ] et [ra] samu* '... *kalpas*, the *kṣetras* in just atoms'. Cf. again Z1.187ab (cited above under 7.53 – 54).

8.4 *byode* can be 3 sg. pres. of *byau-* 'to be found, to be' or 3 sg. pf. tr. m. of *byev-*

[1] On the formation of the adverb *abustañi* see Emmerick in SVK2: 15 – 16; SVK3: 16; Degener 1989: 216 – 17.

[2] See Emmerick 1968a: 221.

[3] See Sims-Williams 1985: 58.

'to obtain'. For *ṣā saṃña* 'that *saṃjñā* (imagination)' cf. Z9.21. Since the phrase is unambiguously nom. sg. one expects it to be the subject of a verb. The last word of the verse may be a 3 sg. opt. form consisting of two light syllables ending in *-i*, but I have not found a plausible reading.

8.5 *atäcai* = *atäca* + 3 sg. pronoun *-i*. The nom. sg. f. *atäca* 'ineffective, inactive' probably refers back to *saṃña* in the preceding verse as in Z7.27: *atäcai saṃña samu* 'his *saṃjñā* is merely inactive'.

8.9 *ttäna* 'therefore' occurs four times in Z7 at the end of a hemistich.

Metrical restoration

The restoration below (which omits the most badly damaged hemistichs) follows the analysis presented in Sims-Williams 2022. So far as one can see, all these hemistichs show the most characteristic metre C pattern 7 ‖ 5 + 5 ‖, with the exception of Z8.6cd, which ends with an equally regular 6-mora cadence: 7 ‖ 5 + 6 ‖. Note the following conventions: H = heavy syllable, L = light syllable, μ = one mora (i.e. one light syllable or half a heavy syllable), ˈ = metrical ictus, ‖ = end of cadence, | = compulsory word-boundary. The hyphen in the formula -LHL (Z7.54d) marks a segment which is short by one mora.[1] Wherever possible, the length of the ambiguous letters *e* and *o* is marked: *ĕ ŏ*, *ē ō*. Superscript letters, as in *tt*^{i}*yĕ*, represent sounds pronounced but not written; subscript letters, as in *du*$_{ṣ}$*karu*, represent letters which are disregarded in the scansion.

7.51cd　[nĕnju uˈpāta　nĕnju v]ā jäṅga ˈkarä

HLLˈHL ‖　HLH　HL | ˈLL ‖

7.52ab　[. . .]*n*ŏ ˈdharma　tt^{i}yĕ[. . . . . .]

μμμLˈHL ‖　LLμμμ μμμ | ˈμμ ‖

7.52cd　*u*pāta ˈsaiyä　dharmānu jsīḍä ˈkä*ḍ*ĕ

LHLˈHL ‖　HHL　HL | ˈLL ‖

[1] See Sims-Williams 2022: 66-7.

7.53ab [. . .] pa'ysēndi tt^{i}yě[. . . . . .]
μμμL'HL ‖ LLμμμ μμμ | 'μμ ‖

7.53cd cě śśäña ggu'r$_{v}$ī'ca t^{u}vāyätě kṣēttra 'biśśä
LLLL'HL ‖ LHLL HL | 'LL ‖

7.54ab [. . . .] × 'kalpa kṣa[ṇ- . . . . .] tä
μμμμ'HL ‖ Lμμμμ μμμ | 'LL ‖

7.54cd kṣaṇä kṣaṇä 'dättě ttṛadhva rūva '*v*[ä] tě
LLLL'HL ‖ -LHL HL | 'LL ‖

7.55ab [. . . .] ä '*b*āru o[. . . . . .]
μμμL'HL ‖ μμμμμ μμμ | 'μμ ‖

7.55cd *abu*stä 'hva'ndä tt^{i}yě du$_{ṣ}$karu saittä 'käḍě
LHL'HL ‖ LL$\underline{L}$LL HL | 'LL ‖

7.56ab [. . . . .] × × [.] e [. . . . .]
μμμμ'μμμ ‖ μμμμμ μμμ | 'μμ ‖

7.56cd [. . .] o [.] ǒ '*kalpa* paramā*ṇv*ǒ[kṣ] ē*t*[ra] 'samu
μμμL'HL ‖ LLHL HL | 'LL ‖

…

8.3cd [. . . . .] [. . . hä] rṣṭāyä 'vätě
μμμμ'μμμ ‖ μμμH HL | 'LL ‖

8.4ab [. . . . . . .] ndä vä[. . . . . .]
μμμμ'HL ‖ μμμμμ μμμ | 'μμ ‖

8.4cd × ju ně ně 'byōdě kyě ṣä kyě ṣā saṃña '× [.] *i*
LLLL'HL ‖ LLLH HL | 'LL ‖

8.5ab [. . . . . . .] yä cī[yä . . . . .]
μμμμ'μμL ‖ Hμμμ μμμ | 'μμ ‖

8.5cd atäcai 'ttīyä tcei'mä härṣṭāyä 'vätě
LLH | 'HL ‖ HLH HL | 'LL ‖

8.6ab [. . . . . . .] śä tcei'*mä* [. . .] ×
μμμμ'μμL ‖ HLμμ μμμ | 'μμ ‖

8.6cd	kuṃjsa nä ˈīyä	vijñānä daiyä *rŏ* ˈṣṣei
	HLLˈHL ‖	HHL HLLˈH ‖
8.7ab	[. . . . . .] × va	va[. . . . . .]
	μμμμˈμμL ‖	μμμμμ μμμ | ˈμμ ‖
8.7cd	*va*rju nĕ ˈdaiyä	rūva härṣṭāyä ˈvätĕ
	HLLˈHL ‖	HLH HL | ˈLL ‖
8.8ab	[. . . . . . .] ä	[. . . . . . .]
	μμμμˈμμL ‖	μμμμμ μμμ | ˈμμ ‖
8.8cd	[. . .] ä *nĕ* ˈ[d] aiyä	rū*va* [h] ärṣṭāyä ˈvätä
	μμLLˈHL ‖	HLH HL | ˈLL ‖
8.9ab	[. . . . .]	[. . . . .]
	μμμμˈμμμ ‖	μμμμμ μμμ | ˈμμ ‖
8.9cd	[. . . . .]	[. . . . .] āśa ˈttäna
	μμμμˈμμμ ‖	μμμμμ HL | ˈLL ‖

References

Bailey, H. W., 1963. *Indo-Scythian Studies, being Khotanese Texts*, Volume V, Cambridge.

Bailey, H. W., 1979. *Dictionary of Khotan Saka*, Cambridge.

Canevascini, G., 1993. *The Khotanese Saṅghāṭasūtra: A critical edition* (Beiträge zur Iranistik 14), Wiesbaden.

Degener, A., 1989. *Khotanische Suffixe* (Alt- und Neu-Indische Studien 39), Stuttgart.

Duan Qing 段晴 2015. 中國國家圖書館藏西域文書. 于闐語卷(一). *Xinjiang manuscripts preserved in the National Library of China. Khotanese remains*, Part 1, Shanghai.

Emmerick, R. E., 1968. *The Book of Zambasta*, London.

Emmerick, R. E., 1968a. *Saka grammatical studies*, London.

Emmerick, R. E., 1968b. 'Khotanese metrics', *Asia Major* 14, 1-20.

Emmerick, R. E., and Skjærvø, P. O., 1987, 1997. *Studies in the vocabulary of Khotanese*, II-III, Vienna (= SVK2-3).

Leumann, E., 1920. *Buddhistische Literatur, Nordarisch und Deutsch*. 1. Teil:

Nebenstücke, Leipzig.

Leumann, E., 1933 – 36. *Das nordarische (sakische) Lehrgedicht des Buddhismus* (Abhandlungen für die Kunde des Morgenlandes 20), Leipzig.

Leumann, M., 1967. 'Neue Fragmente des altkhotanischen „Lehrgedichts"', *Zeitschrift der Deutschen Morgenländischen Gesellschaft* 117: 366 – 375.

Maggi, M., 2004. 'The manuscript T III S 16: Its importance for the history of Khotanese literature', *Turfan revisited. The first century of research into the arts and culture of the Silk Road* (ed. D. Durkin-Meisterernst *et al.*), Berlin, 184 – 190.

Maggi, M., 2022. 'The Khotanese fragmentary folio IOL Khot 7/7: verses 15.73 – 84 of the *Book of Zambasta* rediscovered?', *Annual Report of the International Research Institute for Advanced Buddhology* 25: 129 – 147.

Sims-Williams, N., 1985. *The Christian Sogdian manuscript C 2* (Berliner Turfantexte 12), Berlin.

Sims-Williams, N., 2022. *The Book of Zambasta. Metre and stress in Old Khotanese* (Beiträge zur Iranistik 49), Wiesbaden.

Sims-Williams, N., 2023. 'Further texts in the Old Khotanese "metre C"', *Studia Indica* 1 (Special issue in memory of Professor Duan Qing), forthcoming.

Skjærvø, P. O., 2002. *Khotanese manuscripts from Chinese Turkestan in the British Library. A complete catalogue with texts and translations*, London.

SVK: see Emmerick and Skjærvø 1987, 1997.

（作者單位：英國倫敦大學亞非學院）

《敦煌吐魯番研究》第二十二卷
2023年,15—31頁

BD11193道教《靈書紫文》寫卷研究

尚　飛

一　引　　言

《靈書紫文》一般認爲是出自東晉末年的早期上清經。現存明《道藏》中,没有單獨以《靈書紫文》命名的經文。但有《皇天上清金闕帝君靈書紫文上經》(以下簡稱"《紫文上經》")、《太微靈書紫文琅玕華丹神真上經》(以下簡稱"《琅玕上經》")、《太微靈書紫文仙忌真記上經》(以下簡稱"《仙忌上經》")這三篇包含"靈書紫文"字樣的道經(以下簡稱這三篇經文爲"三經"),與《靈書紫文》關係密切。王明先生率先提出"三經"可能原係一書,出自《靈書紫文》,該經爲晉以後、梁以前道教叢書,應作於《抱朴子》之後[1]。

陳國符注意到《洞玄靈寶三洞奉道科戒營始》卷五著録《上清金闕上記靈書紫文》一卷,認爲此書出自東晉楊羲,《紫文上經》與《琅玕上經》合成《無上秘要》徵引之《洞真太上靈書紫文上經》[2]。並且認爲《琅玕上經》最早於南齊出世[3]。司馬虚(Michel Strickmann)則認爲《琅玕上經》可能是365年初由楊羲傳授給許謐的[4]。

賀碧來(Isabelle Robinet)認爲《靈書紫文》是早期上清經中比較可靠的經典,成書於東晉。在《道藏》中分爲"三經"及《上清後聖道君列紀》。這些文本最初可能是一個完整文本,互相有明顯補充,引用也經常互相混淆。現存的"三經"文本與《無上秘要》

---

〔1〕 王明《論〈太平經鈔〉甲部之僞》,1947年初刊,此據《王明集》,北京:中國社會科學出版社,2007年,146—159頁。

〔2〕 陳國符《道藏源流考》,1949年初版,此據北京:中華書局,1963年,402頁。

〔3〕 陳國符《道藏經中外丹黄白法經訣出世朝代考》,1982年初刊,此據《道藏源流續考》,臺北:明文書局,1983年,300—301頁。

〔4〕 Michel Strickmann, "On the Alchemy of T'ao Hung-ching", H. Welch and A. Seidel eds., *Facets of Taoism*, New Haven: Yale University Press, 1979, p.171.

《三洞珠囊》中的相關引文相吻合。特别是《紫文上經》,是道教基礎文本,描述的方法在許多經典與儀式中都有所體現。也是最爲明確屬於早期上清傳承的一部經典,與《真誥》《登真隱訣》中陶弘景的注釋相印證[1]。

自賀碧來之後,學界基本都將《靈書紫文》視爲東晉時期的上清經,現存"三經"與之關係密切。《道藏提要》認爲現存"三經"爲六朝古上清經[2]。李剛在王明研究的基礎上,提出《靈書紫文》爲東晉造作的上清經典,該經後來得到進一步充實,成爲内容繁複的叢書,此經又稱爲《靈書紫文八道》《靈書八道》[3]。王卡認爲"三經"約出於東晉南朝,早期上清派經典之一,同屬於《太微靈書紫文上經》,後分出單行本[4]。

神塚淑子認爲《紫文上經》相當於《洞玄靈寶三洞奉道科戒營始》卷五《上清大洞真經目》中"《上清金闕上記靈書紫文》一卷",有"紫文"的簡稱。在《真誥》中多次出現"紫文"的片段,是上清派重視的一種經文。《紫文上經》開頭部分的五言詩,其内容、詞彙、詩和咒的押韻特徵等與《真誥》有很多共同點。二者可能是在同一基礎上書寫。而《上清後聖道君列紀》可能是"紫文"的一部分[5]。

柏夷(Stephen R. Bokenkamp)認爲《靈書紫文》是楊羲在364—370年間神啓的上清經之一。同意賀碧來《靈書紫文》在《道藏》中被分成四篇道經的觀點。但也認爲這些道經存在一定的問題。比如,《紫文上經》中缺少早期引文提到的"玉胞"和"玉胎";《琅玕上經》最後概述了比《上清後聖道君列紀》更詳細的信息;《仙忌上經》第十條戒律與前幾條有矛盾之處,懷疑是爲了湊足十條而後插入的文本[6]。石井昌子則進一步對"三經"從文本結構及引用情況進行分析,討論它們的引用關係,認爲今本"三經"與古道經引文大體相同,有一部分引文在今本未找到[7]。

---

[1] Isabelle Robinet, *La Révélation du Shangqing dans l'histoire du taoïsme*, Paris: École Française d'Extrême-Orient, 1984, tome2, pp.101 - 110. 賀碧來的觀點還見於 Livia Kohn ed., *Daoism Handbook*, Leiden; Boston; Köln: Brill, 2000, pp.201 - 202.; Kristofer Schipper and Franciscus Verellen ed., *The Taoist canon : A Historical companion to the Daozang*, Chicago&London: University of Chicago Press, 2004, vol.1, pp.150 - 153.; Fabrizio Pregadio ed., *The encyclopedia of Taoism*, London; New York: Routledge, 2008, pp.680 - 681.

[2] 任繼愈主編《道藏提要(修訂本)》,北京:中國社會科學出版社,1991年,132、185、458頁。

[3] 李剛《也論〈太平經鈔〉甲部及其與道教上清派之關係》,《道家文化研究》第4輯,上海古籍出版社,1994年,284—299頁。

[4] 胡孚琛主編《中華道教大辭典》,北京:中國社會科學出版社,1995年,239頁。

[5] 神塚淑子《六朝道経の形成とその文體——上清経の場合》,《東洋文化研究所紀要》第129册,1996年,77—89頁;後收入氏著《六朝道教思想の研究》,東京:創文社,1999年,171—183頁。

[6] Stephen R. Bokenkamp, *Early Daoist Scriptures*, Berkeley: University of California Press, 1997, pp.275 - 306.

[7] 石井昌子《『霊書紫文』考》,《創価大學人文論集》第14號,2002年,5—39頁。

容志毅的看法稍有不同，在對陳國符《琅玕上經》的南齊出世説進行回應時，認爲《琅玕上經》在西漢末東漢初出世[1]。廣瀨直記認爲《紫文上經》的内容在《真誥》《登真隱訣》中被陶弘景多次引用，並且與敦煌寫本《紫文行事訣》的《紫文訣》正文一致，應當基本上是楊許時期上清經[2]。

郜同麟認爲《靈書紫文》一詞最初爲修飾語，非經題，有時也指《雌一玉檢五老寶經》。《靈書紫文》成書於宋齊之際。"三經"是古《靈書紫文》的内容，《紫文上經》最先造作出來。《後聖道君列紀》的部分内容可能被《靈書紫文》徵引作序。《靈書紫文》在流傳過程中被多次改造，向《大洞真經》等主流上清經靠攏[3]。

綜上，《靈書紫文》是東晉時期成書的上清經[4]，後來可能一分爲三，形成《道藏》本"三經"。《上清後聖道君列紀》也有可能是《靈書紫文》的一部分内容[5]。《靈書紫文》從其傳承歷史看，東晉時期出世較爲可靠。但其演變形成《道藏》本"三經"時，僅僅是篇章結構一分爲三嗎？其内容是否有發生改變？是否可以直接引用"三經"來闡述東晉時期上清經？這些都是需要認真考慮的。

在敦煌道經中有一件與《靈書紫文》相關的殘卷，即BD11193。但該經到目前爲止，還未得到充分研究和重視。

BD11193，在《國家圖書館藏敦煌遺書》第109册中，命名爲《皇天上清金闕帝君靈書紫文上經》[6]。該寫卷最早的研究者是王卡先生。他獲邀入國圖考察相關原件，對該文書做了詳細考察。他指出該文書首尾殘損，上下邊及中間殘破，暗黄紙，烏絲欄，字

〔1〕 容志毅《〈太微靈書紫文琅玕華丹神真上經〉出世朝代及外丹黄白法考》，《宗教學研究》2009年第3期，14—21頁。

〔2〕 廣瀨直記《〈紫度炎光經〉的成書——上清經典的真僞問題》，《宗教研究》，北京：宗教文化出版社，2013年，143頁。

〔3〕 郜同麟《〈靈書紫文經〉新考》，《古典文獻研究》第23輯下卷，南京：鳳凰出版社，2020年，175—191頁。

〔4〕 對容志毅先生關於《琅玕上經》西漢末東漢初成書的觀點，略加討論。主要有三點：第一，他主要依據是漢朝時使用"盛"字表"凈"意，當時並没有"凈"字。而《琅玕華丹》中出現的"盛"字符合這種習慣，故此經西漢末東漢初出世。第二，認爲《琅玕華丹》經中自云的作者"五老上真太極左仙公"，爲漢末三國時左慈，故此經最遲東漢末三國初出。第三，《琅玕華丹》中的"黄水月華"法東漢班固已有記載，故該經東漢時已出。他的考證，對道經中的内容不太加以考辨，完全採信，也没有注意結合道教發展的歷史背景。所以，筆者認爲《琅玕上經》漢朝就出世的可能性不大。郜同麟則通過考察一些道經對《靈書紫文》的引用，認爲《靈書紫文》成書晚於《九真中經》《八素真經》《四極明科經》等一批上清經。筆者認爲對引用《靈書紫文》的這些經典，其成書年代還需要仔細考訂，不能簡單根據引用關係，就確定文本成書時代。

〔5〕 筆者在碩士論文的研究中，涉及《上清後聖道君列紀》，認爲該經與《靈書紫文》關係密切，應當是對《靈書紫文》内容的繼承與發展，其成書年代當在《靈書紫文》之後。詳見拙作《六朝上清經中的金闕帝君》，首都師範大學碩士學位論文，2010年，42—44頁。

〔6〕 任繼愈主編《國家圖書館藏敦煌遺書》第109册，北京圖書館出版社，2009年，68頁。

品佳,殘存經文23行,内容見於《道藏》本《紫文上經》,文字稍有不同。並指出該經在大淵忍爾的《敦煌道経·目録編》中未見〔1〕。

筆者在碩士論文中曾對該經有過研究,認爲該經風格接近《無上秘要》卷九四《昇太空品》,其内容比《道藏》本《紫文上經》要接近南北朝時期原貌〔2〕。

劉屹在《敦煌道經與中古道教》中,提到過該經。認爲《道藏》本《無上秘要》卷六七至卷七三缺佚,但根據敦煌本P.2861.1《無上秘要目録》,這中間應該有《制七魄品》。所以BD11193有可能是《無上秘要》引用的南北朝古本《靈書紫文》的殘片〔3〕。

郜同麟不認可劉屹的觀點,認爲BD11193寫卷與已發現的敦煌本《無上秘要》筆跡有較大不同,不可能是《無上秘要》的殘片;BD11193是《紫文上經》的改動本,受到主流上清經影響。他並對該寫卷涉及的"五神"觀念進行了討論〔4〕。

筆者以前研究BD11193時,只能在《國家圖書館藏敦煌遺書》一書中看到圖版,寫卷的一些細節不容易分辨。現在IDP(International Dunhuang Project)上有了彩色圖版,可以更好地捕捉一些細節信息,對一些當時看不清的字或殘筆畫可以重新辨識。根據彩色圖版,BD11193,卷軸,尺寸26.7 cm×36.6 cm,兩紙,首尾及中間皆有殘缺,没有題記,殘存經文23行,每行17字左右。在比較正規的敦煌寫經中,一般每紙28行,每行17字。BD11193寫卷第一紙有10行,前應有18行空缺。第二紙有13行,後應有15行空缺。

二　BD11193的文本研究

利用《道藏》本《紫文上經》〔5〕對BD11193進行修補(部分異體字改爲標準字),可得到較爲完整的文本。以下釋文,以BD11193爲底本,框綫所標示者爲BD11193殘破處所缺字,()所標示者爲《紫文上經》之異文,灰色區塊部分爲BD11193有而《紫文上經》所無之文字,〔〕所標示者爲BD11193原缺據《紫文上經》所補文字。

〔1〕王卡《中國國家圖書館敦煌道教遺書研究報告》,《敦煌吐魯番研究》第7卷,北京:中華書局,2004年,348頁。後該敘録收入氏著《敦煌道教文獻研究:綜述·目録·索引》,北京:中國社會科學出版社,2004年,86頁。

〔2〕尚飛《六朝上清經中的金闕帝君》,37—38頁。

〔3〕劉屹《敦煌道經與中古道教》,蘭州:甘肅教育出版社,2013年,110—111頁。

〔4〕郜同麟《〈靈書紫文經〉新考》,175、185—187頁。

〔5〕《道藏》第11册,北京:文物出版社、上海書店、天津古籍出版社,1988年,383頁c—384頁a。

（前缺）

1. 一魄名屍狗，第二魄名伏矢，第三魄名雀陰，
2. 第四魄名吞賊，第五魄名非毒，第六魄名除
3. 穢，第七魄名臭肺，此皆七魄之陰名也，身中
4. 之濁鬼也。制檢之法，當正卧，□□去枕伸足，
5. 兩手掌心掩兩耳，令指端相接，交於項中，閉
6. 息七過，叩齒七通，存鼻端有白炁（氣）如小豆，須
7. 臾漸大，以冠身九重，下至兩足，上至頭上。既
8. 畢，於是白炁（氣）忽又變成天狩（獸），使兩青龍在兩
9. 目中，兩白虎在兩鼻孔中，皆向外，朱鳥（雀）在心
10. 上，向人口，倉（蒼）龜在左足下，靈蛇在右足下，兩耳
11. 中有玉女，著玄錦衣，當耳門，兩手各把火光。
12. 良久，都畢。又咽唾（液）七過，叩齒七通，呼七魄名，
13. 畢，乃微咒（祝）曰：素炁（氣）九迴（回），制魄邪凶，天狩（獸）守
14. 門，嬌女執關，煉魄和柔，與我相安，不得妄動，
15. 看察形源，若汝飢渴，聽飲月黄日丹。〔右祝誦〕都畢
16. 也，於是七魄，内閉，相守受制。若恒（常）行之，則魄濁
17. 下消，反善合形，上和三官，與元合靈也。人一
18. 身有三元五（官）神，命門有玄闕（關）合孩大元君，
19. 有太一命帝君桃康元文玄母及三魂之神，〔合七神〕
20. 皆在兆形中，常欲（令）人長生，仁慈元（大）吉之心（君）也。
21. 其七魄亦受生於一身，而與身爲攻伐之賊，
22. □□之死也，故當制之。學者（道士）徒知求仙之方，
23. 而不知制魄之道，亦不免於徒勞。

（後缺）

該寫卷完整行的字數，最多 18 字，最少 16 字。值得注意的是第 4 行和第 22 行。第 4 行殘存 9 字，第 11 個字以後有 6 字的空缺，但根據《紫文上經》只能補出 4 字，還有 2 字空缺。第 22 行，殘存 16 字中第 1 字只有半個字形，無法辨認。根據每行 17 字，所缺 2 字無法辨認補足。

根據上文，可以發現 BD11193 與《紫文上經》相較有一些異文。除了一些異體字、

同義字外,值得注意的差異主要有:"咽唾"和"咽液"、"微咒"和"微祝"、"三元五神"和"三元宫神"、"玄闕合孩大元君"和"玄關大君"、"仁慈元吉之心也"和"仁慈大吉之君也"。這些差異中,有幾處尤其值得注意:

第一,關於"人一身",BD11193 認爲有"三元五神",《紫文上經》則是"三元宫神"。二者一字之差,含義大不相同。"三元五神"這裏是否指"三元"有五位神呢?一般而言,人身體的"三元"是指"三一"或"三丹田"[1],在葛洪《抱朴子・地真》已提"三一",有"三丹田説":

> 道起於一,其貴無偶,各居一處,以象天地人,故曰三一也。……一有姓字服色,男長九分,女長六分,或在臍下二寸四分下丹田中,或在心下絳宫金闕中丹田也,或在人兩眉間,卻行一寸爲明堂,二寸爲洞房,三寸爲上丹田也。此乃是道家所重,世世歃血口傳其姓名耳。[2]

上、中、下三丹田,分别位於眉間、心下、臍下。三丹田中有一位神"一",不固定出現。葛洪之後的《老子中經》中,"三丹田"觀有新的發展,認爲"三丹田"中各有一位神常居其中,共有三位[3]。後在南北朝時出的《金闕帝君三元真一經》中"三丹田"中的常駐神又有所變化,丹田中除了主神,又增添了輔卿,三丹田中各有一主一輔兩位神[4]。由此可知,三元中駐守神的數量,是按照一、三、六發展的,没有出現過"五神"説。所以,BD11193 中的"五神"應不是指"三元"中有五位身神。那麽,"五神"具體含義應是什麽呢?

東漢中後期的《老子河上公章句》中多次提到"五神"。第一處,"實其腹"的注釋有"懷道抱一,守五神也"[5]。第二處,"有國之母,可以長久"的注釋有"國身同也。

---

〔1〕 在早期上清經《紫陽真人内傳》中有提到"三元真一之法",對應"三一",見《道藏》第 5 册,546 頁 b—546 頁 c。俞琰《周易參同契發揮》中有"三元,上中下之三田也",見《道藏》第 20 册,249 頁 b。

〔2〕 葛洪撰,王明校釋《抱朴子内篇校釋(增訂本)》,北京:中華書局,1985 年,323 頁。

〔3〕 張君房編,李永晟點校《雲笈七籤》,北京:中華書局,2003 年,419、422、428—429 頁。《老子中經》在《道藏》中有《太上老君中經》和《雲笈七籤》版《老子中經》。一般認爲《雲笈七籤》版《老子中經》文字優於《太上老君中經》。關於《老子中經》的成書時代,楠山春樹、前田繁樹、加藤千恵等認爲是 5 世紀初作品,施舟人(Kristofer Schipper)、勞格文(John Lagerwey)等認爲是東漢作品。劉屹在前人研究的基礎上,考證《老子中經》在東晉時期成書,詳見《論〈老子中經〉的成書時代》,初刊於鄭炳林主編《中國敦煌吐魯番學會 2008 年度理事會議暨"敦煌漢藏佛教藝術與文化學術研討會"論文集》,此據氏著《神格與地域——漢唐間道教信仰世界研究》,上海人民出版社,2011 年,78—94 頁。

〔4〕 《道藏》第 4 册,549 頁 c—550 頁 a。

〔5〕 河上公撰,王卡點校《老子道德經河上公章句》,北京:中華書局,1993 年,11 頁。

母，道也。人能保身中之道，使精氣不勞，五神不苦，則可以長久”[1]。這兩處都認爲“五神”在人身體中很重要。而對“五神”的具體含義，後在“谷神不死”的注釋中有：

谷，養也。人能養神則不死，神謂五藏之神：肝藏魂，肺藏魄，心藏神，腎藏精，脾藏志，五藏盡傷，則五神去矣。[2]

這裏明確“五藏之神”爲“肝、肺、心、腎、脾”所藏之神。“五神”應是指五臟所藏之神。郜同麟根據《洞真太一帝君太丹隱書洞真玄經》的内容，認爲“五神”是指白元、無英、桃康、司命、太一[3]。本文認爲，這樣的解釋會有兩個問題：一是與 BD11193 後文所提“命門”有“太一”“桃康”重復；二是白元與無英一般是洞房之神，位於“頭部九宫”[4]，與原文所言“人一身”不太相符。此外，在陶弘景《真誥》中也有“五神”的另一種解釋，“當存五神於體。五神者，謂兩手、兩足、頭是也”[5]。所以，對於 BD11193 中的“三元五神”，根據“三元”及“三丹田”所處位置，“五神”這裏引申爲五臟之神更爲恰當。對於《紫文上經》中的“三元宫神”，該經後文有“三元宫”的詳細闡述：

三元宫所在，其上元宫，泥丸中也，其神赤子，字三元先，一名帝卿；中元宫，絳房中心是也，其神真人，字子南丹，一名中光堅；下元丹田宫，臍下三寸也，其神嬰兒，字元陽昌，一名谷下玄。此三一之神矣。[6]

“三元宫”由“泥丸”“絳房”“臍下”組成，也是指“三丹田”。“三元宫神”即是指“三元宫”中駐守的神。“三元宫神”同“三元五神”相比，雖只有一字之差，有刻意强調抬高“三元”之神地位的意味，已有改寫之意。

第二，BD11193 的“五神”觀與《紫文上經》的“七神”觀的差異。如上文所討論的，“五神”當是指五臟所藏之神。而《紫文上經》中“七神”是指“上元宫”“中元宫”和“下元丹田宫”中的“宫神”“玄關大君”和三位“三魂之神”，共七位神。“七神”觀這裏已經有一定的規整之意，將“三元宫神”與“命門”之神整合在一起，賦予“七神”的觀念。所以，“七神”觀跟“五神”觀相比，有可能是後出的觀念。

〔1〕 河上公撰，王卡點校《老子道德經河上公章句》，231 頁。

〔2〕 同上書，21 頁，

〔3〕 郜同麟《〈靈書紫文經〉新考》，185 頁。

〔4〕 陶弘景撰，王家葵輯校《登真隱訣輯校》，北京：中華書局，2011 年，9 頁。

〔5〕 陶弘景撰，趙益點校《真誥》，北京：中華書局，2011 年，87 頁。

〔6〕 《道藏》第 11 册，384 頁 a。

三　BD11193與《紫文上經》的關鍵差異

BD11193與《紫文上經》除了以上兩點差異,還有最關鍵的一點是"命門"之神數量上的差異。BD11193中,命門有"玄闕合孩大元君""太一命帝君桃康元文玄母"。而在《紫文上經》中,言命門只有"玄關大君"。二者相異的重點是在"命門"之神的數量上。根據《紫文上經》中對"命門"中"玄關大君"的描述有:

> 命門,臍也,玄關是始生胞腸之通路也。其中有生宫,宫内有大君,名桃康,字合延,著朱衣,巾紫蓉冠,坐當命門,其三魂神侍側焉。大君常手執天皇象符,以合注元氣,補胎反胞。[1]

"玄關大君","名桃康,字合延"。此神名號與BD11193中"命門"二神相比,除"玄關"與"玄闕"名稱外,名號上還是有一定差異。"命門"中駐守之神究竟是一位還是兩位?這是二者的差異所在。二者關於"命門"之神的概念,都涉及的一個詞是"桃康"。

關於"桃康",在魏晉時期成書的《太上黄庭内景玉經·脾長章》,有兩條經文可能與此相關。一條是"桃核(孩)合延生華芒"[2],另一條是"男女徊(迴)九有桃康"[3]。單從經文字面看,"桃核(孩)"和"桃康"應當是兩個含義不同的詞。該如何去理解?對《太上皇庭内景玉經》較早的注釋是唐梁丘子和務成子的注本。《道藏》中有三個相關的注本,分别是:梁丘子注的《皇庭内景玉經注》(以下簡稱"梁注《内景經》")[4]、梁丘子注的《修真十書·黄庭内景玉經注》(以下簡稱"梁注《修真》本")[5]、務成子注的《上清黄庭内景經》[6](以下簡稱"務注《内景經》")。虞萬里先生對這三個版本有過精細研究,認爲梁注《内景經》雖題爲"梁丘子注",但比勘經文的注文,多與務注《内景

[1]《道藏》第11册,384頁a—b。

[2]《道藏》中《太上黄庭内景玉經》作"桃核合延生華芒",見《道藏》第5册,910頁a;《黄庭内景玉經注》作"桃孩合延生華芒",見《道藏》第6册,525頁a;《修真十書·黄庭内景玉經注》作"桃核合延生華芒",見《道藏》第4册,853頁b;《雲笈七籤》中《上清黄庭内景經》作"桃孩合延生華芒",見《雲笈七籤》,226頁。到底是"桃核"還是"桃孩",是否是流傳過程中的訛誤,還有待考證。本文傾向於"桃孩"爲正解,但在後出的《玉清無極總真文昌大洞仙經注》中"守命核道康",有注釋"桃康君守臍之命門,王叔和以右腎爲命門,人之生死皆在腎,腎絶則命脈絶。一本核作孩,誤。又,桃核合延生華芒"。見《道藏》第2册,633頁a。

[3]《道藏》中《太上黄庭内景玉經》作"男女徊九有桃康",見《道藏》第5册,910頁a;《黄庭内景玉經注》,《道藏》第6册,525頁b與上文同;《上清黄庭内景經》作"男女徊九有桃康",見《雲笈七籤》,227頁;《修真十書·黄庭内景玉經注》作"男女迴九有桃康",見《道藏》第4册,853頁b。

[4]《道藏》第6册,515頁a—540頁c。

[5]《道藏》第4册,844頁a—869頁a。

[6]《雲笈七籤》,189—282頁。

經》同,與梁注《修真》本相異,可能是後人誤據務成子本題梁丘子注。而梁注《修真》本在文本源流上,成書比務注《内景經》早。並且對比二者的注文,發現務注《内景經》絶大部分是在抄襲或增删梁注《修真》本的注而成[1]。對於"桃核(孩)合延生華芒"和"男女徊(迴)九有桃康"的注文,梁注《内景經》與務注《内景經》除個别字,幾近相同,故下文只以梁注《修真》本與務注《内景經》爲例分析相關注文。

對"桃核(孩)合延生華芒"的注釋,梁注《修真》本爲:

太乙君名字也。處中使神氣盈美也。[2]

"桃核(孩)"這裏理解爲"太乙君",是一位仙真的名字。"太乙君"具體是哪位仙真?梁注《修真》本中在對"迴紫抱黄入丹田"的注中有:

丹田有三,所靈命之根也。按《大洞經》云:眉間入三分爲雙丹田,入骨際三分爲臺闕,左青房,右紫户,二神居之。……眉間卻入三寸爲丹田,亦名泥丸宫,左有上元赤子君,右有帝卿君。……又丹田直上一寸爲丹玄宫,有中黄太乙君居之。[3]

這段文字似是講述頭部"九宫之道"。在陶弘景撰的《登真隱訣》中有類似描述的"九宫"[4]。上述引文中提到"中黄太乙君"是位於"丹田"上方"丹玄宫"的身神。"中黄太乙君"如果與前文所提"太乙君"等同,那麽"桃核(孩)"即是指駐守在"丹玄宫"的神。但這裏也還存在問題。在梁注《修真》本的後文對"洞房紫極靈門户"注釋中有與上文類似的引文:

《大洞經》云:兩眉間入三分爲雙丹田,入骨際三分爲臺闕。正深七分,左有心房,右有紫户。……卻入三寸爲丹田宫,亦名泥丸宫,有上元赤子居之,右有帝卿君。……丹田上一寸爲玄丹宫,有中皇太一真君居之。[5]

這段引文與前引文極其類似,都言來自《大洞經》。理論上,同一書前後引用同源文字,内容應當趨同,但這裏實際上有一些差異。不知是原著作者問題,還是後世抄寫傳刻過程中發生的訛誤。引文中"丹田上一寸"爲"玄丹宫",身神爲"中皇太一真君"。與前引文"丹玄宫,有中黄太乙君居之"不同。存在"丹玄宫"與"玄丹宫"、"中黄太乙

〔1〕虞萬里《〈黄庭經〉新證》,《文史》第29輯,北京:中華書局,1988年,402—408頁。
〔2〕《道藏》第4册,853頁b。
〔3〕《道藏》第4册,845頁c—846頁a。
〔4〕《登真隱訣輯校》,9—12頁。
〔5〕《道藏》第4册,855頁a—b。

君”與“中皇太一真君”的差異。而《登真隱訣》中亦有“丹田上一寸爲玄丹宫”，後有陶弘景注“有中黄太一真君居之”[1]。所以前述兩段相似引文中，“丹玄宫”可能爲“玄丹宫”筆誤，而“中黄太乙君”與“中皇太一真君”雖然名號有差異，但應是同一身神。即“太乙君”與“太一君”應是等同的。

另一條，梁注《修真》本的“男女迴九有桃康”注釋爲：

> 丹田下神名，桃康，主人之精胎，能迴通三田，成九神之氣。[2]

“桃康”注釋爲“丹田下神”，這裏雖没有該神具體名號，但明顯可看出，梁注《修真》本中“桃核（孩）”和“桃康”分别駐守在“丹田上一寸”的“玄丹宫”與“丹田”，是兩位不同的身神。

再來看務注《内景經》的相關條目。對“桃孩合延生華芒”的注爲：

> 桃孩，陰陽神名，亦曰伯桃。《仙經》曰：命門臍宫中，有大君名桃孩字合延，衣朱衣，巾紫芙蓉冠。暮卧存之，六甲六丁來侍人也。生華芒，謂陰陽之氣不衰也。[3]

這裏“桃孩”是“陰陽神”，也叫“伯桃”。並引用“《仙經》”來進一步解釋“桃孩”。《仙經》在《抱朴子》中有引用，不知引文所提“《仙經》”與《抱朴子》引用的《仙經》是否相同。在這裏，“桃孩”被認爲是“命門臍宫”中“大君”，字“合延”。

務注《内景經》的“男女佪九有桃康”有：

> 男女合會，必存三丹田之法。桃康，下神名，主陰陽之事。佪三爲九，故曰佪九。《大洞真經》云：三元隱化，則成三宫。三宫中有九神，謂上中下三元君、太一、公子、白元、無英、司命、桃康，各有宫室，故曰有桃康。[4]

“桃康”與梁注《修真》本中“桃康”的解釋一樣，都是位於“丹田”的“下神”。務注《内景經》提其主“陰陽之事”，當亦是“陰陽神”。從務注《内景經》來看，“桃孩”和“桃康”都歸屬爲“陰陽神”，所處位置，一個位於“命門臍宫”，一個位於“丹田”。至於“命門”與“丹田”的關係，在務注《内景經》後文“閉塞命門保玉都”的注釋有：

> 元陽子曰：命門者，下丹田精氣出入神之處也。[5]

[1] 《登真隱訣輯校》，10—11頁。
[2] 《道藏》第4册，853頁b。
[3] 《雲笈七籤》，226頁。
[4] 同上書，227頁。
[5] 同上書，274—275頁。

"命門"爲"下丹田精氣出入神之處",與"丹田"位置不同。故"桃孩"和"桃康"亦屬於不同位置的身神。

務注《内景經》中上引文引用了《大洞真經》,認爲"桃康"是"三宫"中"九神"之一。《大洞真經》一般認爲是《上清大洞真經》的簡稱,相傳是魏華存授楊羲,今存諸多版本。《道藏》中《上清大洞真經》,是宋代茅山傳本,比較接近六朝時期的本子[1]。上述引文在今本《上清大洞真經》中未找到,可能今本已佚或者引用他本。今本《大洞真經》的篇章結構分爲:經名與章名、存念身神、大洞玉經、玉清王祝、天上内音地上外音、消魔玉符。其中大洞玉經、玉清王祝、天上内音地上外音接近小本《大洞真經》,也就是楊、許所受傳的《大洞真經三十九章》(以下簡稱"楊許本")[2]。今本《上清大洞真經》中有四處與"桃康"相關的經文,值得關注。第一處:

> 謹請命門桃君孩道康,字合精延,常守兆臍中之關,命門内官死炁之門。[3]

第一處引文即是屬於存念身神的部分,當不屬於"楊許本"的觀念。雖然提到"桃君孩道康",駐守在"臍中""命門","桃康"也極有可能是"桃君孩道康"的簡寫,但是這一觀念無法確認是原本所有的。第二處:

> 玉清紫微帝君祝曰:太上時非子康别名,一曰合精延,是爲命門王。[4]

這處引文屬於玉清王祝,歸爲"楊許本"所有。引文提到"太上時非子",也叫"合精延",處在"命門"。雖然後有小注"康别名",疑非原本所有,後人所注。所以,"命門"中有"合延精"當是早期上清經的觀念,但"合延精"與"桃康"是否等同還有待確認。第三處:

> 《大洞玉經》曰:太素三素母三華炁,晨燈玉清光廣靈堂上清房名,玉賓表玄籍,守命孩道康桃康名,徊風散萬魔。[5]

上引文雖然出自較爲可靠的《大洞玉經》,但將"孩道康"注解爲"桃康"也疑是後出。第四處;

> 高上神霄玉清王祝曰:兗生死中,布在九重,道出三極,常遊絳宫,三宫合化,

[1] 對於《大洞真經》的論述,主要有胡孚琛主編《中華道教大辭典》,234 頁;王卡所編《上清大洞真經》條;以及陳國符《道藏源流考》,17—19 頁。

[2] 張超然《系譜、教法及其整合》,政治大學博士學位論文,2008 年,225—252 頁,他對《大洞真經》有一個相當嚴密的考證。

[3] 《道藏》第 1 册,525 頁 a。

[4] 《道藏》第 1 册,525 頁 b。

[5] 《道藏》第 1 册,526 頁 a。

是爲紫房，紫房所在，先由明堂眉間一中，明堂之内，守神桃康神名，風雲鬱鬱。[1]

這處引文爲比較可靠的“玉清王祝”，當是“楊許本”原有。“桃康”明確是“明堂”的“守神”。

從上述對今本《上清大洞真經》的相關條目分析來看，可以認爲“合精延”是在“命門”之神，“桃康”是“明堂”之神。二者是有區别的身神，當屬於早期上清經的觀念。至於“桃康”後來等同“孩道康”以及“合精延”，疑是後來整合纔有的觀念。另外，在唐代《上清衆經諸真聖秘》[2]所徵引的六朝經文中，有值得注意的引文：

《蘇君記》：脾神，名混康，字靈元，位爲中部明堂老君。中部有三老君共宫，其右大老君，名桃康，字陽通；其左大老君，名桃孩，字合延；中部老君，治明堂，厥字靈元，名混康，治人百病，消穀糧。[3]

“桃康”和“桃孩”，雖然都屬於“中部”“三老君”，但其位置和名字上有明顯區隔，表明“桃康”和“桃孩”不是同一個身神。

所以，“桃康”和“桃孩”在早期上清經中，有可能是不同位置的身神，後來纔有將二神整合成一神的傾向。二神所駐守的位置雖然有“玄丹宫”“丹田”“命門”“明堂”等，但在道經中，這些身神的位置不是一成不變的，有很多不同的説法。所以，“桃康”和“桃孩”極有可能都曾是“命門”的身神。BD11193 中“命門”二身神，“玄闕合孩大元君”可能是指“桃孩”，“太一命帝君桃康元文玄母”指“桃康”。而《紫文上經》所言“命門”有“大君”，“名桃康，字合延”。“合延”在經典中多指“桃孩”，可見《紫文上經》中已將“桃康”與“桃孩”整合成同一神。

綜上，同 BD11193 相比，《紫文上經》内容上有重新編纂規整化的傾向，對一些概念、身神進行整合。這表明 BD11193 寫卷早於《紫文上經》，可能更接近東晉時期《靈書紫文》原貌[4]。

四　BD11193 與《無上秘要》

北周皇帝宇文邕（561—578 年在位）敕纂的道教類書《無上秘要》100 卷，是已知最

[1]《道藏》第 1 册，534 頁 c—535 頁 a。

[2] 胡孚琛主編《中華道經大辭典》，256—257 頁。

[3]《道藏》第 6 册，785 頁 a—b。

[4] 郜同麟認爲 BD11193 是《紫文上經》改動版本的觀點，本文不太認同。雖然《紫文上經》與敦煌本《紫文行事訣》内容上更接近，可能文本上較早。但 BD11193 與《紫文行事訣》同爲敦煌本，二者文本的先後還有待討論。本文認爲從文本内容上看，BD11193 反映的觀念較早，更符合早期文本特徵。

早的大型官修類書,收録了大量東晉以後新出道經,對研究六朝道教經典的的源流、變遷以及校勘具有很高的文獻價值。該書在晚唐宋初已有散佚,明《道藏》收有殘本六十七卷,敦煌本有 16 件寫本〔1〕。現存這部道教類書殘本中有四處與《靈書紫文》相關的引文,分别爲卷一九《天帝衆真儀駕品》和卷九四《昇紫薇宫品》出自《洞真靈書紫文上經》的引文、卷九二《昇上清品》出自《洞真太微靈書紫文上經》的引文、卷九四《昇太空品》出自《洞真靈書紫文》的引文〔2〕。可以嘗試將引文語句與 BD11193 文本進行比對,探討二者在文本淵源上的關係。這部分内容筆者的畢業論文曾有所涉及,但當時的研究還不够深入〔3〕。

卷一九《天帝衆真儀駕品》有:

> 高聖太上大道君,乘碧霞九靈八景流雲之輿,從飛仙羽蓋,桑林千真、紫虚之童三十萬人,顯蓋九霞,迴天傾光,天丁前驅,六師屬天,奔雷揚精,四明扶輪,九靈啓路,五老通津,飛旍瓊塗,流眄高清,上詣九層七映朱宫。右出《洞真靈書紫文上經》。〔4〕

這段引文,勞格文認爲在《紫文上經》中部分可見,在《上清玉帝七聖玄紀迴天九霄經》中全部可見〔5〕。石井昌子認爲這段文字與《紫文上經》開頭文體相似,屬於《靈書紫文》〔6〕。周作明認爲實見於今本《上清玉帝七聖玄紀迴天九霄經》,疑爲編纂者誤題〔7〕。後在其點校本《無上秘要》中,上述引文最後直接被改作"右出《洞真七聖元紀經》"。並解釋爲今本"三經"未見,而存在於《洞真七聖元紀經》中,當爲原本誤題或竄

〔1〕 王卡《南北朝隋唐時期的道教類書——以敦煌寫本爲中心的考察》,榮新江主編《唐研究》第 19 卷,北京大學出版社,2013 年,501—507 頁。

〔2〕 對於這四處引文,勞格文先生將卷九二《昇上清品》和卷九四《昇紫薇宫品》歸爲一種經典《琅玕上經》。將卷一九《天帝衆真儀駕品》和卷九四《昇太空品》歸爲《紫文上經》。詳見 *Wu-Shang Pi-Yao : somme taoiste du VIe siècle*, Paris: Ecole Française d'Extrême-Orient, 1981, pp.229, 237-238.;李麗涼將卷九二《昇上清品》和卷九四《昇紫薇宫品》歸爲《琅玕上經》,卷九四《昇太空品》歸爲《紫文上經》,卷一九《天帝衆真儀駕品》歸爲《上清玉帝七聖玄紀迴天九霄經》,詳見《〈無上秘要〉之編纂及道經分類考》,政治大學碩士論文,1998 年,151、157—158 頁;周作明將這四處引文都視爲古《靈書紫文》,詳見其《〈無上秘要〉與早期道書》,《西南民族大學學報》2015 年第 3 期,83 頁;尹昌傑將《洞真太微靈書紫文上經》和《洞真靈書紫文上經》視爲一種經典,另將卷九四《洞真靈書紫文》單列爲一種經典,詳見氏著《道教類書〈無上秘要〉研究》,首都師範大學碩士學位論文,2016 年,75—77 頁。

〔3〕 尚飛《六朝上清經中的金闕帝君》,34—35 頁。

〔4〕 周作明點校《無上秘要》,北京:中華書局,2016 年,198 頁;《道藏》第 25 册,44 頁 c。

〔5〕 John Lagerwey, *Wu-Shang Pi-Yao: somme taoiste du VIe siècle*, p.237.

〔6〕 石井昌子《『霊書紫文』考》,13 頁。

〔7〕 周作明《〈無上秘要〉與早期道教經書》,83 頁。

奪所致[1]。尹昌傑認爲該引文的問題其一可能是《無上秘要》引文出處標注錯誤,其二是古《靈書紫文》中確實有關於"高聖太上大道君"的相關内容。他傾向於第一種可能[2]。郜同麟認爲《紫文上經》未見,從文字内容上是某種版本的序,説明《靈書紫文》的序多抄自其他道經,並存在多種版本[3]。筆者認爲上述引文雖現存"三經"未見,但某些詞句與《紫文上經》開始部分類似,不能排除佚失可能性。另外,早期《靈書紫文》也可能是包含諸多上清經的叢書,是一個總稱。

卷九二《昇上清品》與卷九四《昇紫薇宫品》中的引文,與今本《琅玕上經》相比,幾乎完全一致,個别字詞略有差異。

最值得注意的是卷九四《昇太空品》(以下簡稱"《秘要》本")。引文如下[以《無上秘要》引文爲底本,部分異體字改爲標準字,灰色區塊部分爲《無上秘要》有而道藏本《紫文上經》所無者,()所標示者爲道藏本《紫文上經》之文字,〔〕所標示者爲《無上秘要》原缺據道藏本《紫文上經》所補文字。]:

上清金闕靈書紫文,採服(飲)日華飛根,以散解死結,保凝泥丸,混生雌雄,固魂養神,身得玉皇,氣同三光。案此吞〔日〕氣之法,昔受之於太微天帝君,一名赤丹金精石景水母玉胞之經也。當常伺見日初出之時,乃對日東向,叩齒九通。畢,心中陰祝(咒)呼日魂之名、日中五帝之字〔曰〕:日魂珠(朱)景,照韜緑映,迴霞赤童,玄炎飆像。……又存令五氣(色)上至頭頂……自復有紫氣大如目瞳(童)者,累重數十,焆(炫)焕在五光之中,名之〔曰〕日華飛根、玉胞水母也,……嚥(咽)氣畢,又嚥唾(咽液)九過。畢,又叩齒九通,微祝(咒)曰:赤鑪(廬)丹氣……服(飲)食朝華……祝畢,向日再拜。真仙之中百萬人以(已)上,無有一人知日魂之名〔者矣〕。此道玄妙,非腐(血)食臭骸可得聽聞〔者也〕。天陰無日,可於密室中所卧潔浄處……若學者(道士)休糧山林……得日日服(飲)日根之霞,吞太陽之精,則身(立覺體)生玉澤,面有流光〔也〕。……此日是日魂下接飛根盈滿水母玉胞(辟夢之時也)。行之一十八年,玉(上)清太素三元君當錬以金真,映(瑩)以玉光,位爲玉皇,飛行太空。右出《洞真靈書紫文》。[4]

原引文較長,只節選部分字詞有差異内容來分析。石井昌子曾對這段引文做過比

[1] 《無上秘要》,198 頁注七。

[2] 尹昌傑《道教類書〈無上秘要〉研究》,76 頁。

[3] 郜同麟《〈靈書紫文經〉新考》,180 頁。

[4] 《無上秘要》,1175—1178 頁;《道藏》第 25 册,268 頁 c—269 頁 a;《道藏》第 11 册,381 頁 c—382 頁 b。

對,她認爲從相異的地方看有大半與今本《紫文上經》不同,與今本只是大致一樣[1]。她没有對引文與今本的差異進行細緻分析。通過對比,上述引文除異體字、同義字外,與今本的主要差異有以下三點:

第一,首句差異較大。《秘要》本的"採服日華飛根,以散解死結,保凝泥丸,混生雌雄,固魂養神,身得玉皇,氣同三光。案此吞氣之法",在《紫文上經》中直接縮爲"採飲飛根吞日氣之法"。

第二,《秘要》本中的"服"在《紫文上經》中皆做"飲"。《秘要》本"日華""玉胞"在《紫文上經》中已無。柏夷通過《真誥》等相關道經的引文,關注到《紫文上經》缺失"玉胞"這一術語[2]。《真誥·協昌期第一》中有與之相關的誥語:

> 日中五帝字曰:日魂珠景,昭韜緑映,迴霞赤童,玄炎飆象。凡十六字。此是金闕聖君采服飛根之道,昔受之於太微天帝君,一名赤丹金精石景水母玉胞之經。
>
> 右英云:珠圓會暉韜緑凝,日霞焕明,赤童秉靈,玄炎散光,飆象鬱清,此日之勢也,神之威也。此説按紫文曰日魂事,義旨不正可領。[3]

根據後文小字注解,這段誥語出自《紫文·日魂》,正文又提到"金闕聖君",當與早期《靈書紫文》關係密切。而引文中"日中五帝"的"十六字"、"服"的使用、"赤丹金精石景水母玉胞之經"與《秘要》本所用相同。可推知《秘要》本在版本上可能與陶弘景時的《靈書紫文》接近。

第三,《秘要》本"真仙"數量爲"百萬人以上",在《紫文上經》中爲"萬人以上"。"百萬"和"萬"之間有不小的差距。《秘要》本有"玉清太素三元君",而在《紫文上經》中直接爲"上清"。對於"玉清太素三元君",在《上清大洞真經》中有"上元大(太)素三元君道經第八"[4],後有提到"太素"爲"三素母"[5];約東晉早期的《上清三元玉檢三元布經》中有"太素三元君,乃一真之女子,則三素元君之母也。太素元君,虚結空胎,憑華而生,誕於高上上清寶素九玄玉皇天中"[6],後文又言"有知太素三元君,壽與天

[1] 石井昌子《『霊書紫文』考》,16 頁。

[2] Stephen R. Bokenkamp, *Early Daoist Scriptures*, pp.285－286. 柏夷關注到《紫文上經》不但缺失"玉胞"這一術語,也缺失"玉胎"這一術語。認爲可能的原因是違反太陽爲陽,月亮爲陰的常識。

[3] 《真誥》,164 頁。

[4] 《道藏》第 1 册,525 頁 c。

[5] 同上書,526 頁 a。

[6] 《道藏》第 6 册,224 頁 a。

地同久，存思則見太素三元君真形”[1]。可知在早期上清經中，“太素三元君”是神格地位較高的一位女仙真。按《紫文上經》，用“上清”取代具體的仙真“玉清太素三元君”，有刻意抬高“上清”地位及規整仙真之意。可能表明《紫文上經》是後出本。

綜合以上三點，《秘要》本在語句上、字詞上以及版本上，可能比《紫文上經》更接近《靈書紫文》原初狀態。

前文提到，BD11193 寫卷比《紫文上經》早，可能更接近早期面貌。那麽 BD11193 與《秘要》本之間是否存在一定的聯繫？二者在成書時間上孰前孰後呢？由於二者在内容上没有相關重疊部分，只能從個别同義詞語上嘗試進行探討。比如，BD11193 和《秘要》本都有使用“咽唾”“學者”，而在《紫文上經》中相關内容都作“咽液”“道士”。表明二者可能存在一定的淵源。由於今本《無上秘要》是殘卷，那麽是否存在這樣一種可能，即 BD11193 是《無上秘要》已佚卷的内容呢？在《無上秘要》點校本中，根據敦煌本 P.2861.1《無上秘要目録》，得卷六十八有《制七魄品》[2]。而 BD11193 在内容上與之相符，也是講述“制七魄”的。

從字跡上看，BD11193 與 16 件敦煌本《無上秘要》是否存在關聯的可能性呢？根據王卡的研究，他考察 16 件寫本的書法筆跡，分爲兩類寫本：標明抄寫者馬處幽、馬抱一的“馬氏叔侄寫本”（甲本）和佚名氏寫本（乙本）。並從内容提要上推斷故宫藏本（新 57489）亦爲馬氏叔侄寫本[3]。筆者將 BD11193 與王卡所提到的兩類寫本進行比對，發現筆跡、紙質均不同，當不屬於這兩類寫本範圍。王卡也提到現存敦煌道經中尚有數件殘片疑似《無上秘要》，但缺乏認定證據[4]。所以，BD11193 殘片雖然無法在字跡上與現存敦煌《無上秘要》寫本吻合，但從文本内容上不能排除爲《無上秘要》佚文的可能性。

另外，還有值得注意的一點是，BD11193、《秘要》本、《紫文上經》中的“微祝（咒）”語，除了個别字詞，内容上基本一致。也可説明道經在流傳過程中，雖然經文内容可能會有所變化，但“微祝（咒）”語可能因其神聖性，反而發生變化的概率較小。

---

〔1〕《道藏》第 6 册，226 頁 a。
〔2〕《無上秘要》，19 頁目録。
〔3〕王卡《南北朝隋唐時期的道教類書——以敦煌寫本爲中心的考察》，501—507 頁。
〔4〕同上文，506 頁。

五 結 語

目前看，BD11193 寫卷由於首尾殘缺，其性質還無法明確判斷。它有可能是道教類書的引用，亦有可能是單篇的經文。《國家圖書館藏敦煌遺書》將其直接定名爲《上清金闕帝君靈書紫文上經》，與今本《紫文上經》一樣，有些欠妥。二者在一些詞句、身神觀念上還有不小的差異。BD11193 從文字風格上看，與《無上秘要・昇太空品》有一定的相似性，二者可能來自於同一個祖本，更接近《靈書紫文》早期文本。

而今本《紫文上經》，雖然保留了不少東晉原本的内容，但其應當是一個後出整合本，對一些觀念、身神、修煉方法進行了規整。所以，使用今本來説明東晉時期上清經的情況，應當謹慎小心。而今本比較可靠的地方就是"微祝（咒）"語，因其神聖性，發生變動的可能性較低。

（作者單位：首都師範大學歷史學院）

《敦煌吐魯番研究》第二十二卷
2023 年,33—71 頁

《聖喬治受難記》在中亞與中國的流傳

林麗娟

作爲西方最爲知名的聖徒傳記之一,《聖喬治受難記》(*Passio of St George*)曾被譯介爲多種語言,擁有複雜而悠久的流傳和發展史。這部聖徒傳不僅在希臘和拉丁傳統中有複雜的流變,也廣泛傳播至東方諸傳統,擁有科普特語、埃塞俄比亞語、努比亞語、亞美尼亞語、敘利亞語、阿拉伯語等不同語言版本,甚至也一度流行於高昌回鶻時期(9—13 世紀)的吐魯番[1]。在 20 世紀初德國的吐魯番探險活動中,西旁遺址出土了包括敘利亞語、粟特語和回鶻語在内的多種胡語《聖喬治受難記》殘篇[2]。近年,在福建霞浦新發現的摩尼教科儀文書《摩尼光佛》中,又出現了一份漢文《吉思咒》,已被證明是《聖喬治受難記》的一份縮略改寫本[3]。由於霞浦文書中保存的諸多漢文文本可

---

〔1〕 關於各傳統中流傳的《聖喬治受難記》文本出版情況,參見 W. Haubrichs, *Georgslied und Georgslegende im frühen Mittelalter, Text und Rekonstruktion*, Königstein: Scriptor, 1979, pp.206 – 209.

〔2〕 O. Hansen, *Bruchstücke einer soghdischen Version der Georgspassion (C1)*, (Abhandlungen der Preußischen Akademie der Wissenschaften Jahrgang 1941 Philosophisch-historische Klasse), Berlin: W. de Gruyter, 1941; I. Gershevitch, "On the Sogdian St. George Passion," *Journal of the Royal Asiatic Society*, vol.78, 1946, pp.179 – 184; É. Benveniste, "Fragments des actes de Saint Georges en version sogdienne." *Journal Asiatique*, vol.234, 1943 – 45, pp.91 – 116; N. Sims-Williams, "A Newly Identified Sogdian Fragment from the Legend of Saint George." *DABIR: The Digital Archive of Brief Notes & Iran Review*, vol.6, 2018, pp.110 – 115 (110); N. Sims-Williams, *From Liturgy to Pharmacology: Christian Sogdian Texts from the Turfan Collection*, Turnhout: Brepols, 2019, pp. 61 – 65; W. Bang, "Türkische Bruchstücke einer nestorianischen Georgspassion," *Le Muséon*, vol.39, 1926, pp.41 – 75; C. Weber, "Wenn sie meinen Namen anrufen ...," in: K. Gantke/W. Klein (eds.), *Religionsbegegnung und Kulturaustausch in Asien. Studien zum Gedenken an Hans-Joachim Klimkeit*, (Studies in Oriental Religions, 49), Wiesbaden: Harrassowitz, 2002, pp.218 – 225 (224); P. Zieme, *Altuigurische Texte der Kirche des Ostens aus Zentralasien*, Piscataway (New Jersey): Gorgias Press, 2015, pp.93 – 97;馬小鶴《粟特文〈聖喬治受難記〉與〈吉思咒〉——霞浦文書〈摩尼光佛〉研究》,《國際漢學研究通訊》2016 年第 12 期,45—75 頁。

〔3〕 G. Kósa, "The Fifth Buddha: An overview of the Chinese Manichaean Material from Xiapu (Fujian)," *Manichaean Studies Newsletter*, vol.28, 2013, pp.9 – 30; Xiaohe Ma, "Remains of the Religion of Light in Xiapu (霞浦) County, Fujian Province," in: S. G. Richter, C. Horton, K. Ohlhafer (eds.), *Mani in Dublin: Selected Papers from the Seventh International Conference of the International Association of Manichaean Studies in the Chester Beatty Library, Dublin, 8 – 12 September 2009*, Leiden, 2015, pp.228 – 258; Xiaohe Ma, "A Chinese Summary of the Martyrdom of (轉下頁)

被斷代至 11 世紀早期，且其中包含了不少中古伊朗語的漢文轉寫，最早可被追溯至唐代[1]。總的來説，《吉思咒》的發現表明《聖喬治受難記》不僅在高昌回鶻廣爲流傳，也在相當早的時期就被介紹到漢語傳統，流佈於中國南方，以及被吸收和轉化到其他民間宗教文獻之中。

自《吉思咒》發現以來，在學界引起了不少争論，尚存不少疑難有待探索。在 2015 年發表的《福建霞浦抄本元代天主教贊詩辨釋——附：霞浦抄本景教〈吉思咒〉考略》一文中，林悟殊指出該咒就具體行文而言或有不連貫之處，建議對文書中部分語句的順序進行調整，比如將“刀梯及鐵銃，鐵靴滅（蒺）藜等，劍輪刑害具，甘心不辭苦”移到“計薩復祚恕（作怒），四毒加刑害”之後，如此諸種刑罰便被集中到一起，句意更加通順[2]。然而，《吉思咒》句序是否需要調整，對於這一問題的考量應在與其西方早期文本形態比較的基礎上進行。在發表於 2016 年的《粟特文〈聖喬治受難記〉與〈吉思咒〉》一文中，馬小鶴綜述了西方學界關於《聖喬治受難記》文本流傳的研究史，並依據西方既有的研究，簡略介紹了《聖喬治受難記》在希臘、拉丁和東方傳統（尤其敘利亞語）諸文本，以及吐魯番出土殘篇的情況。馬小鶴特别將《吉思咒》與敘利亞語傳世本《聖喬治受難記》、吐魯番出土的粟特語殘篇進行了比對，據此指出該咒行文結構直接對應於這兩種《聖喬治受難記》的情節發展。馬小鶴進一步推測漢文《吉思咒》可能根據粟特語本縮寫而來[3]。

在前人研究的基礎上，本文擬繼續探討相關問題。在研究思路上，本文同意對《吉思咒》行文結構的理解應建立在系統考察文本流傳史的基礎上，並且同意相比希臘語本，《吉思咒》可能更直接對應於中古時期流傳至吐魯番的諸東方文本。不過，前人研究尚有未盡之處，本文希望補充論述的，主要有如下兩點。

（接上頁）St. George," *Eurasian Studies*, vol.5, 2017, pp.457 - 489; Xiaohe Ma & Chuan Wang, "On the Xiapu Ritual Manual Mani the Buddha of Light," *Religions*, vol.9, 2018, pp.1 - 40; Yuanyuan Wang & Wushu Lin, "Discovery of an Incantation of St. George in Ritual Manuscripts of a Chinese Folk Society," *Monumenta Serica: Journal of Oriental Studies*, vol.66, no. 1, 2018, pp.115 - 130.

〔1〕 Xiaohe Ma, "On the Date of the Ritual Manual for the Celebration of the Birthday of the Ancestor of Promoting Well-being from Xiapu," *Open Theology*, vol.1, 2015, pp.455 - 477.

〔2〕 林悟殊《福建霞浦抄本元代天主教贊詩辨釋——附：霞浦抄本景教〈吉思咒〉考略》，《西域研究》2015 年第 4 期，115—134 頁（130—133 頁）。同一觀點亦參 Yuanyuan Wang & Wushu Lin, "Discovery of an Incantation of St. George in Ritual Manuscripts of a Chinese Folk Society," p.126；林悟殊《霞浦鈔本〈吉思咒〉爲唐代景教遺偈考》，林悟殊著，殷小平整理增訂《唐代景教再研究》（增訂本），上海：商務印書館，2021 年，491—501 頁（493 頁）。

〔3〕 馬小鶴《粟特文〈聖喬治受難記〉與〈吉思咒〉——霞浦文書〈摩尼光佛〉研究》，45 頁。

第一,先前的研究尚未注意到《聖喬治受難記》文本的流傳存在若干分期。作爲流行程度極高的聖徒傳記,《受難記》自誕生之後便處於動態的發展變化之中,而處於某一發展階段中的文本往往呈現出若干與其他階段文本截然不同的特徵。如前所述,在馬小鶴發表於 2016 年的文章中,曾將《吉思咒》與傳世敘利亞語《聖喬治受難記》、吐魯番出土的粟特語殘篇,以及來自希臘、拉丁和東方諸傳統的文本進行了比對,但這些文本是否歸屬於同一階段的《聖喬治受難記》,哪一種可以反映更爲古老的文本特徵,這些問題尚未見充分討論。本文將追問在吐魯番發現的諸文本與希臘文本的關係,探討其中保留的古老元素。這將不僅有助於我們更準確地斷代吐魯番出土的諸種《受難記》,理解其流傳的歷史,也將直接關係到《吉思咒》在文本流傳史中的定位。

第二,在吐魯番出土《受難記》諸胡語本中,作爲粟特語和回鶻語譯本的母本,敘利亞語文本無疑具有特殊的重要性。由於敘利亞語是東方教會的主要禮拜語言和文獻語言,希臘語《受難記》在流傳初期即被譯爲敘利亞語,後經敘利亞基督徒傳播至中亞,繼而被譯爲粟特語和回鶻語。因此,敘利亞傳統是我們瞭解中古時期中亞和中國《聖喬治受難記》的關鍵一環,這或許也是馬小鶴選用敘利亞語傳世本作爲文本比較主要參照系的原因。但是,《聖喬治受難記》在敘利亞傳統中的流傳情況如何? 敘利亞語傳世本《受難記》與吐魯番出土的敘利亞語殘篇是否同一文本? 這些問題尚未見討論。本文將指出,吐魯番出土敘利亞語殘篇與傳世敘利亞語《受難記》有顯著的不同,代表更加古老的文本形態。也正是這一文本,更爲嚴格地對應了《吉思咒》的情節發展順序,有助於我們更準確地把握《吉思咒》的具體内容。在接下來的論述中,本文將針對以上兩點進行闡述,並在此基礎上綜合討論中古時期《聖喬治受難記》在中亞與中國的流傳。

一 《聖喬治受難記》的文本發展歷程:希臘與拉丁傳統

1.1 希臘傳統中的《聖喬治受難記》

根據西方學界的研究,《聖喬治受難記》的最早版本約於 4 世紀下半葉誕生於小亞細亞東部卡帕達奇亞(Cappadocia)地區[1]。20 世紀初,德國拜占庭學家克倫巴赫爾(Karl Krumbacher)在其生前最後一部著作《希臘傳統中的聖喬治》(*Der heilige Georg in*

〔1〕 參見 W. Haubrichs, *Georgslied und Georgslegende im frühen Mittelalter*, p.224.

der griechischen Tradition)[1]中,曾將聖喬治故事在希臘傳統中的發展歷程總結爲四個階段,即:1. 原始文本/達殿努斯類(Urtext, Dadianostypus);2. 古老的戴克里先類(Alte Diokletiantypen);3. 較晚近的戴克里先類(Jüngere Diokletiantypen);4. 後期的新發展(Spätere Neubildungen)[2]。在四階段説中最爲核心的是兩種類别,即達殿努斯類和戴克里先類。在早期的聖喬治故事中,迫害基督徒的國王是波斯王達殿努斯(Dadianos),而在後來的發展中,這位被虚構出來的波斯王逐漸被替換爲歷史上真實存在過的迫害者羅馬皇帝戴克里先(Diokletian)。達殿努斯和戴克里先因此成爲判斷文本分期的一個重要根據。

1.1.1　古老的達殿努斯類

在現存《聖喬治受難記》的希臘語抄本中,可見一類抄本當中記載的故事呈現出不同於後世流行文本的面貌,其中迫害者爲波斯王達殿努斯,聖喬治在其手下遭受多輪酷刑,多次死亡又多次復活,克倫巴赫爾稱此類文本爲"古老的民間故事"(das alte Volksbuch)。通過此對類文本現存抄本[3]的細緻考察,克倫巴赫爾總結出最古老的聖喬治受難故事的基本情節特徵,他稱之爲古老的達殿努斯類(或稱原始文本)的"試金石"(Prüfsteine):

① 國王達殿努斯

② 72(70)位地方長官(Statthalter)

③ 魔法師亞他那修(Athanasius)與公牛

④ 亞他那修與毒藥

⑤ 多種酷刑

⑥ 多次死亡

⑦ 將軍阿納托利烏斯(Anatolius)皈依,此處尚未提及普若托萊翁(Protoleon)

⑧ 復活 Scholastike 之公牛

〔1〕 K. Krumbacher, *Der heilige Georg in der griechischen Tradition*, München: Verlag der Königlich Bayerischen Akademie der Wissenschaften, 1911.

〔2〕 K. Krumbacher, *Der heilige Georg in der griechischen Tradition*, pp.281 – 302. 亦參 A. Kazhdan ed., *The Oxford Dictionary of Byzantium*, Vol.2, New York & Oxford: Oxford University Press, 1991, p.834, George (saint) 詞條。關於希臘傳統中聖喬治相關文本參 BHG 669y – 691y.

〔3〕 其中包含現存最早的希臘語抄本、可被斷代至五到六世紀的維也納重寫本(Wiener Palimpsest, Pal.)以及一系列較爲晚近的希臘改寫本如 Athen., Ven., Berr., Wien., Paris.。除了古老的民間故事,《聖喬治受難記》原始文本的部分情節也散見於後來的常見類文本、加以辭藻修飾的改寫本和贊美詩(特别拜占庭作曲家聖羅曼諾斯所作贊美詩)當中,參見 K. Krumbacher, *Der heilige Georg in der griechischen Tradition*, pp.289 – 290.

⑨ 復活名爲 Jobel(Jubala/Jobes 等)之死者

⑩ 貧窮寡婦與其病兒

⑪ 寢宫中令王后皈依

⑫ 處決王后

⑬ 祈求恩典(Gnadenwirkung),深入細節(如爲官司纏身者、海上遇險者祈求恩典)[1]

⑭ 作者帕西克拉特斯(Pasicrates)[2]

克倫巴赫爾認爲,以上情節按照同一順序出現在來自不同傳統的多部早期抄本當中,可追溯到最古老的原始文本(具體所指參下頁 * *X-Lat.* 情節介紹)。由於在 7 世紀或者更早的時期,戴克里先類文本基於教會支持已經幾乎完全取代了古老的達殿努斯類,這增加了識别後者的難度。不過,儘管原始文本遭到長期的壓制,但相當部分的古老情節仍被保留在一些不起眼的、往往被忽視的抄本之中,流傳了下來。雖然這些文本往往也都經歷了不同程度的改寫,但比較這些抄本,依然可見它們保留了相當多不同於後來常見類文本的情節,部分情節甚至字字對應,從而印證了它們來自一個共同的古老傳統。在克倫巴赫爾看來,以上十四種情節不僅反映希臘傳統中達殿努斯類文本的共同特徵,也可在拉丁和東方傳統中找到依據,可被視爲區别於後來的戴克里先常見類的主要特徵,是檢驗一個文本是否存在古老的達殿努斯類特徵的試金石[3]。

與克倫巴赫爾不同,德國學者豪貝里希(Wolfgang Haubrichs)認爲,更爲經濟的方法是直接選定某一部早期文本作爲比較的基礎。在豪貝里希看來,儘管不應預設某一部文本一定是現存最古老的,但我們有理由基於目前已有的研究成果選擇最有可能接近原始文本的文本[4]。相比克倫巴赫爾的研究方法,這一做法可以方便地展現古老的達殿努斯類文本可能的全貌。而在克倫巴赫爾的研究中,已經判定古老的達殿努斯

[1] 此處除了官司纏身者之外,克倫巴赫爾還列舉了海上遇險(Meeresgefahr)者,此處疑爲一處筆誤。古老的達殿努斯類文本所祈求恩典的對象包括夜有噩夢者、官司纏身者、遇天大旱者和身有疾患者(參比如 Athen., * *X-Lat.*),而晚出的戴克里先類文本則給出了另一種表述:爲承受壓力者、病人、飢民、恐懼者、海上遇險者、深陷困境者或官司纏身者祈求恩典(參比如 Interpol.)。關於兩類文本的比對參筆者。一系列屬於古老的達殿努斯類文本中的祈求恩典降臨部分中也包含聖喬治對達殿努斯和諸王的詛咒(參比如 * *X-Lat.*, Athen., Kopt., Arm.),參 K. Krumbacher, *Der heilige Georg in der griechischen Tradition*, p.117.

[2] K. Krumbacher, *Der heilige Georg in der griechischen Tradition*, p.289.

[3] K. Krumbacher, *Der heilige Georg in der griechischen Tradition*, pp.289 – 290.

[4] W. Haubrichs, *Georgslied und Georgslegende im frühen Mittelalter*, p.209.

類不僅在一系列希臘語抄本中留有痕跡,其情節在東方傳統(特別是科普特)和西方拉丁傳統(特别是 Codex Gallicanus,簡稱 Gall.[1])中得以保存[2]。通過對拉丁傳統的系統研究,豪貝里希進一步將 Gall. 回溯到 * *X-Lat.*,認爲後者代表現存《受難記》最古老的文本形態(約 5 世紀),其中主要包括了以下基本情節(縮略版):

① **帝國集會**(達殿努斯與七十二國王):達殿努斯召集臣服於他的七十二國王,頒布敵基督徒法令,展示諸種刑罰。見此場景,集會中有基督徒不敢承認其信仰。

② **喬治之出身**:集會中有來自卡帕達奇亞的軍官喬治,官至伯爵(comes),本欲到達殿努斯身邊爭取執政官(consul)一職。在聽聞敵基督法令後,喬治散盡家財於貧苦之人,譴責諸異教偶像。

③ **宗教對話**:達殿努斯與喬治對話,達殿努斯認阿波羅和尼普頓(Neptun)爲神,並詢問喬治籍貫和名字,喬治認信基督教。

④ **第一輪酷刑**:達殿努斯被激怒,下令對喬治施以如下刑罰:a 綁在木馬形狀的支架(eculeus)上用鐵梳(ungulis)剮;b 被帶至城外,用多種刑具折磨,鹽撒傷口,粗布摩擦傷口;c 穿上佈滿尖釘的鐵靴;d 關進一隻巨大的箱子中,其中佈滿尖釘和鐵鈎;e 用鐵錘敲其頭至腦漿從鼻孔湧出;f 關進監獄,將一根十八人難以抬動的巨大石柱放在其身上。所有酷刑均不能傷喬治分毫。

⑤ **上帝顯現於獄中**:喬治於獄中贊美上帝,上帝和天使顯現,預告其將承受七年苦難,三次死亡和三次復活。第四次處決後他將榮升天國,成爲天國最大聖者。

⑥ **百次擊打**:次日被帶去見達殿努斯。喬治被鞭打至後背百道傷痕,前腹四十道傷痕。

⑦ **魔法師亞他那修**:達殿努斯召集魔法師亞他那修以擊敗喬治。亞他那修展示其

[1] 著名博蘭學者(Bollandist)帕本布魯克(Daniel van Papenbroeck, 1628 – 1714)在爲《聖徒傳》(*Acta Sanctorum*)整理聖喬治相關文本時發現了 Codex Gallicanus,但帕本布魯克認爲這一文本並不可信,故只謄抄了該抄本開頭部分。1874 年阿恩特(Wilhelm Arndt)在布魯塞爾的博蘭學者圖書館(Bollandist library)重新發現了這部 9 世紀的抄本(標號爲 Cod. Bruxelles Bibl. Boll. 14),並將其刊佈,參 W. Arndt, "Passio Sancti Georgii," *Berichte über die Verhandlungen der k. sachs. Gesellschaft der Wissenschaften zu Leipzig, Phi.-Hist. Classe*, Leipzig: Weidmann, 1875, pp.43 – 70. 豪貝里希在其著作中綜合包括 Codex Gallicanus 在内的多部屬於 X-type(形成於約 5 世紀早期,參 W. Haubrichs, *Georgslied und Georgslegende im frühen Mittelalter*, pp.225, 241)的抄本信息,重構出母本 * *X-Lat.*。對於阿恩特所刊布 Gall.的最新英譯參 D. Bryson & R. Pearse, "Pseudo-Passecrates, The *Passio* of St. George," 綫上發表於 https://www.roger-pearse.com/weblog/wp-content/uploads/2020/11/St-George-Passio-Original-Apocryphal-Form-2020.pdf. 關於博蘭學者與《聖徒行傳》的編纂,參彭小瑜《近代西方古文獻學的發源》,《世界歷史》2001 年第 1 期,111—115 頁。

[2] K. Krumbacher, *Der heilige Georg in der griechischen Tradition*, pp.281 – 285.

魔法,將一公牛一劈爲二,隨即將其復活。

⑧ **亞他那修皈依**:喬治預言亞他那修將皈依。亞他那修兩次毒殺喬治未果。亞他那修皈依基督,隨後被處決。

⑨ **劍輪上第一次死亡**(將軍阿納托利烏斯皈依):國王下令製作一劍輪,其上滿佈利刃、尖釘等。喬治見此輪,心中驚懼,擔憂不能逃脱此苦難,但隨即借助基督之神力而消除疑慮。喬治被劍輪斬爲十塊,經歷了第一次死亡。屍首被扔進泉眼中。上帝和大天使米迦勒顯現,喬治復活。將軍(magister militum)阿納托利烏斯見此率其軍隊皈依基督,隨即被處決。

⑩ **鐵床**:喬治被重新審判,並被放到鐵床之上。他被施以如下刑罰:a 口灌熔鐵和熔鉛;b 將六十隻鐵釘釘入頭部,腹上放巨石,口灌熔鉛,前後滚動巨石以斷其四肢;c 倒吊空中,頸繫巨石,下置火堆以煙薰烤;d 關進滿佈劍與釘之鐵牛。所有酷刑均不能傷喬治分毫。上帝於獄中再度顯現。

⑪ **十四寶座**:衆國王之一馬格内提烏斯(Magnentius)令喬治使十四位國王之座椅重新生長爲樹木。喬治施行神跡。馬格内提烏斯將神跡歸於阿波羅。

⑫ **通過鋸與甕第二次死亡**:喬治被鋸爲兩半,第二次死亡,其屍身被扔進甕中烹煮。上帝與天使使之復活。

⑬ **復活公牛**:喬治再度受審。一位婦人祈求喬治復活其死去的公牛,喬治復活公牛。

⑭ **復活死者**:衆國王之一特蘭奎利努斯(Tranquillinus)令喬治復活死者。喬治復活五個男人、九個女人和三個孩童。其中一位名爲 Jovis,已經死去四百六十年。其人自述因其信奉阿波羅而在死後下地獄,喬治使地上湧出泉水,以之爲其施洗。

⑮ **貧窮寡婦**:喬治被送到城中一位赤貧的寡婦家中。喬治請求寡婦施舍麵包,但其家中一無所有。喬治告知寡婦其貧困的原因在於信奉阿波羅和赫拉克勒斯(Hercules)。寡婦爲喬治祈求鄰人施舍麵包。喬治令屋内梁柱長成大樹,結出果實。寡婦皈依基督,並祈求喬治醫治其三月大、目盲、耳聾和腿瘸之小兒。喬治向上帝禱告,使小兒復見光明。

⑯ **被焚燒第三次死亡**:達殿努斯再度請喬治回宫,下令施以如下刑罰:a 鞭刑,用燒紅的頭盔套頭,用鐵鈎撕裂其身體;b 以燃燒的蠟燭按壓肋骨。喬治燃燒如蠟,第三次死亡。屍體被奴僕帶至高山 Asinaris。上帝顯現,使喬治復活,衆僕皈依基督。喬治使地上湧出泉水,以之爲衆人施洗。達殿努斯處決衆人。此事發生於五月十

二日。

⑰ **王后皈依**(寢宫會面):喬治假意答應達殿努斯改信阿波羅。達殿努斯邀請喬治入王后亞歷珊德拉寢宫過夜。喬治與王后一番對話之後,王后皈依基督。

⑱ **摧毁偶像**:喬治醫好寡婦之小兒,令其前往阿波羅神廟,召唤阿波羅神出來見喬治。阿波羅神承認自己並非真神。喬治送其入地獄。喬治摧毁赫拉克勒斯像及其他神像。喬治被重新帶去見達殿努斯。

⑲ **王后受難**(遭受多輪酷刑之後被處决):達殿努斯發現王后皈依基督,對其施以如下刑罰:a 將頭髮倒吊,鞭刑;b 將胸脯倒吊;c 將胸脯放入箱中擠壓;d 以燃燒的蠟燭按壓肋骨。王后請求施洗,喬治答覆她將通過自己的血而被施洗。王后被判處死刑,在禱告之後被處决。此事發生於四月十八日。

⑳ **喬治受難**(受難前詛咒與長篇禱告):喬治向上帝禱告,祈求天上降下烈火毁滅達殿努斯及諸王。五千異教徒同諸王一同死去。喬治重又禱告上帝,稱念喬治名字者將免去災禍,無論官司纏身者、遇天亢旱者、苦難逼身者。喬治被斬首。

㉑ **作者之名**:喬治之僕人帕瑟克拉斯/帕西克拉特斯(Passecras/Pasikrates)忠實地記録了七年間所發生的事情。聖喬治受難於四月二十四日。使三萬零九百異教徒皈依基督。

比較這一文本與克倫巴赫爾所列舉十四種情節,可見後者基本可被囊括在前者之中。而通過 * *X-Lat.*,我們可以更清楚地獲知聖喬治受難記早期文本的情節發展和大致結構。在這一文本中,聖喬治曾三次死亡又三次復活,並在第四次死亡後榮升天國。在七年苦難中,聖喬治遭受了三輪酷刑,施行多次起死復生之神跡,亦令爲數衆多的異教徒皈依基督。 * *X-Lat.* 特别包含種類豐富的神跡故事如上帝之顯現、魔法師亞他那修及其皈依、十四寶座、復活公牛、復活死者、貧窮寡婦、寢宫中令王后皈依。類似情節和結構亦得見於多部希臘語抄本(Athen., Ven., Paris.),拉丁語文本(Sang.)[1],諸東方語言文本如科普特語本(Kopt.)、亞美尼亞語本(Arm.)、埃塞俄比亞語本(Aeth.),以及安卡拉主教狄奥多圖斯(Theodotus bishop of Ancyra)所作長篇聖喬治頌詞(科普特語和埃塞俄比亞語譯本,Theodot)。當然,這些抄本也不同程度地反映了後來的發展變化,部分情節和細節與 * *X-Lat.* 存在出入(參篇末附録二)。在後文的分析中,我們將根據以上 * *X-Lat.* 的主要情節來分析流傳至中亞與中國的《受難記》在多大程度上保存了古老

〔1〕 關於 Sang. 與 * *X-Lat.* 的關係,參第 46 頁注釋 2。

元素。

1.1.2　古老的戴克里先類

最晚到6世紀,達殿努斯類發展爲古老的戴克里先類(Alte Diokletiantypen),其中敵基督者波斯王達殿努斯被替换爲羅馬皇帝戴克里先。克倫巴赫爾認爲此類又分爲兩種,一種較爲古老,另一種較爲晚近,但它們分享如下共同元素:

① 皇帝戴克里先

② 頒布敵基督徒法令

③ 喬治於"不可戰勝之師"(Numerus der Anikier)服役

④ 散盡家財於貧苦之人

⑤ 摧毁諸偶像

⑥ 喬治於 Diospolis 受審

⑦ 多種酷刑(細節不一)和多次死亡

⑧ 貧窮寡婦

⑨ 復活公牛

⑩ 復活一位(或兩位)死者

⑪ 亞他那修與公牛

⑫ 亞他那修與毒藥

⑬ 亞他那修皈依與被處決

⑭ 寢宫中令皇后皈依

⑮ 從阿波羅神像(及其他神像)驅逐惡靈

⑯ 處決皇后

⑰ 喬治被判死刑

⑱ 喬治之最後禱告(無詛咒)

⑲ 處決喬治

⑳ 帕西克拉特斯作爲作者[1]

與古老的達殿努斯類相比,古老的戴克里先類發生了多處改動:除了迫害者被改爲戴克里先(或出於達殿努斯與戴克里先名字的相似性[2])外,七十二/七十地方長官

〔1〕 K. Krumbacher, *Der heilige Georg in der griechischen Tradition*, p.292.列表略有改動:在喬治之最後禱告加上了"無詛咒"。

〔2〕 K. Krumbacher, *Der heilige Georg in der griechischen Tradition*, p.290.

情節、喬治最後的詛咒均被删去。復活死者數量由多人被減少爲一兩個。但總的來説，古老的戴克里先類文本保留了多次死亡和多次復活的基本結構，也保留了容易引起争議的情節如貧窮寡婦和王后寢宫的情節。古老的戴克里先類文本之特徵較爲集中地體現於希臘語抄本 Paris.和 Wien.當中，其情節和結構也保留於兩首教會贊美詩（Ps.-Romanos I, II, Haubrichs =Lied I, II, Krumbacher）中。古老的戴克里先類内部又有複雜的分支，比如其中一類文本（Paris.）經歷了第二次改寫，其中增加了喬治的早年經歷（Jugendgeschichte），而另有一類文本（Wien.）則包含了反映較晚近戴克里先類文本的特徵如王后未流血之死（見下文）。[1]

1.1.3　較晚近的戴克里先類

在約 550—700 年間，希臘傳統中開始出現了較晚近的戴克里先類。其中主要文本又可再度分爲兩種：一種較爲古老，另一種較爲晚近。前者神跡情節更爲豐富，保留了喬治早年經歷、魔法師亞他那修及其皈依的情節（一個或多個），代表性文本是 8 世紀克里特大主教安德魯（Andrew of Crete）所作頌詞（Andreas II），以及一系列 9—10 世紀修辭性改寫本，如曾被歸於拜占庭最著名的聖徒傳記作家梅塔弗拉斯特（Symeon Metaphrastes）名下、拜占庭作家尼克塔斯（Niketas David Paphlagon）改寫本（**Διοκλ.**），可能爲梅塔弗拉斯特所作另一改寫本（Ἀρτι），以及拜占庭作家達夫諾帕特斯（Theodoros Daphnopates）改寫本（Daphnopates）等；後者又被稱爲經典常見類（kanonischer Normaltypus，簡稱 Norm.），是除 **Διοκλ.** 以外最廣爲流傳的希臘語聖喬治受難記[2]。在經典常見類基礎上又發展出安德魯另一首頌詞（Andreas I）、一首教會贊美詩（Lied III）、經典常見類增補本（Interpol.）以及 10—16 世紀的衆多抄本等。總的來説，較晚近的戴克里先類的共同特徵在於大幅删去或改寫了古老文本中有争議的情節，又對部分保留下來的情節進行了順序的調整[3]。這類文本，特别其中的 **Διοκλ.** 和經典常見類，構成了後世其他聖喬治受難記文本的基礎[4]。

以經典常見類爲例，其具體情節包括（爲方便比較，依 * *X-Lat.* 略作調整，凡黑體字標識者可在 * *X-Lat.* 找到對應，下文同）：

〔1〕 K. Krumbacher, *Der heilige Georg in der griechischen Tradition*, pp.290 – 291.

〔2〕 克倫巴赫爾認爲，*Διοκλ.* 改寫本不僅邏輯難以自洽，且内容貧乏，其之所以如此流行，原因或在於這一文本曾被歸於梅塔弗拉斯特名下，參見 K. Krumbacher, *Der heilige Georg in der griechischen Tradition*, pp.190 – 191.

〔3〕 K. Krumbacher, *Der heilige Georg in der griechischen Tradition*, pp.292 – 294; W. Haubrichs, *Georgslied und Georgslegende im frühen Mittelalter*, pp.245 – 246.

〔4〕 K. Krumbacher, *Der heilige Georg in der griechischen Tradition*, p.295.

① 前言：贊頌神之道成肉身，而猶太人和異教徒未能認出。

② **帝國集會**（皇帝戴克里先及其朋友馬格内提烏斯）：皇帝戴克里先及其朋友馬格内提烏斯，均爲敵基督者，阿波羅信徒。戴克里先頒布敵基督法令。戴克里先召集元老、貴族與軍隊集會，發表敵基督講話，無人反對。

③ 喬治之信仰獨白：喬治在一場獨白中表露，自己願意作爲基督的宣信者站出來。

④ **喬治之出身：**來自卡帕達奇亞的喬治，於不可戰勝之師服役，先後任護民官（tribune）和伯爵（comes），在集會上公開認信。

⑤ **宗教對話：**馬格内提烏斯詢問其姓名。戴克里先許諾高官厚禄。

⑥ 矛刑：喬治堅持信仰。遭受矛刺身體，矛好比鉛一樣被折回。

⑦ 石刑：在獄中喬治被架在墩木上，胸上放一塊巨石。

⑧ **劍輪上第一次死亡**（將軍阿納托利烏斯和普若托萊翁皈依）：次日喬治被縛於滿佈利刃的輪上，被斬爲多塊。喬治爲天使所救。喬治來到阿波羅神殿，出現於正在獻祭的戴克里先和馬格内提烏斯面前。將軍阿納托利烏斯和普若托萊翁皈依基督，被戴克里先下令處決。

⑨ **皇后皈依**（無寢宮會面）：皇后於皇帝面前認信基督，並向馬格内提烏斯陳述其皈依的原由。

⑩ 石灰坑（Kalkgrube）：皇帝將喬治扔進石灰坑。三日後被派去的士兵發現喬治未傷分毫。皇后贊頌基督，士兵皈依。

⑪ 燒紅的鐵靴：皇帝再度審問喬治，命他穿上燒紅的、帶尖釘的鐵靴。喬治通過禱告獲得慰藉和治療。

⑫ 牛鞭：喬治被用牛鞭鞭笞。

⑬ **復活死者：**馬格内提烏斯要求喬治復活一位死者。喬治禱告。地震。一位死者於靈柩中復活，請求被施洗。死者報告皇帝，他死於耶穌在世之前，曾爲異教徒。多人皈依。

⑭ 喬治在監獄中行神跡：通過行賄看守者多人來到獄中接受教導，病人被治癒。

⑮ **復活公牛：**農人 Glykerios 來到監獄，祈求喬治復活其死去的公牛，喬治復活公牛。

⑯ **摧毁偶像：**喬治假意答應達殿努斯改信阿波羅。喬治與神廟中驅逐惡靈，衆神像被摧毁。喬治被重新帶去見達殿努斯。

⑰ 皇后與喬治之審判：皇后第三次出現。在皇帝面前向喬治之神禱告。皇帝判處

皇后與喬治死刑。

⑱ **皇后受難**(未流血之死):皇后與喬治同赴刑場,但王后在被處決前死亡。

⑲ **喬治受難**(無詛咒和長篇禱告,日期爲四月二十三日):喬治之最後禱告。喬治請求上帝接納其靈魂,寬恕異教徒和保佑稱念上帝之名者。喬治於四月二十三日周五七時被斬首。

⑳ **作者之名**:帕西克拉特斯,喬治之僕[1]。

作爲教會官方認可和推薦的文本,經典常見類文本極爲流行,幾乎完全取代了具有傳奇色彩的早期文本。與古老的達殿努斯類文本相比,經典常見類文本最明顯的特徵在於取消了三次死亡和三次復活的結構。在古老的戴克里先類文本的基礎上,這一文本進一步删去"招致反感的、令人難以置信的元素"(die anstößigen und unglaubhaften Elemente)[2],比如删去了大量駭人聽聞的酷刑(百道傷痕、鐵床、鋸刑、甕煮、被焚燒),删去了衆多不可思議的神跡或易引發争議的情節,如上帝顯現於獄中、魔法師亞他那修的故事、令十四寶座重新生長爲樹木、貧窮寡婦的故事、聖喬治在王后寢宫,並將王后之處決改成没有流血的死法。喬治的早年經歷亦被删去。保留下來的刑罰也被調整了順序,它們依次包括:矛刑、石刑、輪刑、石灰坑、燒紅的鐵靴、牛鞭。其中原屬第一輪酷刑中的鐵靴刑罰,被移至輪刑之後。王后出現的順序亦有所調整:在經典常見類中,王后在輪刑之後就已皈依。與最古老的 * *X-Lat.* 相比較,還可見以下幾點不同:七十二/七十國王被化簡爲皇帝之友馬格内提烏斯;皈依的將軍阿納托利烏斯皈依被擴展爲將軍阿納托利烏斯和普若托萊翁兩人;復活死者由多人變爲一人;增加了聖喬治於監獄中行神跡情節;處決日期由四月二十四日改爲四月二十三日等。此外,達殿努斯類文本曾經列舉稱念聖喬治之名者將免去官司、亢旱等諸種災禍,但此類細節描述不僅不見於經典常見類,且在那裏稱念聖喬治之名被改爲"稱念上帝之名"[3]。

1.1.4 後期的新發展

最後階段是後期的新發展。11 世紀之後,具有傳奇色彩的神跡故事重新出現於聖喬治的故事之中。不過,與之前不同的是,新的神跡故事往往以獨立的形式流傳,它們在抄本中出現於《受難記》之後,或者完全單獨出現。與之前文本不同的另一點在於,此時神跡故事往往發生在聖喬治身後,初期尚僅有一兩例神跡,後來成組出現,多至十

[1] K. Krumbacher, *Der heilige Georg in der griechischen Tradition*, pp.162–163.

[2] K. Krumbacher, *Der heilige Georg in der griechischen Tradition*, p.293.

[3] C. Weber, "Wenn sie meinen Namen anrufen ...," p.224.

二種。部分神跡可對應《受難記》早期文本中的古老情節。值得注意的是,僅有一例神跡發生於聖喬治受難之前,這就是聖喬治屠龍的故事,也是我們現在耳熟能詳的"屠龍的聖喬治"形象[1]。

總的來看,《聖喬治受難記》在希臘傳統中從達殿努斯類到戴克里先類的發展經歷了相當長的時間,其間情節發展和敘事順序一再被調整。在發展過程中,改寫者往往傾向於删去和改變招致反感的、令人難以置信的元素,但不少此類元素仍在古老的、甚至晚近的戴克里先類中得以留存。一次關鍵的轉變在於6—8世紀經典常見類的出現,不僅删去了聖喬治的多次死亡、貧窮寡婦、王后寢宫皈依等情節,並且決定性地調整了敘事順序。古老的達殿努斯類文本之所以被後來的經典常見類所取代,其中最重要的原因在於教會的態度。古老民間故事當中有關殘酷刑罰的誇張描述、聖徒多次死而復生的神跡,以及有悖於基督教精神的詛咒等,在教會中遭遇抵觸。在被歸於教宗格拉修(Gelasius, 492－496)名下的格拉修諭旨(Decretum Gelasianum)中,古老的達殿努斯類《受難記》文本已被視作僞經[2]。拜占庭作家尼克塔斯則認爲古老的達殿努斯類文本乃出自魔鬼之手[3]。來自教會的抵觸和批判促成了對於《聖喬治受難記》的多次改寫,也促成了後來經典常見類文本的流行[4]。另一方面,正如克倫巴赫爾所指出的,古老的達殿努斯類並未因爲教會的批判而消失,尼克塔斯的批判恰恰印證了這一古老文本直到9世紀末依然在流行[5]。拜占庭作家達夫諾帕特斯(Theodoros Daphnopates)更在其《受難記》改寫本中添加了古老文本的元素,試圖在傳奇文本與常

〔1〕參見K. Krumbacher, *Der heilige Georg in der griechischen Tradition*, pp.295ff.關於聖喬治神跡故事在希臘和拉丁傳統中的流傳參見J. B. Aufhauser, *Das Drachenwunder des Heiligen Georg in der griechischen und lateinischen Überlieferung*, Leipzig: B.G. Teubner, 1911; J. B. Aufhauser, *Miracula S. Georgii*, Leipzig: B.G. Teubner, 1913; A.-j. Festugière, *Collections grecques de Miracles*, Paris: A. et J. Picard, 1971; C. Walter, *The Warrior Saints in Byzantine Art and Tradition*, London & New York: Routledge, 2003, pp.119－121; J. Good, *The Cult of St George in Medieval England*, Woodbridge (Suffolk): The Boydell Press, 2015; M. Collins, *St George and the Dragons: The Making of English Identity*, Stroud: Fonthill, 2018.神跡故事不僅存在於希臘和拉丁傳統中,也傳播於東方傳統,特别是科普特語和埃塞俄比亞語,參比如科普特語:Sir E. A. Wallis Budge, *The Martyrdom and Miracles of Saint George of Cappadocia. The Coptic Texts edited with an English Translation*, London: D. Nutt, 1888;埃塞俄比亞語:Sir E. A. Wallis Budge, *The History of George of Lydda the Patron Saint of England: A Study of the Cultus of St. George in Ethiopia*, London: Luzac & CO., 1930; V. Arras, "La collection éthiopienne des miracles de S. Georges," *An. Boll.*, vol.78, 1960, pp.273－284.因聖喬治故事的後期新發展並非本文論述重點,故下文不再單獨介紹。

〔2〕PL 59, col. 160－161。

〔3〕參見BHG 675z; K. Krumbacher, *Der heilige Georg in der griechischen Tradition*, pp.181－183.

〔4〕參見J. Good, *The Cult of St George in Medieval England*, pp.25－26.

〔5〕K. Krumbacher, *Der heilige Georg in der griechischen Tradition*, p.184.

見類文本之間達成一種平衡[1]。這些都表明古老的達殿努斯類依然具有持續的生命力。

1.2 拉丁傳統中的《聖喬治受難記》

除了希臘傳統,《聖喬治受難記》在拉丁傳統中也經歷了複雜的流變,在此僅據前人研究就其早期流傳做簡要介紹。如前所述,《受難記》在流傳初期(5 世紀)即被譯爲拉丁語,故拉丁語傳統中保留了現存最古老的達殿努斯類文本 * *X-Lat.*。拉丁傳統中的《受難記》有獨特的發展軌跡,比如其中並没有經歷從達殿努斯類到戴克里先類的轉變,其中迫害者始終是波斯王達殿努斯。依據馬茨克(John E. Matzke)以及豪貝里希的研究,拉丁語《受難記》傳世文本可分三種主要類型:除了最古老的 X 類文本(BHL 3363－65, 3366, 3377, 3383),還存在 Y(BHL 3369－71, 3378－82, 3383b, 3384－85, 3393)和 Z(BHL 3372－75, 3376, 3388, 3391, 3395)兩種類型,而後兩者的主要特點均在於簡化和更改了古老故事的結構[2]。

Y 類文本早在 6 世紀就已出現[3],曾被收録進羅馬城《聖徒受難記》[4],其主要情節如下(據豪貝里希所刊布文本簡寫):

① **帝國集會**(達殿努斯與衆國王):波斯王達殿努斯頒布敵基督法令:波斯王召集臣服於他的衆國王,頒布敵基督徒法令,展示諸種刑罰。

② **喬治之出身**:來自卡帕達奇亞的基督徒喬治現身。

③ **宗教對話**:達殿努斯與喬治對話。

④ **劍輪上第一次死亡**(將軍馬格内提烏斯皈依):國王下令製作一劍輪。喬治見

〔1〕 K. Krumbacher, *Der heilige Georg in der griechischen Tradition*, p.179.

〔2〕 W. Haubrichs, *Georgslied und Georgslegende im frühen Mittelalter*, pp.250－297; J. E. Matzke, "Contributions to the History of the Legend of Saint George, with Special Reference to the Sources of the French, German, and Anglo-Saxon Metrical Versions," *Publications of the Modern Language Association of America*, vol.17, 1902, pp.464－535; vol. 18, 1903, pp.99－171. 豪貝里希另外還指出拉丁語本 *Sangallensis*(Sang.)是 X 類文本的改寫版(BHL 3367－68),其中部分古老傳奇的内容被極大地簡化了,但部分情節相比 Gall.及其親緣抄本更爲豐富,參 W. Haubrichs, *Georgslied und Georgslegende im frühen Mittelalter*, pp.259－261. 在此之外也有中世紀晚期的新發展(BHL 3386－87, 3390, 3396)比如 SFr, Reinbot,雜糅了不同類别文本的元素,參 W. Haubrichs, *Georgslied und Georgslegende im frühen Mittelalter*, pp.297－305.

〔3〕 W. Haubrichs, *Georgslied und Georgslegende im frühen Mittelalter*, p.261. 豪貝里希所刊佈 Y 文本參見同書 474－499 頁。馬茨克針對 Y 類文本所作分析和情節描述參見 J. E. Matzke, "Contributions to the History of the Legend of Saint George," pp.492－507. 在哪些文本屬於 Y 這一問題上,豪貝里希與馬茨克意見相左,參 W. Haubrichs, *Georgslied und Georgslegende im frühen Mittelalter*, p.474. 本文對 Y 類文本的分析依據豪貝里希的較新研究。

〔4〕 W. Haubrichs, *Georgslied und Georgslegende im frühen Mittelalter*, pp.261－262.

此輪,心中驚懼,擔憂不能逃脱此苦難,但隨即借助基督之神力而消除疑慮。喬治被劍輪斬爲十塊,被扔進深井,以巨石封口。上帝和天使米迦勒顯現,救活喬治。喬治重新出現在國王面前。將軍馬格内提烏斯見此與其軍隊一同皈依基督。

⑤ **貧窮寡婦**:喬治被送到城中一位貧窮的寡婦家中。喬治向上帝禱告,使其小兒恢復視覺、聽覺和言語能力。喬治令屋内梁柱長成大樹。

⑥ **十四寶座**:達殿努斯令喬治使十四寶座重新生長爲樹木。喬治施行神跡。

⑦ **摧毁偶像**:喬治假意答應達殿努斯改信阿波羅。喬治醫好寡婦小兒之瘸腿,令其前往阿波羅神廟,召唤阿波羅神出來見喬治。阿波羅神承認自己並非真神。喬治送其入地獄。喬治摧毁其他神像。喬治被重新帶去見達殿努斯。

⑧ **甕中烹煮**:喬治被扔進大鍋烹煮,天使熄滅火焰,向喬治許諾天堂。

⑨ **王后受難**(遭受酷刑之後被處決):達殿努斯發現王后皈依基督,將其頭髮倒吊毒打之。王后請求施洗。天降甘霖,喬治以之爲王后施洗。王后被處決。

⑩ **復活死者**:達殿努斯令喬治復活死者。喬治復活男人、女人兩百人。其中一位名爲 Jobel,已經死去約兩百年。喬治爲其施洗。約 3,535 人目睹神跡,皈依基督。

⑪ **喬治受難**(無詛咒,日期爲四月二十三日):達殿努斯發怒,皮帶崩開,幾乎從寶座跌落。喬治被帶至城外斬首。喬治禱告上帝,爲稱念喬治之名的人祈求恩典,保佑其遠離各種災禍疾病,天上有聲音回應。喬治被斬首,天使接收其靈魂。

⑫ **作者之名**:優西比烏(Eusebius)作爲作者。

在這一文本中,自稱優西比烏的改寫者删去了《受難記》部分情節如多輪酷刑、魔法師亞他那修、復活公牛,同時又調整了部分情節的順序如將“復活死者”放到“王后受難”之後,以及將“喬治在寡婦家中令房中梁柱長成大樹”提至“復活枯木”之前,從而將内容相似的情節歸並同類。不過這位改寫者調整之後的結構並不理想,一些情節難以自圓其説,比如雖然上帝預告喬治將三次死亡和復活,但後文中僅講述了喬治的兩次死亡等[1]。在拉丁傳統中,僅 Y 類文本記載聖喬治受難日期爲四月二十三日,其他文本均依古本記爲四月二十四日。不過,Y 中部分細節與東方傳統《受難記》如敘利亞傳世本更爲接近,表明其形成或非基於 X 類文本,而可能與諸東方文本同樣來自更古老的

〔1〕 W. Haubrichs, *Georgslied und Georgslegende im frühen Mittelalter*, p.236. 附録表格中 PP 爲基於 Y 的改寫本,參 W. Haubrichs, *Georgslied und Georgslegende im frühen Mittelalter*, pp.272–273.

文本傳統[1]。

在拉丁傳統中的三種類别中,約於六七世紀[2]形成的Z最爲精簡。遵循格拉修諭旨的精神,Z對X類文本進行了改寫,删去了中所有超自然的神跡比如多輪酷刑、聖喬治的三次死亡、復活死者、十四寶座、貧窮寡婦等,王后亞歷珊德拉的情節亦被略去[3]。也正是這一文本成爲後來西方拉丁世界的經典文本[4]。總的來説,和我們在希臘語傳統中所觀察到的一樣,《受難記》在拉丁語傳統中的發展同樣經歷了簡化和浄化的過程,古老的神跡逐漸消失。可以想見,促成這種改寫的,同樣是來自教會的批判。

二 東方傳統中的《聖喬治受難記》

除了希臘和拉丁傳統,《聖喬治受難記》亦廣泛傳播於東方傳統。和拉丁世界類似,東方世界的聖喬治所面對的敵基督者始終是達殿努斯,《受難記》文本並不存在從達殿努斯類到戴克里先類的明顯轉變[5]。在20世紀,西方學者針對《受難記》諸東方語言文本進行了一系列研究[6]。值得注意的是,無論科普特語、亞美尼亞語還是埃塞俄比亞語傳統,均有寫本較爲忠實地保存了古老的達殿努斯類文本,其情節内容和發展順序大致對應於 * *X-Lat.*[7];然而,敘利亞語傳統的情形看起來則有所不同:從敘利亞語《受難記》傳世本來看,其中不少古老情節已被大幅簡寫或删去。敘利亞語傳統緣何不同於其他東方傳統?這一傳統是否仍有可能保存了古老的達殿努斯類文本?考慮到敘利亞傳統在基督教中亞和中國傳播史的特殊重要地位,釐清這一點,也將有助於我們把握

[1] W. Haubrichs, *Georgslied und Georgslegende im frühen Mittelalter*, p.236,另參下文2.1。豪貝里希重構X、Y、Z共同的母本爲O,Y與諸東方文本可能直接來自O,而未經X之中介。

[2] W. Haubrichs, *Georgslied und Georgslegende im frühen Mittelalter*, p.288.

[3] W. Haubrichs, *Georgslied und Georgslegende im frühen Mittelalter*, pp.285－287.

[4] J. E. Matzke, "Contributions to the History of the Legend of Saint George," pp.510－511; W. Haubrichs, *Georgslied und Georgslegende im frühen Mittelalter*, p.294.

[5] K. Krumbacher, *Der heilige Georg in der griechischen Tradition*, p.291. 關於東方傳統中的聖喬治相關文本,參BHO(Bibliotheca Hagiographica Orientalis), pp.309－322.

[6] 科普特語:Sir E. A. Wallis Budge, *The Martyrdom and Miracles of Saint George of Cappadocia. The Coptic Texts edited with an English Translation*, London: D. Nutt, 1888;亞美尼亞語:P. Peeters, "Une passion arménienne de saint Georges," *An. Boll.*, vol.28, 1909, pp.249－271;埃塞俄比亞語:Sir E. A. Wallis Budge, *The History of George of Lydda the Patron Saint of England: A Study of the Cultus of St. George in Ethiopia*, London: Luzac & CO., 1930.

[7] 參附録表格。埃塞俄比亞語和科普特語傳統均保存了多種《聖喬治受難記》文本,其中特别被歸於安卡拉主教狄奥多圖斯(bishop Theodotus of Ancyra)名下的長篇聖喬治頌詞較爲忠實地反映了古老的達殿努斯類文本基本情節。不過,這篇頌詞應並非狄奥多圖斯所作,而是成書於6世紀,其編纂者或利用了古老的達殿努斯類文本,參W. Haubrichs, *Georgslied und Georgslegende im frühen Mittelalter*, p.223.

《受難記》在中亞和中國的流傳。以下我們首先考察敘利亞傳統中《受難記》的發展歷程。

2.1 敘利亞語《聖喬治受難記》傳世本

敘利亞語《受難記》傳世本存世抄本數目衆多〔1〕。儘管當中存在一些差别，這些抄本中所保存的文本基本可被確認來自同一個譯本，這也是馬小鶴用於比對《吉思咒》的文本〔2〕。這一文本現存最早的抄本殘篇可被斷代至7世紀(Brit. Mus. Add. 17205, f.23r－30r)〔3〕。

敘利亞語傳世本主要情節如下：

① **帝國集會**(波斯王達殿努斯)：達殿努斯召集臣服於他的衆國王，頒布敵基督徒法令，展示諸種刑罰。見此場景，集會中有基督徒不敢承認其信仰。

② **喬治之出身**：來自卡帕達奇亞的基督徒喬治，官至護民官，本願望在國王身邊作爲伯爵服役。聽聞敵基督法令，散盡家財於貧苦之人。

③ **宗教對話**：達殿努斯與喬治對話，達殿努斯勸喬治轉信阿波羅與赫拉克勒斯等神；馬格内提烏斯(Magnetius)將軍詢問喬治籍貫和名字，喬治堅持基督教信仰。

④ 剮刑：喬治被吊在木頭上剮，肢體分離，血流遍地。

⑤ **劍輪上第一次死亡**(將軍安東尼皈依)：國王下令製作一劍輪，其上滿佈利刃、尖釘等。喬治見此輪，心中驚懼，擔憂不能逃脱此苦難，但隨即借助基督之神力而消除疑慮。喬治被劍輪斬爲十塊，被扔進泉眼，以巨石封口。上帝和天使加百列顯現，救活喬治。喬治於阿波羅神殿出現在國王面前。將軍安東尼(Antoninus)見此率其軍隊皈依基督，隨即被處決。

⑥ 鐵靴：國王下令製作一雙内有鐵釘的鐵靴讓喬治穿上，長釘刺穿足關節，血流遍地。喬治緩步進入城内。國王發問爲何喬治不走快些，喬治心中憂憤，向上帝禱告。大天使米迦勒現身，以露水治癒喬治足上傷口。

⑦ 鞭刑：國王下令施以鞭刑，喬治被鞭打至血肉横飛。

⑧ **十四寶座**：馬格内提烏斯令喬治使十四位國王之座椅重新生長爲樹木。喬治施

〔1〕 抄本列表參見 Jeanne-Nicole Mellon Saint-Laurent et al., "George the Martyr, Anthony the General, and Alexandra the Queen (text) — ܓܝܘܪܓܝܣ ܣܗܕܐ ܘܐܢܛܘܢܝܘܣ ܐܣܛܪܛܠܛܐ ܘܐܠܟܣܢܕܪܝܐ ܡܠܟܬܐ," in *Bibliotheca Hagiographica Syriaca Electronica*, http://syriaca.org/work/249. 另參 A. Baumstark, *Geschichte der syrischen Literatur*, Bonn: A. Marcus and E. Weber, 1922, p.264, note 9.

〔2〕 該文本校勘本和英譯參見 E. W. Brooks, "Acts of S. George," *Le Muséon*, vol.38, 1925, pp.67－115. 敘利亞語文本亦參 P. Bedjan, *Acta martyrum et sanctorum*, vol.1, Paris, 1890, pp.277ff.。

〔3〕 E. W. Brooks, "Acts of S. George," p.68.

行神跡。馬格内提烏斯將神跡歸於阿波羅。

⑨ **復活死者**：衆國王之一特蘭奎利努斯令喬治復活死者。喬治復活男人、女人、孩童兩百人。其中一位名爲 Yubla，已經死去約兩百年。其人自述因其信奉阿波羅而在死後下地獄，喬治爲其施洗。

⑩ **貧窮寡婦**：喬治被送到城中一位最貧窮的寡婦家中。喬治向寡婦要麵包吃，但寡婦家中什麼都没有。喬治告知寡婦其貧窮的原因在於信奉阿波羅。寡婦爲喬治祈求鄰人施舍麵包。喬治令屋内梁柱長成大樹，結出果實。寡婦皈依基督，並祈求喬治醫治其目盲、耳聾和腿瘸之三月大小兒。喬治向上帝禱告，使小兒復見光明。

⑪ **摧毀偶像**：喬治假意答應達殿努斯改信阿波羅。喬治醫好寡婦之小兒，令其前往阿波羅神廟，召喚阿波羅神出來見喬治。阿波羅神承認自己並非真神。喬治送其入地獄。喬治摧毀宙斯和赫拉克勒斯神像。喬治被重新帶去見達殿努斯。

⑫ **王后受難**（遭受酷刑之後被處決）：王后遭受剮刑。王后請求施洗，喬治答覆她將通過自己的血而被施洗。王后遭受鞭刑。於四月八日被處決。

⑬ **喬治受難**（受難前詛咒與長篇禱告）：喬治禱告上帝，稱念聖喬治之名，有噩夢者、官司纏身者、遇亢旱冰雹者、苦難逼身者將得解脱。喬治重又向上帝禱告，祈求天上降下烈火毁滅諸王。無數異教徒與諸王一同死去。喬治被斬首於四月二十三日。

⑭ **作者之名**：帕西克拉特斯，喬治之僕[1]。

在克倫巴赫爾看來，敘利亞語傳世本無疑屬於達殿努斯類[2]。的確，傳世本中不僅迫害者爲波斯王達殿努斯，其中更保留了屬於古老達殿努斯類的情節如達殿努斯與七十國王、十四寶座、喬治與寡婦、王后之受刑與處決、喬治之詛咒等。在喬治最後的禱告中，敘利亞語傳世本中的描述亦深入細節，爲夜有噩夢者、官司纏身者、遇亢旱冰雹者、苦難逼身者祈求恩典，更接近於古老的達殿努斯類。不過，筆者以爲，敘利亞語傳世本又不能被簡單地等同於古老的達殿努斯類。正如布魯克斯（E. W. Brooks）所注意到的："和後期希臘文本一樣，在敘利亞語文本中，傳奇故事中那些最容易引起冒犯的部分被省略了：在最終殉道前喬治的第二次和第三次死亡，那些野蠻到不可思議的長長

〔1〕 E. W. Brooks, "Acts of S. George."

〔2〕 參 K. Krumbacher, *Der heilige Georg in der griechischen Überlieferung*, p. 285: "Ebenso sicher gehört zur Dadianosfamilie eine orientalische Gruppe, in erster Linie der reichhaltige und sehr ursprüngliche Kopt., dann auch Syr., Arab. und Aethiop."

的刑罰系列,魔法師亞他那修的故事(爲避免將這一受人尊敬的名字[1]用於這層關聯),以及將喬治引入王后寢宫這一故事,因其看起來不太得體。”[2]與古老的達殿努斯類的主要情節(前述試金石)相比較,敘利亞語傳世本中不僅删去了包括魔法師亞他那修和王后寢宫在内的古老情節,而且大幅縮減了酷刑的數量,以至於在輪刑之前的刑罰僅存剮刑一例,而第二、三輪酷刑則被完全删去。上帝顯現於獄中和復活公牛的神跡亦被删除。同樣被大幅縮寫和改寫的還有王后亞歷珊德拉所遭受的刑罰。在這一方面,敘利亞語傳世本恰恰體現了戴克里先經典常見類的主要特徵。此外,和戴克里先經典常見類一樣,傳世本也將保留下來的刑罰調整了順序,比如它們共同將鐵靴和鞭刑放在輪刑之後,起死復生神跡之前。總的來説,我們在敘利亞語傳世本中所觀察到的特徵,或許對應了希臘傳統中《受難記》文本從達殿努斯類向戴克里先類發展的一般趨勢,這也暗示著傳世本應來自敘利亞語傳統中一個較爲晚近的階段[3],同樣遵循了格拉修諭旨的精神。

在簡化古老情節方面,敘利亞語傳世本與拉丁傳統中的 Y 也分享了相似性[4]。馬茨克與豪貝里希二位學者都指出兩種文本中復活死者的人數均爲兩百人。豪貝里希另外指出在喬治遭受劍輪酷刑屍身被扔進泉眼之後,兩種文本均增補了以巨石封口這一環節。這些都指示出敘利亞語傳世本與 Y 的親緣關係。當然,兩種文本在結構與情節順序的諸多差别(比照附録二表格)也表明二者的親緣關係並不是直接的。

通過與希臘和拉丁傳統的比較,我們基本可以確定,敘利亞語《受難記》傳世本中並不能被簡單地看作古老的達殿努斯類文本,因爲其中也保存了較晚近階段的文本特徵。這也意味著,我們無法排除敘利亞語傳世本的改編者在編輯過程中或曾利用了當時正在流行的希臘語戴克里先類新文本這一可能性。巴奇(E. A. W. Budge)曾推斷敘

〔1〕 魔法師亞他那修與教父亞歷山大的亞他那修(296—373)同名。

〔2〕 參見 E. W. Brooks, “Acts of S. George”, p.70: “In the Syriac, as in the later Greek texts, those parts of the legend which were most likely to cause offence are omitted, the second and their deaths of George before his final martyrdom and the long series of impossible tortures because of their wild improbability, the story of the magician Athanasius in order to avoid the use of this honoured name in such a connexion, and the story of the introduction of George into the queen's chamber because it seemed improper.”

〔3〕 以上分析也表明敘利亞語傳世本在材料剪裁上具有一定獨立性,亦參 E. W. Brooks, “Acts of S. George”, p.70: “The author of the Syriac version then like the Greek revisers set himself to remove anything to which objection might be taken from the text, but he did so independently of them, omitting passages which they retained and retaining passages which they omitted...”

〔4〕 參見 J. E. Matzke, “Contributions to the History of the Legend of Saint George,” 1902, p.480; W. Haubrichs, *Georgslied und Georgslegende im frühen Mittelalter*, p.236.

利亞語本誕生於6世紀[1],從時間上看,這也符合戴克里先類出現的時段。然而,如前所述,古老的達殿努斯類文本在東方諸文化傳統如科普特語、亞美尼亞語、埃塞俄比亞語中均有保存,那麽,既然《聖喬治受難記》早在6世紀就被翻譯介紹進敘利亞語傳統,爲何古老的達殿努斯類文本反而在敘利亞語傳統中没有保存下來?敘利亞語傳統中是否存在更加古老的達殿努斯類文本?

2.2 吐魯番出土敘利亞語《聖喬治受難記》殘篇

在20世紀初德國的中亞探險活動中,一系列敘利亞語基督教抄本殘篇被發現於吐魯番葡萄溝附近的西旁[2]。1991年,匈牙利學者馬洛特(Miklós Maróth)發表論文,將其中六件殘篇(SyrHT 95, SyrHT 360, SyrHT 361, SyrHT 362, SyrHT 364, SyrHT 365)比定爲《聖喬治受難記》的敘利亞語譯本。馬洛特進一步認爲,這一譯本與敘利亞語傳世本存在明顯的差别,可被視爲一份後期改寫本[3]。2014年,亨特(Erica C. D. Hunter)和狄更斯(Mark Dickens)進一步指出另有兩份殘篇(SyrHT 359, SyrHT 381)同樣屬於《受難記》,其中SyrHT 381可與SyrHT 365綴合,而SyrHT 359則因極爲殘破難以判定具體位置[4]。這一問題在筆者發表於2020年的文章中得到解決,其中證明SyrHT 359可與SyrHT 360上半部分綴合。在同一篇文章中,筆者亦提供了對綴合殘篇的重新釋讀,並根據釋讀結果對殘篇順序進行了調整。簡單來説,SyrHT 360不應被放在SyrHT 362和SyrHT 365之間,而應與綴合的SyrHT 359一起被提前到SyrHT 361和SyrHT 95之間[5]。

經過復原,可見吐魯番本留存下來的部分對應情節如下:

① **帝國集會**(波斯王達殿努斯):達殿努斯召集諸王,頒布敵基督徒法令,展示諸種刑罰。見此場景,集會中有基督徒不敢承認其信仰。(SyrHT 364+SyrHT 361 正面)

② **宗教對話**:喬治認信基督教。達殿努斯與喬治對話,達殿努斯勸説喬治信奉異

[1] Sir E. A. Wallis Budge, *The Martyrdom and Miracles of Saint George of Cappadocia*, p.XXVII.

[2] 這批殘篇的概況參見目録 E. Hunter & M. Dickens, *Syrische Handschriften. Teil 2: Texte der Berliner Turfansammlung = Syriac Texts from the Berlin Turfan Collection* (Verzeichnis der orientalischen Handschriften in Deutschland 5.2), Stuttgart: Franz Steiner Verlag, 2014.另參筆者針對該書的書評,《國際漢學研究通訊》第19—20期,2020年,379—387頁。

[3] M. Maróth, "Eine unbekannte Version der Georgios-Legende aus Turfan," *Altorientalische Forschungen*, vol. 18, 1991, pp.86-108.

[4] E. Hunter & M. Dickens, *Syrische Handschriften*, p.326.

[5] Lijuan Lin, "The First Round of Tortures in the Legend of St. George - Remarks on the Turfan Syriac Fragments SyrHT 359 and SyrHT 360," *Oriens Christianus*, vol.103, 2020, pp.115-143.

教神。(SyrHT 361 背面)

③ **第一輪酷刑**:喬治被施以以下酷刑:a 用鐵梳剮;b 喬治被穿上鐵靴,用鐵釘固定。長釘刺穿足底,血流遍地。聖喬治心中憂慮,但隨即想到主之上十字架,便向主禱告。上帝派大天使米迦勒將甘露撒在喬治腳上,傷口立刻痊癒;c 將鐵釘釘入體内;d 用鐵錘敲擊頭部,直至腦漿從鼻孔湧出;e 關進監獄,將一截十人難以抬動的巨大石柱放在其身上。(SyrHT 359+SyrHT 360)

④ **魔法師亞他那修**:達殿努斯召集魔法師亞他那修以擊敗喬治。亞他那修展示其魔法,將一公牛一劈爲二,隨即將其復活。(SyrHT 95 正面左葉)

⑤ **亞他那修皈依**:喬治預言亞他那修將皈依。亞他那修兩次毒殺喬治未果。亞他那修之皈依與被處決。[SyrHT 95 背面右葉+ SyrHT 95 背面左葉上半(1—12 行)]

⑥ **劍輪上第一次死亡**(將軍阿納托利烏斯皈依):國王下令製作一劍輪,其上滿佈利刃、尖釘等。喬治見此輪,心中驚懼,擔憂不能逃脱此苦難,但隨即消除疑慮,向上帝做長篇禱告。喬治在阿波羅神殿於國王面前復活,將軍阿納托利烏斯見此率其軍隊皈依基督,隨即被處決。[SyrHT 95 背面左葉下半(12—24 行)+正面右葉,SyrHT 362 正面+背面上半(1—9 行)]

⑦ **鐵床**:喬治被施以如下刑罰:a 被放在鐵床上用火烤,將燒熱的熔鉛(molten lead)倒入其口中……[SyrHT 362 背面下半(9—21 行)]

⑧ **喬治受難**(受難前詛咒和長篇禱告):喬治被斬首前祈求恩典降臨,稱念聖喬治之名,夜有噩夢者、官司纏身者、遇亢旱冰雹者……將得解脱。喬治重又向上帝禱告,祈求天上降下烈火毀滅諸王。無數異教徒與諸王一同死去。喬治被斬首於四月二十三日。(SyrHT 365+SyrHT 381)

……

在展開具體分析之前,首先介紹八件殘篇的保存狀態。在吐魯番出土的八件殘篇中,僅 SyrHT 95 爲相對完整的雙葉殘篇(每頁約書寫 23—24 行敘利亞語),其餘殘篇多爲一葉,且有明顯殘缺,比如 SyrHT 361 來自抄本某一葉之下半部分,而 SyrHT 365 來自另一葉之上半部分。由於左右葉内容相連,SyrHT95 應爲一折(quire)之中心雙葉[1]。依循敘事順序,可推測 SyrHT 364、SyrHT361、SyrHT359/360 應來自前後相連的幾葉,而

〔1〕 類似情形也見於吐魯番出土的粟特語《受難記》殘篇,辛姆斯-威廉姆斯判斷 E23/4-5 這一雙葉殘篇爲寫本中一折之中心雙葉,參 N. Sims-Williams, *Iranian Manuscripts in Syriac Script in the Berlin Turfan Collection* (Verzeichnis der orientalischen Handschriften in Deutschland 18.4), Stuttgart: Franz Steiner Verlag, 2012, p.68.

SyrHT 95 正面右葉與 SyrHT 362 正面也應前後相鄰。但 SyrHT 359/360 和 SyrHT 95 正面左葉是否相鄰？筆者認爲答案是否定的。SyrHT 359 與 SyrHT 360 應來自該寫本第三葉，其内容涉及第一輪酷刑，但 SyrHT 95 正面左葉開篇第一句即交代魔法師讓國王派人帶一頭公牛來以展示魔法，這説明在二者之間應還殘缺一葉（正背面）。在一系列古老的達殿努斯類文本中，在亞他那修出現之前還有兩則情節，即上帝之顯現與百次擊打（＊*X-Lat.* 5－6〔1〕），殘缺的這葉内容很可能對應情節 5—6，以及魔法師亞他那修情節的開篇部分（即達殿努斯寫信懸賞徵集魔法師與聖喬治較量以及亞他那修現身）〔2〕。由此可推知 SyrHT95 所在折應包括五雙葉〔3〕，其中 SyrHT 95 爲中心雙葉，SyrHT 362 是第四雙葉左半部分，SyrHT 359 與 SyrHT360 所綴合之葉爲第三雙葉右半部分，SyrHT 361 來自第二雙葉右半部分，而 SyrHT 364 則爲第一雙葉右半部分，其正面空白未書寫亦印證了這一點。而在前面幾葉前後相連的殘篇中，SyrHT 364 和 SyrHT 361 正面記載帝國集會，SyrHT 361 背面則記載宗教對話。從《受難記》其他文本來看，喬治之出身往往在帝國集會和宗教對話之間出現，少有例外。考慮到 SyrHT 361 上半葉正背面完全缺失，應可基本確定殘缺部分背面包含情節＊*X-Lat.* 2。最後，在 SyrHT 362 之後應存在若干葉缺漏，其中可能包含聖喬治第二輪酷刑的其他部分，以及之後（在最終處決之前）若干情節〔4〕。尚難以確定 SyrHT 365 和 SyrHT 381 所綴合葉是否與其他殘篇屬於同一折。若後半部分情節存在縮略，如同我們後文中推測的那樣，則存在此葉同屬於一折之可能性〔5〕。

---

〔1〕 類似情節和順序也出現於希臘語抄本 Ven.，Paris.，科普特語（Kopt.）和亞美尼亞語（Arm.）《受難記》中，參附録表格。

〔2〕 參見 D. Bryson & R. Pearse, "Pseudo－Passecrates, The *Passio* of St. George."

〔3〕 敘利亞語寫本中最常見一折五張（sheet）或五雙葉（bifolia），參 W. H. P. Hatch, *An Album of Dated Syriac Manuscripts*, Boston, 1946, p.23; P. G. Borbone et al., "Syriac Codicology," in: Alessandro Bausi et al. (eds.), *Comparative Oriental Manuscript Studies: An Introduction*, Hamburg: Tredition, 2015, pp.252－266 (255). 五雙葉（quinion）也最常見於吐魯番出土基督教寫本，參 N. Sims-Williams, *The Life of Serapion and Other Christian Sogdian Texts from the Manuscripts E25 and E26*, (Berliner Turfantexte 35), Turnhout: Brepols, 1985, p.15. 不過，吐魯番出土的部分抄本中一折可能包含十四至十六葉，甚至二十八葉，或因紙比皮紙更易折平和裝訂，參 E. Hunter & J. F. Coakley, *A Syriac Service-Book from Turfan: Museum für Asiatische Kunst, Berlin MIK III 45*, Turnhout: Brepols, 2017, p.15.

〔4〕 殘篇圖片參見 IDP（International Dunhuang Project）database: http://idp.bl.uk/database/oo_scroll_h.a4d?uid=18206345012; recnum=93278; index=1.

〔5〕 根據文書形制、裝訂痕跡等可判斷吐魯番出土的 SyrHT 94 與《聖喬治受難記》系列殘篇屬於同一部抄本，儘管出自不同抄工手筆。SyrHT 94 内容涉及一位基督教徒與一位猶太教徒的宗教對話，由此可推知這部抄本應爲一部論戰性質的文集，其中記載了基督徒與異教徒之間的鬥爭或論戰，參 E. Hunter & M. Dickens, *Syrische Handschriften*, pp.110－111; M. Dickens, "Scribal Practices in the Turfan Christian Community," *Journal of the Canadian Society for Syriac Studies*, vol.13, 2013, pp.3－28 (9).

如此一來,我們可以重構出吐魯番本内容主要對應 * *X-Lat.* 中前半部分(情節 1—10)以及結尾部分(情節 20)。也就是説,吐魯番敘利亞語本相對完整地保存了古老的達殿努斯類中的若干情節及其發展順序,特别是第一輪酷刑、魔法師亞他那修及其皈依、劍輪上第一次死亡(將軍阿納托利烏斯皈依,無普若托萊翁)。其中第一輪酷刑更是完整保留了 * *X-Lat.* 中鐵梳、鐵靴、鐵釘、鐵錘和石柱諸刑罰。喬治最後的禱告中爲夜有噩夢者、官司纏身者、遇亢旱冰雹者祈求恩典,亦在細節上對應於古老的達殿努斯類。所有這些情節也可在克倫巴赫爾所指出原始文本的試金石中找到嚴格對應。雖然殘篇 SyrHT 362 之後存在若干葉缺漏,使得第二輪酷刑中僅第一種刑罰保留了下來,但其内容仍較好地對應了 * *X-Lat.* 的敘事順序。此外,在敘利亞語傳世本中被移至輪刑之後的鐵靴刑罰,在吐魯番本中仍屬於第一輪酷刑,這一點也符合達殿努斯類文本的結構。如前所述,敘利亞語傳世本曾在多處刪改了古老的達殿努斯類情節,比如其中完全不見魔法師亞他那修情節,第一輪酷刑僅保留剮刑,而古老文本中的將軍阿納托利烏斯(Anatolius)則被寫成安東尼(Antoninus);這些來自較晚近階段的刪改現象則完全不見於吐魯番本。而即便就二者分享的情節而言,吐魯番本往往比傳世本的描述更加具體和細節:比如在吐魯番本中聖喬治在經受輪刑之前曾進行了長篇禱告,這一禱告則完全不見於傳世本;再如吐魯番本記載與阿納托利烏斯一同皈依的有一千九十九名士兵和一位婦女,而這一具體數字並不見於傳世本〔1〕。

那麽,吐魯番本是否可被視爲純粹的達殿努斯類文本?比較敘利亞語傳世本與吐魯番本,可見它們亦分享著一些共同特徵,比如它們均包含若干只屬於古老的達殿努斯類文本的情節,如迫害者均爲波斯王達殿努斯,喬治之詛咒等。但另一方面,它們亦分享了一些只有在後期階段才發生的變化,比如喬治被斬首的日期從達殿努斯類的四月二十四日變成了戴克里先類的四月二十三日〔2〕。另一共同特徵在於鐵靴刑罰的描述。在吐魯番本關於第一輪酷刑的描寫中,鐵靴刑罰相比 * *X-Lat.* 經過了明顯的擴充,其中加入了聖喬治的疑慮、大天使米迦勒的施救等情節。類似擴充的情節也可見於敘利亞語傳世本,雖然在那裏鐵靴情節被移至輪刑之後。比較吐魯番本和敘利亞語傳世本中的鐵靴刑罰,可見雖然兩種文本並不完全一致,但在多處描述上極爲相似,部分詞句甚至字字對應,表明二者包含來自同一來源的元素〔3〕。

〔1〕 詳參筆者論文 Lin, "Preliminary Notes on the Syriac Version of the Legend of Saint George Found in Turfan."

〔2〕 參見 W. Haubrichs, *Georgslied und Georgslegende im frühen Mittelalter*, p.259, footnote 227.

〔3〕 參見 Lin, "The First Round of Tortures in the Legend of St. George," pp.140 - 142.

從吐魯番本與敘利亞語傳世本分享了共同特徵，特别它們分享了部分來自後期階段的元素這一點來看，可見吐魯番本亦非純粹的達殿努斯類文本。儘管如此，相比敘利亞語傳世本，吐魯番本完整地保存了來自達殿努斯類文本的一系列古老情節，這表明它應來自更早期的文本傳統。總的來説，吐魯番敘利亞語《受難記》殘篇的存在向我們揭示出，敘利亞傳統比我們之前想象的要更爲複雜：和希臘、拉丁傳統一樣，敘利亞語《聖喬治受難記》同樣經歷了一系列簡化和净化，從最初古老的傳奇故事逐漸發展爲後來傳世本中的文本。鑒於同一趨勢反復出現於不同的語言文化傳統中的《聖喬治受難記》，我們有理由推測各個傳統彼此之間並非完全獨立和封閉的體系，而是處於互相影響和借鑒的動態過程之中；而各傳統之間的差别，則又説明在互通有無的同時，它們各自仍然保持著一定的獨立性。

如果傳播至中亞的敘利亞語《聖喬治受難記》相較於傳世敘利亞語本保存了更加古老的元素，那麽對於在中亞和中國發現的《受難記》相關文本的研究，便不應單以傳世敘利亞語本爲參照，而應首先考慮到吐魯番出土敘利亞語本的情況。另一方面，如果暫不考慮曾有多種敘利亞語《受難記》同時流行於中亞這一可能性，吐魯番出土的聖喬治故事的粟特語和回鶻語殘篇、霞浦文本中的《吉思咒》應均直接或間接翻譯或改寫自吐魯番出土敘利亞語本，這樣一來，對於後者所未能保存的情節，或可借助前者進行重構。

2.3 吐魯番出土《受難記》其他文本：粟特語和回鶻語

從吐魯番出土的粟特語和回鶻語殘篇情況來看，其主要内容與吐魯番出土的敘利亞語《受難記》殘篇並無重合，這使得我們難以對三者進行比較研究。儘管如此，這兩種殘篇仍然對於我們研究《受難記》在中亞的流傳提供出若干有價值的信息。

吐魯番出土的粟特語《受難記》殘篇（舊編號 C1，新編號 E23）[1]最早由德國學者韓森（O. Hansen）刊布於 1941 年[2]，之後格什威徹（Ilya Gershevitch）與邦旺尼斯特（Émile Benveniste）分别發表補正文章[3]。二戰中 E23/4－5 雙葉殘篇的大部分以及從屬於其他殘葉中的小殘篇不知所蹤，目前留存下來的是前後相鄰八葉近乎完整的殘

〔1〕参 N. Sims-Williams, *Iranian Manuscripts in Syriac Script in the Berlin Turfan Collection*, pp.68－72.

〔2〕O. Hansen, *Bruchstücke einer soghdischen Version der Georgspassion (C1)*.

〔3〕I. Gershevitch, "On the Sogdian St. George Passion"; É. Benveniste, "Fragments des actes de Saint Georges en version sogdienne".

篇(E23/3－10),每面書寫十五行敘利亞文粟特語[1]。值得一提的是,2018年,辛姆斯-威廉姆斯(Nicholas Sims-Williams)在被韓森忽視的三件小殘篇中(E23/18－20)最新比定出一件殘篇(E23/18, shelfnumber n8)同屬於粟特語《受難記》,其中包含有關聖喬治與寡婦、聖喬治與王后情節的若干信息[2]。綜合各項研究,可見粟特語《受難記》中至少應包含以下情節:

……

① **復活死者:** 喬治復活一衆死者,爲其施洗。

② **貧窮寡婦:** 寡婦爲喬治祈求鄰人施舍麵包。喬治令屋内梁柱長成大樹,結出果實。寡婦皈依基督,並祈求喬治醫治其聾盲、喑啞、腿瘸之小兒。喬治向上帝禱告,使小兒復見光明。

③ **摧毁偶像:** 喬治醫好寡婦之小兒,令其前往阿波羅/大黑天[3]神廟,召唤阿波羅神出來見喬治。阿波羅承認自己並非真神。喬治送其入地獄。喬治摧毁其他神像。喬治被重新帶去見達殿努斯。

④ **王后受難:** 王后與國王對話……

⑤ **喬治受難:** 國王斥責聖喬治利用巫術使王后誤入歧途,下令以劍斬首聖喬治……

……

粟特語《受難記》殘篇保存的内容主要對應＊*X-Lat.*中情節14、15、18、19、20,儘管情節19殘破過甚,難以確認亞歷珊德拉所遭受的具體刑罰。不見於粟特語本的是＊*X-Lat.*中情節16聖喬治被焚燒第三次死亡,及情節17王后皈依。值得注意的是,這兩個情節也在敘利亞語傳世本中被省略,那裏王后亞歷珊德拉所遭受的刑罰也被縮減爲劓刑和鞭刑。總的來説,粟特語《受難記》殘篇所保存的情節,其内容和順序大致對應敘利亞語傳世本,表明二者存在某種親緣關係。故先前研究皆曾憑借敘利亞語傳世本,特别其中的平行文本,來讀解吐魯番出土的粟特語《受難記》殘篇。

---

〔1〕 N. Sims-Williams, "A Newly Identified Sogdian Fragment from the Legend of Saint George," p.110.

〔2〕 關於新比定粟特語殘篇參見 N. Sims-Williams, "A Newly Identified Sogdian Fragment from the Legend of Saint George"; N. Sims-Williams, *From Liturgy to Pharmacology: Christian Sogdian Texts from the Turfan Collection*, pp.61－65.

〔3〕 關於這二者的對應,參見 É. Beneveniste, "Fragments des actes de Saint Georges en version sogdienne," p. 204, footnote 1.

不過，正如韓森已經敏鋭覺察出的，粟特語殘篇中部分語句的描述與敘利亞語傳世本相關情節並不相吻合[1]。這種不一致也可見於辛姆斯-威廉姆斯所最新比定的殘篇中[2]。粟特語《受難記》與敘利亞語傳世本存在出入的原因有多種可能。雖然不能排除粟特語譯者在翻譯《受難記》時進行了新的改寫這種可能性，但筆者以爲如下解釋更有競争力：粟特語《受難記》並非譯自敘利亞語傳世本，而譯自同樣出土於吐魯番的敘利亞語《受難記》。在20世紀韓森、格什威徹、邦旺尼斯特讀解粟特語《受難記》殘篇時，同樣出土自吐魯番的敘利亞語《受難記》殘篇尚未被讀解，故未曾被學者們納入討論。前文已經指出，吐魯番所出土敘利亞語《受難記》殘篇中保存了相較於傳世敘利亞語本更加古老的文本，而即便在分享類似内容的情節上，吐魯番本也往往與傳世本有不同的表述方式。粟特語《受難記》中與敘利亞語傳世本不一致的元素，極有可能便來自這一更加古老的敘利亞語《受難記》文本。

由於粟特語殘篇所保存的這部分内容剛好涉及吐魯番敘利亞語本在SyrHT 362之後缺漏的部分，即聖喬治最終被處決之前的若干情節[3]，如果粟特語《受難記》殘篇譯自吐魯番出土的敘利亞語殘篇，那麽我們便可以借助粟特語本對吐魯番敘利亞語本所缺漏的部分進行重構，從而可考慮將 * *X-Lat.* 中情節14、15、18、19、20加入吐魯番敘利亞語本。這不僅意味著吐魯番本可能與敘利亞語傳世本分享了對古老情節16—17的省略，也意味著吐魯番敘利亞語本可能同樣缺少三次死亡和復活的結構。這與我們之前的判斷相符，即吐魯番本並非純粹的達殿努斯類文本，而是同樣經歷了晚近階段發生的浄化和簡寫。不過，必須承認的是，我們尚無明確證據證明粟特語《受難記》直接譯自已出土敘利亞語殘篇；在高昌回鶻時期的吐魯番，亦有可能同時流行多種敘利亞語《受難記》文本。但在没有新的證據出現的情況下，我們有理由推測粟特語本可能對應同地出土的敘利亞語《受難記》。

至於吐魯番出土的有關聖喬治故事的回鶻語殘篇（MIK III 194/T II B 66）[4]，其主要内容涉及聖喬治的最後禱告，部分詞句對應於古老達殿努斯類的最後禱告，特别禱

---

〔1〕 O. Hansen, *Bruchstücke einer soghdischen Version der Georgspassion (C1)*, pp.18－22, 25, 27, 30－33.

〔2〕 N. Sims-Williams, "A Newly Identified Sogdian Fragment from the Legend of Saint George," p.112.

〔3〕 這些情節也可對應敘利亞語傳世本情節9—13，儘管部分内容如王后亞歷珊德拉所遭受的刑罰在敘利亞語傳世本與 * *X-Lat.* 中存在較大差别。

〔4〕 關於回鶻語殘篇參見 W. Bang, "Türkische Bruchstücke einer nestorianischen Georgspassion"; C. Weber, "Wenn sie meinen Namen anrufen ...," pp.218－225; P. Zieme, *Altuigurische Texte der Kirche des Ostens aus Zentralasien*, pp.93－97.

告中爲苦難逼身者祈求恩典一句。雖然此句在吐魯番本中未能留存（聖喬治的最後禱告參殘篇 SyrHT 365），但類似表達可見於傳世敘利亞語本[1]。回鶻語殘篇中也提到了一些未見於其他文本的新元素，如其中提到"十種祈求"（zehnerlei Bitten）以及對於齋戒的持守和神職人員的服從等[2]。這些新的元素表明，回鶻語文本《受難記》可能經過了一定程度的改寫和擴充。茨默（P. Zieme）認爲，吐魯番出土的回鶻語殘篇性質並非《受難記》譯本，而是加在《受難記》文本之後的一個附加文本[3]。

2.4 霞浦文書《吉思咒》

不同於吐魯番出土諸種殘篇，保存在霞浦科儀抄本《摩尼光佛》中的《吉思咒》是一個完整文本，這方便了我們考察其中情節與達殿努斯類文本之間的關係。但在諸文本中，《吉思咒》亦有其特殊性，因其對於《受難記》原文做了大幅度的縮寫。《吉思咒》全文如下：

> 志心敬稱贊，移活吉思大聖，爲佛林計薩照（詔）滅夷數佛教，對二大光明，誓願行正教，殄滅諸妖神，刀梯及鐵銃（梳），鐵靴滅（蒺）藜等，劍輪刑害具，甘心不辭苦。稱念夷數佛，暨（既）死而復甦。稱念夷數佛，枯木令玆（滋）茂。稱念夷數佛，沈輪（淪）具解脱。稱念夷數佛，枯骨再甦〈還〉活。是身在囚繫，令彼所居捨，柱化爲大樹。病兒請乞願，救我諸疾苦。再念夷數尊佛，瘖瘂及盲聾，能言復聞見。破彼妖神厝，喝禁諸応（魔）鬼；摧倒泥龕像，邪祟具殄滅。計薩復祚恕（作怒），四毒加刑害，所作皆已辦，戰敵応軍已，畢日即欲歸疾滅。仰啓夷數佛，同弘無盡願。若人有噩夢，或被官司囚繫，及一天亢旱，苦難逼身者，稱念吉思聖，尋聲皆如應，發願已竟還真寂，衆皆懺悔求捨過，願求斷惡盡，【得？】成如（無）上道。[4]

文中"移活吉思""吉思聖"即指聖喬治，"夷數佛""夷數尊佛"即指耶穌基督[5]。這些專名譯法表明《吉思咒》源自敘利亞基督教傳統，而非拉丁或希臘傳統。敘利亞語 gīwargīs（George）一詞在 8 世紀漢語景教文本《尊經》中被譯爲"宜和吉思（PL ŋi-xɦua-

---

〔1〕 E. W. Brooks, "Acts of S. George", p.114.

〔2〕 P. Zieme, *Altuigurische Texte der Kirche des Ostens aus Zentralasien*, p.95.

〔3〕 P. Zieme, *Altuigurische Texte der Kirche des Ostens aus Zentralasien*, p.95.

〔4〕 録文參考了 Ma & Wang, "On the Xiapu Ritual Manual Mani the Buddha of Light," p.17, footnote 35.筆者亦對照文書照片中標點對部分斷句進行了調整，文書照片參考林悟殊《福建霞浦抄本元代天主教贊詩辨釋——附：霞浦抄本景教〈吉思咒〉考略》，130 頁。録文另參包朗、楊富學《霞浦摩尼教文獻〈摩尼光佛〉研究》，蘭州：甘肅文化出版社，2020 年，67—69 頁。

〔5〕 林悟殊《福建霞浦抄本元代天主教贊詩辨釋——附：霞浦抄本景教〈吉思咒〉考略》，130—131 頁。"移活吉思"的其他用例參《樂山堂神記》1.13。

kjit-sẓ)”,西安景教碑中則被簡譯爲“和吉(PL xɦua-kjit)”[1]。日本學者高橋英海認爲,此處“移活吉思(PL ji-xɦuat-kjit-sẓ)”或反映了同一人名的粟特語或回鶻語方言形式[2]。霞浦其他文書及屏南文書中另保存了聖喬治的多種類似音譯名,如“夷活吉思大聖”(《明門初傳請本師》1.26—27;禱雨疏,1.204),“移活吉師大聖”(《貞明開正文科》,1.175),“吉思真人”(無名科儀,1.154 及以下),“吉師真爺”(《吉祥道場門書》)[3]。“夷數佛”情形類似。敘利亞語 Īšō·(Jesus)在唐代景教寫本如《序聽迷失所經》中被譯爲“移鼠(PL ji-ʂyə̆)”、《一神論》中被譯爲“翳數(PL ʔjiaj- ʂuə̆)”[4]。“夷數”應反映了同一專名的敘利亞語音譯形式[5]。

文中另存一處疑難。在《吉思咒》中提到的第一輪刑罰中,有“鐵銃”一刑所指晦暗不明。王媛媛和林悟殊認爲其意指“熔鐵(molten iron)”,馬小鶴則直譯爲“iron matte”[6]。檢視《聖喬治受難記》諸文本,可見在第一輪刑罰中,從未出現熔鐵刑罰,而在第二輪刑罰中,方才出現口灌熔鐵或熔鉛的情節(如 * *X-Lat.* 情節 10,吐魯番敘利亞語本情節 8)。考慮到在包括吐魯番敘利亞語本、傳世敘利亞語本在内的多種《受難記》文本(尤其達殿努斯類文本)中,聖喬治遭受的第一個刑罰均爲鐵梳,筆者認爲,“鐵銃”可能爲“鐵梳”之誤,而“刀梯及鐵梳”,是將聖喬治放在木頭上用鐵梳剮這一刑罰的改寫版。“鐵靴蒺藜”則指的是同樣曾出現於第一輪刑罰中的讓聖喬治穿上帶尖釘的鐵靴這一刑罰。

比對 * *X-Lat.*,可見《吉思咒》至少保存了來自古老達殿努斯類文本的以下情節:① 帝國集會、② 喬治之出身、③ 宗教對話、④ 第一輪酷刑:鐵梳剮刑和穿上帶尖釘的

〔1〕 Hidemi Takahashi, “Transcription of Syriac in Chinese and Chinese in Syriac script in the Tang period,” in: J. den Heijer, A. Schmidt, T. Pataridze (eds.), *Scripts beyond Borders. A Survey of Allographic Traditions in the Euro-Mediterranean World*, Louvain: Peeters, 2014, pp.329 – 349 (337, 339); Hidemi Takahashi, “Representation of the Syriac Language in Jingjiao and Yelikewen Documents,” in: Samuel N.C. Lieu and Glen L. Thompson (eds.), *The Church of the East in Central Asia and China*, Turnhout: Brepols, 2021, pp.23 – 92 (38).

〔2〕 Takahashi, “Representation of the Syriac Language in Jingjiao and Yelikewen Documents,” p.38.

〔3〕 參見林悟殊《福建霞浦抄本元代天主教讚詩辨釋——附:霞浦抄本景教〈吉思咒〉考略》,133—134 頁;王丁《摩尼教與霞浦文書、屏南文書的新發現》,《中山大學學報》2018 年第 5 期,113—127 頁(117);Takahashi, “Representation of the Syriac Language in Jingjiao and Yelikewen Documents,” p.38, footnote 51.

〔4〕 洛陽新出土花獻墓誌中提到其祖父“移恕”(LMC ji-ʂyə̆),應同樣來自 Īšō·(Jesus)音譯。關於花獻墓誌,參毛陽光《洛陽新出土唐代景教徒花獻及其妻安氏墓誌初探》,《西域研究》2014 年第 2 期,85—91 頁。

〔5〕 參 Takahashi, “Transcription of Syriac in Chinese and Chinese in Syriac script in the Tang period,” p.334; Takahashi, “Representation of the Syriac Language in Jingjiao and Yelikewen Documents,” p.34.

〔6〕 Yuanyuan Wang & Wushu Lin, “Discovery of an Incantation of St. George in Ritual Manuscripts of a Chinese Folk Society,” p.119; Xiaohe Ma & Chuan Wang, “On the Xiapu Ritual Manual Mani the Buddha of Light,” p.16.

鐵靴、⑨ 劍輪上第一次死亡、⑪ 十四寶座、⑭ 復活死者、⑮ 貧窮寡婦、⑱ 摧毁偶像、⑳ 喬治受難(受難前長篇禱告)。從行文中尚難以確認其中是否也包含⑬復活公牛。比較 ∗ *X-Lat.* 對應的情節,可發現《吉思咒》行文並無不連貫之處,其情節發展順序與古老的達殿努斯類基本吻合。在各情節具體内容方面,《吉思咒》亦對應於古老的達殿努斯類,比如在最後的禱告中,聖喬治爲有噩夢者、官司纏身者、遇亢旱者、苦難逼身者祈求恩典,這些祈求均可追溯至古老的達殿努斯類文本,而不見於後期的戴克里先類文本。最後,相比敘利亞語傳世本,《吉思咒》的情節安排更嚴格對應於吐魯番敘利亞語殘篇,這特别體現於其中有關第一輪酷刑的描寫。如前所述,鐵靴刑罰的位置是區分古老的達殿努斯類和戴克里先類的重要標準之一。敘利亞語傳世本依循較晚近的戴克里先類將鐵靴刑罰置於劍輪刑罰之後,而吐魯番出土的敘利亞語《受難記》殘篇,則依循古老的達殿努斯類將鐵靴刑罰置於劍輪刑罰之前。《吉思咒》中鐵靴蒺藜出現於劍輪之前,表明其依循的是吐魯番敘利亞語殘篇的刑罰順序。此外,"喑啞及盲聾"一句表明寡婦之小兒至少有喑啞、目盲、耳聾三種殘疾,但敘利亞語傳世本僅記載小兒目盲、耳聾和腿瘸,而吐魯番出土的粟特語本則記載小兒有喑啞、目盲、耳聾和腿瘸四種殘疾。這是表明《吉思咒》情節更接近吐魯番《受難記》,而非敘利亞語傳世本的又一例證。

《吉思咒》絶大部分情節可在吐魯番出土的敘利亞語和粟特語《受難記》殘篇找到對應[1]。唯一例外的是《吉思咒》中"稱念夷數佛,枯木令兹(滋)茂"一句,此句對應 ∗ *X-Lat* 情節 6 的十四寶座,但此情節在吐魯番出土的敘利亞語和粟特語殘篇中均未能保存下來。審視《受難記》文本流傳史,"十四寶座"這一情節不僅可見於大部分古老的達殿努斯類文本(∗ *X-Lat.*, Sang., Kopt., Theodot, Arm., Athen., Ven.),也可見於敘利亞語傳世本中。《吉思咒》中保存了這一情節,表明其所根據的母本,也即流傳於中亞和中國的敘利亞語或粟特語《受難記》(很可能直接或間接與吐魯番出土的《受難記》有關)中理應包含了十四寶座情節。綜合前述吐魯番敘利亞語殘篇、粟特語殘篇以及《吉思咒》中所保存的情節,可嘗試重構流傳於中亞的敘利亞語《受難記》基本情節,應至少包括: ∗ *X-Lat.* 1 – 11, 14 – 15, 18 – 20(參篇末附録二)。總的來説,重構出的文本情節結構印證了我們之前的判斷:一方面,相比傳世敘利亞語本,吐魯番本保留了更加古老的元素;另一方面,吐魯番本也反映了一些晚近的新變化,比如取消了三次復活和四次死

〔1〕 關於《吉思咒》與吐魯番出土粟特語《受難記》殘篇的比較,參見馬小鶴《粟特文〈聖喬治受難記〉與〈吉思咒〉》。

亡的結構、删去了喬治在王后寢宫情節等。不過，我們對於吐魯番出土敘利亞語《受難記》文本原貌的重構只能是嘗試性的，從《受難記》文本流傳的歷史來看，《受難記》少有忠實的譯本。在不同文明間流傳的過程中，不同程度的删減、改寫和添加才是常態。吐魯番敘利亞語《受難記》完整文本究竟如何，仍有賴於西旁遺址進一步的考古發現來驗證。〔1〕

作爲一部被吸收進摩尼教科儀文本的基督教文本，《吉思咒》最大程度體現了《受難記》文本在流傳過程中的靈活性。一方面，《吉思咒》大幅縮寫了《受難記》的情節，省略了多輪酷刑、魔法師亞他那修、將軍皈依、王后亞歷珊德拉、喬治在阿波羅神廟前醫好病兒等在吐魯番《受難記》中存在的情節〔2〕。由於經過大幅縮略，《吉思咒》部分情節只有結合其他文本才能理解其具體含義，比如"令彼所居捨"，並未明言"彼"之所指，而比對平行文本，方知此處指貧窮寡婦。另一方面，諸多來自其他宗教的元素被添加到古老的傳奇故事中，比如摩尼教術語"二大光明"、佛道術語"刀梯""佛""沉淪"等，這反映了《吉思咒》文本所處宗教環境的多元性。不過，《吉思咒》尚存不少疑難，有待於繼續探討。比如"四毒加刑害"一句出現的位置似乎表明聖喬治在摧毁偶像之後還經歷了一輪酷刑，但這一輪酷刑不見於大多數《受難記》文本（僅拉丁傳統中的 Y 和 PP 例外，那裏第二輪酷刑被置於摧毁偶像之後，參篇末附録二）。包括粟特本和敘利亞傳世本在内的絶大多數文本在聖喬治摧毁偶像這一情節之後，轉而描述王后亞歷珊德拉遭受酷刑和受難。筆者推測這裏改寫者再度進行了簡化，省略了王后，而僅描寫刑罰本身，從而使得這輪刑罰的對象顯得仍然是聖喬治。另一處疑難在於對於迫害者的稱呼，達殿努斯和戴克里先之名均未曾出現於《吉思咒》。《吉思咒》中迫害者爲"佛林計薩"，指的似乎是羅馬皇帝，但如前所述，東方傳統中並未曾出現任何迫害者爲戴克里先的文本，而吐魯番的敘利亞語、粟特語、回鶻語《受難記》中迫害者均爲波斯王達殿努斯〔3〕。這些難以通過解釋的情節，或可被歸因於《吉思咒》文本創作中産生的新的變動。《吉

〔1〕 劉文鎖、王澤祥、王龍《新疆吐魯番西旁景教寺院遺址：2021 年考古發掘的主要收獲與初步認識》，《西域研究》2022 年第 1 期，1—7 頁。

〔2〕 在删減古老文本情節的幅度方面，《吉思咒》與拉丁傳統中的 Y，PP，Z 頗爲相似，參見篇末附録二表格。

〔3〕 "佛林計薩"，中文史料中又做"拂菻罽娑"，雖多指羅馬皇帝，但筆者以爲此處亦可能虚指統治者。波斯亡國之後，身在大唐的波斯景教徒在稱呼上也發生了變化，比如"波斯寺"改爲"大秦寺"、"波斯經教"改爲"大秦景教"（大秦多指羅馬）。元代景教徒崇福使愛薛，身後即被稱爲"拂菻忠獻王"，儘管一般並不會認爲他是來自拜占庭帝國的蔑兒乞派。從中亞出土的一些錢幣來看，Fromo Kesaro 亦爲突厥沙希王朝（七至九世紀）的一位君主的名號。關於"佛林計薩"及相關研究，參見 Takahashi, "Representation of the Syriac Language in Jingjiao and Yelikewen Documents," pp.26, 33.

思咒》中頻繁出現的簡寫、改寫與其他宗教元素的添加,使其成爲中亞和中國流傳的《受難記》諸文本中最具有層累性和複雜性的一部文本[1]。

三 餘 論

《聖喬治受難記》在中古時期即經景教徒傳入中亞與中國,其悠久而複雜的流傳史使其成爲文明交流和互動的一個重要載體。和希臘、拉丁和别支東方傳統一樣,傳入中亞和中國的《受難記》始終在動態的發展變化之中,不僅被譯爲各種語文,衍生出新的文體,也融合了來自佛教、道教、摩尼教多種宗教元素,正如我們在《吉思咒》中所觀察到的那樣。不過,儘管東方傳統的《受難記》發生了諸多新的變化,我們仍然可以在其中觀察到古老希臘文本情節的存在。通過本文的論證,可見保存於霞浦文書中的《吉思咒》並非行文不連貫,也並非僅僅反映敘利亞語傳世本的特徵,而是可以追溯到在中古時期流傳到中亞與中國的一個更加古老的敘利亞語本,其中保存了希臘傳統中古老的達殿努斯類文本的一系列特徵。克倫巴赫爾曾經推測,在經過教會的抵制之後,古老的達殿努斯類傳奇故事雖然逐漸被新興的戴克里先類文本所取代,但這一古老故事直至9世紀仍然被廣泛閱讀[2],保存著古老情節的抄本一直傳抄至16世紀[3]。吐魯番出土的《聖喬治受難記》殘篇向我們透露出,這一古老故事的諸多傳奇情節同樣在相當長的時間内流傳於敘利亞語傳統。而正是這一古老傳奇文本在中古時期即傳入中亞與中國,並繼續發展出粟特語、回鶻語、中古漢語諸文本,它們共同印證了《聖喬治受難記》在東方傳統中的流行。

最後就《聖喬治受難記》流行於中亞和中國之原因略作推論。可以明確的是,在吐魯番的西旁景教修道院,聖喬治並非是唯一被禮拜的聖徒。吐魯番出土敘利亞語聖徒

---

〔1〕 高橋英海新近認爲,無論從篇幅還是結構來看,《吉思咒》都近似於"禱告護身符"(prayer amulets)。這類護身符直至現在仍被東敘利亞基督徒廣泛用於防禦疾病和其他厄運,參 Hidemi Takahashi, "The Role of the Cult and Memory of the Martyrs in the Survival Strategy of Syriac Christians," *Sophia. Journal of Asian, African, and Middle Eastern Studies*, no. 39, 2021, pp.5-14 (9). 晚近訴諸聖喬治之名的禱告護身符與《吉思咒》的確分享類似特徵,最爲明顯的一點在於,禱告護身符常以ܚܪܡܐ"Anathema,咒"開頭,指聖徒在受難時所道祈禱詞,比如以聖喬治之名的禱告護身符即以 Anathema of Mar George"聖喬治咒"開頭,這正對應《吉思咒》。不過,在内容和結構上,二者仍然存在著較大區别,特别禱告護身符中一般不包括對於聖徒受難情節的羅列和描述,參第65頁注釋1。

〔2〕 K. Krumbacher, *Der heilige Georg in der griechischen Tradition*, p.184.

〔3〕 K. Krumbacher, *Der heilige Georg in der griechischen Tradition*, p.290.

傳[1]數量極少,存世僅兩種文本:除了《聖喬治受難記》之外,另一種爲木鹿城首任主教聖巴沙巴(Mar BarShabba)傳記[2]。不過,聖徒傳並非我們研究吐魯番聖徒崇拜的唯一文本證據。在西旁所出土的敘利亞語景教文書中,佔最大比例的是儀禮類文書,其中保存了多位聖徒的紀念儀禮。在近年的多篇發表中,亨特根據吐魯番出土敘利亞語儀禮文書,特别其中篇幅最長的 MIK III 45 抄本,分析了吐魯番景教徒在公開禮拜儀式中紀念的聖徒至少應包含兩類:一類是主要在中亞被禮拜的聖徒,特别指將基督教帶至木鹿城的三位聖徒:除了上述聖巴沙巴,還包括薩珊波斯王后 Mart Shir 和難以確定身份之 Zarvandokht[3];另一類聖徒則不僅在中亞,亦在西亞、甚至希臘拉丁世界受到尊崇,比如武士聖徒聖塞爾吉烏斯(Mar Sargis)及聖巴克斯(Mar Bakos)[4],受難母子聖西里亞克斯(Mar Cyriacus)和尤利塔(Julitta)[5]。考慮到聖喬治崇拜在西方世界的

---

〔1〕 關於敘利亞語聖徒傳,參 Jeanne-Nicole Saint-Laurent, "Syriac Hagiographic Literature," in: D. King (ed.), *The Syriac World*, London/New York, 2019, pp.339－354.

〔2〕 關於 BarShabba 及其傳記,另參 S. Brock, "Bar Shabba/Mar Shabbay, First Bishop of Merv," in: M. Tamcke et al. (eds.), *Syrisches Christentum weltweit: Studien zur syrischen Kirchengeschichte: Festschrift Wolfgang Hage*, Münster: LIT Verlag, 1995, pp.190－201; idem, "A West Syriac Life of Mar Shabbay (Bar Shabba), Bishop of Merv," in: D. F. Bumazhnov et al. (eds.), *Bibel, Byzanz und Christlicher Orient: Festschrift für Stephen Gerö zum 65. Geburtstag*, Leuven: Peeters, 2011, pp.259－279. 不過,吐魯番出土粟特語聖徒傳記種類相對較多,除了聖喬治受難記,還包括聖塞爾吉烏斯和聖巴克斯受難記、聖巴沙巴傳記、聖西里亞克斯和尤利塔受難記,多僅存殘篇,參見 N. Sims-Williams, *From Liturgy to Pharmacology*, pp.61－72. 關於吐魯番出土的粟特語聖西里亞克斯受難記,另參 N. Sims-Williams, "A Sogdian Fragment of the Martyrdom of Cyriacus and Julitta," in: P. Fodor et al. (eds.), *More Modoque: Die Wurzeln der europäischen Kultur und deren Rezeption im Orient und Okzident. Festschrift für Miklós Maróth zum siebzigsten Geburtstag*, Budapest: Forschungszentrum für Humanwissenschaften der Ungarischen Akademie der Wissenschaften, 2013, pp.235－239.這些聖徒傳記或許也在吐魯番存有敘利亞語抄本,有待於進一步考古發現。

〔3〕 參見 E. Hunter, "Commemorating the Saints at Turfan," in: Li Tang and Dietmar W. Winkler (eds.), *Winds of Jingjiao: Studies on Syriac Christianity in China and Central Asia*, Wien: LIT, 2016, pp.89－104; E. Hunter & J. F. Coakley, *A Syriac Service-Book from Turfan*; E. Hunter, "The Christian Library from Turfan: Commemorating the Saints in MIK III 45," in: S. N. C. Lieu & G. L. Thompson (eds.), *The Church of the East in Central Asia and China*, Turnhout: Brepols, 2020, pp.1－11. 關於 Mart Shir, 亦可參 W. Baum, *Shirin Christian Queen: Myth of Love*, Kottayam, 2005.

〔4〕 Mar Sargis 即聖塞爾吉烏斯(St. Sergius),Mar Sargis 爲其敘利亞語形式,後成爲景教徒常用名。元代景教人名馬薛里吉思/夔理吉思即對應此名,其音譯體現回鶻語元音和諧律之影響,同時 Mar 成爲名字一部分,參劉迎勝《關於馬薛里吉思》,《元史論叢》第 8 輯,南昌:江西教育出版社,2001 年,14—23 頁;馬曉林《元代景教人名學初探——以遷居濟寧的阿力麻里景教家族爲中心》,《北京大學學報》2016 年第 1 期,134—140 頁。Mar Bakos 即聖巴克斯(St Bacchus),Mar Bakos 爲其敘利亞語形式,對應元代常見景教徒人名别古思/孛古思,同樣受回鶻語元音和諧律影響,參馬曉林《元代景教人名學初探》,138 頁。另參 E. Hunter, "Commemorating the Saints at Turfan", pp. 97－101; E. Hunter & J. F. Coakley, *A Syriac Service-Book from Turfan*, pp.38－39.

〔5〕 參見 E. Hunter, "SyrHT 140: Commemorating Mar Cyriacus and Julitta," in: Pál Fodor et al.(eds.), *More Modoque: Die Wurzeln der europäischen Kultur und deren Rezeption im Orient und Okzident. Festschrift für Miklós Maróth zum siebzigsten Geburtstag*, Budapest: Forschungszentrum für Humanwissenschaften der Ungarischen Akademie der Wisssenschaften, 2013, pp.225－233; idem, "Commemorating the Saints at Turfan"; E. Hunter and J. F. (轉下頁)

流行程度,聖喬治應被歸入第二類[1]。聖喬治崇拜可在吐魯番出土敘利亞語儀禮文書中找到多種證據,比如在 MIK III 45 抄本第十三葉背面第四行可見聖喬治與聖塞爾吉烏斯、聖巴克斯並列被稱頌[2];殘篇 SyrHT 78 和 SyrHT 258 中也保存了聖喬治紀念儀禮,其中 SyrHT 78 提到其紀念日爲四月二十三日(a 面左葉四至五行),這與吐魯番出土《受難記》相符。此外,雜纂類(miscellaneous)殘篇亦出現聖喬治的名字,進一步説明了其流行程度(SyrHT 161, SyrHT 321)。

吐魯番的聖喬治崇拜應在以上所勾勒中亞景教聖徒崇拜之整體背景中理解。如前所述,在吐魯番出土的儀禮文書中,聖喬治的名字常與聖塞爾吉烏斯、聖巴克斯並列(MIK III 45 13v, SyrHT 258 a)。類似的現象也可見於北京午門發現的景教敘利亞語儀禮文書,其中聖喬治亦與聖塞爾吉烏斯、聖巴克斯並列或前後相繼被稱頌[3]。此外,

---

(接上頁)Coakley, *A Syriac Service-Book from Turfan*. 關於吐魯番的敘利亞語聖徒崇拜紀念儀禮,亦參 Catholicos-Patriarch Mar Awa III (Royel), "From Mosul to Turfan: The ḥūḏrā in the Liturgy of the Assyrian Church of the East: A Survey of its Historical Development and its Liturgical Anomalies at Turfan," *Ex Fonte – Journal of Ecumenical Studies in Liturgy 1* (2022), pp.31–57 (45–52). 關於吐魯番出土的粟特語聖徒紀念儀禮(包含聖巴沙巴、Mart Shir、聖塞爾吉烏斯和聖巴克斯),參見 N. Sims-Williams, *Iranian Manuscripts in Syriac Scripts in the Berlin Turfan Collection*, pp.40–42.

[1] 類似劃分參見 M. Debié, "Syriac Biography," in: K. De Temmerman (ed.), *The Oxford Handbook of Ancient Biography*, Oxford: Oxford University Press, 2020, pp.401–416 (402),聖喬治被稱爲普世基督教英雄(universal Christian hero),與以聖巴沙巴爲代表的地方聖徒(local figures)相對。除了公共禮拜儀式,聖徒的名字也出現在吐魯番出土多用於私人敬拜的禱告護身符當中,比如聖徒 Mar Tamsis(SyrHT 330 和 99)和 Mar Quprina(Cyprian)(SyrHT 102 和 n 364–365)。參見 E. Hunter, "Traversing Time and Location: A Prayer-Amulet of Mar Tamsis from Turfan," In: Li Tang & Dietmar W. Winkler (eds.), *From the Oxus River to the Chinese Shores: Studies on East Syriac Christianity in China and Central Asia*, (Orientalia–Patristica–Oecumenica 5), Zürich/Münster: LIT, 2013, pp.25–41; idem, "Syriac Manuscripts from Turfan: Public Worship and Private Devotion," in: Tarsee Li (ed.), *From Ancient Manuscripts to Modern Dictionaries: Select Studies in Aramaic, Hebrew and Greek*, Piscataway: Gorgias Press, 2017, pp.77–98; idem, "Syriac Prayer-amulets from Turfan," in: *The Harp*, vol.33, 2018, pp.413–431.文本證據表明,以聖徒之名的護身符在北美索不達比亞東敘利亞基督教團體中一直被傳抄至 18、19 世紀,其中尤其聖喬治咒(Anathema)和聖 Tamsis 咒相當常見,參 E. Hunter, "Syriac Prayer-amulets from Turfan". 聖喬治咒多用於抵御恐懼,參 H. Gollancz, *The Book of Protection, Being a Collection of Syriac Charms*, London: Henry Frowde, 1912, pp.xxvi–xxvii, lxx, lxxiv; E. Hunter, "Two Codex Handbooks of Amulets: Mingana Ms Syr 316 and Rylands Ms Syr 52," in: S. H. Griffith & S. Grebenstein (eds.), *Christsein in der islamischen Welt: Festschrift für Martin Tamcke zum 60. Geburtstag*, Wiesbaden: Harrassowitz Verlag, 2015, pp.423–437 (432–433). 不過,在吐魯番出土的文書中,我們尚未發現以聖喬治之名的禱告護身符。

[2] 不過,MIK III 45 中的聖徒崇拜儀禮主要針對聖塞爾吉烏斯、聖巴克斯、聖巴沙巴、Mart Shir、Zarvandukt,聖喬治僅被提到一次。

[3] 參見 W. R. Taylor, "Syriac Mss. Found in Peking, Ca. 1925," *Journal of the American Oriental Society*, vol. 61, No.2, 1941, pp.91–97 (94, 97).聖喬治之名另出現於第 95、96 頁。午門文書另提及聖巴沙巴(第 96、97 頁)、聖西里亞克斯和尤利塔(第 97 頁)。泰勒推斷此份文書可被斷代至元代(至晚),繼而被保存在歷代宫廷檔案當中,直至 20 世紀 20 年代經明清史料整理會被重新發現。來自同一部抄本的十五葉文書現保存於臺北傅斯年 (轉下頁)

早在敦煌景教文獻《尊經》中,已可見這三位聖徒並列出現:“摩薩吉思法王　宜和吉思法王　摩没吉思法王。”〔1〕《尊經》中另列出景浄所譯景教經典名稱,其中包含“藝利月思經”和“摩薩吉斯經”,筆者認爲最可能分别指《聖喬治受難記》和《聖塞爾吉烏斯和聖巴克斯受難記》兩部〔2〕。《尊經》的記載表明對這幾位聖徒的崇拜很可能已在唐代從中亞進入長安,也暗示出其聖傳故事或在唐代即由景浄翻譯進漢語,儘管其完整文本未能保存下來〔3〕。無論如何,聖喬治與聖塞爾吉烏斯之並列暗示出二者或出於類似原因被尊崇於中亞和中國。古代晚期以來,聖塞爾吉烏斯及聖巴克斯崇拜曾受到薩桑波

(接上頁)圖書館,俄國學者穆拉維夫(Alexy Muraviev)推測此份文書或與吐魯番地區相關,參 A. Muraviev, “The New Persian Marriage Contract in the Syriac Manuscript from Turfan,”新疆吐魯番學研究院編《語言背後的歷史——西域古典語言學高峰論壇論文集》,上海古籍出版社,2012 年,160—164(160)頁。

〔1〕《尊經》中緊隨“宜和吉思法王”之後的是“摩没吉思法王”,關於“摩没吉思”對應 Bacchus,參吴其昱《唐代景教之法王與尊經考》,24—25 頁。

〔2〕由於譯名與法王名(“宜和吉思”、“摩薩吉思”)存在差别,吴其昱認爲“藝利月思”和“摩薩吉斯”應另有所指,他推測前者爲 7—8 世紀敘利亞正教會(西支敘利亞基督教)主教,又稱阿拉伯人的主教喬治(George, Bishop of the Arabs, 卒於 724 年),其最重要的貢獻是將亞里士多德多部著作從希臘語譯爲敘利亞語,《藝利月思經》故可能對應亞氏著作如《範疇篇》敘語譯本之中譯本;而後者則爲敘利亞正教會司鐸、醫學家和哲學家艾因角的塞爾吉烏斯(Sergius of Reshaina),其人不僅早在 6 世紀即將亞氏著作翻譯進敘利亞語並作注釋,更曾將蓋倫的多部醫書譯爲敘利亞語,《摩薩吉斯經》故可能對應這些譯本中之一。吴其昱進一步推測若《摩薩吉斯經》對應亞氏《範疇篇》及詮釋,則“亞氏哲學傳入中國早至 8 世紀下半期(781 年前後),比今所知明末所譯亞氏論理學《名理探》等書約早八百五十年”,參見吴其昱《唐代景教之法王與尊經考》,35 頁,42—45 頁。這一比定的問題在於,翻譯希臘哲學和醫學的塞爾吉烏斯在敘利亞教會並未曾被尊爲聖徒,故其名前不可能有 Mar(摩)尊稱(關於敘利亞聖徒,參 J. Fiey, *Saints syriaques*, Princeton, NJ: Darwin Press, 2004)。筆者認爲,《摩薩吉斯經》應指《聖塞爾吉烏斯和聖巴克斯受難記》;同樣的,《藝利月思經》也應指《聖喬治受難記》。《尊經》中法王名和經書名中所涉及專名或並未統一譯法,而譯法之不統一並不能説明其所指不可能爲同一人。不過,亞氏哲學傳入中國時間的確遠早於明末耶穌會士攜西書入華,參見筆者論文 Lijuan Lin, “A New Syriac Witness to Aristotle's *Categories* from Turfan,” *ZDMG* 171.2, 2021, pp.291 - 322.佐伯好郎將《藝利月思經》按字面譯爲“Gewargis Book”,《摩薩吉斯經》譯爲“Mar Sergius Book”,並未明確具體所指,參見 P. Y. Saeki, *The Nestorian Documents and Relics in China*, Tokyo, 1937, p.275; 另參 Hidemi Takahashi, “Transcribed Proper Names in Chinese Syriac Christian Documents,” in: George Anton Kiraz (ed.), *Malphono W-Rabo d-Malphone: Studies in Honor of Sebastian P. Brock*, Piscataway NJ: Gorgias Press, 2008, pp.631 - 662 (651, 653),其中包含關於漢語景教文獻中專名轉寫的研究綜述。關於這一對音的疑難,亦參 idem, “On Some Transcriptions of Syriac Names in Chinese-Language *Jingjiao* Documents,” in: Li Tang & Dietmar W. Winkler (eds.), *From the Oxus River to the Chinese Shores: Studies on East Syriac Christianity in China and Central Asia*, (Orientalia - Patristica - Oecumenica 5), Zürich/Münster: LIT, 2013, pp.13 - 24 (19).關於阿拉伯人的主教喬治與艾因角的塞爾吉烏斯亦參 *GEDSH*(S. P. Brock et al., *Gorgias Encyclopedic Dictionary of the Syriac Heritage*, Piscataway NJ: Gorgias Press, 2011)相關詞條。關於聖塞爾吉烏斯與聖巴克斯參見 E. K. Fowden, *The Barbarian Plain: Saint Sergius between Rome and Iran*, Berkeley: University of California Press, 1999; C. Walter, *The Warrior Saints in Byzantine Art and Tradition*, pp.146 - 162.

〔3〕參見馬小鶴《粟特文〈聖喬治受難記〉與〈吉思咒〉》,70—71 頁。

斯王室支持[1],流行於伊朗;而由於其軍事背景,聖塞爾吉烏斯崇拜易在遊牧民族找到共鳴,這解釋了它在中亞教區的流行[2]。而和聖塞爾吉烏斯類似,聖喬治在拜佔庭被作爲最重要的武士聖徒崇拜[3],在薩桑帝國吸引了衆多崇拜者[4],當然也易在遊牧民族找到共鳴。從儀禮文本的具體内容來看,這些聖徒的遺物(relics)往往被認爲具有護佑禮拜者的能力[5]。

不過,相關證據表明,聖喬治崇拜在中亞和中國又具有特殊的重要地位。在吐魯番西旁遺址出土的文書中,《聖喬治受難記》可被視爲最爲流行的文本之一,其流行程度僅次於《聖詠經》(Psalter)[6]。這或者解釋了爲何是《聖喬治受難記》,而不是别的聖徒受難故事被吸收進摩尼教儀禮文本,最後出現在霞浦文書當中。儘管我們並不清楚《受難記》具體何時進入摩尼教傳統,但根據《宋會要輯稿》的記載,宣和二年(1120)温州地區被禁的一批摩尼教經典中存在一部《訖思經》,可能爲《吉思咒》的早期版本。這意味著部分唐代基督徒遺民或在宋代中期之前已被吸收進摩尼教教團,也將他們所熟知的聖傳故事帶入摩尼教科儀當中[7]。正如瓦爾特(Christopher Walter)曾指出的,聖喬治是武士聖徒中的"明星"(star),其地位甚至高於拜占庭四位最主要的武士聖徒,即聖德米特里(St Demetrius)、聖普羅科皮烏斯(St Procopius)以及兩位聖西奥多(St Theodores)[8],更不要説聖塞爾吉烏斯。另一方面,相比聖塞爾吉烏

〔1〕 參見 E. K. Fowden, *The Barbarian Plain: Saint Sergius between Rome and Iran*, 1999.另參 J. Fiey, *Saints syriaques*, pp.171－172.

〔2〕 參見 E. Hunter, "The Christian Library from Turfan: Commemorating the Saints in MIK III 45," p.8.

〔3〕 參見 C. Walter, *The Warrior Saints in Byzantine Art and Tradition*, pp.109－144; J. Good, *The Cult of St George in Medieval England*, pp.32－33. 另參吴其昱《唐代景教之法王與尊經考》,25 頁。

〔4〕 參見 E. K. Fowden, *The Barbarian Plain*, p.4.

〔5〕 參見 E. Hunter, "Commemorating the Saints at Turfan"; idem, "The Christian Library from Turfan: Commemorating the Saints in MIK III 45".

〔6〕 聖塞爾吉烏斯雖有多語《受難記》流行於近東和西方,但在吐魯番並未出土相關文本。不過,如果《摩薩吉斯經》的確對應《聖塞爾吉烏斯和聖巴克斯受難記》,則可推測該部聖傳也在相當早的時期即廣泛流行於中亞和中國。

〔7〕 參見馬小鶴《霞浦文書研究》,蘭州大學出版社,2014 年, 365、375 頁及以下;林悟殊《唐後結社明教再認識——以北宋"温州明教"爲個案》,余太山、李錦繡編《歐亞學刊》新 7 輯,北京:中華書局,2018 年,114—131 頁(119—120 頁);Hidemi Takahashi, "Syriac Christianity in China," in: D. King (ed.), *The Syriac World*, London/New York, 2019, pp.625－652 (637); H. Takahashi, "Representation of the Syriac Language in Jingjiao and Yelikewen Documents," p.38.馬小鶴認爲,《吉思咒》的編寫應在會昌法難(845)前,很可能由唐代漢人與粟特人摩尼教徒合作完成,參見馬小鶴《粟特文〈聖喬治受難記〉與〈吉思咒〉》,70—71 頁;另參林悟殊《霞浦鈔本〈吉思咒〉爲唐代景教遺偈考》。遺憾的是,由於《藝利月思經》並未能流傳下來,尚難以確認此經與霞浦文書中的《吉思咒》是否存在直接對應關係。

〔8〕 參見 C. Walter, *The Warrior Saints in Byzantine Art and Tradition*, p.109.

斯，聖喬治之受難情節無疑更爲殘酷，這位普世基督教英雄的故事想必曾經給予許多身處異教環境的景教徒以靈魂的鼓舞和慰藉，而這進一步促成了聖喬治崇拜在中亞與中國的流行。

（作者單位：北京大學歷史學系）

附録一　吐魯番出土《聖喬治受難記》敘利亞語殘篇

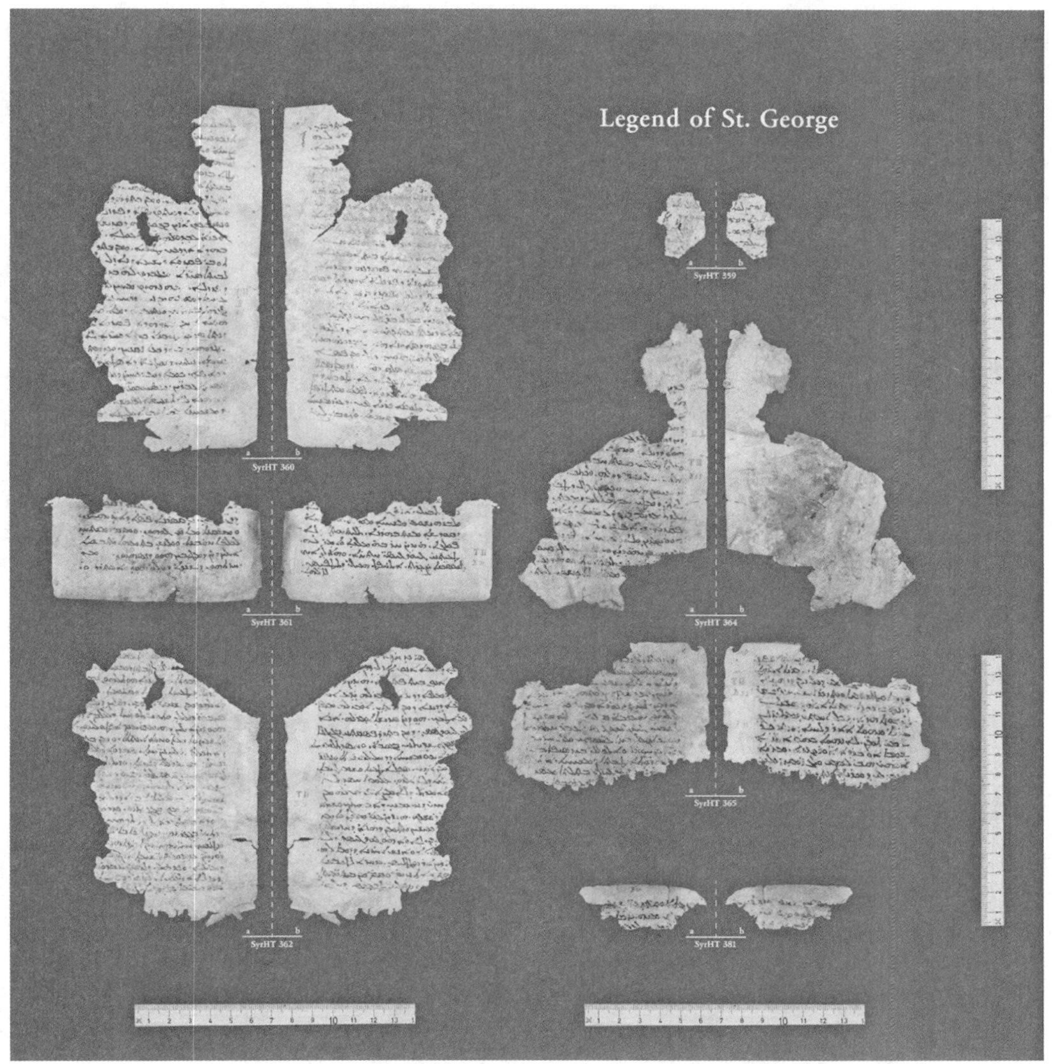

SyrHT 95 正面

SyrHT 95 背面

附録二　《受難記》各版本情節對照表[1]

* *X-Lat.*	Sang.	Gl.	Kopt.	Theodot	Arm.	Athen.	Ven.	Paris	Wien	Exc.	Aeth.	Z	Norm.	Roma-nos	Syr.	Y	PP	SFr	Rein-bot	Syr. Turfan	Sog. Turfan	Uigh. Turfan	Jisi zhou	Recons. Syr.
1）帝國集會	1	1	1	1	1	1	1	—	1	1	1	1	**1**	—	**1**	1	1	1	1	**1**			**1**	**1**
2）喬治之出身	2	2	2	2	2	2	2	—	2	—	2	2	**2**	—	**2**	2	2	2	—					**2**
3）宗教對話	3	3	3	3	3	3	3	1	3	2	3	3	**3**	1	**3**	3	3	3	2	**2**			**2**	**3**
4）第一輪酷刑	4	4	4	4	4	4	4	2	4	3	4	4	**4**	2	—	—	4	4	—	**3**			**3**	**4**
5）上帝顯現於獄中	5	5	5	5	5	—	5	3	—	—	—	—	—	—	—	—	—	5	3				—	**5**
6）百次擊打	6	6	6	6	6	—	6	4	—	—	—	—	—	—	—	—	—	—	4				—	**6**
7）魔法師亞他那修	7	7	7	7	7	5	7	5	—	—	—	5	—	8	—	—	—	8	14	**4**			—	**7**
8）亞他那修皈依	8	8	8	8	8	6	8	6	—	—	—	6	—	9	—	—	—	9	15	**5**			—	**8**
9）劍輪上第一次死亡	9	9	9	9	9	7	9	7	5	4	5	7	**5**	3	**4**	4	5	6	8	**6**			**4**	**9**
10）鐵床	10	10	10	10	10	8	10	—	6	—	—	—	—	—	—	—	—	—	13	**7**			—	**10**
11）十四寶座	11	—	11	11	11	9	11	—	—	—	6	—	—	—	**5**	6	—	7	12				**5**	**11**
12）通過鋸與甕第二次死亡	12	—	12	12	12	10	12	—	7	5	—	8	—	5	—	8	8	10	10				—	—
13）復活公牛	13	11	13	13	—	11	—	8	8	—	—	—	**8**	—	—	—	—	12	—				—	—
14）復活死者	14	12	14	14	13	12	13	9	9	—	7	—	**7**	7	**6**	10	—	16	11		**1**		**6**	**12**
15）貧窮寡婦	15	13	15	15	14	13	14	10	—	—	8	—	—	6	**7**	5	6	11	5		**2**		**7**	**13**
16）被焚燒第三次死亡	16	14	16	16	15	14	15	—	10	6	9	—	—	4	—	—	—	14	—		—		—	—
17）王后皈依	17	15	17	17	16	15	—	11	11	7	10	—	**6**	10	—	—	—	—	6		—		—	—
18）摧毀偶像	18	16	18	18	17	16	16	12	12	8	11	9	**9**	12	**8**	7	7	13	7		**3**		**8**	**14**
19）王后受難	19	17	19	19	18	17	17	13	13	9	12	—	**10**	11	**9**	9	—	15	9		**4**		—	**15**
20）喬治受難	20	18	20	20	19	18	18	14	14	10	13	10	**11**	13	**10**	11	9	17	16	**8**	**5**	**1**	**9**	**16**
21）作者之名	-	19	21	21	—	—	19	—	—	11	14	—	**12**	14	**11**	12	—	—	—				—	

〔1〕 本表基於 W. Haubrichs, Georgslied und Georgslegende im frühen Mittelalter, 235 頁表格製成。

《敦煌吐魯番研究》第二十二卷
2023 年,73—112 頁

吐魯番出土文獻中的植物名實考證
(非本草及佛經類)*

蔣洪恩

吐魯番氣候乾燥,古代墓葬中的植物遺存和紙質文獻得到了很好的保存。前期曾有學者對阿斯塔那墓地發現的各種植物遺存進行過系統研究[1]。但是,墓葬中的植物遺存多是先民選擇後有意放入的,並不能完整地反映當時的生産生活。可喜的是,吐魯番出土文獻中也有爲數不少與植物相關的記録。出土文獻與植物遺存互爲補充,相得益彰,可以更好地反映先民的農業活動與植物利用情況。

農業是我國的立國之本。因此,農業活動在吐魯番出土文獻中有較多的記録。楊榮春、宋曉梅、李豔玲、張安福等學者曾分别撰文,對吐魯番十六國至唐西州時期的農業活動進行過探討[2]。除此之外,一些學者還對文獻中的涉農部分進行過專門研究。例如,王豔明曾對吐魯番的蔬菜種類與加工方式進行過考證[3];陳習剛、劉永連等曾對吐魯番的葡萄種植進行過專門討論[4];吴震曾綜合出土文獻與植物遺存,對新疆歷

---

* 本文爲國家社會科學基金一般項目“新疆吐魯番三至十三世紀期間的植物利用與文化交流研究”(22BKG041)的階段性成果。

〔1〕 Chen T, Wu Y, Zhang Y et al., “Archaeobotanical study of ancient food and cereal remains at the Astana Cemeteries, Xinjiang, China,” *PLoS ONE* 2012, 7(9): e45137; Chen T, Wang B, Jiang H, “New archaeobotanical evidence for *Medicago* from the Astana Cemetery in Turpan, Xinjiang,” *Heritage Science* 2022, 10: 57;陳濤、賀婧婧、姚書文等《吐魯番阿斯塔那墓地出土彩塑馬尾裝飾物的科學分析》,《第四紀研究》2019 年第 1 期。

〔2〕 楊榮春《北涼農牧業研究——以吐魯番、河西出土文獻爲中心》,《古今農業》2017 年第 2 期;宋曉梅《吐魯番出土文書所見高昌群時期的農業活動》,《敦煌學輯刊》1997 年第 2 期;張安福、朱麗娜《唐代西州地區種植業發展研究》,《吐魯番學研究》2012 年第 1 期;李豔玲《西元 5 世紀至 7 世紀前期吐魯番盆地農業生産探析》,《西域研究》2014 年第 4 期。

〔3〕 王豔明《從出土文書看中古時期吐魯番地區的蔬菜種植》,《敦煌研究》2001 年第 2 期。

〔4〕 陳習剛《吐魯番文書中葡萄名稱問題辨析——兼論唐代葡萄的名稱》,《農業考古》2004 年第 1 期;劉永連《吐魯番文書“桃”與葡萄關係考辨》,《中國典籍與文化》2008 年第 1 期;陳習剛《再論吐魯番文書中葡萄名稱問題——與劉永連先生商榷》,《古今農業》2010 年第 2 期。

史時期的植棉問題進行過研究[1]。另外,不同學者基於出土文獻反演社會生活時,也或多或少涉及植物。但是,已有研究多集中於穀物、果樹、蔬菜等農作物,而對纖維植物、木材、雜草等缺乏關注。另外,部分農作物的具體屬種也值得進一步探討。因此,吐魯番出土文獻的植物名實考證亟待進行。

隨著新文書的不斷發現,我們對吐魯番先民的生産生活有了更加全面的認識;與此同時,一些原有的觀點也需要重新思考。本文作者將站在植物分類學的角度,參考《爾雅》《氾勝之書》《四民月令》《神農本草經》《本草經集注》《名醫别録》《齊民要術》《新修本草》《本草拾遺》《四時纂要》《本草綱目》《植物名實圖考》等雅學、農學及本草學著作,並結合《史記》《漢書》《梁書》《北史》《通典》《新唐書》《資治通鑑》等傳世典籍,以及居延漢簡、敦煌漢簡、樓蘭簡紙文書、敦煌出土文書等,對吐魯番出土文獻中先民所利用過的植物名實進行考證,並重點考察晉唐時期吐魯番先民對植物的認識與利用方式。植物學名稱採用英文版《中國植物志》(*Flora of China*);植物分組方式沿襲《本草綱目》,並做了適當調整。不妥之處,還望方家不吝指正。

一　穀　部

小麥　即禾本科小麥屬之小麥(*Triticum aestivum*)。小麥起源於西亞的"新月沃地",距今5000多年前已傳播至我國境内[2]。《詩經》中稱小麥爲"麥"或"麳"。吐魯番蘇貝希文化時期的洋海墓地[3]、勝金店墓地[4]、魚兒溝遺址[5]均出土了小麥。

前期的吐魯番文書中對小麥和大麥並没有嚴格的區分,而是統稱爲"麥"。不過,早在十六國時期的《前秦(?)田畝簿》中已經出現"小麥十畝"[6],但後來一直未見具

[1] 吴震《關於古代植棉研究的一些問題》,氏著《吴震敦煌吐魯番文書研究論集》,上海古籍出版社,2009年,610—624頁。

[2] Zhou X, Yu J, Spengler R. N. et al., "5200-year-old cereal grains from the eastern Altai Mountains redate the trans-Eurasian crop exchange," *Nature Plants*, 6, 2020, pp.78－87.

[3] 蔣洪恩《新疆吐魯番洋海先民的農業活動與植物利用》,北京:科學出版社,2022年,140頁。

[4] Jiang H, Zhang Y, Lü E et al., "Archaeobotanical evidence of plant utilization in the ancient Turpan of Xinjiang, China: a case study at the Shengjindian cemetery," *Vegetation History and Archaeobotany* 24, 2015, pp.165－177.

[5] Jiang H, Wu Y, Wang H et al., "Ancient plant use at the site of Yuergou, Xinjiang, China: implications from desiccated and charred plant remains," *Vegetation History and Archaeobotany*, 22, 2013, pp.129－140.

[6] 本件文書拆自女性墓主右鞋底,其左鞋拆出《前秦建元二十年(384)高昌郡高寧縣都鄉安邑里籍》,推測兩者年代相距不遠,見榮新江、李肖、孟憲實主編《新獲吐魯番出土文獻》,北京:中華書局,2008年,185頁。王素認爲,該件文書似可定名爲《前秦(376—389)高昌郡高寧縣桑、麥、蒲陶畝數殘簿》,見王素《吐魯番新獲 (轉下頁)

體的“小麥”字樣。直至高昌國後期《高昌延昌二十九年(589)董神忠夏田殘券》中才出現有明確紀年的“小麥”。此後“小麥”在文獻中頻出。經植物考古學研究,早至十六國,晚至唐西州時期,阿斯塔那墓地一直不間斷有小麥種子(植物學之“穎果”)出土。並且,阿斯塔那唐代墓地中出土的饅頭、餃子等均由小麥麵粉製成〔1〕。

大麥　即禾本科大麥屬之大麥(*Hordeum vulgare*)。大麥分爲皮大麥(*Hordeum vulgare* var. *vulgare*)和裸大麥(青稞,*Hordeum vulgare* var. *coeleste*)。在唐西州建立(640年)之前統稱爲大麥,難以區分是否帶皮。在高昌國時期,大麥一般省稱爲麥〔2〕。據吴震考證,在《高昌乙酉、丙戌歲某寺條列月用斛斗帳曆》中,省稱的“麥”全爲大麥;當需要小麥時,還需要交換〔3〕。高昌國時期大麥栽培較小麥更爲普遍,可能是大麥抗逆性更强,且可以用來煮粥。唐西州以後的“大麥”應專指皮大麥,因爲該時段有了專指裸大麥的“青稞”一詞。

青稞　青麥　爲禾本科大麥屬大麥的易脱殼變種青稞(*Hordeum vulgare* var. *coeleste*)。“青麥”一詞最早出現在《高昌西南坊作人名籍一》中,但經考證爲“作人”之名,並非麥類作物。公元640年以來,“青稞”及與之相關的“青麥”“青科”“清科”等多次出現在吐魯番出土文獻中。

在《唐神龍二年(706)白澗屯納官倉糧帳》中,曾四次出現“青稞雜大麥”〔4〕。陳國燦認爲,白澗屯種的是“青稞、雜大麥”,並認爲“青麥”是“青稞雜大麥”的簡寫〔5〕。筆者反復查驗了阿斯塔那墓地出土的植物遺存,發現青稞内經常夾雜著少量帶殼的皮大麥。青稞是皮大麥的變種,二者有共同的物候期。在青稞田裏,混雜有少量皮大麥是很正常的現象。當然,“青稞雜大麥”也可能是指白澗屯種的多爲青稞,只有少部分爲大麥。統計發現,自《唐開元八年(720)麴懷讓舉青麥契》以來,有明確記乍的文書中的青稞全爲“青麥”〔6〕。因此,“青麥”是一個專有名詞,爲青稞的别稱,而非“青稞雜大

(接上頁)高昌群文書的斷代與研究——以〈新獲吐魯番出土文獻〉爲中心》,劉安志主編《吐魯番出土文書新探》,武漢大學出版社,2019年,8頁。

〔1〕 Chen T, Wu Y, Zhang Y et al., “Archaeobotanical study of ancient food and cereal remains at the Astana Cemeteries, Xinjiang, China,” *PLoS ONE* 2012, 7(9): e45137.

〔2〕 蔣洪恩《各歷史時期大麥、穬麥與青稞的名實問題》,《中國科技史雜誌》2022年第1期。

〔3〕 吴震《七世紀前後吐魯番地區農業生産的特色——高昌寺院經濟管窺》,《吴震敦煌吐魯番文書研究論集》,535頁。

〔4〕 唐長孺主編《吐魯番出土文書》(叁),北京:文物出版社,1996年,477頁。

〔5〕 陳國燦《斯坦因所獲吐魯番文書研究》(修訂版),武漢大學出版社,1997年,95頁。

〔6〕 唐長孺主編《吐魯番出土文書》(肆),北京:文物出版社,1996年,130—592頁。

麥”的簡稱。

粟 即禾本科粟屬的粟(*Setaria italica*),一年生直立草本,俗稱穀子。《周禮·地官》云“倉人,掌粟入之藏”,鄭玄注:“九穀盡藏焉,以粟爲主。”〔1〕《齊民要術》中,粟被排在穀物之首,並已有多個品種。

粟在吐魯番出土文獻中極爲常見。在《高昌供酒食帳》中有“粟米”一詞,可釋爲脱殼後的小米〔2〕。另外,粟的産量要高於糜。在《高昌延昌三十六年(596)宋某夏田契》中有“畝與大麥陸斛,畝床陸斛。若種粟,畝與粟柒斛”〔3〕。

黍 禾本科黍屬的黍(*Panicum miliaceum*),一年生直立草本,糯性,産量較低。《詩經》中已有熟知的“碩鼠碩鼠,無食我黍”,《爾雅》中對黍的不同品種如“秬”“秠”等也有較爲詳細的解釋。《説文解字》謂:“禾屬而粘者也,以大暑而種,故謂之黍,從禾雨省聲,孔子曰黍可爲酒……”〔4〕以上描述與今日之黍無論從特徵還是功用上完全一緻。黍既可晚春播種,也可夏播。《氾勝之書》中有“黍者暑也,種者必待暑”〔5〕。在西北乾旱地區春季幾無降水,多選在雨熱同期的夏季播種。

黍在吐魯番出土文獻中僅出現過兩次。在《西州時代官廳文書》中,有“▭□□□依食黍▭”〔6〕;在《配物名籍》中,有“白多若吉黍”等記録〔7〕。阿斯塔那墓地曾出土過一些黄米糕,内有棗(*Ziziphus jujuba*)、豇豆(*Vigna unguiculata*)或兵豆(*Lens culinaris* = *Vicia lens*)。這些黄米糕應爲具有黏性的黍米製作而成的(資料待發表)。

床 禾本科黍屬中黍的不粘品系,俗稱爲糜子(*Panicum miliaceum*),也稱爲穄。黍與糜屬同一物種,其中前者爲糯型(黏性),後者爲粳型(非黏性)。大谷8107《唐抄唐韻斷片》中有“糜,穄或作床”〔8〕。與粟類似,有關“床”的種植、收穫、加工、售賣等文書,在吐魯番出土文獻中大量出現。

〔1〕 鄭玄《周禮鄭氏注》,上海:商務印書館,1937年,110頁。

〔2〕 唐長孺主編《吐魯番出土文書》(壹),北京:文物出版社,1992年,368頁。

〔3〕 《吐魯番出土文書》(壹),279頁。

〔4〕 許慎《説文解字》,北京:中華書局,1963年,146頁。

〔5〕 氾勝之著,萬國鼎輯釋《氾勝之書輯釋》,北京:農業出版社,1980年,105頁。

〔6〕 小田義久責任編集《大谷文書集成》第1卷,京都:法藏館,1984年,65頁。

〔7〕 小田義久責任編集《大谷文書集成》第3卷,京都:法藏館,2003年,175頁。

〔8〕 《大谷文書集成》第3卷,239頁;香川默識編《西域考古圖譜》,北京:學苑出版社,1999年,224頁。周祖謨先生認爲是切韻殘片,見氏著《唐五代韻書集存》,北京:中華書局,1983年,80頁。

《説文解字》中有“穄,糜也,從禾祭聲”“糜,穄也,從黍麻聲”[1]。在《四民月令》中,崔寔曰:“糜,黍之秫熟者,一名穄也。”農史學家繆啓愉先生認爲,此處“黍之秫熟者”中的“秫”應是“秔”之誤[2]。床儘管在吐魯番出土文獻中出現的次數較多,但在軍糧中的地位並不能與粟同日而語。一組唐西州都督府的卷宗記録了軍隊勾徵粟的量是3381.8188石,但床僅爲55.2石[3]。

黄米 十六國時期出土的陶甕上,曾發現墨書“黄米一甖”“黄米三十”[4]。一般認爲,黄米是黍或穈脱殼後的産物,因其米色絶黄,穀物中再無比此色澤更黄者而得名[5]。在敦煌出土文書《大唐吉凶書儀》(S.1725)中,黄白米被認爲是“六禮”之一。在文書中有“黄米者,稷也;白米者,稻米也。黄米擬作黄團琮(粽),祭先人之靈”[6]。研究表明,唐代及以後稷和穄開始混淆[7]。此處的稷可能爲黍,其米被稱爲黄米,可用於包粽子。同樣,《太平御覽》卷八五一引西晉周處《風土記》中記載:“俗以菰葉裹黍米,以淳濃灰汁煮之,令爛熟,於五月五日及夏至啖之。一名糉(粽),一名角黍。”[8]齊如山曾記述道:“五月端午,家家要包粽子,固然以糯米的最爲高貴,但鄉間不能多吃,買幾個應景而已,要想足吃,還是以黄米爲主,其餘以粘小米、粘高粱也可,但是少數。”[9]時至今日,我國北方部分農村仍稱黍米爲黄米[10]。

居延漢簡中,有“黄米一石,以付從君舍☐”[11];“出米二斗,黄米二石”[12]。由此可見,“米”(一般指小米,即脱殼的粟)與“黄米”有著嚴格的區分。但是,此處之“黄米”則未必是黍米。在敦煌懸泉置漢簡中,有以下記録:

---

[1] 許慎《説文解字》,144、146頁。

[2] 賈思勰著,繆啓愉校釋《齊民要術校釋》,北京:農業出版社,1998年,103頁。

[3] 丁俊《從新出吐魯番文書看唐前期的勾徵》,榮新江、李肖、孟憲實主編《新獲吐魯番出土文獻研究論集》,北京:中國人民大學出版社,2010年,401頁。

[4] 李徵《吐魯番縣阿斯塔那—哈拉和卓古墓群發掘簡報(1963—1965)》,《文物》1973年第10期;李肖、侯世新、張永兵《吐魯番文物精粹》,上海辭書出版社,2006年,76頁。

[5] 齊如山《華北的農村》,瀋陽:遼寧教育出版社,2007年,106頁。

[6] 郝春文等編著《英藏敦煌社會歷史文獻釋録》第7卷,北京:社會科學文獻出版社,2010年,518頁。

[7] 《齊民要術校釋》,64頁。

[8] 《太平御覽》卷八五一《飲食部九》,北京:中華書局,1960年,3804頁。

[9] 齊如山《華北的農村》,106—107頁。

[10] 汪勁武《植物的識别》,武漢:湖北科學技術出版社,2018年,295頁。

[11] 中國社會科學院考古研究所編《居延漢簡甲乙編》(下册),北京:中華書局,1980年,87頁。

[12] 魏堅《額濟納漢簡》,桂林:廣西師範大學出版社,2005年,275頁。

百八十　黄米三斗直卌八
　　　　黍米三斗　□
　　　　五　　　履一兩直□□□□雞[1]

從上簡可以看出，黄米另有所指。在陝北地區，黄米主要指糜米（硬糜子米或硬米）[2]；其與黍米（軟糜子米或軟米）爲同一物種但不具黏性。内蒙古及甘陝一帶用糜米做酸飯，或蒸黄米麵饃饃[3]。除此之外，秫米（即黏粟）與黄米也有同物異名現象。《本草綱目》云"秫米即黄米""今俗不知分明，通呼秫與黍爲黄米也"[4]。因此，在黄米大概率是指黍米的前提下，並不能排除其爲秫米（黏粟）或糜米的可能性。

白米　粳米　禾本科稻屬的水稻（*Oryza sativa*）。在十六國時期出土陶器上，曾書有"白米一甖"[5]。根據前人研究，先秦兩漢時期一般稱稻米爲白。《周禮・天官》曰："籩人，掌四籩之食，朝事之籩，其實麷、蕡、白、黑……"鄭注："稻曰白，黍曰黑。"[6]馬王堆漢墓中有"牛白羹一鼎"，被認爲是用牛肉和稻米屑做成的肉羹[7]。在洛陽燒溝漢墓出土陶倉中，部分書有"白米萬石""稻米萬石""大米萬石"等字樣[8]；在西安東郊漢墓曾發現三件圓形陶囷，其中一件寫有"白米囷"。檢驗囷内殘留的穀物，發現其與糯米接近[9]。

在《高昌傳供酒食帳》中，有"粳米二㪷"[10]。另外，《高昌僧衆糧食帳》中，還曾出現過"丸米""中羹米"[11]。王素認爲這些米均爲稻米[12]。《玉篇》中對"粳"的解釋爲"柯彭切，不黏稻，亦作秔"[13]；北京故宫舊藏《王仁昫刊補缺切韻》中，對"秔"字的解釋爲"稻，或作粳"[14]。在阿斯塔那墓地十六國時期的2004TAM408墓葬中，確實出土

[1] 張俊民《敦煌懸泉置出土文書研究》，蘭州：甘肅教育出版社，2015年，78頁。
[2] 賀雪梅《陝北晉語詞彙研究》，陝西師範大學博士學位論文，2014年，36、42、65、254頁。
[3] 柴岩、馮佰利、王宏岩《中國黄米食品》，楊陵：西北農林科技大學出版社，2012年，73—75頁。
[4] 錢超塵、温長路、趙懷舟等《金陵本〈本草綱目〉新校正》，上海科學技術出版社，2007年，942、946頁。
[5] 李徵《吐魯番縣阿斯塔那—哈拉和卓古墓群發掘簡報（1963—1965）》。
[6] 鄭玄《周禮鄭氏注》，32頁。
[7] 湖南省博物館，中國科學院考古研究所《長沙馬王堆一號漢墓》（上），北京：文物出版社，1973年，131、132頁。
[8] 中國科學院考古研究所《洛陽燒溝漢墓》，北京：科學出版社，1959年，156、158頁。
[9] 程學華《西安市東郊漢墓中發現的帶字陶倉》，《考古》1963年第4期。
[10] 《吐魯番出土文書》（壹），368頁。
[11] 《吐魯番出土文書》（壹），465—468頁。
[12] 王素《高昌史稿・交通編》，北京：文物出版社，2000年，87頁。
[13] 顧野王撰，王平、劉元春、李建廷整理《〈宋本玉篇〉標點整理本》，上海書店出版社，2017年，250頁。
[14] 周祖謨《唐五代韻書集存》，463頁。

了一定數量的水稻[1]。在吐魯番柏孜克里克千佛洞中的牆皮摻合料中,也發現了水稻,説明吐魯番在晉唐至蒙元時期一直存在水稻栽培現象[2]。

麻 爲大麻科大麻屬之大麻(*Cannabis sativa*)。“開軒面場圃,把酒話桑麻。”大麻是我國古代五穀之一,也是重要的農作物。其纖維可用於紡織,種子可食用或榨油,同時具有重要的藥用價值。麻爲雌雄異株植物。在《齊民要術》中,有《種麻第八》《種麻子第九》兩章,分指栽培大麻的雄株與雌株。在吐魯番文書中,“麻子”實際多指大麻的種子(植物學上稱爲瘦果)。

在《高昌立課誦經兄弟社社約》裏,有“月出麻子一㪷半”[3];在《高昌傳供酒食帳》中,有“麻子飯五㪷”[4]。在阿斯塔那古墓群中,若干墓葬内有大麻種子出土。陳直認爲“麻謂胡麻,即今之芝麻”[5]。在《本草經集注》中有“董仲書云……麻是胡麻,枲是大麻”[6]。陳説可能是受了《本草經集注》或顔師古注《急就篇》[7]的影響。查閲《本草經集注》之前的傳世典籍,並未找到董仲書關於上述言論的證據。況且,考古證據也不支持“麻謂胡麻”的觀點。

火麻 即大麻(*Cannabis sativa*)。宋代汪元量有詩曰“棟樑今日皆焦土,新有園丁種火麻”[8]。《本草綱目》有“大麻即今火麻,亦曰黄麻”[9]。《植物名實圖考》中有“大麻……一名火麻”[10]。《新唐書·地理志》裏,洋州洋川群土貢:白交梭、火麻布、野苧麻、蠟、白膠香、麝香[11]。《唐六典》中,火麻可分爲四等:一等宣、潤、沔;二等舒、蘄、黄、嶽、荆;三等徐、楚、廬、壽;四等澧、朗、潭[12]。王永興認爲,火麻布是麻布中價值較高者之一,而交河之火麻布當爲第二等,即舒、蘄、黄、嶽、荆之火麻;貲布的纖維來

[1] Chen T, Wu Y, Zhang Y et al., “Archaeobotanical study of ancient food and cereal remains at the Astana Cemeteries, Xinjiang,” China, *PLoS ONE* 2012, 7(9): e45137.

[2] Dighe B, Singh M R, Mani B R et al., *Oryza sativa* L. (Rice) in the ancient earthen plasters of painted fragments from Bezeklik, China. *Studies In Conservation*, 2019, 64(5): 273-283.

[3] 劉紹剛、侯世新《新疆博物館新獲文書研究》,北京:中華書局,2013年,214頁。

[4] 《吐魯番出土文書》(壹),368頁。

[5] 陳直《洛陽漢墓群陶器文字通釋》,《考古》1961年第11期。

[6] 陶弘景編,尚志鈞、尚元勝輯校《本草經集注》(輯校本),北京:人民衛生出版社,1994年,513頁。

[7] 史遊著,曾仲珊校點《急就篇》,長沙:岳麓書社,1989年,131頁。

[8] 汪元量著,胡才甫校注《汪元量集校注》,杭州:浙江古籍出版社,1999年,23頁。

[9] 錢超塵、温長路、趙懷舟等《金陵本〈本草綱目〉新校正》,923頁。

[10] 王錦秀、吴徵鎰、湯彦承《植物名實圖考新釋》,上海科學技術出版社,2022年,3頁。

[11] 《新唐書》卷四〇《地理志》,北京:中華書局,1975年,1034頁。

[12] 李林甫等撰,陳仲夫點校《唐六典》卷二〇,衛尉宗正寺條,北京:中華書局,1992年,541頁。

源既可能有大麻,也可能有紵麻[1]。徐東升認爲,火麻布與貲布都是以大麻纖維爲原料的織物[2]。

《唐天寶二年(743)交河郡市估案》(後文簡稱《市估案》)中有"火麻布壹端,上直錢伍伯文,次肆伯玖拾文,下肆伯捌拾文;貲布壹端,上直錢伍伯伍拾文,次伍伯肆拾文,下伍伯文"[3]。上述"火麻布"極有可能源於内地,是作爲調布上交的。王仲犖早年在《文物》上發表的論文寫爲"火麻布"[4]。觀察大谷文書中的圖版,也應爲"火麻"。後來,王先生在其論文集中將"火麻布"改爲"大麻布",但未説明原因[5]。至於後來出現的"大麻"不知是筆誤或排版之誤,還是有意改之,仍有待考證。

胡麻 爲胡麻科胡麻屬的芝麻(*Sesamum indicum*),一年生直立草本,是重要的油料作物,古與亞麻(*Linum usitatissimum*)同名異物。芝麻在古代農學及本草學著作中被稱爲胡麻、巨勝、青蘘,以區别同樣可以直接食用,並可提供油脂的麻(即大麻,也稱漢麻、火麻)。

在《高昌乙酉、丙戌歲某寺條列月用斛斗帳曆》中,有"買胡麻子伍斛,供佛明"[6]。同樣,在内蒙古西夏黑水城遺址出土的《佛説聖大乘三歸依經》中有"於彼四大海内,滿入上妙芝麻之油,量如須彌,而作燈炷"[7]。因此,使用芝麻油作常明燈燃油廣爲流傳。另外,吐魯番出土文獻中曾多次出現"胡麻烽""胡麻井""胡麻泉""胡麻泉烽"等,暗示當地曾較多種植胡麻。

吐魯番阿斯塔那墓葬中曾發現兩件與"胡麻索"相關的文書。其中《高昌諸臣條列得破被氈、破褐囊、絶便索、絶胡麻索頭數奏一》中,有"絶胡麻索陸張""絶胡麻索壹佰三拾張"等;在《高昌諸臣條列得破被氈、破褐囊、絶便索、絶胡麻索頭數奏二》中,也有

[1] 王永興《試論唐前期布的貨幣職能》,中華書局編輯部編《中華學術論文集》,北京:中華書局,1981年,159頁。

[2] 徐東升《唐宋麻布生産的地理分佈》,《中國社會經濟史研究》2008年第2期。

[3] 陳燁軒《〈唐天寶二年(743)交河郡市估案〉新探》,榮新江主編《絲綢之路上的中華文明》,北京:商務印書館,2022年,318頁。

[4] 王仲犖《唐代的西州緤布》,《文物》1976年第1期。

[5] 王仲犖《唐代的西州緤布》,氏著《蜡華山館從稿》,北京:中華書局,1987年,270頁;納春英《唐代平民的置裝成本研究——以天寶二年交河郡市估案爲例的研究》,杜文玉主編《唐史論叢》第23輯,西安:三秦出版社,2016年,86頁。

[6] 《吐魯番出土文書》(壹),400頁。

[7] 沈衛榮《漢、藏譯〈佛説聖大乘三歸依經〉對勘——俄藏黑水城文書TK121、122號研究》,沈衛榮主編《西域歷史語言研究集刊》第2輯,北京:科學出版社,2009年,269頁。

類似語句〔1〕。有學者認爲“胡麻索”是芝麻莖稈(纖維)製作的繩索〔2〕。然而,芝麻莖稈韌性極差,其韌皮部所含韌皮纖維極少,無法製作繩索。另一方面,如果將“胡麻索”解釋爲亞麻製成的繩索亦不可行,因爲當地並未發現栽培亞麻的證據。另外,若胡麻在晉唐時期的吐魯番既表示亞麻,又表示芝麻,顯然極易引起混亂。

“胡”一般是對古代北方及西域少數民族的泛稱〔3〕。“麻索”通常指用麻類作物編織的繩索,有時可簡稱爲“索”。樓蘭出土簡牘中曾發現有關“胡索”的記載:

從胡當散供三斛　新褐囊一枚　胡索一張

(前略)赤韋囊一枚　白布囊一枚　胡布三丈(後略)〔4〕

此處除“胡索”外,亦存在“胡布”一詞。後者一般泛指我國古代北方邊地及西域少數民族編織的布匹,爲漢人對當地所織之布的俗稱〔5〕。《新唐書》記載:“勝州榆林郡,……土貢胡布、青他鹿角……”〔6〕這裏的“土貢”即各地方政府向中央定期無償進獻當地的土特産品,説明胡布爲當地所産的土布,恰可佐證上述胡(麻)索的説法。因此,“胡麻索”或可釋爲與漢人結繩方式不同的胡式麻索,也可能爲高昌地區漢人對轄地以外的其他民族所産麻繩的稱謂,即“胡麻索”相當於“胡索”,而非使用所謂“胡麻”(即芝麻)莖稈上的韌皮纖維編織成的繩索。

油麻　與胡麻同爲芝麻的異名。芝麻大緻在唐代始有“油麻”名稱〔7〕。唐代陳藏器《本草拾遺》、韓鄂《四時纂要》中,均稱芝麻爲油麻。《本草衍義》有“白油麻與胡麻一等,但以其色言之,比胡麻差淡,亦不全白。今人止謂之芝麻”〔8〕。

《市估案》中有“油麻一斗,上直錢陸拾陸文,次陸拾伍文,下陸拾肆文”〔9〕。在《唐年次未詳(8世紀)西州郭令琮等種田簿》中,有明確的種植油麻的記録〔10〕。唐代

〔1〕《吐魯番出土文書》(壹),429—430頁。

〔2〕王素《高昌史稿·交通編》,100頁;王啓濤《吐魯番出土文獻詞典》,成都:巴蜀書社,2012年,443頁;鄭燕燕《中國古代麻作物析論——以于闐、吐魯番及敦煌文書記載爲中心》,榮新江主編《唐研究》第20卷,北京大學出版社,2014年,439—468頁。

〔3〕吴震《阿斯塔那—哈拉和卓古墓群考古資料中所見的胡人》,《敦煌吐魯番研究》第4卷,北京大學出版社,1999年,246頁。

〔4〕侯燦、楊代欣《樓蘭漢文簡紙文書集成》,成都:天地出版社,1999年,99—100頁。

〔5〕段晴、才洛太《青海藏醫藥文化博物館藏佉盧文尺牘》,上海:中西書局,2017年,65頁。

〔6〕《新唐書》卷三七《地理志》,975頁。

〔7〕佟屏亞《農作物史話》,北京:中國青年出版社,1979年,155頁。

〔8〕陳藏器撰,尚志鈞輯釋《〈本草拾遺〉輯釋》,合肥:安徽科學技術出版社,2002年,307頁。

〔9〕榮新江、史睿主編《吐魯番出土文獻散録》,北京:中華書局,2021年,511、542頁。

〔10〕《吐魯番出土文獻散録》,542頁。

于闐文書中,芝麻的于闐文發音爲 kujsa/kujsi[1],漢文均稱作油麻[2]。

烏麻 指黑芝麻,即芝麻的黑色品種。《齊民要術·胡麻第十三》一章開頭的論述"《漢書》張騫外國得胡麻;今俗人呼爲'烏麻'者,非也",説明後魏時代芝麻俗名之一爲"烏麻"。但是,賈思勰認爲這樣稱呼是不對的[3]。

《西州高昌縣佃人文書》中,有"康阿攬盆一畝,佃人氾慈達,烏麻"[4];《唐景龍二年(708)西州交河縣安樂城宋悉感舉錢契》中,有"作烏麻高昌平斗中玖斗"[5]。從我們在阿斯塔那墓地發現的芝麻遺存來看,白芝麻與黑芝麻均有發現。但是,黑芝麻的總産量遠小於粟糜等作物。一組唐西州都督府的卷宗記録了軍隊勾徵粟的量是3381.8188石,但烏麻僅爲1.6石[6]。因此,烏麻無論從栽培還是利用,量都很少。

烏豆 爲蝶形花科大豆屬中的大豆(*Glycine max*)。"豆"自古以來即爲五穀之一。廣義的豆包括大豆(菽)和小豆(荅),而狹義的"豆"則僅指大豆。根據種皮顏色,大豆可分爲黄大豆、青大豆、黑大豆、褐大豆和雙色大豆等。烏豆當爲大豆之黑色種皮品種。黑大豆對不良環境的抗性較强,具有抗旱地、耐瘠、耐鹼的特點,且多分佈在乾旱少雨、土壤瘠薄的地區。在當代陝北、晉北地區多栽培黑大豆[7]。根據王楨《農書》"其大豆之黑者,食而充饑,可備凶年;豐年可供牛馬料食"[8]。

《市估案》中有"烏豆一㪷,上直錢伍拾文□"[9]。在吐魯番出土文獻中,常出現"醬"字,但不知其原料。S.3836V《雜集時用要字》中有"黑豆醬"[10]。《市估案》

---

〔1〕 Bailey H W, *Indo-Scythian Studies: Being Khotanese Texts Vol.4.*, Cambridge: Cambridge University Press, 1961, pp.38, 140, 141.

〔2〕 李吟屏《近年發現於新疆和田的四件唐代漢文文書殘頁考釋》,《西域研究》2004年第3期;丁俊《中國人民大學博物館藏和田出土契約文書及相關問題的討論》,《新疆大學學報》2012年第5期;段晴、侯世新、李達《于闐伏闍雄時代的兩件契約》,榮新江、朱玉麒主編《絲綢之路新探索:考古、文獻與學術史》,南京:鳳凰出版社,2019年,131—142頁;段晴、李建强《錢與帛——中國人民大學博物館藏三件于闐語—漢語雙語文書解析》,《西域研究》2014年第1期;段晴《于闐絁紬,于闐錦》,北京大學伊朗文化研究所主編《伊朗學在中國》第5輯,北京:中西書局,2022年,50—64頁;池田温著,龔冼憲譯《中國古代籍帳研究》,北京:中華書局,2007年,204—205頁。

〔3〕 《齊民要術校釋》,149頁。

〔4〕 《大谷文書集成》第1卷,25頁。

〔5〕 《吐魯番出土文書》(叁),553頁。

〔6〕 丁俊《從新出吐魯番文書看唐前期的勾徵》,401頁。

〔7〕 張子金《中國大豆品種志》,北京:農業出版社,1985年,4—6頁。

〔8〕 王禎撰,王毓瑚校《王禎農書》,北京:農業出版社,1981年,88頁。

〔9〕 陳燁軒《〈唐天寶二年(743)交河郡市估案〉新探》,317頁。

〔10〕 董婷婷《敦煌寫本〈雜集實用要字〉整理與研究》,哈爾濱師範大學碩士學位論文,2022年,39、42頁。

中有“豆黄壹勝,上直錢捌文,次柒文,下陸文”[1]。《本草綱目》中對“豆黄”的解釋爲“造法,用黑豆一斗蒸熟,鋪席上,以蒿覆之,如罨醬法,待上黄,取出曬乾,搗末收用”[2]。

儘管《唐李悦得子等户主名籍》中有人名爲“翟黄豆”[3],暗示當時可能存在黄色大豆品種,但在阿斯塔那古墓群中發現的大豆全爲黑大豆,尚未發現其他顔色者。

豌豆 爲蝶形花科豌豆屬的豌豆(*Pisum sativum*),一年生攀援草本。在《齊民要術》中,豌豆被歸爲小豆類[4]。從實物證據來看,敦煌馬圈灣漢代烽燧遺址内曾出土一粒豌豆。但是,該標本出土於鼠洞中[5],是否爲當時的遺存,仍有待進一步確定。

《唐伊吾軍牒爲申報諸烽鋪斸田所得斛斗數事》中曾提到“烏敠鋪豌豆□”“骨咄禄鋪豌豆伍□”[6]。阿斯塔那墓地内暫未發現豌豆,但筆者在與其相去不遠的西旁景教遺址(高昌回鶻時期)内發現過豌豆(資料待發表)。新疆尉犁克亞克庫都克唐代烽燧遺址、哈密巴里坤草原的大河唐城也發現了豌豆(資料待發表)。

菉豆　緑豆子 蝶形花科豇豆屬的緑豆(*Vigna radiata*),在古代屬於小豆的一種。《齊民要術》有“小豆有菉、赤、白三種”[7]。唐《食療本草》中有“菉豆,諸食法,作餅炙食之佳”[8]。

《唐西州田簿》中有“遝子下油麻壹畝半,又菉豆壹畝”[9]。在《唐食料記錢帳》中有“緑豆子三勝(升),勝别捌文,記貳拾肆文”。此處之“緑豆子”與“菉豆”相同,其中“子”爲後綴[10]。“菉豆”一詞在唐代文獻中應用較多。在唐代菩提流志譯《不空羂索神變真言經》中有“若患口瘡,加持蓽豆、菉豆,煎汁和酥,加持一七遍,含之經日,當即

---

〔1〕 陳煒軒《〈唐天寶二年(743)交河郡市估案〉新探》,325頁。

〔2〕 錢超塵、温長路、趙懷舟等《金陵本〈本草綱目〉新校正》,975頁。

〔3〕 唐長孺主編《吐魯番出土文書》(貳),北京:文物出版社,1994年,51頁。

〔4〕 《齊民要術校釋》,109頁。

〔5〕 甘肅省博物館、敦煌縣博物館《敦煌馬圈灣漢代烽燧遺址發掘簡報》,《文物》1981年第10期;吴礽驤、李乃良、馬建華《敦煌漢簡釋文》,蘭州:甘肅人民出版社,1991年,295頁。

〔6〕 《吐魯番出土文書》(肆),97頁。

〔7〕 《齊民要術校釋》,109頁。

〔8〕 徐時儀校注《一切經音義三種校本合刊》,上海古籍出版社,2008年,128、433頁。

〔9〕 《吐魯番出土文獻散録》,542頁。

〔10〕 張延成《吐魯番出土文書中的詞綴問題》,張顯成主編《簡帛語言文字研究 第七届全國古代漢語學術研討會暨簡帛文獻語言研究國際學術研討會論文集》第2輯,成都:巴蜀書社,2006年,268頁。

除差"[1]。Дx.02822《雜集實用要字》中也有"菉豆"字樣[2]。

菉豆也可以作緑肥。《齊民要術·種葵第十七》一章有"若糞不可得者,五、六月中概種菉豆,至七月、八月犁掩殺之,如以糞糞田,則良美與糞不殊,又省功力"[3]。晉唐時代的吐魯番先民也可能使用緑豆植株做緑肥。

"緑豆"在唐及以前文獻中一般寫爲"菉豆",但在玄應《一切經音義》第廿一卷之《大菩薩藏經》中,對"没特伽羅子"的解釋爲:"徒得反。此云緑豆子,乃從母爲名。出家侍佛左邊,舊云目揵連者也。"第六卷之《妙法蓮花經》中對"毛馱伽羅子"的解釋與上述"没特伽羅子"類似,且相應的位置記作"緑豆"[4]。

小豆 蝶形花科豇豆屬的赤豆(*Vigna angularis*)。《齊民要術》中記"小豆有菉、赤、白三種。"該書引《雜五行書》在防治疫病時用"赤小豆七枚""男吞赤小豆七顆,女吞十四枚"等,進一步證明赤小豆爲小豆中的重要成員[5]。《名醫别録》《本草經集注》《新修本草》中均有"赤小豆"條。在《齊民要術·種穀第二》中有"凡種穀田,緑豆、小豆底爲上",説明民間所稱的小豆與緑豆已爲兩種不同的豆類,並不存在兼容關係。元代《農桑輯要》中有"小豆,菉豆、白豆附",可知此處之"小豆"已專指赤豆(*Vigna angularis*=*Phaseolus angularis*),且赤豆應爲赤小豆的省稱[6]。當代一般僅稱赤豆爲小豆[7],故此稱呼可能早至唐代。

赤豆種子可煮粥或製豆沙。在自給自足的小農經濟條件下,先民傾向於種植多種作物以供食用或交换。時至今日,我國農村仍有一定面積的種植。《唐科錢帳曆》中有"百文付藥直爲三師付廿五糴麩及小豆"[8];在《唐西州高昌縣史張才牒爲逃走衛士送庸緤價錢事》中有"□五分便合在縣取床、小豆價"[9]。

除赤豆外,豇豆屬中另有一種赤小豆(*Vigna umbellata*),主要栽培於我國海南、廣

[1] 《大正新脩大藏經》第20册,臺北:臺灣新文豐公司影印,1983年,384頁。

[2] 《俄藏敦煌文獻》第10册,上海古籍出版社,1998年,60頁;馬德《敦煌新本Дx02822〈雜集時用要字〉芻議》,《蘭州學刊》2006年第1期。

[3] 《齊民要術校釋》,181—182頁。

[4] 徐時儀校注《一切經音義三種校本合刊》,128、433頁。

[5] 《齊民要術校釋》,109、116頁。

[6] 大司農司編撰,繆啓愉校釋《元刻農桑輯要校釋》,北京:農業出版社,1988年,106頁。

[7] 《元刻農桑輯要校釋》,107頁;李樹剛《中國植物志》第41卷《豆科(三)蝶形花亞科(2)》,北京:科學出版社,1995年,287頁。

[8] 《吐魯番出土文書》(貳),309頁。

[9] 《吐魯番出土文書》(肆),85頁。

東、廣西、雲南等熱帶地區,與吐魯番出土文獻中的"小豆"不同。

二 菜 部

苜蓿 爲蝶形花科苜蓿屬的紫苜蓿(*Medicago sativa*)及其他苜蓿屬植物。苜蓿爲宿根植物,種後一勞永逸,又是重要的緑肥和牧草,在古代頗受歡迎。苜蓿一説爲漢使張騫自西域帶至我國内地,實際上更可能是穿梭於絲綢之路上的漢代使節或商人帶回〔1〕。新疆且末紮滚魯克墓地曾出土紫花苜蓿〔2〕。我國漢代敦煌懸泉置遺址也曾出土苜蓿。從所附照片來看,應爲紫花苜蓿〔3〕。從漢晉時期民豐尼雅遺址出土的佉盧文書來看,當地栽培的苜蓿主要有兩種:一種爲紫苜蓿,另還有一種三葉苜蓿〔4〕。

我們在阿斯塔那墓地曾發現兩種苜蓿。一種爲紫花苜蓿(*Medicago sativa*),另一種爲天藍苜蓿(*Medicago lupulina*)〔5〕。苜蓿屬植物多爲羽狀三出複葉。從外現形態來看,天藍苜蓿的三出複葉特徵更典型,或爲上述文書中的三葉苜蓿。

《齊民要術》中記載,苜蓿一年可三刈〔6〕。苜蓿在吐魯番出土文獻中曾多次出現〔7〕。《市估案》中有"苜蓿春茭一束上直錢陸文,次伍文,下肆文"〔8〕。在敦煌懸泉漢簡中,有"出錢八千五百,苜蓿茭八十五石"〔9〕。吐魯番文書中的地名如"苜蓿烽"等,説明當時栽培苜蓿衆多。

苜蓿在《齊民要術》中也被歸爲蔬菜類,並有記載"春初即中生噉,爲羹甚香"〔10〕。

葵 錦葵科錦葵屬野葵的變種之冬葵(*Malva verticillata* var. *crispa* = *Malva crispa*),一年生直立草本。冬葵又名冬寒菜、冬莧菜,是我國古代重要的蔬菜。《詩經》中有"六月食鬱及薁,七月亨葵及菽";《急就篇》有"葵韭葱韰蓼蘇薑"。據《四民月令》記載,正

〔1〕 石聲漢《試論我國從西域引入的植物與張騫的關係》,氏著《石聲漢農史論文集》,北京:中華書局,2008年,138頁。

〔2〕 Chen T, Wang B, Jiang H, "New archaeobotanical evidence for *Medicago* from the Astana Cemetery in Turpan, Xinjiang," *Heritage Science* 2022, 10: 57.

〔3〕 何雙全《甘肅敦煌漢代懸泉置遺址發掘簡報》,《文物》2000年第5期。

〔4〕 林梅村《沙海古卷——中國所出佉盧文》,北京:文物出版社,1998年,71頁。

〔5〕 Chen T, Wang B, Jiang H, "New archaeobotanical evidence for *Medicago* from the Astana Cemetery in Turpan, Xinjiang," *Heritage Science* 2022, 10: 57.

〔6〕 《齊民要術校釋》,224頁。

〔7〕 《吐魯番出土文獻散録》,360頁;朱雷《吐魯番出土文書補編》,成都:巴蜀書社,2022年,73、74頁。

〔8〕 陳燁軒《〈唐天寶二年(743)交河郡市估案〉新探》,329頁。

〔9〕 張俊民《敦煌懸泉置出土文書研究》,蘭州:甘肅教育出版社,2015年,29頁。

〔10〕 《齊民要術校釋》,224頁。

月、六月、九月均可種葵。因此,葵在春、夏、秋均可收穫[1]。葵在《齊民要術》《急就篇》中均被列爲蔬菜之首,顯示出其重要性。我國早在漢代以前即已栽培葵供蔬食,且馬王堆漢墓中出土的蔬菜類種子也有冬葵[2]。冬葵在湖南、四川、江西、貴州、雲南等省仍有栽培[3],而在東北及華北僅有零星種植[4]。冬葵葉子富含滑膩的分泌物,爲部分人所喜食。孫思邈《備急千金要方》中云"每十日一食葵,葵滑……"[5]隨著其他蔬菜的引入,其重要性逐漸降低;其滑膩特性已隨著油料作物的廣泛栽培而被取代[6]。

大谷1304《經濟關係文書斷片》中有"葵七㪷一升入曇□"[7]。居延漢簡中的"葵子一升"以及敦煌懸泉漢簡中的"葵一石直卌"也是冬葵[8]。有學者認爲是向日葵[9],實謬。向日葵原産美洲,新大陸開闢之後方引入東半球[10]。

韭 爲百合科葱屬的韭菜(*Allium tuberosum*),多年生宿根性草本植物,在中國有著悠久的栽培歷史。韭菜的起源地説法不一,但很多學者認爲中國是起源中心[11]。《詩經·豳風·七月》中有"四之日其早,獻羔祭韭"。《四民月令》中有"(正月)上辛,掃除韭畦中枯葉……七月,藏韭菁"[12]。《齊民要術》中也有關於種韭的詳細記録,並解釋"菁,韭花也"[13]。

《唐典高信貞申報供使人食料帳曆牒》中有"雜菜三分,韭貳拾分□□□"" 雜菜三

[1] 《齊民要術校釋》,176—184頁。

[2] 湖南農學院、中國科學院植物研究所《長沙馬王堆一號漢墓出土動植物標本的研究》,北京:文物出版社,1978年,16頁。

[3] 馮國楣《中國植物志》第49卷第2分册,北京:科學出版社,1984年,4頁。

[4] 農業部農民科技教育培訓中心組編《彩色蔬菜高效生産技術》,北京:中國農業出版社,2001年,130頁。

[5] 孫思邈撰,高文柱,沈澍農校注《備急千金要方》,北京:華夏出版社,2008年,482頁。

[6] 李惠林《東南亞栽培植物之起源》,香港中文大學出版,1966年,10頁。

[7] 《大谷文書集成》第1卷,45頁;陳國燦、劉安志主編《吐魯番文書總目·日本收藏卷》,武漢大學出版社,2005年,33頁。

[8] 孫占宇《居延新簡集釋》(一),蘭州:甘肅文化出版社,2016年,5、241頁;張俊民《敦煌懸泉置出土文書研究》,29頁。

[9] 何雙全《居延漢簡所見漢代農作物小考》,《農業考古》1986年第2期。

[10] 葉静淵《"葵"辯——兼及向日葵引種栽培史略》,《中國農史》1999年第2期;Lentz D L, Pohl M E D, Pope K. O et al., "Prehistoric sunflower (*Helianthus annuus* L.) domestication in Mexico," *Economic Botany* 2001, 55: 370-376.

[11] 朱德蔚、王德檳、李錫香《中國作物及其野生近緣植物:蔬菜作物卷》,北京:中國農業出版社,2000年,925頁。

[12] 崔寔撰,繆啓愉輯釋《四民月令輯釋》,北京:農業出版社,1981年,2、3、76頁。

[13] 《齊民要術校釋》,203頁。

分,韮□"[1];《唐大曆三年(768)僧法英佃菜園契》中有"其韮兩畦""其韮至八月一日更不得侵損"[2]。韭菜是珍貴的蔬菜,種子價格不菲。在《市估案》"菜子行"中有"韮子一勝,上直錢肆拾伍文,□,下肆拾三文"[3]。上述記録説明,當時的吐魯番先民有種植和食用韭菜的習慣。在《穀物等記量文書》中,有"韮子壹㪷肆勝"[4]。

敦煌出土文書《俗務要名林》中,有"韮"與"薤"兩種[5]。參考《四民月令》及《齊民要術》,可知前者爲韭(*Allium tuberosum*),後者爲百合科葱屬的藠頭(*Allium chinense*)[6]。

苍　百合科葱屬的葱(*Allium fistulosum*),二至三年生草本植物,以葉鞘層層抱合形成的假莖(葱白)和嫩葉爲産品[7]。在《玉篇·草部》中,"苍"爲"葱"的俗字[8]。《四民月令》中有"三月别小葱,六月别大葱。七月可種大小葱。夏葱曰小,冬葱曰大"[9]。居延漢簡中有"城官中亭治園條:韭三畦,葵七畦,苍二畦,凡十二畦"[10]。繆啓愉認爲:"秋種的葱春季返青生長夏季供食的青葱爲小葱,冬季收穫的葱白作爲乾葱供應的爲大葱。春播的也可以在夏月以青葱供食,也爲小葱。所謂'夏葱曰小,冬葱曰大',實際都是以大葱的採收期的不同而分名,並不是兩種葱。"[11]

葱是重要的蔬菜,在吐魯番出土文獻中曾多次出現。《高昌重光四年(623)孟阿養夏菜園券》中有"□養夏苍,次夏韮"[12]。在《市估案》"菜子行"中有"苍子壹勝,上直錢肆拾貳文,次肆拾文,下三拾伍文"[13];在《唐出納糧物帳》中有"入錢二千八百文買葱子""園内種葱一畦"[14];在《唐出納錢物帳曆》中有"用大錢六千文□葱子以付"[15];

〔1〕《吐魯番出土文書》(叁),96、97頁。
〔2〕《吐魯番出土文書》(肆),576頁。
〔3〕陳燁軒《〈唐天寶二年(743)交河郡市估案〉新探》,329頁。
〔4〕按《大谷文書集成》第1卷釋作"韭了一勝"(83頁),查原圖版,實爲"韮子"。
〔5〕高天霞《敦煌寫本〈俗務要名林〉語言文字研究》,上海:中西書局,2018年,290頁。
〔6〕《齊民要術校釋》,197頁。
〔7〕朱德蔚、王德檳、李錫香《中國作物及其野生近緣植物:蔬菜作物卷》,906頁。
〔8〕顧野王撰,王平、劉元春、李建廷整理《〈宋本玉篇〉標點整理本》,210頁。
〔9〕本句不是《四民月令》的原話,賈思勰在《齊民要術》中將其連結在一起了。見《四民月令輯釋》,37、68、76頁;《齊民要術校釋》,199頁。
〔10〕中國社會科學院考古研究所編《居延漢簡甲乙編》(下册),259頁。
〔11〕《齊民要術校釋》,202頁。
〔12〕《吐魯番出土文書》(壹),446頁。
〔13〕陳燁軒《〈唐天寶二年(743)交河郡市估案〉新探》,329頁。
〔14〕《吐魯番出土文書》(肆),565頁。
〔15〕《吐魯番出土文書》(肆),587頁。

在《唐大曆三年(768)僧法英佃菜園契》中,也有種葱的記録[1]。在《唐出納錢物帳曆》中,有“□葱子以付□用錢共八百文”[2]。與其他蔬菜相比,葱出現的次數較爲頻繁,應爲當地的日常蔬菜。

蒜 百合科葱屬的蒜(*Allium sativum*),一或二年生草本植物,起源於亞洲西部或歐洲,有著悠久的栽培歷史。蒜的鱗莖球狀至扁球狀,通常由多數肉質、瓣狀的小鱗莖(蒜瓣)緊密排列而成。蒜的嫩苗(蒜苗)、花葶(蒜苔)、鱗莖均可食用。《説文解字》曰“蒜,葷菜,從草祘聲,蘇貫切”[3]。蒜及其加工品是重要的調味品和風味食品。

我國先民在漢代或更早已經掌握蒜的栽培技術。《四民月令》中有“布穀鳴,收小蒜。六月、七月,可種小蒜。八月,可種大蒜。”在《齊民要術》中,蒜專指大蒜(*Allium sativum*),以區别原生於我國的小蒜(*Allium macrostemon*)[4]。儘管我們在吐魯番出土文獻中未見直接的種蒜記録,但在《唐邵相歡等雜器物帳》中的厨具相關的器物中,有“蒜臼”一詞[5],間接顯示了其在當地的栽培與利用。

芥 爲十字花科油菜屬(蕓苔屬)的芥菜(*Brassica juncea*),一年生草本植物,起源地未詳。芥菜的品種較多,全國各地均有栽培。不同品種的葉、根可醃漬做蔬菜用;種子磨粉稱爲芥末,榨取之油稱爲芥子油。

我國先民很早就已開始利用芥菜。《禮記·内則》中有“魚膾芥醬”,説明芥菜種子是重要的調味品。在馬王堆漢墓出土的蔬菜類遺存中,也曾發現芥菜種子[6]。《四民月令》在四月可“收蕪菁及芥”,而七月“可種蕪菁及芥”[7];《齊民要術》第二十三章爲“種蜀芥、蕓薹、芥子”。繆啓愉認爲,蜀芥可能是大芥菜(*Brassica juncea*),而芥子可能是小芥菜(*B. cernua*)[8]。在英文版《中國植物志》(*Flora of China*)中,後者已做前者的異名處理[9]。因此,大芥菜與小芥菜均爲芥菜(*B. juncea*)的不同品種。從南北朝時

[1] 《吐魯番出土文書》(肆),576頁。
[2] 《吐魯番出土文書》(肆),587頁。
[3] 此處之“葷”讀xūn(熏),指有氣味,見許慎《説文解字》,25頁。
[4] 《齊民要術校釋》,190—196頁。
[5] 《吐魯番出土文書》(叁),29頁。
[6] 湖南農學院、中國科學院植物研究所《長沙馬王堆一號漢墓出土動植物標本的研究》,16—17頁。
[7] 《四民月令輯釋》,47,76頁。
[8] 《齊民要術校釋》,206頁。
[9] Wu Z Y & Raven P H (Eds.) *Flora of China. Vol.8(Brassicaceae through Saxifragaceae)*. Beijing Science Press and St.Louis, Missouri Botanical Garden Press, 2001, p.21.

期至金代的一係列著作中均未見内未見用芥子榨油的記録,因此榨芥子取油似乎已經很晚〔1〕。

吐魯番出土文獻中芥僅出現過兩次。在《唐大曆三年(768)僧法英佃菜園契》中,有"□□葱内所種芥,寺家取壹伯束"〔2〕;在《唐孫玄参租菜園契》中,有"收秋與介(芥)壹伯束"〔3〕。

蔓菁 爲十字花科蕓苔屬植物蔓菁(*Brassica rapa* var. *rapa*),越年生草本。《急就篇》中有"老菁蘘荷冬日藏"〔4〕。蔓菁在《名醫别録》稱爲蕪菁〔5〕,在《新修本草》中爲蔓菁〔6〕;在《齊民要術》中主要稱爲蕪菁,但在篇題中稱作蔓菁,顯得極爲個别〔7〕。

蔓菁的肉質根、嫩葉、花苔均可用作蔬菜,也是重要的備荒食物和牲畜飼料。其根爲圓球形、扁圓球形或紡錘形。有的富含水分和薄壁細胞,宜做醃菜或煮食;有的富含澱粉,高寒或經濟條件較差的地區用以代糧。我國栽培的蔓菁多爲圓球形或圓錐形,扁圓球形的少見〔8〕。尼雅遺址内曾出土乾燥的蔓菁肉質根〔9〕。從所提供的照片來看,應爲圓錐形品種。

蔓菁在維吾爾語被稱爲"恰瑪古",是一種特色蔬菜。新疆塔什庫爾幹一帶的牧民稱蕪菁爲"小人参"。其肉質根具有滋補元氣、明目增視、清肺止咳、輕便利尿、減輕孕吐等功效〔10〕。

蔓菁種子可榨油,爲民間所謂"油菜"之一種〔11〕。宋代莊綽《雞肋編》曰:"陝西又食杏仁、紅藍花子、蔓菁子油。"〔12〕《本草綱目》記載:"夏初采子,炒過榨油,同麻油煉

〔1〕《齊民要術校釋》,206頁。

〔2〕《吐魯番出土文書》(肆),576頁。

〔3〕《吐魯番出土文書》(肆),580頁。

〔4〕史遊著,曾仲珊校點《急就篇》,11、138頁。

〔5〕陶弘景著,尚志鈞輯校《名醫别録輯校本》,北京:中國中醫藥出版社,2013年,78頁。

〔6〕蘇敬等撰,尚志鈞輯校《新修本草》(輯複本第二版),合肥:安徽科學技術出版社,2004年,266—267頁。按:《新修本草》曰:蕪菁,北人又曰蔓菁。

〔7〕《齊民要術校釋》,184—185頁。

〔8〕朱德蔚、王德檳、李錫香《中國作物及其野生近緣植物:蔬菜作物卷》,210頁。

〔9〕王炳華《新疆農業考古概述》,《農業考古》1983年第2期。

〔10〕朱德蔚、王德檳、李錫香《中國作物及其野生近緣植物:蔬菜作物卷》,206頁。

〔11〕按:油菜不是一個單獨的品種,而是一個栽培學概念,是十字花科蕓苔屬幾種種子可用於榨油的植物的通稱。我國傳統上以種植白菜型油菜,即蕓苔(*Brassica rapa* var. *oleifera*)和芥菜型油菜(*Brassica juncea*)爲主;印度主要種植芥菜型油菜,而歐洲主要種植甘藍型油菜(即歐洲油菜 *Brassica napus*)和蕪菁(即蔓菁 *Brassica rapa* var. *rapa*)。見朱德蔚、王德檳、李錫香《中國作物及其野生近緣植物:蔬菜作物卷》,87頁。

〔12〕莊綽撰,蕭魯陽點校《雞肋編》,北京:中華書局,1983年,32頁。

熟,一色無異,西人多食之,點燈甚明,但煙亦損目。"[1]

《市估案》"菜子行"中有"蔓菁子壹升,上直錢貳拾文,次拾陸文,下拾伍文"[2]。蔓菁是重要的冬儲蔬菜。在《唐大曆三年(768)僧法英佃菜園契》有"其冬藏蔓□北壁壹畦入寺家"[3]。

蘿蔔 古亦稱蘆菔、萊菔,爲十字花科蘿蔔屬的蘿蔔(*Raphanus sativus*),二年生草本植物。其肉質根爲重要的蔬菜,葉亦可食用。

《詩經》中有"采葑采菲",其中前者爲蔓菁(即蕪菁),後者爲蘿蔔。我國古代前期將蘿蔔與蕪菁混爲一談。《廣志》云"蕪菁,有紫花者,白花者"。繆啓愉認爲,該書作者錯將蘿蔔當作蕪菁,因爲蘿蔔才有紫花、白花者,而蕪菁的僅有黄色的[4]。《名醫别録》有"蕪菁及蘆菔"條,對蕪菁和蘿蔔也未加以嚴格區分[5]。在《齊民要術》中,賈思勰糾正了蕪菁、菘(白菜)、蘿蔔等界限不清的問題[6]。

《市估案》之"菜子行"中有"蘿蔔子壹升,上直錢貳拾貳文,次貳拾文,下拾捌文"[7]。如前所述,唐代以後蘿蔔在根菜中的地位日益提昇,至明代時已占主要地位,而蔓菁則逐漸退出了歷史舞臺[8]。

荏 即唇形科紫蘇屬植物紫蘇(*Perilla frutescens*),一年生芳香草本。《爾雅》中有"蘇,桂荏;蘇,荏類,故名桂荏也"[9]的記載,表明該植物變異極大。我國古書上稱葉全緑的爲白蘇,而稱葉兩面紫色或面青背紫的爲紫蘇。二者屬於同一物種,在我國栽培極廣,供藥用和香料用[10]。《氾勝之書》中有"區種荏,相去三尺"[11]。蘇子油在古代是重要的油料來源。《齊民要術》曰"三月可種荏、蓼""收子壓油,可以煮餅""荏油色緑可愛,其氣香美"[12]。紫蘇的葉也具有一定的食用價值。《名醫别録》有"荏葉,人常

[1] 錢超塵、温長路、趙懷舟等《金陵本〈本草綱目〉新校正》,1022頁。
[2] 陳燁軒《〈唐天寶二年(743)交河郡市估案〉新探》,329頁。
[3] 《吐魯番出土文書》(肆),576頁。
[4] 《齊民要術校釋》,190頁。
[5] 陶弘景著,尚志鈞輯校《名醫别録輯校本》,78頁。
[6] 《齊民要術校釋》,190頁。
[7] 陳燁軒《〈唐天寶二年(743)交河郡市估案〉新探》,329頁。
[8] 葉静淵《我國根菜類栽培史略》,《古今農業》1995年第3期。
[9] 郭璞注《爾雅》(下),北京圖書館出版社,2002年,2頁。
[10] 吴徵鎰、李錫文《中國植物志》第66卷《唇形科(二)》,北京:科學出版社,1977年,284頁。
[11] 氾勝之著,萬國鼎輯釋《氾勝之書輯釋》,52頁。
[12] 《齊民要術校釋》,215—218頁。

生食"[1]。

《市估案》"菜子行"中有"荏子壹升,上直錢拾貳文,次拾文,下玖文"[2]。

蘭香 唇形科羅勒屬植物羅勒(*Ocimum basilicum*),一年生芳香草本,又名九層塔,原産熱帶亞洲和非洲。據《齊民要術》記載,蘭香本名羅勒,因十六國期間後趙政權建立者石勒諱"勒"而改名爲蘭香。古時其嫩莖葉爲"香菜"的一種[3]。在《飲膳正要》中的"香菜"即蘭香(羅勒),其"味辛,平,無毒。與諸菜同食,氣味香,辟腥"[4]。

《市估案》"菜子行"中有"蘭香子壹升□"[5]。

草豉子 《通典》卷六之《食貨六》記載晉昌群貢"草豉子"[6];《唐六典》《新唐書·地理志》作"草豉""瓜州草豉子"[7]。同樣,《本草拾遺》《本草綱目》也均作"草豉",而"子"則被認爲是名詞的後輟[8]。

《唐食料計錢帳》中有"草豉子壹勝,准帖陸文"[9]。唐代陳藏器《本草拾遺》中所記草豉"味辛,平,無毒。主惡氣,調中,益五臟,開胃,能令人食。生巴西諸國,草似韭,豉出花中,人食之"[10]。姜伯勤認爲此物爲調味品,巴西即波斯[11]。鄭炳林認爲這種香料可能爲草豆蔻,又名細豆蔻。按草豆蔻(*Alpinia hainanensis* = *A. katsumadai* = *A. katsumadae*)爲薑科山薑屬植物,又名海南山薑,主産於越南和我國的廣東、廣西和海南。因此,草豉不似爲草豆蔻。鄭先生認爲,草豉子也可能爲甘肅、新疆地區使用的"苦豆子"[12]。按《中國植物志》中的苦豆子(*Sophora alopecuroides*)全株有毒,無法作爲調料。甘肅一帶民間使用的"苦豆子"或爲胡盧巴(*Trigonella foenum-graecum*),俗名

---

〔1〕 陶弘景著,尚志鈞輯校《名醫别録輯校本》,79頁。

〔2〕 陳燁軒《〈唐天寶二年(743)交河郡市估案〉新探》,329頁。

〔3〕《齊民要術校釋》,214頁。

〔4〕 忽思慧著,張秉倫、方曉陽譯注《飲膳正要譯注》,上海古籍出版社,2017年,451頁。

〔5〕 陳燁軒《〈唐天寶二年(743)交河郡市估案〉新探》,329、339頁。

〔6〕 杜佑撰,王文錦等點校《通典》卷六《食貨六》,北京:中華書局,2016年,119頁。

〔7〕《新唐書》卷四〇《地理志》,1045頁;《唐六典》,69頁。

〔8〕 張延成《吐魯番出土文書中的詞綴問題》,268頁;康健、陳君逸《唐宋禪籍與敦煌文獻中的"子"綴詞》,《西華師範大學學報》2021年第6期。

〔9〕《吐魯番出土文書》(肆),191頁。

〔10〕 陳藏器撰,尚志鈞輯釋《〈本草拾遺〉輯釋》,163頁。

〔11〕 姜伯勤《敦煌吐魯番文書與絲綢之路》,北京:文物出版社,1994年,65頁。

〔12〕 鄭炳林《晚唐五代敦煌寺院香料的科徵與消費——讀〈吐蕃佔領敦煌時期乾元寺科香帖〉劄記》,《敦煌學輯刊》2011年第2期。

“苦豆”。該植物全草和種子皆散發香氣,又稱“香豆”,自古爲藥材和烹飪調料[1]。然而,胡盧巴並不符合“草似韮,鼓出花中”等特徵。

高啓安認爲,草豉子或爲新疆居民在打饢時放入的一種叫“斯亞旦”(Siyadan)的黑草籽[2]。“斯亞旦”爲維吾爾語。其中“斯亞”(Siya)爲“黑”,“旦”(dan)爲“籽”的意思。經走訪調查,此“黑籽”應爲毛茛科黑種草屬植物種子。維吾爾族居民常選作醫用或香料的黑種草屬植物均爲腺毛黑種草,又稱瘤果黑種草(*Nigella glandulifera*)。該植物在新疆及中亞均有栽培。

莧炙 《北涼因欠税見閉在獄啓》中有“當人輸莧炙一斛”[3]。筆者請教了上海中醫藥大學的王興伊教授,他認爲此處之“莧炙”不似中草藥。楊榮春認爲,“莧炙”爲莧菜[4]。本文暫擬爲莧(*Amaranthus tricolor*=*Amaranthus mangostanus*)。

莧爲一年生草本,全國各地均有栽培,有時逸爲半野生,爲夏季的主要緑葉蔬菜,可能原産於熱帶亞洲[5]。

我國先民自古以來一直在使用莧作蔬菜。《爾雅》中有“蕢,赤莧”。在《蜀本草》中,有“莧,凡六種,赤莧、白莧、人莧、紫莧、五色莧、馬莧”。王錦秀等認爲,除馬莧爲今馬齒莧(*Portulaca oleracea*)外,其餘五種均爲莧(*Amaranthus tricolor*)[6]。

薺 爲十字花科薺屬的薺(*Capsella bursa-pastoris*),一年或二年生直立小草本。《詩經·邶風·穀風》中有“誰爲荼苦,其甘如薺”。“薺”在本草學著作中頻出,並在《名醫别録》中被列爲上品[7];在《本草經集注》中,有“薺類又多,此是人可食者,生葉作菹、羹亦佳”[8];唐《新修本草》與以上論述相同[9]。

在《唐祭諸鬼文》中,有“□麥飯、韮、薺、生餅、熟□”[10]。由此看來,

〔1〕 朱永年《苦豆——胡盧巴》,《長江蔬菜》1994年第2期;張雲甫《芳香世界(一)——品味香料》,《中國調味品》2009年第10期。

〔2〕 高啓安《唐五代敦煌的“飲食胡風”》,《民族研究》2002年第3期。

〔3〕 柳洪亮《新出吐魯番文書及其研究》,烏魯木齊:新疆人民出版社,1997年,12頁。

〔4〕 楊榮春《北涼農牧業研究——以吐魯番、河西出土文獻爲中心》,《古今農業》2017年第2期。

〔5〕 Zhu G, Mosyakin S L, Clemants S E. Chenopodiaceae. In Wu Z Y, Raven P H & Hong D Y (Eds.), *Flora of China. Vol.5 (Ulmaceae through Basellaceae)*. Beijing: Science Press and St. Louis: Missouri Botanical Garden Press, 2003, p.419.

〔6〕 王錦秀、吴徵鎰、湯彦承《植物名實圖考新釋》,88頁。

〔7〕 陶弘景著,尚志鈞輯校《名醫别録輯校本》,78頁。

〔8〕 陶弘景編,尚志鈞、尚元勝輯校《本草經集注》(輯校本),482頁。

〔9〕 蘇敬等撰,尚志鈞輯校《新修本草》(輯複本第二版),266頁。

〔10〕《吐魯番出土文書》(叁),158頁。

薺菜是先民所採食的菜品之一。曹植在《藉田賦》中有"好甘者植乎薺"。儘管如此,我國先民可能從未大規模栽培過薺菜。《齊民要術》介紹了多種蔬菜,但對薺菜未做專門介紹。在蘇東坡的詩中,有"時繞麥田求野薺,强爲僧舍煮山羹",説明其在宋代也爲野菜。在《救荒本草》中薺亦爲一種野菜,且用法爲:"采子,用水調攪,良久成塊,或作燒餅,或煮粥食,味甚粘滑。葉煠作菜食,或煮作羹,皆可。"〔1〕至今,仍有人採集薺菜作湯或包餃子。薺菜現在也有小規模種植,但僅作爲一種風味蔬菜食用。

《市估案》有"薺壹兩,上直錢三文,次貳文,下壹文"〔2〕。此處之薺菜種子未用升斗,而是採用了與中草藥種子類似的稱量法,即以"兩"爲單位。況且,此處薺與流蜜、筍等爲伍,應爲中藥而非蔬菜種子。

胡瓜 爲葫蘆科甜瓜屬的黄瓜(*Cucumis sativus*)。黄瓜的原産地爲印度北部、尼泊爾及我國雲南一帶。印度先民在距今3000年前已開始栽培黄瓜〔3〕。在至遲在南北朝時期,我國已有黄瓜栽培。《齊民要術·種瓜第十四》一章中有專門提到黄瓜的收種方法〔4〕。有學者認爲,黄瓜的傳入途徑或與佛教來華有關。並且,黄瓜改名爲胡瓜,或與隋煬帝"大忌胡人"有關,而與十六國時期石勒"諱胡"無關〔5〕。

《高昌重光三年(622)條列虎牙氾某等傳供食帳一》中有"傳白羅面貳兜(斗),市肉三節,胡氏子三升,作湯餅,供世子夫人食"。原釋讀者認爲,此"氏"可釋爲"瓜"〔6〕。王素明確表示此處爲"胡瓜子",並認爲可能是哈密瓜一類的"果瓜"〔7〕。按新疆吐魯番一帶爲厚皮網紋甜瓜的起源中心。阿斯塔那墓地出土的哈密瓜爲本地所産,不應稱爲"胡瓜"。王啓濤認爲此"胡氏(瓜)子"爲黄瓜的子粒〔8〕。不過,黄瓜種子並無食用價值,更不能做湯餅(麵條或面片)。

---

〔1〕 朱橚著,王錦秀、湯彦承譯注《救荒本草譯注》,上海古籍出版社,2015年,420頁。

〔2〕 陳燁軒《〈唐天寶二年(743)交河郡市估案〉新探》,326頁。

〔3〕 朱德蔚、王德檳、李錫香《中國作物及其野生近緣植物:蔬菜作物卷》,399、402頁;Sebastian P, Schaefer H, Telford I R, et al., "Cucumber (*Cucumis sativus*) and melon (*C. melo*) have numerous wild relatives in Asia and Australia, and the sister species of melon is from Australia," *Proc Natl Acad Sci USA*, 2010, 107(32): 14269 – 14273; de Candolle A, *Origin of Cultivated Plants, Kegan Paul, Trench & Co.*, New York, 1885, pp.264 – 265.

〔4〕 《齊民要術校釋》,163—164頁。

〔5〕 程傑《我國黄瓜、絲瓜起源考》,《南京師範大學學報》2018年第2期;收入氏著《花卉瓜果蔬菜文史考論》,北京:商務印書館,2018年,499—508頁。

〔6〕 《吐魯番出土文書》(壹),376頁。

〔7〕 王素《高昌史稿·交通編》,99頁。

〔8〕 王啓濤《吐魯番出土文獻詞典》,443頁。

王豔明認爲此處之胡瓜子爲較鮮嫩的小胡瓜(黄瓜)〔1〕,但在《齊民要術·種瓜第十四》中有"(胡瓜)四月中種之,候色黄則摘"。衆所周知,當今通常食用嫩黄瓜,而古時候黄瓜發育成熟時才摘取,並將其置入醬中醃藏著做醬瓜,與今日食法不同。黄瓜是典型的喜温作物,成熟季節爲公曆9至10月。在《高昌重光三年(622)條列虎牙氾某等傳供食帳一》中所記録的均爲農曆十月一日(公曆11月9日)所消費的食品〔2〕。因此,此處之"胡瓜子"已不似時蔬而更似醃黄瓜;"子"字僅作爲後綴,並無實際意義。在選擇育種壓力之下,今天的黄瓜應該比古代要長出許多。古時黄瓜可能較爲短小,可用升斗量取。

三 果 部

瓜 爲葫蘆科甜瓜屬的甜瓜(*Cucumis melo*),一年生匍匐草本。甜瓜的起源中心未詳。我國古籍之"瓜"若無特殊説明,一般均爲甜瓜。《詩經》有"中田有廬,疆埸有瓜""七月食瓜,八月斷瓠";《齊民要術·種瓜第十四》中的瓜也是甜瓜〔3〕;宋《嘉祐本草》中始有甜瓜之稱〔4〕。長沙馬王堆漢墓〔5〕和南昌西漢海昏侯墓〔6〕墓主的體内均發現甜瓜籽;武威岔山村武周時期的慕容智墓中出土的五穀袋中也發現過甜瓜籽〔7〕,説明其在古代是一種重要的果品。

我國可食用的本土甜瓜可分爲中亞厚皮甜瓜(哈密瓜)和東亞薄皮甜瓜(香瓜)。吐魯番是厚皮甜瓜的故鄉。新疆維吾爾自治區博物館陳列著唐代哈密瓜皮〔8〕,在阿斯塔那墓地也發現一枚哈密瓜籽(資料待發表),均源於中亞厚皮甜瓜類型;在阿斯塔那72TAM601墓主的胃食裹曾發現若干甜瓜籽〔9〕。從種子大小來看,其應爲薄皮甜

〔1〕 王豔明《從出土文書看中古時期吐魯番地區的蔬菜種植》。

〔2〕 按:公曆與農曆之换算參考王素《麴氏高昌曆法初探》,國家文物局古文獻研究室主編《出土文獻研究續集》,北京:文物出版社,1989年,148—180頁。

〔3〕《齊民要術校釋》,155頁。

〔4〕 掌禹錫編纂,尚志鈞輯複《嘉祐本草輯複本》,北京:中醫古籍出版社,2009年,457頁。

〔5〕 湖南農學院、中國科學院植物研究所《長沙馬王堆一號漢墓出土動植物標本的研究》,9頁。

〔6〕 Wang L, Yang J, Liang T, et al., "Seeds of melon (*Cucumis melo* L., Cucurbitaceae) discovered in the principle tomb (M1) of Haihun Marquis (59BC) in Nanchang, China," *Archaeological and Anthropological Sciences* 2021, 12: 156.

〔7〕 Lu Y, Liu B, Liu R, et al., "The lifestyle of Tuyuhun royal descendants: Identification and chemical analysis of buried plants in the Chashancun cemetery, northwest China," *Frontiers in Plant Science* 2022, 13: 972891.

〔8〕 王炳華《新疆農業考古概述》,《農業考古》1983年第2期。

〔9〕 Chen T, Wang B, Mai H, et al., "Last meals inferred from the possible gut contents of a mummy: a case study at the Astana Cemeteries, Xinjiang, China," *Archaeometry* 2020, 62: 847-862.

瓜,即香瓜。

《前涼升平十四年(370)殘券》中,有"韓小奴□瓜地二畝"[1];在《朱顯弘等種、瓜田畝文書》中有"瓜一畝半"[2];在《唐大曆三年(768)僧法英佃菜園契》中有"其園内所種瓜,每日與寺壹拾顆"[3]。

陶、蒲陶、蒲桃、蒱桃 爲葡萄科葡萄屬的葡萄(*Vitis vinifera*),多年生藤本果樹,起源於地中海沿岸。從出土實物證據來看,吐魯番洋海墓地曾出土了距今2300多年前的我國迄今最早的葡萄藤[4]。

《史記·大宛列傳》作"蒲陶"[5];《齊民要術》作"蒲萄"[6];《新修本草》作"蒲陶"[7];唐代李頎《古從軍行》作"蒲桃"。吐魯番出土文獻中多出現"陶""蒲陶""蒲桃"等名詞均爲葡萄。自晉唐時期至今葡萄一直是吐魯番的重要果樹,與之相關的條目在吐魯番出土文獻中不勝枚舉[8]。

桃 "桃"單字在吐魯番出土文獻中亦多指葡萄。如在《高昌張武順等葡萄畝數及租酒賬》中,有"法貞師桃三畝陸拾步,儲酒伍斛"。此酒當爲葡萄所釀。"桃"字有時也指葡萄園,如《高昌曹、張二人夏果園券》中有"桃中梨棗"[9]。根據上下文可知,葡萄園中還有梨樹和棗樹。

除指葡萄外,"桃"字在吐魯番出土文獻中也指本義,即薔薇科桃屬的桃(*Amygdalus persica*)。桃爲古代"五果"之一,具有較高的營養價值和良好的風味,是我國重要的民族水果。但是,在阿斯塔那墓地並未發現桃核。同樣,漢唐期間内地使用桃爲陪葬品的現象也不多見。《韓非子·外儲説左下》曰:"孔子禦坐於魯哀公,哀公賜之桃與黍。哀公請用,仲尼先飯黍而後啖桃。左右皆掩口而笑,哀公曰:'黍者,非飯之也,以雪桃也'。仲尼對曰:'丘知之矣。夫黍者,五穀之長也,祭先王爲上盛。果瓜有六,而桃爲下,祭先王不得入朝。丘之聞也,君子以賤雪貴,不聞以貴雪賤。今以五穀之長雪果瓜

[1] 《吐魯番出土文書》(壹),2頁。
[2] 《吐魯番出土文書》(壹),102頁。
[3] 《吐魯番出土文書》(肆),576頁。
[4] 蔣洪恩《新疆吐魯番洋海先民的農業活動與植物利用》,112—125頁。
[5] 《史記》卷一二三《大宛列傳》,北京:中華書局,1959年,3160、3173頁。
[6] 《齊民要術校釋》,273頁。
[7] 蘇敬等撰,尚志鈞輯校《新修本草》(輯複本第二版),718頁。
[8] 《吐魯番出土文獻散録》(下册),357頁。
[9] 《吐魯番出土文書》(壹),283頁;蔣洪恩、喬秋穎《從出土文獻看吐魯番晉唐時期的葡萄栽培》,《敦煌學輯刊》2021年第4期。

之下，是從上雪下也’……”〔1〕同樣，《孔子家語》中有“果屬有六，而桃爲下，祭祀不用，不登郊廟”〔2〕。上述論斷或可解釋内地先民一般不選桃做陪葬品的現象〔3〕。同爲唐代的吐魯番木爾土克薩伊烽燧遺址内有桃核出土〔4〕，而更晚的高昌回鶻時期的西旁景教遺址内也有桃核（資料待發表）。另外，吐魯番出土文獻中的《唐索桃書牘》有“才得貼，忍惠法師今要須廿顆桃，將向州”〔5〕。此處之“廿顆桃”更似爲桃而非葡萄。

在《武周載初元年（690）西州高昌縣寧和才等户手實》中，“蒲陶”與“桃”同時出現在該文書中〔6〕。有學者認爲，二者應分屬不同的果樹種類〔7〕。現部分移録如下：

18 一段三畝半六十步，桃，城北一里孔進渠，東丞田，西氾士隆，南張苟面，北［張］□

19 一段一畝一百八十九步，菜，城北一里張渠，東曹善慈，西高信行，南荒□

20 一段二畝，蒲陶，城西六里，城西六里，天山縣

同時，桃木有避邪的作用。在阿斯塔那墓地曾出土人形木牌一枚，上書“桃人一枚，可守張龍勒墓室一所”〔8〕。《荆楚歲時記》引《典術》云：“桃者五行之精，厭伏邪氣，制百鬼也。”〔9〕

桃中子秫 根據《説文解字·禾部》，秫爲“稷之黏者”〔10〕。《爾雅》有“衆，秫，謂黏粟也”〔11〕。《本草衍義》中有“秫米，初搗出淡黄白色，經久色如糯。用作酒者是此米，亦不堪爲飯，最黏，故宜酒”〔12〕。穈之黏者稱之爲黍，稻之黏者稱之爲糯，而粟之黏者爲秫。繆啓愉認爲，秫本指黏性的穀物，如秫粟、秫黍、秫稻等；當秫獨自出現時，則專指黏粟（*Setaria italica*）〔13〕。在洛陽金穀園村漢墓中出土的陶壺上，有“術萬石”的字

〔1〕 葉昀校閲《韓非子集解》（上），大達圖書供應社，1936年，159頁。

〔2〕 張濤注譯《孔子家語注譯》，西安：三秦出版社，1998年，231頁。

〔3〕 柳子明《長沙馬王堆漢墓出土的栽培植物歷史考證》，《湖南農學院學報》1979年第2期。

〔4〕 趙美瑩、王龍、党志豪等《唐西州時期吐魯番的桃樹栽培——從出土文書及實物證據談起》，《中國科學院大學學報》2020年第37卷第3期。按：該桃核的碳十四年代學測定結果經樹輪校正後爲643—764AD。

〔5〕 《吐魯番出土文書》（叁），499頁。

〔6〕 《吐魯番出土文書》（叁），508頁。

〔7〕 曹利華《吐魯番地區民族交往與語言接觸》，北京：社會科學文獻出版社，2020年，176—177頁。

〔8〕 柳洪亮《新出吐魯番文書及其研究》，24頁。

〔9〕 宗懔著，董彦稚輯校《荆楚歲時記》，長沙：岳麓書社，1986年，2頁。

〔10〕 許慎《説文解字》，144頁。按：此處的“稷”爲粟。

〔11〕 郭璞注《爾雅》（下），1頁。

〔12〕 寇宗奭著，顔正華、常章富、黄又群點校《本草衍義》，北京：人民衛生出版社，1990年，149—150頁。

〔13〕 《齊民要術校釋》，108頁。

樣[1]。陳直認爲"術"係"秫"的假借字[2]。

在吐魯番出土文獻中,有兩處提到過"桃中子秫",卻並未見"秫"字單獨出現。與其他古代文獻相比,顯得較爲特殊。在《高昌□延懷等二人舉大小麥契》中,有"到七月内,延懷邊不取麥,取歲未桃中子秫一年入□海相"[3]。在《唐乾封元年(666)左憧憙夏葡萄園契》中,有如下條款:

1 乾封元年八月七日,崇化鄉人左憧憙

2 □錢三拾伍文,於同鄉人王輸覺邊夏□

3 □渠蒲(葡)桃(萄)壹園,要得桃中子秫收領。

4 到十月内還付桃,桃中渠破水讁,仰夏桃子

5 秫人了;祖殊佰役,仰桃主了。桃中門辟(壁)

6 付左。兩和立契,畫指爲信。

7 桃主 王[4]

盧向前認爲上述文書爲出賣青苗之狀況[5]。王啓濤認爲,此處之"秫"應爲黏粟[6]。筆者認爲,上述文書中的"秫"並非黏粟。從上下文來看,此處之"桃"係"蒲桃"(葡萄)的省稱。葡萄園中一般不套種植物。在葡萄植株幼小時,若種植高稈的粟、黍類作物,會影響葡萄的光合作用;況且穀物與葡萄争水争肥,使葡萄無法正常生長。葡萄幼樹園内的間作活動應在不影響幼齡葡萄生長的前提下進行,可在行間種植矮生作物或緑肥,但不可種植高稈作物或攀援作物,更不能間種秋收作物。當葡萄藤長大需要上架時,葡萄棚架下全爲遮陰,影響植物的光合作用;葡萄架間因需要來回穿梭勞作,更無法種植高稈的穀物。因此,在成年葡萄園内,根本無法進行間作[7]。至今,僅有在葡萄園内套種低矮的花生的現象[8]。

《吐魯番出土文書》的整理者指出,"桃中子秫"更像是"高昌有關葡萄園契約中慣用語"[9]。筆者認爲,此"桃"(葡萄園)中之"子秫"應爲葡萄果實。該觀點乜小紅也

---

〔1〕 黄士斌《洛陽金穀園村漢墓中出土有文字的陶器》,《考古通訊》1958年第1期。

〔2〕 陳直《洛陽漢墓群陶器文字通釋》。

〔3〕 《吐魯番出土文書》(壹),322頁。

〔4〕 《吐魯番出土文書》(叁),218頁。

〔5〕 盧向前《唐代西州土地關係述論》,上海古籍出版社,2001年,314頁。

〔6〕 王啓濤《吐魯番出土文獻詞典》,985頁。

〔7〕 李志超、廖可璜、楊忠信《吐魯番葡萄》,烏魯木齊:新疆人民出版社,1988年,89—90頁。

〔8〕 2021年8月與河北農業大學園藝學院杜國强教授個人通信。

〔9〕 《吐魯番出土文書》(壹),322頁。

曾提出過[1]。在《唐乾封元年(666)左憧憙夏葡萄園契》中,左憧憙於當年農曆八月初七(公曆9月10日)才開始租用葡萄園,此時正是葡萄收穫之際[2]。根據租約,其應在農曆十月(公曆11月2日至12月1日)内交回葡萄園[3]。不難看出,左氏僅是以一定的價錢,承包了當年葡萄園的果實,並希望通過(雇工)勞動並銷售的方式賺取差價。因此,所謂的"桃中子秫"不似在葡萄園内種植的黏粟,而更似成熟的葡萄果實。

梨 即薔薇科梨屬(*Pyrus* sp.)植物的果實。梨屬可食種類較多。從出土梨果實的柄較長,石細胞多等特徵來看,應爲新疆梨(*Pyrus sinkiangensis*)[4]。在《高昌曹、張二人夏果園券》中,有"桃中梨棗盡桃行"[5]。此處之"桃"爲葡萄園,但園中還種植有梨樹和棗樹。在《唐科錢帳曆》中有"廿六食又廿文買梨已上勘同"[6]。在阿斯塔那72TAM186號墓中,曾發現乾梨49枚[7]。在《唐西州丁谷僧惠静狀爲訴僧義玄打駡誣陷事》中有"其義玄一切材木梨脯"[8]。朱玉麒將該句録爲"其義玄一切材木、梨脯"[9]。

杏 薔薇科杏屬的杏(*Ameniaca vulgaris*)。杏在我國古代爲"五果"之一。杏成熟的季節在農曆五月,正是青黄不接之時,是重要的果品。

在阿斯塔那墓地出土果品遺存中,僅發現一枚杏核[10]。大谷2355《穀物等記量文書》中,有"杏子三㪷,蒸脯肆拾陸碩"[11]。吐魯番出土文書中的"麥子"並非今人俗稱小麥爲"麥子",而是小麥的種子。同樣,該時段對部分水果尚無今"桃子""李子""梅子"之稱。《吴普本草》的"杏子"一欄在《神農本草經》中的相應位置爲"杏核人"[12],且《本草經集注》中對"杏核人"做了進一步的説明"一名杏子"[13];《名醫别録》中有

---

〔1〕 乜小紅《對古代吐魯番葡萄園租佃契的考察》,《中國社會經濟史研究》2011年第3期。

〔2〕《吐魯番出土文書》(叁),218頁。

〔3〕 按: 公曆與農曆間换算參考平岡武夫《唐代的曆》,上海古籍出版社,1990年,61頁。

〔4〕 新疆農業科學院農科所、陝西省果樹研究所主編《新疆的梨》,烏魯木齊: 新疆人民出版社, 1978年,8—9、67—68頁。

〔5〕《吐魯番出土文書》(壹),283頁。

〔6〕《吐魯番出土文書》(貳),310頁。

〔7〕 新疆文物考古研究所《阿斯塔那古墓群第十次發掘簡報》,《新疆文物》2000年第3、4期合刊,143頁。

〔8〕《吐魯番出土文獻散録》,559頁。

〔9〕 朱玉麒《吐魯番丁谷山文獻疏證》,《吐魯番學研究》2020年第1期。

〔10〕 陳濤《吐魯番阿斯塔那古墓群植物考古學研究》,中國科學院大學博士學位論文,2014年,47—49頁。

〔11〕《大谷文書集成》第1卷,82—83頁。

〔12〕 吴普撰,尚志鈞等輯校《吴普本草》,北京: 人民衛生出版社,1987年,87頁;馬繼興主編《神農本草經輯注》,北京: 人民衛生出版社,1995年,398頁。

〔13〕 陶弘景編,尚志鈞、尚元勝輯校《本草經集注》(輯校本),471頁。

"杏核……一名杏子"[1]。因此,此處之"杏子"當爲杏仁。

在阿斯塔那72TAM153號墓中出土的高昌時代的《醫方》殘卷[2],以及阿斯塔那72TAM204號墓室出土的唐西州《古寫本醫方一》中[3],均有以"杏人(仁)"入藥的記録。與今相似,晉唐時期的吐魯番也有人以杏爲名。在《高昌某年田地、高寧等地酢酒名籍》中,有人名爲"劉杏子"[4]。

棗 爲鼠李科棗屬的棗(*Ziziphus jujuba*)。棗是我國古代"五果"之一,抗旱性强,是重要的"鐵杆莊稼"。《詩經》中有"七月獲稻,八月剥棗"。《爾雅》中已有多個棗的品種[5]。在洛陽燒溝漢墓出土銅鏡上的銘文中有"尚方作鏡真大巧,上有仙人不知老,渴飲玉泉饑食棗,壽而金石天之寶兮"[6]。由此可見,食棗在古代有長壽的象徵。棗在《神農本草經》中被列爲上品[7]。《齊民要術》中"種棗"被排在了所有樹木的首位,且書中還有詳細的棗的栽培與加工技術[8]。

吐魯番出土文獻中曾多次出現"棗"。在十六國時期的《大涼承平年間(433—460)高昌群高昌縣都鄉孝敬里貲簿》中,多個户主名下都有棗田[9]。例如,在户主馮照名下有棗田五畝,而闞衍名下則多達十三畝半[10]。在高昌城西存在棗樹渠,説明當時種棗樹較多[11]。另外,在《高昌乙酉、丙戌歲某寺條列月用斛斗帳曆》中,農曆九月還有專門的"迎棗節"[12],足以見證其在古代吐魯番佔有重要的經濟地位。另外,吐魯番還有專門的"洿林棗""帝萬棗"等優良品種。[13]

《市估案》"果子行"中有"大棗一勝,上直錢陸文,次伍文,下肆文"[14]。因此,大

[1] 陶弘景著,尚志鈞輯校《名醫别録輯校本》,249頁。
[2] 《吐魯番出土文書》(壹),286頁。
[3] 《吐魯番出土文書》(貳),155頁。
[4] 《吐魯番出土文書》(壹),257頁。
[5] 郭璞注《爾雅》(下),6頁。
[6] 中國科學院考古研究所洛陽發掘隊《洛陽燒溝漢墓》,北京:科學出版社,1959年,168頁。
[7] 馬繼興主編《神農本草經輯注》,136—137頁。
[8] 《齊民要術校釋》,259—267頁。
[9] 《吐魯番出土文獻散録》,361頁;《吐魯番出土文書》(叁),224、432、504、518頁;《吐魯番出土文書》(肆),578頁。
[10] 《吐魯番出土文獻散録》,362—363頁。
[11] 《吐魯番出土文書》(貳),145頁;《吐魯番出土文書》(叁),504頁。
[12] 《吐魯番出土文書》(壹),405頁。
[13] 《吐魯番出土文書》(壹),368、401頁。
[14] 陳燁軒《〈唐天寶二年(743)交河郡市估案〉新探》,326頁。

棗是重要的果品。在《唐殘文書》中有“小棗一㪷”[1];在《唐有客須葡萄棗文書》有“今日緣有客,須蒲桃、棗”[2]。並且,唐時西州已有專門的棗販[3]。

棗樹木材結構細膩,耐腐性强,油飾性能好,是良好的木材[4]。在《北涼缺名隨葬衣物疏》中,有“棗梳一枚”[5]。棗木具有天然的紫色。在《高昌畐子中布帛雜物名條疏》中,有“紫棗尺一”[6]。此處之“紫棗尺”應爲棗木製成的尺,而不似棗紅色的木尺。

另外,在吐魯番出土文獻中,多處記載有“白艻城”。唐《三藏法師傳》云:“法師意欲取可汗浮圖過,既爲高昌所請,辭不獲免,於是遂行,涉南磧,經六日,至高昌界白力城。”[7]《北史·西域列傳》中有“至白棘城,去高昌百六十里”[8]。據考證,白艻城在今吐魯番市鄯善縣[9]。《資治通鑑》中提道:“樹艻木爲栅,可支數十年。”胡三省注曰:“昔嘗見一書,從草從力者,讀與棘同。棘,羊矢棗也,此木可以支久。”[10]按羊矢棗爲柿樹科之君遷子(*Diospyros lotus*),俗名黑棗[11]。其樹身不具棘刺,也從未簡稱爲棘。《急就篇》顔師古注:“棘,酸棗之樹也。”據此,多數學者認爲“艻”應指酸棗[12]。在《高昌乙酉、丙戌歲某寺條列月用斛㪷帳曆》中,三月有“買艻兩車,供整□□渠”[13]。此處之“艻”有可能是酸棗枝。另有戍堡名曰“酸棗戍”,可能周邊長有較多的酸棗(*Ziziphus jujuba* var. *spinosa*)。

棗樹植株爲白色或銀白色的現象並不常見,僅當棗樹因病出現白化苗現象時才會發生。但産生白化苗的棗樹很快就會夭折,不會長時間存在[14]。陳國燦認爲“白艻”

[1] 《吐魯番出土文書》(肆),192頁。
[2] 《吐魯番出土文書》(肆),598頁。
[3] 《吐魯番出土文書》(肆),360頁。
[4] 成俊卿、楊家駒、劉鵬《中國木材志》,北京:中國林業出版社,1992年,524頁。
[5] 《新獲吐魯番出土文獻》,175頁。
[6] 《吐魯番出土文書》(肆),186頁。
[7] 慧立、彦悰著,孫毓棠、謝方點校《大慈恩寺三藏法師傳》,北京:中華書局,2008年,18頁。
[8] 《北史》卷九七《西域列傳》,北京:中華書局,1974年,3213頁。
[9] 唐長孺《山居存稿》,武漢大學出版社,2013年,340頁;榮新江《吐魯番新出送使文書與闞氏高昌王國的郡縣城鎮》,《敦煌吐魯番研究》第10卷,上海古籍出版社,2007年,34頁。
[10] 李格非《釋“艻”、“棘”》,《武漢大學學報》1984年第4期,71—72頁。
[11] 胡先驌《説文植物古名今證》,董蓮池主編《説文解字研究文獻集成·現當代卷》(第7册,文本研究),北京:作家出版社,2006年,336頁;王錦秀、湯彦程、吴徵鎰《植物名料圖考新釋》,上海科學技術出版社,2021年,1618頁。
[12] 王素《高昌史稿·交通編》,98頁;吴震《七世紀前後吐魯番地區農業生産的特色——高昌寺院經濟管窺》,536頁。
[13] 吴震《七世紀前後吐魯番地區農業生産的特色——高昌寺院經濟管窺》,536頁。
[14] 2022年5月與河北農業大學中國棗研究中心劉孟軍教授個人通信。

爲胡頹子科的沙棗[1]。沙棗葉背面呈銀白色,但其枝幹上的刺並不穩定。有的植株上刺明顯且尖鋭,有的則基本無刺。將白芳釋爲沙棗,可備爲一説。

在出土植物遺存中,發現較多的乾燥的棗果實;部分棗的果肉已經腐朽而僅餘棗核;酸棗及酸棗核未見,也未見沙棗及沙棗核。另外,筆者對阿斯塔那墓地出土的植物標本進行重新鑒定後發現,原鑒定爲"梅"的標本均應爲棗。梅喜温,在吐魯番無法過冬。

四　草　部

藍　爲蓼科蓼屬的蓼藍(*Polygonum tinctorium*),一年生直立草本。葉加工製成的靛青可染衣物與織物。除蓼藍外,我國古代常使用的藍還有蝶形花科的木藍(*Indigofera tinctoria*)和爵床科的板藍(*Strobilanthes cusia*)[2]。但二者均分佈於我國東南與西南部,在北方無法栽培。

《詩經》中"終朝采藍,不盈一襜"中的藍即爲蓼藍[3]。《夏小正》中有"五月……啓灌藍蓼"[4];《四民月令》中有"(三月)榆莢落時,可種藍……是月(本文作者按,五月)也可别稻及藍"[5]。

在《闞氏高昌永康年間(466—485)供物、差役賬》中,所涉及的差役有"種藍"[6]。此"藍"即爲蓼藍。有學者認爲,此處之藍爲"紅藍、紅花"[7]。類似出現在敦煌出土文獻中的"藍",也曾被學者釋爲"紅藍"[8]。對此,李豔玲有過專門的研究,並澄清了敦煌吐魯番出土文獻中的"藍"當爲蓼藍而非紅藍[9]。筆者所要説明的是,"藍"與"紅藍""紅花"在敦煌出土文獻中分得很清楚,並未混爲一談。在先民在使用"紅藍"的同時,並不排除也用"藍"作染料。齊民要術中除了《種紅藍花、梔子第五十二》,另有《種

〔1〕 陳國燦《陳國燦吐魯番敦煌出土文獻史事論集》,上海古籍出版社,2012年,114頁。

〔2〕 按繆啓愉寫爲"馬藍(*Strobilanthes cusia*)",並注明其根供藥用,爲"板藍根"的一種,見《齊民要術校釋》,376頁。查《中國植物志》及 *Flora of China*,該拉丁名對應的植物名稱爲"板藍"。

〔3〕 潘富俊《詩經植物圖鑒》,上海書店出版社,2003年,261頁。

〔4〕 夏緯瑛《夏小正經文校釋》,北京:農業出版社,1981年,44頁。

〔5〕 崔寔撰,繆啓愉輯釋《四民月令輯釋》,37、53頁。

〔6〕《新獲吐魯番出土文獻》,135頁。

〔7〕 裴成國《吐魯番新出一組闞氏高昌時期供物、差役帳》,榮新江、李肖、孟憲實主編《新獲吐魯番出土文獻研究論集》,248頁;黄樓《闞氏高昌雜差科帳研究——吐魯番洋海一號墓所出〈闞氏高昌永康年間供物、差役帳〉的再考察》,《敦煌學輯刊》2015年第2期。

〔8〕 王克孝《Дx.2168號寫本初探——以"藍"的考證爲主》,《敦煌學輯刊》1993年第2期;劉進寶《唐五代敦煌種植"紅藍"研究》,《中華文史論叢》2006年第3期。

〔9〕 李豔玲《小考敦煌文書中的"藍"》,《史林》2019年第6期。

藍第五十三》。紅藍花即爲菊科的紅花(*Carthamus tinctorius*)。

白疊　白緤　錦葵科棉花屬的非洲棉(*Gossypium herbaceum*),一年生亞灌木。“白疊”一詞或源於古印度梵語。據《後漢書·南蠻西南夷列傳》記載,東漢時雲南哀勞夷“土地沃美,宜五穀、蠶桑,知染采文繡,罽毲帛疊、藍幹細布,織成文章如綾錦。有梧桐木華,績以爲布,幅廣五尺,潔白不受垢汙”[1]。“帛”通“白”,“帛疊”即“白疊”。在記録南朝史實的《梁書·諸夷傳·高昌傳》中,有“(高昌)多草木,草實如繭,繭中絲如細纑,名爲白疊子,國人多取織以爲布。布甚軟白,交市用焉”[2]。在晉唐時代的吐魯番地區,“疊”或“緤”(均爲棉花)除作紡織品外,也兼作通貨使用。

紵　爲蕁麻科苧麻屬植物苧麻(*Boehmeria nivea*),多年生宿根草本,起源於中國。苧麻爲我國重要的纖維植物。其莖皮纖維細長、强韌、潔白、有光澤、拉力强、耐水濕,富彈力和絶緣性,所織的布爲夏布[3]。《詩經》中有“東門之池,可以漚紵”。《新唐書》所記的貢賦紵麻的五道二十九州,絶大部分爲長江流域以南地區。據《唐六典》卷三“尚書户部·户部郎中員外郎”條的記載,江南除潤州之調爲火麻外,其餘各州均爲紵布[4]。

在阿斯塔那墓地06TAM603墓葬中出土的前涼時期的木櫝上,書有“柴桂一枚,緋二丈,紵五”[5]。在吐魯番阿斯塔那墓地的幾個唐墓中出土的巾幘中,發現了亞麻與紵麻纖維[6]。另外,在一些燈撚中,也曾鑒定出紵麻的纖維[7]。

羊薪　蝶形花科駱駝刺屬植物駱駝刺(*Alhagi sparsifolia*),又名疏葉駱駝刺。駱駝刺爲豆科多年生野生亞灌木,株高50—150釐米,花冠蝶形,紅色或深紅色;蜜汁結晶後呈雪白色,清香無異味[8]。駱駝刺在新疆主要分佈於吐魯番盆地和塔里木盆地。在

〔1〕《後漢書》卷八六《南蠻西南夷列傳》,北京:中華書局,1965年,2849頁。

〔2〕《梁書》卷五四《高昌傳》,北京:中華書局,1973年,811頁。

〔3〕王文采、陳家瑞《中國植物志》第23卷第2分册(蕁麻科),北京:科學出版社,1995年,360頁。

〔4〕宋傳銀《國之命脈:長江流域的財源與税賦》,武漢:長江出版社,2014年,117頁。

〔5〕朱雷《吐魯番出土文書補編》,3頁。按:此件原見於考古發掘簡報“柴桂一枚,緋二丈,絳五”。見魯禮鵬《新疆吐魯番阿斯塔那古墓群西區考古發掘報告》,《考古與文物》2016年第5期。

〔6〕Mai H, Yang Y, Jiang H, et al., “Investigating the materials and manufacture of Jinzi: The lining of Futou (Chinese traditional male headwear) from the Astana Cemeteries, Xinjiang, China,” *Journal of Cultural Heritage*, 2017, 27: 116-124.

〔7〕Shevchenko A, Yang Y, Knaust A, et al., “Open sesame: Identification of sesame oil and oil soot ink in organic deposits of Tang Dynasty lamps from Astana necropolis in China,” *PLOS ONE*, 2017, 12, e0158636.

〔8〕孫義忠《駱駝刺開花泌蜜及蜂群管理》,《中國養蜂》1989年第3期。

吐魯番地區,駱駝刺枝葉上分泌的糖類物質凝結物被稱爲“刺糖”或“刺蜜”[1],是一種重要的維藥,用於治療神經性頭痛[2]。

“羊刺”可能源於駱駝刺之突厥語名“羊達克”或“羊塔克”。《元和郡縣圖志》卷四〇《隴右道下》中記載:“高昌國,土良沃,穀麥一歲再熟,出赤鹽,其味甚美。澤間有草,名爲羊刺;其上生蜜,食之與蜂蜜不異,名曰刺蜜。”[3]唐代邊塞詩人岑參曾有詩云:“桂林蒲萄新吐蔓,武城刺蜜未可餐。”[4]此處之“桂林”或爲“洿林”,今吐魯番葡萄溝一帶,武城在阿斯塔那墓地西南四里處[5]。

“羊薪”在吐魯番出土文獻中僅出現過一次。《高昌延昌三十三年(593)諦薪文書》中有“軒斌傳:起驛羊薪一斉(劑),合兩斉(劑)薪入調”[6]。此處之“羊薪”應爲乾枯的駱駝刺。另外,《高昌延壽十二至十五年(635—638)康保謙入驛馬粟及諸色錢麥條記》中有“戊戌歲二月劑驛羊☐ 文半”[7]。王素認爲,此處的“驛羊☐”應爲“驛羊薪錢”[8]。在其他文獻中,“剌(刺)薪”“此薪”頻出。陳仲安認爲,“羊薪”與“刺薪”或同爲一物,即以羊刺(駱駝刺)之莖爲燃料。並且,驛羊薪爲僅供驛用的燃料[9]。

葦 禾本科蘆葦屬蘆葦(*Phragmites australis*),多年生直立草本。我國共有三種蘆葦屬植物分佈,分別爲卡開蘆(*Ph. karka*),僅分佈於福建,廣東、廣西及中南半島等地;日本葦(*Ph. japonicus*),僅分佈於東北三省及朝鮮半島及俄羅斯遠東地區;蘆葦(*Ph. australis*)爲廣佈種,廣泛分佈於全國各地。

《市估案》有“新興葦一束,上直錢拾三文,次拾貳文,下☐[10]”。新興葦出自新興谷,即今火焰山勝金溝,高昌故城正北方;至今溝內仍生長著茂密的蘆葦。在此文書中另有“麄簟壹領,上直錢三拾伍文,次三拾文,下貳拾伍文”[11]。《禮記·喪大記》

[1] “刺蜜”在《本草綱目》中被歸爲果部;在吐魯番出土文獻中未提及其食用價值,而重點提到了其燃料價值。又因傳世文獻一般稱其爲草,故本文將其置於草部。

[2] 沈觀冕主編《新疆植物志》第3卷,烏魯木齊:新疆科技衛生出版社,2011年,244頁。

[3] 李吉甫撰,賀次君點校《元和郡縣圖志》卷四〇《隴右道下》,北京:中華書局,1983年,1032頁。

[4] 岑參著《岑參集》,太原:三晉出版社,2008年,84頁。

[5] 柴劍虹《“桂林”、“武城”考——岑參邊塞詩地名考辨之一》,《武漢師範學院學報》1981年第2期。

[6] 《吐魯番出土文書》(壹),316頁。

[7] 《吐魯番出土文書》(貳),22頁。

[8] 王素《高昌史稿·交通編》,532頁。

[9] 陳仲安《試析高昌王國文書中之“劑”字——麴朝税制管窺》,唐長孺主編《敦煌吐魯番文書初探》(二編),武漢大學出版社,1990年,9頁。

[10] 陳燁軒《〈唐天寶二年(743)交河郡市估案〉新探》,329頁。

[11] 陳燁軒《〈唐天寶二年(743)交河郡市估案〉新探》,329頁。

有“君以簟席,大夫以蒲席,士以葦席”。鄭注“簟,細葦席也”;[1]《説文解字·竹部》有“簟,竹席也”[2]。由此可見,“簟”可指竹席或細蘆葦席。在吐魯番晉唐墓葬中未見竹席。在《市估案》中“糞一大車”尚值錢貳拾伍文[3],可見此處之“麁簟”的價格可爲普通家庭所接受,更似葦席而非昂貴的竹席。在阿斯塔那墓地,常見蘆葦稈編成的草席用作葬具,説明日常生活中人們也普遍使用葦席[4]。另外,阿斯塔那墓地也常見蘆葦紮製的草人。

蘆葦也是重要的飼草植物。在《唐景龍二年西州高昌縣順義鄉張感德折蘆茭納𪌚抄》中有“順義鄉張感德折蘆茭納𪌚一車”[5]。蘆茭當指蘆葦稈和葉製備的飼草。另在《唐西州高昌縣典周建帖山頭等烽爲差人赴葦所事》中,有烽燧人員攜鐮赴某地割蘆葦的場景[6]。

蒲 香蒲科香蒲屬(*Typha*)水生草本植物。吐魯番積水地較少,香蒲屬植物發育不良。據報導在吐峪溝僅發現狹葉香蒲(*Typha angustifolia*)一種[7]。在阿斯塔那墓地出土的手工製品中,有蒲鞋、蒲席等[8]。因此,香蒲在晉唐時代主要用於編織。以蒲爲席,古已有之。在阿斯塔那墓地出土的《唐寫本孔子與子羽對語雜抄》中,有“户前生簟是薄簾,床上□蒲是蒲席”[9]。在敦煌文獻《孔子項託相問書》中,有“户前生葦者是其箔,床上生蒲者是其席”[10]。至今,農村仍有用香蒲葉片編織草苫子的行爲[11]。在斯坦因掠走的樓蘭晉代文書《雜帳》中,有“買蒲二百卅”,説明香蒲是一種日常生活用品,且當時存在一定的香蒲貿易[12]。

---

〔1〕 孫希旦撰,沈嘯寰、王星賢點校《禮記集解》卷四四《喪大記》,北京:中華書局,1989年,1159頁。

〔2〕 許慎《説文解字》,96頁。

〔3〕 陳燁軒《〈唐天寶二年(743)交河郡市估案〉新探》,329頁。

〔4〕 柳洪亮《1986年新疆吐魯番阿斯塔那古墓群發掘簡報》,《考古》1996年第2期。

〔5〕《吐魯番出土文書》(肆),118頁。

〔6〕《吐魯番出土文獻散録》,377—378頁。

〔7〕 郭静誼《新疆鄯善種子植物研究》,石河子大學碩士論文,2008年,65—66頁。

〔8〕 李徵《吐魯番縣阿斯塔那——哈拉和卓古墓群發掘簡報(1963—1965)》。

〔9〕《吐魯番出土文書》(貳),220頁。

〔10〕 王重民、王慶菽、向達等《敦煌變文集》,北京:人民文學出版社,1957年,232頁;潘重規《敦煌變文集新書》,臺北:文津出版社,1994年,1120頁;張洪勳《敦煌本〈孔子項託相問書〉研究》,《敦煌研究》1985年第2期。

〔11〕 隨著生産力的發展,用香蒲編織草苫的現象日漸其少;筆者在1989年讀初中時,仍有同學使用香蒲葉片(俗稱“蒲棒”)做成的草苫子(席子)鋪於褥下。

〔12〕 沙知、吴芳思主編《斯坦因第三次中亞考古所獲漢文文獻(非佛經部分)》(1),上海辭書出版社,2005年,40頁。

除蒲席外,在阿斯塔那出土的手工藝品中,還有蒲草鞋[1]。該鞋出土於64TAM29,是利用柔韌的蒲草葉片植物爲原料編製而成。其製作精巧,紋路細密,别緻美觀,被稱爲"翹頭蒲草履"[2]。

以香蒲葉紮製草偶的現象自古有之。阿斯塔那墓地曾出土香蒲紮製而成的草俑。在《資治通鑑》唐德宗建中四年(783)條中載:"(冬十月)乙丑,泚複攻城,將軍高重捷與泚將李日月戰於梁山之隅,破之;乘勝逐北,身先士卒,賊伏兵擒之。其麾下十餘人奮不顧死,追奪之;賊不能拒,乃斬其首,棄其身而去。麾下收之入城,上親撫而哭之盡哀,結蒲爲首而葬之,贈司空。朱泚見其首,亦哭之曰:'忠臣也!'束蒲爲身而葬之。"[3]《新唐書·朱泚傳》中也有類似記録[4]。

五　木　部

桑　即桑科桑屬植物桑(*Morus alba*)或黑桑(*Morus nigra*),多年生高大喬木。桑樹全身是寶:桑椹可食,桑葉養蠶,桑樹皮造紙,桑木則可當作建築或生活用材。桑在吐魯番曾廣爲種植。在十六國時期的《大涼承平年間(433—460)高昌群高昌縣都鄉孝敬里貲簿》中,多個户主名下都有桑田[5]。絲也是吐魯番重要的土特産。《新唐書·地理志》中有"唐西州,土貢絲、氎布、氈、刺蜜、葡萄五物酒漿煎皺幹"[6]。《西涼建初十四年(418)嚴福願賃蠶桑券》中有"嚴福願從闞僉得賃三薄蠶桑,賈(價)交與毯"[7]。

桑樹也是重要的木材資源。在《唐焦延隆等居宅間架簿》中所涉房屋中,可見多處使用桑木作椽子[8]。韓國磐認爲,桑樹很多,反映出養蠶繅絲業的發達[9];孟憲實則認爲,當地居民大量砍伐桑樹,意味著當地絲綢産業的大衰退[10]。

---

[1] 李徵《吐魯番縣阿斯塔那——哈拉和卓古墓群發掘簡報(1963—1965)》。

[2] 岳峰《絲綢之路西域文明》,烏魯木齊:新疆美術攝影出版社,2015年,216頁;徐紅等《新疆百科圖志·文物文化卷》(1),烏魯木齊:新疆美術攝影出版社,2014年,576頁。

[3] 《資治通鑑》卷二二八,唐紀四十四,7367頁。

[4] 《新唐書》,卷二二五《逆臣》,6444—6445頁。

[5] 《吐魯番出土文獻散録》,360—372頁;《吐魯番出土文書》(叁),224、432、504、518頁;《吐魯番出土文書》(肆),578頁。

[6] 《新唐書》卷四〇《地理志》,1046頁。

[7] 《吐魯番出土文書》(壹),6頁。

[8] 《吐魯番出土文書》(貳),148—150頁。

[9] 韓國磐《從吐魯番出土文書來看高昌的絲綿織業》,韓國磐主編《敦煌吐魯番出土經濟文書研究》,廈門大學出版社,1986年,344—356頁。

[10] 孟憲實《論十六國、北朝時期吐魯番地方的綫織業及相關問題》,《敦煌吐魯番研究》第12卷,上海古籍出版社,2011年,217頁。

除此之外,在《高昌某寺月用麥粟桑棗酒錢帳曆斷片》《高昌某寺殘帳》中,均出現“桑棗”一詞[1]。陳國燦認爲,桑棗即桑椹,是古代重要的食品[2]。桑中有以採收桑椹爲主的“果桑”,且一株大樹可産椹數百斤[3]。《高昌延昌六年(566)吕阿子求買桑葡萄園辭》曾記載“見康□有桑蒲桃一園”,暗示上述桑樹可能主要用以採集桑椹[4]。

《齊民要術》云“椹熟時,多收,曝曬之,凶年粟少,可以當食”“故杜葛亂後,饑饉薦臻,唯仰以全軀命,數州之内,民死而生者,干椹之力也”[5]。《魏略》曰:“楊沛……爲新鄭長,興平未,人多饑窮,沛課民益畜干椹,收䝁豆……”[6]吴震曾記述道:“解放前的南疆各族人民,一年衹有半年糧,有時連半年糧也没有,全年大部分的日子就用果乾、桑葚、沙棗等充饑,過著半饑半飽的生活。高昌時代的吐魯番想必也是如此。”[7]

在《北涼趙貨隨葬衣物疏》中,有“故黑桑一枚”[8],尚無法解釋具體含義。王素認爲此處之“黑桑”或爲“黑索”[9]。

黄桑 爲桑科柘屬的柘樹(*Maclura tricuspidata* = *Cudrania tricuspidata*),又名柘桑。煮其木爲汁,可染黄赤色,故名黄桑。柘樹是很好的用材樹種。據《齊民要術》記載,不同年齡的柘樹可製成不同的工具,具有較高的經濟價值。用柘樹葉養的蠶産絲品質高。並且,柘樹是用來製弓的佳選。據《齊民要術》記載,桑樹或柘樹用特定方式栽培後“此樹條直,異於常材;十年之後,無所不任”[10]。

在《北涼緣禾六年(437)翟萬隨葬衣物疏》[11]和美國普林斯頓大學所藏《高昌群時期隨葬衣物疏》中,均有“黄桑棺”[12]。

榆 爲榆科榆屬(*Ulmus*)木材。據調查,吐魯番鄯善縣當代僅有白榆(*Ulmus pumila*)一種分佈[13]。榆樹爲北方常見的鄉土樹種。幼嫩的榆錢、榆葉可以生食;榆皮

[1] 沙知、吴芳思主編《斯坦因第三次中亞考古所獲漢文文獻(非佛經部分)》(1),135、139頁。
[2] 陳國燦《斯坦因所獲吐魯番文書研究》,77頁。
[3] 賈思勰著,惠富平解讀《齊民要術(節選)》,北京:科學出版社,2019年,190頁。
[4] 《吐魯番出土文書》(貳),140頁。
[5] 《齊民要術校釋》,318頁。
[6] 《三國志》卷一五《劉司馬梁張温賈傳》,北京:中華書局,1959年,486頁。
[7] 吴震《七世紀前後吐魯番地區農業生産的特色——高昌寺院經濟管窺》,460頁。
[8] 《新獲吐魯番出土文獻》,173頁。
[9] 王素《吐魯番新獲高昌群文書的斷代與研究——以〈新獲吐魯番出土文獻〉爲中心》,9頁。
[10] 《齊民要術校釋》,324—325頁。
[11] 《吐魯番出土文書》(壹),85頁。
[12] 《吐魯番出土文獻散録》,375頁。
[13] 郭静誼《新疆鄯善種子植物研究》,5頁。

可以製麵粉充饑。因此,榆樹是重要的"鐵杆莊稼"。同樣,榆樹也是重要的用材樹種。在《魏書·食貨志》載:"諸初受田者,男夫一人給田二十畝,課蒔餘,種桑五十樹,棗五株,榆三根。非桑之土,夫給一畝,依法課蒔榆、棗。"〔1〕《唐律疏義》引《田令》有"户内永業田,每畝課植桑五十根以上,榆、棗各十根以上"〔2〕,同樣證明了上述三種樹木的重要性。

在《唐開元十年(722)西州高昌縣籍》等出土文獻中,也曾出現"榆樹渠"〔3〕。另外,在《唐龍朔元年(661)左憧憙夏菜園契》中,有"榆樹一具付左"〔4〕;在《唐貞觀廿三年(649)榆樹辯詞爲婢死事》中,辯護人名爲"𧵍(賈)榆樹"〔5〕。同樣,在《唐勘問婢死虚實對案録狀(二)》中也有"榆樹等辨被問得□"〔6〕。

檉 爲檉柳科檉柳屬(*Tamarix*)灌木。《爾雅·釋木》有"檉,河柳"。郭璞注"今河邊赤莖小楊"〔7〕。吐魯番因乾旱且多鹽鹼地,生長著多枝檉柳、多花檉柳、密花檉柳、鹽地檉柳、剛毛檉柳等樹種,在當地植物中具有較强的競争優勢〔8〕。在《唐伊吾軍牒爲申報諸烽鋪斸田所得斛𣂰數事》中有"檉䃣烽"〔9〕,而《唐北庭諸烽斸田畝數文書》中有"檉林烽"〔10〕。在吐魯番出土文書中,另有"檉泉"〔11〕,説明其周圍(曾經)有著較多的檉柳屬植物——這與當今吐魯番的植被分佈狀況是相似的。

在吐魯番出土文獻中,有"赤檉"與"白檉"兩種。《市估案》中有"白檉炭一斤,上直錢三文,次二文,下一文;赤檉炭一斤,上直錢一文五分,次一文,下□分"〔12〕。唐代段成式《酉陽雜俎》中有"赤白檉,出涼州,大者爲炭,入以灰汁,可以煮銅爲銀"〔13〕。由

〔1〕《魏書》卷一一〇《食貨志》,北京:中華書局,1975年,2853頁。

〔2〕長孫無忌等著,袁文興、袁超注議《唐律疏議注譯》,蘭州:甘肅人民出版社,2017年,373、375頁;楊際平《〈唐令·田令〉的完整復原與今後均田制的研究》,氏著《楊際平中國社會經濟史論集》,廈門大學出版社,2016年,24頁。

〔3〕《吐魯番出土文獻散録》,458頁;《吐魯番出土文書》(貳),126、145頁;《吐魯番出土文書》(叁),147、354頁。

〔4〕《吐魯番出土文書》(叁),210頁。

〔5〕朱雷《吐魯番出土文書補編》,62頁。

〔6〕《吐魯番出土文書》(貳),304頁;王啓濤《朱雷新刊佈吐魯番文獻研究》;成都:巴蜀書社,2022年,153頁。

〔7〕郭璞注《爾雅》(下册),6頁。

〔8〕蔣洪恩《新疆吐魯番洋海先民的農業活動與植物利用》,13頁。

〔9〕《吐魯番出土文書》(肆),97—98頁。

〔10〕《吐魯番出土文書》(肆),102頁。

〔11〕《新獲吐魯番出土文獻》,108頁。

〔12〕陳熚軒《〈唐天寶二年(743)交河郡市估案〉新探》,329頁。

〔13〕段成式著,許逸民校箋《酉陽雜俎校箋》,北京:中華書局,2015年,1302頁。

此可知，赤檉與白檉均可做燃料。同様，P.3391《雜集時用要字》中也有“赤檉，白檉”[1]。P.5032《甲申年(984)四月十七日渠人轉帖》中有“今緣水次逼近，切要修治沙渠口，人各檉一束，白刺一束，七尺掘壹莖”[2]。

赤檉　爲檉柳科檉柳屬(*Tamarix*)植物的一種或幾種，灌木。《漢書·西域傳》載鄯善“多葭葦、檉柳、胡桐、白草”，顔師古注：“檉柳，河柳也，今謂之赤檉。”[3]《本草圖經》“柳華”條下始載檉柳，云“赤檉木，生河西沙地，皮赤，葉細，即今所謂檉柳者，又名春柳”[4]。《本草衍義》曰：“赤檉木，又謂之三春柳，以其一年三秀也。花肉紅色，成細穗。河西者，戎人取滑枝爲鞭，京師亦甚多。”因枝皮紅褐色，我國西北地方多將檉柳稱之爲“紅柳”。中醫處方常用名爲“赤檉柳”；供藥用的有檉柳(*Tamarix chinensis*)與多枝檉柳(*T. ramosissima*)[5]。《證類本草》“柳華”條下有“赤檉柳”及其圖像[6]。王家葵等認爲其原植物爲檉柳(*T. chinensis*)及同屬近緣植物[7]。

白檉　檉柳之皮色白而明者[8]。部分檉柳枝條泛黄，乾枯後略呈灰色。謝宗萬認爲白檉可能爲細穗檉柳(*Tamarix leptostachys*)，其老枝灰色或灰褐色，當處枝條黄緑色或棕黄色，非紫紅色[9]。

敦煌出土文書《宋淳化二年(991)十一月八日歸義軍節度使貼》(S.4453)有“右奉處分，今者官中車牛載白檉去，令都知將頭隨車防援，急疾到縣日，准舊看侍，設樂支供糧料。其都知安永成一人，准親事例，給料看侍。”[10]

黄陽　爲黄楊科黄楊屬(*Buxus*)木材。黄楊屬植物爲熱帶、温帶較常見的常緑灌木或小喬木，在我國東南沿海、西南、臺灣都有廣泛的分佈。黄楊科有 4 屬 100 多種。其木材淡黄色，質地堅韌，紋理細膩，硬度適中。黄楊屬木材較爲一緻，使用時不加以嚴格區分。

---

[1] 董婷婷《敦煌寫本〈雜集實用要字〉整理與研究》，48、53 頁。

[2] 唐耕耦、陸宏基編《敦煌社會經濟文獻真蹟釋録》第 1 輯，北京：書目文獻出版社，1986 年，405 頁。

[3] 《漢書》卷九六《西域傳》，北京：中華書局，1962 年，3876 頁。

[4] 蘇頌撰，胡乃長、王致普輯注《圖經本草》(輯複本)，福州：福建科學技術出版社，1988 年，367 頁。

[5] 謝宗萬《中藥材品種論述》(中)，上海科學技術出版社，1984 年，185 頁。該書還記有“檜檉柳”，查《中國植物志》，可知其爲檉柳的異名。

[6] 唐慎微撰，尚志鈞、鄭金生、尚元藕等校點《證類本草》，北京：華夏出版社，1993 年，406 頁。

[7] 王家葵、蔣淼、胡穎翀《本草綱目圖考》，北京：龍門書局，2018 年，1333 頁。

[8] 謝觀主編《中華醫學大辭典》，瀋陽：遼寧科學技術出版社，1994 年，398 頁。

[9] 謝宗萬《中藥材品種論述》(中)，282—283 頁。

[10] 《敦煌社會經濟文獻真蹟釋録》第 4 輯，北京：全國圖書館文獻縮微複製中心，1990 年，306 頁。

黄陽梳爲黄楊木製成的梳子。《酉陽雜俎》曰:“黄楊木,性難長,世重黄楊,以無火。”[1] 黄楊木自古以來即是製作梳子的良好材料。《本草綱目》中記載:“其木堅膩,作梳剜印最良。”[2] 根據史書記載,清末的蘇州織造府每年農曆七月要到常州定製60把象牙、黄楊梳及其他物品進貢皇宫[3]。我國當代居民也喜用黄楊屬木材製成的梳子[4]。無獨有偶,日本人也將黄楊梳作爲貴重物品[5]。

黄楊梳是重要的日常用品。在《高昌延壽十四年(637)張師兒妻王氏隨葬衣物疏》中,有“黄陽梳十,被錦五十張”[6]。此處之“黄陽梳”應爲“黄楊梳”。

楊 在《高昌義和四年(617)六月缺名隨葬衣物疏》中有竟(鏡)、楊梳五枚[7]。在出土衣物疏中,有的僅爲“故木梳一枚”[8];有的則寫明了原料種類,如棗梳[9]、柞木梳[10]等。“楊梳”當爲楊柳科楊屬(*Populus*)木材製作的梳子。

從《吐魯番俗字典》中看,古寫“竟”與“黄”最後兩筆區别明顯[11]。查看原文圖版,原釋讀的“竟、楊梳”或可釋讀爲“黄楊梳”。如是,則與上條同。

柳 爲楊柳科柳屬(*Salix*)喬木。楊柳科植物喜濕,主要分佈在河流、溝渠等旁邊。在吐魯番洋海墓地(約公元前13—2世紀)出土的植物遺存中也有柳屬木材[12]。在《唐西州高昌縣下武城城牒爲賊至泥嶺事》中,有“父師等即入柳林裹藏身[13],説明唐高昌縣一帶曾有一定的柳樹分佈。《唐西州某縣事目》中,有“柳谷鎮”[14]。在《武周某館驛給乘長行馬驢及粟草帳》[15]《唐西州都督府上支度營田使牒爲具報當州諸鎮戍

[1] 段成式著,張仲裁譯注《酉陽雜俎》,707頁。

[2] 錢超塵、温長路、趙懷舟等《金陵本〈本草綱目〉新校正》,1354頁。

[3] 孫發成、王亦非《常州梳篦》,南京:東南大學出版社,2011年,6頁。

[4] 成俊卿、楊家駒、劉鵬《中國木材志》,168頁。

[5] 村山忠親、村山元春著,史海媛等譯《木材大事典185》,鄭州:河南科學技術出版社,2019年,146頁。

[6] 柳洪亮《新出吐魯番文書及其研究》,47頁。

[7] 《吐魯番出土文書》(壹),336頁;陸娟娟《吐魯番出土文書語言研究》,杭州:浙江工商大學出版社,2015年,20—22頁。

[8] 《吐魯番出土文書》(壹),5頁。

[9] 《新獲吐魯番出土文獻》,175頁。

[10] 陳燁軒《〈唐天寶二年(743)交河郡市估案〉新探》,323、336頁。

[11] 趙紅《吐魯番俗字典》,上海古籍出版社,2019年,204、205、251頁。

[12] 蔣洪恩《新疆吐魯番洋海先民的農業活動與植物利用》,83—86頁。

[13] 《吐魯番出土文獻散録》,378—379頁。

[14] 《吐魯番出土文書》(叁),464頁。

[15] 《吐魯番出土文書》(叁),531頁。

營田頃畝數事》[1]《唐天寶十四載(755)交河郡某館具上載帖馬食䜺曆上郡長行坊狀》[2]等文書中均出現“柳谷”。

柞 爲大風子科柞木屬的柞木(*Xylosma racemosum*)。柞木又名鑿子樹,爲常緑大灌木或小喬木,高4—15米,材質堅實,紋理細密,材色棕紅,爲重要的用材樹種,産於秦嶺以南和長江以南各省區[3]。

《本草拾遺》中“柞木皮”一節中記載柞木“生南方,葉細,今之作梳者是”[4]。同樣,在《嘉佑本草》中,也提到了該木“作梳”之用途[5]。《本草綱目》記載:“此木處處山中有之,高者丈餘。葉小而有細齒,光滑而韌。其木及葉丫皆有針刺,經冬不凋。五月開碎白花,不結子。其木心理皆白色。此木堅忍,可爲鑿柄,故俗名鑿子木。”[6]

宋代洪邁《容齋續筆》中有載:“唐高力士於太宗陵寢宫,見梳箱一、柞木梳一、黑角篦一、草根刷子一,歎曰:‘先帝親正皇極,以致升平,隨身服用,唯留此物。將欲傳示子孫,永存節儉。’具以奏聞。”[7]

《市估案》中有“柞木梳壹□,上直錢貳文,[　　　]”[8]同樣,在國家博物館藏山東臨朐縣出土的《北齊武平四年(573)高僑妻王江妃衣物疏》之木牘中,有“柞楝(梳)一枚”[9]。

松 爲松科(Pinaceae)喬木。在《西涼建初十四年(418)韓渠妻隨葬衣物疏》中,有“黄松棺□□”[10]。不過,松科樹種喜冷涼,一般生於山區。其在吐魯番盆地内無自然分佈,且人工栽培也不易成活。因此,文書中的用於製棺的“黄松”未必是真正的松,亦或從北部天山内砍伐的松柏類木材。

---

[1] 《吐魯番出土文書》(肆),101頁。

[2] 《吐魯番出土文書》(肆),427—429頁。

[3] 古粹芝《中國植物志》第52卷第1分册《大風子科、旌節花科、西番蓮科》,北京:科學出版社,1999年,37頁。

[4] 陳藏器著,尚志均輯釋《本草拾遺輯釋》,合肥:安徽科學技術出版社,2002年,170頁。

[5] 掌禹錫編纂,尚志鈞輯複《嘉祐本草輯複本》,338頁。

[6] 錢超塵、温長路、趙懷舟等《金陵本〈本草綱目〉新校正》,1353頁。

[7] 洪邁《容齋續筆》卷一四“帝王訓儉”條,洪邁撰、孔凡禮點校《容齋隨筆》,北京:中華書局,2005年,387頁。

[8] 陳燁軒《〈唐天寶二年(743)交河郡市估案〉新探》,323、336頁。

[9] 田河《中國國家博物館藏王江妃木牘考釋》,《中國國家博物館館刊》2020年第5期;黄景春《中國宗教性隨葬文書研究》,上海人民出版社,2018年,410頁;韓理洲等輯校編年《全北齊北周文補遺》,西安:三秦出版社,2008年,309頁。

[10] 《吐魯番出土文書》(壹),5頁。

甘肅張掖高臺駱駝城前涼墓出土的《趙雙衣物疏》中有“柏棺一枚”;《趙阿兹衣物疏》有“故柏官一口”[1];武威旱灘坡十九號前涼墓出土的《姬瑜墓衣物疏》有“柏器一口”“黄柏器一口”[2]。在《顔氏家訓・終制》中,有“松棺二寸”[3]。甘肅玉門出土的十六國衣物疏中,多數都有“松柏棺”或“松柏器”[4]。因此,用松柏類木材製作棺槨在古代可能較爲體面。

阿斯塔那墓地的葬具多爲屍床或葦席,稀見真正的木棺。因此,此處所謂之“黄松棺”“柏棺”或“白木棺”[5]等僅爲象徵性説法,或沿襲河西地區的書寫習慣而來,未必是真正的松柏類木材製作的。

蘇 在《高昌重光三年(622)條列虎牙氾某等傳供食帳一》中有“次傳蘇壹兜(㪷),付明威慶懷用治赤威(韋)拾伍張”“次虎牙氾傳,蘇一斗,供世子送與吴尚書”[6]。除此之外,在吐魯番出土文獻中還曾出現“赤違”[7]。樓蘭出土簡牘中有“赤韋囊一枚”[8]。宋曉梅考證認爲,此處之“赤”爲絳紅色,而“韋”則爲熟製之獸皮;“赤違”當是將鞣製好的皮革染爲紅色[9]。

《本草綱目》引蘇恭曰:“蘇方木自南海、昆侖來……其木,人用染絳色。”[10]宋曉梅認爲上述文獻中的“蘇”即爲“蘇木”,葛承雍也支持上述説法[11]。按“蘇木”爲蝶形花科雲實屬的蘇木(*Biancaea sappan* = *Caesalpinia sappan*),其樹木心材赭褐色,含有蘇木素,可用於染色。蘇木原産於印度、緬甸、斯里蘭卡等國家,我國雲南、貴州、四川、廣西等省均有栽培[12]。錢伯泉認爲此“蘇”爲從羊乳中提煉而得的酥油[13]。孰是孰非,待進一步查證。

---

[1] 寇克紅《高臺駱駝城前涼墓葬出土衣物疏考釋》,《考古與文物》2011年第2期。

[2] 張俊民《武威旱灘坡十九號前涼墓出土木牘考》,《考古與文物》2005年第3期。

[3] 王啓濤《〈顔氏家訓・終制〉新箋》,《西南民族大學學報》2018年第11期。

[4] 金弘翔《魏晉南北朝時期衣物疏地域傳統的形成與交流——兼談高昌衣物疏的淵源》,《西域研究》2020年第1期。

[5] 柳洪亮《新出吐魯番文書及其研究》,22頁。

[6] 《吐魯番出土文書》(壹),376、377頁。

[7] 《吐魯番出土文書》(壹),122—123頁。

[8] 侯燦、楊代欣《樓蘭漢文簡紙文書集成》,成都:天地出版社,1999年,99—100頁。

[9] 宋曉梅《高昌國——西元五至七世紀絲綢之路上的一個移民小社會》,北京:中國社會科學出版社,2003年,第340—342頁。

[10] 錢超塵、温長路、趙懷舟等《金陵本〈本草綱目〉新校正》,1296頁。

[11] 葛承雍《緑眼紫髯胡・胡傭卷》,北京:生活・讀書・新知三聯書店,2020年,60頁。

[12] 陳德昭《中國植物志》第39卷《豆科(一)》,北京:科學出版社,1988年,105頁。

[13] 錢伯泉《敦煌遺書S.2838〈維摩詰經〉的題記研究》,《敦煌研究》2007年第1期。

結　論

本文對吐魯番出土文獻中與先民生産生活相關的植物名稱進行了較爲全面的考證。參照《本草綱目》的分類方法,本文將吐魯番出土文獻中的植物分爲穀部、草部、果部、菜部和木部。本文共考證穀部詞彙20個,菜部14個,果部10個,草部7個,木部12個,并對所考證出的植物名稱均加以拉丁學名標注。另外,本文還對前人研究涉及的“青麥”“桃中子秫”“藍”等植物的名實問題提出了新的看法;通過對照敦煌出土文書,本文認爲“草豉子”應爲廣泛栽培於新疆的瘤果黑種草(*Nigella glandulifera*)。隨著吐魯番出土文獻的增多以及認識的加深,今後尚需與敦煌吐魯番學家加强交流,方能使吐魯番出土文獻中的植物考證日臻完美。

(作者單位: 中國科學院大學人文學院)

《敦煌吐魯番研究》第二十二卷
2023 年,113—127 頁

與敦煌有關的北周隋代裴氏墓誌三種集釋*

馬振穎　鄭炳林

21 世紀以來,隨著城市基建的推進及考古工作的開展,地不愛寶,中古時期墓誌大量出土,不斷推動著中古史及敦煌學領域研究的深入。以中原地區出土的碑誌爲例,有咸亨元年(670)《敦煌縣令宋素墓誌》[1]、萬歲登封元年(696)《沙州刺史李無虧墓誌》[2]、開元十六年(728)《太常卿李寬神道碑》[3]、開元二十五年(737)《敦煌米欽道墓誌》[4]、乾元二年(759)《敦煌曹懷直墓誌》[5]、大曆九年(774)《瓜州刺史魏遠望墓

* 本文爲國家社科基金冷門絶學研究專項學術團隊項目"敦煌河西碑銘與河西史研究"(21VJXT002)的階段性成果。

〔1〕 陝西省考古研究院、華陰市文物旅遊局《陝西華陰市唐宋素墓發掘簡報》,《考古與文物》2018 年第 3 期,16—41 頁;趙占鋭《讀唐沙州敦煌縣令宋素墓誌》,《考古與文物》2019 年第 4 期,95—98 頁;黄瑞娜、馬振穎《唐敦煌縣令宋素墓誌再考——敦煌相關金石整理研究之二》,《敦煌學輯刊》2020 年第 2 期,117—124 頁。

〔2〕 王團戰《大周沙州刺史李無虧墓及徵集到的三方唐代墓誌》,《考古與文物》2004 年第 1 期,20—26 頁;李慧、曹發展《陝西楊陵區文管所四方唐墓誌初探》,《考古與文物》2004 年第 1 期,80—82 頁;鄭炳林《讀〈大周故沙州刺史李君墓誌銘〉劄記》,郝春文主編《2002—2005 敦煌學國際聯絡委員會通訊集刊》,上海古籍出版社,2005 年,277—287 頁;王惠民《〈沙州刺史李無虧墓誌〉跋》,《敦煌研究》2004 年第 5 期,67—68 頁;李宗俊《讀〈李無虧墓誌銘〉》,《西域研究》2006 年第 2 期,95—98 頁;馮玉新《唐沙州刺史李無虧考議》,《石河子大學學報》2014 年第 6 期,115—120 頁;尹夏清《唐沙州刺史李無虧石墓門圖像試析》,《敦煌學輯刊》2006 年第 1 期,63—68 頁;陸離《〈大周沙州刺史李無虧墓誌〉所記唐朝與吐蕃、突厥戰事研究》,《西藏研究》2015 年第 4 期,38—46 頁等。

〔3〕 權敏《新見〈唐太常卿隴西公李寬碑〉考釋》,《文博》2016 年第 6 期,81—86 頁;胡可先、徐焕《新出土唐代李寬碑誌考論》,《浙江大學學報》2018 年第 1 期,116—133 頁;李軍《新出李寬碑誌與唐初政局》,《東嶽論叢》2018 年第 3 期,99—110 頁。

〔4〕 鄭炳林、馬振穎《新見〈唐米欽道墓誌〉考釋——敦煌相關金石整理研究之一》,《敦煌學輯刊》2018 年第 2 期,103—117 頁;鄭炳林、黄瑞娜《唐敦煌米欽道墓誌與嶲州都督張審素冤案》,《蘭州大學學報》2020 年第 1 期,93—98 頁。

〔5〕 魏迎春《〈唐雲麾將軍敦煌曹懷直墓銘〉考釋——兼論敦煌曹氏與曹氏歸義軍的族屬》,高田時雄主編《敦煌寫本研究年報》第 10 號第 2 分册,京都大學人文科學研究所,2016 年,449—466 頁;陳瑋《新出〈唐曹懷直墓誌〉所見安史之亂前後粟特武人動向研究》,《中華文史論叢》2016 年第 3 期,321—345 頁。

誌》[1]、咸通九年(868)《敦煌張淮澄墓誌》[2]等與敦煌相關的材料,已引起學術界相關學者的注意,並發表諸多研究成果。重視中原地區出土的中古時期與敦煌相關的墓誌等材料,對於敦煌學、西北史地、中古家族史及社會史等領域的研究,必將大有幫助。

本文所要討論的三種裴氏墓誌,爲長沙裴新輝先生提供信息,據誌文記載,推測墓誌的出土地爲甘肅敦煌,整體保存狀況良好。敦煌市出土及現存的中古時期墓誌數量稀少,因此這三種墓誌對研究北朝至隋代河東裴氏在河西的發展狀況、所涉及成員的仕宦履歷、敦煌歷史地理等具有重要文獻價值,也可補正史及地方史志之闕。故撰此文,以求教於方家。

一　三種裴氏墓誌録文

《裴映穆墓誌》(圖1、圖2),北周大象元年(579)十月二十六日葬。誌蓋頂面篆書"周莒州刺史裴君墓誌",共3行,行3字。誌文共14行,滿行14字,共計183字,正書。有方界格。目前未見著録。今將誌文迻録如下:

周故使持節平遠將軍莒州刺史裴君墓誌

君諱映穆,前魏侍中、尚書左僕射、冀州刺史徽十世孫。高祖瑾,後魏散騎常侍、大鴻臚卿。行河東郡守修仁之第二子。少而穎悟,不以利營爲心。征拜平遠將軍、郢州外兵參軍,非其□好,自免去職。退以琴書養性。年五十一,薨於家,策贈使持節、莒州刺史。以周大象元年十月廿六日,葬於壽貴里。恐陵谷茂遷,式鐫玄石。

夫人肆州刺史薛公之女。

繼室庭(廷)尉卿封公之女。

子使持節、儀同大將軍、前河東郡守、御伯大夫、中都伯贍,字純陀。

---

〔1〕 王慶昱、楊富學《新見唐瓜州刺史魏遠望墓誌考屑》,《敦煌研究》2018年第5期,85—91頁;黄京《唐瓜州刺史魏遠望墓誌再研究》,《形象史學》2021年第1期,207—220頁。

〔2〕 王慶衛《新出唐代張淮澄墓誌所見歸義軍史事考》,《敦煌學輯刊》2017年第1期,12—21頁;鄭怡楠《新出〈唐敦煌張淮澄墓誌銘並序〉考釋》,《敦煌學輯刊》2017年第1期,22—36頁;李宗俊《唐〈張淮澄墓誌〉跋》,樊英峰主編《乾陵文化研究》第11輯,西安:三秦出版社,2017年,213—216頁;王使臻《敦煌文獻P.3730V書信與出土〈唐張淮澄墓誌〉的聯繫》,《西華師範大學學報》2020年第1期,9—14頁。

圖1　裴映穆誌蓋

圖2　裴映穆誌石

《裴繹墓誌》(圖3、圖4),隋開皇十二年(592)十一月十八日葬。誌蓋頂面篆書"大隋廬州長史裴君誌",共3行,行3字。誌文共19行,滿行19字,共計330字,正書。有方界格。目前未見著録。今將誌文迻録如下:

大隋瀘州長史故裴君之銘

君諱繹,字君茂,河東人也。昔當塗啓運,潛徽有方嶽之榮;興午初基,秀楷編功臣之録。八裴之裔,君其胄焉。祖景興,河東本郡太守。父禮,武階、武都二郡太守。君即武階之季子。幼而聰慜,早播英名,釋褐周趙王城局參軍。至天和六年,授眉山郡太守。大成元年,詔授都督,仍加潞州司馬。至大象二年轉任上黨郡太守。至開皇十年,詔授君瀘州長史。清白之操,以簡帝心。但良木先彫,哲人不永。以十一年十月八日,遇疾卒於任所。春秋五十有六。以十二年十一月十八日,葬於平原鄉,禮也。哀子弘嗣,以天長地久,市朝遷變,故勒銘志。其詞云尔:

巍巍當塗,赫赫典午。潛徽發原,秀楷分緒。川嶽降神,莫靈踵武。我君令德,表自同年。五行目下,七歲成先。清談耶象,風流謝玄。學優登仕,應彼周王。爲臣爲友,如珪如璋。自東自西,首僚貿二。五美克宣,六條斯備。世道何吉,朝露奄至。龍轜宿路,絳旐從風。永辭人世,長即官。素車白馬,悲根何窮。

圖3　裴繹誌蓋

圖3　裴繹誌石

《裴長茂墓誌》(圖5、圖6),隋開皇十二年(592)十一月葬。誌蓋頂面篆書"大隋故敦煌郡裴君誌",共3行,行3字。誌文共18行,滿行18字,共計308字,正書。有方界格。目前未見著録。今將誌文迻録如下:

大隋敦煌郡太守故裴君之銘

君諱長茂,河東人也。昔君先尚義,漢主授以戎麾,叔則清適晉右,加之禮命,領袖之胤。君其胄焉。祖景興,河東本郡太守。父禮,武階、武都二郡太守。君家世二千石。君即武階之元子。少而英桀(傑),早涉戎行。周太祖龍躍在田,授君都督,巴蜀初通,即加隆州别駕,仍轉木蘭郡太守。至保定之初,詔授帥都督。建德之始,又轉大都督,平齊防主。至六年,又授驃騎將軍、敦煌郡太守。然君歷仕周魏,官涉文武,以開皇四年五月十六日,遇疾卒於家。春秋五十有七。以十二年十一月,葬於平原鄉。哀子端,痛慈顔之永絶,悲膝下之長辭。托思戀於銘志,與日月而俱馳。其詞云尔:

於穆度遼,我之遠祖。基自當塗,興於典午。惟君令德,徽家之緒。攝衣登仕,在彼周行。駈馳南北,左右勤王。東臨少室,西極敦煌。降年不永,哲人云亡。皎皎短日,昏昏長夜。寶劍空懸,龍驂不駕。□□□□,□□□□。

圖5　裴長茂誌蓋

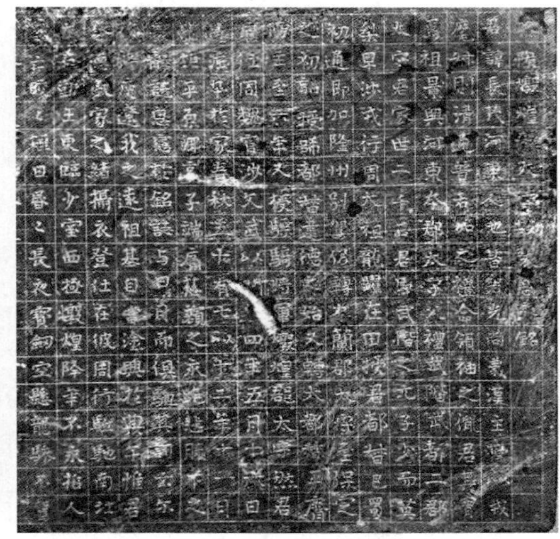

圖6　裴長茂誌石

二　裴氏三人家族世系綜考

裴氏稱伯益之後,河東裴氏崛起於兩漢時期,魏晉隋唐時期持續發展,在西晉時期一度出現"八裴方八王"〔1〕的局面,南北朝政權中均能見到裴氏成員的身影,到唐代共有十七位宰相出自河東裴氏〔2〕,因此《新唐書・宰相世系表》(以下簡稱《新表》)將裴氏列爲首位,足見其家族顯赫程度。

林寶的《元和姓纂》敘河東裴氏世系云:

【河東聞喜】陵裔孫蓋,漢侍中。九代孫遵,始自雲中,從漢光武平隴、蜀,徙居河東安邑。安、順之際,又徙聞喜。元孫茂,侍中、尚書。生三子,輯號東眷;徽號;子明,子孫又號中眷;徽與子遐號"八裴"。〔3〕

其實早在《元和姓纂》成書之前,就已經存在將裴氏分爲東、中、西三眷的實際情

〔1〕《世説新語・品藻第九》載:"正始中,人士比論……又以八裴方八王:裴徽方王祥,裴楷方王夷甫,裴康方王綏,裴綽方王澄,裴瓚方王敦,裴遐方王導,裴頠方王戎,裴邈方王玄。"劉義慶著,劉孝標注,余嘉錫箋疏《世説新語箋疏》,北京:中華書局,2016年,559頁。

〔2〕《古今姓氏遥華韻》乙集卷十載:"裴,河東,風姓,顓頊裔。……唐宰相十七,西眷:戚、矩;洗馬:談、炎;南來吴:輝鄉(卿)、行世、坦;中眷:光庭、遵慶、樞、贊;東眷:居道、休、徹、自、冕、度。"洪景修編《古今姓氏遥華韻》,清道光二十八年劉喜海嘉蔭簃抄本,國家圖書館藏本。

〔3〕林寶撰,岑仲勉校記《元和姓纂(附四校記)》卷三,北京:中華書局,1994年,333頁。

況,如開元二十三年(735)《越州都督府法曹參軍裴里墓誌》載:“公諱里,字巘,河東聞喜人也。……人物徽烈,騰三眷之茂胤;河山炳靈,方八王之盛業。”[1] 貞元二十年(804)《衢州刺史裴鄖墓誌》載:“有唐河東裴公諱鄖,字穎叔,聞喜人也。十六代祖徽,仕涼,子孫因之,遂爲西眷。”[2] 而在《元和姓纂》成書後不久,大中十四年(860)《李彦温夫人裴損墓誌》更是詳細記載了裴氏三眷的由來:

> 夫人諱損,字濟川,姓裴氏,河東人也。……至東漢敦煌太守遵徙居河東,故代爲河東人。裴氏自東晉後分爲三眷:仕燕者,燕在東,稱曰東眷,樂浪太守嶷之後是也。仕涼者,涼在西,稱曰西眷,武都太守嗣之後是也。嗣第三子龢之孫,處東西之間,遂别稱曰中眷。夫人其西眷也。[3]

到吕夏卿編撰《新表》時,又將裴氏分爲西眷裴、洗馬裴、中眷裴、東眷裴、南來吴裴五房,此後便有了河東裴氏“三眷五房”之説。

在以往的研究中,不少學者借助傳世典籍及出土文獻對河東裴氏的世系進行不同程度的梳理,湧現出衆多成果。如岑仲勉《元和姓纂四校記》(以下簡稱“《四校記》”)卷三,依據《新唐書·宰相世系表》(以下簡稱《新表》)《廣韻》《合璧事類備要》《金石録》《乾道臨安志》等書的記載,考訂《元和姓纂》所載裴氏世系,計得校記五則[4]。陶敏遺著《元和姓纂新校證》一書,肯定岑仲勉《四校記》的研究,又指出“玄孫茂”前,據《秘笈新書》等應補“遵”字[5]。趙超《新唐書宰相世系表集校》卷一,在吸收岑仲勉《四校記》的基礎上,通過《初學記》《西秦録》《全唐文》及出土的《裴撝墓誌》《裴復墓誌》等,訂補《新表》裴氏五房世系多人[6]。吴炯炯《新刊唐代墓誌所見世系考訂及相關專題研究》上編收録裴氏,通過新刊唐代墓誌資料及各種傳世文獻的互證互補,系統考證建構中古裴氏家族世系,對《新表》所載裴氏世系進行復原,填補諸多空白[7]。周征松《魏晉隋唐間的河東裴氏》對魏晉隋唐時期河東裴氏家族的發展衍化進行系統論述,從社會歷史發展中看待裴氏的歷史,關於河東裴氏諸人物的評價,頗有獨到見解,特别是書中附有《河東裴氏三眷世系示意表(含洗馬裴、南來吴裴)》《河東裴氏中眷裴裴

---

〔1〕 趙文成、趙君平編《秦晉豫新出墓誌搜佚續編》,北京:國家圖書館出版社,2015年,644—645頁。

〔2〕 胡戟、榮新江主編《大唐西市博物館藏墓誌》,北京大學出版社,2012年,722—723頁。

〔3〕 陝西省考古研究院編《陝西省考古研究院新入藏墓誌》,上海古籍出版社,2019年,309頁。

〔4〕 岑仲勉《元和姓纂四校記》,上海:商務印書館,1948年,267—268頁。

〔5〕 陶敏遺著,李德輝整理《元和姓纂新校證》,瀋陽:遼海出版社,2015年,124—125頁。

〔6〕 趙超《新唐書宰相世系表集校》,北京:中華書局,2018年,1—45頁。

〔7〕 吴炯炯《新刊唐代墓誌所見世系考訂及相關專題研究》,蘭州大學博士學位論文,2012年,11—26頁。

世清世系表》等,於裴氏世系多有增補〔1〕。李獻奇《唐中眷裴氏墓誌叢釋》主要利用《洛陽新獲墓誌續編》中的13方中眷裴氏墓誌,補充《新表》裴仁儉支、裴惓支等世系人物〔2〕。王其禕、周曉薇《新出北齊聘高麗使主〈裴遺業墓誌〉疏證》刊布新出土的裴氏墓誌,對誌文中所涉及的誌主在北齊時曾任"聘高麗使主"作重點討論,並根據裴遺業及裴良父子四人墓誌等,將裴氏中眷房萬虎支的世系脈絡梳理得更爲詳細〔3〕。劉麗《〈裴氏家譜〉的復原及相關問題研究》以現存的金刻唐代裴氏家譜碑爲基礎,結合《新唐書·宰相世系表》《裴氏世牒》《裴氏世系源流考碑》、方志、墓誌等文獻,對《裴氏家譜》進行復原,重點討論了該譜的内容及編排原則,並就其學術價值進行闡釋〔4〕。

《裴映穆墓誌》誌文記載,誌主爲曹魏侍中、尚書左僕射、冀州刺史裴徽的十世孫。裴徽,字文秀,爲東漢尚書令、陽平吉侯裴茂之子,曹魏吏部尚書裴潛之弟,是西眷裴的始祖。裴徽在正始四年(243)還曾任吏部郎一職,《三國志》《世説新語》等載其事蹟。此外,裴徽又精通玄學,《三國志·魏書·管輅傳》注引《管輅别傳》曰:"冀州裴使君才理清明,能釋玄虚,每論《易》及老、莊之道,未嘗不注精於嚴、瞿之徒也。"〔5〕誌文又稱"高祖瑾,後魏散騎常侍、大鴻臚卿",此句恐有兩處不妥。首先,裴徽爲十世祖,根據《新表》記載:徽子黎,黎子粹,粹子甽,甽子瑾(慬),照此推斷,裴瑾(慬)當爲誌主的六世祖。其次,裴瑾(慬)的任官時間也有誤,其當爲前秦的大鴻臚卿,而非後魏,此條也可據《裴氏家譜》及《裴氏世系源流考碑》訂正。裴瑾(慬)爲洗馬裴的始祖,《新表》載:"甽生慬,自河西歸桑梓,居解縣洗馬川,號洗馬裴。"〔6〕誌主之父裴修仁,爲行河東郡守,不見於史,可補闕。因此,我們可據墓誌梳理裴映穆家族世系如下:裴茂——裴徽——裴黎——裴粹——裴甽——裴瑾——……——裴修仁——裴映穆——裴贍。

《裴繹墓誌》載誌主爲"八裴之裔",但是具體屬於哪一支,没有明確記載,不過根據他與裴長茂爲親兄弟,《裴長茂墓誌》載:"叔則清適晉右,加之禮命,領袖之胤。君其胄焉。"叔則爲裴楷的字,他是裴徽的第三子,《三國志·裴潛傳》注文載:"次(裴)楷,字叔

〔1〕周征松《魏晉隋唐間的河東裴氏》,太原:山西教育出版社,2000年。

〔2〕李獻奇《唐中眷裴氏墓誌叢釋》,《華夏考古》2000年第3期,88—93頁。

〔3〕王其禕、周曉薇《新出北齊聘高麗使主〈裴遺業墓誌〉疏證》,《北方文物》2012年第2期,66—69頁;後收入周曉薇、王其禕《貞石可憑:新見隋代墓誌銘疏證》,北京:科學出版社,2019年,175—179頁。

〔4〕劉麗《〈裴氏家譜〉的復原及相關問題研究》,葉煒主編《唐研究》第25卷,北京大學出版社,2020年,573—609頁。

〔5〕《三國志》卷二九《管輅傳》,北京:中華書局,1959年,819頁。

〔6〕《新唐書》卷七一上《宰相世系一上》,北京:中華書局,1975年,2184頁。

則,侍中、中書令、光禄大夫、開府。”[1]可知裴繹與裴長茂都是裴楷的後代,也就是西眷裴。根據裴繹、裴長茂的生年推算,他們的祖父裴景興任河東郡守的時間,應在北魏末年。而其父裴禮,任武都、武階二郡守,結合地域來看,他的任職時間當爲西魏時期。此二人,均不見於史。裴繹、裴長茂家族世系爲:裴茂——裴徽——裴楷——……——裴景興——裴禮——裴長茂——裴繹——裴端——裴弘嗣。

三　仕宦履歷及婚宦、子嗣等情況

裴映穆葬於北周大象元年(579),未記卒年,若以葬年爲卒年,其享年五十一歲,則他或生於北魏永安二年(529)。裴映穆的任職經歷,誌文僅記載“征拜平遠將軍、郢州外兵參軍”。

平遠將軍爲將軍名號。十六國前秦置,西秦亦置。南朝梁武帝天監七年(508)定爲施用於境外的武職二十四班中的十七班。北魏四品[2]。東魏北齊、西魏北周均沿置。北朝時期得此名號者有多人,見於正史者如《魏書》所載的莫題、房法壽、宇文福、韋彧、趙黑等;《周書》所載的尉遲綱、宇文盛、竇熾、薛寘等;《全北齊文》載有張亮等。此外,出土碑誌文獻中也涉及一些任平遠將軍的人物,如北魏興安三年(454)《韓弩真妻王億變碑》載:“維大代興安三年,歲次鶉火,春正月己亥朔,廿六日,冥,大幽州范陽郡方城縣民,平遠將軍、平國侯韓弩真妻王億變。”[3]東魏天平三年(536)《滄州刺史王僧墓誌》載:“君姓王,諱僧,字子慎,滄州浮陽饒安人也。……父願,以真君年中黄興南討,策功天府,除平遠將軍、步兵校尉。”[4]東魏武定三年(545)《大魏武定刻石》載:“大魏武定三年(545)十月十五日,平遠將軍、海安太守、築城都使元勒又用夫一千五百人、夫十人、鄉豪都督三十一人,十日訖功。”[5]東魏武定七年(549)《義橋造像碑》碑陽載:“平遠將軍、白衣左右董延昭。”[6]北齊武平二年(571)《太祝令任遜墓誌》載:“君諱遜,字神和,汾州西河人也。……君器韻淹通,文彩秀穎,除平遠將軍、太祝令。”[7]

---

〔1〕《三國志》卷二三《裴潛傳》,674頁。

〔2〕張政烺《中國古代職官大辭典》,鄭州:河南人民出版社,1990年,261頁。

〔3〕殷憲《北魏平城書跡二十品》,太原:山西人民出版社,2007年,10頁。

〔4〕趙超《漢魏南北朝墓誌彙編(修訂本)》,北京:中華書局,2021年,402—403頁。

〔5〕大魏武定刻石,録自北京門頭溝區大魏武定摩崖拓片,録文參向燕南主編《中國長城志·文獻》,南京:江蘇鳳凰科學技術出版社,2016年,169頁。

〔6〕北京圖書館金石組編《北京圖書館藏中國歷代石刻拓本彙編》第6册,鄭州:中州古籍出版社,1989年,153頁。

〔7〕賈振林編著《文化安豐》,鄭州:大象出版社,2011年,339頁。

唐總章元年(668)《張臣合墓誌》載:"公諱臣合,字嘉會,本太原晉陽人。……祖永貴,周平遠將軍、開府儀同大將軍。"[1]

外兵參軍,乃外兵曹參軍的簡稱,兩晉、南北朝諸公、軍府僚屬。掌本府外兵曹,備府主諮詢。其品位隨府主地位而定,有以將軍、太守兼領者[2]。《北周六典》稱丞相府、都督中外諸軍事府等設有外兵曹參軍一職[3]。而關於其品級,據《唐六典》載,親王府有"兵曹參軍事一人,正七品上"[4]。小字注文"北齊皇子府有中兵、外兵參軍"[5]。北周與北齊官職設置大致相似,因此北周時期州府的僚佐外兵曹參軍,品級可能在正七品以下。中古時期,士人要脱離庶民地位而任官,一個重要標準就是家世門第的考量。但是到北魏末期以後,公府僚佐成爲士人争相競逐的美差。正如《通典》所言:"參軍事專非出身之職,今必釋褐而居。"[6]裴映穆的起家官爲郢州外兵參軍,與他河東裴氏的出身不無關係。志文記載他只任過此官,而從"非其□好,自免去職"來看,很可能他在仕途上並不順利,後來辭官歸家。

莒州刺史,爲裴映穆的贈官,應是因其子裴陀的功勞而獲贈。莒州,《隋書·地理志》載:"沂水。舊置南青州及東安郡,後周改州爲莒州。"[7]據王仲犖《北周地理志》研究,北周時期實任莒州刺史者有烏丸泥[8]。北周時期,莒州的人口大致在萬户以上[9],根據"户一萬以上州刺史,正七命"[10]的情況,莒州刺史也應爲正七命。

裴映穆有兩位夫人,第一任是薛氏,肆州刺史薛公之女。北周時期,肆州人口在三萬户以上,因此肆州刺史爲正八命。後夫人封氏,爲廷尉卿封公之女。廷尉卿爲廷尉的尊稱,是負責司法刑獄的高級官員,北魏時爲三品,北齊改稱大理卿。薛氏爲河東著姓,

[1] 中國文物研究所、陝西省古籍整理辦公室編《新中國出土墓誌·陝西(一)》上册,北京:文物出版社,2000年,65頁。

[2] 張政烺《中國古代職官大辭典》,350—351頁。

[3] 王仲犖《北周六典》,北京:中華書局,1979年,22、522頁。

[4] 《唐六典》卷二九《諸王府公主邑司》,北京:中華書局,1992年,730頁。

[5] 《唐六典》卷二九《諸王府公主邑司》,731頁。

[6] 《通典》卷一六《選舉四》,北京:中華書局,1988年,391頁。

[7] 《隋書》卷三一《地理志下》,北京:中華書局,1973年,871頁。

[8] 王仲犖《北周地理志》,北京:中華書局,1980年,755頁。

[9] 梁方仲編著《中國歷代户口、田地、田賦統計》一書收録甲表20《東魏各州郡户口數及每縣平均户數和每户平均口數(武定年間,公元543—550年)》,表中南青州所轄東安郡爲4640户;東莞郡爲9620户,義塘郡爲764户,共計15024户。東魏與北齊爲和平過渡,人口應無太大變化。北周滅北齊後,雖然没有直接的人口數據,但此州人口在萬户以上,應該是合理的。見梁方仲編著《中國歷代户口、田地、田賦統計》,上海人民出版社,1980年,59—68頁。

[10] 王仲犖《北周六典》,654頁。

封氏爲渤海大族,裴映穆的婚姻反映了當時大族間聯姻時對門第的重視。裴映穆之子裴贍,子純陀,正史無載,可補闕。誌文中所記其官職有"儀同大將軍、前河東郡守、御伯大夫、中都伯",儀同大將軍,北周建德四年(575)以後,爲從九命。河東郡守,爲正六命。禦伯大夫爲天官府的屬官,正五命。中都伯爲正七命。

裴繹卒於隋開皇十一年(591),卒年五十六歲,知其當生於西魏大統二年(536)。誌文中記載了他的五次任官,其中北周四任,隋代一任。在北周時期曾任"周趙王城局參軍,眉山郡太守,都督、潞州司馬,上黨郡太守"。

裴繹的起家官爲周趙王城局參軍,"周趙王"指的應該是北周文帝之子,王姬所生的趙僭王宇文招,《周書》卷十三有傳,"趙僭王招,字豆盧突。……魏恭帝三年,封正平郡公,邑一千户。武成初,進封趙國公,邑萬户。……(建德)三年,進爵爲王,除雍州牧"[1]。城局參軍,也稱城局參軍事,城局長官,北魏北周公府、將軍府、州府均置。趙王城局參軍應爲從六品上。據志文載,裴繹任職時間在天和六年(571)之前,但此時宇文招尚未進爵爲王,很可能是以他下葬時宇文招的爵位記述。

北周無眉山郡,但據《隋書·地理志》載:"眉山郡。西魏曰眉州。後周曰青州,後又曰嘉州。大業二年又改曰眉州。"[2]又《北周地理志》記:"青州,治平羌,領縣二。"[3]隋時眉山郡轄八縣,人口爲兩萬三千七百九十九户,我們據此推測北周時青州所轄兩縣的人口在五千户左右。户五千以上俱郡守爲六命,因此眉山郡(青州)太守也當爲六命。裴繹任眉山郡(青州)太守的時間爲天和六年至大成元年(571—579)。西魏北周時期,沿襲魏晉以來的都督之制,設大都督、帥都督、都督三等,爲統軍之職。都督,北周時爲七命。潞州,北周宣政元年(578)春正月,分并州上黨郡置潞州[4]。潞州司馬,北周時爲六命,據《北周六典》:"户三萬以上州刺史,正八命。……正八命州司馬,六命。"[5]裴繹任潞州司馬的時間爲北周大成元年至大象二年(579—580)。上黨郡,北周時轄壺關、襄垣、寄氏、刈陵四縣,户在一萬以上,郡太守爲正六命,裴繹從潞州司馬轉任上黨郡太守屬於平級調動。他任上黨郡太守的時間爲大象二年至三年(580—581),在他上黨任職的第二年,北周滅亡。南朝梁置瀘州,隋初置總管府,大業

〔1〕《周書》卷一三《文閔明武宣諸子列傳》,北京:中華書局,1971年,202—203頁。

〔2〕《隋書》卷二九《地理志上》,827頁。

〔3〕王仲犖《北周地理志》,263—264頁。

〔4〕《周書》卷六《武帝紀》,105頁。

〔5〕王仲犖《北周六典》,640—648頁。

初府廢,改瀘川郡。統縣五,户一千八百二。從人口規模來看,隋代瀘州爲下州,下州司馬爲正六品[1]。裴繹在開皇十一年卒於瀘州長史任上,他任職瀘州的時間爲開皇十年至十一年(590—591)。值得注意的是,從北周亡後到開皇十年之前,誌文没有關於他任官情況的記載,不排除他在這段時間内辭官歸隱的可能。

裴繹墓誌的誌文未載其妻子的相關信息,僅提子一人裴弘嗣,信息量十分有限。

裴長茂卒於開皇四年(584),享年五十七歲,知其當生於北魏武泰元年(528)。從"然君歷仕周魏,官涉文武"這句話來看,裴長茂的任官時間爲西魏北周時期,雖然是在隋代去世,但是入隋後並未出任官職。誌文中僅記載他在西魏北周時的任官"都督,隆州别駕,木蘭郡太守,帥都督,大都督、平齊防主,驃騎將軍、敦煌郡太守"。裴長茂在西魏末期就是宇文泰的幕僚,北周建立前他曾任都督一職。蜀地的隆州原爲南朝梁所轄,舊置北巴州,《太平寰宇記》載西魏平蜀的時間是在廢帝二年(553)[2],二十一州併入西魏;又《周書·文帝紀》載:"魏廢帝三年春正月,改南梁爲隆州。"[3]隆州,北周時治閬中,領郡四:盤龍郡、南宕渠郡、金遷郡、白馬郡,領縣十。其户數在萬户至兩萬户之間。隆州别駕,北周時爲四命,據《北周六典》載:"户一萬以上州刺史,正七命。正七命州别駕,四命。"[4]裴長茂是在"巴蜀初通"後擔任隆州别駕的,因此他的任職時間應該在廢帝三年正月之後。木蘭郡,即北周的晉城縣,據《隋書·地理志》載:"晉城。舊曰西充國,梁置木蘭郡。西魏廢郡,改縣名焉。"[5]木蘭郡太守的品秩,當與隆州别駕相同。帥都督,北周沿襲西魏設置,秩正七命。保定之初,一般指保定元年或二年,他任帥都督的時間應在保定元年至建德三年(561—574)之間。防主,防的主將,西魏置,管理所轄區域的軍政事務。西魏、北周多以刺史、郡守、都督數州或數防諸軍事兼領之,下設長史[6]。平齊,指的是北周建德三年秋七月丁丑,下詔伐齊一事,詔文曰:"高氏因時放命,據有汾、漳,擅假名器,歷年永久。……不有一戎,何以大定。……可分命衆軍,指期進發。"[7]七月壬午,周武帝親率六軍,兵士六萬人,直指河陰。正是在這樣的社會背景下,裴長茂出任"平齊防主"一職,他任此職的時間應在建德三年至六年(574—

[1] 《隋書》卷二八《百官志下》,786頁。

[2] 《太平寰宇記》卷八四《劍南東道三》,北京:中華書局,2007年,1681頁。

[3] 《周書》卷二《文帝紀》,34頁。

[4] 王仲犖《北周六典》,654頁。

[5] 《隋書》卷二九《地理志上》,824頁。

[6] 張政烺《中國古代職官大辭典》,514—515頁。

[7] 《周書》卷六《武帝紀》,92—93頁。

577）。

裴長茂在北周時期的最後一任官職爲“驃騎將軍、敦煌郡太守”，入隋後歸隱不仕。驃騎將軍，北周時爲正八命。敦煌郡，爲北周時期瓜州屬郡，領縣一：鳴沙。據《隋書·地理志》載：“敦煌。舊置敦煌郡，後周并效穀、壽皇（昌）二郡入焉。又并敦煌、鳴沙、平康、東鄉、龍勒六縣爲鳴沙縣。”〔1〕隋代敦煌郡三個縣鳴沙、常樂、玉門的人口共七千七百七十九户，我們據此推測，北周時敦煌郡僅轄一縣的人口當不滿五千户。户一千以上郡守爲正五命，敦煌郡太守應該也爲正五命。傳世典籍中所見北周任敦煌郡太守者有令狐整之弟令狐休，“（晉公護）乃以休爲敦煌郡守。在郡十餘年，甚有政績”〔2〕。出土碑誌文獻也有北周敦煌任職者的記載，如甘肅天水出土的唐永徽二年（651）《原州都督雙士洛妻邊氏墓誌》載：“夫人諱，隴西天水人，漢九江太守讓，即其先也。……祖，周敦煌太守。□溢行哥，暇深坐嘯。”〔3〕敦煌莫高窟武周聖曆元年（698）《武周李克讓修莫高窟佛龕碑》載：“曾祖穆，周敦煌郡司馬、使持節張掖諸軍事、張掖太守，兼河右道諸軍事、檢校永興酒泉二郡大中正，蕩寇將軍。”〔4〕誌文記載裴長茂“至（建德）六年（577），又授驃騎將軍、敦煌郡太守”，再結合後文所説“然君歷仕周魏”，我們推測，在北周滅亡，入隋後他並未出仕爲官，因此他任敦煌郡太守的時間或在北周建德六年至大定元年（577—581）之間，並且有可能裴長茂是北周時期的最後一位敦煌太守。該墓誌可補北周敦煌郡太守資料記載之不足。

裴長茂墓誌的誌文也未載其妻族信息，僅記載有子一人裴端。

四　誌文記載的壽貴里考索

《裴映穆墓誌》稱其死後葬壽貴里：“以周大象元年十月廿六日，葬於壽貴里。恐陵谷茂遷，式鐫玄石。”《裴繹墓誌》稱其死後葬於平原鄉：“以（開皇）十二年十一月十八日，葬於平原鄉，禮也。”《裴長茂墓誌》稱其死後葬於平原鄉：“至（建德）六年，又授驃騎將軍、敦煌郡太守。……以開皇四年五月十六日，遇疾卒於家。春秋五十有七。以十二年十一月，葬於平原鄉。”三方墓誌中記載有兩個葬地：壽貴里、平原鄉。對於平原鄉，

〔1〕《隋書》卷二九《地理志上》，816頁。

〔2〕《周書》卷三六《令狐整傳》，644頁。

〔3〕劉志華《〈唐雙士洛夫婦墓誌〉考釋》，《檔案》2015年第5期，53—57頁。

〔4〕宿白《〈武周聖曆李君莫高窟佛龕碑〉合校》，收入氏著《中國石窟寺研究》，北京：生活·讀書·新知三聯書店，2019年，330—342頁。

我們目前找不到材料來證明其所處的位置,但是關於壽貴里,確有不少資料可以參考。

在敦煌懸泉漢簡中曾多次記載到壽貴里,壽貴里是西漢敦煌郡效穀縣的村落。敦煌懸泉漢簡Ⅰ90DXT0210①: 36 記載:"壽貴里紀賢。"[1] Ⅱ90DXT0114②: 36 記載:"壽貴里紀宜馬。"同期出土漢簡有元始四年紀年簡[2],還記載到南鄉[3],壽貴里應當是西漢敦煌郡效穀縣所管轄的聚落。Ⅱ90DXT0114②: 190 記載:"壽貴里孔並。作瓜田一。"同期相鄰出土漢簡有鴻嘉五年紀年簡[4]。Ⅱ90DXT0213③: 139 記載到壽貴里屬於敦煌郡效穀縣:"☐□□□望□里李稚君,爲效穀壽貴里承寄□,七月司禦賈錢千五百,約至縣官事……"Ⅰ90DXT0111①: 99"入稾六十四石。鴻嘉四年二月庚寅,縣泉置嗇夫敞受壽貴里宜壽,紀氏。"Ⅴ92DXT1712②: 126 記載:"鴻嘉二年十月乙巳朔丁未,魚離鄉嗇夫章敢言之。廷書曰: 壽貴里男子程☐/漢里吴君卿,馬羅錢百八十。又常利里男子徐光、萬歲里菁君麗,持徭賈☐。"從這個記載我們推知壽貴里屬於效穀縣魚離鄉管轄下的一個村落,同屬於魚離鄉的還有廣漢里、常利里、萬歲里等。Ⅰ90DXT0112②: 11 亦記載到壽貴里:"☐二月從前盡□月□□里□聖少六百/☐見少八百。在敦煌西。六月壽貴里王安少/☐□少三百。九月成侯里李護少四百五十。/☐護少四百六二百。☐少四百,常在内取賞之,十月/☐八百。十月。"壽貴里屬敦煌郡效穀縣魚離鄉,它是由敦煌移民建立的村落。

西漢敦煌郡有大量由河東郡遷徙而來的居民,因此這些居民很可能將原來屬於河東郡的村落名稱也沿用到敦煌郡,在敦煌的移民形成新的村莊聚落,仍沿用原來的聚落名稱。如西漢昭帝時設立的金城郡允吾縣同樣也設置有壽貴里。Ⅴ92DXT1510②: 147AB 記載金城商客薛光:"永光四年閏月丙子朔戊戌,客子、金城郡允吾壽貴里薛光,爲效穀宜玉里/陽武田中知券趣廩食。加酒旁二斗☐。"[5] 從這個記載我們有理由認爲西漢敦煌壽貴里是由金城郡允吾縣移民設置的村落。西漢金城郡設置的時間是漢昭帝時期,因此敦煌壽貴里的設置時間不會早於這個時期,從敦煌懸泉漢簡的記載看,記

---

[1] 甘肅簡牘博物館等編《懸泉漢簡(貳)》,上海: 中西書局,2020 年,332 頁。本文未注明出處的懸泉漢簡,均由甘肅簡牘博物館館長朱建軍提供,不再一一説明。

[2] Ⅱ90DXT0114②: 31 記載:"元始四年十二月庚子日☐/☐書一封,尚書印,令印,詣府。"

[3] Ⅱ90DXT0114②: 41 記載:"☐南鄉置嗇夫吏寫移書到,以物色苛察疑/掾永,守獄史昌。"

[4] Ⅱ90DXT0114②: 187 記載:"出粟一斗五升,稾十五斤。鴻嘉五年四月壬申,遮要置嗇夫慶付縣泉廄禦許章。"

[5] 胡平生、張德芳《敦煌懸泉漢簡釋粹》,上海古籍出版社,2001 年,62 頁;胡永鵬《西北邊塞漢簡編年》,福州: 福建人民出版社,2017 年,189 頁。

載到壽貴里的漢簡紀年都在漢成帝鴻嘉年間,因此敦煌壽貴里的應當是西漢中後期金城郡移民所建。

另外敦煌郡有很多以壽爲名的村落,如延壽里,Ⅰ90DXT0116②：169 載:“左部後曲騎士效穀延壽里夏異□。▨。”〔1〕有壽親里,Ⅱ90DXT0114③：248 記載:“壽親里樂延壽,宜民里王奴。▨。” ⅡT0214S：26 載:“▨故效穀壽親里。”Ⅱ90DXT0111②：144 記載:“□小石三百廿六石,陽朔二年正月己巳朔,嗇夫尊受壽親里。”還有益壽里,ⅡT0215③：202 記載:“益壽里石閒。壬申日中時送▨。”Ⅱ90DXT0111①：339 載:“右部騎士益壽里鄧尊▨。”總之,西漢敦煌郡效穀縣有很多以壽命名的村落,他們有的是與移民原來居住地有關,是將原來的村落名稱沿用到新的遷徙地,將新的移民聚落沿用原來的名稱,表示不忘本,希望有可能返回原籍。其次就是來到新的居住地,懷有對新的遷徙地有一種美好的願望,建康長壽。

由上可知,西漢時期在金城郡和敦煌郡都有壽貴里,後者是由金城郡允吾縣移民而設置的村落,壽貴里在敦煌郡屬效穀縣所轄。根據現有的材料來看,從兩漢時期至唐宋,敦煌一直是裴氏的重要聚居地,但裴氏在金城郡活動留下的資料就相對較少,因此裴映穆墓誌中記載的壽貴里很可能就是敦煌的壽貴里,這一地名到北周時仍在沿用。

五　餘　　論

從漢代到宋代,都有裴氏人物在敦煌生活,從傳世典籍及出土文獻中我們可以找到不少資料。早在東漢時期,就有裴氏人物在敦煌地區活動,並擔任敦煌太守等地方要職。其中最具代表性的當屬《後漢書·西域傳》記載的敦煌太守裴遵,還有永和二年(137)《敦煌太守裴岑紀功碑》中的裴岑。據敦煌文獻 S.113《西涼建初十二年(416)敦煌郡敦煌縣西宕鄉高昌里籍》的記載,我們可以得知在前涼至西涼時期,有裴姓兵户裴晟、裴保兩個家庭,居住生活於敦煌趙羽塢一帶。因文書爲殘卷,故不排除趙羽塢還有其他裴姓人物居住的情況存在。

到唐宋時期,裴姓人物在敦煌文獻中大量出現,其身份涉及畜牧、水利、農業、商業等多個行業,社邑活動中也常見裴氏人物的身影,有的人物和歸義軍節度使及地方政權中的官吏關係密切。普通百姓者,如 P.3559、P3664V《唐天寶十載(750)敦煌縣差科簿》中記載當時的從化鄉裴姓百姓有 4 人,即没落裴奉宣、下户裴延壽、裴元賓、裴郎將

〔1〕 甘肅簡牘博物館等編《懸泉漢簡(壹)》,上海：中西書局,2019 年,268 頁。

等。僧人或抄經者,如 BD00244《佛名經卷十二》卷末題記有佛弟子僧裴法達;S.2949《無量壽宗要經》記載的抄經人裴文達。從事商業活動者,如 P.3774《丑年(821)十二月僧龍藏家産分割訴訟牒》記載的裴俊;P.2953V《年代不詳(九世紀後期)孔再成等貸麥豆本曆》記載的赤心鄉裴憨子、裴赤山。在軍隊擔任兵士者,如 P.3249V 咸通年間《將龍光顔等隊下名單》記載將王六子隊下二十三人,有裴興雲;將安榮子隊下二十六人,有僧裴曇深。在大量的社邑文書中也能找到裴氏人物的記載,涉及的有親情社、渠人社、行人社等,並且有些人物在社邑組織内身份顯著。

出土碑誌的研究,不斷推動著敦煌學及相關領域的研究進展。與敦煌有關的北周隋代裴氏墓誌三種的發現,恰好彌補了北朝至隋代有關敦煌裴氏人物記載之不足。通過對墓誌的解讀,我們對西眷裴氏在敦煌地區的發展有了新的認識。誌文中記載的壽貴里、平原鄉,爲我們研究北周至隋敦煌歷史地理的沿革提供了寶貴資料。此外,我們還應該注意到在敦煌文獻中也有不少裴氏人物記載,充分發掘利用這部分資料,對今後敦煌家族史的研究或許有一定幫助。

(作者單位:蘭州大學敦煌學研究所)

《敦煌吐魯番研究》第二十二卷
2023 年,129—146 頁

新見兩件吐魯番出土唐代告身殘片考釋*

馬俊傑

告身是盛行於唐宋時期的特定文書種類,因其往往包含册、制、敕等高等級文書,並且保留了文書行政的程序信息,而備受學界重視。趙晶曾以唐代告身爲切入,梳理日本中國古文書學研究的演進史,並得出以下結論:"以唐代告身研究爲例,日本的中國古文書學研究經歷了萌芽期、發展期與成熟期,在各個研究層面都出現了出色的學術成果。而且,相關研究並非囿於古文書學研究本身,更以告身爲基礎,拓展至唐令復原、官僚行政機制以及唐日交流史(含法律移植)、日本古代史等領域。"〔1〕指明了唐代告身研究對於推進古文書學、法律史和政治制度史等領域研究的重要意義。

以往,對於唐代告身概念的探討也以日本學界爲主,石濱純太郎、内藤乾吉、仁井田陞、大庭脩等先生都曾論及。比較有代表性的觀點,如仁井田陞將唐代告身比作"現在日本的所謂辭令書"〔2〕。大庭脩進一步概括爲:"唐代的告身是官人任官授職的公文憑證。告身是在賜予新的職事官、散官、封爵,或在解除現有爵位時,官方通過所規定的程式,採用公式令所定的公文格式交給本人的文書。簡單地説,如同今天的辭書令……文官、散官、勳官告身由吏部發放,武官告身由兵部發放。"〔3〕這些觀點在中日學界都很有影響力。當然,隨著更多唐代告身資料的整理、公佈,以及《天聖令》等相關研究工作的深入開展,前述觀點還在不斷得到完善。比如,朱雷認爲,唐代告身"有'任命書'

* 本文係 2022 年度教育部人文社會科學研究青年基金項目"唐代告身的搜集、整理與政務運行機制研究"(22YJC770017)、2021 年國家社科基金重大項目"旅順博物館藏新疆出土漢文文獻分類釋録與研究"(21&ZD231)的階段性成果。文中所用旅博文書録文,皆爲"旅順博物館藏新疆出土漢文文獻"整理小組共同討論的成果。

〔1〕 趙晶《論日本中國古文書學研究之演進——以唐代告身研究爲例》,《早期中國史研究》第 6 卷第 1 期,2014 年 6 月,113—141 頁。

〔2〕 仁井田陞《唐宋法律文書の研究》,東方文化學院東京研究所,1937 年,793 頁。

〔3〕 大庭脩著,李茹譯《敦煌發現的張君義文書研究》,《陝西歷史博物館論叢》第 25 輯,西安:三秦出版社,2018 年,342 頁。

之意,又包含'身份證明書'之意","因'命官授職'所得,應稱之爲'官告'","因'戰功授勛'所得,理應稱之爲'勛告'"[1]。此外,《天聖令》也補充了不少唐代告身給付、官當等方面的重要制度信息。可以確知唐代官員解除現有爵位時,並不單獨頒授告身。如今所能見到的唐代告身的類型也更加豐富。總體而言,唐代告身的適用情形主要包括兩種:一種是授官,另一種是物質性或榮譽性封賞。因而,筆者傾向於將其概括爲唐代朝廷給個人授官封賞時頒授的文書憑證。

目前所見的唐代告身主要來自兩個方面:一是傳世資料,包括寫本原件、法帖(摹本、拓本及刻石)及文獻析出的告身文本;二是出土資料,包括陪葬告身刻石和敦煌、吐魯番出土文書。徐暢在《存世唐代告身及其相關研究述略》一文中曾整理 2012 年以前所見存世唐代告身 41 件,並對相關的學術史做了細緻的梳理[2]。近 10 年來,又陸續發現不少唐代告身資料。據筆者不完全統計,總數已近 70 件。其中,敦煌、吐魯番出土告身文書數量最大,而且隨著近年來整理工作的深入開展,屢有新發現。本文即立足於吐魯番出土的兩件唐代告身殘片,考釋文字,推補格式内容,並結合兩件殘片的公文屬性和書寫特點,進一步探討唐代告身公文屬性和用印制度。

一　大谷文書新見告身殘片

日本龍谷大學藏大谷文書總量約 10000 件,以世俗文書爲主,此前已經發現了《長壽二年(693)制授張懷寂中散大夫行茂州都督府司馬告身》[3]《開元四年(716)制授李慈藝上護軍告身》[4]《上元二年(761)奏授和氏容城縣太君告身》[5]。此次新發現的告身文書爲殘片 1 件,編號 MS01484,存 6 字,其中 3 字殘損嚴重。圖片及録文如下

〔1〕 朱雷《跋敦煌所出〈唐景雲二年張君義勳告〉——兼論"勳告"制度淵源》,原載於《中國古代史論叢》1982 年第 3 輯,後收入氏著《朱雷敦煌吐魯番文書論叢》,上海古籍出版社,2012 年 12 月,249—250 頁。

〔2〕 徐暢《存世唐代告身及其相關研究述略》,《中國史研究動態》2012 年第 3 期,33—43 頁。

〔3〕 圖及録文參小笠原宣秀、大庭脩《龍谷大學所蔵吐魯番出土の張懷寂告身について》,龍谷學會編《龍谷大學論集》359 號,1958 年,收入大庭脩《唐告身と日本古代の位階制》,伊勢:皇學館,2006 年,214—216 頁。

〔4〕 圖及録文參小田義久《德富蘇峰紀念館藏李慈藝告身の寫真について》,《龍谷大學論集》456 號,2000 年,也小紅中譯文《關於德富蘇峰紀念館藏"李慈藝告身"的照片》,《西域研究》2003 年第 2 期,31—32 頁;小田義久《唐代告身の一考察——大谷探検隊將來李慈藝及び張懷寂の告身を中心として》,《東洋史苑》56 號,2000 年 10 月,李濟滄中譯文《唐代告身的一個考察:以大谷探險隊所獲李慈藝及張懷寂告身爲中心》,《魏晋南北朝隋唐史資料》第 21 輯,2004 年,173—174 頁;陳國燦《唐李慈藝告身及其補闕》,《西域研究》2003 年第 2 期,41—43 頁。《開元四年制授李慈藝上護軍告身》以下簡稱"《李慈藝告身》"。

〔5〕 圖及録文參大庭脩《唐告身の古文書學的研究》,西域文化研究所編《西域文化研究三・敦煌吐魯番社會經濟資料》(下),京都:法藏館,1960 年,收入氏著《唐告身と日本古代の位階制》,172—173 頁。

（圖 1）：

（前缺）

01　］告上□［

02　］被［

03　］書如［

（後缺）[1]

圖 1　MS01484

第 1 行，"告上"二字完整，第 3 字僅存左上部分的短豎。"上□"當爲職官。唐代職官名稱中帶有"上"字樣的主要是勛官（上都督府、上州、上縣等根據行政等級設置的官職，在告身文書中直接標識地域名，"上"字不出現，當排除），包括上柱國、上護軍、上輕車都尉、上騎都尉。由於第 3 字的殘筆畫爲短豎，"護""騎"二字就不符合該特徵，應排除。因此，文書第 1 行文字可能是"告上柱國"或"告上輕車都尉"。

第 2 行，僅存"被"字，字形完整，其後留空。留空當屬承制或承旨文書的留白，後面文字抬行以示對帝王的尊重。

第 3 行，存兩字的殘筆畫。其中，第 2 字的部件"口"清晰可見，結合左邊殘存的墨跡爲交叉筆畫的特徵，可釋讀爲"如"字。而"如"字上面殘筆畫爲短横，可能性較多：

其一，若短横是"旨"字的末筆，則存在兩種可能，旨授或啓授。旨授告身文書存世較多，格式基本參照開元《公式令》（P.2819）奏授告身式，符文主體内容均爲"告具官姓名計奏被/旨如右符到奉行"[2]；啓授告身涉及的職官等級實際上與旨授相當，只是發出者爲太子。《唐六典》記載了唐代"啓"文書的適用情形："凡下之所以達上，其制亦有六，曰：表、狀、箋、啓、牒、辭。表上於天子，其近臣亦爲狀。箋、啓於皇太子，然於其長亦爲之，非公文所施。九品已上公文皆曰牒。庶人言曰辭。"[3] 因此，在太子監國期間，原本上奏皇帝批復的"奏抄"改爲"啓"文書，批復者相應改爲太子。目前所知的唐代啓授告身只有敦煌出土的《唐景雲二年（711）啓授張君義驍騎尉告身》，其符文部分爲"告驍騎尉張君義計/啓被/旨如右符到奉行"[4]。因此，"被旨如右"可能爲旨授或啓授。但唐代告身公文屬性與職官品階的對應關係在《通典》記載明確：

［1］ 小田義久《大谷文書集成》第 1 卷，京都：法藏館，1984 年，67 頁。原定"性質不明文書片"。

［2］ 録文參《法國國家圖書館藏敦煌西域文獻》第 18 册，上海古籍出版社，1995 年，364—365 頁。原文换行格式用"/"標識，以下同。P.2819 以下簡稱"公式令"。

［3］ 《唐六典》卷一《尚書都省》，北京：中華書局，1992 年，11 頁。

［4］ 録文參大庭脩撰，李茹譯《敦煌發現的張君義文書研究》，340—342 頁。

其選授之法,亦同循前代。凡諸王及職事正三品以上,若文武散官二品以上及都督、都護、上州刺史之在京師者,册授……五品以上皆制授。六品以下、守五品以上及視五品以上,皆敕授。凡制、敕授及册拜,皆宰司進擬。自六品以下旨授。其視品及流外官,皆判補之。凡旨授官,悉由於尚書,文官屬吏部,武官屬兵部,謂之銓選。唯員外郎、御史及供奉之官,則否。供奉官,若起居、補闕、拾遺之類,雖是六品以下官,而皆敕授,不屬選司。開元四年,始有此制。[1]

旨授或啓授的職官品階一般在六品以下,並且部分進侍如供奉官、起居、補闕、拾遺等雖是在六品以下,但適用敕授程序。結合前文對首行文字的推補,本件告身所授職官可能是上柱國(比正二品)或上輕車都尉(比正四品),均在六品以上,可以排除本行首字爲"旨"的可能。

其二,短横是"書"字的末筆,又存在兩種可能,制授或令授。制授告身文書數量亦不少,格式基本遵循《公式令》制授告身式,符文部分均爲"告具官封名奉被/制書如右符到奉行"[2]。令授告身涉及的職官等級與制授相當,不同的是發出者爲太子。《唐六典》載:"凡上之所以逮下,其制有六,曰:制、敕、册、令、教、符。天子曰制,曰敕,曰册。皇太子曰令。"[3]又據《通典》所載:"貞觀中,詔曰:'太子與百官書疏,未有制式。近代以來,例皆名目,無以别貴賤。今凡處分論事之書,皇太子並宜稱令,右庶子以下署名,宣奉行書。'"[4]可見,太子論事文書稱令在貞觀之後,唐初本無此制。令授告身文書則是太子監國期間的産物,其格式亦參照制授告身式。目前已知的令授告身只有吐魯番阿斯塔那出土的《唐永淳元年(682)令授氾德達飛騎尉告身》,其符文部分爲"告飛騎尉氾德達奉被/令書如右符到奉行"[5]。

此外,結合本件文書字形狹長、折頓鋒利等特徵,可初步判定爲唐代制授或令授告身。由於本件告身文書保存的文字較少,並且暫未發現可綴合的其他吐魯番出土文書,對於本件文書的推補考證只能寄希望於新的發現。

[1] 《通典》卷一五《選舉三》,北京:中華書局,1988年,359—360頁。

[2] 録文參《法國國家圖書館藏敦煌西域文獻》第18册,364—365頁。

[3] 《唐六典》卷一《尚書都省》,10頁。

[4] 《通典》卷三〇《職官·東宫官》,826頁。

[5] 録文參王永興、李志生《吐魯番出土"氾德達告身"校釋》,北京大學中國中古史研究中心編《敦煌吐魯番文獻研究論集》第2輯,北京大學出版社,1983年,503—508頁。

二　旅博文書新見告身殘片

旅順博物館藏西域出土文書總量共計 26000 餘件[1]，以佛教典籍爲主，世俗文書數量相對較少。目前，能够確定爲告身的文書殘片僅 1 件，編號 LM20－1480－04－06。該文書存 14 字，其中 5 字爲殘筆畫。文字雖少，但内涵豐富、意義重大。圖片及録文如下：（圖 2）

（前缺）

01 奉被

02 制書如右符到奉[行

03 　　　　　主事弇[

04 　　　　] 　令史[

（後缺）[2]

圖 2　LM20－1480－04－06

文書第 1 行雖然殘損嚴重，參《公式令》制授告身式可推補“奉被”二字。第 2 行“制書如右符到奉”字形完整，可知該文書爲尚書省頒下的符文殘片。而且“制書如右”説明符文承接制書而成，有連抄程序。參《公式令》制授告身式可補“奉”字後所缺“行”字。第 3 行，“主事，弇”是主事簽署的官職和名。第 4 行，爲“令史”二字的殘筆畫。主事、令史皆尚書省佐理文書案牘的下級官吏。文書左上角有褶皺，疑有文字。總體而言，本件文書字體同樣具有唐代寫本特徵。

此外，雖然這件殘片没有保留簽署的日期，但實際上攜帶了時間信息。唐代王言七種的“制書”在唐初被稱爲“詔書”。《舊唐書》載：

> 載初元年春正月，神皇親享明堂，大赦天下。依周制建子月爲正月，改永昌元年十一月爲載初元年正月，十二月爲臘月，改舊正月爲一月，大酺三日。神皇自以“曌”字爲名，遂改詔書爲制書。[3]

因爲武則天自己改名爲“曌”，與“詔”同音，爲避其尊諱，改“詔”爲“制”。關於改

[1] 旅順博物館藏西域出土文書與日本龍谷大學藏大谷文書均爲大谷光瑞“探險隊”的搜集品，以下旅順博物館藏西域出土文書簡稱“旅博文書”，龍谷大學藏品仍沿用舊稱“大谷文書”，以示區别。

[2] 圖參郭富純、王振芬《旅順博物館藏西域文書研究》，瀋陽：萬卷出版公司，2007 年，165 頁。原定“告身”。

[3] 《舊唐書》卷六《則天皇後本紀》，120 頁。

制的時間,《資治通鑑》的記載更具體:"(永昌元年十一月)鳳閣侍郎河東宗秦客,改造'天''地'等十二字以獻。丁亥,行之。太后自名'曌',改詔曰制。避后名也。"[1]可知,改"詔"爲"制"是永昌元年(689)十一月丁亥(八日)頒布的命令。

武則天改制前,尚有《唐永昌元年授武承嗣納言告身》[2]。孟憲實認爲,"武則天時期,改'詔'爲'制'的新令,獲得了認真執行","此詔書,應該是如今能看到武則天改制前的最後一件告身"[3]。雖然神龍政變,中宗即位後,下詔"一事已上,並依永淳已前故事"[4],但制書名稱並没有恢復爲詔書。早年,中村裕一發現《舊唐書》的記載中常有"詔書""詔曰"等字樣,他歸納爲"詔與制混用"現象[5]。孟憲實認爲,"雖然有使用'詔'字的現象存在,但並没有發生以'詔書'取代'制書'的法律規定"[6]。這個觀點在存世唐代制書和制授告身中,可以找到更多的證據。

據筆者統計,存世唐代制授告身中,時間晚於永昌元年的共有26件。除3件文書殘損嚴重外,其餘23件均有"制書如右"字樣。(表1)

表1　永昌元年以後存世制授告身表

序號	時間	告身名稱	制辭用語
1	693	唐長壽二年制授張懷寂中散大夫行茂州都督府司馬告身	制書如右
2	694	唐長壽三年制授苑嘉賓襲封武威郡開國公食邑二千户告身	制書如右
3	694	唐延載元年制授氾德達輕車都尉告身	制書如右
4	696	唐萬歲通天□年制授某人告身	殘
5	698	唐聖曆元年制授苑嘉賓定遠將軍告身	制書如右
6	699	唐聖曆二年制授氾承儼昭武校尉行左衛涇州肅清府別將員外置同正員上柱國告身	制書如右
7	705	唐神龍元年制賜甘元柬食實封三百户告身	制書如右

〔1〕《資治通鑑》卷二〇四"天授元年",北京:中華書局,1956年,6462—6463頁。

〔2〕圖片及録文參趙振華《談武周授封武承嗣的詔書和册書——以新見石刻文書爲中心》,《湖南科技學院學報》2013年第2期,69—70頁。

〔3〕孟憲實《從"詔書"到"制書"》,《文獻》2019年第5期,99—100頁。

〔4〕《唐大詔令集》卷二《帝王·即位赦上·中宗即位赦》,北京:商務印書館,1959年,6頁。

〔5〕中村裕一《唐代制敕研究》,東京:汲古書院,1991年,39—41頁。

〔6〕孟憲實《從"詔書"到"制書"》,107頁。

續　表

序號	時間	告　身　名　稱	制辭用語
8	706	唐神龍二年制授某氏告身	制書如右
9	707	唐神龍三年制贈韋洽使持節絳州諸軍事絳州刺史並葬事官給告身	制書如右
10	710	唐唐隆元年制授鐘紹京行中書侍郎告身	制書如右
11	710	唐唐隆元年制授鐘紹京同中書門下三品告身	制書如右
12	710	唐唐隆元年制授鐘紹京光禄大夫行中書令封越國公告身	制書如右
13	710	唐唐隆元年制授鐘紹京行户部尚書告身	制書如右
14	714	唐開元二年制授顔元孫滁州刺史告身	制書如右
15	716	唐開元四年制授李慈藝上護軍告身	制書如右
16	732	唐開元二十年制授李暹汾州刺史告身	制書如右
17	734	唐開元二十二年制授張九齡銀青光禄大夫守中書令告身	制書如右
18	735	唐開元二十三年制授某人告身殘片	殘
19	741	唐開元二十九年制授張懷欽騎都尉告身殘片	殘
20	751	唐天寶十載制授張無價遊擊將軍守左武衛同穀郡夏集府折沖都尉員外置同正員告身	制書如右
21	755	唐天寶十四載制授秦元□騎都尉告身	制書如右
22	758	唐乾元元年制贈顔昭甫華州刺史告身	制書如右
23	762	唐寶應元年制贈顔允南父顔惟貞秘書監告身	制書如右
24	762	唐寶應元年制贈顔允南母殷氏蘭陵郡太夫人告身	制書如右
25	778	唐大曆十三年制授顔真卿刑部尚書告身	制書如右
26	842	唐會昌二年制授李紳守中書侍郎同中書門下平章事告身	制書如右

23 件告身,前後 150 年,均稱“制書”,確實没有被改“詔書”。開元年間抄録的《公式令》制授告身式也是如此,説明載初元年之後“制授告身”的名稱也是一直沿用的。正如孟憲實所論,“制書取代詔書在歷史文獻閲讀過程中,還具有一定的時間斷代意

義。通常,武周新字會成爲閲讀過程中斷代的重要證據,現在看來,制書的明確使用也具有類似功能”[1]。因此,旅博文書 LM20－1480－04－06 亦當形成於載初元年武則天改制之後。

三 兩件殘片公文屬性的判定

上述兩件文書均殘損嚴重,文字數量極少。之所以能通過隻言片語判定爲告身,主要根據是唐代告身的公文屬性和形態特徵。對此,學界一直有討論。

仁井田陞較早探討這個話題,在梳理唐代告身製作流程的過程中指出,“唐代告身以尚書省符的形式下發……被授者所持告身由尚書省書令史等書寫”[2]。言下之意,唐代告身屬於尚書省符,該觀點也得到了大庭脩等學者的認同。但大庭氏起先在論及朱巨川奏授告身的時候,曾認爲“告身是各官署的复合文書”。只是在著重討論唐代公文書的形式和性格時,又重新指出“唐代告身是尚書省符應當予以確認”[3]。另一種觀點認爲,唐代告身不同於尚書省符,應當視爲復合文書,略同於大庭氏的早期觀點。比如,中村裕一認爲,“告身與符不同,文書樣式上已經作出了實質的區别,告身是制書、發日敕書、奏抄與符式的複合文書”[4]。兩種觀點,在中日學界均有很大的影響力。

總體而言,第一種觀點的落脚點在唐代告身的製作程序和簽發機構上。由於告身最終的發出機構是尚書省,尚書省增補的公文套語亦有符式文書的意味,因此强調告身與尚書省其他符式文書的共性。第二種觀點的落脚點則在唐代告身的最終形態上。得益於《通典》的記載,我們知道唐代告身有五種頒授形式: 册授、制(詔)授、敕授、旨(奏)授、判補。除册授、判補文書格式不甚明確外,中間三種均有格式完整的文書存世,並且制授和敕授告身以王言起始,經中書、門下、尚書三省流轉,文書呈現出連抄的格式,不同於尚書省處理日常政務過程中使用的符式文書。因而,强調告身與尚書省其他符式文書的差異性。

兩種觀點各有側重,而本文所涉兩件殘片被確定爲告身,也是基於唐代告身與尚書省其他符式文書的差異性的認識。爲便於比較,將《公式令》保存的尚書省符式録文如下:

[1] 孟憲實《從“詔書”到“制書”》,107 頁。
[2] 仁井田陞《唐宋告身の現存墨蹟本に就いて》,《書菀》第 2 卷第 1 號,東京: 三省堂,1938 年,3—4 頁。
[3] 大庭脩《唐告身の古文書學的研究》,氏著《唐告身と日本古代の位階制》,194 頁。
[4] 中村裕一《唐代公文書研究》,東京: 汲古書院,1996 年,22—23 頁。

（前略）

01 符式

02 尚書省　　　　爲某事

03 某寺主者云云案主姓名符到奉行

04 　　　　　　　　　　主事姓名

05 吏部郎中具官封名 都省左右司郎中一人准 令史姓名

06 　　　　　　　　　　書令史姓名

07 　　　　　　　　年月日

（後略）[1]

該符式發出者是尚書省吏部司，對象是某寺。唐代中央機構除了三省六部之外，還有九寺五監十二衛。九寺可以看作按照具體行政職能分割的官署，級别低於尚書省，包括太常寺、光禄寺、衛尉寺、宗正寺等。尚書省有事於各寺，用下行公文"符"。其後又注，"右尚書省下符式，凡應爲解向上者，上官向下皆爲符。首判之官署位准郎中，其出符者皆須案成，並案送都省檢勾若事當計會者，仍别録會月與符俱送都省。其餘公文及内外諸司應出文書者皆准此。"可知，二十四司有事於各寺均可參該符式擬文。又據《唐六典》載，"凡制、敕施行，京師諸司有符、移、關、牒下諸州者，必由於都省以遣之"[2]。諸司傳達制敕等公文，也採用符式公文下達各州。在出土文書中，也發現了尚書省符的遺存，比如《唐儀鳳三年（676）度支奏抄・四年金部旨符》，節録如下：

（前略）

1 尚書左僕射太子賓客同中書門下三品監修國史樂城縣開國公使

2 尚書右僕射太子賓客同中書門下三品道國公至德

3 户部尚書上柱國平恩縣開國公圖師

4 朝散大夫守相王府司馬兼檢校户部侍郎騎都尉德真等啓謹

5 依常式支配儀鳳四年諸州庸調及折造雜

6 采色數並處分事條如右 謹以啓聞謹啓

7 　　　　儀鳳三年十月廿八日朝散大夫行度支員外郎狄仁傑上

8 　　　　司　　議　　郎　　中　　□　　家　　讀

[1] 圖版見《法國國家圖書館藏敦煌西域文獻》第18册，363頁。

[2] 《唐六典》卷一《尚書都省》，11頁。

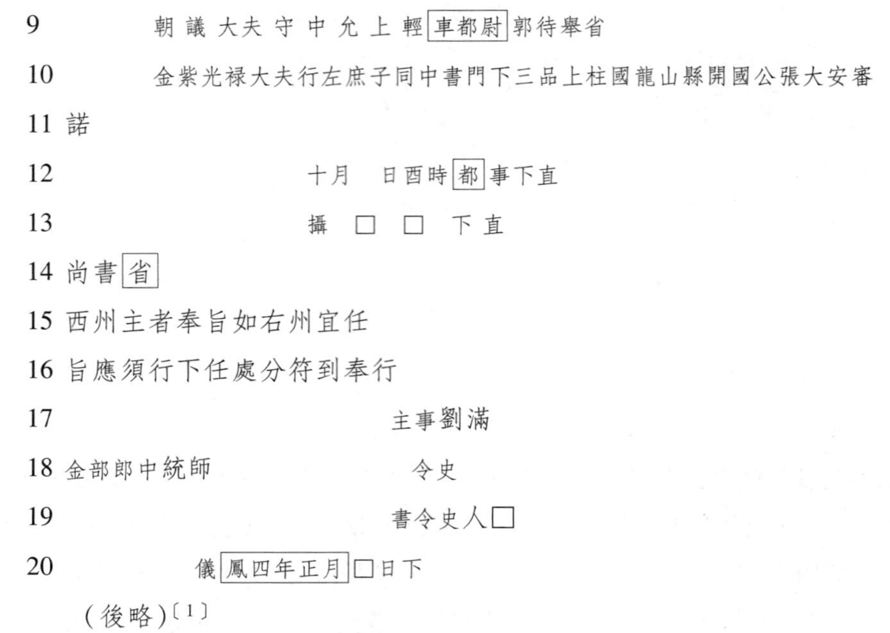

9　　朝議大夫守中允上輕車都尉郭待舉省

10　　金紫光禄大夫行左庶子同中書門下三品上柱國龍山縣開國公張大安審

11 諾

12　　　　十月　日酉時都事下直

13　　　　攝 □ □ 下直

14 尚書省

15 西州主者奉旨如右州宜任

16 旨應須行下任處分符到奉行

17　　　　　主事劉滿

18 金部郎中統師　　　　令史

19　　　　　書令史人□

20　　　儀鳳四年正月□日下

(後略)[1]

文書第14—20行基本可以與《公式令》尚書省符式的結構對應:尚書省——尚書省、西州主者——某寺主者、奉旨如右……宜任旨應須行下任處分——云云、州——案主姓名、符到奉行——符到奉行。不同的是,符式中的"爲某事"在《金部旨符》中不是簡略的公文套語,而是連抄於尚書省符文前面第1—13行的"啓"。雖然《金部旨符》第14—20行可以視爲一個相對獨立的尚書省符,但實際使用過程中爲了政務的完整性仍需要採用與其他公文連抄的形式,表現爲"啓+尚書省符"。

存世的其他尚書省符如《唐調露二年(680)七月東都尚書省吏部符爲申州縣闕員事》[2]《唐貞觀廿二年(646)尚書兵部爲三衛違番事下安西都護府及安西都護府下交河縣敕符殘卷》[3]亦是如此。其中,《東都尚書省吏部符》爲"狀+尚書省符",《尚書兵

---

〔1〕 録文參大津透、榎本淳一《大谷探険隊吐魯番將來アンペラ文書群の復原——儀鳳三年度支奏抄・四年金部旨符》,《東洋史苑》第28號,1987年,蘇哲中譯文《唐律令國家的預算——儀鳳三年度支奏抄・四年全金部旨符試釋》,《敦煌研究》1997年第2期,93—94頁。《唐儀鳳三年(676)度支奏抄・四年金部旨符》以下簡稱"《金部旨符》"。

〔2〕 圖版見榮新江、李肖、孟憲實主編《新獲吐魯番出土文獻》,北京:中華書局,2008年,81—83頁;録文及推補參史睿《唐調露二年東都尚書省吏部符考釋》,《敦煌吐魯番研究》第10卷,上海古籍出版社,2007年,122—123頁。《唐調露二年東都尚書省吏部符》以下簡稱"《東都尚書省吏部符》"。

〔3〕 録文參劉俊文《敦煌吐魯番唐代法制文書考釋》,北京:中華書局,1989年,404—413頁。劉後濱更名爲"唐貞觀廿二年安西都護府承敕下交河縣符爲處分三衛私犯罪納課違番事",氏著《唐代中書門下體制研究》,山東:齊魯書社,2004年,325頁。《唐貞觀廿二年尚書兵部爲三衛違番事下安西都護府及安西都護府下交河縣敕符殘卷》以下簡稱"《尚書兵部敕符》"。

部敕符》爲“敕旨+尚書省符”。但無論連抄的前件公文屬性如何,均不能省略指代發文機構的“尚書省”字樣。這一點,告身文書則不同,以《公式令》制授告身式爲例:

（前略）

16 月日時辰都事姓名受

17 左司郎中具名付某司[1]

18 左丞相具官封名

19 右丞相具官封名

20 吏部尚書具官封名

21 吏部侍郎具官封名

22 吏部侍郎具官封名

23 左丞具官封名 其武官則右丞署若左右丞內一人無仍見在者通署

24 告具官封名奉被

25 制書如右符到奉行

26 主事姓名

27 吏部郎中具官姓名 令史姓名

28 書令史姓名

29 年月日下

30 右制授告身式其餘司應授官爵者准此

（後略）[2]

制授告身式在尚書都省受付記録後,不僅省略了“尚書省”字樣,還需要尚書省各級長官按職級由高到低的順序排列在尚書省符正文主體之前,逐一簽署。這不僅是落實公文責任主體的法律需要,更是表達告身屬於皇帝施恩於個人的政治需要。不僅制授告身如此,其他類型的告身亦如此。

尚書省符的正文主體以公文套語銜接要件。由於《公式令》尚書省符式用“云云”略語,所以實際使用過程中的表達各有特點。《金部旨符》用“奉旨”,《東都尚書省吏部符》用“依狀”,《尚書兵部敕符》用“准敕”,分别提示連抄的前件公文。這一點,告身亦不同。其中,制授告身用“告……奉被制書如右”,敕授用“告……奉敕如右”,旨授用

〔1〕 原作“右司郎中付某司”,據《貞觀十五年封(李孟薑)臨川郡公主告身》等改。

〔2〕 圖版見《法國國家圖書館藏敦煌西域文獻》第18册,364—365頁。

“告……計奏被旨如右”。“告”“被”“如右”字樣均是告身獨有的套語:“告”强調了通知個人的意味,“被”强調了前件公文源自皇帝旨意,“如右”則强調前件公文的不可或缺性。

由此可見,雖然告身最終的出具機構是尚書省,一定程度上具有尚書省符的性質,但是在政治表達、法律表達,以及與前件公文的依託關係上均有别於尚書省處理日常政務時候使用的符。反觀《公式令》所載,在尚書省常用移式、關式、牒式、符式之後抄寫制授和奏授告身式,也説明了區分尚書省常用公文式與告身式的必要性。而本文所涉大谷文書 MS01484 包含“告”“被”“書如”,旅博文書 LM20 - 1480 - 04 - 06 包含“奉被”“制書如右”,具有唐代告身的標誌性特征,因此其公文屬性得以確定。

四　告身用印與寫本類型的判定

在寫本類型上,大谷文書 MS01484 和旅博文書 LM20 - 1480 - 04 - 06 還可以進一步確定爲抄件,依據則是唐代告身的特殊用印制度。

唐代告身的用印制度問題,早期日本學者多少都有留意。内藤乾吉在謄録《唐天寶十四載(755)制授秦元□騎都尉告身》時已經注意到鈐印的文字、位置、數量[1]。仁井田陞繼承了内藤乾吉的成果,並擴展到唐代官印的研究範疇[2]。大庭脩、中村裕一等學者的論著中也有涉及,但是由於此前發現的告身原件數量有限,無法對告身用印制度展開長時段的考察。如今,得益於敦煌、吐魯番出土文書整理工作的深入開展,研究該制度的資料越來越豐富,爲確定大谷文書 MS01484 和旅博文書 M20 - 1480 - 04 - 06 的寫本屬性提供了參照。因兩件殘片僅涉制(令)授告身,暫統計敦煌、吐魯番出土制(令)授告身與用印情况如下(表 2):

表 2　敦煌、吐魯番出土制(令)授告身與用印情况統計表

出土地	序號	時間	告 身 名 稱	印 及 數 量
敦煌	1	650	唐高宗—武周(650—662)(670—690)間詔授令狐懷寂護軍告身	尚書吏部之印,9 枚

〔1〕 内藤乾吉《敦煌出土の唐騎都尉秦元告身》,《東方學報》第 3 册,東京:東方文化學院,1933 年。收入氏著《中國法制史考證》,東京:有斐閣,1963 年,27—29 頁。

〔2〕 仁井田陞《唐宋法律文書の研究》,東方文化學院東京研究所,1937 年,79—84、795—797 頁。《唐天寶十四載制授秦元□騎都尉告身》以下簡稱“《秦元□告身》”。

續　表

出土地	序號	時間	告身名稱	印及數量
敦煌	2	667	唐乾封二年詔授氾文開上護軍告身	無
	3	696	唐萬歲通天□年制授某人告身	無
	4	699	唐聖曆二年制授氾承儼昭武校尉行左衛涇州肅清府别將員外置同正員上柱國告身	無
	5	741	唐開元廿九年制授張懷欽騎都尉告身	尚書司勛告身之印,殘存8枚
	6	755	唐天寶十四載制授秦元□騎都尉告身	尚書司勛告身之印,24枚
吐魯番	1	667	唐乾封二年詔授郭毡醜護軍告身	無
	2	682	唐永淳元年令授氾德達飛騎尉告身	無
	3	689	唐載初元年後制授告身殘片	無
	4	693	唐長壽二年制授張懷寂中散大夫行茂州都督府司馬告身	無
	5	694	唐延載元年制授氾德達輕車都尉告身	無
	6	716	唐開元四年制授李慈藝上護軍告身	尚書司勛告身之印44枚
	7	735	唐開元二十三年制授某人告身	尚書司勛告身之印5枚
	8	751	唐天寶十載制授張無價遊擊將軍守左武衛同穀郡夏集府折衝都尉員外置同正員告身	無
	9	未知	唐制(令)授告身殘片	無

加上本文公佈的兩件告身殘片,敦煌、吐魯番地區共計出土制(令)授告身15件,均爲紙質文書,而且以勛告居多,這是古代邊疆的總體形勢决定的。15件制(令)授告身中,有寫本原件5件,其中《秦元□告身》(S.3392)[1]和《李慈藝告身》較爲完整地呈現了唐代制授告身中勛告用印的印文、位置和排布方式。爲便於比較,分别移録如下:

〔1〕 圖版見《英藏敦煌文獻(漢文佛經以外部分)》第5册,成都:四川人民出版社,1990年,66—68頁。

1.《秦元□告身》

（前缺）

01 疆 禦 寇 底 定 爲 勞 宜 策 勳 [

02 庸 以 勸 征 戍 可 依 前 件 主 [

03 者 施 行

04 天寶十四載三月十七日

05 司空兼右相文部尚書臣國忠[

06 中 書 侍 郎 [

07 中書舍人上柱國 臣 宋昱 奉

08 武部尚書同中書門下平章事臣見素

09 門 下 侍 郎 闕

10 給 事 中 上 柱 國 臣 納 等言

11 制 書 如 右 請 奉

12 制 付 外 施 行 謹 言

13 天寶十四載五月九日

14 制可

15 五月 日 申 時 都 事[

16 左 司 郎 中[

17 司空兼文部尚書

18 尚書左僕射在範陽

19 尚書右僕射闕

20 文部侍郎上柱國

21 文部侍郎闕

22 尚書左丞闕

23 告 騎 都 尉 秦 元[

24 奉 被

25 制 書 如 右 符 到 奉 行

26 主事 湘 [

27 員外郎希寂 令史郭 彦[

28 書令史劉觀[

29 天寶十四載五月十一[

用印位置集中於4處,共5行,分别是：1. 文書第4行中書省行下日期“天寶十四載三月十七[日]”文字上鈐朱印1行、5枚。2. 第13行門下省行下日期“天寶十四載五月九[日]”文字上鈐朱印1行、5枚。3. 第23—24行尚書省符文主體“告騎都尉秦元[/奉被”文字上鈐朱印1行、5枚;第25行,“書如右符到奉[行]”文字上鈐朱印1行、4枚,“制”字空出。4. 第29行尚書省頒布下日期“天寶十四載五月十一[”文字上鈐朱印1行,5枚。共計24枚朱印,印文均爲“尚書司勛告身之印”。遺憾的是,此前的研究幾乎都没有準確著録該文書鈐印的數量、位置。

2.《李慈藝告身》(分爲4張相片)

【相一】

（前缺）

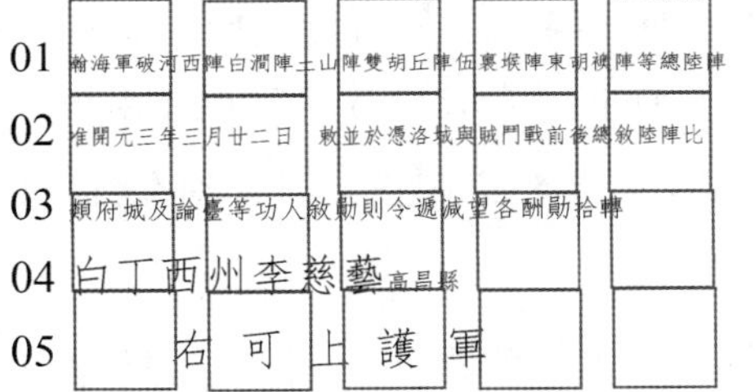
01 翰海軍破河西陣白澗陣土山陣雙胡丘陣伍裹堠陣東胡祆陣等總陸陣
02 准開元三年三月廿二日　敕並於憑洛城與賊鬥戰前後總敘陸陣比
03 類府城及論臺等功人敘勛則令遞減望各酬勛拾轉
04 白丁西州李慈藝高昌縣
05 右可上護軍

06 黄門涇州梁大欽等壹拾肆人慶州李遠

……(下略)

【相二】

11 北庭府任慈福等壹拾肆人隴州强懷貞

……（中略）

17 可依前件主者施行

18 開元四年正月六日

19 兵部尚書兼紫微令上柱國梁國公臣姚崇宣

20 銀青光禄大夫行紫微侍郎上柱國臣蘇頲奉

21 朝散大夫行紫微舍人上柱國臣王邱行

【相三】

01 等言

02 制 書 如 右 請 奉

03 制 付 外 施行謹言

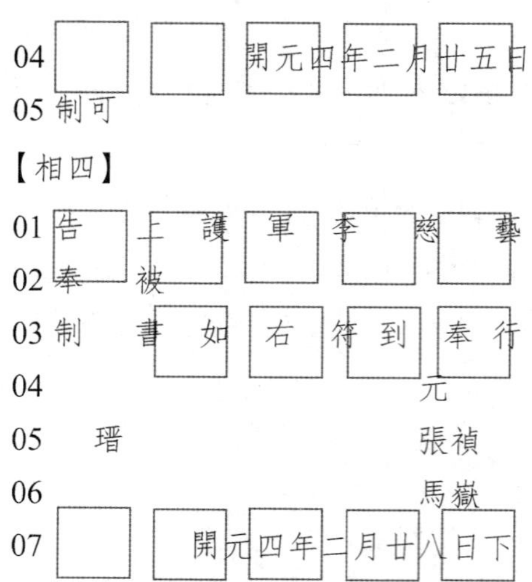

04 開元四年二月廿五日

05 制可

【相四】

01 告上護軍李慈藝

02 奉被

03 制書如右符到奉行

04 元

05 璠 張禎

06 馬嶽

07 開元四年二月廿八日下

與《秦元□告身》類似：中書省行下日期“開元四年正月六日”、門下省行下日期“開元四年二月廿五日”、尚書省頒下日期“開元四年二月廿八日下”，以及尚書省符文主體“告上護軍李慈藝/奉被”文字上分别鈐印1行5枚；“制書如右符到奉行”文字上鈐印4枚，“制”字空出。

不同的是，制辭部分第1—3行軍功計轉的内容“瀚海軍……望各酬勛拾轉”，及4—5行授勛決定“白丁西州李慈藝高昌縣/右可上護軍”，文字上亦鈐印4行，每行5枚。以上共計44枚朱印，印文均爲“尚書司勛告身之印”。《李慈藝告身》和《秦元□告身》在鈐印位置上的差異並不意味著勛告用印制度的差異，而是恰好説明了《秦元□告身》缺失了軍功計轉的文本，也就是現存制辭第2行“可依前件”的“前件”文書。賴亮郡認爲，此類軍功計轉的前件文書是“兵部員外郎向吏部司勛關通其事的平行文書‘關文’……亦即吏部與兵部有所商量報答的文書稱之爲關”[1]。在這類制授勛告中，由於需要兵部司向司勛司傳達勛功計轉的關文，成爲制辭中引以爲據的前件公文，具有公驗的性質，所以要額外加蓋曹司印，並且與告身其他位置用印一致。需要指出的是，同屬於制授勛告的《唐高宗—武周(650—662)(670—690)間詔授令狐懷寂護軍告身》，印文爲“尚書吏部之印”，這是因爲唐代告身的印文發生過數次演變，對此唐星有過分析，玆不贅述[2]。

〔1〕 賴亮郡《唐代特殊官人的告身給付——〈天聖令雜令〉唐13條再釋》，《臺灣師大歷史學報》第43期，2010年，125—126頁。

〔2〕 唐星《釋令狐懷寂告身》，《敦煌吐魯番研究》第12卷，上海古籍出版社，2011年，419—423頁。

上表除勛告外,還有官告的類型,但均屬抄件。對此,傳世文獻與石刻資料都提供了參考。比如,《玉堂嘉話》不僅保存了《三相帖》和《李紳拜相告》兩件告身的文本,還細緻描述了告身的材質、印文、鈐印位置等具體信息[1]。其中《三相帖》中的印製内容又可與廣州博物館所藏《張九齡告身石刻》[2]的形制相印證。但是,由於此類官告没有曹司行關文的環節,即没有所謂的"前件"公文,因而制辭前並無額外加蓋告身印的環節。

綜上可知,唐代制授告身用印的基本規制: 作爲尚書省製作的特殊類型的符,最終需鈐蓋主管曹司的告身用印。鈐印方式通常是5枚一排(或可稱爲"排印")。鈐蓋位置分别在: 中書省行下日期、門下省行下日期、尚書省頒下日期,以及尚書省符文主體"告某官某奉被制書如右符到奉行"文字之上,但"制"字空出,以示對帝王的尊崇,僅在"書如右符到奉行"上鈐印4枚,與其他行的排印數不同。符文上鈐蓋幾排印章要根據文字大小、多寡、排列行數而定,多則如《張九齡告身石刻》所載四排,少則如《李慈藝告身》僅兩排。此外,若涉及勛功計轉、考功計階等環節,還需曹司行其他前件文書,因而在制辭前需額外加蓋告身印,印文、排印方式如告身其他位置。實際上,制授告身的用印規制同樣適用於其他各類唐代告身,是獨特的用印制度,並嚴格區别於百司處理其他日常政務的用印制度。對此,筆者另文探討,本文不展開。

以上對制授告身用印規制的研究,不僅可以作爲判斷寫本類型的依據,甚至也是文書殘片綴合、位置復原的關鍵。由於大谷文書 MS01484 和旅博文書 LM20－1480－04－06 殘存的文字恰好屬於尚書省符文的主體内容,也是告身用印最爲集中的位置,如果是原件當有鈐印1—4枚,事實上並没有[3]。因此,可以判定均爲抄件。

此外,從殘損形態及殘留油脂看,這兩件新發現的告身殘片應當與絶大部分吐魯番出土殘片一樣,出自墓葬。唐代朝廷給個人頒授告身,不僅能賦予個人新的官職、榮譽等身份及相應的待遇,同時會帶來政治、經濟、法律等諸多特權。從皇親貴胄到普羅百姓均受其影響,在社會上形成了可以稱之爲"告身崇拜"的特殊現象,並且深刻影響後世的政治制度、意識形態。將標誌著個人成功的告身原件傳諸後世,用抄件陪葬,也成

---

〔1〕 王惲撰,楊曉春點校《玉堂嘉話》,北京: 中華書局,2006年,43—46頁。

〔2〕 拓片及録文參伍慶禄、陳鴻鈞《廣東金石圖志》,北京: 綫裝書局,2015年,47—48頁;黄流沙《張九齡〈告身帖〉石刻考略》,《嶺南文史》1983年第2期,130頁。

〔3〕 王振芬、孟憲實、榮新江主編《旅順博物館藏新疆出土漢文文獻·總目索引》,北京: 中華書局,2020年,741頁。解題注,"唐告身抄本,有朱筆勾記"。所謂"朱筆勾記"爲粗細不均的一道斜綫,可以確定不是告身印跡,其性質待考。

爲唐及後世的重要葬禮傳統〔1〕。

綜上所述,大谷文書 MS01484 和旅博文書 LM20－1480－04－06 可能均是出自吐魯番墓葬群的陪葬勛官告身,其抄件的性質可以確定。MS01484 可定名爲《唐制(令)授告身殘片》,LM20－1480－04－06 也大致可定名爲《唐載初元年後制授告身殘片》。

(作者單位:中國政法大學法律古籍整理研究所)

〔1〕 馬俊傑《唐代的告身和告身崇拜》,《文史知識》2020 年第 12 期(總第 474 期),41—49 頁。

《敦煌吐魯番研究》第二十二卷
2023 年,147—169 頁

敦煌文獻疑難字詞輯釋*

張小豔　郜同麟　張涌泉

莫高窟藏經洞所出的敦煌文獻絶大多數爲寫本,其中的詞語字多俗寫,音多通借,原汁原味地保存了當時的用字特點,爲我們研究六朝至宋初詞語的用字提供了珍貴的語料。由於時代的懸隔,這種用字特點却爲我們正確理解文本的内容設置了障礙。因此,很有必要對其中的疑難字詞進行考釋,廓清障礙,從而爲文獻的準確校理奠定堅實的基礎。兹摘取其中的"菜菽""巢蓮"等二十四個詞語加以考釋(以音爲序),不妥之處,敬請讀者教正。

【菜菽】

(1) BD15431《十大弟子讚・大目犍連神通第一》:"善哉**菜菽**,身子情同。譬猶管鮑,膠稂(投)漆中。"

(2) P.2049《維摩經疏》卷三弟子品:"'佛告目連'者,目連是姓字,拘律陀父爲無子,因求拘律陀樹,得生此兒,因以爲名。依《問疾經》,目連翻爲**菜菽**,其父好食此物,故以爲名。"

按:"菜菽"也見於傳世佛教文獻,清書玉《沙彌律儀要略述義》卷下:"如馬勝雍容行道,感**菜菽**以信樂出家;鶖子安詳乞食,攝外道而反邪歸正。"句中"菜菽"與"鶖子"相對,分别指"目連"和"舍利弗"。今謂"菜菽"當作"採菽","菜"爲"採"受"菽"影響而類化的换旁俗字。"採菽"謂採摘菽豆,本爲目連母親之姓,後以母姓爲名,故稱。唐窺基《妙法蓮華經玄贊》卷一:"梵云摩訶没特伽羅,言大目乾連者,訛也,此云大採菽氏。上古有仙居山寂處,常採菉豆而食,因以爲姓。尊者之母是彼之族,取母氏姓而爲其名,得大神通。簡餘此姓,故云大採菽氏。"唐慧琳《一切經音義》(下文簡稱"慧琳《音

---

* 本文承蒙柴劍虹先生審讀,並惠賜寶貴的修改意見,謹此致以誠摯的謝意!

義》")卷六《大般若波羅蜜多經》第四七八卷音義:"採菽氏,古譯,梵語云大目乾連,訛略不正。正梵語云摩訶没特伽羅,唐云大採菽氏,俗云菉豆子,古仙人號也。目乾連是此仙種,亦名俱利迦,或名拘隸多,或云俱律陀,皆一人之號。"五代可洪《新集藏經音義隨函録》(下文簡稱"可洪《音義》")卷一《摩訶般若波羅蜜經》第十二卷音義"目犍連"條:"目揵連,姓也,此云豆,《大般若經》云採菽氏是也,以姓爲名也,其本名俱律陀。"是"菜菽"即"採菽",爲目連之姓,文獻中或徑用以代稱"目連"。

【蒼狼】

P.3838《推九宫行年法》:"命屬弟七宫,歲中百事凶。兑爲口舌,横禍相連。因婦女之事,凶事在先,禍在東北。坑塚**蒼狼**,無煩大小,皆謂凶惡。病疾累枕,連年得財,逐手還散,更兼失物遺錢。"

按:"蒼狼"也作"蒼琅",指青色。如宋贊寧《宋高僧傳》卷二六《唐湖州佛川寺慧明傳》:"至天寶五年,爰止乎魚陂道場。……他日同登魚陂峰頂,見東南有山**蒼琅**獨秀,謂瑀公曰:'吾與此山宿有緣矣。'天寶八年,有制度人。州將韋南金舉高行,黑白狀請,隸名州中寧化道場,明固辭。改隸佛川,即疇昔魚陂所望之峰,梁吴均故宅之所。《地志》云:'青山南掘得古佛二軀,莫知年代。獲像之地,靈泉涌起,因名佛川焉。'"[1]慧明住持的佛川寺,位於青山之南。所謂"青山"即與之有宿緣的"蒼琅獨秀"之山。其山稱"青山",蓋因其色"蒼琅"而得名。"蒼琅"也作"倉琅",《漢書·五行志》中之上"木門倉琅根"顔師古注:"門之鋪首及銅鍰也。**銅色青,故曰倉琅**。鋪首銜環,故謂之根。鍰讀與環同。"[2]"蒼狼""蒼琅""倉琅"皆爲叠韻聯綿詞,應爲同一詞語的不同書寫形式。考《説文·艸部》:"蒼,草色。"段玉裁注:"引申爲凡青黑色之偁。"《廣雅·釋器》:"蒼,青也。"P.3451《張淮深變文》:"是時也,白藏之首,境媚**青蒼**;紅桃初熟,九醖如江。""青蒼"爲同義複詞。"蒼"爲青色,"蒼狼""蒼琅"等應由"蒼"變聲叠韻而來,其義皆存於"蒼"("倉琅"之"倉"蓋其省借),"狼""琅"僅起湊足音節的作用[3]。上引例中"坑塚蒼狼"句言命屬第七宫時,墳墓呈青色,無論大小皆凶惡不吉。

【巢蓮】

(1) P.2820《雜齋文·平安文》:"伏願雄飛就日,高萬里之逞(程)途;金色**巢**

[1] 柴先生批注:《讀史方輿紀要》卷一一三述雲南山川即有:"十八曰蒼琅峰。"

[2] 柴先生批注:《漢紀》之孝成皇帝紀三卷第二十六中即云"蒼琅",釋爲"宫門銅鋪也,言其將尊貴也"。

[3] 宋明對"倉狼"及其異形詞有較詳細的列舉和解釋,惜未論及該詞的内部構成及獲義之由,故本文仍對此條作了簡明的考釋。參氏著《宋前道經疑難字詞考釋》,北京:中華書局,2022年,226—227頁。

蓮,得千年之富貴。"

(2) P.3981《亡考文》:"本冀壽同仙鶴,慶比**巢蓮**;奈何風樹不停,温恭難待(侍)。"

按:從例(2)看,"巢蓮"與"仙鶴"對文,應指一種祥瑞的動物[1],頗疑爲"龜"。考《史記·龜策列傳》:"有神龜在江南嘉林中。嘉林者,獸無虎狼,鳥無鴟梟,草無毒螫,野火不及,斧斤不至,是爲嘉林。龜在其中,常常巢於芳蓮之上。"又《初學記》卷三十"巢蓮"下注:"《史記》褚先生曰:江南嘉林,龜在其中,常巢於芳蓮之上。"可知"巢蓮"乃用典,源自《史記》,上引敦煌文例中皆代指"龜"。"巢蓮"這一用法,初唐已然,後代每多沿用。如唐蘇鶚《蘇氏演義》卷下:"龜中有王,其形尤小於常龜。**巢蓮**者,遊於葉之上者,得非王乎?"宋寇准《秋夕書懷》詩:"窮通休問**巢蓮**骨,大抵無徒是至清。"宋樓鑰《寄題林宗山巢龜》詩:"人生何用千歲爲,願似**巢蓮**足清白。"其中的"巢蓮"皆用爲"龜"的代稱,可以比參。

【成辨】【成辦】【成辯】

(1) BD792(北8528;月92)《大方便佛報恩經》卷五:"諸尊菩薩威神護助,令我此事必得**成辨**。"

(2) S.2929《七佛八菩薩所説大神咒經》:"以此陀羅尼威神力故,及我方便威神力故,令其所修悉得**成辨**。"

(3) P.4980《巡門告乞椽木修造僧房偈》:"最傷情,難申説,僧房門户皆總闕。特來親到施主前,願與**成辨**遮寒熱。"

按:前二例中"成辨",《大正藏》所據《高麗藏》本作"成辦","辦"乃"辨"的後起分化字。《玉篇·刀部》:"辨,皮莧切,具也。""成辨"爲同義複詞,"辨"猶"成"也。晉佛馱跋陀羅譯《大方廣佛華嚴經》卷四〇:"若菩薩摩訶薩出生如是清淨口業,得十種守護者,則能**成辨**十種大事。"例中"成辨"《大正藏》校記稱宋本、宫本作"成就","成辨"即"成就"。"成辨"又作"成辦""成辯"。如:

(4) P.3092《受八關齋戒文》:"是故世尊見如是事,令六齋日受持齋戒,令善男子善女人等愛敬佛法,崇重福田,乃能此時來至道場,稱之'欲受清淨八關齋戒'。如是善心,實難**成辦**。"

[1] 句中"祥瑞",本文原稿作"長壽",據柴先生批注改。其批注云:"按《唐才子傳》有'曳尾之龜再有巢蓮之望'之語,《宋史》樂志云'瑞應巢蓮',可見此詞爲祥瑞之義。"按:例(2)云"壽同仙鶴,慶比巢蓮","壽""慶"對文,"慶"有祥瑞之義,例中以之稱"巢蓮",柴先生所解近是,即在古人看來,"龜"是祥瑞的象徵。

(5) P.3777《菩薩總持法》:"想念其此七種之中,闕一不可,猶如有人,一身之中,唯藉七竅,萬事**成辦**。"

上引二例中"成辦"皆指成就。《後漢書·耿弇傳》"又銅馬、赤眉之屬數十輩,輩數十百萬,聖公不能辦也"唐李賢注:"辦,猶成也。音蒲莧反。""成辦"古本作"成辨",慧琳《音義》卷一八《十輪經》第三卷音義:"成辨,彭慢反,《考工記》曰'以飾五材,以辨民器'鄭注曰:辨,具也。《説文》:判也。""辦"即"辨"之後起分化俗字(慧琳所引《考工記》及《説文》今本皆作"辨")。"辨""辦"宋代以後用法分化,在表達辦理、具備一類意義時,古書原本的"辨"往往被改刻作"辦"。如唐道世《法苑珠林·懸幡篇·引證部》:"王言:'前爲千二百塔,各織作金縷幡,欲手自懸幡散華。始得**成辨**,而得重病,恐不遂願。'"其中的"成辨"《大正藏》所據《高麗藏》本如此,《大正藏》校記稱宋、元、明、宫本作"成辦",後者恐即出自宋以後刻書者之手。

敦煌文獻中,其詞又作"成辯"。如:

(6) S.843《瑜伽師地論》卷四七:"于當來世一切菩薩所起事業稟性堅固,凡所造修,若未**成辯**,終無懈退,是名菩薩勇猛。"

例中"成辯"同"成辦(辨)","辯""辦(辨)"古通用。唐智儼《大方廣佛華嚴經搜玄分齊通智方軌》卷三:"又此中論法成者,依《相續解脱經》中有四種成:一以有成,因緣名相言説諸法得成;二所作成,一切所作,各有**成辯**……"其中的"成辯"亦當讀作"成辦(辨)",可資比勘。

【登監】

P.2044V《釋門文範·亡僧大祥》:"門美貞操,爲松筠之益青;肅恭堅冰,如玉壺之**登監**。"

按:例中"登監"費解,句中以"堅冰""玉壺"稱頌亡僧品行之高潔,頗疑當讀爲"澄鑒","登""監"分别爲"澄""鑒"之省借。"澄鑒"指清澈明浄,其句言亡僧品德之恭肅明鑒如堅冰、玉壺之澄澈透明。"澄鑒"此義習見於六朝以降文獻,如南朝梁僧祐《出三藏記集》卷九僧叡《關中出禪經序》:"夫馳心縱想,則情愈滯而惑愈深;繫意念明,則**澄鑒**朗照而造極彌密。"唐玄奘《大唐西域記》卷八摩伽陀國上:"故宫西南有小石山,周巖谷間,數十石室……傍有故臺,餘基積石;池沼漣漪,清瀾**澄鑒**,隣國遠人謂之聖水,若有飲濯,罪垢消滅。"

【赤京】【赤荆】

(1) P.3930《醫藥方》治眼中翳方:"又方:取**赤京**皮兩指一條,長三寸,消膠帖鼻頭及額上即差。"

(2) P.3595《李陵蘇武執别詞》:"且見李陵身卦(掛)胡裘,頂帶胡帽,脚跢**赤荆**。"

按:例(1)中"赤京"費解,疑當讀爲"赤麖","京"爲"麖"之省借,《證類本草》卷十三"紫礦麒麟竭"下引唐本注云:"紫色如膠。作**赤麖**(音京)皮及寶鈿,用爲假色,亦以膠寶物。"例中以"京"給"麖"注音,可證"京""麖"音同,應可通借,故"赤京皮"即"赤麖"之皮。"赤麖"即"麖",形體高大粗壯,皮呈栗棕色,故稱。《唐六典》卷二二"中尚署"條"其所用金木、齒革、羽毛之屬,任所出州土以時而供送焉"下注云:"**赤麖**皮、瑟瑟、赤珪、琥珀……碙石、胡桐律、大鵬沙出波斯及涼州。"《通典》卷一九三波斯:"有大鳥卵,真珠,頗黎,珊瑚,琉璃,瑪瑙……越諾布,金縷織成,**赤麖**皮,熏陸、鬱金、蘇合、青木等香……鹽緑,雌黄。""赤麖皮"爲波斯土貢,屬名貴藥材。敦煌書儀中,或以之爲西域的土特産贈送友人,如P.3637《新定書儀鏡・遺物書》:"初伏鬱蒸,惟動用兼祐。厶常遣。玉簪一、**赤麖**二,西域土毛,謹奉上,檢納爲幸。"由此可知,例(1)所載醫方是用兩指寬、三寸長的赤麖皮與膠熬熔後貼在鼻尖和額頭上,即可治愈。

例(2)中"赤荆"的"荆"也當通"麖",讀音上,《廣韻》二字皆音舉卿切,音同可通;詞義上,唐人多以"麖"皮縫製靴子,如李群玉《薛侍御處乞靴》詩:"越客南來誇桂**麖**,良工用意巧縫成。"詩題中從薛侍御處"乞"得之靴,即以廣西所出麖皮縫製而成。故"赤荆"或即"赤麖",例中代指以赤麖皮製成的靴子,"脚跢赤荆(麖)"言李陵脚上穿着赤麖皮縫製的靴子,蓋以質料代稱成品。

【傳舌】【傳口合舌】

(1) P.3732《佛説提謂經》:"不得瞋怒,不得讒人,不得**傳舌**相鬭,不得媚辭自與,不得私瘓説人長短,不得忘(妄)證人事。"

(2) S.4546《浄度三昧經》卷二:"命在夏,喜妄言、兩舌、惡口、**傳舌**讒人,誹謗聖道,爲土官所録。"

(3) S.2301《浄度三昧經》卷三:"鳥所以著角喙者,平生爲人時,喜口强辭,寬**傳舌**,鬭兩盲。"

(4) P.2348《天尊爲一切衆生説三途五苦存亡往生救苦拔出地獄妙經》:"五逆不孝,及生慈心;**傳口合舌**,迴稱三寶;永斷酒肉,憐念聾盲。"

(5) 龍539《天尊説隨願往生罪福報對次説預修科文妙經》:"或破諸禁戒,及五逆不孝;或**傳口合舌**,謗説出家人。"

(6) 羽459《序聽迷詩所經》:"有人披訴,應事實,莫屈斷。有惸獨男女及寡女婦中(申?)訴,莫作怨屈,莫遣使有怨,實莫高心,莫誇張,莫**傳口合舌**,使人兩相鬬打。"

按:"舌"與"口"本爲發聲的器官,例中代指口舌間談論的言辭、話語。"傳舌"即"傳話",指把甲説的話傳給乙;"傳口合舌"謂傳話中將雙方或多方的言語摻合一處、相互牽扯。例中二詞皆謂搬弄口舌、談論是非。"傳舌"這一用法也見於後代傳世文獻,如清隨緣下士編《林蘭香》卷三:"香兒道:'似我這心直嘴快,必多錯誤。倘遇一言半語,順口説出,知道的只説我有嘴無心,不知道的未必不説我争長論短,再被那**傳舌**的婦女添改增減,以訛傳訛,必至于傷和氣、壞正事而止。'"又卷四:"喜兒道:'有甚不平,只管講講,省得悶在心裏,你看六娘亦不是**傳舌**之人。'"是其例。

【攢玩　攢抏　攢沅　攢伝　攢蚖】

(1) P.2045《南宗定邪正五更轉》:"四更蘭(闌),法身體性不勞看,看則住心便作意,作意還同妄想團(摶);放四體,莫**攢玩**,任本性,自公官(觀看),善惡不思即無念,無念無思是涅槃。"

(2) P.2653《燕子賦》:"燕子忽硉出頭,躬曲(曲躬)分疏:'雀兒奪宅,今見安居。所被傷損,亦不加諸。目驗取實,〔何得稱〕虚!'雀兒自隱欺負,面孔終是**攢沅**。請乞設誓,口舌多端:'若實奪燕子宅舍,即願一代貧寒。朝逢鷹集(奪),暮逢癡(鴟)筭。行即着網,坐即被彈。經營不進,居處不安。日埋一口,渾家不殘。'"

(3) P.2553《王昭君變文》:"侍從寂寞,如同喪孝之家;遣妾**攢蚖**,伏(狀)似敗兵之將。"

按:例(1)中"攢玩",異本S.4634V作"攢抏";例(2)中"攢沅",異本S.214作"攢伝","伝"字辭書不載,當是"沅"之手寫形訛,"攢伝"當作"攢沅"。上舉三例中"攢玩""攢沅"和"攢蚖",蔣禮鴻引《集韻·桓韻》徂丸切"蹔,蹔跃,聚足"及《玉篇·彳部》"𢖍,昨丸切,𢖍䘨,失途貌。䘨,五丸切,𢖍䘨"爲證,認爲"攢蚖"就是"蹔跃",亦即"巑岏""𢖍䘨","遣妾攢蚖"是昭君形容自己欲行不進的樣子,是從裹足不前的意思引申來的;釋"攢沅"爲"奸滑",引宋皇都風月主人《緑窗新話》卷上"楚娘矜姿色悔嫁"條"及嫁歸,乃一村夫,髯鬚滿面難尋口,眉目**鑽玩**不似人"爲例,謂"鑽玩"是難看的意思,和"攢沅"聲音相同,難看則惹人厭惡,奸滑也惹人厭惡,所以一聲分爲兩義;稱"攢玩"與

“任本性”相對,“意思是不要被妄想所束縛,這也和‘聚足’的訓釋是相承的”[1]。例(3)中“攢蚖”,項楚釋云:“同‘巑岏’,失意局促貌。”[2]蔣説將“攢蚖”“攢玩”“攢沅”“巑岏”“儹伭”與“躦跃”“鑽玩”繫聯起來,揭示其音義間的内在聯繫,這是很有見地的;但解釋詞義時,却將“攢蚖”“攢玩”釋爲“縮手縮脚,没精打采”,把“攢沅”解作“奸滑”、“鑽玩”釋爲“難看”,只是從“聚足”“失途”的故訓出發,結合文例,隨文釋義,未能闡明其核心詞義。

正如蔣説所揭示的,“攢蚖”“攢玩”“攢沅”“巑岏”“儹伭”“躦跃”“鑽玩”“攢玩”等,皆爲疊韻聯綿詞。而聯綿詞義存於音,字無定形,或隨宜借字,或涉義换旁,故“攢蚖”等詞,其實都是同一詞語的不同書寫形式,且都由“攢”變聲疊韻而來,其義皆源自“攢”。《集韻·换韻》:“攢,聚也。”“聚”謂聚集、收攏。如BD14666(新866)《李陵變文》:“忽至平川之所,川静草深,李陵報左右曰:‘緣没不**攢身**入草,避難南歸?’將士聞言,一時入草。”唐道世《法苑珠林·六道篇·地獄部》引《佛説觀佛三昧海經》云:“爾時獄卒復驅罪人,從於下隔,乃至上隔,經歷八萬四千隔中,**攢身**而過,至鐵網際,一日一夜乃至周遍阿鼻地獄。”“攢”指聚合,“攢身”即將身體蜷縮起來。“攢身”也可説成“攢形”,S.328《伍子胥變文》:“子胥行至潁水傍,渴乏飢荒(慌?)難進路。遥聞空裏打紗聲,屈節斜身便即住。慮恐此處人相掩,捻脚攢形而暎(映)樹。”言子胥縮攏身體躲在樹後。

具體到上舉“攢玩”“攢沅”“攢蚖”三詞來説,例(1)云“放四體,莫攢玩”,“攢玩”與“放”反義對文,其義顯指聚合、收攏,就“四體攢玩”而言,便是“縮手縮脚”。“縮手縮脚”的姿態,從外貌特徵看即爲瑟縮萎靡,就精神狀態而言則是困頓失意。如南朝梁江淹《横吹賦》:“木斂柯而**攢抏**,草騫葉而蕭瑟。”句中“攢抏”與“蕭瑟”相對,用來描寫樹枝收縮後的瑟縮萎靡狀。例(2)中“攢沅”用來描寫雀兒奪宅心虚,故作正經,緊繃臉面,顯出一副恭敬而瑟縮不安的樣子。其詞也作“巑岏”,《太平廣記》卷二六二嗤鄙“君牧”條(出《玉堂閒話》):“而新牧**巑岏**踧踖,斂容低視,不敢正面對禮生。”句中“巑岏”與“踧踖”近義連言,指局促不安貌,適可比勘;蔣説釋作“奸滑”,似未諦。例(3)中“攢蚖”與“寂寞”對文,復用“敗兵之將”來形容,指萎靡困頓之狀,透露出昭君不爲君知、遠嫁異國的失意和孤寂;項説解爲“失意局促貌”,正得其實。三例中,“攢玩”“攢抏”及

〔1〕 蔣禮鴻《敦煌變文字義通釋》,上海古籍出版社,1997年,75—76、302頁。

〔2〕 項楚《敦煌變文選注》(增訂本),北京:中華書局,2019年,第191頁。項説據柴先生批注增補。

“攢蚖”的詞義,從“縮手縮脚”的具體動作,到“瑟縮不安”的外貌特徵,再到“萎靡困頓”的精神狀態,體現出詞義由實到虚、逐漸加深的引申脈絡。

【髺辟】

BD4264(北8300;玉64)《佛説孝順子修行成佛經》:“太子、妻二人輕馬往詣父國。内門裏,入磨坊中,見母頭如蓬科,面上垢土,手脚**髺辟**,脊背打破,膿血沾着處爛盡。”

按:例中截圖字係“髺辟”之手寫,“髺”爲“鬈”之俗省,“辟”爲“礔”的偏旁移位俗字,句中分别是“皴”“劈”之音借。“鬈”“皴”音近、“礔”“劈”音同,可以通借,“髺辟”即“皴劈”,爲類義複詞,指皮膚皺縮開裂。類似的例子,又如P.3048《醜女緣起》:“渾身一似黑靴皮,雙脚跟頭皴又僻。”其中“皴又僻”即“皴劈”,“僻”亦“劈”之音借,可以比勘。“皴劈”文獻習見,如隋巢元方《諸病源候論》卷三〇“脣口面皴候”:“脣口面皴者,寒時觸冒風冷,冷折腠理,傷其皮膚,故令**皴劈**。”唐般若譯《大乘理趣六波羅蜜多經》卷三不退轉品:“有諸衆生,雖生人道,多受貧窮……日夜驅馳,手足**皴劈**。”皆其例。又可用爲名詞,指褶皺和裂口,如後蜀何光遠《鑒誡録》卷九“夢太白”條:“(張)孜後所吐篇章,悉干教化……有《遇雪》云:‘長安大雪天,鳥雀難相覓。其中豪貴家,搗椒泥四壁……豈知飢寒人,脚手生**皴劈**。’”是其證。

【怛赫】

(1)P.2633劉長卿《酒賦》:“璨然可觀詞賦客,興斂(洽)仗(文)將(章)光**怛赫**。”

(2)P.3781《河西節度使尚書修大窟功德記》:“四王護法,執寶杵而▨(摧)魔。侍從龍天,亦威光而**怛赫**。”

按:例(1)中“光怛赫”,異本P.2555作“光愠赫”;P.2544、P.4994+S.2049作“高坦赫”,後件“坦”字右側旁書“炭”,當係注音。任半塘認爲諸本皆由P.2633“光怛赫”訛來,而“怛”爲“憚”的同音替代,引韓愈《至鄧州北寄上襄陽于相公書》“其文章言語與事相侔,憚赫若雷霆,浩汗若河漢”爲證,稱其句以“憚赫”形容文章之威盛,與歌辭“怛赫”表義正合[1],伏俊連從之録校作“怛(憚)赫”[2]。任校於文意較切,然“憚”字於義無取。竊謂“憚”爲“炟”之音借,“怛”“坦”皆其形訛。“炟”宋徐鍇《説文解字繫傳》

[1] 任半塘《敦煌歌辭總編》,上海古籍出版社,2006年,1783—1784頁。

[2] 伏俊連《敦煌賦校注》,蘭州:甘肅人民出版社,1994年,213頁。

釋爲“火盛”,“炟赫”爲同義複詞,指光明顯赫,如唐張説《唐故夏州都督太原王公神道碑》:“鋭氣入營,長雲出陳。肅將國威,**炟赫**天外。”唐貞元十五年(799)《李璹墓誌銘》:“天與其清,地與其英。世世**炟赫**,以文騰聲。”唐大中八年(854)《鄭賀妻穆楚墓誌銘并序》:“大父寧,官至右庶子……庶子有子四人,曰贊,曰質,曰賞,曰員,皆爲達官,名聲**炟赫**。”宋釋贊寧《宋高僧傳》卷一五《唐湖州八聖道寺真乘傳》:“又章信寺衆僧辟其講發,醉千日者一聽而自醒,迷終身者暫聞而永悟,經宗律柄,兼講無虧,藉甚緇行,**炟赫**京邑。”《資治通鑑·唐文宗太和九年》:“二人(李訓、鄭注)相挾,朝夕計議,所言於上無不從,聲勢**炟赫**。”宋政和元年(1111)《錢慉墓誌銘》:“至君之叔父,更尚主,益貴重,地望**炟赫**冠一時。”皆其例。

敦煌文獻中,“炟赫”或訛作“[illegible]赫”,如S.2512V《第七祖三朝國師大照和尚寂滅日齋讚文》:“大師頤命,印開心地。然則法本無住,化必有緣,艞(䵯)黮慈雲,已垂塞表;**[illegible]赫**佛日,更照流沙。”其中的“[illegible]”,郝春文録作“岨”[1],字形相合,然文意不諧;其字也當是“炟”之手寫形訛。“[illegible]赫”當作“炟赫”,“炟赫佛日”言佛日光明顯赫。另如宋賾藏主集《古尊宿語録》卷四二寶峰雲庵真浄禪師:“上堂,僧問:‘如何是珠?’師云:‘炟赫光明在目前。’”是其證。

【宕】

> P.2316《賢愚經》卷十一:“婆波迦梨起入林中,林中有樹,其刺極利。即取兩枚,各長尺五,持來兄邊。兄眠甚重,一手捉一刺,當其眼**宕**,刺令没刺,收寶而去。”又:“(太子)復前進到梨跋陀國。至於溜**宕**,值五百頭牛來到其邊,有一牛王見於太子,憐敬兼懷,出舌舐之。……爾時太子索(素)多伎能,歌頌文辭,極善巧妙,即於陌**宕**,激聲歌頌,彈琴以和,音甚清雅。”

按:例中“宕”相當於“上”,與其常義有别,習見於北魏慧覺等譯《賢愚經》,如卷七:“(毗舍離)時乘白象,欲出遊戲,門外有塹,既深且廣,於其塹上,有大木橋,時此年少,適到橋**宕**。”又卷九:“(諸王)即嚴象馬,群臣百官,夫人婇女,導從前後,躬迎太子,到于界**宕**。”卷一二:“(彌勒)到大陌上,擎鉢住立……有一穿珠師,偶到道**宕**,見於彌勒,甚懷敬慕。”舊題三國吴支謙譯《撰集百緣經》卷五惡見不施水墮餓鬼緣:“時有女人,名曰惡見,井**宕**級(汲)水,往從乞之。”元魏吉迦夜共曇曜譯《雜寶藏經》卷一蓮花夫人緣:“此婆羅門,常石上行小便,有精氣,流墮石**宕**。”上引例中的“宕”分别用在名詞

---

〔1〕 郝春文等編著《敦煌社會歷史文獻釋録》第十二卷,北京:社會科學文獻出版社,2015年,271頁。

(眼、溜、陌、橋、界、道、井、石)之後,表示方位。其中,“溜宕”的“溜”,《大正藏》本作“澤”;“界宕”的“宕”,P.2316作“上”;“橋宕”的“宕”,唐玄應《一切經音義》卷一二釋云:“徒浪反。**宕,猶上也。高昌人語之訛耳**。”驗之文例及異文,玄應所解應可信從,即“宕”爲高昌方言“上”之音訛。上列八例中,前六例見於《賢愚經》,後二例分别見於《撰集百緣經》與《雜寶藏經》。

據梁僧祐《出三藏記集》卷九《賢愚經記》:“河西沙門釋曇學、威德等,凡有八僧,結志遊方,遠尋經典。於于闐大寺遇般遮於瑟之會。般遮於瑟者,漢言五年一切大衆集也。三藏諸學各弘法寶,説經講律,依業而教。學等八僧隨緣分聽,於是競習胡音,折以漢義,精思通譯,各書所聞。還至高昌,乃集爲一部。既而踰越流沙,齎到涼州。于時沙門釋慧朗,河西宗匠,道業淵博,總持方等,以爲此經所記源在譬喻,譬喻所明,兼載善惡;善惡相翻,則賢愚之分也。前代傳經已多譬喻,故因事改名,號曰《賢愚》焉。元嘉二十二年(445)歲在乙酉,始集此經。”則本經應在445年以後才出現。又據同書卷二新集經論録,《雜寶藏經》是“宋明帝時,西域三藏吉迦夜,於北國以僞延興二年(472),共僧正釋曇曜譯出”,即472年新譯出的。又據日本學者出本充代研究,《撰集百緣經》的出現應晚於《賢愚經》,大概出現在六世紀中葉[1]。從上文所舉“宕”用同“上”的特殊用法來看,《賢愚經》由曇學等八僧在于闐分譯之後,於高昌集成一部,而其中“宕”字總計出現6次,均用同“上”,此蓋玄應所謂“高昌人語之訛”的由來[2];而《撰集百緣經》與《雜寶藏經》中各存1例的“宕”,顯然是受《賢愚經》用語的影響所致。以此而論,舊題三國吴支謙所譯《撰集百緣經》的時間當較《賢愚經》晚出,最早也不會超出公元445年。

【典吏】

(1) P.3608V《賈仇上表》:“今天下蒼生凡有六苦,六苦之患,仍有七去,陛下知之乎?勢豪侵奪,一去也;**典吏**隱欺,二去也;破丁爲兵,三去也……”

(2) P.3622V《文賦體類書·職事章弟七》:“百姓庶人,保頭坊正;村里社官,鄉閭差定……曹司**典吏**,書手給請;折衝果毅,贊府縣令;丞尉主薄(簿),參軍禮

[1] 辛嶋静志《〈撰集百緣經〉的譯出年代考證——出本充代博士研究簡介》,《漢語史學報》第6輯,上海教育出版社,2006年,49—52頁;收入《佛典語言及傳承》,上海:中西書局,2017年,136—141頁。

[2] 柴先生於“高昌方言”處批注:“很重要!與河西地區方言的關係可再探討。”筆者遵此建議,查考了吐魯番文獻中“宕”字的使用,多爲專名用字,如“石宕渠”“石宕鄉”“桃宕”“陶宕”“宕昌”等,另有“手下宕”“蓋宕”之“宕”所指未詳。總的看來,其義應非“上”,而是用來記録“坑洼”的專字。也就是説,吐魯番文書中的“宕”仍用其常義。

敬;司馬長史,别駕覽聽;判官佐理,刺史專政;虞候押衙,驅馳遠聘。"

(3) S.1344《開元户部格》:"里正、佐司、坊正等,隨近驅使,不妨公事者,亦聽。諸司官驅使**典吏**,亦准此。"

(4) S.6537V《大唐新定吉凶書儀》:"凡**典吏**修啓狀,切不得着前人官位、閤下、記室、謹空字。"

(5) P.3487《懺悔文》:"或爲**典吏**,職掌驅馳;上下相通,迴换文薄(簿);因官增剩,省納繁科;畫指搆虚,多請少給;筆頭拗捩,紙上揩搓;官典同情,公私欺負。"

(6) P.4094《王梵志詩・典吏頻多擾》:"**典吏**頻多擾,從饒必莫嗔。但知多與酒,火艾不欺人。"

按:例(6)所引王梵志詩,見於 11 件寫本。其中,P.3266、P.3716V、P.3656、P.4094、S.2710 及日本奈良寧樂美術館藏本等 6 件作"典吏";P.2718、P.3558、S.5794 等 3 件作"典使";S.3393、羽 30 等 2 件作"典史"。項楚據 S.3393 作"典史",釋爲"掌管文案之佐史",謂"别本作'典吏',同"[1],似不可從。"典吏"習見於隋唐時期的出土文獻與傳世典籍,如隋大業十二年(616)《卞鑒墓誌》:"祖察,齊光州録事参軍,督察若神,糾舉疑聖,朝廷不敢犯法,**典吏**無復姦欺。"唐弘道元年(683)《暢昉墓誌》:"皇運之始,仕爲常州晉陵縣令。官寮資其懿範,**典吏**仰其成規。"《唐律疏議》(《四部叢刊三編》影印吴縣滂熹齋藏元刊本)卷六名例"稱主守者,躬親保典爲主守"疏議:"主守謂行案**典吏**,專主掌其事及守當倉庫、獄囚、雜物之類。"例多不贅舉。作"典史"者,則極爲罕見。據查,隋唐石刻中只見"典吏",未見"典史";敦煌文獻中,除《王梵志詩》有異文作"典使""典史"外,其餘皆作"典吏";傳世史籍中,《舊唐書》"典吏"凡 3 見,"典史"無;《册府元龜》"典吏"凡 10 見,"典史"1 見;《資治通鑑》"典吏"1 見,"典史"無;唯《新唐書》無"典吏",作"典史"者凡 4 例,其中兩例史實與《舊唐書》或《册府元龜》同。由此看來,作"典史"者很可能出於編者或刻工之誤[2],故例(6)所引《王梵志詩》當以"典吏"爲是,異本作"使"者蓋"吏"之增旁誤字,作"史"者則當爲"吏"之形訛。

---

〔1〕 項楚《王梵志詩校注》,北京:中華書局,2019 年,405 頁。

〔2〕 柴先生批注:"元、明正史中多有'典史'職官。"筆者檢龔延明《宋代官制辭典》(北京:中華書局,1997 年,134 頁)也只有"典吏",釋作"爲承辦本司事務吏人",亦未見"典史"。元、明正史中的"典史",據《明史・職官志》:"典史,典文移出納;如無縣丞,或無主簿,則分領丞、簿職。"其職掌與唐、宋時期"典吏"之職有别,顯非同一官名。

【點翅】【點羽】【點頭】【點眼】

(1) P.3808《後唐長興四年(933)中興殿應聖節講經文》:"大鵬**點翅**,度九萬里之山河;玉兔騰空,照十千重之宇宙。"

(2) P.2633《十二時》:"夜半子,莫言屈滯長如此。鴻鳥只思羽翼成,**點翅**飛騰千萬里。"

(3) S.4571《維摩詰經講經文》:"比丘僧,羅漢數,雅淡風標人歎譽。公子停車馬上瞻,非(飛)禽**點羽**空中覷。"

按:例(1)中"點翅"之"點",蔣冀騁指出:"依文意當讀爲'展'。'點',端紐,忝韻,'展',知紐,獮韻。由於變文中-m尾與-n尾相混,故二韻音近。又由於方音讀知如端,是二字聲母亦同,故可代用。"並引例(2)(3)爲佐證,認爲其中的"點羽""點翅"即"展羽""展翅"[1]。從讀音來看,"點""展"聲韻皆别;且敦煌文獻中,除"點羽""點翅"外,似亦未見其他"點""展"相通之例,此説似未確。"點翅"一詞,傳世典籍不乏其例,如宋蒲積中《歲時雜詠》卷一〇載梅堯臣《春社》詩:"燕子何時至,長皋**點翅**斜。"清和瑛《易簡齋詩鈔》卷一《黄溢浦渡江遇風》詩:"遠檣出没隔蓬島,駛如**點翅**蜻蜓巧。"其中"點翅"皆指翅膀向下微動,與"展翅"義别。"點"表示"向下微動",乃其常義。文獻中類似的詞語,還有"點頭""點眼"。如:

(4) ф252《維摩詰經講經文》:"或時作隊,或即成群,無目者以杖前行,瘖瘂(喑啞)者**點頭**似語。"

(5) P.2292《維摩詰經講經文》:"維摩見問,微笑**點頭**,能如此問吾,大是聰明童子。"

(6) P.3808《後唐長興四年(933)中興殿應聖節講經文》:"可憎猧子色茸茸,擡舉何勞餧飼濃。**點眼**憐(憐)伊啚(圖)守護,誰知反吠主人公。"

(7) S.6537V《文樣·放妻書》:"今請兩家父母、六親眷屬,故勒手書,千萬永别。忽有不照驗約,倚巷曲街,**點眼**弄眉,恩(因)尋(循)舊事,便招解脱之罪。"

上引前二例中"點頭"指頭向下微動,表示領會、贊許等;後二例中"點眼"謂眼皮向下微動,以眉目傳情,表示憐愛。傳世文獻亦多有其例,如唐李靖《李衛公問對》卷上:"臣教之以陣法,無不**點頭**服義。望陛下任之無疑。"宋道原《景德傳燈録》卷一八福州玄沙師

---

〔1〕 蔣冀騁《〈敦煌變文集〉校讀記(下)》,收入《敦煌文獻研究》,長沙:湖南師範大學出版社,2005年,70頁。

備禪師:“有一般坐繩床和尚,稱爲善知識,問着便動身動手,**點眼**吐舌瞪視。”由此看來,以“點”之常義“向下微動”解“點翅”,文意順適,無煩校讀。

【⿰衤屯項】【囤項】

(1) P.2609《俗務要名林·戎仗部》:“⿰衤匕項,上徒本反,下紅講反。”

(2) P.3841V《開元間州倉粟麥紙墨軍械什物曆》:“貳拾玖事**囤項**,並鐵。”

按:例(1)中截圖字杜朝暉録作“⿰衤匕”,稱“⿰衤匕項”即頓項,“⿰衤匕”音“徒本反”,故當校作“⿰衤屯”,“⿰衤屯”即“囤”或“頓”的换旁俗字,因“頓項”穿於身上,故而又從衣。“頓項”是鎧甲中保護脖頸的部分,常與兜鍪連爲一體[1]。杜説關於文字的識讀及詞義的解釋大抵近是,然於“⿰衤屯”與“頓”之間的字詞關係及“頓項”之獲義之由則語焉不詳或存有疏誤,有待進一步考索。

竊謂截圖字爲“⿰衤乇”之俗訛,“⿰衤乇”又是“⿰衤屯”字俗書,“⿰衤屯”則係“屯”之涉義增旁俗字(因鎧甲屬衣類,故增衣旁)。“屯”可指屯聚、守衛,《左傳·哀公元年》“夫屯晝夜九日”陸德明釋文:“屯,守也。”“屯項”即護項,作“頸鎧”之稱,乃因其職用而得名。唐道宣《續高僧傳》卷二五釋轉明:“大業九年,以緋裹額唱賊而走,時人以爲徵兆也。及梟起逆,諸軍並著**屯項**、袹頞,如其相焉。”“袹頞”即“抹額”,“屯項、袹頞”爲類義連言。又《南華真經·説劍》“然吾王所見劍士,皆蓬頭突鬢,垂冠,曼胡之纓,短後之衣”成玄英疏:“曼胡之纓,謂**屯項**、抹額也。”《續高僧傳》的“屯項”,可洪《音義》卷二八引作“乇項”,釋云:“上徒魂反,聚也,宜作囤字呼,項鎧也,甲屬也。”“乇”即“屯”之俗寫,可洪釋“屯項”爲“項鎧”,甚是。文獻中,“屯”或受下字“項”影響而類化增旁作“頓項”,如宋曾公亮《武經總要前集》卷一三:“右有鐵、皮、紙三等,其制有甲身,上綴披膊,下屬吊腿,首則兜鍪、**頓項**。”明唐順之《武編前集》卷六邊軍勞苦:“各邊軍士役戰,身荷鎖甲、戰裙、遮臂等具,共重四十五斤。鐵盔、腦蓋重七斤,**頓項**、護心鐵、護脅重五斤……”明吴承恩《水滸傳》第七七回:“且説敗殘官軍將次捱到濟州,真乃是頭盔斜掩耳,**頓項**半兜腮,馬步三軍没了氣力,人困馬乏。”皆其例。“屯項”文獻中又稱“固項”“護項”,宋朱輔《溪蠻叢笑》“固項”條:“牛(朱)漆牛皮以護頭頸,名**固項**。”元陶宗儀《南村輟耕録》卷八“志苗”條:“固脰以獸皮曰護項。”“屯項”“固項”“護項”皆謂保護頸項,“屯”“固”“護”皆取其保護、護衛之義。是“屯項”指防護頸項的鎧甲,常與兜鍪連爲一體。

[1] 杜朝暉《敦煌文獻名物研究》,北京:中華書局,2011年,391—392頁。葉嬌也有類似的解説,參《敦煌文獻服飾詞研究》,北京:中國社會科學出版社,2012年,251—253頁。

上引《武經總要前集》中不僅稱首鎧有"兜鍪、頓項",而且還附有二者相連成套的插圖,如下附圖所示。

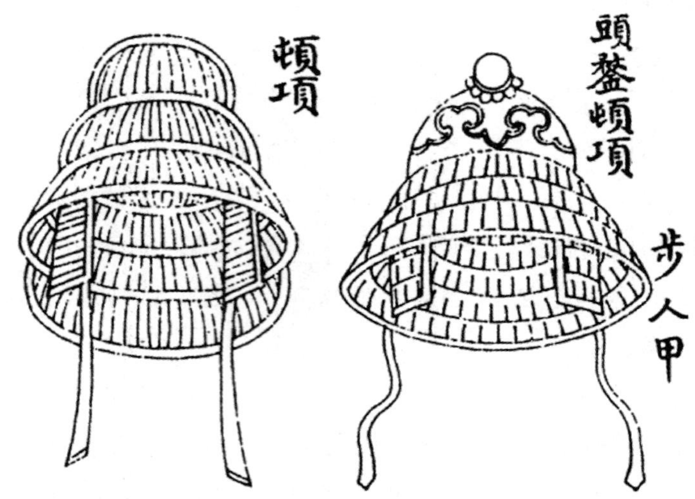

《文淵閣四庫全書》本《武經總要》前集卷十三器圖(右圖上"兜鍪",下"頓項")

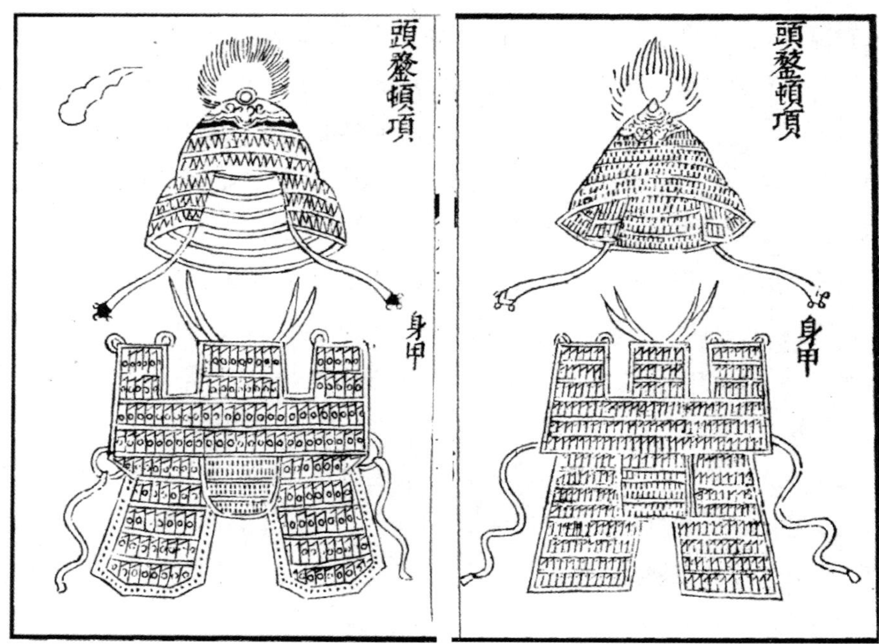

明萬曆二十七年金陵書林唐富春刻本《武經總要》前集卷十三器圖(二圖皆上"兜鍪",下"頓項")

例(2)中"囤項"當作"屯項","囤"通"屯",二字皆爲定紐魂韻,音同可通。上文所引可洪《音義》稱"屯項"的"屯""宜作囤字呼",亦可證。

綜上,其詞本作"屯項","屯"指"護衛","屯項"即"護項",指保護頸項的鎧甲,此即其獲義之由。"屯項"或涉義增旁作"衶項",或音借作"囤項",後又類化增旁作"頓項",然皆"屯項"一詞的不同記録形式。

【墮負】

P.2931《阿彌陀經講經文》:"何幸得陪高論,慶喜至心不盡。何異擲石成金,有似抛{專}磚之分。想料非吾底(抵)對,**墮負**誓不相恨。"

按:"墮負"指輸、失敗,文獻常見〔1〕,如唐玄奘述、辯機纂《大唐西域記》卷八摩羯陀國上"建犍椎聲窣堵波"條:"提婆曰:'夫犍椎者,擊以集衆。有而不用,懸之何爲?'王人報曰:'先時僧衆論議**墮負**,制之不擊,已十二年。'"唐義淨譯《根本説一切有部毗奈耶經》卷二五:"城中有人能摧彼論,我等諸人亦非**墮負**。"宋劉弇《龍雲集》卷一九《代上鍾離朝儀書》:"雖無效驗,間自發耀,然亦天幸,少所**墮負**。""墮負"在早期的漢譯佛經中多作"墮負處",言落入失敗的境地。如劉宋求那跋陀羅譯《雜阿含經》卷六:"我向所説,得無過耶?將不謗謗世尊耶?不爲他人難問、詰責、**墮負處**耶?"北魏般若流支譯《正法念處經》卷九:"若生人中同業之處,數數都諍,常**墮負處**。"梁真諦譯《無上依經》卷下:"若執常見沙門婆羅門,便能制伏令**墮負處**。"不難看出,"墮負"爲佛教語詞,蓋由"墮負處"等類似的表達省略固化而成。

【傍蟹】【螃蚚】

(1) S.2438(1)《道醫絶穀醫方》:"□**傍蟹**八牧(枚),上好酒半升,▨(古)▨▨▨(蟹)▨末和□肉身,日行萬里,奔馬趁不及。"

(2) S.3702V《雜緣喻因由記》:"有一婆羅門修行,到路上,見一**螃蚚**,陸地無水,乾死。婆羅門慈,撿取,着濕葉裹之,掛着干(竿)頭上。行到中路,卧睡,遂逢老鵶、蛇,爲兄弟。見婆羅門睡着,被蛇嗽蜇,鵶喫眼精,**螃蚚**絞項……婆羅門活來,喚取螃=蚚=(螃蚚。螃蚚)見此活來,遂却放項。婆羅門覺來,向人説上之事。婆羅門言:'狗(苟)不合行,難救**螃蚚**。'"

按:例(1)中"蟹"或作"蠏"。《説文·虫旁》:"蠏,有二敖八足,旁行。"《廣韻·唐

〔1〕 柴先生此處批注:"可徵引,《大唐西域記》中多例,如'徵議墮負''論義墮負'。"兹據徵引其中"論義墮負"例。

韻》:"蟧,蟧蟹。本只名蟹,俗加蟧字。"隋達摩笈多譯《起世因本經》卷二轉輪王品:"時主藏臣聞王敕已,即袒右臂,便以右膝,著船板上,手攪海水,指如蟧蟹,多撮金銀,滿諸瓮中,安船板上,奉上轉輪王。"其中的"蟧蟹",慧琳《音義》卷五三引作"傍蟹"。《周禮·梓人》"却行仄行"鄭玄注"仄行,蟹屬"賈公彥疏:"今人謂之旁蟹,以其側行故也。""側行"即"旁行","旁蟹"以其"旁行"而得名,"旁、側"義唐代多以"傍"爲之,故其詞多作"傍蟹";宋以降文獻多作"旁蟹"或"蟧蟹"。《祖堂集》卷一七:"下岸稻總被蟧蠏喫却。"宋吕本中《東萊集》卷一〇詩題"謝新酒蟧蟹","蟧蠏"即"蟧蟹"。清翟灝《通俗編·禽魚》"旁蟹"條云:"語義當正作'旁',今字從虫,疑是後人率加。《埤雅》云:蟹旁行,故里語謂之旁蟹,可證。"例(2)中截圖字爲"蚒"字手寫,其字從虫、行聲,當楷定爲"蚒"。例中"蟧蚒"爲一種水生動物,疑即"旁行"的涉義增旁字。"旁行"者,側行、横行也,水生動物以"旁行"爲特徵者即"蟧蟹","蟧蚒"或爲"蟧蟹"之别稱,因其"旁行"而得名。讀音上,"蚒"(匣紐庚韻)與"蟹"(匣紐蟹韻)聲同、韻爲對轉,二字音頗近,"蟧蚒"亦可能爲"蟧蟹"之音轉。

"蟧蟹"爲詞,較早見於唐代文獻,P.2609《俗務要名林·魚鱉部》:"**蟧蟹**,薄郎反,胡買反。"日本天理圖書館藏《石室遺珠·醫牛方》"熱風入心"載又方:"煮取濕氈果(裹)角上,差。**蟧蟹**二枚,寒水石、朴消各二兩,末;麻子汁三升,和藥末,一灌立差。"《南華真經·外篇·秋水》"還虷蟹與科斗,莫吾能若也"唐成玄英疏:"蟹,小**蟧蟹**也。"唐范攄《雲谿友議》卷下"雜嘲戲"條載:"《詠**蟧蟹**呈浙西從事》,皮日休:'未游滄海早知名,有骨還從肉上生。莫道無心畏雷電,海龍王處也横行。'"皆其例。

【僻仗使】

> P.3723《記室備要》卷中:"賀**僻仗使**:厶官德行端明,學識宏邃,久膺殊寵,夙著嘉聲,常懷卑杖之仁,益茂謙柔之道。今者統親戎之貔(貔)虎,**僻密仗**之戈鋋;威耀禁中,聲馳閫外。"

按:"僻仗使",唐代墓誌中多省稱"僻仗",如唐元和元年(806)《楊良瑶神道碑》標題爲"唐故右三軍**僻仗**、太中大夫、行内侍省内給事、賜紫金魚袋、上柱國、弘農縣開國男、食邑三百户楊公神道碑銘並序",誌文稱永貞元年(805)"夏五月,以本官領右三軍**僻仗**"。唐元和十四年(819)《姜子榮墓誌》:"烈考諱進誠,皇朝議大夫,靈武、醴泉、普潤等監軍使,左三軍**僻仗**,上柱國,賜紫金魚袋,贈右監門衛將軍。"唐大和三年(829)《趙愛墓誌》:"有子三人……次曰輔弼,肅參環衛,職列崇班……任左龍武軍**僻仗**押衙、朝議郎、試太子賓客、兼監察侍御史、上柱國、賜紫金魚袋。"唐咸通五年(864)《楊玄略墓誌》:"至(大中)五年三月,除左**僻仗**。提騎警巡,嚴整環衛。文陛嘗推於六德,武備咸依於六韜。""僻"字傳世文獻多作"闢"或"辟",偶爾亦作"僻"。如《唐律疏議》卷七衛禁"宫殿作罷不出":"若於**闢仗**内誤遺兵仗者,杖一百。"疏議曰:"**闢仗**之内,人皆出盡,所有兵器,亦不合留。或有誤遺兵仗者,合杖一百。"《册府元龜》卷六六五:"憲宗元和中,始置樞密使二人。後有左右三軍**闢仗使**。"唐佚名《大唐傳載》:"貞元十二年六月乙丑,始以竇文場爲左神策護軍中尉,霍仙鳴爲右神策護軍中尉,其日又以張尚進爲神武中護軍。左右**辟仗使**之始也。"《唐會要》卷七二京城諸軍:"(元和)十三年(818)四月,内出印六紐,賜左右三軍**辟仗使**。舊制,内官爲六軍**辟仗使**,監視刑賞,奏察違謬,猶外征方鎮之監軍使。……龍武軍既闕帥,由是命**辟仗使**主軍,印異於事,其軍之佐史,或抗言以論,或移疾請告,於是特賜**辟仗使**印,俾專事焉。"《資治通鑑·唐憲宗元和十三年》:"(四月)戊辰,内出廢印二紐,賜左、右三軍**辟仗使**。"胡三省注:"龍武、神武、羽林三軍各分左、右。"上揭引例中的"僻""闢""辟"三字,敦煌寫本和墓誌文獻皆作"僻",宋以後刻本文獻則多作"闢""辟"。此字蓋本作"僻"。《説文·人部》:"僻,避也。從人,辟聲。《詩》曰'宛如左僻'。"所謂"僻仗","僻"指避開、回避,"仗"指兵器,"僻仗"就是指皇帝出行時相關區域實行戒嚴,不得出現兵戈等凶器,即《唐律疏議》所説的"闢仗之内,人皆出盡,所有兵器,亦不合留","僻仗使"就是負責清道和戒嚴的官員。但到了唐宋以後,"僻"指避開的本義,只出現在字典中,實際生活中已不再使用了。於是後人傳抄或翻刻時,就自覺或不自覺地把"僻"改成了符合實際語言的"闢"或"辟"。《資治通鑑·唐太宗貞觀二十年》:"上嘗幸未央宫,**辟仗**已過,忽於草中見一人帶横刀,詰之,曰:'聞**辟仗**至,懼不敢出,**辟仗**者不見,遂伏不敢動。'"(其中的"辟"《册府元龜》卷五六二作"僻")胡三省注:"辟仗者,衛士在駕前攘辟左右,止行人,所謂陳兵清道而後行也。辟,音闢。"胡三省《資治通鑑釋文辨誤》卷九亦云:"史炤釋文曰:辟,匹亦切,執兵仗以辟行人。余謂炤釋義是而音非。'辟'讀爲'闢',若匹亦切,則讀如'僻'矣。"宋朱熹《通鑑綱目》卷四八"賜六軍辟仗使印"條:"舊制以宦官爲六軍辟仗使,如方鎮之監軍,無印。及張奉國等得罪,至是始賜印,得糾繩軍政,事任專達矣。"元王幼學《集覽》:"辟仗使,官名也。辟,匹亦反。"明陳濟《正誤》:"辟仗使,今按六軍辟仗使,如方鎮之監軍使,監視刑賞,奏察違謬,'辟'如《孟子》'行辟人'之'辟',當音'闢'。"宋以後刻本作"辟""闢"的不同,釋讀者"辟"字讀音的歧異,就是後來改字造成的混亂。

綜上所述,"僻仗使"屬皇帝出行時負責清道和警衛工作的使職,爲唐内諸司使之一,多由宦官充任。唐代出土文獻中,其詞皆作"僻仗",指避開、回避兵仗。宋以降的刻本文獻中,“僻”字多作“闢”“辟”,或因不明“僻”之本義而改。《漢語大詞典》以“闢仗”立目,釋爲“唐時貯放兵器的地方”,非是。

又,宋沈括《夢溪筆談》卷一:“大駕鹵簿中有勘箭,如古之勘契也。其牡謂之‘雄牡箭’,牝謂之‘闢仗箭’。”宋歐陽修《太常因革禮》卷二一總例二十一“勘箭勘契”條作“辟仗箭”。所謂“闢仗箭”或“辟仗箭”,是指僻仗官所持出入宫殿、城門以備勘合之箭,可參。

【偏次】

(1) S.4511《結壇散食文》:“所以倍加懇意,種今身後世之良緣,年年而**偏次**安壇,件件别捨珍玩。今於三春肇律,四序初開,選歲首之加(嘉)晨,奉先願而姿(資)福,是以掛真容於内閣,結神壇於寶臺,守浄戒於三晨(辰),供齋僧而二七。”

(2) S.1366《使衙油麪破曆》:“南城上**偏次**賽神,用神食十九分,灌腸麪三升,燈油一升。”又:“東城上**偏次**結〔壇〕,中間三日,供僧七人,并每日沿檀(壇)佛聖,計胡并(餅)四十六枚,蒸餅四十六枚,饊飥三十九枚,餢飳九十二枚,㦘飥及并(餅)麪七斗七升,點鐺油一升,燈油三升,餢飳麪一斗,油一升,計用麪一石八斗八合,油一斗一升八合。”

(3) P.2032V《浄土寺食物等品入破曆》:“麻壹碩柒斗,春秋佛食料及春**偏次**轉經神佛料入。”

(4) S.4705《某寺諸色物破曆》:“□十枚,酒一斗,又西宅**偏次**狗□”

(5) P.3160V《辛亥年押衙宋遷嗣呈内宅司牒》:“伏以付佛奴**偏次**樫伍束,付佑慶壹束,付員富洗衣兩束。”又:“廿九日,付佛奴**偏次**伍束,付元富壹束。”

(6) S.2474V《宋太平興國五年至七年(980—982)油麪破曆》:“斫椽,木匠麪四斗,又**偏次**麪四斗。”

(7) S.1366《使衙油麪破曆》:“十四日,支公主阿磨**偏次**麪五斗。”

(8) 敦研1《歸義軍衙府酒破曆》:“同日,甘州使**偏次**酒壹瓮。”

按:上揭例(1)—(5)中的“偏次”指偏舍、旁屋。考“次”可指住所,《禮記·檀弓上》:“曾子與客立於門側,其徒趨而出。曾子曰:‘爾將何之?’曰:‘吾父死,將出哭於巷。’曰:‘反哭於爾次。’”鄭玄注:“次,舍也。”故“偏次”當指區别於正房的旁屋,如廊屋、廡舍等。慧琳《音義》卷六六《集異門足論》第八卷音義:“廳房,上逷丁反,下牙賈反。今河東人呼廳爲房也。《廣雅》云‘房,南行偏舍也’,鄭注《禮》云‘廡也’。”可知“偏次”即偏舍。如宋李大均《鄉儀·賓儀十五》“往見進退之節”:“見長者,門外下馬,以刺授將命者，無將命則自命僕人展刺；燕見則使人白之，乃俟乎外次。無外次及雨雪，則俟于廊廡下或廳側**偏次**。主人出迎則趨揖之；告退則降階，出門上馬。……見敵者，門外下馬，俟于廊廡，有雨雪則廊廡或廳側**偏次**以俟命。僕人展刺，燕見則白之主人，出迎則進揖之，告退則就階上馬。"例中所述拜見長者和會見年德相當者的儀節中，規定在會見主人之前，需於"外次"等候，無"外次"或逢雨雪天，則候於"廊廡下或廳側偏次"。其中的"外次"，類似於門外的接待室，如"門房"之類；"偏次"則是廳堂旁側的房舍。以此類推，上引例中的"南城上偏次""東城上偏次""西宅偏次"皆謂某處偏舍；"付佛奴偏次/樫伍束"言付給佛奴的偏舍伍束樫。敦煌籍賬文書中除"偏次"外，還有"偏佛堂"，也用"偏"修飾"房舍"類名詞，如 S.1053《丁卯至戊辰年某寺諸色斛斗破曆》："蘇貳勝貳〔□〕，**偏佛堂**上屋泥用。"可以比參。

"偏次"除用爲名詞，指"偏舍、旁屋"之外，還可用爲形容詞，指（質量）次等的。"偏次"，顧名思義，即非中間的、次要的，如唐李石《司牧安驥集》卷三偏次黄第十五："**偏次**黄病要看詳，忽覺毉家心早忙。或在胸前或在膊，項邊脊畔出非常。夫馬**偏次**黄者，因爲久飲濁水，并夏不灌舀（臽-啗），多日積邪，熱在於心肺之間，故邪毒散出爲黄也。"例中的"偏次黄"是馬所患的一種由炭疽桿菌引起的急性傳染病[1]。這種病之所以稱"偏次黄"，是因其患處只在胸前、肩膊、項邊、脊畔，而這些部位又都處於非正中、次要的位置。可見，"偏次黄"中，"偏"爲不正，"次"指非首要，"偏次"爲同義複詞，意爲"非正中、次要"。由此引申，"偏次"又可表示"次等的"，上揭敦煌文書中例(6)—(8)中的"偏次"即其例，其中的"偏次麪""偏次酒"皆謂質量次等的麪和酒。

【期壽】

P.3824《佛説延壽命經》："爾時佛在香花國時，與比丘、比丘尼、優婆塞、優婆夷七萬七千人俱，有比丘名難達，**期壽**欲中（終），從佛求延命。"

按：例中"期壽"費解。考佛教或以"一期"指一生，如 S.1441V《文樣・三周》："豈謂風燭**一期**，光馳千日，孝等懷恩罔極，禮制有期，茅苫欲除，繐帳將卷。"S.2583V 背《文樣・亡夫文》："是知時來即往，緣散心離，**一期**恩愛已終亡，百歲歡悮（娛）而定威（戚）。"P.4638《大潙警策》："雖乃**一期**趁樂，豈知樂是苦因。"其中的"一期"皆指一生一世，故疑"期壽"爲"一期壽"或"一期壽命"之省，意謂一生的壽命。南朝陳真諦譯

〔1〕 唐李石等編，鄒介正、和文龍校注，李群、陳少華、王銘農參校《司牧安驥集校注》，北京：中國農業出版社，2001 年，168 頁。

《解節經》過覺觀境品第二："法上！譬如有人，盡**一期壽**，恒食苦味，復能覺觀、比度、憶持蜜等甜味，無有是處。"隋灌頂《大般涅槃經玄義》卷上："故經言'意生身'者，雖無**一期壽命**，但有念念生滅，名爲變易，故言'意生身'。"P.2077 曇曠《大乘百法明門論開宗義決》："見世施主，**一期壽命**，恒行布施，從此命終，生下賤家，貧窮匱乏。"〔1〕皆其例。

【其祥】

ф223《十吉祥》："弟八，'馬生騏驎'者，聖母將誕，文殊**其祥**入夢，睹神驥而卓異，狀龍廏之騰驤。"

按：例中"其祥"，以往的整理本皆照録。句中"其"當讀爲"奇"，"其"（群紐之韻）與"奇"（群紐支韻）聲同韻近，可以通借。敦煌文獻中，"其"常借作"奇"，如 S.2073《廬山遠公話》："經聲歷歷，法韻珊珊，大衆睹此**其希**，聽衆言[其]罕有。"P.2324《難陀出家緣起》："其妻容貌衆皆知，更能端正甚**希其**。"二例中"其"皆用爲"奇"之借字。故"其祥"即"奇祥"，指神奇、靈異，文獻習見，如 BD3024（北 8437；雲 24）《八相變》："大王有（道）：'夫人産生，乃出**奇祥**太子，生下便語。口稱唯尊，天上人間，獨我無勝。固（故）請仙哲，占相斯人。'"東晉王嘉《拾遺記》卷一"顓頊"條："及顓頊居位，**奇祥**衆祉，莫不總集，不稟正朔者越山航海而皆至也。"《南齊書・州郡志上・越州》："宋泰始中，西江督護陳伯紹獵北地，見二青牛驚走入草，使人逐之不得，乃志其處，云'此地當有**奇祥**'。啓立爲越州。"唐杜甫《洗兵馬收京後作》詩："寸地尺天皆入貢，**奇祥**異瑞争來送。"皆其例。"奇祥"一詞，古書常見，《漢語大詞典》未收，可據增補。

【愆纏】

P.3727《正月廿日沙門道會上軍事吕都知、陰都知狀》："孟春猶寒，伏惟軍事吕都知、陰都知等尊體起居萬福。……今緣合有重信，伏且各自公務**愆纏**，不及排備。"

按：例中截圖字爲"愆纏"之俗寫變體；"愆"又係"牽"之音借，"愆"（溪紐仙韻）與"牽"（溪紐先韻）聲同韻近（《廣韻》仙、先同用），可以通借，如 S.4629《文樣・患文》："謹將微尠，懺滌前**牽**；伏願慈悲，希誰（垂）迴向。"例中的"牽"即當讀同"愆"，"前牽"即"前愆"，指以往犯下的過錯。故"愆纏"即"牽纏"，指"拘束，牽絆"。"牽纏"此義，文獻習見，如 S.5660V《朋友書儀》："雖然遼遠，夙夜盈懷，欲往延參，**牽纏**有□。"P.4895

〔1〕 柴先生例中"一期壽命"處批注："一期之壽。如作'期盼之壽'呢？"筆者將"期壽"解作"一期壽命"之省，是考慮到"期壽"一詞引自《佛説延壽命經》，這是一部篇幅較短的疑僞經，而疑僞經的用詞大多據翻譯佛經改造而來，譯經中未見"期壽"，但却習見"一期壽命"的表述，故有此疑。

《佛家詩曲集》:"去住任意自在,不爲煩惱牽纏。"又云:"不捨世事無**牽纏**,有爲生活被留連。"P.2150曇曠《大乘起信論略述》卷下:"世間事務所**牽纏**者,此顯所起煩惱障也。"姚秦筏提摩多譯《釋摩訶衍論》卷八:"復次若人雖修行信心,以從先世來多有重罪惡業障故,爲魔邪諸鬼之所惱亂,或爲世間事務種種**牽纏**,或爲病苦所惱。"皆其例。

【槍枷】

P.3627《漢將王陵變》:"陵母遂乃喫苦不禁,撲却**槍枷**如(而)倒,一手案聲(身),一手按地,仰面向天哭'大夫嬌子王陵'一聲。"

按:"撲却槍枷如(而)倒"句,與之相應的韻文作"撲枷卧於槍下倒,失聲不覺唤嬌兒","枷""槍"似爲兩物。或許正因爲如此,黄征、張涌泉才將句中的"槍枷"斷讀作"槍、枷"〔1〕。那麽,"枷""槍"之間究竟是什麽關係,它們是一物還是兩物?竊謂"槍枷"爲偏正關係,指形如槍的長枷。"枷"作爲拘束囚犯頸部的刑具,唐五代時期,其形制主要有兩種:一、由長度相同的兩塊木板拼合成的"盤枷";二、由一長一短的兩塊木板拼合而成、長板下端逐漸縮小如柄狀的"長枷"〔2〕。據《天一閣藏明鈔本天聖令校證》中復原的唐《獄官令》:"諸枷長五尺以上、六尺以下,頰長二尺五寸以上、六寸以下,共闊一尺四寸以上、六寸以下,徑三寸以上、四寸以下。"〔3〕文中"枷"和"頰"分别指構成枷的長板和短板,"共闊一

S.3961《十王經》之"第二七日過初江王"殿圖中之"槍枷"與"盤枷"

〔1〕黄征、張涌泉《敦煌變文校注》,北京:中華書局,1997年,70頁。

〔2〕劉可維《敦煌本〈十王圖〉所見刑具刑罰考——以唐宋〈獄官令〉爲基礎史料》,《文史》2016年第3輯,139—140頁。

〔3〕天一閣博物館、中國社會科學院歷史研究所天聖令整理課題組校證《天一閣藏明鈔本天聖令校證》下册,北京:中華書局,2006年,635頁。

尺四寸以上、六寸以下”説的是拼合後枷的總寬度,“徑”指枷的上部用以容納刑犯頸項的圓孔的直徑。前頁右下的附圖爲 S.3961《十王經》中所載“第二七日過初江王”殿下所配“二七亡人渡柰河,前郡(群)萬隊涉洪波”的畫圖。其中的三個亡人,居中者所戴爲“盤枷”,枷、頰長度相同;兩側者戴的是長枷,枷的長度較頰長出近一倍,長出的部分稱“枷梢”,其末端逐漸變細,形如“槍”。這種外形像槍的長枷,應即變文所謂“槍枷”。P.2718《茶酒論》:“不免求首杖子,本典索錢。大枷搕項,背上**拋椽**。”“背上拋椽”指背上拖着長長的枷梢,此“大枷”或即頰板較長、末端形如柄狀的“槍枷”。

【染滯】

(1) P.2795《太玄真一本際經》卷三聖行品:“其中衆生,多造惡行,偷盜傷殺,具諸不善,貪著諸見,不識正道,**染滯**我人,封埶(執)耶(邪)行,起貪恚癡。”

(2) P.2561《太玄真一本際經》卷四道性品:“於如是心,不生分别,決定清浄,直達邊底,無有**染滯**。”

按:“染滯”主要見於南北朝以降的道教、佛教文獻,意爲“沉迷,固執”。如南朝齊顧歡《道德真經注疏》卷五“百姓皆注其耳目”疏:“河上公作‘注’,諸本作‘淫’。淫者,**染滯**也。顛倒之徒,迷没世境,縱恣耳目,滯著聲色,既而漂浪長流,愆非日積,聖人愍其困苦,故顯其病。”梁僧祐《出三藏記集》卷五長安叡法師喻疑第六:“三藏祛其**染滯**,《般若》除其虚妄,《法華》開一究竟,《泥洹》闡其實化。此三津開照,照無遺矣。”顧歡注中的“滯著”即“染著”,“染滯”爲同義複詞,指沉迷、執著。也可倒序作“滯染”,唐杜光庭《太上靈寶玉匱明真大齋言功儀》:“奉爲某懺謝九玄億世、宗廟先靈。前身所有,**滯染**塵緣,積諸障累,恐未能於昭徹,或尚致於冥行。仰仗天恩,咸希開釋。離諸染著,頓悟真常。”例中“滯染”與“染著”前後相承,表義近同。

【任染】

S.5643《[定乾坤]》曲子:“▭▨塞元(垣)征戰幾時休。罷風流。汝家夫□□□▨。**任染**已經秋。”

按:例中“任染”爲雙聲疊韻聯綿詞,其義存於聲,不限形體,“任染”當同“荏苒”,二者爲同詞異寫,指時光漸漸流逝。“荏苒”此義,文獻習見,如大谷 2835《長安三年(703)三月停逃户文書》:“沙州力田爲務,小大咸解農功。逃迸投詣他州,例被招攜安置……爲客脚危,豈能論當。**荏苒**年序,逡巡不歸。”P.3591V《隨使押衙充臨河鎮使程丞狀》:“去歲略伸(申)頂謁,倏忽而早換星華;今日特辱芳緘,**荏苒**而事縈南北。”P.4092《新集雜别紙》:“倏忽睽違,**荏苒**星琯;空切傾翹之懇,竟乖雲霧之披。”P.2497

《文樣·妣》:"孝等自云:弟子無感幽祇,早纓酷罰,偏露如昨,**荏苒**逮今。銜恤銜哀,日深日遠,浩想濟扶,匪逾福門。"唐歐陽詢《藝文類聚》卷三八引魏丁廙妻《寡婦賦》:"痛存没之異路,終窈漠而不至。時**荏苒**而不留,將遷靈以大行。"皆其例。

(作者單位:張小艷,復旦大學出土文獻與古文字研究中心;
郜同麟,中國社會科學院文學所;張涌泉,浙江大學古籍研究所)

《敦煌吐魯番研究》第二十二卷
2023 年,171—183 頁

敦煌寫卷 S.1170 補校及定名*

楊祖榮　陳心怡

S.1170 號敦煌寫卷,記載了寺院舉行的論義活動及問難者設難問疑前的啓論内容。劉銘恕、施萍婷擬題《釋門雜文》[1],《英藏敦煌文獻(漢文佛經以外部分)》擬題《書儀新鏡》[2]。郝春文《英藏敦煌社會歷史文獻釋録》第五卷從李正宇之説,擬題爲《某都講設難問疑致敬語》,並首先對此卷釋録(下稱"郝校")[3]。方廣錩《英國國家圖書館藏敦煌遺書》收録圖版,並在條記目録中詳盡介紹。其録文(下稱"方校")多從郝校,但也有不同之處,可兹參考。對於定名,方廣錩認爲 S.1170 號遺書由兩紙綴接而成,由啓論者的語氣推斷此兩紙所抄原非同文獻,分别用於不同場合。前一紙爲佛教内部舉行論議時,都講或發難人進行設難問疑之前的啓論文,擬題爲《佛教論義發難啓論文》。後一紙爲佛教與道教相互論議時,佛教方面的某僧人進行設難問疑之前的啓論文,擬題爲《佛道論義僧人發難啓論文》[4]。侯沖將其歸入敦煌論義文獻[5]。

該卷爲楷書殘卷,凡存 35 行,每行 19—24 字不等。卷面有較大殘損,局部有模糊之處,疑有拼接,起"厥今龍象大德",尾斷,訖"□須引經論",文無句讀。因卷面模糊,文字拙樸,雖已有郝、方兩份優秀校録,但在個别文字和句讀上仍有進一步討論的餘地。尤其與 P.2770V、P.2807 的相似性,既可互勘,補校文字,又有助於進一步判斷

* 本文爲國家社科基金重大項目"敦煌佛教文學藝術思想綜合研究(多卷本)"(19ZDA254)的階段性成果。寫作過程中得上海師範大學曹凌博士的諸多提點,及評審專家的寶貴意見,在此謹致謝忱!

〔1〕 敦煌研究院編,施萍婷主撰稿,邰惠莉助編《敦煌遺書總目索引新編》,北京: 中華書局,2000 年,36 頁。

〔2〕 中國社會科學院歷史研究所、中國敦煌吐魯番學會敦煌古文獻編輯委員會、英國國家圖書館、倫敦大學亞非學院合編《英藏敦煌文獻(漢文佛經以外部分)》第 2 卷,成都: 四川人民出版社,1990 年,250 頁。

〔3〕 郝春文、金瀅坤編著《英藏敦煌社會歷史文獻釋録》第 5 卷,北京: 社會科學文獻出版社,2006 年,251—254 頁。

〔4〕 上海師範大學、英國國家圖書館合編,方廣錩、(英) 吴芳思主編《英國國家圖書館藏敦煌遺書》第 18 册,桂林: 廣西師範大學出版社,2013 年,21—22 頁。

〔5〕 侯沖《中國佛教儀式研究——以齋供儀式爲中心》,上海古籍出版社,2018 年,120 頁。

S.1170的文本性質。故筆者不揣譾陋,略陳拙見,祈教方家。

一 文書補校

1. 郝校:厥今龍象大德,百座**遵**場,開唱金言,法師爲**道**。

按:"導",郝校作"遵",方校從之,不確,應作"導",係"道"之借字。該句未出現在P.2770V中。

第一,就字形來看,"辶"在"寸"上方而非下方,與"遵"不似而與"導"一致。

第二,"遵場"一詞費解,亦未見前例,"百座遵場"釋義不通。

第三,"導""道"一字之分化,二者互爲假借的用法在古書中常見,如漢許慎《説文解字》:"遂,先道也。"清段玉裁注:"道,今之'導'字。"又,"經傳多假'道'爲'導'字,又本通也。"唐陸德明《經典釋文》:"道,本亦作'導'。"《補音》導作道,云:"通作導。""道""導"二字聲韻並同,可互爲通借,在敦煌文書中亦見:"導師"也作"道師","導首"也作"道首","導誘"也作"道誘"。

第四,"道場""百座道場"爲固定搭配。佛道教典籍中常見"道場"(bodhimaṇḍa)一詞,義爲佛道二教講經説法、做法事的場所。寺院講經説法、開齋設儀時,常有設置"百座道場"的説法。圓照《貞元新定釋教目録》:"勑資聖寺百座道場,取閏十月二十二日,設無遮齋以成慶散。"[1]可參。

故"導"當録作"導",而"導"則爲"道"之借字,構成"百座道場"一詞。

又,"法師爲道"句,"道"原卷作首,似無"辶",宜依原卷字樣,録作"首"。

故宜作:

厥今龍象大德,百座**導(道)**場,開唱金言,法師爲**首**。

2. 郝校:某乙小子,不敢當人,**若**談往來,談陽(揚)難盡。

某乙小子,不敢衹**祇(敵)**,**若**諮往來,談楊(揚)難盡。

按:"若"和"若"郝校作"若",方校皆作"苦"。

"若""苦"二字字形相似,較易混訛。"若"字俗寫字體"艹"旁常俗省作"丷"或"ソ"形,而"苦"字"艹"旁常正作"艹"或俗寫爲"业"形。敦研17《大方等大集經》:"若觀一切諸法空。"敦研7《大慈如來十月廿四日告疏》:"若傳與他人者,既得無量無

[1] 圓照《貞元新定釋教目録》卷一六,《大正藏》第55册,886頁下。

□□□(邊功德)”。甘博 1《法句經》:“若已解法句,至心體道行。”Φ96《雙恩記》:“若欲皆令免苦辛,無過求得摩尼寶。”S.2073《廬山遠公話》:“相公是也(夜)又爲夫人説其老𦬇。”皆可參。

雖然二字俗寫字形相似,容易混淆,但仍有差異,可作甄別。且在 S.1170 寫卷中,“若”“苦”二字多次出現,二者寫法有別。“談勝義**若**山泉,瀉言河如大海”中“若”字,原卷作“若”;“**若**角競紛紜,則上下踈失”中“若”字,原卷作“若”;“宣吐涌泉,**若**大海之無竭;口談般**若**,似何(河)注之難窮”中兩“若”字,原卷分别作“若”和“若”;“**若**愚曚難教”中“若”字,原卷作“若”。“不曉□叨,脛(徑)爲作琢磨苦”中“苦”字,原卷作“𦬇”。可見 S.1170 寫卷中“若”字皆俗寫作“若”,“苦”字作正字贅筆增點或“𦬇”形,二者字形有别。故郝校兩處“若”字皆當改録作“苦”。

又,郝校將“祇人”録作“祇祇”,疑當作“祇敵”。從句意上判斷,“祇敵”或也可。P.2770V 中亦有“某乙所恨庸愚,豈敢祇敵”。然據原卷,“祇人”二字中,後字爲“人”,前字初寫不知爲何,後塗改作“祇”,故應作“祇人”。

以上判斷,皆可自 P.2770V 驗證。據 P.2770V,“某乙小子,不敢**祇人**,𦬇諮往來,談楊(揚)難盡”對應郝校 S.1170“某乙小子,不敢**祇祇(敵)**,**若**諮往來,談楊(揚)難盡。”其中,“祇祇”確作“祇人”,𦬇則顯然爲“苦”而非“若”。

故宜作:

某乙小子,不敢當人,**苦**談往來,談陽(揚)難盡。

某乙小子,不敢祇**人**,**苦**諮往來,談楊(揚)難盡。

3. 郝校:但某乙觸途未曉,庶事**膚**流。

按:“庯”,郝校作“膚”,方校從之。此或受“膚淺”義影響,然實不通,亦未見他處有“膚流”之言,當誤,應作“庸”。

第一,從字形上來看,“膚”俗字雖有作“庿”或“甬”形,與“庯”相近,但“庸”俗字亦與此相近。《干禄字書》:“庯庸,並上俗下正。”“庸”字常俗寫作“庯”,“庯”當爲“庸”之换旁俗字,在“庸”字俗寫字體中,“用”上的部件常省去或簡化作“口”或“一”。P.3558《王梵志詩·主人無床枕》:“莫學庯才漢,無事弃他門。”P.4093《甘棠集·賀令狐相公加兵部尚書狀》:“厶早尋(承)恩知,近蒙超擢,誓將庯瑣,永奉陶甄。欣躍之誠,倍百常品。”P.4093《甘棠集·賀元日御殿表》:“臣内省庯虚,叨蒙近蜜(密),一辭頒(班)序,再歷正朝;雖擁紅旌,且違丹陛。”皆可參。另外,“庸”字作爲部件也多作俗寫字形,《敦煌俗字典》(第二版)雖未收"庸"字,但有傭、墉、滽、鏞、鄘等字,皆含"庸"形,分别作"傭""墉""滽""鏞""鄘",可與寫卷字形比勘。

第二,若"庸""膚"俗寫字形相似,則還需依據詞義判斷,"膚流"不通,"庸流"可解。從詞義上看,"庸流"之語常見,指見識普通、才能平庸、修行未熟的凡俗之徒,亦常用以自謙。如唐窺基撰《西方要決釋疑通規》:"弟子凡愚,不違尊教,雖變作佛,仍處庸流。"[1] 此處"庶事庸流",言其諸般事務才能平庸,修行未熟,係自謙之語,卑己以高人。敦煌寫卷中亦有"庸末"一詞,義爲平庸末流之輩,與"庸流"構詞相似且詞義相近。P.3931《書儀·送物》:"右伏以某乙叨奉皇華,遠賫紫詔,幸將庸末,获拜王庭,既知遭遇之榮,合貢獻芹之禮。"可兹比勘。

第三,從該卷他處亦可證爲"庸"。S.1170 另有一處,郝校"某乙所恨膚愚",將"庸"録作"膚",方校從之。此應亦作"庸"。"庸愚"指平庸愚昧,如 P.3697《捉季布傳文》:"心粗買得庸愚使,看他意氣勝將軍。"P.3813 號背《判文》"其兄識性庸愚。"又可引申指平庸愚昧之人,如 P.3723《記室備要·賀兩軍副使》:"凡居中外,共仰崇高;豈上(止)庸愚,獨增忻抃。"可參。文中"庸愚"與"庸流"使用一致,係卑己高人。同類型的詞還有"庸末"(平庸末流)、"庸瑣"(平庸猥瑣)、"庸虚"(平庸淺薄)等,皆常用作自謙。

此判斷亦可自 P.2770V 驗證。P.2770V 作"但某乙觸途未曉,庶事庸微","庸"是"庸"而非"膚"。與 S.1170 不同的是,P.2770V 作"庸微",其含義與"庸末""庸流"相似。

故此二句宜作:

> 但某乙觸途未曉,庶事**庸**流。……某乙所恨**庸**愚,豈敢祇敵?

4. 郝校:加以清詞,一發談論,則雲電争飛;再宣激揚,則煙霞變色。

方校:加以清詞一發,談論則雲電争飛;〔□□〕再宣,激揚則煙霞變色。

按:郝校句讀,其義也可通,且參照原卷,"雲電争飛"和"再宣激揚"中間並未留有空格,那爲何方校仍在"再宣"前判斷脱漏二字呢?

查,P.2770V 中該句作"加以清詞一發,談論則雲電静(争)飛,雅唱再宣,激揚則煙霞變色。"其句式如方校。S.1170 似在抄録該段時脱漏二字。或是注意到 P.2770V 之

〔1〕 窺基《西方要決釋疑通規》,《大正藏》第 47 册,106 頁下。

文句,故方校於“再宣”前加判斷脱漏二字。

由此來看,似宜作:

加以清詞一發,談論則雲電争飛;〔雅〕〔唱〕再宣,激揚則煙霞變色。

5. 郝校:竊惟訢問,用□□□,幸冀高明,賜垂開決。

法師妙嚮遐流,芳聲□□,□□妙典,海内同欽;再闡奥閫,合(含)靈齊仰。

但某乙稽□□□,藴席時多,幸遇法筵,遠申短意。

按:此三處因 S.1170 寫卷破損嚴重,字句殘缺較多,郝校、方校録文皆有空缺,而 P.2770V 寫卷此處完整,雖有磨損之處,然總體可識,且兩份寫卷此處文段相類,可互爲補校。P.2770V 此二處分别録作“竊惟斥問,用去疑情,幸冀高明,賜垂開決”,“法師妙嚮遐流,芳聲遠播,一敷妙□,海内同欽,再闡奥門,含靈齊仰”,“但某乙啓闊日久,藴席時多,幸遇法筵,遠申短旨”。其中,S.1170 中“稽”與 P.2770V 中“啓”,《廣韻》皆音康禮切,二字音同可通借。S.2607 中“焚香稽告素(訴)君情”中“稽告”即同“啓告”;S.6551V《佛説阿彌陀經講經文》中“八表之華夷啓伏”中“啓伏”即“稽服”;S.4671《維摩詰經講經文》中“八部龍神,望金仙而啓首”中“啓首”即“稽首”。可參。S.1170 可據補。

宜作:

竊惟訢問,用[去疑情],幸冀高明,賜垂開決。

法師妙嚮遐流,芳聲[遠播],[一敷]妙典,海内同欽;再闡奥閫,合(含)靈齊仰。

但某乙稽[闊日久],藴席時多,幸遇法筵,遠申短意。

6. 郝校:法師振法鼓於論□,不以提婆之日;灑玄津於净城,何殊甲子之流?

按:據文意,“甲”當爲“身”,“甲子”當作“身子”。“提婆”指龍樹弟子提婆,印度初期中觀派論師,學識淵博,辯才絶倫。但佛教名僧中無名爲“甲子”之人。唐道宣所撰的《集古今佛道論衡》卷四《帝以冬旱内立齋祀召佛道二宗論議事第三》中有與此句相類語:“當斯時也,獨御黄老無敢抗言,可謂振論鼓於王庭,不異提婆之日;灑法音於帝掖,何殊身子之秋。”〔1〕其中,“提婆”與“身子”並提,“身子”即舍利弗(śāriputra)之

〔1〕 道宣《集古今佛道論衡》卷四,《大正藏》第52册,390頁下。

譯名。提婆、舍利弗昔時論辯之盛況,被道宣借以誇贊佛道二宗之論義。S.1170 中此句亦是要説明法師講經論辯之絶倫,因此極有可能與道宣相同,借助提婆與舍利弗的典故强調法師的論辯才能及論場盛況。

若據此,"甲"便當作"身","甲子"當作"身子"。何以故?"身""申"二字,聲韻皆同,可以通借。敦煌文獻亦有此例。P.3266 背《投社人董延進狀》:"于(依)條□望追逐,不敢不身(申)。"S.1497《少小黄宫養贊》:"來日見男女,啼哭苦身(申)陳。"可參。此判斷亦可自 P.2770V 驗證。P.2770V 中明確寫作"身子"。故,此處"申"通"身",又因形近將"申"再訛寫爲"甲"字,致有此誤。

另,此句中"以"字或當爲"異"字。道宣文"不異提婆之日"與"何殊身子之秋"兩句中,"不異"與"何殊"相對,"提婆"與"身子"相對,"日"與"秋"相對。S.1170 中此句句式相類,應當也逐詞相對。"不以"實難對"何殊",然觀句義,此中"不以"當作"不異"解。傳世文獻中雖未見"以"假作"異"之先例,或因二字讀音相近,致有此訛誤。傳世文獻中有"異"通"已"之例,《尚書·堯典》:"異哉!試可乃已。"漢孔安國傳:"異,已也,退也。"唐孔穎達疏:"'異'聲近'已',故爲已也。'已'訓爲'止',是停住之意,故爲退也。"可參。

故宜作:

法師振法鼓於論□,不**以(異)**提婆之日;灑玄津於浄城,何殊**甲(申)**子之流?

7. 郝校:千均(鈞)之弩,不**與(以)**鼠發;**機(積)**一尺之水,未可龍魚得躍。

按:"[illegible]",校作"與",末注又言"'與'當作'以',據文義改,時'與'通'以'"。但"與"假爲"以"字,在時文中表"用"之義,如《敦煌變文集·孝子傳》:"父母遂生惡心,與大石鎮之。"《舜子變》:"自有群豬與觜(嘴)耕地開壟,百鳥銜子(籽)抛(拋)田。"唐韓愈《監察御史衛府君墓誌銘》:"昆弟三人,俱傳父祖業,從進士舉,君獨不與俗爲事。"然此義與此句句意不恰,故將"與"作"以"不確。"[illegible]"郝校作"鼠",不確,當爲"鼷"之俗字;"鼠",原字形爲"[illegible]"。郝校將此句斷作"千均(鈞)之弩,不與(以)鼠發;機(積)一尺之水,未可龍魚得躍",或因不解其中典故,故釋義與句讀有誤。

該句最早見於《三國志·魏書·杜襲傳》:"臣聞千鈞之弩不爲鼷鼠發機,萬石之鐘不以莛撞起音,今區區之許攸,何足以勞神武哉?"[1] 杜襲以鼷鼠和莛比喻許攸,以千

[1] 《三國志》卷二三《杜襲傳》,北京:中華書局,1959 年,667 頁。

鈞之弩和萬石之鐘比喻魏之强力。S.1170 寫卷引用“千鈞之弩,不爲鼷鼠發機”的典故,以“鼷鼠”暗喻問難者所豎義端,以“千鈞之弩”暗喻法師精妙絶倫的論義,强調立論端的重要性。“夫立論端,語須當理”,不可繁亂紛紜而致上下疏失,否則難以引發法師精妙之論義。“一尺之水,未可龍魚得躍”,意同於此。

若所據典故推測無誤,則“[illegible]”當爲“爲”之俗字,此句句讀當爲“千均(鈞)之弩,不爲鼷鼠發機;一尺之水,未可龍魚得躍”。方校此處不同於郝校:“千均(鈞)之弩,不[□]與鼠發機;一尺之水,未可龍(讓?)魚得躍”,或已知曉其中典故,修改郝校句讀。然因其漏録“[illegible]”(鼷)字,爲保證對仗工整在“不”字後補充脱字,導致了録文錯誤。

故宜作:

千均(鈞)之弩,不**爲**鼷鼠**發機**;一尺之水,未可龍魚得躍。

8. 郝校:横**峰**從(縱)辯,透捷争光

按:“峰”當校作“鋒”,“峰”爲“鋒”之借字。從,當作“縱”,“從”爲“縱”之借字。根據上下文義,“横鋒縱辯”應與論辯相關,是形容論辯情況的詞語。類似用法于藏内典籍常見,如:梁慧皎《高僧傳》:“亮爲人神情爽岸,俊氣雄逸,及開章命句,鋒辯縱横。”[1]“鋒辯縱横”與“横鋒縱辯”義同,皆指論辯氣勢强大,鋒芒畢露。

故宜作:

横**峰(鋒)**從(縱)辯

9. 郝校:柄(秉)雅操以年深,**晇**僧律而歲久

按:“盱”,原卷作“[illegible]”,郝校作“晇”,方校從之,不確,當爲“䀹”,“盱”之異體字。“晇”音讀“xù”時,義同“旭”,爲光明之義;音讀“kuā”時爲古人名用字,二者皆與文義不合。“䀹”同“盱”,義爲“張目觀察”,《集韻》《字彙》皆有此例。《集韻》云:“盱,張目也,或作[illegible]。”《字彙》云:“與盱同,又荒鳥切,音呼,張目也。”“盱”字用於此句“柄(秉)雅操以年深,盱僧律而歲久”,意爲深秉雅操,久閲僧律。

故宜作:

柄(秉)雅操以年深,**盱**僧律而歲久

[1] 慧皎《高僧傳》卷八,載《大正藏》第 50 册,381 頁下。

又,自"□□□授"至"疲頓利他"一段,S.1170中有多處破損,而P.2807中《七月十五日夏終設齋文》中一段内容,與此相類,S.1170可據補。唯P.2807作"性實天資"處,S.1170作"□□□實",或爲"天資性實"。故S.1170可補訂如下:

伏惟教授,原望尋(潯)楊(陽),派分龍勒,家承軒冕,代嗣弓裘,天資性實,天才假學。其浄慎也,昆(混)而不濁;其剛志也,和而不同。言無愛增(憎),行〔有〕忠信,所以名高五郡,位冠僧者歟。

伏惟教授,桑門碩德,柰菀(苑)名僧,柄(秉)雅操以年深,盱僧律而歲久,所以恐虧自行,疲頓利他。

10. 郝校:領問不明。向來所宣多義,非不一一昭然,誰爲領問不明,更索再提綱目,力微果知。絶臏〔之〕水,難勝大舟,必須天假聰明,神與才辯,方可堪昇法座,啓發義端。未達老聃之宗,豈識如來奥旨。不曉□**叨,脛**爲作琢磨苦;若愚矇難教,良**功**□□。

按:S.1170寫卷有"領問不明"之語,即講師未領會問難者問難的一種論義失誤。方校大體從郝校,最後一句不同,作"不曉□叨(?)脛,爲作琢磨苦。若愚矇難教,良功□…□。"

查P.2770V《釋門文範》記録有12種論義失誤:領問不明、問答錯謬、答義違宗、引文避難、多語亂人、問不當宗、答不依問、答語朦朧、言辭蹇澀、重言報語、爲説不領、責重言[1]。此十二者,具備一定的普遍性。侯沖指出,《晉魏隋唐殘墨》"唐殘墨"部分,有與"引文避難""重言報語"近同之語[2]。而S.1170寫卷與P.2770V寫卷"領問不明"處全同,兩者可互校。

P.2770V寫卷"領問不明"部分,侯沖、劉林魁有録文,然因該處寫卷多處模糊,故部分字詞、句讀,校録有誤。所幸P.2770V模糊處S.1170清晰,而S.1170尾句模糊處P.2770V又清晰可見。

兩者核校,宜作:

領問不明　向來所宣多義,非不一一昭然。誰爲領問不明,更索再提綱目。力微,果知絶臏〔之〕水,難勝大舟。必須天假聰明,神與才辯,方可堪昇法座,啓發義

〔1〕侯沖《中國佛教儀式研究——以齋供儀式爲中心》,108—109頁;劉林魁《三教論衡與唐代文學》,北京:人民出版社,2021年,165—168頁。

〔2〕侯沖《中國佛教儀式研究——以齋供儀式爲中心》,108頁。

端。未達老聃之宗，豈識如來奧旨；不曉以杖叩脛，爲作琢磨苦若？愚矇難教，良功鑿竅。

其中，“以杖叩脛”，語出《論語・憲問》：“原壤夷俟，子曰：‘幼而不孫弟，長而無述焉，老而不死，是爲賊！’以杖叩其脛。”“鑿竅”一説，則源自《莊子・應帝王》。

二　文書定名

S.1170 號敦煌寫卷的定名，主要有以下三類：第一，《釋門雜文》（劉銘恕、施萍婷等）；第二，《某都講設難問疑致敬語》（李正宇、郝春文）；第三，作二紙，分别題作《佛教論義發難啓論文》和《佛道論義僧人發難啓論文》（方廣錩）。這三種命名，皆看到了 S.1170 寫卷的某些特點，有一定道理，然猶待仔細分辨：

首先，《釋門雜文》稍嫌泛泛，似無法直接反映文獻内容。

其次，將論義難問直接歸爲都講，似有不妥。侯沖曾考證都講非論義職事，他認爲李正宇、陳祚龍等前輩學者之所以將通難致語歸爲都講，是受贊寧“都講”條的影響，而贊寧又是基於其對法師支遁、都講許詢故實的理解。但通過敦煌數則材料的分析，侯沖認爲，法師立義後，在場的所有與會者，上至都講，下至孩童，皆可參加論義，皆可發問[1]。因此，論義中的發問者未必是都講，而 S.1170 中也未有直接證據證明由都講發問，故無法確定由“某都講”來“設難問疑”。

最後，將 S.1170 分判作兩份文獻，不妥。方廣錩認爲，S.1170 分作兩紙，前一紙爲佛教内部舉行論義，都講或發難人進行設難問疑之前的啓論文，後一紙則爲佛教與道教相互論義時，佛教某僧設難問疑之前的啓論文，兩者場合不同，判爲兩份文獻。推其緣由，或是受“未達老聃之宗，豈識如來奧旨”一句影響，而認爲“對佛教論主大力頌揚的同時，對道教論主極力貶斥諷刺”。然而“未達老聃之宗，豈識如來奧旨”一句是論義失誤，“領問不明”中的套語，襲用自 P.2770V，並非針對當時之論義。如前所述，P.2770V 中歸納有 12 種論義失誤，《晉魏隋唐殘墨》“唐殘墨”部分也有襲用“引文避難”“重言報語”。

又，P.2770V 部分内容與 S.1170 有極大相似性，兩者文字互勘的同時，也能證明 S.1170 中的二紙實爲同一份文獻：在 S.1170 中被用以説明論義場合不同的描述，完整地呈現在 P.2770V 這一份寫卷之中。因此，S.1170 是同一書寫者書寫的同一文獻。該

〔1〕 侯沖《中國佛教儀式研究——以齋供儀式爲中心》，114—119 頁。

文獻被撕裂後又綴接,而成現在所見模樣。

此外,這一文獻是針對一定場合下使用的,在抄録套語的基礎上又添加了針對性的内容。如,所應用的場合是"百座道場"這樣的大型法會,"厥今龍象大德,百座導(道)場,開唱金言,法師爲首"。如,所針對的法師也有特定性,"原望尋(潯)楊(陽),泒(派)分龍勒"等。據文本比照可知,S.1170 中自"伏惟教授,原望尋(潯)楊(陽)"至"所以恐虧自行,疲頓利他",當來自 P.2807 中《七月十五日夏終設齋文》,而該文中明確指示其所讚揚的對象是"翟教授闍梨"。竺沙雅章和鄭炳林認爲,此"翟教授"即翟法榮[1]。敦煌翟氏亦多標郡望於潯陽。然據陳菊霞考證,此"翟教授"與《役部》中的"翟教授"當爲同一人,即靈圖寺翟法清,他也是當時漢僧中的最高僧官[2]。就目前來看,陳菊霞的考證更具説服力。如此,S.1170"伏惟教授"中的"教授"或直接是翟法清,抑或是其他翟姓教授。

值得注意的是,P.2770V 中有一段話,亦與此相類:"伏惟乾元教授和尚,桒門碩德,柰菀(苑)名僧,柄(秉)雅操以年深,盱僧律而歲久。所以恐虧自行,疲頓利他。"此處"乾元教授和尚"是指出自乾元寺的教授。很明顯的是,這段話没有了"原望尋(潯)楊(陽),派分龍勒,家承軒冕,代嗣弓裘"等具有專門指向性的表述。P.2807 中對翟法清讚揚之語,在 P.2770V 中則用於"乾元教授和尚"。同理,P.2807 中用以誇讚"瓜沙兩州都番僧統大德"及"翟教授闍梨"的部分内容,在 P.2770V 中則用以讚揚"靈圖教授和尚"。

陳菊霞認爲 P.2807 寫作於 788 年至 818 年之間[3]。陸離根據發願的人物推定 P.2807 等幾號文書作於 798 年至 815 年之間,又據内容皇太子"繼好息人,交質蕃城"對應元和二年(807)釋放唐人的舉措,及"南國""北疆""舅生(甥)之好"等語,進一步確定 P.2807 即寫作於 807 年皇太子臧瑪釋放唐人後在敦煌禮佛之時[4]。而在該卷中,有"乾元大德法律闍梨",謂"故得慈母冥而再睹,愛子驚恒以復歡",此與 P.4660 中所記張金炫"慈母喪目,向經數年方術醫治,意(竟)不痊退,感子至孝,雙目卻明"一致,可見 P.2807 所記"乾元大德法律闍梨"爲張金炫。同時,陸離肯定 P.2770V 與 P.2807 同在 807 年,因爲發願人物大體相同,且皇太子同樣"繼好息人,交質蕃城",並且他認爲

〔1〕 竺沙雅章:《敦煌の僧官制度》,《東方學報》第 31 册,1961 年,155 頁;鄭炳林、鄭怡楠輯釋《敦煌碑銘讚輯釋》(增訂本),上海古籍出版社,2019 年,483 頁。

〔2〕 陳菊霞《敦煌翟氏研究》,北京:民族出版社,2012 年,231—236 頁。

〔3〕 陳菊霞《敦煌翟氏研究》,236 頁。

〔4〕 陸離《有關吐蕃太子的文書研究》,《敦煌學輯刊》2003 年第 1 期。

文中靈圖、乾元、報恩三寺教授爲翟教授下屬,或亦可同時由其兼任[1]。鄭炳林認爲,P.2770V 中“乾元教授”爲張金炫,若 P.2770V 如陸離判斷與 P.2807 同在 807 年,那麼此時張金炫應爲法律,是否能以“乾元教授”相稱有待進一步考慮。

雖然 P.2807 與 P.2770V 的具體關係尚難以判斷,但可以肯定的是兩者在發願人物和一些人物的表述中確有較大的相似性。而 S.1170 或在其後,該文本在書寫時分别抄録了 P.2807 和 P.2770V 的内容,成爲特定場合、針對特定人物而被使用的佛教論義設難問疑致敬語或啓論文。故 S.1170 可重新擬題爲“佛教論義設難問疑致敬語”。

附録

S.1170 與 P.2770V、P.2807 對比表

S.1170		P.2770V/P.2807
紙一	厥今龍象大德,百座導(道)場,開唱金言,法師爲道。檢龍宫之寶偈,披鷲嶺之微言。學海山河,詞才傑出,某乙小子,不敢當人,苦談往來,談陽(揚)難盡。	
紙一	法師學窮大小,聲映古今,氣逸煙雲,**心融**日月。但某乙觸途未曉,庶事**庸流**,仰法鼓以魂驚,瞻義山而**悚**慄,但以法門幽邃,不惻(測)其原(源),命啓諮陳,未知**評**否。	法師學窮大小,聲映古今、氣逸煙雲,**心融**日月。但某乙觸途未曉,庶事**庸微**,仰法鼓而魂驚,瞻義山而□慄,但以法門幽邃,不惻(測)其源,命啓諮陳,未知**臧**否。(**P.2770V**)
紙一	法師道光千古,學總五乘,談勝義若山泉,瀉言河如大海。加以清詞**一發,談論則雲電争飛;〔雅〕〔唱〕再宣,激揚則煙霞變色**。但某乙**久乖匠訓,早闕仰師**,望金口而魂驚,瞻玉毫而膽裂,竊惟**訢**問,用**去疑情**,幸冀高明,賜垂開決。	法師道光千古,學總五乘,談勝義若山泉,瀉言河如大海,加以清詞**一發,談論則雲電諍(争)飛,雅唱再宣,激揚則煙霞變色**。但某乙**檻乘師訓,虚湊法流**,望金口而魂驚,瞻玉毫而膽裂,竊惟**斥**問,用**去疑情**,幸冀高明,賜垂開決。(**P.2770V**)
紙一	法師妙嚮遐流,芳聲**遠播**,**一敷**妙**典**,海内同欽;再闡奥**闊**,**合**(**含**)靈齊仰。 但某乙**稽闊日久**,**藴**席時多,幸遇法筵,遠申短**意**。法師振法鼓於論**堂**,不以(異)提婆之日;灑玄津於净城,何殊**甲**(**申**)子之流?某乙所恨庸愚,豈敢祇敵?**悚悚息息**。	法師妙嚮遐流,芳聲遠播,一敷妙**典**,海内同欽,再闡奥**門**,**含**靈齊仰。 但某乙**啓闊日久**,**蘊**席時多,幸遇法筵,遠申短旨。法師振法鼓於論**堂**,不以(異)提婆之日,灑玄津於净域,何殊**身**子之流?某乙所恨庸愚,豈敢祇敵?**深誠悚息**。(**P.2770V**)

〔1〕 陸離《敦煌的吐蕃時代》,蘭州:甘肅教育出版社,2010年,289—291頁。

續　表

<table>
<tr><th colspan="2">S.1170</th><th>P.2770V/P.2807</th></tr>
<tr><td>紙一</td><td>夫立論端,語須當理,發言申吐,未要繁詞,若角競紛紜,則上下踈失;言不關典,君子所慚。水繁則濁,人繁則亂。千均(鈞)之弩,不與(爲)鼷鼠發機;一尺之水,未可龍魚得躍。城門失火,殃及池魚。語脉相機(譏),動傍人忿;筆墨相隨,逢場即戲。夫君子之口,由(猶)如於水,雍之則住,決之則流。義之在心,開□□□。□鐘不擊,何以知音;法鼓雖鳴,會須來□。□□□□,横峰(鋒)從(縱)辯,透捷争光,但人事不輕,且□□□□□□□。</td><td></td></tr>
<tr><td rowspan="2">紙二</td><td rowspan="2">伏惟教授,原望尋(潯)楊(陽),派分龍勒,家承軒冕,代嗣弓裘,天資性實,天才假學。其淨慎也,昆(混)而不濁;其剛志也,和而不同。言無愛增(憎),行〔有〕忠信,所以名高五郡,位冠僧者歟。</td><td>伏惟翟教授闍梨,原望尋(潯)楊(陽),派分龍勒,家承軒冕,代嗣弓裘,性實天資,才不假學。其淨慎也,混而不濁;其剛志也,和而不同。言無愛增(憎),行有忠信,所以名高五群(郡),位冠千僧者歟?
(P.2807中《七月十五日夏終設齋文》)</td></tr>
<tr><td>伏惟靈圖教授和尚,智乃不群,德行孤秀,威儀被于七衆,道化柄(秉)於三乘,人户畏其清嚴,僧俗欽其雅望。所以名高五郡,位〔冠〕千僧者歟。(P.2770V)</td></tr>
<tr><td rowspan="2">紙二</td><td rowspan="2">伏惟教授,桑門碩德,柰菀(苑)名僧,柄(秉)雅操以年深,盱僧律而歲久,所以恐虧自行,疲頓利他。</td><td>前翟教授,桑門碩德,柰菀(苑)名僧,柄雅操以年深,盱僧律而歲久。所以恐虧自行,疲頓利他。
(P.2807中《七月十五日夏終設齋文》)</td></tr>
<tr><td>伏惟乾元教授和尚,桑門碩德,柰菀(苑)名僧,柄(秉)雅操以年深,盱僧律而歲久。所以恐虧自行,疲頓利他。(P.2770V)</td></tr>
<tr><td>紙二</td><td>鳳凰入林,百鳥皆迎。野干坐食,見人不驚。微風入林,敢動大才(材)。師(獅)子坐食,不見蛸來。</td><td></td></tr>
<tr><td>紙二</td><td>法師智達三墳,才通五典,研窮八索,學遍九丘。宣吐涌泉,若大海之無竭;口談般若,似何(河)注之難窮。異骨挺生,奇毛(髦)間秀。某乙小子,不敢祇人,若諮往來,談楊(揚)難盡。</td><td>法師智達三墳,才通五典,研窮八索,學遍九丘。宣吐湧泉,若大海之無竭;口談般若,似河注之難窮。異骨挺生,奇毛(髦)間秀。某乙小子,不敢祇人,苦諮往來,談楊(揚)難盡。(P.2770V)</td></tr>
</table>

續　表

	S.1170	P.2770V/P.2807
紙二	領問不明　向來所宣多義，非不一**一昭然**。誰爲領問不明，更索再提綱目。力微，果知**絶臏〔之〕水，難勝大舟**。**必須天**假聰明，神與才辯，方可堪昇法座，啓發義端。未達老聃之宗，豈識如來奥旨；不曉**以杖**叩脛，爲作琢磨苦若？愚矇難教，良功**鑒竅**。	領問不明　向來所宣多義，非不一**一昭然**。誰爲領問不明，更索再提綱目。力微，果知絶臏〔之〕水，難勝大舟。必須天假聰明，神與才辯，方可堪昇法座，啓發義端。未達老聃之宗，豈識如來奥旨；不曉**以杖**叩脛，爲作琢磨苦若？愚矇難教，良功鑒竅。(**P.2770V**)

（作者單位：楊祖榮，福建師範大學文學院；
陳心怡，復旦大學出土文獻與古文字研究中心）

《敦煌吐魯番研究》第二十二卷
2023 年,185—219 頁

敦煌南本《大般涅槃經》寫卷考辨*

景盛軒

北涼曇無讖在北涼譯出《大般涅槃經》四十卷後,於宋文帝元嘉中傳至建業(今南京)。當時江南已流行法顯西域所得的六卷本,曇無讖所譯四十卷本到來後,人們覺得它的語言不盡如人意,品目劃分也不理想,於是慧嚴等便將它改治爲三十六卷,世稱南本,以別於曇無讖所譯北本。

南、北兩本《大般涅槃經》在敦煌寫卷中都有存留。但是由於二者内容大多一致,因此要辨析一件《大般涅槃經》殘卷終屬何種版本,實爲不易。張涌泉先生在《敦煌寫本文獻學》中寫道:"如何爲寫卷定名是敦煌文獻整理研究的先行工作之一。"[1] 對於敦煌《大般涅槃經》寫卷,前賢已經爲大多數寫卷擬定了適當的經題,分别了北本和南本,我們應當遵從。當然,由於種種原因,擬題可商者也不在少數。此文擬對最新刊佈的圖版和目録中定爲南本的《大般涅槃經》寫卷逐一予以考辨,進而考察南本《大般涅槃經》在敦煌的遺存情況,藉以探討南北佛教交流的問題。下文所述敦煌《大般涅槃經》寫卷按收藏機構,以中、英、法、俄、散順序排列。所論圖版和目録的簡稱及全稱的版本信息如下:

《寶藏》——《敦煌寶藏》(全 140 册),黄永武主編,臺北:新文豐出版公司,1981—1986 年。

《國圖》——《國家圖書館藏敦煌遺書》(全 146 册),中國國家圖書館編,任繼愈主編,北京圖書館出版社,2005—2013 年。其敦煌文獻編號此稱"北敦"。

《英圖》——《英國國家圖書館藏敦煌遺書》,方廣錩、吴芳思主編,南寧:廣西師範大學出版社,2011 年起陸續出版。其敦煌文獻編號此稱"斯"。

---

* 基金項目:國家社科基金項目"敦煌《大般涅槃經》寫本研究"(項目編號:18VJX067)。

[1] 張涌泉《敦煌寫本文獻學》,蘭州:甘肅教育出版社,2013 年,568 頁。

《法藏》——《法藏敦煌西域文獻》(全 34 册),上海古籍出版社、法國國家圖書館編,上海古籍出版社,1995—2005 年。其敦煌文獻編號此稱“伯”。

《俄藏》——《俄藏敦煌文獻》(全 17 册),俄羅斯科學院東方研究所聖彼得堡分所、俄羅斯科學出版社東方文學部、上海古籍出版社編,孟列夫,錢伯城主編,上海古籍出版社,1992—2001 年。其敦煌文獻編號此稱“俄敦”“俄弗”。

《秘笈》——《敦煌秘笈》(全 9 册),日本武田科學振興財团影印杏雨書屋藏(原羽田亨藏)敦煌文獻,大阪: 武田科學振興財团,2009—2013 年。其敦煌文獻編號此稱“羽”。

《中村》——《台東區立書道博物館所蔵中村不折舊蔵禹域墨書集成》(全 3 册),磯部彰編,東京: 株式會社二玄社,2005 年。其敦煌文獻編號此稱“中村”。

《甘藏》——《甘肅藏敦煌文獻》(全 6 册),甘肅藏敦煌文獻編委會,甘肅人民出版社,甘肅省文物局編,段文傑主編,蘭州: 甘肅人民出版社,1999 年。其所含甘肅省博物館藏敦煌文獻此稱“甘博”。

《國博》——《中國歷史博物館藏法書大觀》,楊文和主編,上海: 柳原書店、上海教育出版社,1999 年。其敦煌文獻編號此稱“國博”。

《故宫》——《故宫博物院藏文物珍品大系 · 晉唐五代書法》,施安昌主編,上海科學技術出版社,2001 年。其敦煌文獻編號此稱“故博”。

《津藝》——《天津市藝術博物館藏敦煌文獻》(全 7 册),上海古籍出版社、天津市藝術博物館編,上海古籍出版社,1996—1997 年。其敦煌文獻編號此稱“津藝”。

《津文》——《天津市文物公司藏敦煌寫經》,天津市文物公司編,北京: 文物出版社,1998 年。其敦煌文獻編號此稱“津文”。

《上博》——《上海博物館藏敦煌吐魯番文獻》(全 2 册),上海古籍出版社、上海博物館編,上海古籍出版社,1993 年。其敦煌文獻編號此稱“上博”。

《民間》——《世界民間藏中國敦煌文獻》(全 2 册),《世界民間藏中國敦煌文獻》編輯委員會,北京: 中國書店,2014 年。其敦煌文獻編號此稱“海華堂”“成賢齋”。

《臺圖》——《臺灣“中央圖書館”所藏敦煌卷子》(全 6 册),潘重規編,臺北: 石門圖書公司,1976 年。其敦煌文獻編號此稱“臺圖”。

《索引》——《敦煌遺書總目索引》,王重民、劉銘恕編,北京: 商務印書館,1962 年。

《索引新編》——《敦煌遺書總目索引新編》,敦煌研究院編,北京: 中華書局,2000 年。

《國圖目録》——《中國國家圖書館藏敦煌遺書總目録・館藏目録卷》(全8册),方廣錩主編,北京:中國人民大學出版社,2016年。

《俄藏敘録》——《俄藏敦煌文獻敘録》,邰惠莉主編,蘭州:甘肅教育出版社,2018年。

《方録》——《英國圖書館藏敦煌遺書目録(斯6981號—斯8400號)》,方廣錩,北京:宗教文化出版社,2000年。

《孟録》——《俄藏敦煌漢文寫卷敘録》(全2册),孟列夫主編,上海古籍出版社,1999年。

《翟録》——《大英博物館藏敦煌漢文寫本注記目録》(*Descriptive Catalogue of the Chinese Manuscripts from Tunhuang in the British Museum*),翟理斯(L. Giles)編,London: the British Museum, 1957。

《法目》——《法國國立圖書館藏伯希和漢文寫本目録》(*Catalogue des manuscripts chinois de Touen-houang: fonds Pelliot chinois de la Bibliothèque Nationale*),謝和耐(Jacques Gernet)、吴其昱(WU Chi-yu)、蘇遠鳴(Michel Soymié)等編,Paris: La Bibliothèque Nationale de France, 1970－1995。

《曾良》——《敦煌佛經字詞與校勘研究》,曾良,廈門大學出版社,2010年。

《川博録》——《四川博物院藏敦煌吐魯番寫經敘録》,林玉、董華鋒,《敦煌研究》2013年第2期,45—56頁。

經過普查發現,涉及南本《大般涅槃經》寫卷的判定,目前刊布的圖版、敘録或目録有得有失,情形不一,請分述之。

一　定爲南本而可從者

在目前刊布的圖版、敘録或目録中,下列寫卷定名爲南本《大般涅槃經》,經過考辨,應當遵從:

1. 北敦2336(北6537;餘36)

見《國圖》33/136B—143A。首尾殘。尾題僅存“大般”二字。寫卷中有品題“大般涅槃經長壽品第四”“大般涅槃經金剛身品第五”“大般涅槃經名字功德品第六”,爲南本品題。《索引新編》定名爲“大般涅槃經卷三長壽品四至名字功德品六”,《國圖目録》定名爲“大般涅槃經(南本)卷三”,皆確,可從。

2. 北敦 4071(北 6560;麗 71)

見《國圖》55/291A—291B。首尾殘。原卷無題,《國圖目録》定名爲"大般涅槃經(南本兑廢稿)卷二四",可從。《索引新編》定名爲"大般涅槃經卷三十光明遍照德王菩薩品第六",誤。

3. 北敦 6266(北 6551;海 66)

見《國圖》83/224B—228B。首殘尾全。尾題:大般涅槃經卷第十三。《國圖》定爲南本,甚是。

4. 北敦 9443(發 64)

見《國圖》105/376B。首尾殘。原卷無題,《國圖》定爲"大般涅槃經(南本)卷二三",可暫從。

5. 北敦 13876(新 76)

見《國圖》115/102B—118A。首尾全。首題"大般涅槃經如來性品第十二,八";尾題"大般涅槃經卷第八"。中有品題"大般涅槃經文字品第十三"。《國圖目録》定爲"大般涅槃經(南本)卷八",完全正確。《國圖目録》斷此件爲吐蕃時期的寫卷,但從書法風格看,與津藝 216、浙敦 14、北敦 13848、北敦 13869、中國書店 19 等接近,或爲唐代宫廷寫卷。

6. 北敦 15372(新 1572)

圖 1　北敦 15372

見《國圖》143/174B—185B。首尾全。首題"大般涅槃經四相品上第七,四";尾題"大般涅槃經卷第四"。按:該卷品名及起訖皆與南本卷四同。故《國圖》定爲南本,甚是。該號護首外題"大般涅槃經卷第四"。外題上有經名號,下有似"一"形殘文(參圖 1),《國圖》敘録逕録作"一"字,不妥。詳下文相關討論。

7. 斯 898(翟 1894)

見《英圖》15/183A—197B,《寶藏》7/338A—352B。首殘尾全。尾題"大般涅槃經卷第三十五"。《翟録》《英圖》皆定作南本,《英圖》定名"大般涅槃經(南本)卷三五",甚是。《寶藏》《索引新編》定名爲"大般涅槃經卷第卅五",未善。該卷書法精美,或爲唐代宫廷寫經,與甘博 6、羽 591 屬於同一遺書。

8. 斯2002(翟1838)

見《英圖》31/243B—250A,《寶藏》15/214A—221B。首尾殘。按:該號部分文字與南本同,如"各懷愧懼",《大正藏》《中華藏》《磧砂藏》南本同,《大正藏》《中華藏》北本作"羞愧",《磧砂藏》《思溪藏》、北敦13863作"慚愧",似難以此斷南北。但是經文"衆生若有重業果報"語,《大正藏》《中華藏》《磧砂藏》南本皆同,北敦13863、《大正藏》《中華藏》《磧砂藏》《思溪藏》北本作"殷重業果",在此語上南北分别清楚。因此,可定此件爲"大般涅槃經(南本)卷二八",存文參見《大正藏》T12/788B24—792A17。《寶藏》《索引》《索引新編》皆定名爲"大般涅槃經卷第二十八",則目此件爲南本,可從,而《翟録》《英圖》定作北本卷三〇,不妥。

9. 斯2127(翟1892)

見《英圖》34/181B—195B,《寶藏》16/323A9—337A。首全尾殘。首題"大般涅槃經純阤品第二,卷第二"。中有品題"大般涅槃經哀歎品第三"。《索引新編》定名爲"大般涅槃經純阤品第二",《翟録》定作南本卷二,《寶藏》籠統定名作"大般涅槃經卷第二",相較之下,《英圖》定名"大般涅槃經(南本)卷二"最爲完善。

10. 斯3823(翟4431)

見《寶藏》31/524B—529B。首尾殘。原卷無題,《寶藏》《索引新編》皆定名爲南本"大般涅槃經卷第二十八",近是。今可定名爲"大般涅槃經(南本)卷二八"。

11. 伯3026背

見《法藏》21/113A。殘片。正面爲楷書抄寫的《太上業報因緣經》。背面即該號,行草書抄寫《大般涅槃經》32行,中有經題、品名"大般涅槃經序第一""第二純陀品第二""哀歎品第三""第三長壽品第四""金剛身品第五"。《索引》《索引新編》稱其爲"大般涅槃經之開端",《法藏》定名爲"大般涅槃經"。《法目》定名爲"大般涅槃經(慧嚴等譯)摘抄",今依《法目》,定名爲"南本《大般涅槃經》摘抄"。

12. 俄弗204B(孟658)

見《俄藏》4/238A。殘片。首有品題"大般涅槃經鳥喻品第□□",《孟録》定名爲南本《大般涅槃經》"卷第八,鳥喻品第[十四]。有首題字"[1]。按:對照《大正藏》,知該號爲南本"《大般涅槃經》卷八鳥喻品第十四"。殘卷卷首"大般涅槃經鳥喻品第

[1] 孟列夫主編《俄藏敦煌漢文寫卷敘録》上册,254頁。

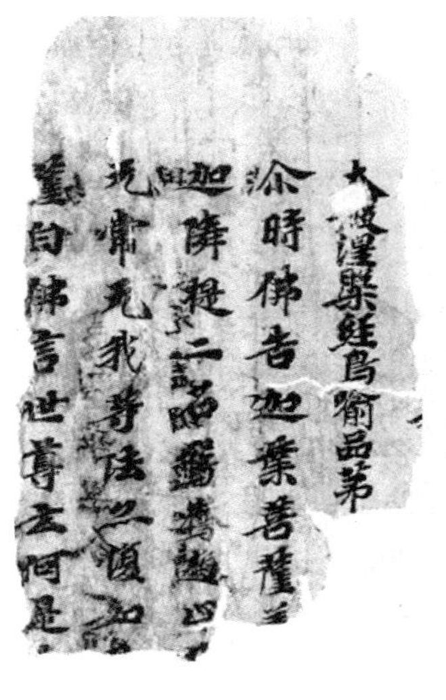

圖 2　俄弗 204B

［十四］”並非首題，細審殘片右邊緣，在品題行“喻”字右邊有殘筆（見圖 2），當爲“南本《大般涅槃經》卷八文字品第十三”末句“樂正法者應如是學”句之“如”或“是”字殘筆。因此該號宜定名爲“大般涅槃經（南本）卷八”爲妥。《俄藏敘録》判作曇無讖譯之北本，誤。

13. 俄敦 3434…俄敦 3605

見《俄藏》10/294B—295A。俄敦 3434 和俄敦 3605 屬同卷之斷裂殘片，兩件間缺約兩行文字可以綴合〔1〕，綴合件存文 24 行。俄敦 3605，《俄藏》定名作“大般涅槃經四相品之餘”，近是，今可名爲“大般涅槃經（南本）卷五”。《俄藏敘録》卻將俄敦 3434…俄敦 3605 綴合件定作“大般涅槃經卷五如來性品第四之二”，則爲北本，不妥。

14. 俄敦 3658

見《俄藏》11/16B。殘片。原卷無題，《曾良》定名爲“大般涅槃經卷第十三聖行品之下”。按：“聖行品之下”爲南本卷品。考原卷“假使我今力能飛行虚空至欝單曰乃至”句“假使”二字旁有删字符，故文字與《大正藏》《中華藏》《磧砂藏》南本同〔2〕，故可定名爲“大般涅槃經（南本）卷一三”。《俄藏敘録》定名爲“大般涅槃經卷第十四聖行品第七之四”，爲北涼曇無讖譯〔3〕，有待斟酌。

15. 俄敦 6186

見《俄藏》13/35B。首尾殘。原卷無題，《俄藏敘録》擬題“大般涅槃經卷第八如來性品第十二”，則爲南本，甚是。

16. 俄敦 10019

見《俄藏》14/226A。殘片。原卷無題。《俄藏敘録》定作南本卷九，甚是。

17. 俄敦 12285

見《俄藏》16/98A。殘片。存 3 行。所存内容爲第一行爲“涅槃如來▨▨▨（亦有如）”，第二行爲“無量功德成就▨（滿）故名大”，第三行爲“［大般涅槃］▨（經）四依品

〔1〕 參景盛軒《俄藏敦煌〈大般涅槃經〉寫卷的調查與分析》，《河西學院學報》2017 年第 3 期，50 頁。

〔2〕《思溪藏》北本此句亦無“假使”二字，但大多數南本寫卷和刻本無“假使”二字，故《思溪藏》北本或有脱文。見宋版思溪藏出版工作委員會編《宋版思溪藏》，北京：中華書局，2018 年。

〔3〕 邰惠莉主編《俄藏敦煌文獻敘録》，284 頁。

第八”。第二、三行之間有一墨綫間隔（參圖3）。按：“四依品”爲南本品題，第三行“大般涅槃經四依品第八”是南本卷六的品題殘文。前兩行是南本卷五的結尾部分（但非末句）的文字，相應文字參見《大正藏》T12/637A5—7。根據行款判斷，這是南本《大般涅槃經》摘抄殘片。《俄藏敘録》定名爲“大般涅槃經卷第五四相品之餘”，並稱該卷“與現刊本不同品”[1]。判爲南本，甚是，但對文獻的性質判定，不確。

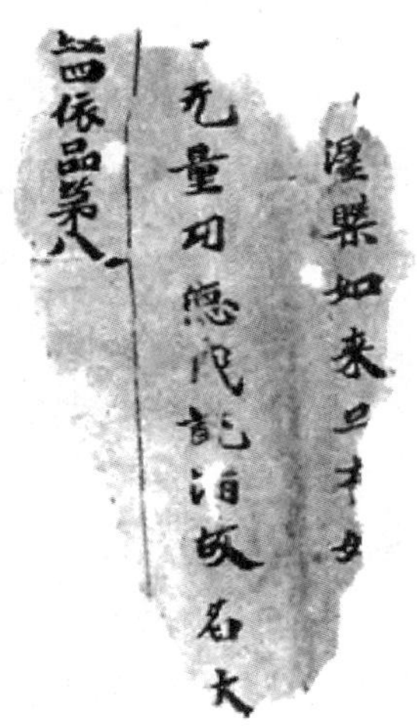

圖3　俄敦12285

18. 俄敦12668

見《俄藏》16/156A。殘片。原卷無題，《俄藏》未定名。《俄藏敘録》定作南本“大般涅槃經卷第三十師子吼菩薩品之六”，甚是，今可定名爲“大般涅槃經（南本）卷三〇”。

19. 羽585

見《秘笈》8/11—19頁。首尾全。首題“大般涅槃經高貴德王菩薩品之三，廿一”；尾題“大般涅槃經卷第廿一”。《秘笈》定爲南本，可從。

20. 羽591

見《秘笈》8/84—96頁。首尾全。首題“大般涅槃經如來性品第十二，八”；尾題“大般涅槃經卷第八”。卷首右下角標有小字“圡”，卷尾有“浄土寺藏經”印。《秘笈》定爲南本，可從。

21. 羽767

見《秘笈》9/398—410。首尾全。外題“大般涅槃經卷□□”。卷首有彩繪佛立像。首題“大般涅槃經梵行品之三，十六”；尾題“大般涅槃經卷第十六”。卷尾有隋大業四年（608）比丘法安寫經題記。《秘笈》定名爲“大般涅槃經（南本）卷一六”，可從。書風與榮寶齋LOT.778號《大般涅槃經（南本）卷第十五》近同。

22. 甘博6

見《甘藏》4/38—53A。首尾全。首題“大般涅槃經迦葉菩薩品之二，卅二”。尾題“大般涅槃經卷第卅二”。《甘藏》敘録定此件爲南本，甚是。該件書法精美，與成賢齋3爲同一遺書。

〔1〕邰惠莉主編《俄藏敦煌文獻敘録》，794頁。

23. 上博 5

見《上博》1/80—92 頁。首殘尾全。尾題“大般涅槃經卷第九”。卷尾有建德二年(573)吐知勤明造經題記。《上博》定名爲“大般涅槃經(南本)卷九”,可從。

24. 津藝 179

見《津藝》3/359—365 頁。首殘尾全。尾題“大般涅槃經卷第十七”。《津藝》敘録稱本卷抄自慧嚴譯本卷第十七梵行品之第四。今依《津藝》,定名爲“大般涅槃經(南本)卷一七”。

25. 津文 7

見《津文》38A—46 頁。首殘尾全。尾題“大般涅槃經卷第二十四”。《津文》定名爲“大般涅槃經(南本)卷二四”。可從。書風與羽 767《大般涅槃經(南本)卷一六》近同。

26. 津圖 163(中散 2140)

見《津圖》圖版 391。首尾殘。原卷無題,《津圖》定名爲“大般涅槃經(南本)卷十四”。可從。書風與榮寶齋 2018 春季藝術品拍賣品 LOT.1241《大般涅槃經卷十五》接近,或爲同卷。

27. 故博 22

見《故宫》152—159 頁。首殘尾全。尾題“大般涅槃經卷第廿七”。卷尾有建德二年(573)吐知勤明造經題記。《故宫》稱“本卷抄寫的大般涅槃經卷第廿七爲南本涅槃經”,甚是。

28. 海華堂 12

見《民間》二/278—308 頁。首殘尾全。尾題“大般涅槃[經]卷第一”。卷尾有題記。《民間》敘録定爲南本,甚是。

29. 成賢齋 3

見《民間》一/17—52 頁。首脱尾全。卷首有品題“大般涅槃經菩薩品第十六”。尾題“大般涅槃經卷第九”。《民間》定此件爲南本,甚是。書法精美,與甘博 6 號爲同一遺書。

30. 臺圖 80(08757)

見《敦煌卷子》723A—744B。首殘尾全。尾題“大般涅槃經卷第十一”。臺灣“中央圖書館”定此卷著者爲“劉宋釋慧嚴等編”,極是。卷中“復次善男子菩薩摩訶薩聖行者”句行天頭有朱筆校注“十二卷頭”,是爲南、北兩本分卷校異之語。

31. 榮寶齋 2019－LOT.778

見榮寶齋 2019 春季拍賣會展品。首尾全。首題"大般涅槃經梵行品之二,十五";尾題"大般涅槃經卷第十五"。榮寶齋拍賣行定此卷爲"大般涅槃經卷第十五梵行品之二",則目爲南本,甚是。與羽 767 號《大般涅槃經(南本)卷一六》爲同一人書寫。

二 實爲北本而誤作南本者

在目前刊布的圖版、敘録或目録中,下列寫卷定名爲南本《大般涅槃經》,經過考辨,實當爲北本。它們是:

1. 北敦 518(北 6563;荒 18)

見《國圖》8/60A—61B。首尾殘。原卷無題,《國圖》《國圖目録》定名爲"大般涅槃經(南本)卷二九",《索引新編》定名爲"大般涅槃經卷第廿九獅子吼菩薩品之五",則皆目爲南本。按:比勘經文,末紙倒數第 3 行"施四向者",《大正藏》北本作"奉施四向",其校勘記云宋本作"施四向者"[1],則與敦煌本同,而該句《大正藏》南本作"施四道向",可見北敦 518 内容與北本卷第卌一更接近。又根據敦煌《涅槃經》寫卷北本居多之實際,可定該號爲"大般涅槃經(北本)卷三一"。

2. 北敦 764(北 6538;月 64)

見《國圖》11/26A—35B。首殘尾全。尾題"大般涅槃經卷第四"。所存内容起"云何自正若佛如來[見諸]因緣而有[所説譬]"句,訖"無去來者名阿那含"。《寶藏》《索引新編》皆定名作"大般涅槃經卷第四、四相品七之一","四相品"爲南本品題,則歸此件爲南本。而《國圖》《國圖目録》定名爲"大般涅槃經(北本)卷四",但《國圖目録》又指出該號分卷與南本同,可見在南北歸屬上仍存猶豫。今考該號用語,如"成涅槃飯""施與女人""遍至他方""然後方補""置葶藶櫓""頭痛腹痛背痛木槍洗足洗手洗面漱口嚼楊枝等""燈爐大小",等等,皆與北本合,故定爲北本卷四,是毋庸置疑的。

3. 北敦 842(北 6554;盈 42)

見《國圖》12/76B—85A。首殘尾脱(缺尾題頁)。原卷無題,《國圖》《國圖目録》定名爲"大般涅槃經(南本)卷一四",《索引新編》定名爲"大般涅槃經卷第十四梵行品[第]二十之一",則亦定爲南本。按:依《國圖》所言,寫卷脱缺尾題頁,則經文末句以"乃是修慈善根力故令彼調伏"爲結束文字。今查《大正藏》南本卷十四的結束文字爲

[1] 高楠順次郎等編《大正新脩大藏經》,東京:大正一切經刊行會,1922—1934 年,第 12 册,549 頁。

“是大乘典大涅槃經亦不可思議”,與此不同。考此結尾爲敦煌本北本卷十五的一種類型〔1〕,故可定名爲“大般涅槃經(北本)卷第十五”。存文參見《大正藏》T12/卷十五452C29—十六457B19。

4. 北敦1679(北6556;暑79)

見《國圖》23/267A—267B。首尾脱。尾有餘空。原卷無題,《國圖目録》定名爲“大般涅槃經(南本兑廢稿)卷一四”;《索引新編》定名爲“大般涅槃經卷第十四梵行品第二十之一”,則亦定爲南本。按:考殘片第8行“慈若不入一相之道”,與《大正藏》《中華藏》《磧砂藏》南本同,《大正藏》《中華藏》《磧砂藏》《思溪藏》北本作“一乘之道”,此或爲定作南本之證據。然敦煌北本斯4864、北敦2558、北敦6404、北敦6618、北敦13851、北敦13882等皆作“一相之道”。考慮敦煌北本居多之實際,今定名爲“大般涅槃經(北本兑廢稿)卷一五”。存文參見《大正藏》T12/456C9—457A6。

5. 北敦1713(北6545;往13)

見《國圖》24/38B—39A。首尾殘。紙末有3行空白。在脱字行天頭注“兑”字,紙後餘空注“重”字。原卷無題,《國圖目録》定名爲“大般涅槃經(南本兑廢稿)卷一一”;《索引新編》定名爲“大般涅槃經卷第十一聖行品十九之一”,則亦定爲南本。按:該號經文“又復動者”“又復散者”,《大正藏》《中華藏》北本同,南本“復”作“不”;《磧砂藏》《思溪藏》南、北兩本都作“不”;而敦煌北本北敦5055、北敦13881、北敦14450B、斯81皆作“復”。僅從此處文字看,反而跟北本同。又北敦749的第十五紙《國圖目録》判爲“兑廢稿”,“係錯抄後廢棄,自第十六紙起重抄。故第十五紙紙後有餘空,但未割截下來”〔2〕。經過比對,可知北敦749第十五紙與北敦1713的脱文情況完全一致,爲同一底卷的復抄件〔3〕。北敦749,首殘尾全。尾題“大般涅槃經卷第十一”。存文起“▨▨(慚無)愧慢慢慢”句,訖“以是義故復名聖人”句。以此句煞尾,正是敦煌北本之分卷類型之一。對北敦749,《國圖目録》定名爲“大般涅槃經(北本)卷一一”,甚是。既然北敦1713與北敦749同出一源,故亦當定名爲“大般涅槃經(北

〔1〕 參景盛軒《〈大般涅槃經〉異文研究》,成都:巴蜀書社,2009年,附録《敦煌北本〈大般涅槃經〉分卷考》,322頁。下文涉及敦煌北本《大般涅槃經》的分卷情況,均可參此文,不再一一出注。

〔2〕 方廣錩主編《中國國家圖書館藏敦煌遺書總目録·館藏目録卷》,北京:中國人民大學出版社,2016年,第1册,474頁。

〔3〕 參吴波、景盛軒《國圖藏歸義軍時期〈大般涅槃經〉寫卷敘録辨考》,《浙江師範大學學報》2018年第1期,52—53頁。

本兑廢稿)卷一一"。

6. 北敦 3515(北 6548;結 15)

見《國圖》48/393A—395A。首尾殘。存文起"[翅鳥亦]復如是能噉能消一切[衆生唯不能]"句,訖"[寶摩]尼珠純青[琉璃大如人脾能於闇中照]"句。按: 該號文字與北本同,如"凡所螆螫""所行道去""字之頂生""非工匠造""即是聖王""心聰叡哲",皆與北敦 3331、《中華藏》《磧砂藏》《思溪藏》北本同,唯"我今定當作轉輪聖王",北敦 3331 同,較斯 478、《中華藏》《磧砂藏》《思溪藏》北本"我今定當作轉輪王",多一"聖"字;《中華藏》《磧砂藏》《思溪藏》南本作"我今定作轉輪聖王",與之微有差異。原卷無題,《國圖》題作"大般涅槃經(南本)卷一一",誤,《國圖目録》糾正爲"大般涅槃經(北本)卷一二",甚是。《索引新編》定名爲"大般涅槃經聖行品第十九","聖行品第十九"云云,則是採用南本品數標記法,不妥。

7. 北敦 5989(北 6549;重 89)

見《國圖》80/326A—332B。首殘尾脱。原卷無題,《國圖目録》定名爲"大般涅槃經(南本)卷一三",《索引新編》定名爲"大般涅槃經卷第十一聖行品十九之一"。按: 北敦 5989 所存文字南、北兩本皆同,實難決斷。然考該號可以和北敦 10836、北敦 11703、北敦 3402 綴合[1],後三號《國圖目録》皆定爲北本。又查北敦 3402 經文有"心亂寱語""雖無有盡多所利益"句,北敦 13850、北大 31 及《大正藏》《中華藏》《磧砂藏》《思溪藏》北本同,南本作"心亂謬語""法施無盡多所利益",此則爲綴合件是北本之佐證。故今定北敦 5989 爲"北本《大般涅槃經》卷一四",爲吐蕃統治時期寫卷。

8. 北敦 7382(北 6544;鳥 82)

見《國圖》96/306B—307A,《寶藏》100/271B—272A。首尾殘。原卷第 14 行天頭注一"錯"字,當是在此行後漏抄"或復有説我與無我或復有説苦樂二法"16 字。原卷無題,《國圖目録》定名爲"大般涅槃經(南本兑廢稿)卷一〇",《寶藏》定名爲"大般涅槃經卷第十、一切大衆所問品",《索引新編》定名爲"大般涅槃經卷第十一、一切大衆所問品十七"(按"十一"當爲"十"之筆誤,又品名當爲"現病品十八")。按: 今查經文"或注雨者""或復放風",《大正藏》《中華藏》《磧砂藏》《思溪藏》北本同(《大正藏》《中

[1] 參景盛軒、劉曉梅《國圖藏敦煌吐蕃時期〈大般涅槃經〉寫卷綴集》,《河西學院學報》2019 年第 3 期,41—42 頁。

華藏》作"興風",校記異文作"放風"),南本作"或澍洪雨""或扇大風",故北敦 7382 所抄爲北本,宜定名爲"大般涅槃經(北本兑廢稿)卷第十一",存文参見《大正藏》T12/430A19—B19。

9. 北敦 15811(罔 87.25)

見《國圖》144/242A。首尾殘。原卷無題,《國圖》定作南本卷一九,存文参見《大正藏》T12/736C2—10。按:該號内容勘同敦煌北本卷第廿二,存文参見《大正藏》T12/493B3—19。《國圖》定作南本,蓋因存文獨居《大正藏》南本卷十九,而北本則分居卷廿一及廿二之故,這其實是拘泥於《大正藏》分卷系統,而忽視了敦煌寫本分卷實際所致。該號可定名爲"大般涅槃經(北本)卷二二"。

10. 北敦 15972(F112)

見《國圖》145/65A。首尾殘。原卷無題,《國圖》定作南本十四,存文参見《大正藏》T12/693C25—A1。按:《國圖》敘録稱原卷"莫輕小惡",《大正藏》北本作"莫輕小罪",故定爲南本。然查敦煌北本卷十五寫卷斯 4864 作"小罪",俄弗 80、北敦 13851、北敦 13882 皆作"小惡"。故該號可定名爲"大般涅槃經(北本)卷十五"。存文参見《大正藏》T12/451C24—29。

11. 斯 204(翟 1829)

見《英圖》3/304A—309A,《寶藏》2/238A—243A。首殘尾斷。原卷無題。《寶藏》定爲"大般涅槃經卷第二十六師子吼菩薩品之二",則爲南本;《索引新編》定爲"大般涅槃經師子吼菩薩品第十一之二",《翟録》《英圖》定名爲"大般涅槃經(北本)卷二八",則皆爲北本。按:經文"胡麻熟已,收子熬之,擣壓然後乃得出油"句,《中華藏》《磧砂藏》北本同(按"之",《磧砂藏》作"蒸"),南本作"胡麻熟已,取子熬烝擣壓乃得"。《石經》作"胡麻熟已,收子熬之擣壓乃得"。故《翟録》等定其爲北本甚妥。

12. 斯 1806(翟 1918)

見《英圖》28/198。首尾殘缺。原卷無題,《寶藏》《索引新編》定爲"大般涅槃經卷第二十六"。《英圖》擬題爲"大般涅槃經(南本)卷二六"。《翟録》定作北本卷二八。按:今考此件文字亦與北本《大般涅槃經》卷廿八同。又該號與北敦 10214、北敦 11454、北敦 10125、北敦 11452、北敦 12201、北敦 11428、俄敦 12633、北敦 9568、俄敦 11839、俄敦 12674、北敦 9842 之間可以直接或間接綴合。其中北敦 10125+北敦 11452 綴合件有"胡麻熟已收子熬之擣押然"等内容,則説明此綴合系列皆爲北本系統,故斯

1806 可定名爲“大般涅槃經(北本)卷二八”。所存文字參見《大正藏》T12/532C17—533A12。《寶藏》《索引新編》《英圖》定名皆不妥。

13. 斯 1885(翟 1920)

見《英圖》29/301A,《寶藏》14/322A。首尾殘。原卷無題,《英圖》定名爲“大般涅槃經(南本)卷一五”,《寶藏》《索引新編》定名爲“大般涅槃經卷第十五”,則皆定爲南本。然所存經文亦見於北本《大般涅槃經》卷十七。今考斯 1885 可以和斯 8163、斯 8386A、斯 8386B、北敦 11848 綴合,後四號《方録》和《國圖目録》皆定名爲“大般涅槃經(北本)卷一七”。考慮敦煌北本寫卷居多之實際,該號可定名爲“大般涅槃經(北本)卷一七”,存文參見《大正藏》T12/北本卷十七 465A23—B14,南本卷十五 707C7—27。

14. 斯 2593-1(翟 1895)

見《英圖》45/246A—247A,《寶藏》21/323A—324A。斯 2593 正面包括 2 個文獻,《英圖》敘録分别命名爲:(一)《大般涅槃經(南本)鈔》(擬);(二)《龍勒鄉殘文書》(擬)。前者《英圖》編爲斯 2593-1,首尾殘。卷中寫有《大般涅槃經》卷次數及品名:“廿三”、“廿五卷”(“卷”字行間校補)、“卌一”、“卅卷”(二字在行間校補)、“大涅槃經卷第卌一遺教品”。今考卷次下存文,與北本相合,故當定名爲“大般涅槃經(北本)摘抄”。《寶藏》《索引新編》皆定名爲“大般涅槃經卷第四十一”,誤。《英圖》定性爲經鈔,甚是,但定爲南本,不妥。

15. 斯 3292(翟 4417)

見《寶藏》27/379A—380A。首尾殘。原卷無題,《寶藏》《索引新編》皆定爲“大般涅槃經卷第十七”,則是南本。今考其存文,亦與北本卷十九同。考慮敦煌北本寫卷居多之實際,該號暫可定名爲“北本《大般涅槃經》卷十九”,存文參見《大正藏》T12/北本卷十九 475C27—476B13,南本卷十七 718C21—719B9。

16. 斯 4980(翟 1893)

見《寶藏》39/181B—182A。首全尾殘。首題“大般涅槃經師子吼菩薩品,廿八”。《索引新編》定名爲“大般涅槃經師子吼菩薩品,廿八”,未善。《寶藏》定名爲“大般涅槃經卷二八、師子吼菩薩品”。今定作“大般涅槃經(北本)卷二八”,存文見《大正藏》T12/528A5—A29。《翟録》定作南本卷二八,誤。

17. 斯 6614(翟 1926)

見《寶藏》49/312A—313A。背面抄社司轉帖和庚辰年洪潤鄉百姓唐醜醜等雇契約。正面即本文獻,首尾殘。所存内容起“爲求報故如市[易法]”,訖“欲爲利益無量衆生令”。存文參見《大正藏》T12/北本廿一 493A9—廿二 493C14。原卷無題,《寶藏》《索引新編》定名爲“大般涅槃經卷第十九、第二十”,當爲南本。按:南本無此分卷法。考該號所抄文字亦與北本同。查敦煌北本卷廿一結束文字或在《大正藏》T12/492C9,或在《大正藏》T12/493B5。故斯 6614 當爲“大般涅槃經(北本)卷廿二”。

18. 斯 7556

見《寶藏》55/230B—231A。首尾殘。原卷無題。《寶藏》定爲“大般涅槃經卷第二純陀品第二”,《方録》定爲“大般涅槃經(南本)卷二”。按:存文勘同北本。考該卷“是”字寫作“是”,寫法與北本斯 979、羽 547、北敦 9714、俄敦 5631 近同,故今將斯 7556 暫定爲北本卷二。

19. 斯 8092

見《方録》,殘片。存文見《大正藏》T12/786A23—B4。原卷無題,《方録》既定名爲“大般涅槃經(南本)卷二七”,又指出“日本天平寫經此段爲卷三十,故本件卷次尚須考證”[1]。按:南本卷三十不可能有此内容,故當爲天平寫經北本卷三十,存文可參見《大正藏》T12/540C25—541A6。既然勘同北本,今定爲北本。

20. 斯 8298

見《方録》,殘片。原卷無題,《方録》定名爲“大般涅槃經(南本)卷三二”。又指出本文獻勘同北本卷三六,存文參見《大正藏》北本 T12/575A7—26。按:既勘同北本,今定爲北本。

21. 伯 3339

見《法藏》23/214B—215A,《寶藏》127/471A—471B。首尾殘。原卷無題,《法目》稱其内容見北本“大般涅槃經卷第三十”,或南本“大般涅槃經卷第二十八”。《寶藏》《法藏》《索引新編》定名爲“大般涅槃經卷第二十八”,則目此卷爲南本。按:查該號經文“[迦葉何]故捨之不事爲佛弟子”,北敦 13863、《大正藏》《中華藏》《磧砂藏》《思溪藏》北本同,南本及斯 2002 作“迦葉何故捨之爲佛弟子”,伯 3339 用語與北本合,故可定名爲北本“大般涅槃經卷第三十”。存文參見《大正藏》T12/543A20—B21。

22. 羽 601

見《秘笈》8/145A—154B。首斷尾全。尾題“大般涅槃經卷第十五”。卷尾有題

[1] 方廣錩《英國圖書館藏敦煌遺書目録(斯 6981 號—斯 8400 號)》,308 頁。

記。存文起“者久于過去修集二者”句,訖“是大乘典大涅槃經亦不可思議”句。内容參見《大正藏》T12/北本卷十五 453B12—十六 458C22;南本 695B19—701A13。按: 該號《秘笈》定爲“南本大般涅槃經卷第十四”,誤。雖然分卷與南本卷十四同,但尾題爲“大般涅槃經卷第十五”,這是敦煌本的卷十五,切不可拘泥於《大正藏》而定作卷十四。又經文中用語如“嗚唼我口”,正同北本,慧嚴、謝靈運等人的改治本爲“如愛子法”。因此,羽 601 宜定名爲“大般涅槃經(北本)卷一五”,爲代魏永熙二年(533)瓜州刺史東陽王元太榮造經,與斯 4415 卷卅一爲同一人書寫。

三　實爲南本而誤作北本者

在已刊布的圖版、敘録或目録中,有 24 號定名爲北本《大般涅槃經》的寫卷,通過仔細考辨,其實可定名爲南本。這些寫卷是:

1. 北敦 3310(北 6422;雨 10)

見《國圖》45/108A—217A。首殘尾全。尾題“大般涅槃經卷第廿”。存文“[斷云何一闡提斷善根者善男子]善根[有二]”,訖“如來世尊非是有漏”。按: 寫卷中“四難生中國,五難得人身”語勘同《大正藏》《中華藏》《磧砂藏》南本卷二〇,分卷亦與南本一致,敦煌北本、《大正藏》北本無此類型分卷法。《國圖目録》定名爲“大般涅槃經(北本異卷)卷二〇”,不妥。

2. 北敦 4985(北 6513;闕 85)

見《國圖》66/311A—314B。首尾殘。存文起“一[切衆生樹木因地而]▨▨(住地)無常故”,訖“能滅一切煩惱果報”。按: 卷尾有一行空白,而此卷又非兑廢稿,顯然經文至“能滅一切煩惱果報”結束。考敦煌本、《大正藏》北本皆無此結尾類型,而恰與《大正藏》南本卷卅三結尾文字同。由此推測原卷在空白行後斷裂了尾題“大般涅槃經卷第卅三”。存文參見《大正藏》T12/829B6—831A15。唐寫經。書風與甘博 6 近同。《索引新編》定名爲“大般涅槃經卷第三十七迦葉菩薩品第十三”,《國圖目録》定名爲“大般涅槃經(北本)卷卅七”,皆不妥。

3. 北敦 7029(北 8568;龍 29)

見《國圖》95/43B—44A。原卷無題。按: 寫卷文字與南本同,如“唯有一子”,北本作“正有一子”;“譬真解脱”,北本作“喻真解脱”;“爆裂出聲”,北本作“出聲振爆”;“枷鎖杖罰”,北本作“枷鎖策罰”等等。《國圖目録》判該號作北本,誤。

4. 北敦 10838(L967)

見《國圖》108/178A。殘片。原卷無題。按：寫卷文字與南本同，如“無能與等”，北本作“無有能與作齊等者”。考該號又可以和上揭南本北敦 7029 綴合(見圖 4)，故亦當爲南本。《國圖目録》判該號作北本，誤。

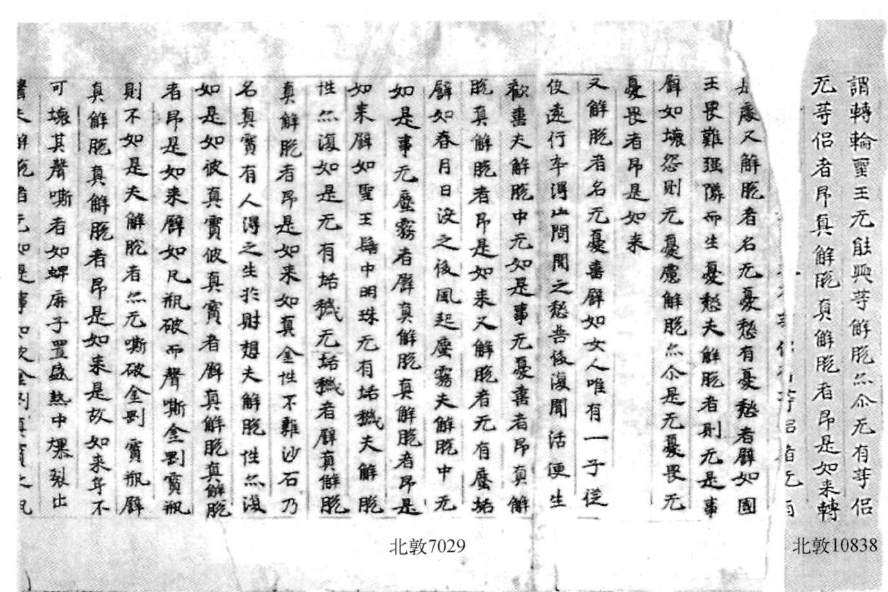

圖 4　北敦 10838+北敦 7029(首部)綴合圖

5. 北敦 10053(L182)

見《國圖》107/98A。首尾殘。原卷無題，《國圖目録》定名爲“大般涅槃經(北本)卷一〇”。按：考該號和南本斯 630(詳下文)斷裂碴口相合，内容相接，書跡一致，可以綴合(見圖 5)。因此該號也當屬於南本卷十。《國圖目録》定名不妥。

6. 北敦 11651(L1780)

見《國圖》110/1A。首尾殘。原卷無題。按：卷中“顔色燥變”，《大正藏》南本同，北本作“顔色皴裂”。故知其爲南本卷十七。《國圖目録》定作“大般涅槃經(北本)卷一九”，不妥。

7. 北敦 15078(新 1278)

見《國圖》138/206A—235B。首殘尾全。尾題“大般涅槃經卷第九”。中題“大般涅槃經菩薩品第十六”。卷尾有天和元年(566)比丘法定寫經題記。存文起“復次善男

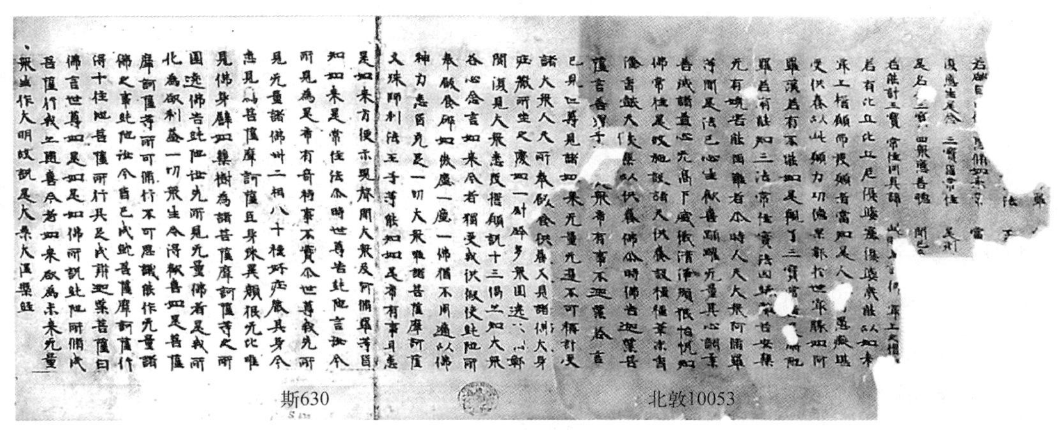

圖 5　北敦 10053+斯 630

子如日月光”,訖“而爲衆生嘆説妙法”。按:敦煌本、《大正藏》本北本卷九無此類型分卷法,而與《大正藏》南本卷九同。中題“大般涅槃經菩薩品第十六”正是南本品名。《國圖》定此件爲北本異卷,不妥。存文参見《大正藏》T12/657A21—665A14。

8. 斯 64(翟 1827)

見《英圖》1/378A—382B。首全尾脱。首題“[大]般涅槃經師子吼菩薩品之二,二十六”。存文起“善男子若有善男子善女人欲見如來應當修習十二部經”,訖“何故不從角中生耶善”。原卷無題。《英圖》定爲“《大般涅槃經》(北本異卷)卷二六”,其條記目録稱“與《大正藏》本相比,卷品開合不同。相當於《大正藏》本卷廿七尾部到卷廿八首部。且與已知各種藏經分卷均不相同”[1]。按:今考敦煌北本卷廿六寫本,亦無此分卷法,因此該號不當是北本。據《大正藏》南本卷廿六校勘記得知,宋、元、明本南本卷廿六開始文字與斯 64 相同。查《磧砂藏》南本卷廿六開始文字,果然同斯 64。且“大般涅槃經師子吼菩薩品之二”爲南本品名,故該號爲南本無疑。因此該號當擬題爲“《大般涅槃經》(南本)卷二六”。《英圖》因未能細考傳世藏經刻本,因此定名出現了失誤。

9. 斯 630(翟 1719)

見《英圖》10/323A—327A。首尾殘。原卷無題。按:考此號用語如“巨身殊異顔貌無比”“無可毁損”“深自改悔”“路經恒河”“即便産育”“我寧與子一處並命,終不捨

[1] 方廣錩、吴芳思主編《英國國家圖書館藏敦煌遺書》第 1 册,“條記目録”14 頁。

棄而獨濟也”“則可隨意”“復以偈答”等,皆與南本卷十同。《英圖》《翟録》定爲北本,不妥。《索引新編》定名爲“大般涅槃經卷第十”,未善。

10. 斯 3679(翟 1673)

見《寶藏》30/456B—458A。首殘尾全。尾題“大般涅槃經卷第一”。按:該號内容與海華堂 12、《大正藏》《中華藏》《磧砂藏》南本卷一同,如“真金窗牖”“世間虛空”“蛣蜣蝮蠣”等。故可定爲“大般涅槃經(南本)卷一”[1]。《翟録》判定爲北本,有待斟酌。

11. 斯 4868(翟 1688)

見《寶藏》38/334—345。首尾全。首題“大般涅槃經長壽品第四,三”;尾題“大般涅槃經卷第三”。卷中有品題“大般涅槃經長壽品第四”“大般涅槃經金剛身品第五”“大般涅槃經名字功德品第六”。卷末有“三界寺藏經”印。按:卷中品題爲南本品題。又該號文字也與南本相同。如“或經十年”“求索無所”“所寄可否”“在隱屏處”“呵責糺治”“將欲滅之”“由杖而死”“唯爲醍醐”等,與《大正藏》《中華藏》《磧砂藏》南本卷三完全一致。《翟録》判定爲北本,不妥。《索引新編》定名爲“大般涅槃經卷第三”,未善。

12. 斯 7572

見《寶藏》55/241B。殘片。所存内容起“▨(生)食雖念念滅”,迄“▨(生)修道亦[復如是]”句。原卷無題,《寶藏》定名爲“大般涅槃經卷第二十九師子吼菩薩品第十一之三”。《方録》定名爲“大般涅槃經(北本)卷二九”。按:今考該號可以和故博 22 綴合(見圖 6),綴合後原分屬於兩件邊緣的“復”“如”“是”“善”“生”“脩”等字皆可完美合璧。由上文已知故博 22 爲南本卷廿七,因此斯 7572 亦當爲南本。

13. 俄敦 524(孟 995)

見《俄藏》6/340A。首尾殘。原卷無題,《俄藏》定名爲“大般涅槃經卷第三十”,是目其爲南本;《俄藏敘録》定名爲“大般涅槃經卷第三十二師子吼菩薩品第十一之六”,則判定爲北本。按:考該號用語“若縱舍”,與《大正藏》《中華藏》《磧砂藏》南本第三〇同,北本作“若舍之”。故當定作南本爲宜。

14. 俄敦 1604

見《俄藏》8/251B。卷軸裝殘片。存寫卷尾部中間部分。有尾題“[大般]涅槃經卷第三”。有題記“建德二年歲次癸巳正月十五日,清信弟子大[都督]吐知勤明,發心普

[1] 張涌泉定作南本,見《敦煌寫本文獻學》,605 頁。

故博22　　　　斯7572

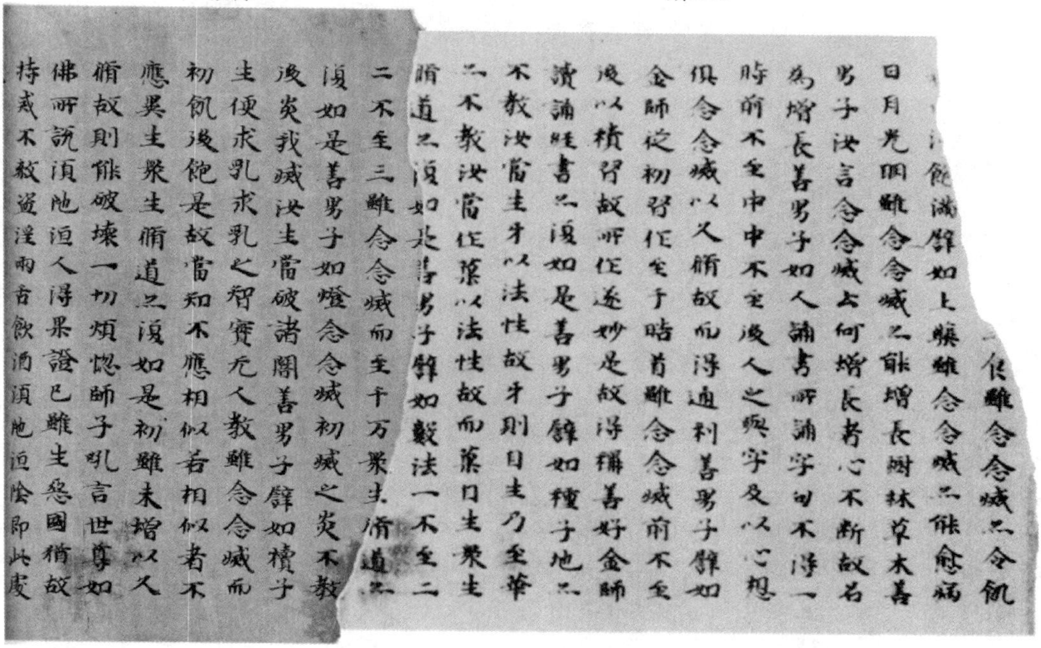

圖6　斯7572+故博22(首部)綴合圖

爲法界衆生、過去七世父[母][亡]靈眷屬逮及亡兒、亡女、並現在妻息、親悉、知[識]敬造大涅槃大品並雜經等,流通供養。願弟[子]生生世世值仏聞法,恒念菩提,心心不斷,又願一切衆生同厭四流,早成正覺”。存文起“[於此大般涅槃而涅]槃▨(者)[當作是學]”句,訖“▨(當)[知是人]盲無慧眼無▨▨▨(明所覆)”。按:該號題記與上博5南本“大般涅槃經卷九”同(參前文)。又該號可以和南本北敦2336“大般涅槃經卷三”綴合(見圖7),因此俄敦1604當爲南本無疑。《俄藏敘録》定爲北本,不妥。

15. 俄敦776(孟1028)

見《俄藏》7/101A。卷軸裝殘片。所存内容起“藐三菩提善男子”句後四字殘形,訖“闍羅鳥身爲諸[衆生説正法故]”句“諸”字。原卷無題,《俄藏》《俄藏敘録》定名爲北本“大般涅槃經師子吼菩薩品第十一之六”。按:此號根據綴合當爲南本,詳下。

16. 俄敦1871(孟2229)

見《俄藏》8/372B。卷軸裝殘片,據行末字推斷,原卷行約17字。存文起“脊骨連

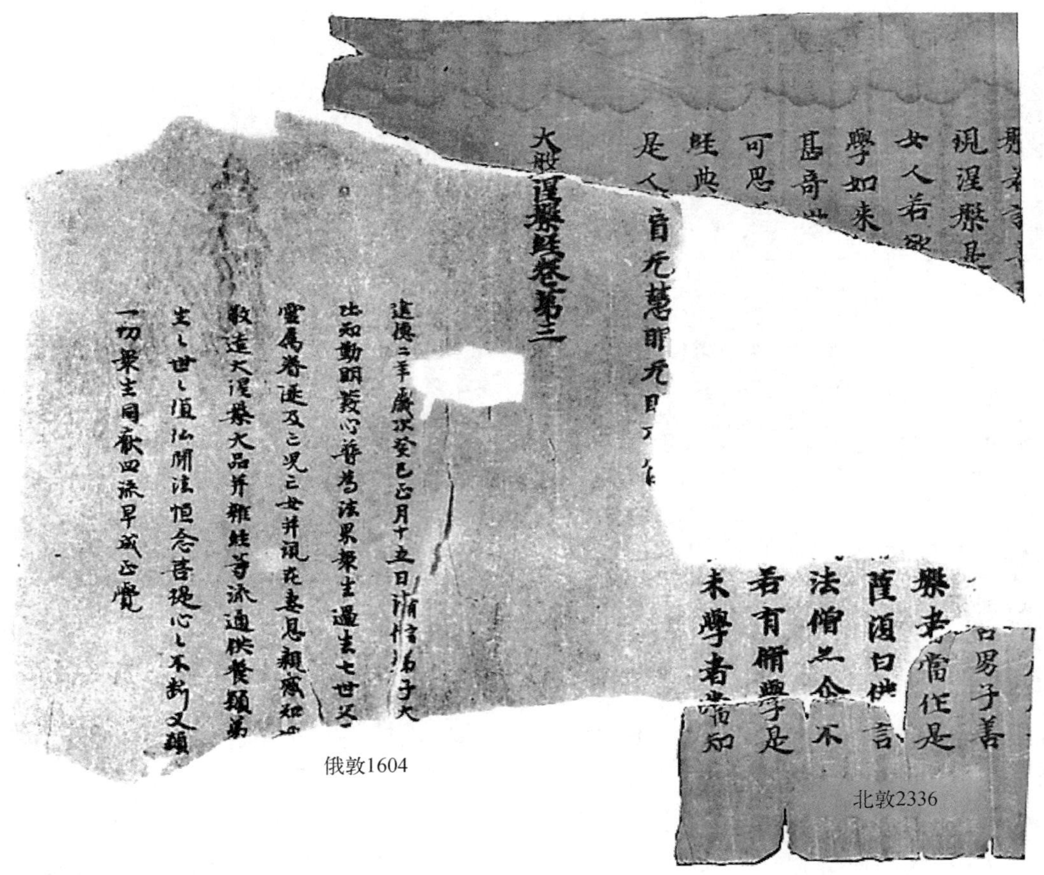

圖 7　北敦 2336(尾部)+俄敦 1604 綴合圖

現如重綫磚”句“骨”字,訖“藐三菩提善男子”句八字殘形。原卷無題,《孟録》《俄藏》《俄藏敘録》定名爲北本“大般涅槃經卷第三十二師子吼菩薩品第十一之六”。按:此號根據綴合當爲南本,詳下。

17. 俄敦 11185

見《俄藏》15/187A。卷軸裝殘片,據行首字推斷,原卷行約 17 字。存文起“[食一]▨(麻)時作是思惟”句,訖“復次菩▨(薩)[爲法因緣]”句。原卷無題,《俄藏》未定名。《俄藏敘録》定名爲北本“大般涅槃經卷第三十二師子吼菩薩品第十一之六”。按:此號根據綴合當爲南本,詳下。

18. 俄敦 12721

見《俄藏》16/162B。卷軸裝殘片,存 3 行,每行僅存 3—8 字。存文起“[我定]▨

(當)[得阿耨多羅三藐三菩提]"句,至"菩▨(薩)[爾時受是大苦]"句。原卷無題,《俄藏》未定名。《俄藏敘録》定名爲北本"大般涅槃經卷第三十二師子吼菩薩品第十一之六"。

按:上揭四號,《俄藏敘録》皆定名爲北本"大般涅槃經卷第三十二師子吼菩薩品第十一之六",然此四號和俄敦 12668 可以綴合(見圖 8)。而俄敦 12668,《俄藏敘録》已定爲南本"大般涅槃經卷三〇",因此上揭四號皆當爲南本。綴合件所存内容參見《大正藏》T12/803B26—804A7。

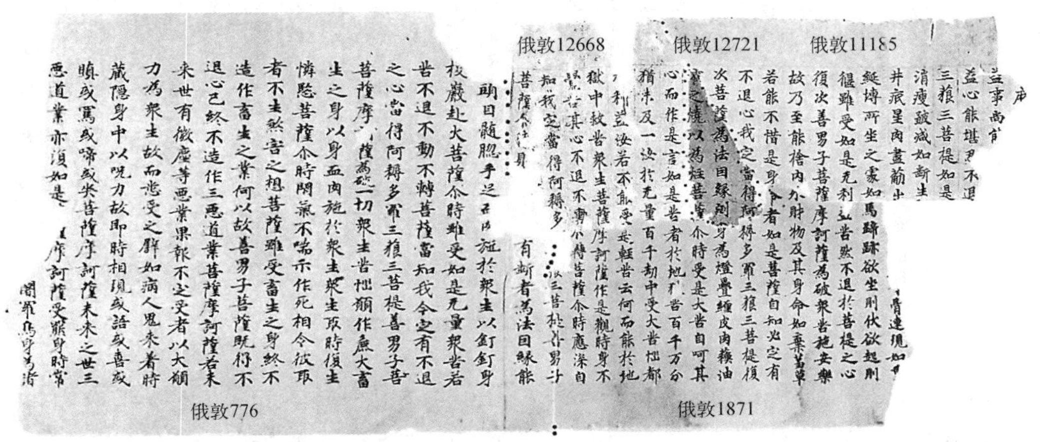

圖 8 俄敦 11185+俄敦 1871+俄敦 12721+俄敦 12668+俄敦 776 綴合圖

19. 俄敦 5471

見《俄藏》12/151B。首尾殘。所抄内容起"[菩提]爾乃證知"句,訖"衆生佛性亦復如是"句。原卷無題,《俄藏敘録》擬題定名爲"大般涅槃經卷第七如來性品第四之四",是爲北本。然考該號可以和俄敦 6186 綴合(參圖 9),而俄敦 6186,《俄藏敘録》擬題"大般涅槃經卷第八如來性品第十二",是爲南本。故俄敦 5471 版本屬性當與之一致。又查綴合件"所有刀斧不能破壞""譬如金剛不可毁壞"兩句,《大正藏》南本同,"破壞""毁壞"北本皆作"沮壞","譬如"作"喻如"。因此,綴合件當定名爲"大般涅槃經(南本)卷八",存文見《大正藏》T12/649C4—650A5。

20. 俄敦 9117

見《俄藏》14/126A。卷軸裝殘片。原卷無題。按:對照《大正藏》,寫卷偈語結束於"我度有彼岸,已▨[得一切苦,是故於今者,唯受上妙樂]",然後緊接"爾時純陀白佛

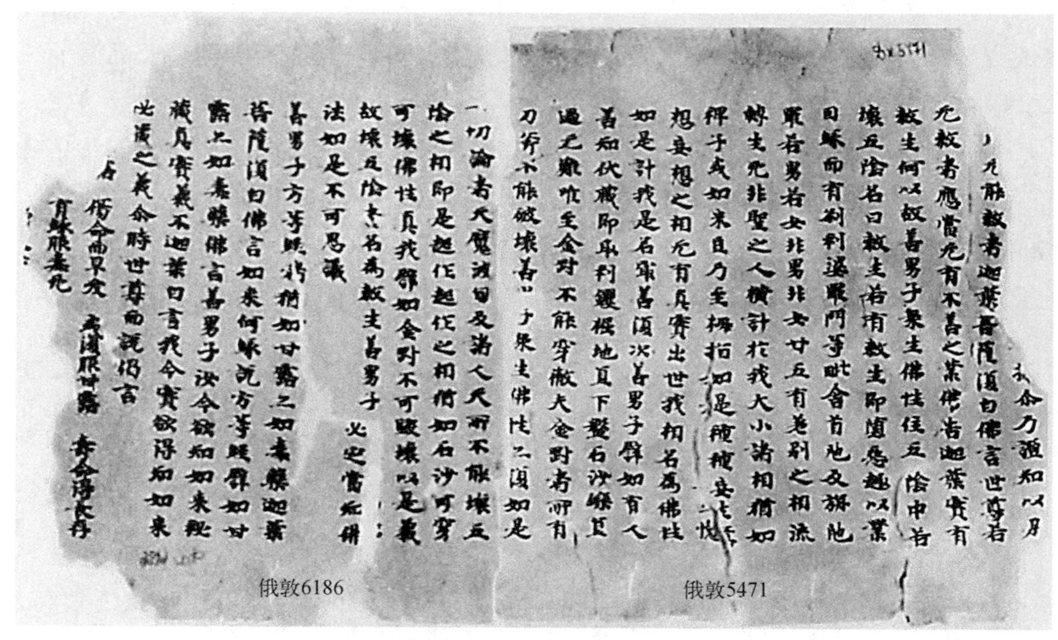

圖 9　俄敦 5471+俄敦 6186 綴合圖

言”云云，這與斯 2127、《大正藏》《中華藏》《磧砂藏》南本卷二完全一致，北敦 2350、《大正藏》《中華藏》《磧砂藏》《思溪藏》北本偈語“唯受上妙樂”下還有“以是因緣故，證無戲論邊”等 16 句偈語，方接“爾時純陀白佛言”句。因此知其爲“南本《大般涅槃經》卷二純陀品第二”。但殘片第三行“已▨［得一切苦］”，又與《大正藏》北本同，南本作“出過一切苦”。從整體著眼，俄敦 9117 可定爲南本。所存文字起“［諸］▨▨（欲皆）無常”句，迄“世▨（尊）［我今已與諸大龍象］”句。存文參見《大正藏》T12/613A11—18。《俄藏敘録》定作北本“大般涅槃經卷第二壽命品第一之二”，不妥。

21. 俄敦 10022

見《俄藏》14/226B，殘片。原卷無題，《俄藏敘録》定名爲“大般涅槃經卷第九如來性品第四之六”，則定此卷爲北本。按：俄敦 10022 與俄敦 10019 南本卷十九可以綴合〔1〕。俄敦 10019，《俄藏敘録》定作南本，由此可知俄敦 10022 亦必爲南本。因未重視綴合關係，《俄藏敘録》對俄敦 10022 的判斷出現失誤。

〔1〕 參景盛軒《俄藏敦煌〈大般涅槃經〉寫卷的調查與分析》，51 頁。

22. 川博 21598

見《川博録》。首缺尾全,尾題“大般涅槃經卷第三十二”。所存内容起“迦葉[菩薩白佛言]”,訖“獲得解脱安隱住”。按:雖未能目驗原卷,但從結束文字來看,敦煌北本、《大正藏》本北本卷卅二皆無此類型分卷法,而與《大正藏》南本卷卅二同,故川博 21598 可定名爲“大般涅槃經(南本)卷卅二”。存文參見《大正藏》T12/816A11?—824A6。《川博録》定名爲“唐《大般涅槃經》殘卷”,並稱“該經原定名爲《大般若波羅蜜多經》,後經核實應該爲《大般涅槃經卷第三十五迦葉菩薩品第十二之三》”[1],看來《川博録》誤以該卷爲北本,故有“卷三十五”之説。

23. 津圖 134+津圖 135

津圖 134(中散 2111),圖版見《津圖》366。後部如圖 10 右部所示。首尾殘。存文起“無罪福無施[戒定今者近]在王舍城住願王”,訖“大王如種麥得”。《津圖》定名爲“大般涅槃經(北本)卷一九”。

津圖 135(中散 2112),圖版見《津圖》367(卷首在津圖 134 圖版左側)。前部如圖 10 中部所示。首尾殘。存文起“麥種稻得稻”,訖“如是大師今者”。《津圖》定名爲“大般涅槃經(北本)卷一九”。

按:今考津圖 134、津圖 135 和津藝 179 三號内容前後相接,書法行款一致(行 17 字爲主,楷書,“我”字無右上角的點等,部分字形參表 1),故可以綴合(見圖 10)。既然已知津藝 179 爲南本,則與之綴合的津圖 134、津圖 135 也爲南本無疑。

表 1　津圖 134、津圖 135、津藝 179 字形比較表

	所	惱	無	能	我
津圖 134	所	惱	无	能	我
津圖 135	所	惱	无	能	我
津藝 179	所	惱	无	能	我

〔1〕 林玉、董華鋒《四川博物院藏敦煌吐魯番寫經敘録》,《敦煌研究》2013 年第 2 期,52 頁。

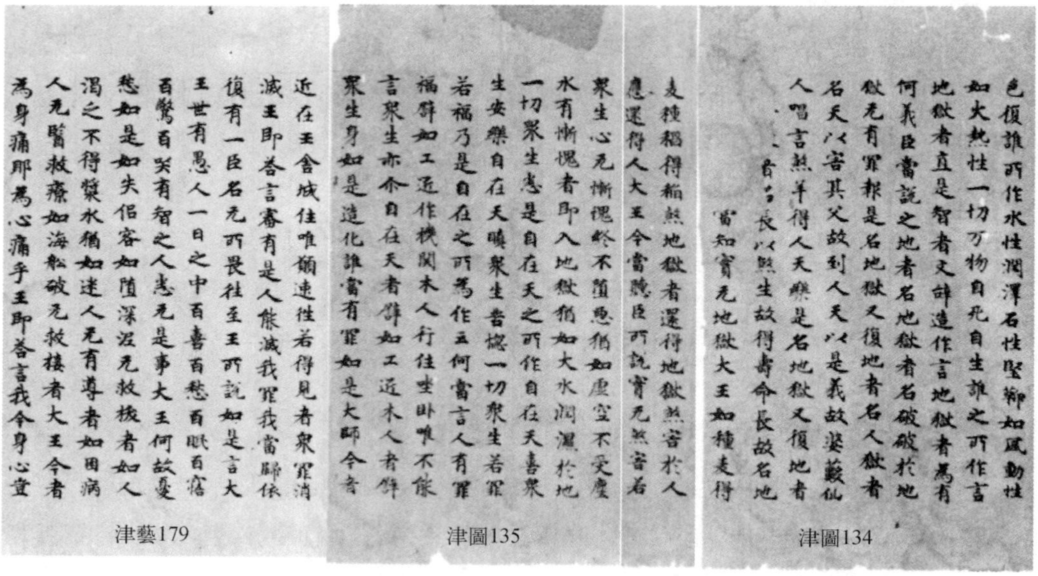

圖 10　津圖 134(後部)+津圖 135(首尾)+津藝 179(前部)綴合圖

四　實爲“混雜本”而誤作南本或北本者

方廣錩先生在《敦煌佛教經録輯校》中説:“《大般涅槃經》有北本、南本兩種卷本。敦煌本以北本爲主,亦有若干南本,並有部分南北兩本混雜的本子。”[1] 所謂“南北兩本混雜的本子”,是指寫卷經文用語與北本一致,分卷也是敦煌北本特有的類型,只是在經文中插入了南本品題的《大般涅槃經》。然而現存敘録、目録中常見將“混雜本”誤作北本或南本者。例如:

1. 北敦 3579(北 6315;結 79)

見《國圖》49/285A—297A。首尾全。首題“大般涅槃經四依品之二,六”;尾題“大般涅槃經卷第六”。存文起“爾時佛告迦葉菩薩善男子我涅槃後”,訖“若有隨順佛所説者即是菩薩”。存文參見《大正藏》T12/北本卷六 398A13—卷七 404A29,南本卷六 638B21 四依品第八—卷七邪正品卷九 645A5。按:該號由兩件不同時代的寫卷拼接而成。前 14 紙爲歸義軍時期,後 7 紙爲南北朝時期。首題“四依品”是南本品名,但與《大正藏》本南本卷六品名“四依品第八”又有所區别。查該卷起訖文字

〔1〕 方廣錩《敦煌佛教經録輯校》(上册),南京:江蘇古籍出版社,1997 年,377 頁。

與敦煌北本卷六斯 2864 相同，又考該號開始文字正好與北敦 14211 卷五、國博 44 卷五銜接。北敦 14211《國圖目録》定名爲“大般涅槃經（南本異本）卷五”，北敦 3579 又定名爲“大般涅槃經（北本異卷）卷六”，體系不一。其實這是一種品名爲南本，而内容爲北本的卷子。比照北敦 14211，北敦 3579 宜定名爲“大般涅槃經（南北混雜本）卷六”。

2. 北敦 4806（北 6541；巨 6）

見《國圖》64/134B—141B。首尾脱。所抄文字起“聖諦若能如是”，訖“若言解脱喻如幻化”。按：該號卷中有品名“大般涅槃經四倒品第十一”“大般涅槃經如來性品第十二”，爲南本品題，但内容與北本同，如“我不能也”“真金之藏”“求覓醫師”“醫師既來”“即以苦味”“以水浄洗其乳喚其子言來與汝乳”“迷荒醉亂”“少壯老等盛衰力勢”“以頭抵觸”“證知了了”“過去往世”“加功困苦”“迦葉言爾”“亦如王子”“霸王之業”等語句，與北敦 3430、北敦 13845、斯 67、中國書店 14 及《大正藏》北本全同，而與南本有别。北敦 4806 與北敦 3430 等寫卷不同之處在於插入了南本品題“大般涅槃經如來性品第十二”後，經文開始文字添加了“迦葉白佛言”五字，以和南本保持一致。所抄文字參見《大正藏》T12/北本卷七 406C17—卷八 410C18；南本卷七四諦品 647C6—卷八如來性品 651B28。《國圖目録》定名爲“大般涅槃經（南本異卷）卷八”，其説可商。至於《索引新編》定名爲“大般涅槃經卷第七、八”，更是未安。

又考北敦 4806 與北敦 1209 兩號紙幅相當（北敦 1209 高 25.7 釐米、長 42 釐米；北敦 4806 高 26 釐米、長 43 釐米），外觀接近（北敦 1209 首脱，北敦 4806 尾脱），行款一致（都有烏絲欄，行 17 字），内容前後相接，書跡類同（參表 2），故可綴合（見圖 11）。

表 2　北敦 4806（尾紙）與北敦 1209 共有字形比較表

	是	之	了	我	若	凡	無	中	亦	修	邊	夫	切	法
4806	是	之	了	我	若	凡	无	中	亦	脩	邊	夫	切	法
1209	是	之	了	我	若	凡	无	中	亦	脩	邊	夫	切	法

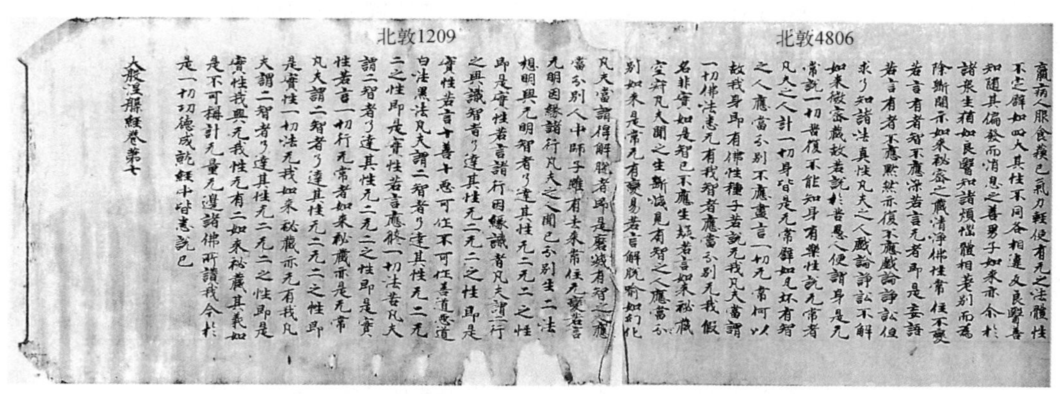

圖 11　北敦 4806(尾部)+北敦 1209 綴合圖

北敦 4806 和北敦 1209 綴合後,文起"聖諦若能如是",訖"我今於是一切功德成就經中皆悉説已"。存文參見《大正藏》T12/北本卷七 406C17—卷八 411A6。綴合件有尾題"大般涅槃經卷第七",這種分卷法正與北敦 3430、北敦 13845、斯 67、中國書店 14 等敦煌北本卷七的分卷法相同。因此,北敦 4806 是在北本卷七的基礎上插入了南本品題,這是一種敦煌特有的南北混雜本,故可命名爲"大般涅槃經(南北混雜本)卷七",爲 7—8 世紀唐寫本。

3. 北敦 14211(新 411)

見《國圖》123/434B—447B。首尾全。首題"大般涅槃經四相品之二"。尾題"大般涅槃經卷第五"。存文起"迦葉復言如佛所説無所積聚",訖"百千億劫不墮惡道"。按:"四相品"爲《大般涅槃經》南本卷五品名,但《大正藏》本南本卷五的品名爲"四相品之餘",起訖文字也不同。查該號開頭與敦煌北本卷四如津藝 22、北敦 7949、北敦 6588 等銜接,結尾與北本卷五如北敦 13874、北敦 3405 等相同。從内容看,如"拊以妙藥"句,北敦 13874、《大正藏》《中華藏》《磧砂藏》《思溪藏》北本同,《大正藏》《中華藏》《磧砂藏》南本作"塗以妙藥";又如"有等侣者如有國王有鄰國等,夫解脱者則無如是,無等侣者謂轉輪聖王,無有能與作齊等者"句,與北敦 13874、《大正藏》《中華藏》《磧砂藏》《思溪藏》北本同,《大正藏》《中華藏》《磧砂藏》南本作:"有等侣者如諸國王有鄰國等,真解脱者則不如是,無等侣者謂轉輪聖王,無能與等。"可見該號文字多與北本同。因此這是一種以北本爲基礎而加入南本品名的混雜本。《國圖》定名爲"大般涅槃經(南本異本)卷五",不確,宜定名爲"大般涅槃經(南北混雜本)卷五"。存文參見《大正藏》T12/北本卷五如來性品四之二 391B6—卷六如來性品四之三 398A11；南本卷五四相品之餘 631B19—四依品第八 638B20。該號與國博 44 屬於同一系列。

4. 北敦 13873(新 73)

見《國圖》115/54A—68A。首尾全。首題"大般涅槃經憍陳如品下，卌"；尾題"大般涅槃經卷第卌"。所存内容起"復有梵志名曰清浄"，訖"須跋陁羅得阿羅漢果"。相應文字參見《大正藏》T12/卅九 597B1—卌 603C24。按：該號分卷與川博 142666 相同，故一併討論。

5. 川博 142666

見《川博》。首尾全。首題"大般涅槃經憍陳如品下"；尾題"大般涅槃經卷第卌"(按《川博》敘録誤作"卅")；所存内容起"復有梵志名曰清浄"句，訖"須跋陀羅得阿羅漢果"句。相應文字參見《大正藏》T12/卷卅九 597B1—卌 603C24。卷尾鈐有"浄土寺藏經"長方形墨印，印下書"此經卅六卷成"六字。按：此號分卷與北敦 13873(新 73)同。兩號的品名爲"憍陳如品下"，這是南本品名，且分卷起訖文字與南本卷三十六相同，但二號尾題卻是"大般涅槃經卷第卌"，是北本的分卷系統。值得注意是川博 142666 藏經印下的文字"此經卅六卷成"，則説明這種北本是參照了南本而成的改治本，故北敦 13873 和川博 142666 一樣，應該稱作南北混雜本。

6. 羽 537

見《秘笈》7/82—91 頁。首尾全。首題"大般涅槃經四依品之二，六"；尾題"大般涅槃經卷第六"。存文起"爾時佛告迦葉菩薩善男子我涅槃後"句，訖"若有隨順佛所説者即是菩薩"。存文參見《大正藏》T12/北本卷六 398A13—卷七 404A29，南本卷六 638B21 四依品第八—卷七邪正品卷九 645A5。《秘笈》敘録判爲南本，稱與現行大正藏經本分卷不同，定名爲"大般涅槃經卷第六、卷第七"。按：該卷的分卷法與敦煌本北本卷六的一種類型同。卷中用語，如"及亦稗子""聞之憐笑""如有國王""伺國虚弱""聞是語已""何處當有""唯願持去"，等等，皆與《大正藏》北本卷六同。因此，這是一種品名是南本，而分卷和内容與北本相同的混雜本。可定名爲"大般涅槃經(南北混雜本)卷六"。歸義軍時期寫經。

7. 中村 104

見《中村》卷中/174A—177B。首尾全。首題"大般涅槃經四相品第七，四"；尾題"大般涅槃經卷第四"。存文起"佛復告迦葉善男子"，訖"無去來者名阿那含"。按：

“四相品”爲南本品名，因此《中村》定名爲“大般涅槃經四相品第七”，然考經文用語，如“成涅槃飯”“施與女人”“遍至他方”“然後方補”“置葶藶檜”“頭痛腹痛背痛木槍洗足洗手洗面漱口嚼楊枝等”“燈爐大小”等，皆與北本同，故今定名爲“大般涅槃經（南北混雜本）卷四”。存文參見《大正藏》T12/北本 385B13—390B8，南本 625B6—630B16。7世紀唐寫本。

8. 上博 61

見《上博》2/134—143。首尾全。首題“大般涅槃經菩薩品第十六，九”；尾題“大般涅槃經卷第九”。存文起“迦葉菩薩白佛言世尊如佛所説”，訖“如來無上正法將滅不久”。按：“大般涅槃經菩薩品第十六”爲南本卷九中品名，故《上博》敘録判爲南本。但是起訖文字又與《大正藏》本南本卷九不同，而與敦煌北本斯 93、北敦 2136、北敦 3714、上博 4 等相同。從内容看，文字多與北本同，如“譬如良醫善解八術，爲治衆生一切病苦，與種種方，吐下諸藥，及以塗身、熏藥、灌鼻、散藥、丸藥”“滿足十月懷抱我胎”“我當報恩”“令王糞門遍生瘡皰”“擔負草㲼”“當須好乳以贍賓客，至市欲買。是賣乳者多索價數。是人答言：汝乳多水，不直爾許。正值我今贍待賓客，是故當取。取已還家，煮用作糜，都無乳味。雖復無味，於苦味中千倍爲勝”“如蚊子尿”“如葶藶子”等等，都與北本一致。因此，這是敦煌所存的南北混雜本，因此可定名爲“大般涅槃經（南北混雜本）卷第九”。存文參見《大正藏》12 册北本卷九 417C1—422B27，南本卷九 658C4—663C20。唐寫本。

9. 國博 44

見《國博》11/108—109。首尾全。首題“大般涅槃經四相品之二五”；尾題“大般涅槃經卷五”。存文起“迦葉復言如佛所説無所積聚”，訖“百千億劫不墮惡道”。按：“四相品”爲《大般涅槃經》南本卷五品名，但該號分卷卻與敦煌本卷五同。又該號與北敦 14211 抄寫行款一致（參圖 12），故所據底本也應相同。因此，該號應該和北敦 14211 一樣，是一種南北混雜本，可定名爲“大般涅槃經（南北混雜本）卷五”。存文參見《大正藏》T12/北本卷五如來性品四之二 391B6—卷六如來性品四之三 398A11；南本卷五四相品之餘 631B19—四依品第八 638B20。唐寫本。

五　定性可商或存疑待考者

現存敘録或目録中定爲《大般涅槃經》的部分寫卷，其名稱或文獻性質可商或存疑者，今附列於此：

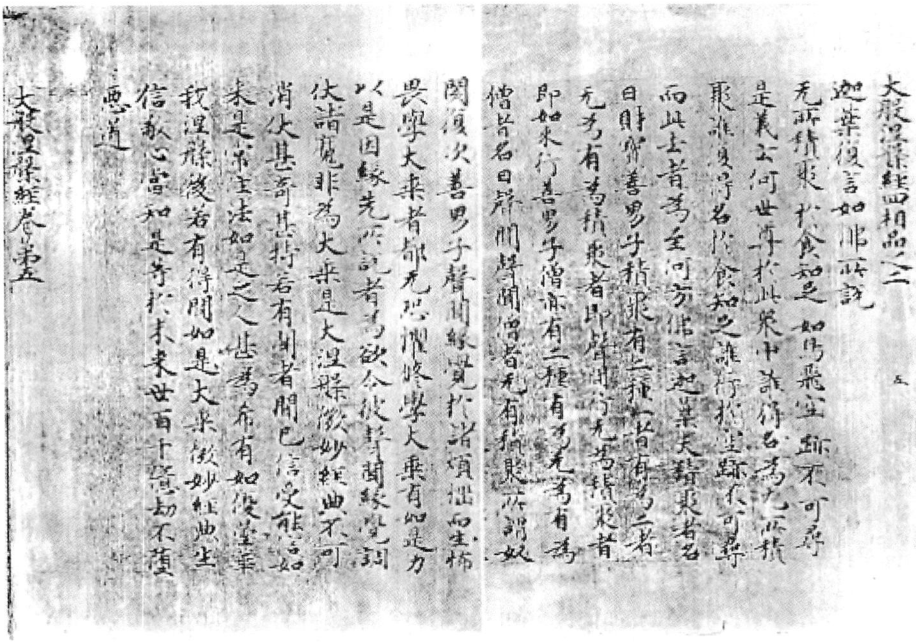
大般涅槃經四相品之二

迦葉復言如佛所說

无所積聚於食知足如鳥飛空跡不可尋

是義云何世尊於此衆中誰得名為无所積

聚誰復得名於食知足誰行於空跡不可尋

而此去者為至何方佛言迦葉夫積聚者名

曰財寶善男子積聚有二種一者有為二者

无為有為積聚者即聲聞行无為積聚者

即如來行善男子僧亦有二種有為无為有為

僧皆名曰聲聞聲聞僧者无有積聚所謂奴

聞復次善男子聲聞緣覺於諸煩惱而生怖

畏學大乘者都无恐懼修學大乘有如是力

以是因緣先所說者為欲令彼聲聞緣覺調

伏諸塵非為大乘是大涅槃微妙經典不可

消伏甚奇甚特若有聞者聞已信受能信如

來是常住法如是之人甚為希有如優曇華

我涅槃後若有得聞如是大乘微妙經典生

信敬心當知是等於未來世百千億劫不墮

惡道

大般涅槃經卷第五

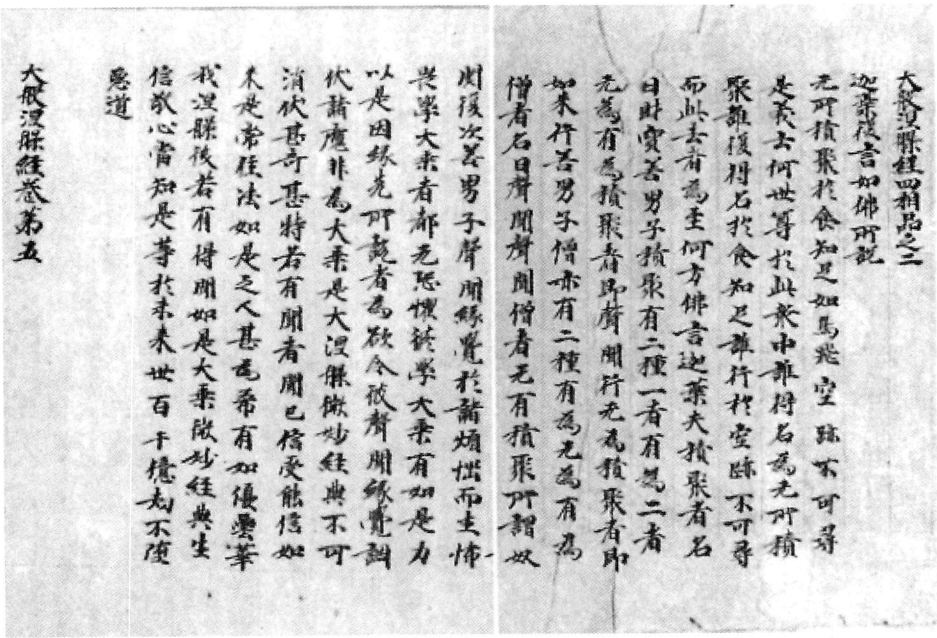
大般涅槃經四相品之二

迦葉復言如佛所說

无所積聚於食知足如鳥飛空跡不可尋

是義云何世尊於此衆中誰得名為无所積

聚誰復得名於食知足誰行於空跡不可尋

而此去者為至何方佛言迦葉夫積聚者名

曰財寶善男子積聚有二種一者有為二者

无為有為積聚者即聲聞行无為積聚者即

如來行善男子僧亦有二種有為无為有為

僧者名曰聲聞聲聞僧者无有積聚所謂奴

聞復次善男子聲聞緣覺於諸煩惱而生怖

畏學大乘者都无恐懼修學大乘有如是力

以是因緣先所說者為欲令彼聲聞緣覺調

伏諸塵非為大乘是大涅槃微妙經典不可

消伏甚奇甚特若有聞者聞已信受能信如

來是常住法如是之人甚為希有如優曇華

我涅槃後若有得聞如是大乘微妙經典生

信敬心當知是等於未來世百千億劫不墮

惡道

大般涅槃經卷第五

圖 12 國博 44(上)和北敦 14211(下)對比圖

1. 俄敦 17687

見《俄藏》17/145A。殘片。存 2 行,有全字 3 個,殘字 5 個。原卷無題。殘卷左起第一行文字爲"▨(夷)岳拔於","夷"字僅存下部殘筆。按:對照《大正藏》《中華藏》《磧砂藏》,此句當是南本卷十二"譬如暴風能偃山夷岳拔於深根"句殘文,北本此句作"譬如暴風能偃山移岳拔深根栽"。是故可定名爲"大般涅槃經(南本)卷十二"。存文參見《大正藏》T12/682B26—28。《俄藏敘録》稱該號"極殘,不可定名"[1],乃未細審殘文所致。

圖 13　北敦 10536

2. 北敦 10536(L665)

見《國圖》108/13B。小殘片(見圖 13)。長 3.5 釐米,高 4 釐米。1 紙,2 殘行,行 2 字殘。第一行行首殘存"言"旁,第二行行首存一全字"毗"。背面抄殘文書。原卷無題,《國圖》定爲"大般涅槃經(南本)卷五",《國圖目録》定爲"大般涅槃經(北本)卷五",存文參見《大正藏》T12/391B3,並指出"大般涅槃經(南本)卷五"亦有類似文句,參《大正藏》T12/631B16—17。按:依《國圖目録》所論定位,殘片第二行文字當爲"而説是偈我今爲諸聲聞弟子説毗伽羅論"句之殘文。然"毗"字右側殘形爲"言"旁,若依照《大般涅槃經》卷五(不論南北),則可能爲"説"字的殘形,但"説"字打首,則行 12 字,不合正規寫經行款,又"言"旁下的殘筆似非"是"字殘留。若依行 17 字計算,則殘片存文可能爲"[若不爲説毘伽羅]論[可名爲藏若諸聲聞有堪任力能受大乘]毘伽羅[論]"句之殘文(参《大正藏》北本卷五 T12/391A5—6;南本卷五 T12/631A16—17)。但細審第二行第三字不似"羅"字(左旁似"革"字殘形),又行款書法較爲草率,故北敦 10536 是否爲《大般涅槃經》殘片,存疑。

此外,英藏斯 6981—斯 8400 間《大般涅槃經》尚未見編於《翟録》。方廣錩先生在《英國圖書館藏敦煌遺書目録(斯 6981—斯 8400)》一書中指出此編號區間有八號南本,分别是:斯 7556、斯 7675、斯 7738、斯 8046、斯 8052、斯 8080、斯 8092、斯 8298。然其中的斯 7556、斯 7738、斯 8046、斯 8052、斯 8080 是否爲南本,未目驗原卷,不敢定論。暫列爲南本,待考。

[1] 邰惠莉主編《俄藏敦煌文獻敘録》,948 頁。

六　總結和相關討論

根據以上辨考,得知確定無疑的敦煌南本《大般涅槃經》有 56 件[1],它們是:北敦 2336、北敦 3310、北敦 4071、北敦 4985、北敦 6266、北敦 7029、北敦 10053、北敦 10838、北敦 11651、北敦 13876、北敦 15078、北敦 15372、斯 64、斯 630、斯 898、斯 2002、斯 2127、斯 3679、斯 3823、斯 4868、斯 7572、伯 3026 背、俄敦 524、俄敦 776、俄敦 1604、俄敦 1871、俄敦 3434、俄敦 3605、俄敦 3658、俄敦 5471、俄敦 6186、俄敦 9117、俄敦 10019、俄敦 10022、俄敦 11185、俄敦 12285、俄敦 12668、俄敦 12721、俄敦 17687、俄弗 204B、羽 585、羽 591、羽 767、甘博 6、上博 5、津藝 179、津圖 134、津圖 135、津圖 163、津文 7、故博 22、海華堂 12、成賢齋 3、臺圖 80、榮寶齋 2019－LOT.778、川博 21598。

疑似 5 件,它們是:北敦 9443、斯 7738、斯 7675、斯 8080、斯 8046。

關於敦煌所存南本《大般涅槃經》的數量,林世田等著《敦煌佛典的流通與改造》一書認爲有 28 號[2],今又增加了一倍之多。隨著更多南本的發現,使我們對《大般涅槃經》在南北朝隋唐時期的傳播有了進一步的認識。

1. 吐知勤明所造南本

在已發現的南本中,吐知勤明所造經尤其引人矚目。吐知勤明所造南本《大般涅槃經》,目前發現一共有 5 號,其中 4 號可以綴合。它們是:北敦 2336+俄敦 1604(卷三)、上博 5(卷九)、斯 7572+故博 22(卷廿七)。根據題記,可確知這一批南本的抄造年代爲北周建德二年(573)。對上博 5,《上博》條記敘録云"参見《大正藏》第十二卷第三七五號[南朝・宋]慧嚴等改編本卷第九《月喻品第十五》《菩薩品第十六》……吐知勤爲當時北方少數民族複姓,吐知勤明,《周書》《北史》無載。大都督爲勳官名,八命,西魏大統中始置鄉兵,北周建德二年列爲戎秩,地位不低。此卷書法結

[1] 據《俄藏》《曾良》及《俄藏敘録》,有 38 號《大般涅槃經》寫卷被定爲南本,除了本文考證過的 9 號外,其他未必是南本。例如俄敦 16845、俄敦 16846、俄敦 16927 三號《俄藏敘録》定名爲南本"大般涅槃經卷第十三聖行品之下",其實以上三號可以綴合。順序爲:俄敦 16927…俄敦 16846+俄敦 16845。綴合件内容亦見北本"大般涅槃經卷第十四聖行品第七之四"。俄敦 18565,原卷第四行有"若不入一相之[道]"句,與《大正藏》南本同,北本作"一乘",故《俄藏敘録》判爲南本。然查敦煌北本,此句也有多作"一相"者。考慮到敦煌北本居多之實際,今可定名爲"大般涅槃經(北本)卷十五"。又如俄敦 11443 等 24 號内容皆與北本同,可逕定爲北本。俄敦 2221,《俄藏敘録》既列入北本又列入南本,是明顯的筆誤。俄敦 11464,《俄藏敘録》定爲南本卷十後,又云"甚殘,或爲别經"(741 頁)。今細審原卷殘字和行款,不可能是《大般涅槃經》,而是《妙法蓮華經》。

[2] 林世田、楊學勇、劉波《敦煌佛典的流通與改造》,蘭州:甘肅教育出版社,2013 年,103 頁。

體方正,書風整飭而又婉和,已開隋唐楷體規範先河。舊藏家吴士鑒(1868—1934年),字絅齋,宣統二年(1910年)得自敦煌。"[1]誠如《上博》敘録所論,敦煌發現的這5件南本,抄寫謹嚴整飭,是典型的官員造經,對研究當時的民衆信仰和字體演變有相當的價值。魏郭輝則從佛教交流的角度探討了這些吐知勤明造經的意義。我們知道,敦煌曾出土了南朝梁天監五年(506)譙良顒於荊州竹林寺寫的《大般涅槃經》卷一一,這就是有名的斯81號寫卷。雖是書寫於南方,但版本卻是北本。"此件寫經,極有可能是梁武帝時期,通過私人或官方使節及僧人交往途徑流入敦煌的"[2],而北周建德二年吐知勤明造經,以及天和元年(566)比丘法定[3]、隋大業四年(608)比丘法安造經(分别見北敦15078、羽767題記)的發現,"據此可見,南本《大般涅槃經》曾爲北朝時期敦煌人士所抄寫","綜上所述,南北本《大般涅槃經》的互動回流,一定程度上反映了南北朝時期雙方佛教文化交流所呈現的獨特交流態勢"[4]。也就是説,曇無讖在姑藏(今武威)譯出此經後,於元嘉七年(430)南傳到建康。慧嚴、謝靈運等人隨後改治此經而成南本[5]。但天監五年北本《大般涅槃經》的抄寫,充分説明曇無讖譯本在南朝具有重要影響。而反過來,慧嚴、謝靈運譯本又在北周爲敦煌人士抄寫,這也説明南方的改治本逐漸爲北朝佛教界所接受的事實。從敦煌書法史看,是南朝的書風强力影響了北朝書風[6],如上博5等寫卷有明顯向斯81看齊的傾向。而與此相一致,南朝的佛學也强力影響了北朝歟?這是一個有意思的課題。

2. 浄土寺所藏南本

在已發現的南本中,存在一個浄土寺藏經的系統。前文已敘録的羽591,卷首右下角標有小字"圡",卷尾有"浄圡寺藏經"印。通過紙型、行款和書跡比較,可以發現北敦15372、成賢齋3、甘博6、北敦4985、斯898和它屬於同一抄寫系統。具體情況可以表列如下(見表3、表4)。

---

〔1〕《上海博物館藏敦煌吐魯番文獻》第2册,上海古籍出版社,1993年,"敘録"2頁。

〔2〕魏郭輝《敦煌寫本佛經題記研究》,蘭州大學博士學位論文,2009年,178頁。

〔3〕北敦15078題記"天和元年(566)歲在辰巳十二月七日,比丘法定發願造《涅槃經》一部",按天和元年爲丙戌年,故此題記或屬後人僞造。

〔4〕魏郭輝《敦煌寫本佛經題記研究》,181頁。

〔5〕姜劍雲、王岩峻《謝靈運與〈大般涅槃經〉的改治》,《晉陽學刊》2009年第4期,102頁。

〔6〕參錢建華《論唐太宗對王羲之書法之推崇》,原刊《書法研究》2005年第12期,此據《中國書畫》2006年第4期,30頁。

表 3　北敦 15372、羽 591、成賢齋 3、甘博 6、北敦 4985、斯 898 紙型、行款比較表

	卷次	紙型	紙幅 h＊w	紙行	行字	首　題	尾　題	字體
北敦 15372	四	經黄打紙研光上蠟	26.0＊49.4	28	17	大般涅槃經四相品上第七，四	大般涅槃經卷第四	楷
羽 591	八	黄麻紙	26.2＊49.5	28	17	大般涅槃經如來性品第十二，八	大般涅槃經卷第八	楷
成賢齋 3	九	硬黄紙	26.3＊49.6	28	17	大般涅槃經菩薩品第十六	大般涅槃經卷第九	楷
甘博 6	三二	硬黄紙	26.3＊49.5	28	17	大般涅槃經迦葉菩薩品之二，卅二	大般涅槃經卷第卅二	楷
北敦 4985	三三	經黄紙	26.3＊48.5	28	17	/	/	楷
斯 898	三五	硬黄紙	26.0＊49.3	28	17	/	大般涅槃經卷第三十五	楷

表 4　北敦 15372、羽 591、成賢齋 3、甘博 6、北敦 4985、斯 898 部分字形比較表

	惱	是	我	大	涅	所	惡	世	子	無
北敦 15372	惱 惱	是	我	大	涅	所	惡	世	子	无
羽 591	惱 惱	是	我	大	涅	所	惡	世	子	无
成賢齋 3	惱	是	我	大	涅	所	惡	世	子	无
甘博 6	惱	是	我	大	涅	所	惡	世	子	无
北敦 4985	惱	是	我	大	/	所	惡	世	子	无
斯 898	惱	是	我	大	涅	所	惡	世	子	无

從行款和書風的比較中,可以明顯看出上揭六號紙型相同,行款一致,書跡相似,當屬於同一抄寫系統。《甘藏》敘録根據"世"和"湣"缺筆避太宗諱,定甘博6爲唐太宗以後(約爲唐高宗時)所書。既然北敦15372、羽591、成賢齋3、北敦4985、斯898與它同爲一人書寫,故而推斷此6號南本皆爲初唐寫本,爲浄土寺所藏。因此,前文述殘留於北敦15372護首外題下的"一"形,應該爲"土"字的末筆。又觀此6號寫卷書法精美,行款整飭,似乎爲唐宫廷寫經或官方寫經,或作爲抄經樣本流傳到敦煌。這從另一個角度可以看出,唐王朝代替隋朝一統天下後,對於來自南方的南本《大般涅槃經》同樣是高度重視的。

3. 南北混雜本

敦煌所存"南北混雜本"是《大般涅槃經》傳播史上一個不可忽視的存在。據我們初步調查,這種"南北兩本混雜的本子"共有10號,卷號及其具體面貌見前文所述。它們的共同特點是經文用語與曇無讖譯本一致,分卷也是敦煌本特有的分卷類型,只是在經文中參照慧嚴、謝靈運等譯本插入了南本的品題。從書風和特徵字上考察,這些"南北混雜本"都抄寫於中晚唐時期(北敦3579爲修補卷,主體是歸義軍時期的)。敦煌所存《大般涅槃經卷品録》有6號,其中的伯3150卷品録所據的原卷正是南北本的混雜本[1]。伯3150前抄有癸卯年慈惠鄉百姓吴順慶典身契,據方廣錩考證,"癸卯年"應爲吐蕃統治時期的長慶三年(823),故伯3150抄寫於9世紀。由此可以推斷,敦煌的這種"南北混雜本"《大般涅槃經》在9世紀應該有一定的數量,從而導致了這種卷品録的出現。

爲什麽會在敦煌地區出現一種南、北本之外的"混雜本"呢?這得從《大般涅槃經》改治的原因説起。據《高僧傳・慧嚴傳》云:"《大涅槃經》初至宋土,文言致善,而品數疏簡,初學難以措懷。嚴乃與慧觀、謝靈運等依《泥洹》本加之品目。文有過質,頗亦治改。"[2]可見慧嚴、謝靈運等人改治曇無讖譯本的原因主要有兩條:一是品目疏簡,二是語言過質。對品目的改治,確實便於教徒信衆對經文内容的把握,例如北本第四品"如來性品",從卷第四到卷第十共五卷,篇幅巨大。其實該品是從多角度討論"如來性"的問題,如果籠統冠以"如來性品",不便於信徒把握念誦,是所謂"初學難以措懷"。而在當時佛經解讀中,有濃厚的"科分"習慣,這從敦煌所出佛經注疏以及寫卷常見的

〔1〕 參方廣錩《敦煌佛教經録輯校》(上册),367頁。
〔2〕 釋慧皎《高僧傳》,北京:中華書局,1997年,262頁。

科分符號上可以反映出來。因此慧嚴、謝靈運等人參照法顯六卷本《泥洹經》,對北本進行了更爲細緻的“科分”,將原來的 13 品劃分成 25 品,例如將“如來性品”細分爲四相、四依、邪正、四諦、四倒、如來性、文字、鳥喻、月喻、菩薩凡十品,這大大方便了學者的研習。因此敦煌佛教界在北本的基礎上加上南本的品目,無疑是對南本改治工作的認可。

但是在對待語言改治上,敦煌地區似乎表現得十分“頑固”。對改治本語言的非議,似乎自其誕生之日就存在了。據《高僧傳·慧嚴傳》記載,慧嚴改治此經後,“嚴乃夢見一人,形狀極偉,厲聲謂嚴曰:‘《涅槃》尊經,何以輕加斟酌?’嚴覺已,惕然。乃更集僧,欲收前本”[1]。又據《大般涅槃經玄義》卷二載:“初三人欲删略百句解脱,俱夢黑神威猛,責數剛切:‘汝以凡庸改聖人言義,其過大矣。若不止者,以金剛杵碎之如塵。’”(見《大正藏》T38/14A26—B19)雖然這些記載帶有迷信傳説的成分,但是反映了當時佛教界特别是北方教團對佛典語言的態度,或許唐釋慧琳(或雲公)的一句不經意的話反映了一部分教徒的觀點。《一切經音義》卷廿六《北本涅槃經音義》“手抱腳蹋”條曰:“此喻渡煩惱河。勤修二善,是抱取義也。勤斷二惡,是踐棄義。《南經》謝公改爲‘運手動足’,言雖是巧,於義有闕疏也。”(見《大正藏》T54/476C13)“言雖是巧,於義有闕疏也”,可以看作是譯文“尚質”派抵制南本語言的宣言。這樣,既要便於把握經文内容,又要在語言上固守質樸風格,於是敦煌的佛教徒對《大般涅槃經》進行了第二次“改治”,遂有了以北本爲主體,融合南本的“南北混雜本”。至此,我們可以將《大般涅槃經》在南北朝至隋唐五代時期的流傳和演變情況簡示如下:

姑藏　北本→④南北混雜本

↓①　↑③

建康→②南本

敦煌歸義軍時期的《大般涅槃經》寫卷,又將若那跋陀羅與會寧譯的《後分》兩卷附在北本之後,形成四十二卷本的《大般涅槃經》,這可謂對該經的第三次“改治”。

(作者單位:浙江師範大學人文學院)

[1] 釋慧皎《高僧傳》,263 頁。

《敦煌吐魯番研究》第二十二卷
2023年,221—251頁

遼寧省博物館藏敦煌《大般涅槃經》綴合研究*

郭　丹

作爲敦煌文化資源的一個重要組成部分,遼寧省博物館收藏的敦煌文獻可與分散於世界各地的敦煌文獻綴合,本篇即以其中10個編號的《大般涅槃經》爲中心,進行館内與館外的綴合研究,館外綴合的機構包括中國國家圖書館、北京大學、中國書店,英國國家圖書館,俄羅斯科學院東方文獻研究所,日本杏雨書屋共計6家。本次綴合中涉及文獻數量42個編號(詳見列表),綴合爲6組,可爲深化敦煌《大般涅槃經》的相關研究提供參考。

遼寧省博物館藏敦煌《大般涅槃經》綴合文獻列表

收藏單位	數量	編　　號
遼寧省博物館	10	LD4969－03、LD5137－05、LD5137－06、LD5142－07、LD5142－14、LD28393、LD29400、LD29450(A)、LD29450(B)、LD29450(C)
國家圖書館	11	BD02723、BD06888、BD07890、BD08584、BD09561、BD09578、BD10261、BD10652、BD11968、BD12199、BD15896
北京大學圖書館	1	北大D136
中國書店	1	ZSD011
英國國家圖書館	2	S.633(A)、S.633(B)
俄羅斯科學院東方文獻研究所	5	Дx.00116、Дx.00654、Дx.00682、Дx.01783、Дx.06264
日本杏雨書屋	12	羽399、羽589－17、羽590－12、羽590－13、羽590－14、羽590－15、羽590－16、羽590－17、羽590－18、羽590－19、羽590－21、羽590－22

* 本文爲遼寧省公共文化服務中心研究課題"遼寧省博物館藏敦煌佛教文獻研究"(2022jtyjkt－007)的階段性成果。

文中“LD”指遼寧省博物館藏敦煌文獻編號;“BD”指國家圖書館藏敦煌文獻編號;“北大 D”指北京大學圖書館藏敦煌文獻編號;“ZSD”指中國書店藏敦煌文獻編號;“S.”指英國國家圖書館藏敦煌文獻斯坦因編號;“Дх.”指俄羅斯科學院東方文獻研究所(原俄羅斯科學院東方研究所聖彼得堡分所)藏敦煌文獻編號;“羽”指日本杏雨書屋藏敦煌文獻羽田亨編號。

綴合過程中必要的録文,以《大正新脩大藏經》[1]爲底本;直接綴合的用“+”號相接,遥綴的用“…”號相接。綴合順序則依《大般涅槃經》卷次自前至後排列。

一　Дх.00116+Дх.00654…BD07890…BD15896…Дх.06264…Дх.01783…北大 D136…LD28393+Дх.00682

(一) Дх.00116

首尾俱殘,存 17 行,滿行 17 字。抄寫《大般涅槃經》卷十三“聖行品第七之三”部分内容。楷書,有界欄。内容起“則利益我”之“我”字,訖“非是正法”,相應文字參見《大正藏》第 12 册,第 445 頁 A 欄第 10 行至第 27 行。圖版見《俄藏敦煌文獻》[2]第 6 册第 83 頁,定名爲“大般涅槃經聖行品第七之三”。《俄藏敦煌文獻敘録》定名“大般涅槃經常不輕菩薩品第二十”[3],有誤。

(二) Дх.00654

首尾俱殘,存 26 行,滿行 17 字。抄寫《大般涅槃經》卷十三“聖行品第七之三”、卷十四“聖行品第七之四”部分内容。楷書,有界欄。内容起“正命自活”,訖“非無相”之“非無”二字,相應文字見《大正藏》第 12 册,第 445 頁 A 欄第 27 行至 C 欄第 2 行。圖版見《俄藏敦煌文獻》第 7 册第 35 頁,定名爲“大般涅槃經卷第十三”。《俄藏敦煌文獻敘録》定名“大般涅槃經卷第十三聖行品第七之三至卷第十四聖行品第七之四”[4]。

(三) BD07890

高 26 釐米、長 148 釐米。首尾俱殘,存 4 紙 91 行,滿行 17 字。抄寫《大般涅槃經》

〔1〕 高楠順次郎、渡邊海旭編《大正新脩大藏經》(簡稱《大正藏》),東京:大正一切經刊行會,1922—1934 年。後均同,不一一出注。

〔2〕 俄羅斯科學院東方研究所聖彼得堡分所、俄羅斯科學出版社東方文學部、上海古籍出版社編《俄藏敦煌文獻》,上海古籍出版社,1992—2001 年。後均同,不一一出注。

〔3〕 邰惠莉主編《俄藏敦煌文獻敘録》,蘭州:甘肅教育出版社,2019 年,62 頁。

〔4〕《俄藏敦煌文獻敘録》,99 頁。

卷十四"聖行品第七之四"部分内容。楷書,有界欄。内容起"復次善男子",訖"乃至人手亦不念言我能出蘇"之"至"字,相應文字見《大正藏》第12册,第446頁B欄第16行至第447頁B欄第23行。圖版見《國家圖書館藏敦煌遺書》[1]第99册第216頁及國際敦煌項目(IDP),定名爲"大般涅槃經(北本)卷一四"。

(四) BD15896

高26.2釐米、長13.2釐米。首尾俱殘,存9行,滿行17字。抄寫佛教文獻《大般涅槃經》卷十四"聖行品第七之四"部分内容。楷書,有界欄。内容起"因地"之"因"字,訖"終不念言我轉法輪"之"念"字,相應文字見《大正藏》第12册,第447頁B欄第27行至C欄第6行。圖版見《國家圖書館藏敦煌遺書》第145册第26頁及國際敦煌項目(IDP),定名爲"大般涅槃經(北本)卷一四"。

(五) Дх.06264

首尾俱殘,存9行,滿行17字。抄寫《大般涅槃經》卷十四"聖行品第七之四"部分内容。楷書,有界欄。内容起"復以何義名爲聖行"之"何義"二字,訖"生老病死"之"老"字,相應文字見《大正藏》第12册,第448頁A欄第26行至B欄第6行。圖版見《俄藏敦煌文獻》第13册第65頁,未定名。《俄藏敦煌文獻敘録》定名"大般涅槃經卷第十四聖行品第七之四"[2]。

(六) Дх.01783

首尾俱殘,存13行,滿行17字。抄寫佛教文獻《大般涅槃經》卷十四"聖行品第七之四"部分内容。楷書,有界欄。内容起"得自在力"之"自在力"三字,訖"長跪合掌白佛言"之"長跪"二字,相應文字見《大正藏》第12册,第448頁C欄第13行至第26行。圖版見《俄藏敦煌文獻》第8册第344頁及國際敦煌項目(IDP),定名爲"大般涅槃經卷第十四"。《俄藏敦煌文獻敘録》定名"大般涅槃經卷第十四聖行品第七之四"[3]。

(七) 北大D136

高26.4釐米、長51.5釐米。首尾俱殘,存32行,滿行17字。抄寫《大般涅槃經》卷十四"聖行品第七之四"部分内容。楷書,有界欄。内容起"從方等經出般若波羅蜜"之"經"字,訖"乃至不聞方等名字"之"乃至"二字,相應文字見《大正藏》第12册,第449頁A欄第11行至B欄第13行。圖版見《北京大學圖書館藏敦煌文獻》第2册第109

[1] 任繼愈主編《國家圖書館藏敦煌遺書》,北京圖書館出版社,2005—2012年。後均同,不一一出注。

[2] 《俄藏敦煌文獻敘録》,453頁。

[3] 《俄藏敦煌文獻敘録》,172頁。

頁,定名爲"大般涅槃經聖行品第七之四"[1]。

(八) LD28393

高 26 釐米、長 109.5 釐米。首尾俱殘,存 4 紙 67 行。抄寫《大般涅槃經》卷十四"聖行品第七之四"部分内容。楷書,有界欄。内容起"説是半偈已",訖"即解己身所著鹿皮"之"著"字,相應文字見《大正藏》第 12 册,第 450 頁 A 欄第 17 行至 C 欄第 26 行。圖版此前未公開出版。《遼寧省博物館藏敦煌西域文獻簡目》[2]予以公佈,定名爲"大般涅槃經"。1984 年自遼寧省文物店購入。

(九) Дx.00682

首尾俱殘,存 8 行。抄寫《大般涅槃經》卷十四"聖行品第七之四"部分内容。楷書,有界欄。内容起"諦聽諦聽"之"聽"字,訖"若道",相應文字見《大正藏》12 册,第 450 頁 C 欄第 24 行至第 451 頁 A 欄第 5 行。圖版見《俄藏敦煌文獻》第 7 册第 48 頁,定名爲"大般涅槃經聖行品第七之四"。

按:根據殘存文字判斷,上揭九號均爲《大般涅槃經》"聖行品"寫本殘段(片),内容前後相連或相鄰,係同一卷子之斷裂。綴合情況如圖 1-1、圖 1-2、圖 1-3、圖 1-4、圖 1-5、圖 1-6 所示,其中 Дx.00116 與 Дx.00654 於"非是正法/正名自活"句前後相接,中無缺字;Дx.00654、BD07890、BD15896、Дx.06264、Дx.01783、北大 D136 與 LD28393 七號均不能直接相連,據完整文本推算,Дx.00654、BD07890 二號中間缺約 71 行;BD07890 與 BD15896 二號中間缺約 4 行;BD15896 與 Дx.06264 二號中間缺約 48 行;Дx.06264 與 Дx.01783 二號中間缺約 35 行;Дx.01783 與北大 D136 中間缺約 13 行;北大 D136 與 LD28393 二號中間缺約 61 行;LD28393 尾部三行殘字與俄 Дx.00682 前三行的殘字筆畫碴口相合,合成完整的"諦""聽""當""爲""汝""説""其""爾""時""著"字,内容前後相續,可以直接綴合。

在寫本形態上,九號字體相同、行款格式相同(滿行皆 17 字,行距、字距、字體大小相近),筆跡書風如出一轍,以交互出現的"善""是""子"等字可資比較,進一步説明九號具有綴合關係。綴合後,所存内容參見《大正藏》第 12 册,第 445 頁 A 欄第 10 行至第 451 頁 A 欄第 5 行。

[1] 北京大學圖書館、上海古籍出版社編《北京大學圖書館藏敦煌文獻》第 2 册,上海古籍出版社,1995 年,109 頁。

[2] 拙文《遼寧省博物館藏敦煌西域文獻簡目》,《敦煌吐魯番研究》第 19 卷,上海古籍出版社,2020 年,301—308 頁。後均同,不一一出注。

Дx.00116

Дx.00654

圖 1－1　Дx.00116+Дx.00654

Дx.00654

BD07890

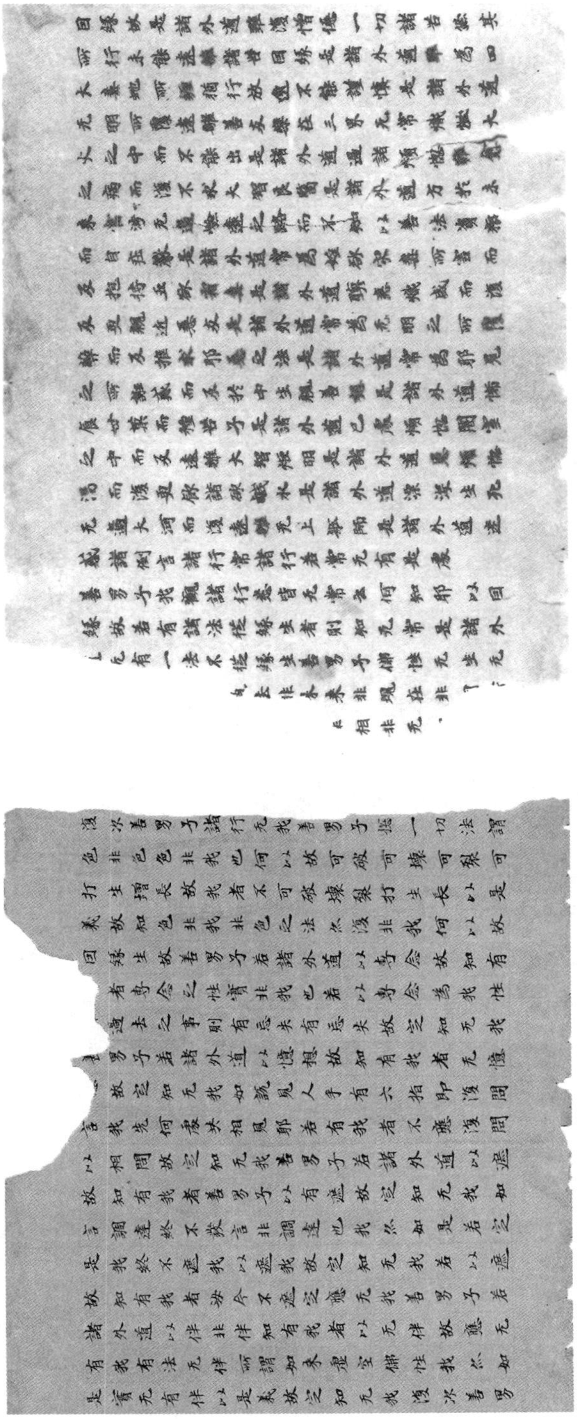

圖 1－2　Дx.00654…BD07890（前部）

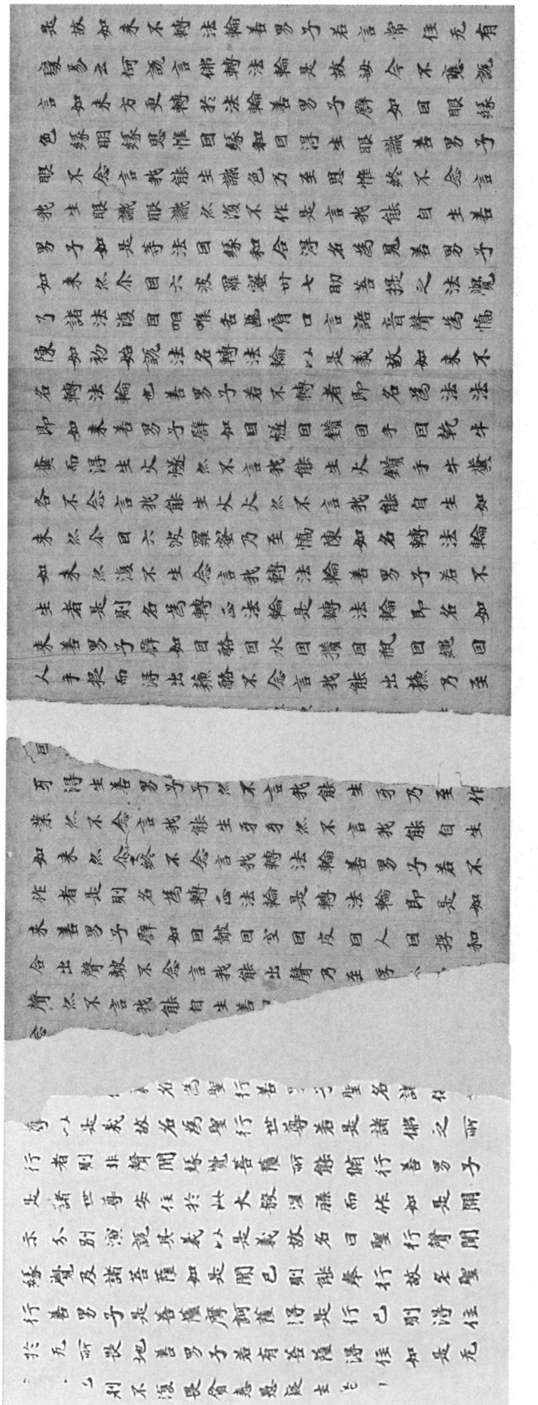

BD07890

BD15896

Дх.06264

圖 1－3　BD07890(後部)…BD15896…Дх.06264

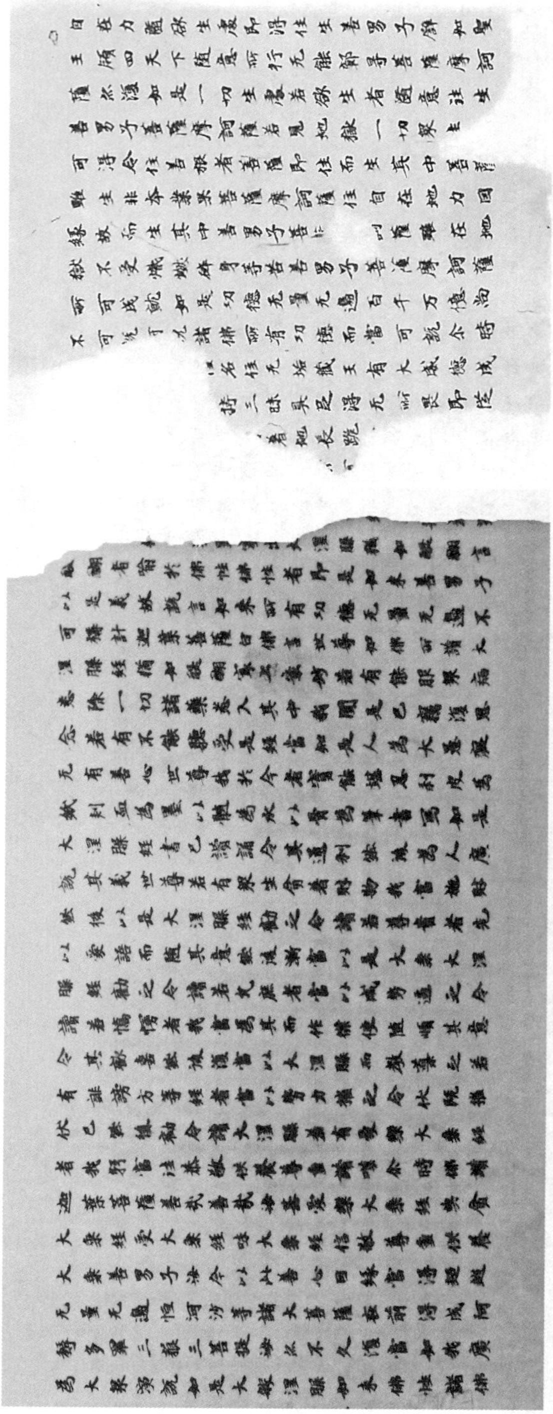

Дх.01783

北大D136

圖 1－4　Дх.01783…北大 D136(前部)

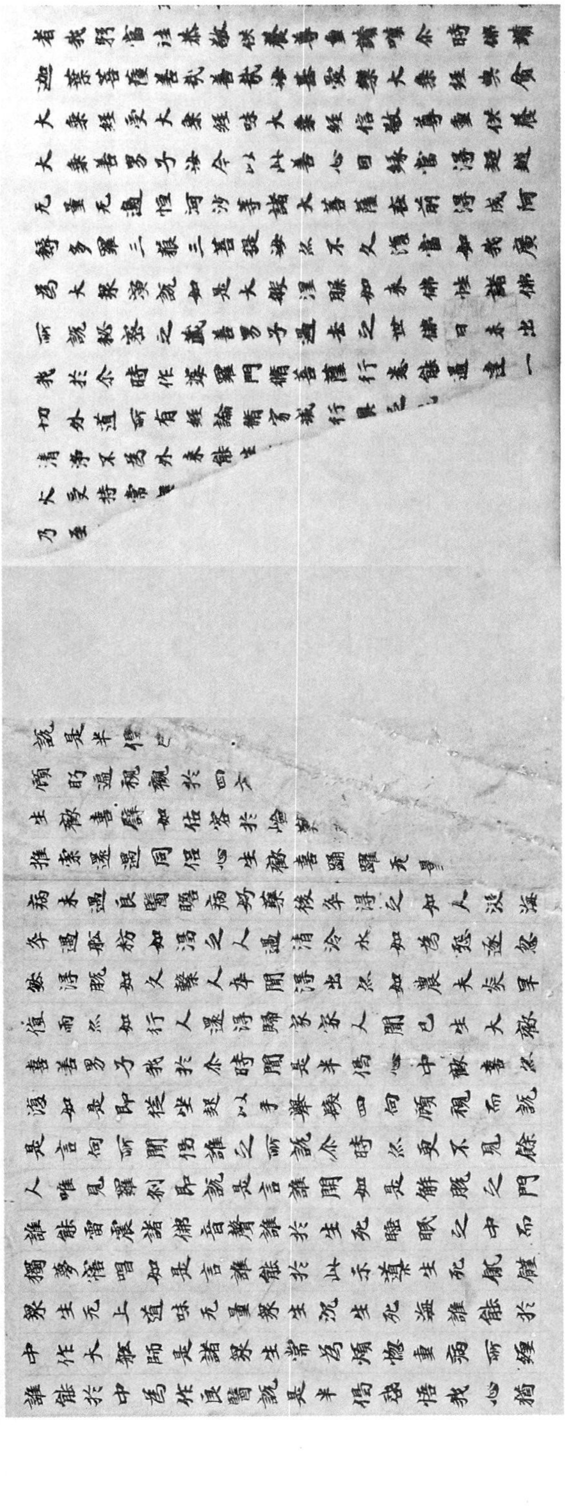

北大D136

LD28393

LD28393

圖 1－5　北大 D136（後部）…LD28393（前部）

LD28393

Дх.00682

圖 1－6　LD28393（後部）+Дх.00682

又按：BD07890 第 22 行“亦如痤[1]人，名爲長者”，不同於南本“亦如短人，名爲長者”；LD28393 第 35 行“飢渴苦惱，心亂讇語，非我本心之所知也”不同於南本“飢渴苦惱，心亂謬語，非我本心之所知也”[2]，由此確定這是一件《大般涅槃經》北本系統的寫本。

二　羽 399+LD29400

（一）羽 399

高 25.3 釐米、長 252 釐米。首尾俱殘，存 8 紙 160 行。抄寫佛教文獻《大般涅槃經》卷十七“梵行品第八之三”部分内容。隸楷，有界欄。寫本上部有規律性殘缺。内容起“有障礙者名四顛倒”之“四顛倒”三字，訖“舍利弗”之“利弗”二字，相應文字見《大正藏》第 12 册，第 464 頁 A 欄第 26 行至第 466 頁 A 欄第 17 行。圖版見《敦煌秘笈》[3]第 5 册第 223—227 頁，定名爲“大般涅槃經卷第十七”。

（二）LD29400

高 24.1 釐米、長 385 釐米。首殘尾全，存 11 紙 227 行。抄寫《大般涅槃經》卷十七“梵行品第八之三”、卷十八“梵行品第八之四”部分内容。隸楷，有界欄。寫本上部有規律性殘缺。存尾題：大般涅槃經第十七。内容起“以是因緣”之“以”字，訖“故名善逝”，相應文字見《大正藏》第 12 册，第 466 頁 A 欄第 16 行至第 468 頁 C 欄第 25 行，分卷不同。圖版此前未公開出版。《遼寧省博物館藏敦煌西域文獻簡目》予以公佈，並據尾題定名爲“大般涅槃經卷第十七”。高絡園舊藏[4]。

按：根據殘存文字判斷，上揭兩號均爲《大般涅槃經》“梵行品”寫本殘卷，係同一卷子之斷裂，可以綴合。綴合後如圖 2 所示，其中羽 399 尾部殘留筆畫與 LD294000 第

---

〔1〕“痤”，《大正藏》作“矬”。

〔2〕景盛軒《南、北本〈大般涅槃經〉辭彙差異》，四川大學漢語史研究所編《漢語史研究集刊》第 11 輯，成都：巴蜀書社，2008 年，第 280 頁；真大成《“文有過質”發微：試論南北本〈大般涅槃經〉改易的語體動機》，《浙江大學學報（人文社會科學版）》2018 年第 5 期，第 55、60 頁。

〔3〕武田科學振興財團杏雨書屋編《敦煌秘笈》（影片册），大阪：武田科學振興財團印行，2009—2013 年。後均同，不一一出注。

〔4〕1988 年自上海高氏後人手中購入。此卷近代經過裝裱。引首外題簽“大般涅槃經”。敦煌莫高窟藏經之一。六朝人寫本。樂只室藏寶。壬辰（1952）十二月。引首高時顯（野侯）題端及跋：“燉煌莫高窟藏六朝人寫涅槃經。樂弟收藏莫高窟藏漢魏晉六朝隋唐五代人寫經多種，審定極精，均可珍弆。此卷六朝人之秀美者，結體筆蹤絶無可疑，爲題引首以識之。辛卯（1951）嘉平（十二月）七四叟野侯書於梅王閣。”鈐“紫薇舍人”白文方印、“高野侯印”白文方印。引首前後又鈐“可庵”朱文長方印、“書宗兩漢”白文方印、“梅王閣主人四遇歲朝春”白文方印。卷首下方鈐“野侯審定”白文方印。

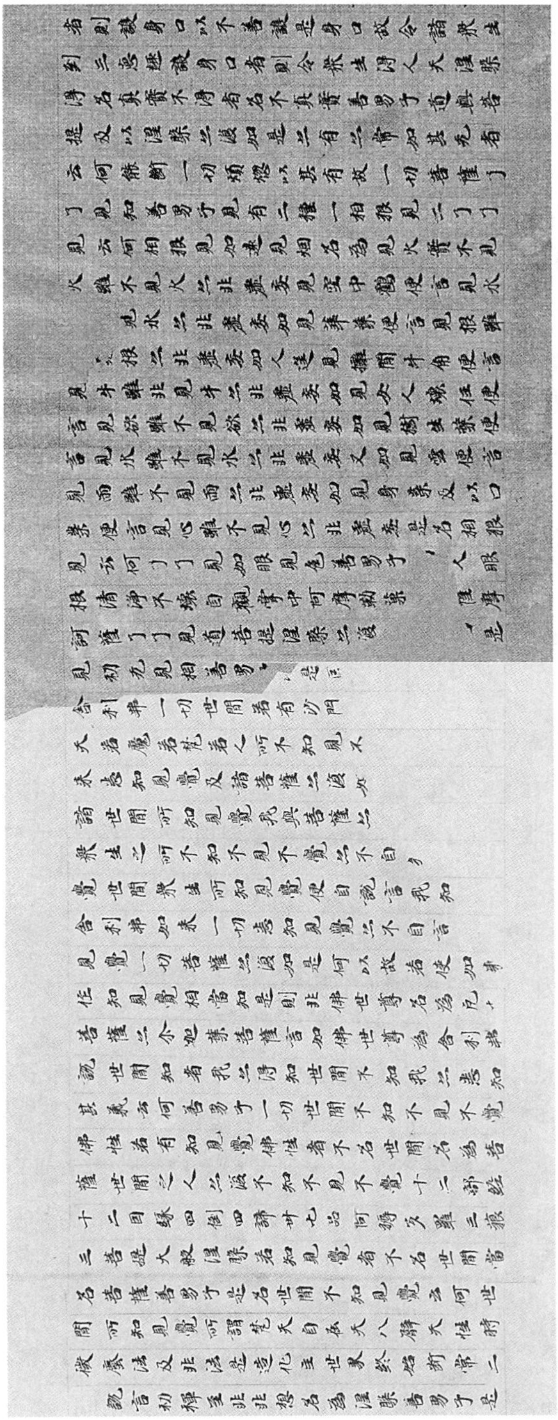

羽399

LD29400

圖2 羽399(後部)+LD29400(前部)

2行的“利弗”二字所缺部分碴口相合;又羽399尾部第2行“善男子”與LD294000第1行“以是因(緣)”,内容前後相續;另兩號皆有相似的規律性殘損,字體相同、書風近似,且整紙皆爲23行,羽399尾紙與LD294000第1紙相接後正爲一整紙23行,也進一步説明兩號具有綴合關係。

綴合後的羽399+LD29400,内容起“有障礙者名四顛倒”之“四顛倒”三字,訖“故名善逝”,相應文字參見《大正藏》第12册,第464頁A欄第26行至第468頁C欄第25行。

又《大正藏》第12册,第468頁C欄第25行“故名善逝”後注曰“卷第十七終【宋】【元】【明】”,與此寫本分卷吻合,當屬《大般涅槃經》北本系統。

三　LD5137－05…LD5137－06

(一) LD5137－05

册頁裝,共10開。每開高約21.7釐米、長約12.4釐米。首尾俱缺,殘存4紙67行。第1紙首行上部殘缺。烏絲欄格,楷書。裝裱時寫經紙經過剪裁。抄寫《大般涅槃經》“師子吼菩薩品”部分内容,起“如是中道能破生死”之“死”字,訖“是故我説一切衆生悉有佛性”之“是”字,相應文字參見《大正藏》第12册,第523頁C欄第12行至第524頁B欄第20行(北本,卷二七)、《大正藏》第12册,第768頁A欄第20行至第769頁A欄第3行(南本,卷二五)。圖版此前未公開出版,《遼寧省博物館藏敦煌西域文獻簡目》予以公佈,定名爲“大般涅槃經”。

(二) LD5137－06

册頁裝,共6開。每開高約21.7釐米、長約12.4釐米。首尾俱缺,殘存2紙41行,第1紙第1、2行,8—10行上部殘缺;第2紙第5—20行上部殘缺。烏絲欄格,楷書。裝裱時寫經紙經過剪裁。抄寫《大般涅槃經》“師子吼菩薩品”部分内容,起“告梵志言”之“志言”二字,訖“善男子”之“善”字,相應文字參見《大正藏》第12册,第525頁A欄第18行至C欄第3行(北本,卷二七)、《大正藏》第12册,第769頁C欄第2行至第770頁A欄第19行(南本,卷二五)。圖版此前未公開出版,《遼寧省博物館藏敦煌西域文獻簡目》予以公佈,定名爲“大般涅槃經”。

按:根據殘存文字判斷,上揭二號皆爲《大般涅槃經》“師子吼菩薩品”寫本殘紙,内容前後相鄰,係同一卷子之斷裂。綴合情況如圖3所示,兩號不能直接相連,據完整文本推算,間缺約56行。在寫本形態上,兩號行款格式相同(滿行皆17字,行距、字距、

LD5137－05

LD5137－06

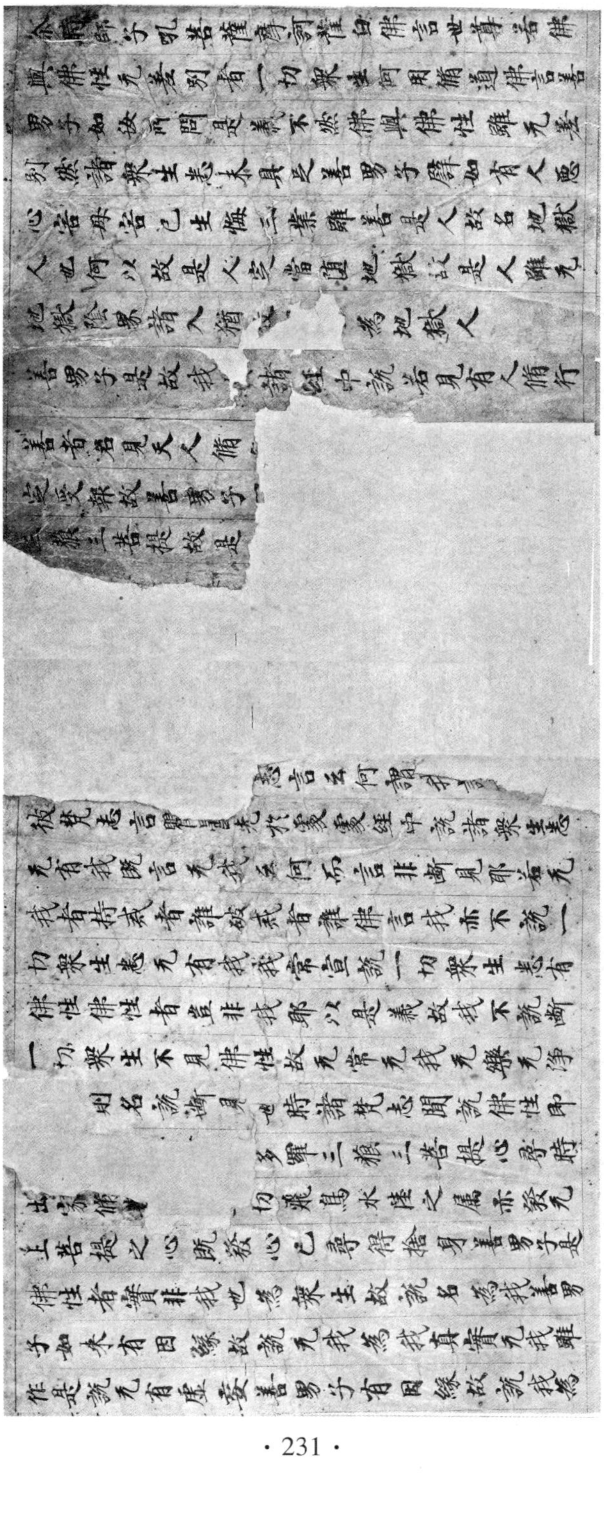

圖 3　LD5137－05(後部)…LD5137－06(前部)

字體大小相近），筆跡書風如出一轍，以交互出現的“菩”“提”“佛”“善”“男”“子”“有”“故”等字可資比較。兩號綴合後，所存内容參見《大正藏》第12册，第523頁C欄第12行至第525頁C欄第3行（北本，卷二七）、《大正藏》第12册，第768頁A欄第20行至第770頁A欄第19行（南本，卷二五）。

四　LD5142－07+LD5142－14

（一）LD5142－07

册頁裝，共21開。每開高23.8釐米、長13.45釐米。首尾俱缺，殘存6紙168行，第1紙前5行殘缺，第6紙後3行殘缺。烏絲欄格，楷書。無首、尾題，無品題。裝裱時寫經紙經過剪裁。抄寫《大般涅槃經》“師子吼菩薩品”部分内容，起“求酪之人何故求乳”之“人”字，訖“黑蜜治冷”之“冷”字，相應文字參見《大正藏》第12册，第530頁C欄第4行至第532頁C欄第10行（北本，卷二八）、《大正藏》第12册，第775頁B欄第15行至第777頁B欄第28行（南本，卷二六）。圖版此前未公開出版，《遼寧省博物館藏敦煌西域文獻簡目》予以公佈，定名爲“大般涅槃經”。

（二）LD5142－14

册頁裝，共21開。每開高23.9釐米、長13.5釐米。首尾俱缺，殘存6紙148行，第1紙前2行殘缺，第6紙後4行殘缺。烏絲欄格，楷書。無首、尾題，無品題。裝裱時寫經紙經過剪裁。抄寫《大般涅槃經》“師子吼菩薩品”部分内容，起“石蜜治熱”之“石”字，訖“一人莊嚴種種行具”之“具”字，相應文字參見《大正藏》第12册，第532頁C欄第9行至第534頁B欄第15行（北本，卷二八）、《大正藏》第12册，第777頁B欄第28行至第779頁B欄第12行（南本，卷二六）。圖版此前未公開出版，《遼寧省博物館藏敦煌西域文獻簡目》予以公佈，定名爲“大般涅槃經”。

按：根據殘存文字判斷，上揭二號均爲《大般涅槃經》“師子吼菩薩品”殘寫本，内容前後相承，系同一卷子之斷裂。綴合情況如圖4所示，LD5142－07末行與LD5142－14首行前後相接，“治”“冷”二字得以複合。在寫本形態上，二號行款格式相同（滿行皆17字，行距、字距、字體大小相近），筆跡書風如出一轍。二號綴合後，所存内容起“求酪之人何故求乳”之“人”字，訖“一人莊嚴種種行具”八字，相應文字參見《大正藏》第12册，第530頁C欄第4行至第534頁B欄第15行（北本卷二十八），《大正藏》第12册，第775頁B欄第15行至第779頁B欄第12行（南本卷二六）。

LD5142－07

LD5142－14

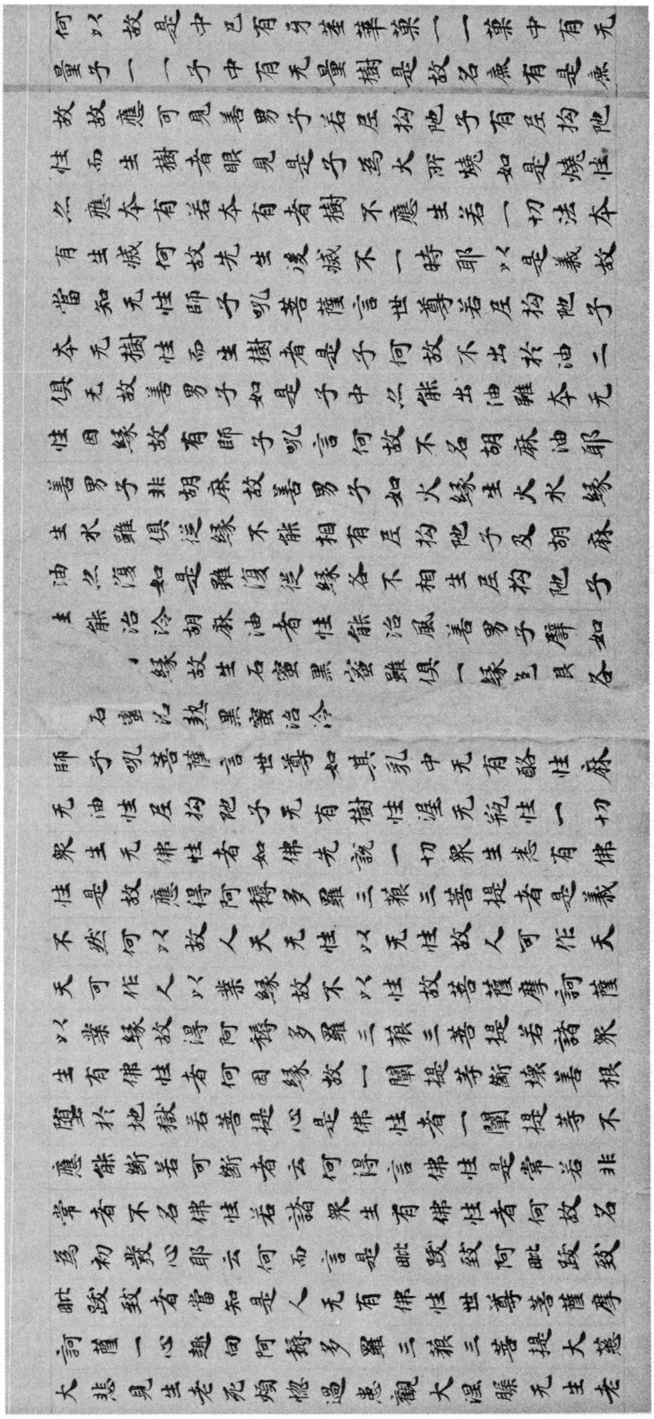

圖4　LD5142－07(後部)+LD5142－14(前部)綴合圖

五　BD10261…LD29450(A)…ZSD011…LD29450(B)+羽590－17+LD29450(C)…羽590－14…羽590－15+羽590－16+羽590－12+羽590－19+羽589－17…羽590－21+羽590－22+羽590－18+羽590－13

(一) BD10261

殘高14釐米、殘長9釐米。殘片。首尾均殘,下殘,存6行。抄寫《大般涅槃經》卷二十八"師子吼菩薩品第十一之二"部分内容。烏絲欄,楷書。有朱筆校記符號。内容起"善男子",訖"二者了因"之"二者"兩字,相應文字見《大正藏》第12册,第530頁A欄第11行至第17行。圖版見《國家圖書館藏敦煌遺書》第107册第210頁及國際敦煌項目(IDP),定名爲"大般涅槃經(北本)卷二十八"。

(二) LD29450

長313釐米、高22.6釐米。首尾俱缺。烏絲欄,楷書。有朱筆校記符號。近代裝裱時,將三個殘寫本合裱爲一個手卷。**LD29450**(A)存19行。首、尾以及下部俱殘缺。抄寫《大般涅槃經》卷二十八"師子吼菩薩品第十一之二"部分内容,起"求酪之人何故求乳而不取角"之"角"字,訖"若是自面"之"若"字,相應文字見《大正藏》第12册,第530頁C欄第5行至第26行;**LD29450**(B)7紙165行,殘缺多處。抄寫《大般涅槃經》卷二十八"師子吼菩薩品第十一之二"部分内容,起"緣因者即是了因"之"者"字,訖"菩薩摩訶薩有十三法"之"菩"字,相應文字見《大正藏》第12册,第531頁B欄第19行至第533頁B欄第19行;**LD29450**(C)僅存2行。殘片,首、尾以及上、下均殘。抄寫《大般涅槃經》卷二十八"師子吼菩薩品第十一之二"部分内容,起"七者心不調柔"之"者"字,訖"十一者自輕己身"之"身"字,相應文字見《大正藏》第12册,第533頁B欄第22行至第24行。裝裱時,將其置於LD29450(B)第145,146行之上。圖版此前未公開出版,《遼寧省博物館藏敦煌西域文獻簡目》予以公佈,定名爲"大般涅槃經"。宋振庭舊藏[1]。

(三) ZSD011

殘高9釐米、殘長11.1釐米。殘片。首尾均殘,下殘。存8行。抄寫《大般涅槃

〔1〕 題簽:"六朝寫經精品。怡公藏,思泊題"。按:怡公,爲史怡公(1897—1992),原吉林藝術專科學校(吉林藝術學院前身)美術系副主任。"思泊"爲于省吾(1896—1984),吉林大學歷史系古文字研究室主任。從遼寧省博物館藏品登記信息看,此本從宋振庭購買,當又經宋振庭收藏。

經》卷二十八"師子吼菩薩品第十一之二"部分内容。烏絲欄,楷書。有朱筆校記符號。内容起"是故我言女無皃性"之"皃性"二字,訖"以本無故假緣而成"之"以本無"三字,相應文字見《大正藏》第12册,第531頁A欄第14行至第22行。圖版見《中國書店藏敦煌文獻》第6頁,定名爲"大般涅槃經卷二十八"[1]。

(四)羽590-17

册頁裝。殘高6.7釐米、殘長13.1釐米。殘片。首尾均殘,下殘。存8行。抄寫《大般涅槃經》卷二十八(師子吼菩薩品第十一之二)部分内容。烏絲欄,楷書。有朱點、朱字。内容起"十二緣中亦有佛性"之"性"字,訖"云何乃令衆生永滅"之"生永滅"三字,相應文字見《大正藏》第12册,第533頁B欄第14行至第22行,寫本第1行"十二緣",《大正藏》本作"十二因緣"。圖版見《敦煌秘笈》第8册第78頁,定名爲"大般涅槃經卷第二十八"。

(五)羽590-14

册頁裝。殘高10.6釐米、殘長11.6釐米。小殘片。首尾均殘,上、下殘。存7行。抄寫《大般涅槃經》卷二十八"師子吼菩薩品第十一之二"部分内容。烏絲欄,楷書。有朱筆校記符號。内容起"如是六法則能破壞菩提之心"之"之心"二字,訖"或聞菩薩阿僧祇劫修行苦行"之"修行"二字,相應文字見《大正藏》第12册,第533頁B欄第29行至C欄第7行。圖版見《敦煌秘笈》第8册第77頁,定名爲"大般涅槃經卷第二十八"。

(六)羽590-15

册頁裝。殘高8.0釐米、殘長11.6釐米。小殘片。首尾均殘,上、下殘。存7行。抄寫《大般涅槃經》卷二十八"師子吼菩薩品第十一之二"部分内容。烏絲欄,楷書。有朱筆校記符號。内容起"二者不能恭敬尊重三寶"之"重"字,訖"願我常得親近諸佛及佛弟子"之"親"字,相應文字見《大正藏》第12册,第533頁C欄第14行至第21行。圖版見《敦煌秘笈》第8册第78頁,定名爲"大般涅槃經卷第二十八"。

(七)羽590-16

册頁裝。殘高6.5釐米、殘長8.9釐米。小殘片。首尾均殘,上、下殘。存5行。抄寫《大般涅槃經》卷二十八"師子吼菩薩品第十一之二"部分内容。烏絲欄,楷書。有朱筆校記符號。内容起"常聞深法五情完具"之"情完具"三字,訖"若無是者"之"若"字,相應文字見《大正藏》第12册,第533頁C欄第22行至第26行。圖版見

[1] 中國書店藏敦煌文獻編輯委員會編《中國書店藏敦煌文獻》,北京:中國書店,2007年,6頁。

《敦煌秘笈》第 8 册第 78 頁,定名爲“大般涅槃經卷第二十八”。

(八)羽 590－12

册頁裝。殘高 9.3 釐米、殘長 11.6 釐米。殘片。首尾均殘,下殘。存 7 行。抄寫《大般涅槃經》卷二十八“師子吼菩薩品第十一之二”部分内容。烏絲欄,楷書。有朱筆校記符號。内容起“所作功德若多若少”之“作(存殘畫)”字,訖“我當何緣而得成就阿耨多羅三藐三菩提”之“緣(存殘畫)”字,相應文字見《大正藏》第 12 册,第 533 頁 C 欄第 19 行至第 26 行。圖版見《敦煌秘笈》第 8 册第 77 頁,定名爲“大般涅槃經卷第二十八”。

(九)羽 590－19

册頁裝。殘高 19.9 釐米、殘長 11.5 釐米。殘片。首尾均殘。存 8 行。抄寫《大般涅槃經》卷二十八“師子吼菩薩品第十一之二”部分内容。烏絲欄,楷書。朱筆校記符號。内容起“深自喜慶”之“慶”字,訖“常於我所不生惡心”之“不”二字,相應文字見《大正藏》第 12 册,第 533 頁 C 欄第 25 行至第 534 頁 A 欄第 3 行。圖版見《敦煌秘笈》第 8 册第 79 頁,定名爲“大般涅槃經卷第二十八”。

(十)羽 589－17

册頁裝。殘高 8.4 釐米、殘長 14.2 釐米。殘片。首尾均殘,下殘。存 9 行。抄寫《大般涅槃經》卷二十八“師子吼菩薩品第十一之二”部分内容。烏絲欄,楷書。有朱筆校記符號。内容起“寧當少聞”諸字,訖“口不宣惡”之“宣”字,相應文字見《大正藏》第 12 册,第 534 頁 A 欄第 3 行至第 12 行。圖版見《敦煌秘笈》第 8 册第 60 頁,定名爲“大般涅槃經卷第二十八”。

(十一)羽 590－21

册頁裝。殘高 15.1 釐米、殘長 11.4 釐米。殘片。首尾均殘,下殘。存 7 行。抄寫《大般涅槃經》卷二十八“師子吼菩薩品第十一之二”部分内容。烏絲欄,楷書。有朱筆校記符號。内容起“閉繫”之“繫”字,訖“無三寶處常在外道法中出家”之“無”字,相應文字見《大正藏》第 12 册,第 534 頁 A 欄第 16 行至第 23 行。圖版見《敦煌秘笈》第 8 册第 79 頁,定名爲“大般涅槃經卷第二十八”。

(十二)羽 590－22

册頁裝。殘高 16.2 釐米、殘長 4.5 釐米。殘片。首尾均殘,下殘。存 3 行。抄寫《大般涅槃經》卷二十八“師子吼菩薩品第十一之二”部分内容。烏絲欄,楷書。有朱筆校記符號。内容起“常在外道法中出家”之“在外道”三字,訖“如惜命者怖畏捨身”,相應文字見《大正藏》第 12 册,第 534 頁 A 欄第 23 行至第 26 行。圖版見《敦煌秘笈》第 8

册第79頁,定名爲“大般涅槃經卷第二十八”。

(十三)羽590-18

册頁裝。殘高20.1釐米、殘長7.3釐米。殘片。首尾均殘,下殘。第4行中間殘洞。存5行。抄寫《大般涅槃經》卷二十八“師子吼菩薩品第十一之二”部分内容。烏絲欄,楷書。有朱筆校記符號。内容起“如惜命者怖畏捨身”,訖“伎樂幡蓋”,相應文字見《大正藏》第12册,第534頁A欄第26行至B欄第1行。寫本第2行“樂受三惡”,《大正藏》本作“樂處三惡”。圖版見《敦煌秘笈》第8册第78頁,定名爲“大般涅槃經卷第二十八”。

(十四)羽590-13

册頁裝。殘高19.6釐米、殘長9釐米。殘片。首尾均殘,上、下殘。存5行。抄寫《大般涅槃經》卷二十八“師子吼菩薩品第十一之二”部分内容。烏絲欄,楷書。有朱筆校記符號。内容起“七寶供養”,訖“是名菩薩終不退失菩提之心”之“是”字,相應文字見《大正藏》第12册,第534頁B欄第1行至第6行。圖版見《敦煌秘笈》第8册第77頁,定名爲“大般涅槃經卷第二十八”。

按:根據殘存文字判斷,上揭十六號均爲《大般涅槃經》卷二十八“師子吼菩薩品”殘段(片),内容前後相承,系同一卷子之斷裂。綴合情況如圖5-1、圖5-2、圖5-3、圖5-4、圖5-5所示,其中BD10261、LD29450(A)、ZSD011、LD29450(B)四號遥綴,據完整文本推算,BD10261與LD29450(A)二號中間缺約45行、LD29450(A)與ZSD011二號中間缺約16行、ZSD011與LD29450(B)二號中間缺約26行;LD29450(B)、羽590-17、LD29450(C)三號連綴,LD29450(B)後5行與羽590-17前5行上下相接,分屬二號的“性”“退”二字得以復合、羽590-17末行“(云何乃令衆)生永滅,(六者心)”與LD29450(C)首行“(不堪忍,七)者心不調柔”内容前後相接;LD29450(C)、羽590-14、羽590-15三號遥綴,LD29450(C)與羽590-14二號中間缺約5行、羽590-14與羽590-15二號中間缺約7行;羽590-15、羽590-16、羽590-12、羽590-19、羽589-17五號可以直接連綴,羽590-15、羽590-16與羽590-12、羽590-19四號斷裂處“若”“願”“諸”“生”“緣”五字碴口正相合,羽590-19末行“(常於我)所不(生惡心)”與羽589-17首行“寧當少聞”内容前後相接;羽589-17與羽590-21遥綴,中間缺4行;羽590-21、羽590-22、羽590-18、羽590-13直接綴合,羽590-21末行“無(三寶處常)”與羽590-22“在外道法中出家”前後相接,羽590-22末行與羽590-18斷裂處“如惜命者怖畏捨身”諸字碴口相合,羽590-18末行“伎樂幡蓋”與羽590-13首行“七寶供養”内容前後相接。

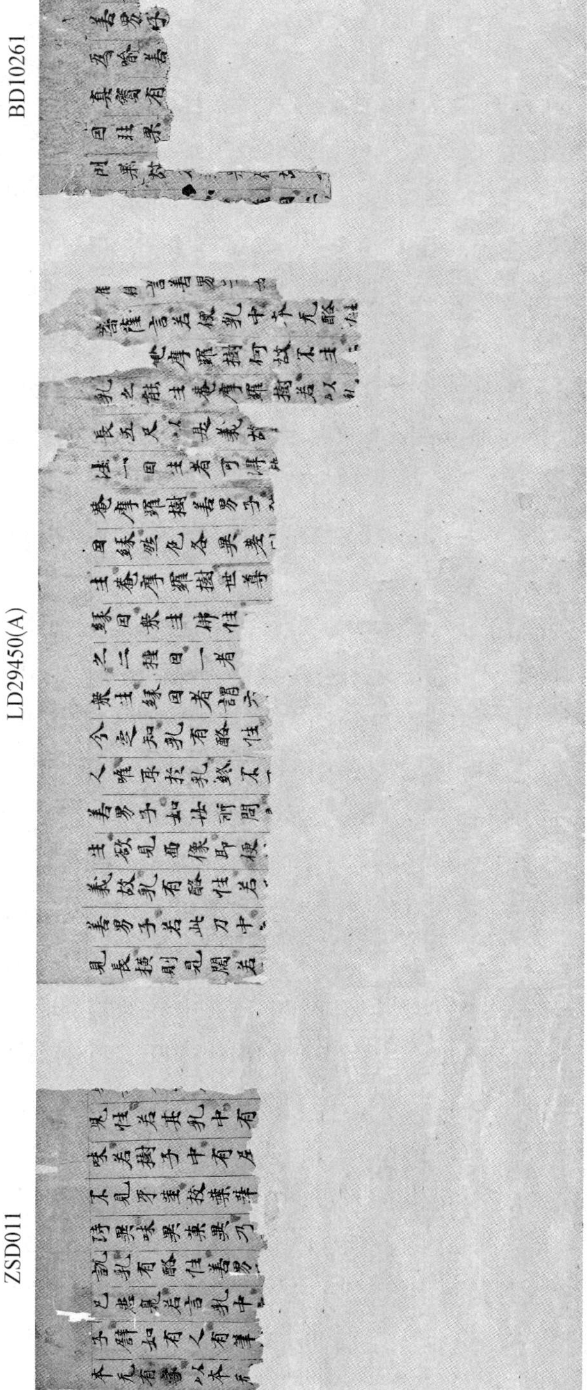

圖 5－1 BD10261…LD29450(A)…ZSD011

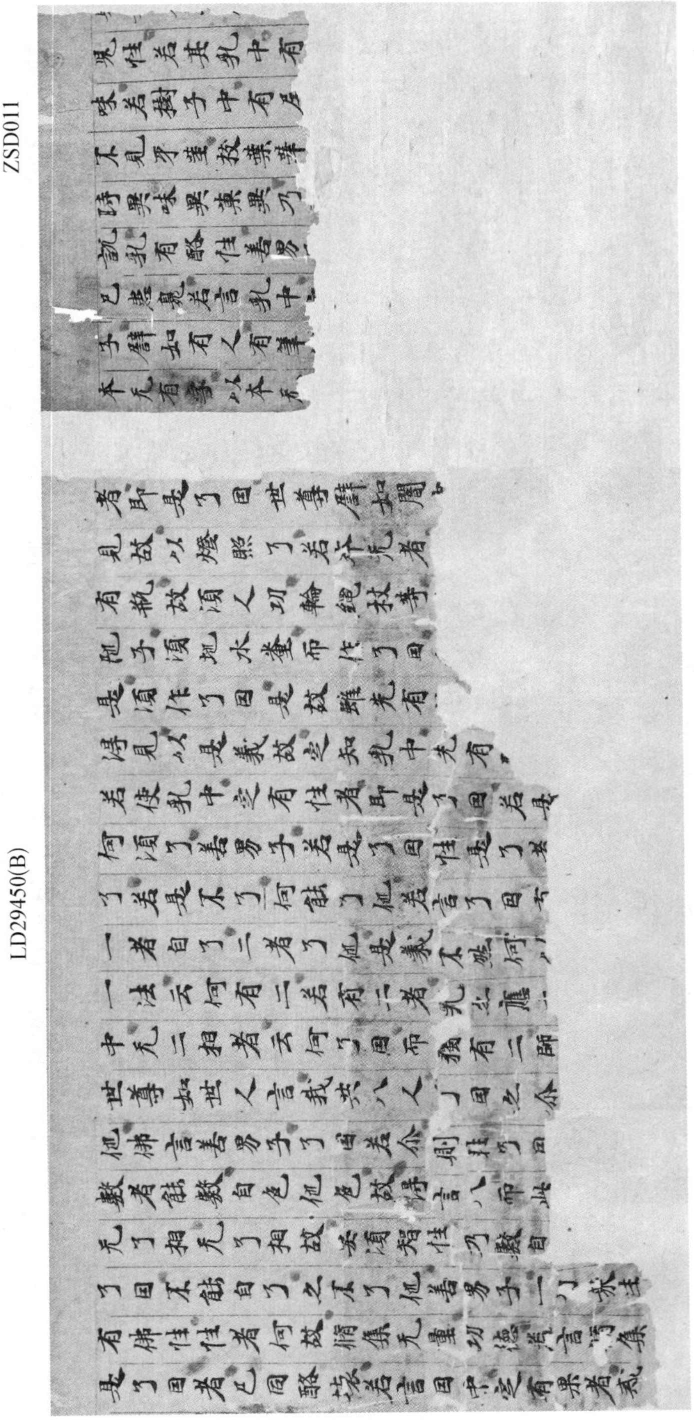

ZSD011

LD29450(B)

圖 5－2　ZSD011…LD29450(B)(前部)

LD29450(B)

羽 590-17

LD29450(C)

羽 590-14

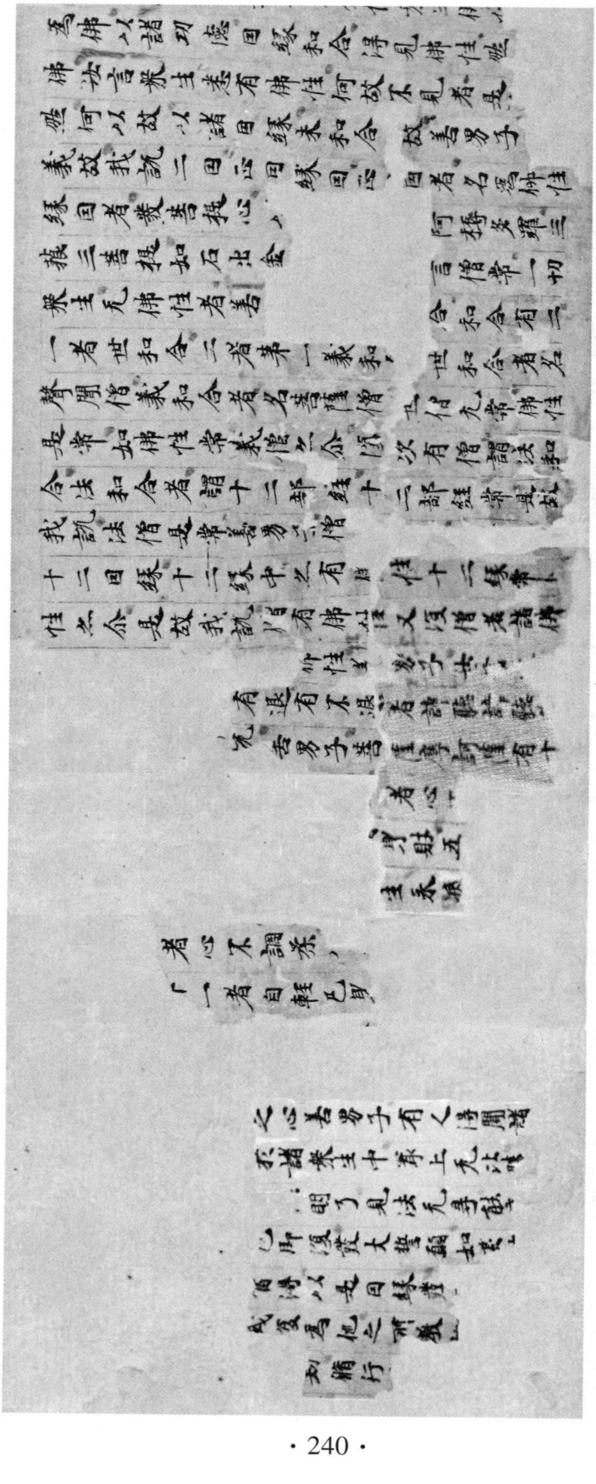

圖 5－3　LD29450(B)(後部)+羽 590－17+LD29450(C)…羽 590－14

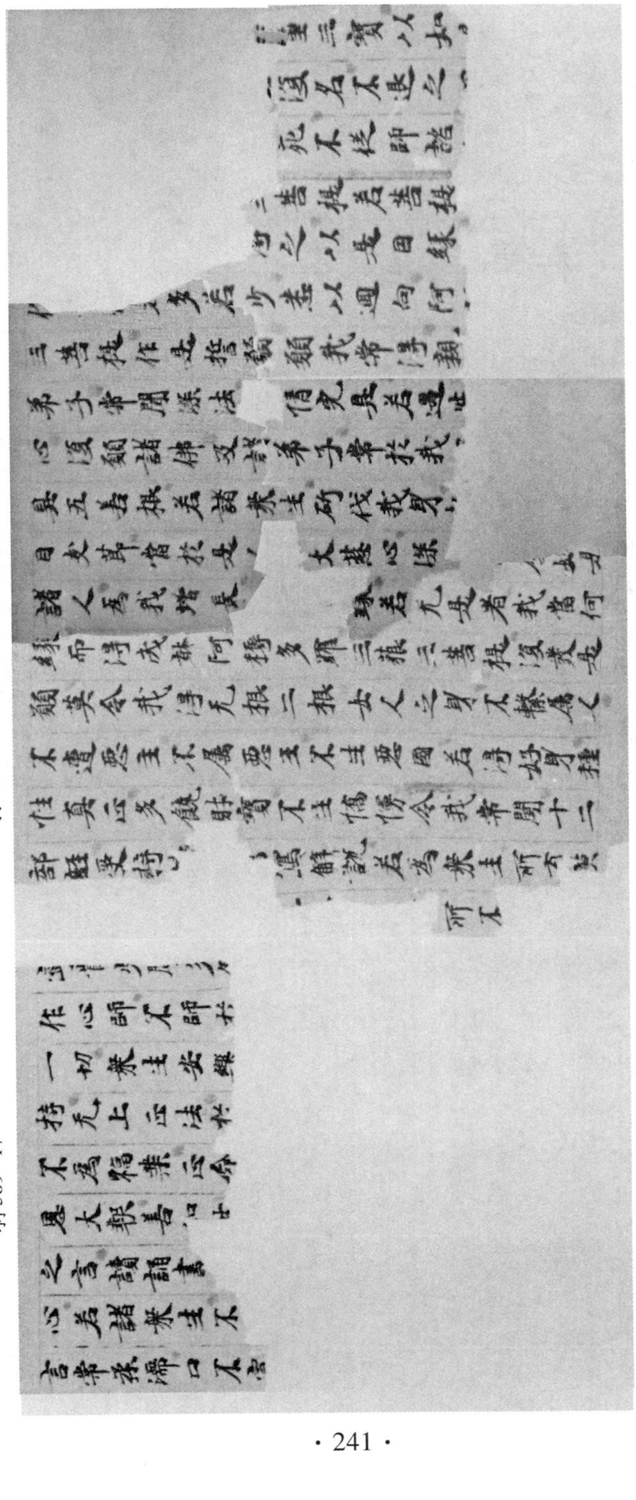

羽590-15

羽590-16

羽590-12

羽590-19

羽589-17

圖5-4 羽590-15+羽590-16+羽590-12+羽590-19+羽589-17

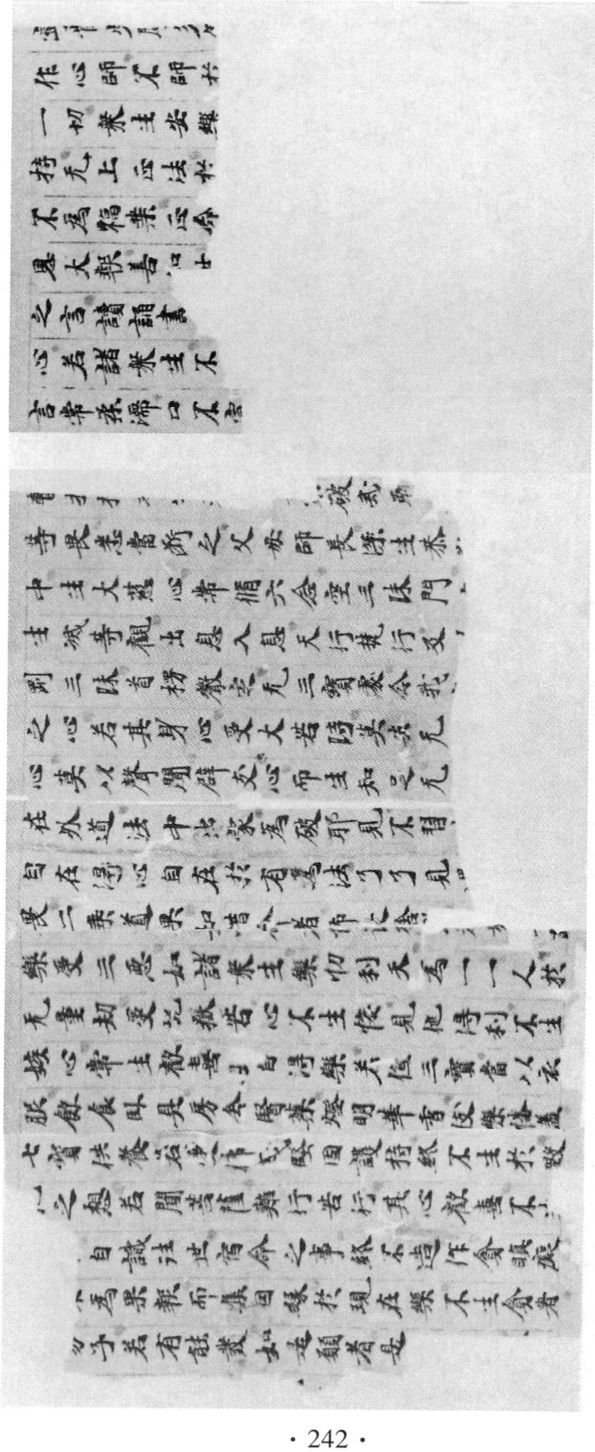

羽589－17

羽590－21

羽590－22

羽590－18

羽590－13

圖5－5　羽589－17…羽590－21+羽590－22+羽590－18+羽590－13

又寫本形態上，十六號行款近同（滿行皆 17 字，行距、字距、字體大小相近），筆跡書風近似，且有相同的朱筆校記符號。綴合後，所存内容參見《大正藏》第 12 册，第 530 頁 A 欄第 11 行至第 534 頁 B 欄第 6 行。

又按：綴合後的 BD10261…LD29450（A）…ZSD011…LD29450（B）+羽 590－17+LD29450（C）…羽 590－14…羽 590－15+羽 590－16+羽 590－12+羽 590－19+羽 589－17…羽 590－21+羽 590－22+羽 590－18+羽 590－13，未見首、尾題及品題，與《大正藏》對比，文字略有不同。關於書寫時代，國家圖書館、中國書店斷代爲“5—6 世紀南北朝寫本”，在 LD29450 中，“涅”字之“土”作“王”，符合南北朝的時代特徵，故諸寫本時代均爲 5—6 世紀。

六　BD11968+BD12199…BD09578+BD09561…S.633（A）+BD02723+S.633（B）+BD10652+BD08584+BD06888…LD4969－03

（一）BD11968

殘高 12.2 釐米、長 14.5 釐米。存 9 行。抄寫《大般涅槃經》卷三十六“迦葉菩薩品第十二之四”部分内容。隸楷，有界欄。首尾均殘，上殘。殘片。内容起“是名常没”之“名”字，訖“若有造作諸惡業”之“業”字，相應文字見《大正藏》第 12 册，第 575 頁 B 欄第 4 行至第 12 行“若有造作諸惡業”，大正藏作“爲有造作善惡業”。圖版見《國家圖書館藏敦煌遺書》第 110 册第 177 頁及國際敦煌項目（IDP），定名爲“大般涅槃經（北本）卷三六”。

（二）BD12199

殘高 18.5 釐米、長 29.7 釐米。存 2 紙 18 行。抄寫《大般涅槃經》卷三十六“迦葉菩薩品第十二之四”部分内容。隸楷，有界欄。首尾均殘，下殘。殘片。内容起“明者即是聞戒、施、定”之“明”字，訖“二者求”之“二”字，相應文字見《大正藏》第 12 册，第 575 頁 B 欄第 10 行至第 27 行。圖版見《國家圖書館藏敦煌遺書》第 110 册第 322 頁及國際敦煌 IDP 項目，定名爲“大般涅槃經（北本）卷三六”。

（三）BD09578

高 26 釐米、長 47 釐米。存 2 紙 28 行。抄寫《大般涅槃經》卷三十六“迦葉菩薩品第十二之四”部分内容。隸楷，有界欄。首尾均殘。内容起“一者財施”之“者”字，訖“自言具足”之“足”字，相應文字見《大正藏》第 12 册，第 576 頁 A 欄第 11 行至 B 欄

9 行。圖版見《國家圖書館藏敦煌遺書》第 106 册第 102 頁及國際敦煌項目(IDP),定名爲“大般涅槃經(北本)卷三六”。

(四)BD09561

高 26.5 釐米、長 54 釐米。存 2 紙 31 行。抄寫《大般涅槃經》卷三十六“迦葉菩薩品第十二之四”部分内容。隸楷,有界欄。首尾均殘。内容起“一增善法”之“一”字,訖“比丘”之“比”字,相應文字見於《大正藏》第 12 册,第 576 頁 B 欄第 7 行至 C 欄第 9 行。圖版見《國家圖書館藏敦煌遺書》第 106 册第 92 頁及國際敦煌項目(IDP),定名爲“大般涅槃經(北本)卷三六”。

(五)S.633

卷軸裝。隸楷,有界欄。二殘紙:**S.633(A)**高 26.1 釐米,長 78 釐米。存 3 紙 47 行。首尾俱殘。抄寫《大般涅槃經》卷三十六“迦葉菩薩品第十二之四”部分内容,内容起“何因緣故名之爲重”之“緣”字,訖“名須陀洹”之“須”字,相應文字見《大正藏》第 12 册,第 577 頁 B 欄第 28 行至第 578 頁 A 欄第 18 行。**S.633(B)**高 26.1 釐米,長 66 釐米。存 4 紙 66 行。首尾俱殘。抄寫《大般涅槃經》卷三十六“迦葉菩薩品第十二之四”部分内容,起“是故初果名須陀洹”之“是”字,訖“不審是事當云何耶”之“云何”二字,相應文字見《大正藏》第 12 册,第 578 頁 B 欄第 5 行至第 579 頁 A 欄第 13 行。圖版見《敦煌寶藏》[1]第 5 册第 224—227 頁,定名爲“大般涅槃經卷第三十六迦葉菩薩品第十二之四”、《英國國家圖書館藏敦煌遺書》[2]第 10 册第 332—334 頁,定名爲“大般涅槃經(北本)卷三六”。

(六)BD02723

高 26 釐米、長 33 釐米。存 21 行。抄寫《大般涅槃經》卷三十六“迦葉菩薩品第十二之四”部分内容。隸楷,有界欄。首尾均殘。内容起“其心不動”之“不動”二字,訖“如彼錯魚”之“如彼”二字,相應文字見《大正藏》第 12 册,第 578 頁 A 欄第 16 行至 B 欄第 7 行。圖版見《國家圖書館藏敦煌遺書》第 37 册第 81 頁及國際敦煌 IDP 項目,定名爲“大般涅槃經(北本)卷三六”。

(七)BD10652

殘高 16.9 釐米、長 20.5 釐米。存 2 紙 12 行。抄寫《大般涅槃經》卷三十六“迦葉

〔1〕 黄永武主編《敦煌寶藏》,臺北:臺灣新文豐出版股份有限公司,1981—1986 年。

〔2〕 方廣錩、吴芳思主編《英國國家圖書館藏敦煌遺書》(1—50 册),桂林:廣西師範大學出版社,2011—2017 年。

菩薩品第十二之四”部分内容。隸楷,有界欄。首尾均殘,下殘。三角形殘片。内容起“汝今當爲如是比丘具諸所須”之“具”字,訖“不久即得須陀洹果至阿羅漢果”之“須陀”二字,相應文字見《大正藏》第12册,第579頁A欄第5行至第16行。圖版見《國家圖書館藏敦煌遺書》第108册第75頁及國際敦煌項目(IDP),定名爲“大般涅槃經(北本)卷三六”。

(八) BD08584

高26釐米、長50.2釐米。存2紙31行。抄寫《大般涅槃經》卷三十六“迦葉菩薩品第十二之四”部分内容。隸楷,有界欄。首尾俱殘。内容起“不審是事當云何耶”之“云何”二字,訖“是故喻以水陸俱行”之“水陸”二字,相應文字見《大正藏》第12册,第579頁A欄第13行至B欄第14行。圖版見《國家圖書館藏敦煌遺書》第103册第229頁及國際敦煌項目(IDP),定名爲“大般涅槃經(北本)卷三六”。

(九) BD06888

高26釐米、長43釐米。存2紙24行。抄寫《大般涅槃經》卷三十六“迦葉菩薩品第十二之四”部分内容。隸楷,有界欄。卷軸裝。首尾俱殘。内容起“遠離二愛慳貪瞋恚”之“瞋恚”二字,訖“二者遠因”之“二”字,相應文字見《大正藏》第12册,第579頁B欄第8行至C欄第3行。圖版見《國家圖書館藏敦煌遺書》第94册第153頁及國際敦煌項目(IDP),定名爲“大般涅槃經(北本)卷三六”。

(十) LD4969-03

高26.6釐米、長69.9釐米。存2紙32行。抄寫《大般涅槃經》卷三十六“迦葉菩薩品第十二之四”部分内容。行書,有界欄。首殘尾全,前14行殘缺一半,每行存2—14字不等。尾題“大般涅槃經卷第卌六”,後題記“依本一校竟。比丘洪穆所供養經”。内容起“是人亦名謗佛法僧”之“謗”字,訖“故名三藐三佛陀”,相應文字見《大正藏》第12册,第580頁B欄第16行至C欄第15行。圖版此前未公開出版。《遼寧省博物館藏敦煌西域文獻簡目》予以公佈,據尾題定名爲“大般涅槃經卷第卌六”。

按:根據殘存文字判斷,上揭十一號均爲《大般涅槃經》卷三十六“迦葉菩薩品第十二之四”殘段(片),内容前後相承,係同一卷子之斷裂。綴合情況如圖圖6-1、圖6-2、圖6-3、圖6-4、圖6-5、圖6-6所示,其中BD11968的末行與BD12199的第三行上下相接,連成經文“若有造作諸惡業”,説明兩號可以連綴;BD12199與BD09578二號不能直接相連,據完整文本推算,間缺約13行;BD09578、BD09561兩號斷裂處碴口相合,

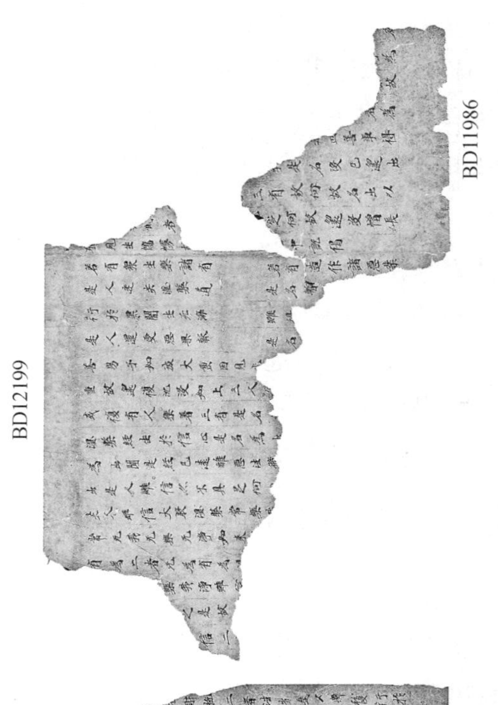

圖 6－1 BD11986+BD12199…BD09578

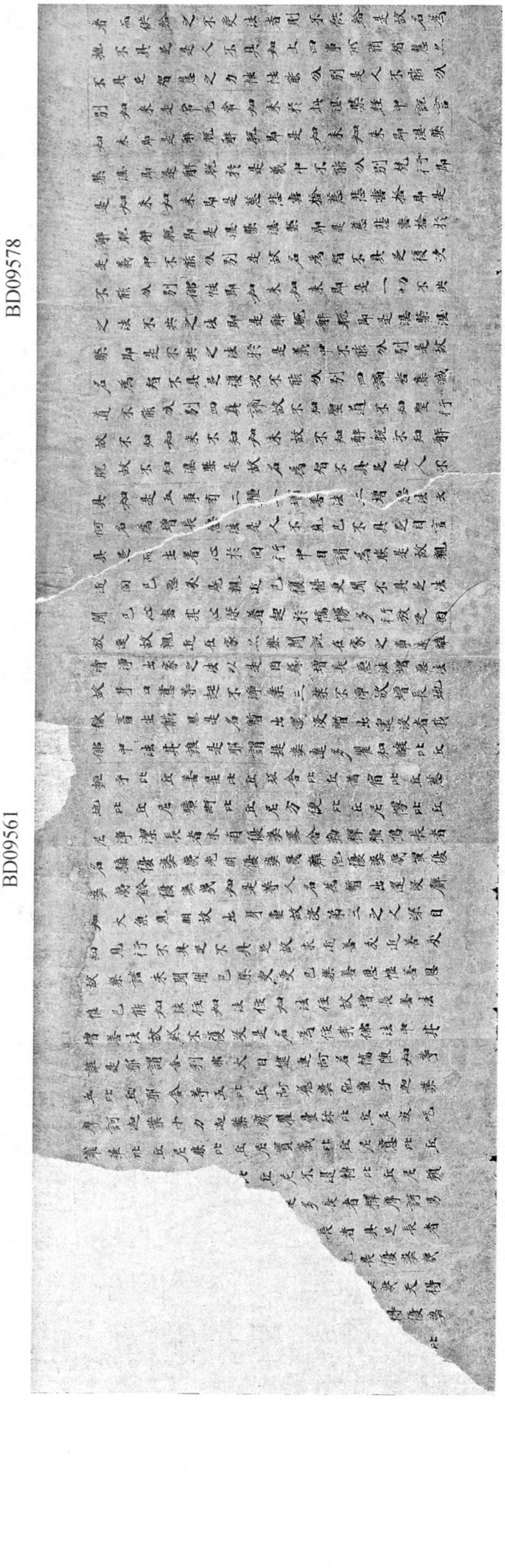

圖 6－2 BD09578(後部)+BD09561

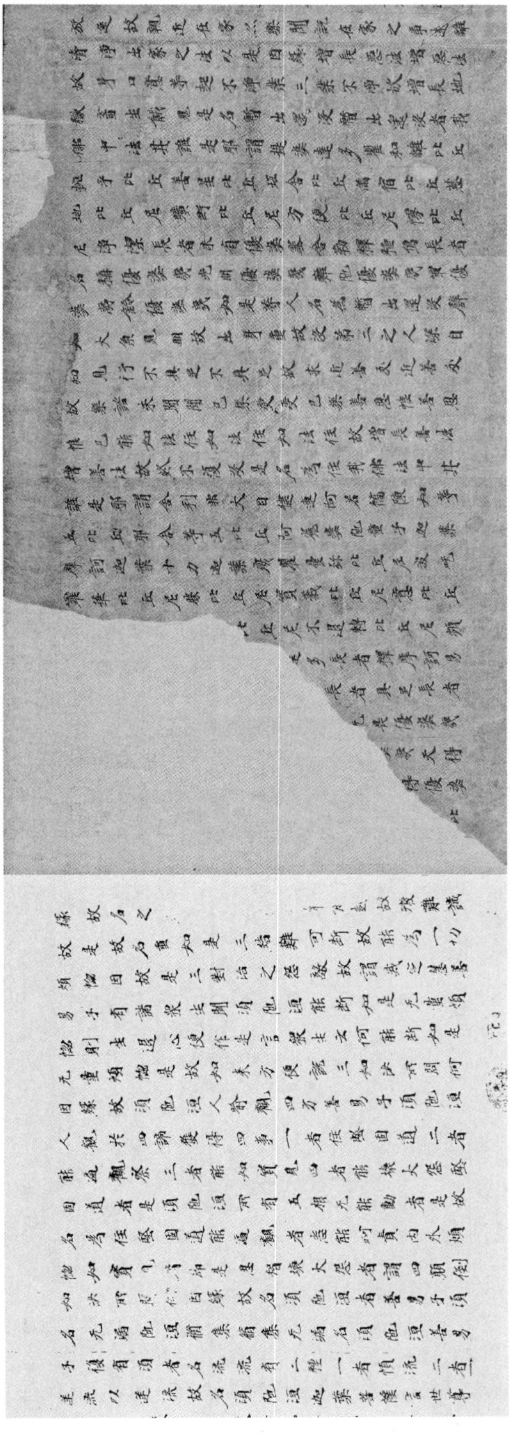

S.633A　BD09561

圖 6－3　BD09561(後部)+S.633(A)(前部)

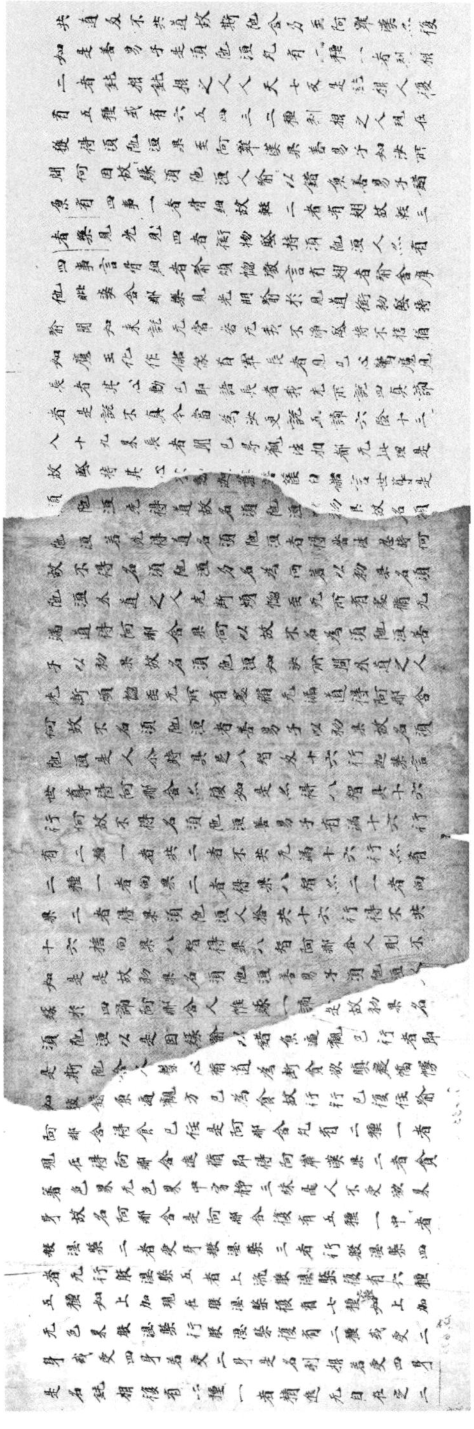

S.633(A)　BD02723　S.633(B)

圖 6－4　S.633(A)(後部)+BD02723+S.633(B)(前部)

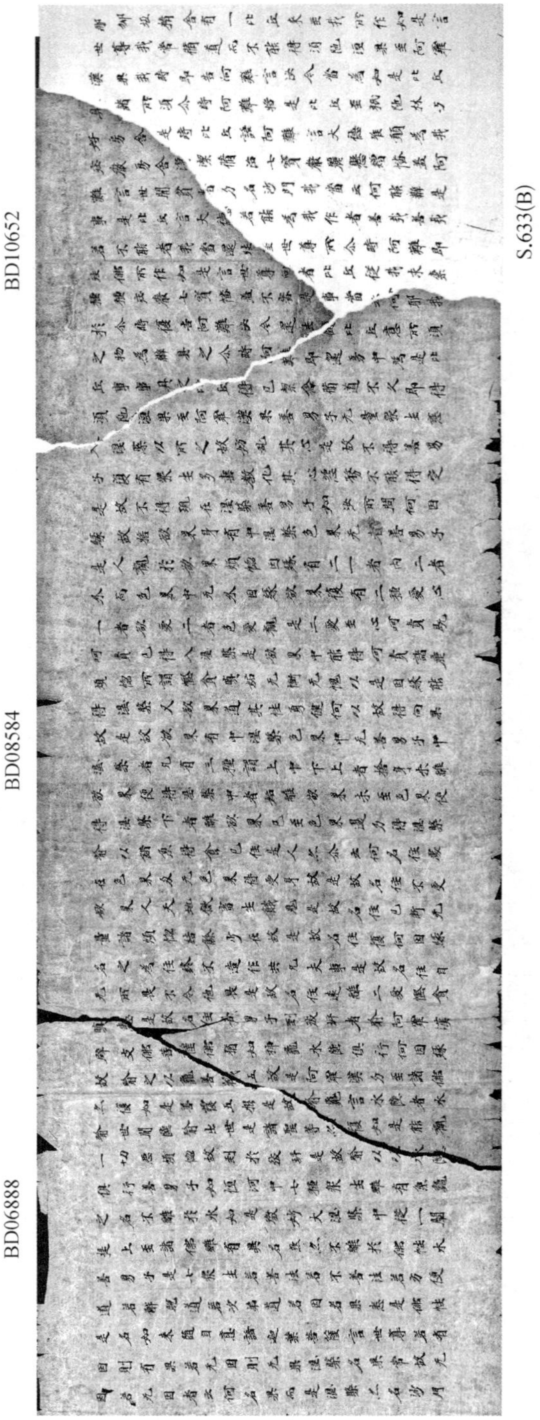

BD06888 BD08584 BD10652 S.633(B)

圖 6－5 S.633(B)（後部）+BD10652+BD08584+BD06888（前部）

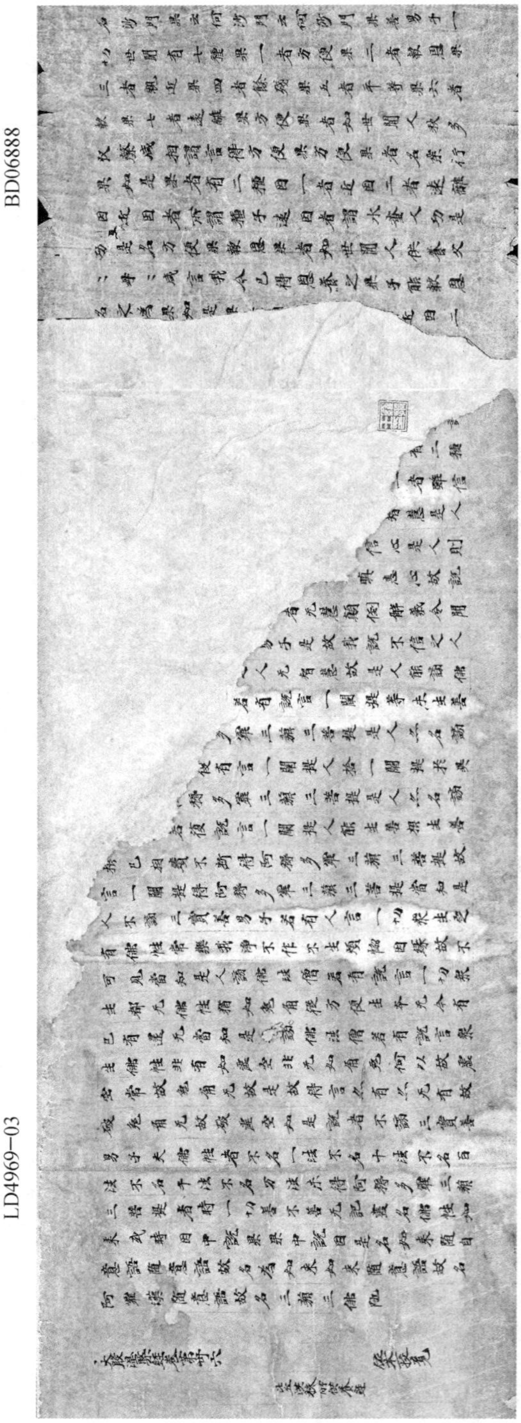

LD4969-03 BD06888

圖 6－6 BD06888（後部）…LD4969－03

原本分屬二號的"一""增""二""惡""惡""足"六字復合,直接連綴;BD09561 與 S.633(A)二號遥綴,中間缺約 76 行;S.633(A)、BD02723、S.633(B)、BD10652、BD08584、BD0688 六號連綴,斷裂的"不""動""迦""葉""菩""須""以""初""名""須"十字(分屬 S.633(A)、BD02723 二號)、"人""以""含""人""彼""錯"六字(分屬 BD02723、S.633(B)二號)、"具""諸""浄""者""德""至"六字(分屬 S.633(B)、BD10652 二號)、"云""何"二字(分屬 S.633(B)、BD08584)、"隨""阿""難""之(大正藏作'辦')""比""入"六字(分屬 BD10652、BD08584 二號)、"恚""藏""故""亦""以""水""陸"七字(分屬 BD08584、BD0688 二號)得以復合;BD0688、LD4969－03 二號遥綴,中間缺約 70 行。寫本形態上,十一號行款格式相同(滿行皆 17 字,行距、字距、字體大小相近),筆跡書風如出一轍。綴合後,所存内容參見《大正藏》第 12 册,第 575 頁 B 欄第 4 行至第 580 頁 C 欄第 16 行,文字略有不同。

又按:關於此卷的定名,各收藏機構並不統一,《俄藏敦煌文獻》以卷次加品次定名,《國家圖書館藏敦煌遺書》與《英國國家圖書館藏敦煌遺書》均以卷次定名並加注北本,有待統一。據 LD4969－03 的卷末題記,BD11968、BD12199、BD09578、BD09561、S.633、BD02723、S.BD10652、BD08584、BD06888 諸號均爲"比丘洪穆"所造,關於"洪穆"尚未找到可參資料,根據書法風格,用字習慣,初步判斷爲 5—6 世紀南北朝時人。

小　　結

以上圍繞遼寧省博物館收藏的敦煌寫本《大般涅槃經》,通過考察内容、碴口、字體、書風、行款、校注、殘損諸因素,將其中的 10 個編號與國家圖書館、北京大學、中國書店、英國國家圖書館、俄羅斯科學院東方文獻研究所、日本杏雨書屋收藏的 32 個編號的《大般涅槃經》殘本進行了館内與館外的綴合[1]。通過綴合,則進一步表明遼寧省博物館收藏的敦煌文獻是敦煌文獻資源不可替代的組成部分,可爲敦煌學研究提供重要的第一手資料。

本次綴合工作還具有如下意義。第一,爲寫本的性質、書寫年代、出土地的判定提供參照。以遼寧省博物館 LD28393 爲例,這件上個世紀 80 年代由遼寧省文物店購入的"寫經殘卷",書寫年代鑒定爲"宋",筆者在對其整理時認爲這應該是一件早於唐代的

〔1〕 Дx.00116+Дx.00654、S.633(B)+BD08584 的綴合先前有所研究,分别見於景盛軒《俄藏敦煌〈大般涅槃經〉寫卷的調查與分析》,《河西學院學報》2017 年第 3 期,57 頁;同作者《英藏〈大般涅槃經〉殘卷初步綴合》,《敦煌研究》2017 年第 3 期,102—103 頁。

敦煌或吐魯番寫經,但一直缺少有力的證據。當 LD28393 與 Дx.00116、Дx.00654、BD07890、BD15896、Дx.06264、Дx.01783、北大 D136、Дx.00682 綴合後,特别是與國家圖書館藏敦煌劫餘文獻 BD07890 的綴合,基本可以確定 LD28393 是流散的敦煌寫經,再根據書法風格,可將其書寫年代由"宋"上溯至南北朝。

遼寧省博物館藏 LD28393,無出土地信息,而俄羅斯科學院東方文獻研究所藏 Дx.00116、Дx.00654、Дx.00682、Дx.01783、Дx.06264,由於敦煌吐魯番文獻混雜的原因,出土地亦不明晰,綴合的同時,Дx.00116、Дx.00654、Дx.00682、Дx.06264、Дx.01783、北大 D136、BD15896 諸號的出土地也隨之鎖定在敦煌藏經洞。

第二,在上述綴合的 6 組《大般涅槃經》中,LD29400 曾由高時敷(絡園)收藏,1988 年入藏遼寧省博物館,與之綴合的羽 399 則原爲李盛鐸舊藏,20 世紀 30 年代流入日本,現收藏於杏雨書屋;LD4969 - 03、LD5142 - 07、LD5142 - 14 均係羅振玉舊藏,原爲東北博物館(1949—1959)藏品,由遼寧省博物館所繼藏,而與 LD4969 - 03 綴合的 S.633(A)、S.633(B)係王道士賣與斯坦因,BD02723、BD06888、BD07890、BD8584、BD09561、BD09578、BD10652、BD11968、BD12199 則爲劫餘敦煌文獻,1910 年由甘肅運京;LD29450 曾由宋振庭收藏,1988 年遼寧省博物館將其購入,與之綴合的羽 589 - 17、羽 590 - 12、羽 590 - 13、590 - 14、羽 590 - 15、羽 590 - 16、羽 590 - 17、羽 590 - 18、羽 590 - 19、羽 590 - 21、羽 590 - 22、ZSD011 則分别由日本杏雨書屋、中國書店收藏。這些分散的文獻最初保存在一起,藏經洞被發現後,先後爲羅振玉、李盛鐸、高時敷、宋振庭等收藏家所得,又經數年分别進入遼寧省博物館、國家圖書館、北京大學、中國書店、英國國家圖書館、俄羅斯科學院東方文獻研究所、日本杏雨書屋等 7 家機構收藏。通過綴合研究,將零散的信息加以彙集,可爲勾勒上述敦煌《大般涅槃經》的近代流轉過程提供關鍵綫索。

第三,經過綴合發現:Дx.00116、Дx.00654、BD07890、BD15896、Дx.06264、Дx.01783、北大 D136、LD28393、Дx.00682《大般涅槃經》"聖行品"的寫本内容分屬《大正藏》所列"卷十三、卷十四";羽 399+LD29400《大般涅槃經》"卷第十七"的寫本内容分屬《大正藏》所列"卷十七、卷十八",明顯不同於《大正藏》的分卷,其中前者又與 BD03463、BD03463V、S.1361、俄 Ф.271、P.3150、P.5047 等《大般涅槃經》卷品録的分卷不一致。根據景盛軒的調查研究,敦煌北本《大般涅槃經》主要爲北 6612[1]、S.1361、

〔1〕 即 BD13465、BD03465V。

俄 Φ.271、P.3150、P.5047 所記録的四種分卷方法。"除此而外,個别卷,如卷四、卷六、卷八、卷十三、卷十四、卷三一、卷三三、卷三四、卷三五等,還有一些不同於上述系統的分卷方法,但是這些分法,缺乏敦煌佛經録的支持和足够的符合銜接的寫卷,所以還無法構擬它們的傳抄系統"〔1〕,因而 Дx.00116+Дx.00654…BD07890…BD15896…Дx.06264…Дx.01783…北大 D136…LD28393+Дx.00682《大般涅槃經》"聖行品"的綴合,對研究敦煌《大般涅槃經》的傳抄體系將提供新的資料。

(作者單位:遼寧省博物館)

〔1〕 景盛軒《敦煌本〈大般涅槃經〉研究——以版本、異文、訓詁爲中心》,浙江大學博士學位論文,2004 年,127 頁。

《敦煌吐魯番研究》第二十二卷
2023 年,253—270 頁

敦煌本《普門品》殘卷綴合十一例*

竇懷永　徐　迪

《觀世音菩薩普門品》是鳩摩羅什譯《妙法蓮華經》中的一品,爲宣揚觀世音菩薩神通的崇佛文本。伴隨著觀世音信仰在我國古代的日漸盛行,該品也逐漸被抽出來單獨流通,即後世所謂《普門品經》,又稱《觀世音經》或《觀音經》。

敦煌藏經洞發現的《普門品》寫卷爲數衆多,目前所見共約 870 號。單從文本内容來看,别出單行的寫卷(可稱爲單行本),與從《妙法蓮華經》寫卷脱落的部分(可稱爲佛經本),是完全相同的,很難區分。這給殘卷的定名造成了很大困難,也間接導致各館藏機構在圖版、目録的命名上,極易産生混淆、甚至疏誤。例如,《國圖》在命名上,對單行本和佛經本《普門品》分别命名爲“觀世音經”和“妙法蓮華經卷七”,而對其他暫時無法確定其性質的寫卷,則命名爲“妙法蓮華經卷七”。不過,這類難以命名的寫卷,恰又佔了全部《普門品》寫卷的六成以上,比重較高。因此,通過對《普門品》殘卷的綴合,能够合理確定相當一部分這類寫卷的性質。

早在 2016 年,張炎先生針對單行本《普門品》寫卷——即所謂《觀世音經》,將 126 號殘卷綴合爲 42 組[1]。最近,我們在研讀寫卷時,發現仍有不少《普門品》殘卷也存在綴合的可能,其中既有單行本,也有佛經本。通過前後比對,特别是從内容接續、殘字契合、紙張類型、行款格式、書法字迹等方面仔細分析,共將 26 號殘卷綴合爲 11 組。今試將綴合結果,臚陳如下,敬祈方家指正。

需要説明的是,本文在定名時,參考業已出版的圖版、目録的命名方式,將單行本《普門品》寫卷命名爲“觀世音經”,佛經本《普門品》寫卷命名爲“妙法蓮華經卷七”,而綴合後仍無法確定其性質的寫卷,則定名爲“妙法蓮華經觀世音菩薩普門品(待

* 本文是國家社會科學基金項目“敦煌寫本避諱字彙考”(21BYY142)階段性成果。

〔1〕 詳參張炎《敦煌本〈觀世音經〉殘卷綴合與定名研究》,復旦大學出土文獻與古文字研究中心網站論文(http://www.fdgwz.org.cn/Web/Show/2953),2016 年。

考)”。對於可以前後直接綴合的寫卷,會在卷號之間用“+”相接示意。爲了凸顯綴合效果,綴合示意圖在必要時,會在接縫處添加虛綫示意。另外,在録文時,原卷缺字用“□”表示,缺幾個字用幾個“□”,字迹殘缺或模糊者用“▨”表示,下部殘缺用“└─┘”號表示。

一　BD1465+BD1452

(1) BD1465(北5891;寒65),彩色圖版見IDP網站。卷軸裝,1紙。後部如圖1所示,首尾均脱,存28行,行17字。楷書。有烏絲欄。卷面多水漬。卷中有分題“妙法蓮華經觀世音菩薩普門品第二十五”,《國圖》擬題“妙法蓮華經卷七”。《國圖》條記目録稱原卷紙張爲經黄紙,紙高25.5釐米,爲7—8世紀唐寫本。

(2) BD1452(北5956;寒52),彩色圖版見IDP網站。卷軸裝,4紙。前部如圖1所示,首尾均脱,存112行,行17字。楷書。有烏絲欄。卷面多水漬。原卷無題,《國圖》擬題“妙法蓮華經卷七”。《國圖》條記目録稱卷背有古代裱補,原卷紙張爲經黄紙,紙高25.5釐米,爲7—8世紀唐寫本。

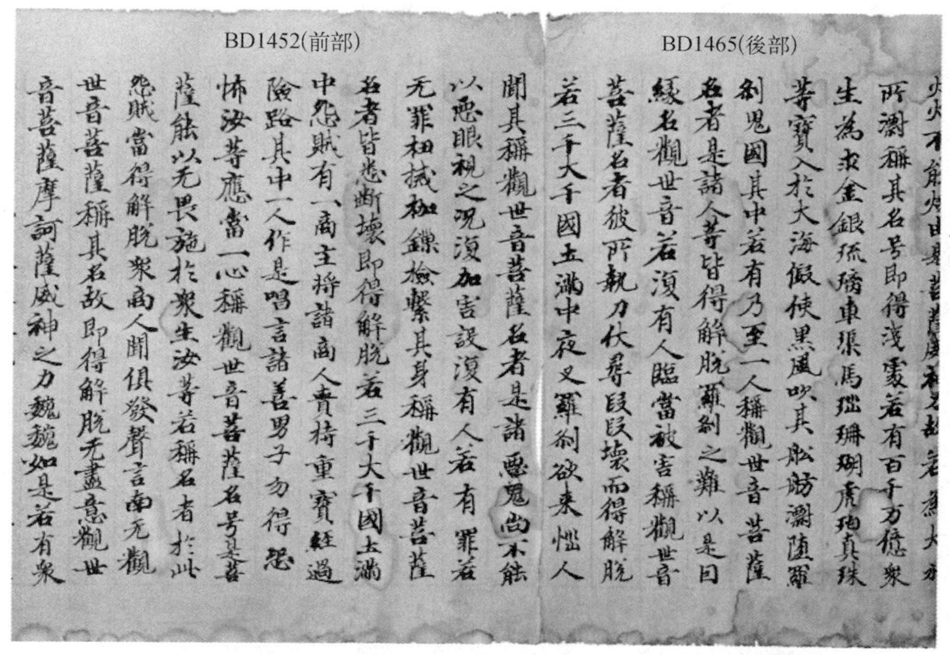

火不能燒由是菩薩威神力故若為大水
所漂稱其名号即得淺處若有百千万億衆
生為求金銀琉璃車𤦲馬瑙珊瑚虎珀真珠
等寶入於大海假使黒風吹其船舫漂墮羅
剎鬼國其中若有乃至一人稱觀世音菩薩
名者是諸人等皆得解脫羅剎之難以是因
緣名觀世音若復有人臨當被害稱觀世音
菩薩名者彼所執刀杖尋段段壞而得解脫
若三千大千國土滿中夜叉羅剎欲來惱人
聞其稱觀世音菩薩名者是諸惡鬼尚不能
以惡眼視之況復加害設復有人若有罪若
无罪杻械枷鎖檢繫其身稱觀世音菩薩
名者皆悉斷壞即得解脫若三千大千國土滿
中怨賊有一商主將諸商人齎持重寶經過
險路其中一人作是唱言諸善男子勿得恐
怖汝等應當一心稱觀世音菩薩名号是菩
薩能以无畏施於衆生汝等若稱名者於此
怨賊當得解脫衆商人聞俱發聲言南无觀
世音菩薩稱其名故即得解脫无盡意觀世
音菩薩摩訶薩威神之力巍巍如是若有衆

圖1　BD1465(後部)+BD1452(前部)綴合示意圖

按：上揭二號内容前後相承，可以綴合。綴合後如圖 1 所示，横向烏絲欄可對齊。兩號均用經黄紙，紙高相同，且行款相同（皆有烏絲欄，行 17 字，行間距、字間距及字體大小皆相近），書風字跡似同（比較表 1 所列例字），可資參證。兩號綴合後，所存内容起《妙音菩薩品》"□□□□□□（皆得現一切色）身三昧"，訖《陀羅尼品》"尒時藥王菩薩□□□（白佛言）"，相應文字參見《大正藏》T9/56B18—58B17。

BD1465 和 BD1452 爲《妙法蓮華經》脱落部分，在定名上可從《國圖》，擬爲"妙法蓮華經卷七"。

表 1　BD1465 與 BD1452 字迹比較表

例字 / 卷號	國	解	脱	稱	觀	音	寶
BD1465	國	解	脱	稱	觀	音	寶
BD1452	國	解	脱	稱	觀	音	寶

二　BD1492+BD1755

（1）BD1492（北 6006；寒 92），彩色圖版見 IDP 網站。卷軸裝，2 紙。後部如圖 2 所示，首尾均脱，存 56 行，行 17 字。楷書。有烏絲欄。卷面多水漬。原卷無題，《國圖》擬題"妙法蓮華經卷七"。《國圖》條記目録稱原卷紙張爲經黄紙，紙高 25.5 釐米，爲 7—8 世紀唐寫本。

（2）BD1755（北 5962；往 55），彩色圖版見 IDP 網站。卷軸裝，5 紙。前部如圖 2 所示，首脱尾殘，存 129 行，行 17 字。楷書。有烏絲欄。卷面多水漬。原卷無題，《國圖》擬題"妙法蓮華經卷七"。《國圖》條記目録稱卷背有古代裱補，原卷紙張爲經黄紙，紙高 26.5 釐米，爲 7—8 世紀唐寫本。

按：上揭兩號内容前後相接，當係從同一長卷所脱落。綴合後如圖 2 所示，横向烏絲欄可對齊。兩號均用經黄紙，紙高相近，且紙中部皆有等距橢圓狀水漬，下部皆有半圓形連續水漬。且兩號行款相同（都有烏絲欄，行約 17 字，行、字間距及字體大小皆相近），字跡書風相同（比較表 2 所列例字），可資參證。

又《國圖》條記目録指出，BD1755 卷尾與 BD1757 相接，BD1757 又可與 BD1643 綴

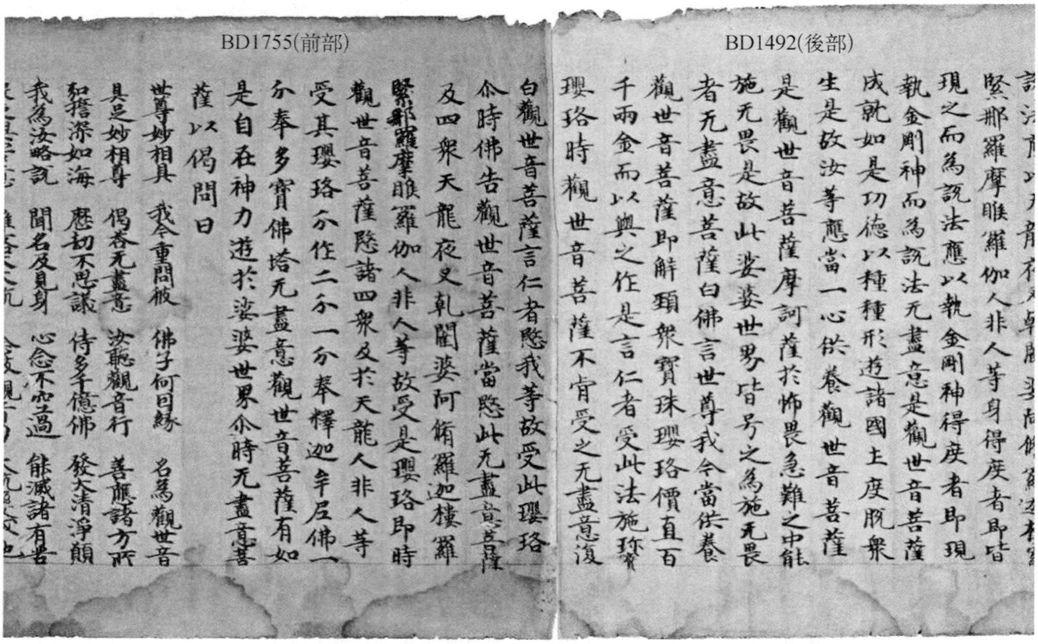

BD1755(前部)　　BD1492(後部)

圖 2　BD1755(後部)+BD1492(前部)綴合示意圖

合。BD1492+BD1755+BD1757+BD1643 四號綴合後,所存内容起"□□□(稱其名)故即得解脱",訖尾題"妙法蓮華經卷第八",相應文字参見《大正藏》T9/56C29—62B1。

BD1492 和 BD1755《國圖》均擬題爲"妙法蓮華經卷七",不確,當依據 BD1643 尾題定名爲"妙法蓮華經(八卷本)卷八"。

表 2　BD1492 與 BD1755 字跡比較表

例字 / 卷號	羅	伽	瓔	珞	無	意	娑
BD1492	羅	伽	瓔	珞	无	意	娑
BD175	羅	伽	瓔	珞	无	意	娑

三　BD1788+BD1708

(1) BD1788(北 5996;往 88),彩色圖版見 IDP 網站。卷軸裝,3 紙。後部如圖 3 所示,首尾皆殘,存 28 行,首 4 行上下殘,行 17 字(《國圖》條記目録稱行 15 字,不確)。楷書。有烏絲欄。通卷上下邊被裁剪掉。原卷無題,《國圖》擬題"妙法蓮華經卷七"。《國圖》條記目録稱原卷紙高 20.5 釐米,爲 9—10 世紀歸義軍時期寫本。

(2) BD1708(北 5956;寒 52),彩色圖版見 IDP 網站。卷軸裝,3 紙。前部如圖 3 所示,首殘尾全,存 62 行,行 17 字。楷書。有烏絲欄。通卷上下邊被裁剪掉。尾題"觀世音經一卷"。《國圖》擬題"觀世音經"。《國圖》條記目録稱原卷紙高 20.7 釐米,爲 9—10 世紀歸義軍時期寫本。

按: 上揭兩號内容前後相接,可以綴合。綴合後如圖 3 所示,銜接處斷痕契合,原本分屬兩號的"長者身得度者即現長者身"等字合成完璧。兩號紙高相近,天頭地脚都被剪掉,且行款相同(都有烏絲欄,行 17 字,行、字間距及字體大小皆相近),書風似同(比較二號共有的"身""得""度""者""應"等字),可資參證。兩號綴合後,所存内容起"□□□□□(飄墮羅刹鬼)國,其□□□(中若有)",訖尾題"觀世音經一卷",相應文字參見《大正藏》T9/56C13—58B7。

BD1708(前部)　　BD1788(後部)

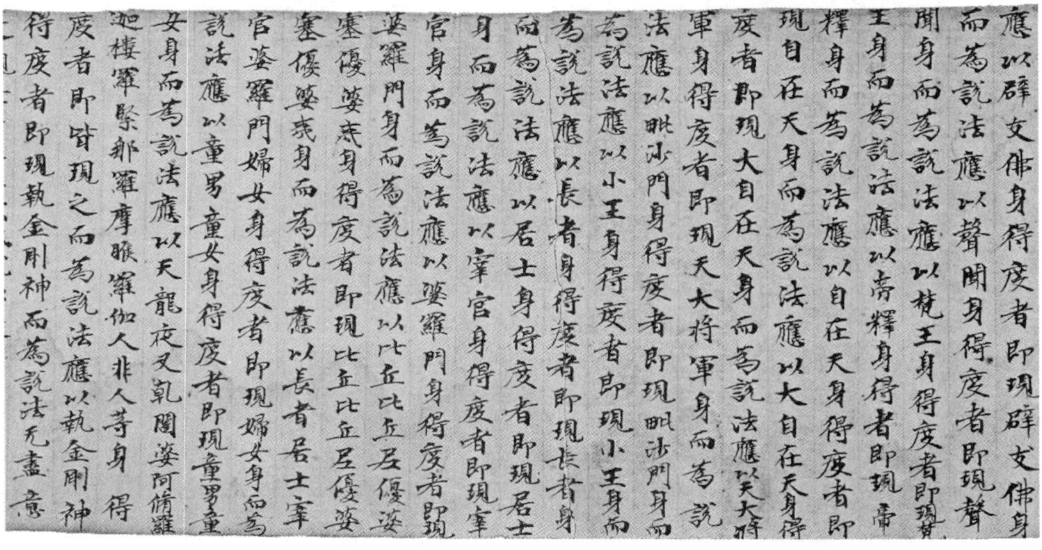

圖 3　BD1788(後部)+BD1708(前部)綴合示意圖

BD1708 有尾題爲"觀世音經一卷",則證明該寫卷爲單行本《普門品》寫卷,《國圖》據此定名爲"觀世音經",可從。BD1788 既可以與 BD1708 綴合,則亦當擬題爲"觀世音經”,不宜題爲“妙法蓮華經卷七”。

四　BD8114+BD7704

（1）BD8114（北5979;乃14），見《國圖》96/322B—323B[1]。卷軸裝，2紙。後部如圖4所示，首全尾殘，存53行，行23—26字。楷書。有烏絲欄。首題“妙法蓮華經觀世音菩薩普門品第二十五”，卷首又寫有經名“妙法蓮華經觀世音菩薩普門品第二十五”。《國圖》擬題“觀世音經”。《國圖》條記目録稱卷面有油污，卷背有古代裱補，並有雜寫“妙法蓮華經”，原卷紙高29釐米，爲9—10世紀歸義軍時期寫本。

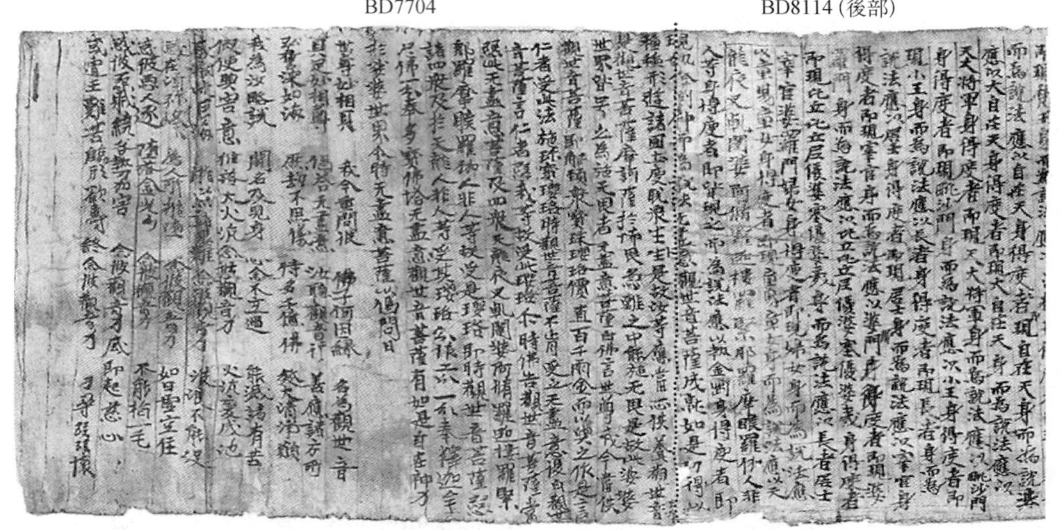

圖4　BD8114（後部）+BD7704 綴合示意圖

（2）BD7704（北6047;始4），見《國圖》96/382B。卷軸裝，2紙。如圖4所示，首尾均斷，存21行，行23—26字。楷書。有烏絲欄。尾有餘空。原卷無題，《國圖》擬題“觀世音經（兑廢稿）”。《國圖》條記目録稱卷面多水漬和油污，原卷紙高29.5釐米，爲9—10世紀歸義軍時期寫本。

按：上揭兩號内容前後相承，可以綴合。綴合後如圖4所示，接縫處邊緣大致吻合，BD8114卷尾上部“現執金剛神而爲説法”等殘字恰好能與BD7704卷首對應處殘畫

〔1〕《國圖》96/322B－323B指該圖版出自《國家圖書館藏敦煌遺書》第96册第332頁下欄至333頁下欄。其中A、B分别代指上、下欄。下同。下《俄藏》《北大》中圖版亦以此方式説明出處。

拼合。兩號紙高相近,行款相同(都有烏絲欄,行約23—26字,行、字間距及字體大小相近),字跡近似(書法較粗劣,比較兩號共有的“應”“得”“度”“婆”“羅”等字),可資參證。兩號綴合後,所存内容起首題“妙法蓮華經觀世音菩薩普門品第二十五”,訖“刀尋段段壞”,相應文字参見《大正藏》T9/56C2－57C27。

BD7704寫至“刀尋段段壞”爲止,留有餘空,《國圖》擬爲兑廢稿。BD8814既能與BD7704綴合,則亦可定名爲“觀世音經(兑廢稿)”。

五　BD8788+北大D057+Дx.04951

(1) BD8788(國9),見《國圖》104/85A—85B。卷軸裝,2紙。後部如圖5所示,首尾皆殘,存43行,首3行及尾17行殘損,行17字。楷書。有烏絲欄。首題“□□□(妙法蓮)華經觀世音▨(菩)▭”。《國圖》擬題“觀世音經”。《國圖》條記目録稱紙爲經黄紙,原卷紙高24.5釐米,爲7世紀唐寫本。

(2) 北大D057,見《北大》1/213B－214A。卷軸裝。如圖5所示,首尾皆殘,存44行,首16行及尾13行殘損,行17字。楷書。有烏絲欄。原卷無題,《北大》擬題“妙法蓮華經觀世音菩薩普門品第廿五”。《北大》敘録稱紙爲黄麻紙,原卷紙高24.77釐米,爲唐寫本。

(3) Дx.04951,見《俄藏》11/367A。殘片。如圖5所示,存7行,行4至10字。楷書。有烏絲欄。原卷無題,《俄藏》未定名,《俄録》擬題“妙法蓮華經觀世音菩薩普門品第二十五”。

按:上揭三號内容前後銜接,可以綴合。綴合後如圖5所示,BD8788卷尾下部與北大D057卷首上部恰可嵌合,接縫處分屬二卷的殘字自上至下、自右至左可拼合爲“聞俱發聲言南無”“觀”“癡”“世”“故”“禮”“設”“人”“衆”等字。又,兩號紙高相近,行款相同(均有烏絲欄,行17字,行、字間距及字體大小相近),字跡書法類似(比較二號共有的“無”“男”“女”“觀”“世”等字),可資參證。Дx.04951係從北大D057左上角脱落的殘片,與北大D057綴合後,原本撕裂在兩號的“天”“大”“將”“得”“身”等字可復合爲一。三號綴合後,所存内容起首題“(妙法蓮)□□□華經觀世音▨(菩)▭”,訖“□□(乾闥)婆阿修羅迦樓□(羅)”,相應文字参見《大正藏》T9/56C2—57B16。

該組寫卷綴合後,雖殘存“□□□(妙法蓮)華經”字樣首題,仍無法據此判定其爲《妙法蓮華經》脱落部分。單行本《普門品》寫卷中,不少亦有“妙法蓮華經觀世音菩薩

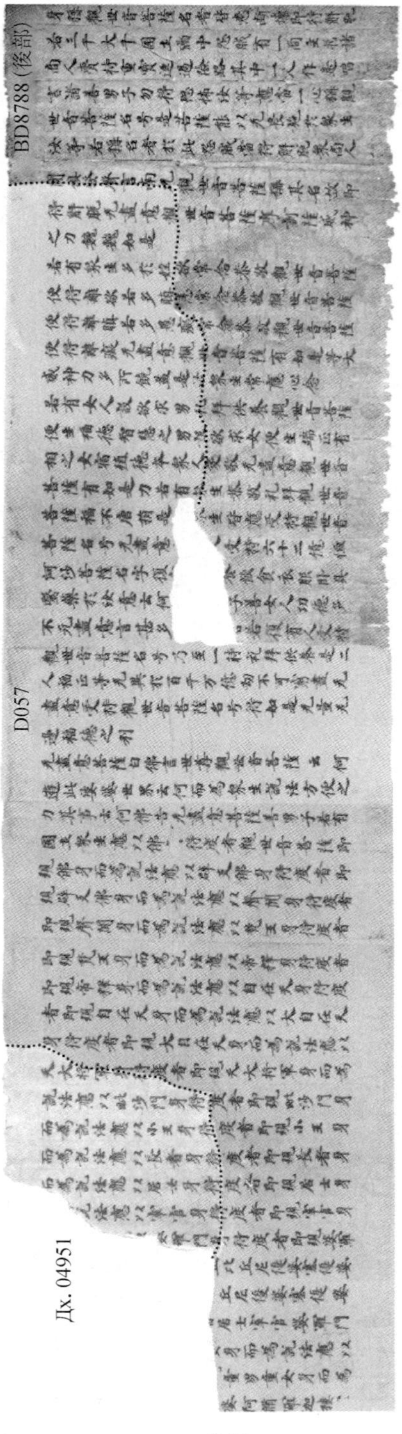

BD8788(後部)

D057

Дx. 04951

圖 5　BD8788(後部)+北大 D057+Дx.04951 綴合示意圖

普門品第二十五”之類首題，如上組所舉 BD8114 即是此例。因此，BD8788、北大 D057 和 Дx.4951 可暫定名爲“妙法蓮華經觀世音菩薩普門品（待考）”。

六　BD8690+BD7401

（1）BD8690（讓 11），見《國圖》104/8A—8B。卷軸裝，1 紙。後部如圖 6 所示，首全尾脱，存 27 行，第 20—25 行下殘，行 17 字。楷書。有烏絲欄。首題“妙法蓮華經觀世音菩薩普門品第二十五”。《國圖》擬題“觀世音經”。《國圖》條記目録稱原卷紙高 26.8 釐米，爲 8—9 世紀吐蕃統治時期寫本。

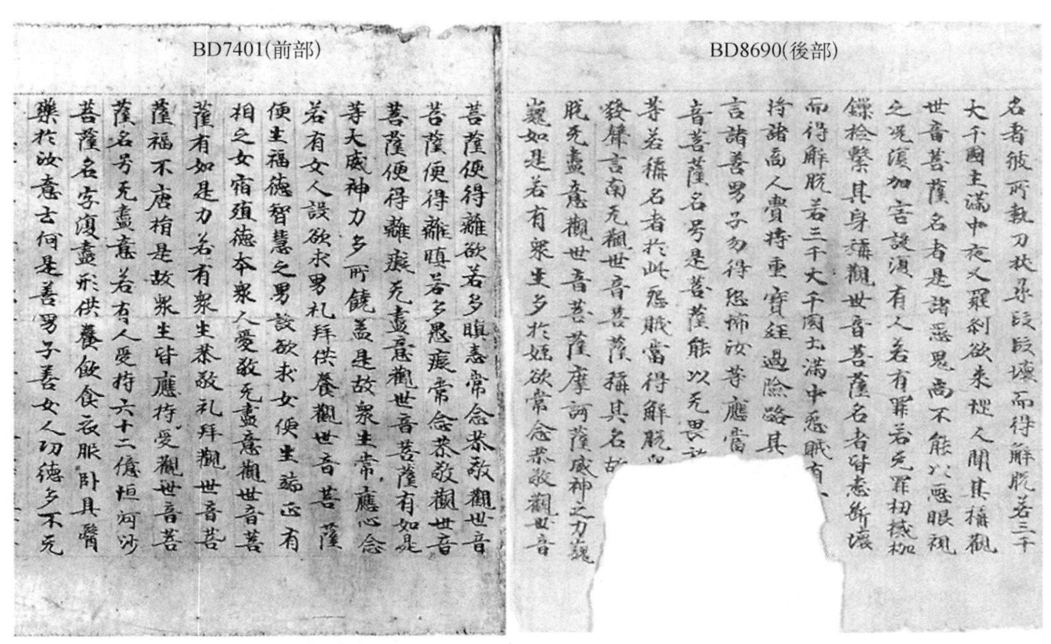

圖 6　BD8690（後部）+BD7401（前部）綴合示意圖

（2）BD7401（北 6010；官 1），見《國圖》97/1A—1B。卷軸裝，1 紙。如圖 6 所示，首尾均斷，存 29 行，行 17 字。楷書。有烏絲欄。原卷無題，《國圖》擬題“妙法蓮華經卷七”。《國圖》條記目録稱原卷紙高 27 釐米，爲 9—10 世紀歸義軍時期寫本。

按：上揭二號内容前後銜接，當可綴合。綴合後如圖 6 所示，横向烏絲欄能够對齊。兩紙中部皆有横向斷痕，兩條痕跡亦可相接。兩號紙高相近，行款相同（都有烏絲欄，行 17 字，行、字間距及字體大小相近），書風近似（比較表 3 所列例字），可資參證。

二號綴合後,所存内容起首題"妙法蓮華經觀世音菩薩普門品第二十五",訖"即現□□□□□□□(小王身而爲説法)",相應文字參見《大正藏》T9/56C2—57B5。

BD8690《國圖》擬題"觀世音經",而BD7401則題爲"妙法蓮華經卷七",兩號既屬同卷,則命名也當統一。《國圖》條記目録稱BD8690號卷首略有護首痕跡,則較可能爲單行本《觀世音經》殘卷,因此兩號可統一定名爲"觀世音經"。又,《國圖》條記目録將BD8690定爲8—9世紀吐蕃統治時期寫本,卻將BD7401判爲9—10世紀歸義軍時期寫本,兩號也應當斟酌後統一斷代。

表3 BD8690與BD7401字跡比較表

例字 / 卷號	善	男	子	常	念	欲	敬
BD8690							
BD7401							

七 BD8817+羽350+Дx.06102+BD8794

(1) BD8817(國38),見《國圖》104/116B。卷軸裝,2紙。如圖7-1所示,首尾皆殘,存15行,首4行及尾行殘損,行17字。楷書。卷面多水漬。原卷無題,《國圖》擬題"妙法蓮華經卷七"。《國圖》條記目録稱有烏絲欄,原卷紙高24.5釐米,爲8—9世紀吐蕃統治時期寫本。

(2) 羽350,見《秘笈》5/68B-69A。卷軸裝,2紙。如圖7-1所示,首尾皆殘,存13行,上、下部有多處殘損,行17字。楷書。原卷無題,《秘笈》擬題"妙法蓮華經卷第七"。《秘笈》敘録稱原卷紙高27.7釐米。

(3) Дx.06102,見《俄藏》13/1B。殘片。如圖7-1所示,存8行,行1至17字。楷書。原卷無題,《俄藏》未定名,邰惠莉《俄藏敦煌文獻敘録》(下簡稱《俄録》)擬題"妙法蓮華經觀世音菩薩普門品第二十五"。

(4) BD8794(國15),見《國圖》104/91A。卷軸裝,1紙。如圖7-1所示,首殘尾脱,存18行,首4行下殘,行17字。楷書。原卷無題,《國圖》擬題"妙法蓮華經卷七"。《國圖》條記目録稱有折疊欄,原卷紙高28釐米,爲8—9世紀吐蕃統治時期寫本。

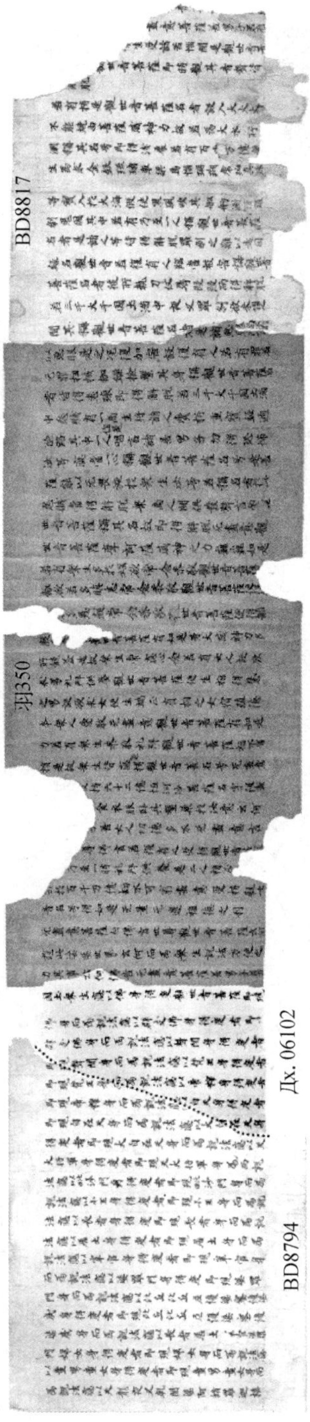

圖 7－1　BD8817+羽 350+Дx.06102+BD8794 綴合示意圖

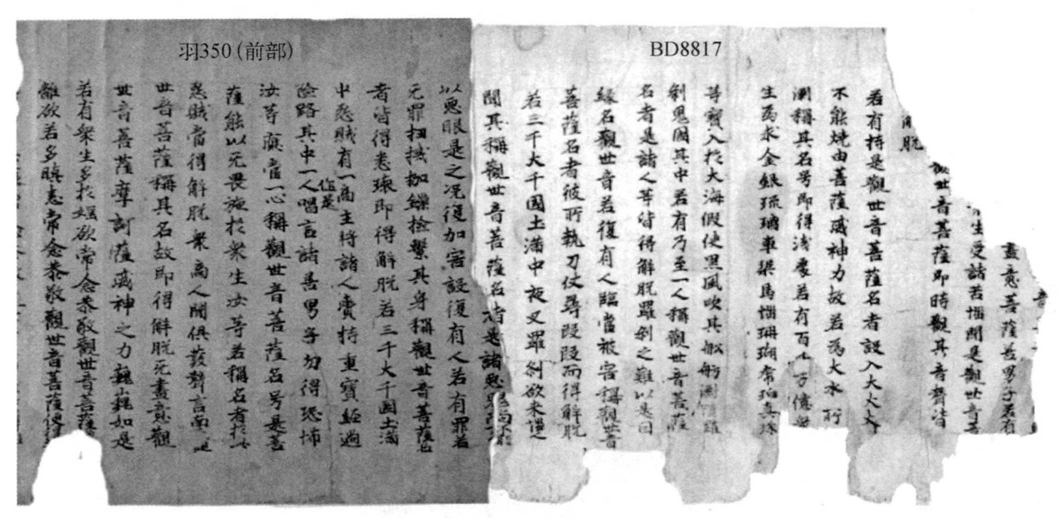

圖 7－2　**BD8817+羽 350(前部)綴合示意圖**

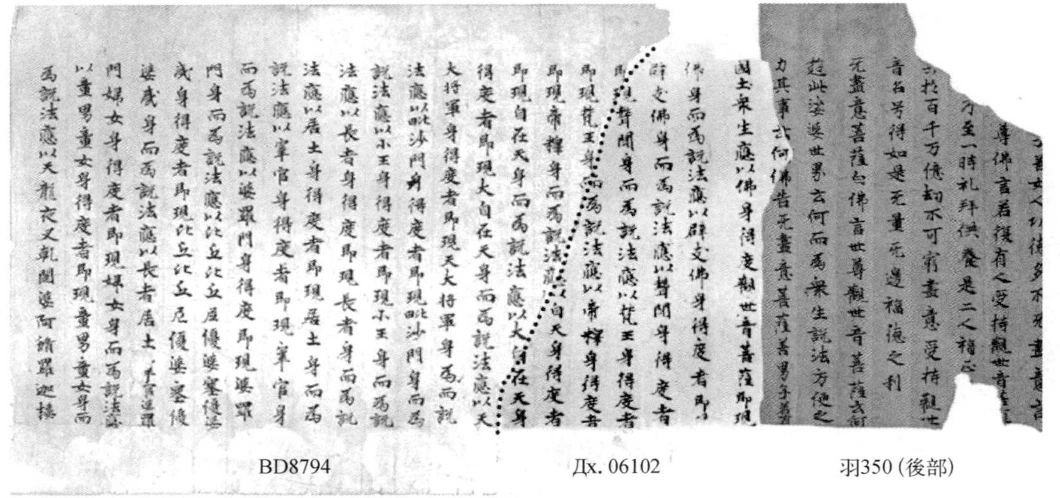

圖 7－3　**羽 350(後部)+Дх.06102+BD8794 綴合示意圖**

按：上揭四號内容前後承接，可以綴合。綴合後全圖如圖 7－1 所示。BD8817 卷尾與羽 350 卷首斷裂處正相契合，拼接後“者”“惡鬼尚不能”等字可復合爲一，如圖 7－2 所示。又兩號行款相同(行 17 字，行、字間距及字體大小相近)，字跡書風似同(比較二號共有的“復”“害”“解”“脱”“稱”等字)，可資參證。Дх.06102 右側斷痕與羽 350 可拼合無間，綴合後“云”“佛”二字得成完璧，Дх.06102 首行“何”字正好補羽 350

末行缺字，使文意通順。又如圖 7－3 所示，Дx.06102 左側斷痕又能與 BD8794 卷首綴合，兩卷斷痕如合符契，原分屬兩號的殘字自上至下、自右至左可拼合爲“現”“而”“應”“以”“字”等字。四號綴合後，所存内容起“觀世音以何因緣名觀世音”句中“音”殘字，訖“應以天龍夜叉乾闥婆阿修羅迦樓□（羅）”，相應文字參見《大正藏》T9/56C5—57B16。

BD8817、羽 350、Дx.06102 和 BD8794 綴合後首尾皆殘，可暫定名爲“妙法蓮華經觀世音菩薩普門品（待考）”。又，BD8817《國圖》條記目録稱有烏絲欄，而於 BD8794 又稱有折疊欄，兩號既屬同卷，版式應當相同。從羽 350 彩圖看，該卷行間似爲折疊欄。由於此四號圖版清晰度欠佳，難以判斷是否有烏絲欄，《國圖》目録於此處應當再審。

八　BD9195+BD0517

（1）BD9195（唐 16），見《國圖》105/143B－144A。卷軸裝，2 紙。後部如圖 8 所

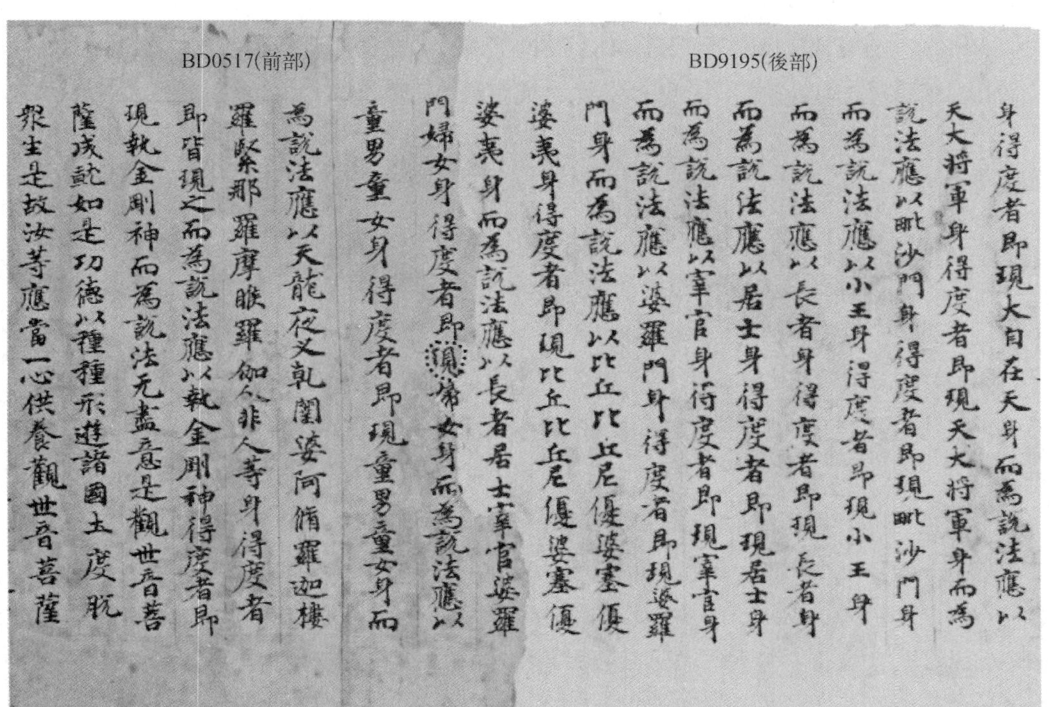

身得度者即現大自在天身而爲說法應以
天大將軍身得度者即現天大將軍身而爲
說法應以毗沙門身得度者即現毗沙門身
而爲說法應以小王身得度者即現小王身
而爲說法應以長者身得度者即現長者身
而爲說法應以居士身得度者即現居士身
而爲說法應以宰官身得度者即現宰官身
而爲說法應以婆羅門身得度者即現婆羅
門身而爲說法應以比丘比丘尼優婆塞優
婆夷身得度者即現比丘比丘尼優婆塞優
婆夷身而爲說法應以長者居士宰官婆羅
門婦女身得度者即現婦女身而爲說法應以
童男童女身得度者即現童男童女身而
爲說法應以天龍夜叉乾闥婆阿脩羅迦樓
羅緊那羅摩睺羅伽人非人等身得度者
即皆現之而爲說法應以執金剛神得度者即
現執金剛神而爲說法无盡意是觀世音菩
薩成就如是功德以種種形遊諸國土度脫
衆生是故汝等應當一心供養觀世音菩薩

圖 8　BD9195（後部）+BD0517（前部）綴合示意圖

示,前後皆殘,存 33 行,首 3 行及尾行殘,行 17 字。楷書。有烏絲欄。卷面多水漬。原卷無題,《國圖》擬題"妙法蓮華經卷七"。《國圖》條記目録稱原卷紙高 25.5 釐米,爲 7—9 世紀唐寫本。

(2) BD0517(北 6044;荒 17),彩色圖版見 IDP 網站。卷軸裝,4 紙。前部如圖 8 所示,首殘尾全,存 55 行,首 2 行下殘,行 17 字。楷書。有烏絲欄。原卷脱落一小塊殘片,存一"現"字,粘在卷邊。原卷無題,《國圖》擬題"觀世音經"。《國圖》條記目録稱原卷紙高 25.5 釐米,爲 7—8 世紀唐寫本。

按: 上揭兩號内容前後相接,可以綴合。綴合後如圖 8 所示,銜接處斷痕吻合,BD9195 卷末殘筆恰好可以與 BD0517 起始殘字合爲一"宰"字,又 BD517 脱落的"現"字小殘片恰好可補綴在兩紙拼合接縫間的空隙處,使兩號契合無間,文意貫通。兩號紙高相同,行款一致(都有烏絲欄,行 17 字,行、字間距及字體大小皆相近),書風似同(比較兩號共有的"應""官""身""婆""羅"等字),可資參證。兩號綴合後,所存内容起"禮拜供養觀世音菩薩"句中"觀世音"三殘字,訖卷尾"皆發無等等阿耨多羅三藐三菩提心",相應文字參見《大正藏》T9/57A7 – 58B7。

BD0517 已寫訖,應當爲單行本《觀世音經》,故《國圖》定名爲"觀世音經"。BD9195 既然可以與之相綴合,那也當從之擬題爲"觀世音經"。

九 Дx.02373+10529+Дx.07077

(1) Дx.02373+10529,見《俄藏》9/174A – 175B。殘片。如圖 9 所示,存 38 行,行 4 至 16 字。楷書。有烏絲欄。原卷無題,《俄藏》擬題爲"妙法蓮華經觀世音菩薩普門品第二十五"。

(2) Дx.07077,見《俄藏》13/249B。殘片。如圖 9 所示,存 3 行,行 7 字。楷書。有烏絲欄。原卷無題,《俄藏》未定名,《俄録》擬題爲"妙法蓮華經觀世音菩薩普門品第二十五"。

按: 上揭兩號内容前後承接,可相綴合。綴合後如圖 9 所示,Дx.07077 當係 Дx.02373+10529 上部脱落殘片,其右、下部殘畫可與 Дx.02373+10529 左上方邊緣殘畫拼合爲"度者即現比""居"等完字,兩紙天頭處横向烏絲欄亦可相接。兩號綴合後,所存内容起"受持觀世音菩薩□□(名號)",訖"而以□□(與之)",相應文字參見《大正藏》T9/57A18 – B26。

Дx.02373+10529 和 Дx.07077 綴合後首尾皆殘,可暫定名爲"妙法蓮華經觀世音菩

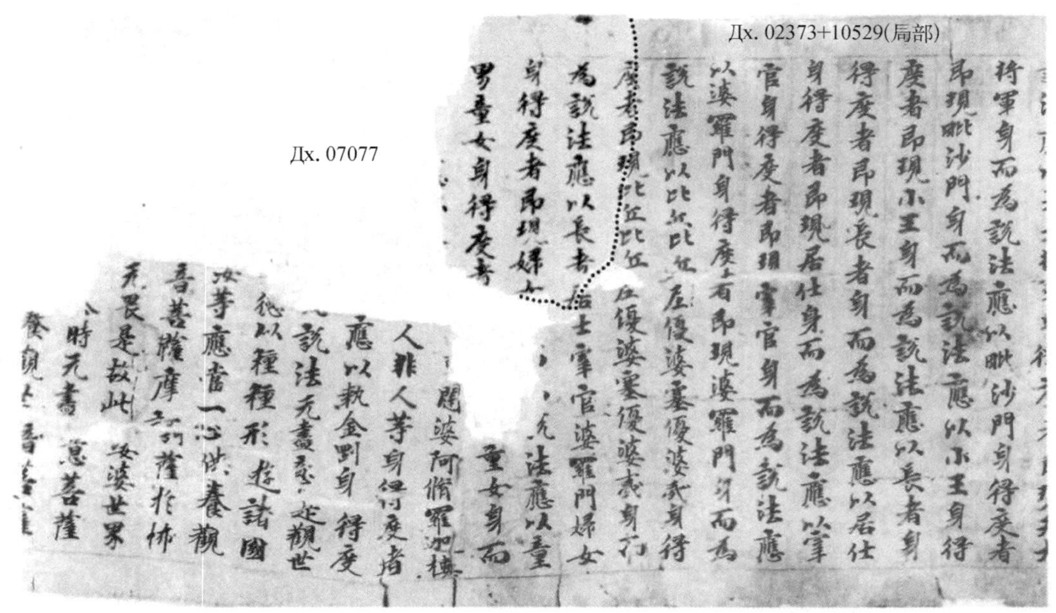

圖 9　Дх.02373+10529(局部)+Дх.07077 綴合示意圖

薩普門品(待考)”。

十　Дх.10525+Дх.00753

(1) Дх.10525,見《俄藏》14/315B。殘片。如圖 10 所示,存 12 行,行 17 字。楷書。有烏絲欄。卷面有殘洞。原卷無題,《俄藏》未定名,《俄録》擬題爲“妙法蓮華經觀世音菩薩普門品第二十五”。

(2) Дх.00753,見《俄藏》7/89A。殘片。如圖 10 所示,存 6 行,行 17 字。楷書。有烏絲欄。卷面有殘洞。原卷無題,《俄藏》擬題爲“妙法蓮華經觀世音菩薩普門品第二十五”,《俄録》同。

按:上揭兩號内容前後相接,可以綴合。綴合後如圖 10 所示,兩紙斷痕能相契合,接合處“以”字得成完璧。兩號卷上部皆有形狀近似的不規則殘洞,綴合後可見卷面殘洞自右至左呈等距離逐漸擴大的變化。又兩號行款相同(都有烏絲欄,行 17 字,行、字間距及字體大小皆相近),書風接近(比較兩號共有的“婆”“羅”“即”“現”“説”等字),可資參證。兩號綴合後,所存内容起“□□(應以)天大將軍身得度者”,訖“應當一心供養觀世音菩薩”句中“應當一心供養觀”七殘字,相應文字參見《大正藏》T9/

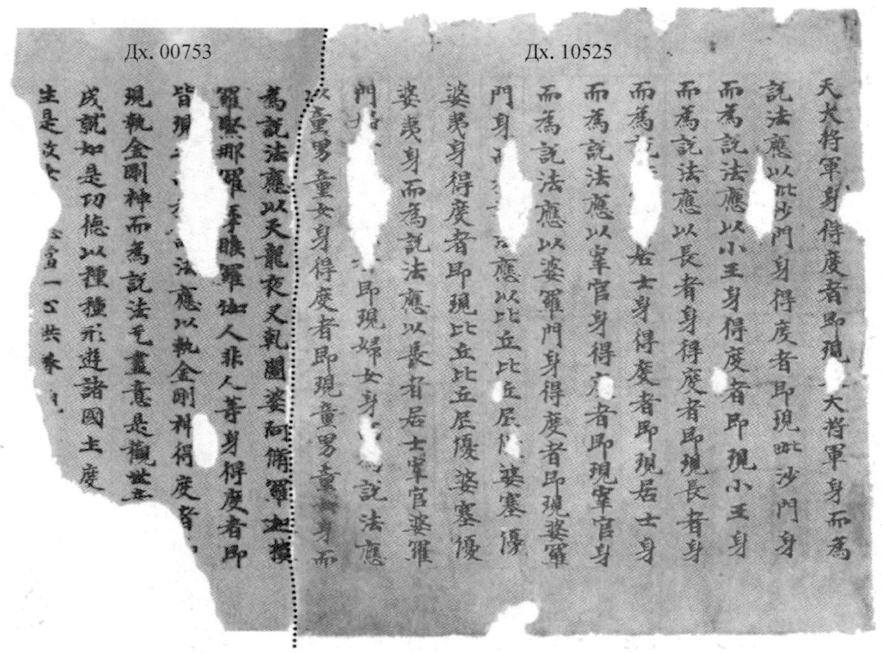

圖 10　Дх.10525+Дх.00753 綴合示意圖

57B2—B21。

Дх.10525 和 Дх.00753 綴合後首尾皆殘，可暫定名爲“妙法蓮華經觀世音菩薩普門品（待考）”。

十一　BD11544+BD11774

（1）BD11544（L1673），見《國圖》109/264A。殘片。如圖 11 所示，存 15 行，行約 19 字。楷書。卷面有殘洞。原卷無題，《國圖》擬題“妙法蓮華經卷七”。《國圖》條記目録定爲 9—10 世紀歸義軍時期寫本。

（2）BD11774（L1903），見《國圖》110/67B。殘片。如圖 11 所示，存 3 行，行 8—9 字。楷書。原卷無題，《國圖》擬題“妙法蓮華經卷七”。《國圖》條記目録定爲 9—10 世紀歸義軍時期寫本。

按：上揭兩號内容前後相接，可以綴合。綴合後如圖 11 所示，BD11774 恰好可以補全 BD11774 左下角殘缺。從上到下、從右至左，原本撕裂在兩號的“之難”“復有人臨”“仗”“羅”等字可復合爲一。兩號書風類似（比較兩號共有的“稱”“得”“解”“脱”

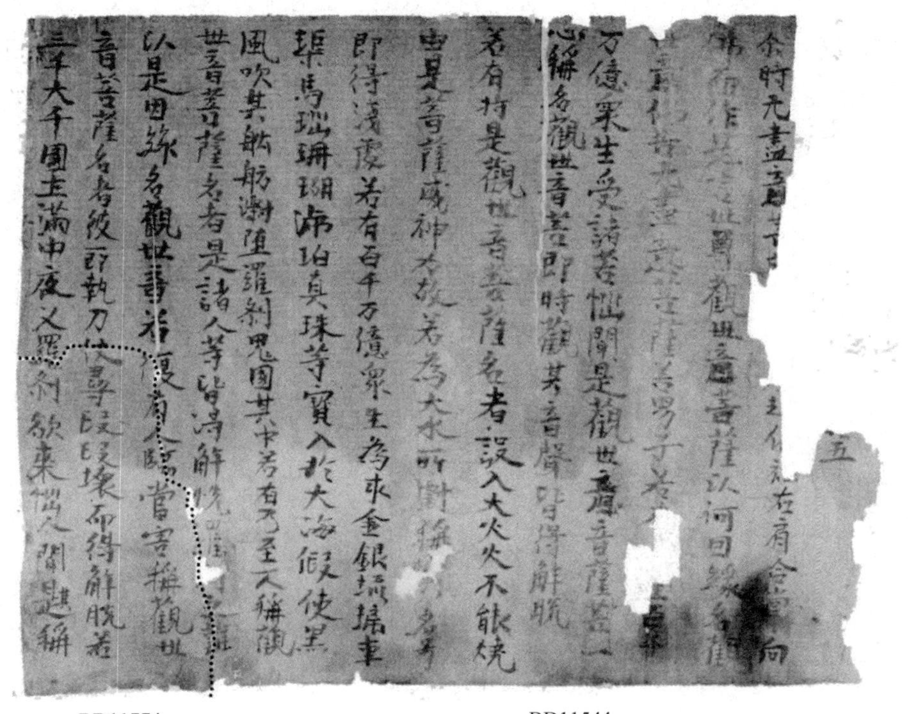

圖 11　BD11544+BD11774 綴合示意圖

等字），可資參證。兩號綴合後，所存内容起“五”，疑爲首題“妙法蓮華經觀世音菩薩普門品第二十（廿）五”中“五”字，訖“聞其稱□□□□□□□（觀世音菩薩名者）”，相應文字參見《大正藏》T9/56C3－C19。

BD11774 號《國圖》條記目録附注稱，從抄寫形態看該卷疑或爲《觀世音經》。該組寫卷字迹較劣，抄寫隨意，行款上也不同於行 17 字的標準佛經寫卷，的確更有可能爲單行本《觀世音經》寫卷。因此，BD11544 號及 BD11774 號可擬題爲“觀世音經”。

以上從内容、殘字、紙張、行款、書風等方面進行分析比較，將敦煌文獻中 26 號《普門品》殘卷綴合成 11 組。通過綴合能够發現，對原屬同一寫卷的殘卷，以《國圖》條記目録爲代表的著録信息，偶爾會存在不一致的地方，恰好可以據此糾正其中疏誤。

經過我們此次綴合，再配合以張炎先生的先期成果，我們認爲，在目前公佈的所有《普門品》寫卷中，能够予以綴合的、内容較爲完整的寫卷，基本實現了全部綴合。這些成果,既能够儘量恢復敦煌本《普門品》寫卷的原貌,也有助於敦煌本《妙法蓮華經》經卷的整理;同時,在綴合的基礎上,各號寫卷的性質也能得到進一步釐清,從而有助於形成更爲準確的定名。

(作者單位:浙江大學古籍研究所)

《敦煌吐魯番研究》第二十二卷
2023 年,271—284 頁

敦煌王梵志詩寫本綴合拾補*

郝雪麗

敦煌藏經洞中發現的王梵志詩寫本使自宋以來漸漸湮没的王梵志詩重現天日,成爲中國白話詩發展史上的奇葩。王梵志詩是敦煌詩歌中最重要的發現,也是敦煌詩歌研究熱點。目前,學界有關王梵志詩研究已趨於完備,王梵志生平考察、王梵志詩他人作品、王梵志詩寫本考釋、王梵志白話詩研究等方面的論著多達百餘篇(種)。本文在前人研究基礎上,從寫本學角度調查每件王梵志詩寫本研究學術史,釐清王梵志詩寫本的編號情況,重點考述了三種王梵志詩綴合寫本。

一　敦煌王梵志詩寫本發現始末

王梵志詩寫本經伯希和(P. Pelliot,1878—1945)〔1〕、劉復(1891—

* 本文爲全國高等院校古籍整理研究工作委員會科研項目"法藏敦煌文獻重新整理研究與編目"及國家社科基金重大項目"5—11 世紀中國文學寫本整理、編年與綜合研究"(項目編號: 16ZDA175)的階段性成果。

〔1〕 王梵志詩寫本的發現及定名工作始於伯希和編寫的《伯希和敦煌漢文寫本目録》(*Catalogue de la Collection Pelliot, Fonds des Manuscrits Chinois de Touen-houang, 2001 - 3511*,簡稱《伯目》)。《伯目》是法藏敦煌寫本的第一部目録,最早著録了 P.2718、P.2842、P.2914 三件王梵志詩寫本,以及一件引王梵志詩寫本 P.2125(《歷代法寶記》),見羅福萇及陸翔譯目[羅福萇譯目於 1923、1932 年分兩次刊佈,伯希和著,狩野直喜抄,羅福萇譯《巴黎圖書館敦煌書目伯希和氏敦煌將來目録》(P.2000 - 2700),《國學季刊》第 1 卷第 4 期,1923 年,717—749 頁;《巴黎圖書館敦煌書目伯希和氏敦煌將來目録(續完)》(P.2701 - 3511),《國學季刊》第 3 卷第 4 號,1932 年,733—771 頁;後收入孫彦、薩仁高娃、胡月平選編《民國期刊資料分類彙編・敦煌學研究》第 1 册,2009 年,612—654 頁。陸翔譯目於 1933、1934 年分兩次刊佈,伯希和著,張鳳抄,陸翔譯《巴黎圖書館敦煌寫本書目》,《北平圖書館館刊》第 7 卷第 6 號,1933 年,21—72 頁;《巴黎圖書館敦煌寫本書目(續完)》(P.2730 - 3511)第 8 卷第 1 號,1934 年,27—87 頁;後收入孫彦、薩仁高娃、胡月平選編《民國期刊資料分類彙編・敦煌學研究》第 2 册,2009 年,684—787 頁]。蔡淵迪推斷《伯目》2001—3511 號成稿時間上限爲 1912 年(蔡淵迪《伯編敦煌文獻目録羅譯本考》,高田時雄主編《敦煌寫本研究年報》第 6 號,2012 年,277 頁)。本文認爲《伯目》編目時間上限可據張元濟訪法經歷及信件推斷爲 1910 年。張元濟 1910 年至 1911 年環球旅行期間,曾於 1910 年 10 月 26 日參觀法國國家圖書館伯希和收集品,張元濟曾在此期間見到《伯目》,證明 1910 年 10 月 26 日之前伯希和已編有目録。兹將材料列於此,不贅述,詳見鄙人博士論文《敦煌詩歌寫本群研究》附録 5《伯希和法藏敦煌漢文寫本目録編目時間考》(中國科學院大學博士論文,2023 年,215 頁)。張元濟返回上海後,汪康年托人詢問他是否抄録了目録,張元濟於 1911 年 3 月 23 日 (轉下頁)

1934)〔1〕、胡適(1891—1962)〔2〕、矢吹慶輝(1879—1936)〔3〕、向達(1900—1966)〔4〕、入矢義高(1910—1976)〔5〕、王重民(1903—1975)〔6〕、劉銘恕(1911—2000)〔7〕、金岡照光(1930—1992)〔8〕、松尾良樹〔9〕、遊佐昇〔10〕、戴密微(P. Demiéville, 1894－1979)〔11〕、張錫厚(1937—2005)、朱鳳玉、項楚等學者的百年接力〔12〕,釐清了約390首王梵志詩的詩歌體系、30餘件王梵志詩寫本的抄寫情況,逐漸揭開王梵志其人、其詩

(接上頁)給汪康年寫信中説:"仲兄又傳諭,問弟去年在巴黎看伯利和所得敦煌古書,曾否抄得目録,彼時本欲録存,無如法國國家十分鄭重,不許常人觀覽,弟由公使館介紹特别許可,且由伯君伴往,跬步不離,重房密屋,光綫甚乏,而伯君又匆匆欲行,故祇能略觀大概。而弟亦以行期太迫,不能再往。"(張樹年、張人鳳編《張元濟書札(增訂本)》中編,北京:商務印書館,1997年,657頁)。

〔1〕 劉復《敦煌掇瑣》最早對兩件王梵志詩寫本P.2718、P.3266進行校録。關於《敦煌掇瑣》出版時間,學界尚存争議。本文據劉復前言落款"民國十四年(1925)六月二十九日劉復寫于馬賽"及蔡元培書序落款"中華民國十四年十月四日",以1925年出版説爲是(《敦煌掇瑣》見黄永武主編《敦煌叢刊初集》15,臺北:新文豐出版公司,1983年)。其他觀點參宋翔《〈敦煌掇瑣〉出版史事考辯》,《敦煌研究》2019年第3期,131—136頁。

〔2〕 胡適曾於巴黎調查P.2718、P.2842、P.2914、P.2125、S.516五件王梵志詩寫本,參見胡適著,曹伯言整理《胡適全集》第三十卷《日記(1923—1927)》,合肥:安徽教育出版社,2003年;胡適《白話詩人王梵志》,《現代評論》第6卷第156期,1927年;胡適《唐初的白話詩》,《白話文學史》,上海:新月書店,1928年。

〔3〕 矢吹慶輝校輯S.788,見《大正新脩大藏經》第85卷2863號,1932年,1323—1324頁。

〔4〕 向達倫敦調查敦煌寫本時,補充了S.2710、S.3393、S.5441、S.5474、S.5796五種王梵志詩寫本,見向達《記倫敦所藏的敦煌俗文學》,《新中華雜誌》第5卷第13號,1937年,123—128頁;向達《倫敦所藏敦煌卷子經眼目録》,《圖書季刊》1939年第4期。兩種書目後收入向達《唐代長安與西域文明》,北京:商務印書館,2017年。

〔5〕 入矢義高對王梵志詩寫本有校釋,參見入矢義高《王梵志について》(上),《中國文學報》第3册,1955年,50—60頁;入矢義高《王梵志について》(下),《中國文學報》第3册,1955年,19—56頁;入矢義高《王梵志詩集考》,《神田博士遠曆記念書誌學論集》,東京:平凡社,1957年。

〔6〕 王重民《伯希和劫經録》新發現P.3021(P.3876)、P.3211、P.3558、P.3656、P.3716、P.3833六件王梵志詩寫本,此外題P.3418、P.3724"白話詩",見《敦煌遺書總目索引》,北京:商務印書館,1962年,277、282、289、292、293、296、287、293頁。

〔7〕 劉銘恕《斯坦因劫經録》新發現S.1399、S.4669、S.5641、S.5794四件王梵志詩寫本,題S.4277、S.6032爲"禪詩",見《敦煌遺書總目索引》,136、206、225、229、197、234頁。

〔8〕 金岡照光新增P.4277、S.6032、P.2607三件王梵志寫本,見金岡照光《敦煌出土漢文文獻目録附解説・文學》,東京:東洋文庫,1971年,114、116頁。

〔9〕 松尾良樹新增日本奈良寧樂美術館藏王梵志詩寫本,見松尾良樹《王梵志詩歌韻譜》,《均社論叢:小川環樹先生古稀記念號》第10卷,1981年10月。

〔10〕 日本學者遊佐昇對王梵志詩一卷本的考釋參見遊佐昇《〈王梵志詩〉のつ兩側面》,《大正大學研究院學報》第2卷,1978年2月,129—138頁;《〈王梵志詩集〉一卷について》(1),《東洋大學大學院》第17卷,1980年12月;遊佐昇《〈王梵志詩集〉一卷について》(2),《東洋大學大學院》第18卷,1982年2月。

〔11〕 戴密微《王梵志詩與太公家教》對22件敦煌王梵志詩寫本進行了校録,見P. Demiéville. *L'Oeuvre de Wang le Zélateur (Wang Fan-tche), suivie des Instructions domestiques de l'Aïeul (T'ai-kong kia-kiao)*: Poèmes populaires des T'ang (VIIIe-Xe siècles, édités traduits et commentés après des manuscrits de Touen-houang).戴密微《王梵志詩與太公家教》,《高等中國研究所叢書》第26卷,1982年。

〔12〕 學者姓名按學者王梵志詩寫本研究相關論著刊佈時間排序。

的神秘面紗。王梵志的出生及其人是否存在,學界衆訴紛紜[1],本文從項楚説,認爲王梵志是出生於隋朝、名成於初唐的民間有名的詩僧。敦煌所見王梵志詩,並非一人一時完成,而是在數百年間,由許多無名白話詩人陸續寫就。敦煌所見王梵志詩寫本可分爲四個系統:三卷本(或上中下、一二三)、一卷本、散見的王梵志詩、法忍抄本。

張錫厚是大陸第一位系統整理王梵志詩的學者[2],其書《王梵志詩校輯》收録寫本29件[3]。該書問世後,激發了潘重規、項楚、松尾良樹等學者對王梵志詩的校補工作[4],掀起研究熱潮。《王梵志詩校輯》雖有錯漏,但其編纂思想、校録體例對後來的同類著作産生了深遠影響[5]。臺灣學者朱鳳玉與張錫厚同時關注王梵志詩寫本,其書《王梵志詩研究》比《王梵志詩校輯》多收4件俄藏寫本:L.1487(Дx.889)、L.2871(Дx.2558)、L.1488(Дx.890+Дx.891)、L.2852(Дx.2139)[6],對每件寫本皆有詳細敘録[7]。此外她還綴合了S.4277與L.1456(Φ.256+Дx.485+Дx.1349)[8],證明兩個殘卷原來屬

〔1〕 學界對王梵志身份有十餘種説法,詳見項楚《敦煌詩歌導論》,北京:中華書局,2019年,229—232頁;伏俊璉等《敦煌文學總論》,上海古籍出版社,2019年,8頁。

〔2〕 從1980年開始,張錫厚陸續發表多篇王梵志研究論文,其書《王梵志詩研究匯録》(上海古籍出版社,1990年),集中收録了1990年之前的王梵志詩研究相關論著。張先生曾説,他重新了整理30多種王梵志詩寫本,準備重行校理出《王梵志集》七卷,收王梵志詩386首,該遺稿暫未付梓(張錫厚《敦煌文學源流(修訂版)》,北京:作家出版社,2001年,24頁)。

〔3〕 王梵志撰,張錫厚校輯《王梵志詩校輯》,北京:中華書局,1983年。收録的29件王梵志詩寫本分別爲:L.1456、P.2125、P.2607、P.2718、P.2842、P.2914、P.3021、P.3211、P.3266、P.3418、P.3558、P.3656、P.3716、P.3724、P.3833、P.4094、S.0516、S.0778、S.1399、S.2710、S.3393、S.4277、S.4669、S.5441、S.5474、S.5641、S.5794、S.5796、S.6032。

〔4〕 潘重規《簡論〈王梵志詩校輯〉》,《中央日報》1984年8月16日;《明報》第19卷第9期,1984年9月,34—36頁;潘重規《王梵志詩校輯讀後記》,《敦煌學》第9輯,1985年,15—38頁;松尾良樹《書評:張錫厚校輯〈王梵志詩校輯〉》,《中國文學報》第36册,1985年,10—120頁;項楚《〈王梵志詩校輯〉匡補》,《中華文史論叢》1985年第1輯,29—70頁;蔣紹愚《〈王梵志詩校輯〉商榷》,《北京大學學報》1985年第5期,18—30頁;袁賓《〈王梵志詩校輯〉校釋補正》,《甘肅社會科學》1985年第6期,89—95頁。

〔5〕 該書體例後被項楚校注《王梵志詩校注》沿用。本文還注意到日本學者辰巳正明於2015年出版《王梵志詩集注釈:敦煌出土の仏教詩を読む》(東京:笠間書院),此書亦參考張錫厚《王梵志詩校輯》、項楚《王梵志詩校注》兩部著作體例,分七卷對王梵志詩進行校釋。

〔6〕 朱鳳玉《王梵志詩研究》,臺北:學生書局,1983年。

〔7〕 朱鳳玉《敦煌寫卷王梵志詩敘録》,《木鐸》1984年第10期,281—316頁,又見《林景伊先生逝世周年紀念論文集》,1984年6月;後收入鄭阿財、鄭炳林主編《港臺敦煌學文庫》第13册,蘭州:甘肅教育出版社,2019年;朱鳳玉《敦煌寫卷S4277號殘卷校釋》,《敦煌學》第12輯,1987年,127—136頁。

〔8〕 S.4277與L.1456綴合前,劉銘恕《斯坦因劫經録》將S.4277著録爲"禪詩",認爲"體似梵體",見《敦煌遺書總目索引》,197頁。1971年,金岡照光最早將S.4277定名爲"王梵志詩"(金岡照光《敦煌出土漢文文獻目録附解説·文學》,114頁)。但由於S.4277無明確題記,且S.4277内容不同於三卷本、一卷本王梵志詩,張錫厚、朱鳳玉、項楚等學者都對此件是否爲王梵志詩存疑。朱鳳玉通過陳慶浩寄來的"法忍抄本殘卷王梵志詩"初校 (轉下頁)

於同一個法忍抄本，使之前人們所知的王梵志詩增加60多首。項楚是王梵志詩整理與研究的集大成者，其書《王梵志詩校注》是目前收詩最全、校勘最精的校録著作。該書於1991年出版，在戴仁、張錫厚的基礎上，吸收了朱鳳玉的綴合成果，增加法忍抄本校録[1]。增訂本（2010）與修訂本（2019）皆收録35件寫本[2]，在原書基礎上增補Дx.889+Дx.2558、Дx.890+Дx.891、Дx.4754、Дx.10736、Дx.11197、日本奈良寧樂美術館本6件寫本。

近年來，陳慶浩[3]、朱鳳玉[4]、邵鬱[5]、齊文榜[6]等學者對王梵志詩研究進行了學術史回顧。張新朋[7]、楊明璋[8]、田衛衛[9]等學者對寫本編號有新補充。李思家、牛霞的碩士論文分别討論了三卷本、一卷本[10]。本文發現包括《王梵志詩校注（修訂本）》在内的校録整理類論著所收寫本數量或可增補，目前尚無一個最新、最全的王梵志詩寫本編號詳表[11]。本文在前人研究基礎上，重新梳理了Дx.10740+……綴合順

（接上頁）稿發現S.4277可與L.1456法忍本綴合，證實了其確爲王梵志詩，是王梵志詩學術史最驚喜的發現。而在《俄藏》公佈的黑白圖版中，L.1456的新編號爲Φ.256，已與Дx.485、Дx.1349綴合，所以S.4277、L.1456這兩件寫本綴合後的最新編號爲S.4277+Φ.256+Дx.485+Дx.1349。參見陳慶浩《法忍抄本殘卷王梵志詩初校》，《敦煌學》第12輯，1987年，83—97頁；朱鳳玉《敦煌寫卷S.4288號殘卷校釋・後記》，《敦煌學》第12輯，132—133頁；張錫厚《整理〈王梵志詩集〉的新收穫——敦煌寫本L1456與S4277的重新綴合》，《敦煌學輯刊》1987年第2期，31—44頁；《俄藏敦煌文獻》第5册，上海古籍出版社，1994年，13—22頁。

〔1〕王梵志著，項楚校注《王梵志詩校注》，上海古籍出版社，1991年。

〔2〕王梵志著，項楚校注《王梵志詩校注（增訂本）》，上海古籍出版社，2010年；《王梵志詩校注（修訂本）》，《項楚學術文集》，北京：中華書局，2019年。

〔3〕陳慶浩《王梵志詩研究》，《中國文哲研究通訊》第2卷第2期，1992年，1—6頁。

〔4〕陳慶浩、朱鳳玉《王梵志詩之整理與研究》，項楚、鄭阿財主編《新世紀敦煌學論集》，成都：巴蜀書社，2003年，156—167頁。

〔5〕邵鬱《近三十年來敦煌王梵志詩研究動態》，《高等函授學報》2009年第2期，39—41頁。

〔6〕齊文榜《百年爬梳，百年開掘——〈王梵志詩集〉散佚整理與輯集研究回眸》，《漢語言文學研究》2010年第2期，57—63頁。

〔7〕張新朋將Дx.4754與Дx.890+Дx.891綴合，發現Дx.4935、Дx.10736、Дx.10740p14殘片爲一卷本王梵志詩；發現Дx.11197爲三卷本王梵志詩寫本，可以與S.5796遥綴，見氏撰《敦煌本〈王梵志詩〉殘片考辨五則》，《敦煌學輯刊》2009年第4期，62—64頁。

〔8〕楊明璋發現P.3826卷背抄有三卷本王梵志詩一首，見氏撰《關於敦煌詩的幾則新發現》，原載臺灣《清華學報》2008年第1期，158—175頁，收入鄭炳林、鄭阿財主編《港臺敦煌學文庫》第55册，蘭州：甘肅人民出版社，2016年，184頁。

〔9〕田衛衛《敦煌寫本北宋〈重修開元寺行廊功德碑並序〉習書考》，《文史》2016年第1輯，117—133頁。

〔10〕李思家《敦煌三卷本〈王梵志詩集〉研究》，貴州大學碩士論文，2021年；牛霞《〈一卷本王梵志詩〉研究》，西華師範大學碩士論文，2020年，17—25頁。

〔11〕項楚校注《王梵志詩校注（修訂本）》可增補P.3826、Дx.2139、Дx.4935、Дx.10740、羽30R五件王梵志詩集寫本以及P.3717、津藝304V兩件《歷代法寶記》引王梵志詩寫本。

序[1]、新綴合 Дx.10736+Дx.4935、S.4669+S.5794 兩件王梵志詩寫本。最終釐定王梵志詩寫本 36 件，其中三卷本 14 件、一卷本 16 件、散見 5 件，另有 1 件法忍抄本。詳見表 1：

表 1　敦煌 36 件王梵志詩寫本編號一覽表

詩歌系統	數量/件	寫　本　編　號
三卷本	14	卷上：S.778、S.5796+Дx.11197、S.5474、S.1399； 卷中：P.3211、P.3826、S.5441+S.5641； 卷下：P.2914、P.3833、Дx.889+Дx.2558[2]； 別卷：P.3418、P.3724、S.6032、Дx.2139。
一卷本	16	P.2607、P.2718、P.2842、P.3266、P.3558、P.3656、P.3716、P.4094、S.2710(前缺)、S.3393、S.4669+S.5794、Дx.4754+Дx.890+Дx.891[3]、Дx.10736…Дx.4935、Дx.10740+……、日本奈良寧樂美術館藏本、羽30R[4]
散見	5	S.516、P.2125、P.3717、津藝 304V[5]、P.3876bis[6]
法忍抄本	1	S.4277+Φ.256+Дx.00485+Дx.01349

二　三件王梵志詩寫本綴合考述

本文考察王梵志詩寫本時，推斷出 Дx.10740+…正背面内容綴合順序。新綴合 Дx.10736+Дx.04935、S.4669+S.5794 兩件王梵志詩寫本，兹分述如下。

---

〔1〕 Дx.10740 綴合編號較長，爲行文簡便，本文將此綴合寫本編號簡稱作 Дx.10740+…，後文詳述。

〔2〕 Дx.889(L.1487)，Дx.2558(L.2871)。

〔3〕 Дx.890+Дx.891(合用一個孟列夫編號 L.1488)。

〔4〕 羽 30R 即"散 219"。

〔5〕 前四件：S.516、P.2125、P.3717、津藝 304V 寫本爲《歷代法寶記》引王梵志詩寫本。引詩内容爲"慧心近空心，非關髑髏孔。對面説不識，饒你母姓董"。敦煌所見《歷代法寶記》另有 8 件：P.3727、S.5916、S.11014、Φ.261(M.1514)、Ch.3934r、石井光雄積翠軒文本、S.1611+S.1776、津藝 103+津圖 44，但這 8 件寫本皆有不同程度的殘損，抄寫内容不完整，未見王梵志引詩，故此表未列。《歷代法寶記》相關研究可參考榮新江《有關敦煌本〈歷代法寶記〉的新資料——積翠軒文庫舊藏"略出本"校録》，《戒幢佛學》第 2 卷，長沙：岳麓書社，2002 年，94—105 頁；張子開《敦煌寫本〈歷代法寶記〉研究述評》，《中古史研究動態》2000 年第 2 期，11—19 頁。

〔6〕 P.3876bis 原編號爲 P.3021。

（一）Дx.10740+……寫本綴合順序考察

敦煌 Дx.10740 寫本由 14 件殘片組成[1]。該寫本雖由碎片组成,但由於抄寫内容豐富,歷來受到學者重視。Дx.10740 正面内容爲《開蒙要訓》《王梵志詩》《秦婦吟》《秦將賦》及佛教典籍《大乘百法明門論開宗義決》。背面習字内容爲宋建隆年間的《重修開元寺行廊功德碑并序》(簡稱《行廊碑》)。

Дx.10740 各殘片内容的考訂及綴合工作由潘重規、徐俊、張新朋、田衛衛四位學者完成。1983 年,潘重規首先發現吴其昱從莫斯科抄回的 Дx.10740 pièce 6 所抄内容爲《秦婦吟》,並對其進行了校勘整理[2]。隨着俄藏敦煌文獻圖版陸續公佈,徐俊發現 Дx.4758 殘片亦爲《秦婦吟》殘片[3],隨後在潘重規基礎上又比定出 Дx.10740 另外 4 件《秦婦吟》殘片,並將 Дx.4568 和 Дx.10740 中的 5 件《秦婦吟》殘片進行了綴合[4]。

2008 年,張新朋發現 Дx.10740p1[5]、Дx. 10740p13 是《開蒙要訓》殘片[6]。2009 年,又發現 Дx.10740p14 是《王梵志詩》殘片[7]。2011 年,張新朋《敦煌詩賦殘片拾遺》一文中比定出 Дx.10740p11 是《秦婦吟》殘片,在徐俊的基礎上,他對發現的 Дx.10740 號的 6 件《秦婦吟》殘片進行了綴合[8]。同文考釋出 Дx.10740p12 爲《秦將賦》殘片,Дx.10740p2、Дx.5174、Дx.5565 是《晏子賦》殘片[9],並將這三件殘片與俄藏《晏子賦》殘片 Дx.925 綴合[10]。2014 年,田衛衛考訂 Дx.10740p3、Дx.10740p4 兩件殘片抄寫内容爲曇曠《大乘百法明門開宗義決》,而 Дx.10740p5 抄寫玄奘《瑜伽師地論》,考訂出寫本背面的習字内容是《行廊碑》[11]。2016 年,田衛衛《敦煌寫本北宋〈重修開元寺行廊功德碑并序〉習書考》一文,又新綴合一件《秦婦吟》殘片 Дx.11240。並更正了將此前

---

[1] 黑白圖版見《俄藏敦煌文獻》第 15 册,上海古籍出版社,2000 年,22—26 頁。

[2] 潘重規《敦煌寫本〈秦婦吟〉新書》,《敦煌學》第 8 輯,1984 年,1—73 頁。

[3] 徐俊纂輯《敦煌詩集殘卷輯考》,北京: 中華書局,2000 年,252 頁。

[4] 徐俊《敦煌寫本詩歌續考》,《敦煌研究》2002 年第 2 期,65—72 頁。徐俊拼接順序爲"Дx.4568(右)+Дx.10740(4-3,中)+Дx.10740(4-3,右)+Дx.10740(4-3,左)+Дx.10740(4-2,左)+Дx.10740(4-2,右)",其中 Дx.10740 碎片編號以《俄藏》書中四部分黑白圖版的劃分爲序,對應如今新梳理的碎片編號,徐俊綴合的碎片編號應當爲 Дx.10740p6、Дx.10740p7、Дx.10740p8、Дx.10740p9、Дx.10740p10。

[5] 其中"p"爲碎片 pièce 單詞之簡寫,下同。

[6] 張新朋《敦煌寫本〈開蒙要訓〉敘録續補》,《敦煌研究》2008 年第 1 期,100 頁。

[7] 張新朋《敦煌本〈王梵志詩〉殘片考辨五則》,《敦煌學輯刊》2009 年第 4 期,63 頁。

[8] 張新朋《敦煌詩賦殘片拾遺》,《敦煌研究》2011 年第 5 期,78 頁。

[9] 張新朋《敦煌詩賦殘片拾遺》,79—81 頁。

[10] 孟列夫主編,袁席箴、陳華平翻譯《俄藏敦煌漢文寫卷敘録》上册,上海古籍出版社,1999 年,593 頁。

[11] 田衛衛《從中原到敦煌——韋莊〈秦婦吟〉研究》,北京大學碩士論文,2014 年,24 頁。

Дx.10740p5 抄寫玄奘《瑜伽師地論》之説，新定 Дx.10740p5 與 Дx.10740p3、Дx.10740p4 兩件殘片抄寫内容皆爲曇曠《大乘百法明門開宗義決》。此外，她還發現《大乘百法明門開宗義決》另外兩件可綴合的殘片：Дx.08852、Дx.02487。

綜上所述，Дx.10740 的 14 件碎片吸收了 Дx.5565、Дx.5174、Дx.925、Дx.4758、Дx.8852、Дx.2487、Дx.11240 這 8 件殘片後，Дx.10740 碎片群共有 22 件殘片，這些殘片按正面内容可分成六部分。田衛衛在分析這六種内容抄寫順序時存有疑慮，初步推斷正面内容的抄寫順序爲：《晏子賦》《秦婦吟》《秦將賦》《大乘百法明門論開宗義決》《王梵志詩》《開蒙要訓》[1]。本文考察寫本字跡、正背面抄寫内容關係後，推斷六種内容的抄寫順序依次爲：

（1）《大乘百法明門論開宗義決》殘片：Дx.2487…Дx.10740p3…Дx.8852…Дx.10740p5…Дx.10740p4[2]

（2）《秦婦吟》殘片：Дx.4758…Дx.10740p（6－11）+Дx.11240

（3）《秦將賦》殘片：Дx.10740p12

（4）《晏子賦》殘片：Дx.925…Дx.05174+Дx.10740p2+Дx.5565

（5）《王梵志詩》殘片：Дx.10740p14

（6）《開蒙要訓》殘片：Дx.10740p1…Дx.10740p13

這六部分内容的綴合順序可以由背面的《重修開元寺行廊功德碑并序》習字内容來推斷。其中《開蒙要訓》《王梵志詩》殘片背面爲碑文内容的任意詞彙、文字的摘抄，是斷續的習字。可初步推斷《開蒙要訓》《王梵志詩》應當與其他四種内容應該是相對獨立的，其餘四種内容背面皆爲同字單行習書，抄寫順序應當相鄰（圖 1）。

第一，關於《開蒙要訓》《王梵志詩》二者的抄寫順序。從抄寫特徵來看，二者抄寫字跡及行款一致，皆有烏絲欄，《王梵志詩》殘片 Дx.10740p14V 尾有餘白。從這些特徵可以判斷《開蒙要訓》殘片背面習字内容應當在前，《王梵志詩》殘片背面習字内容在後（圖 2）。第二，其餘四種内容的抄寫順序。根據單行習字在原碑内容中的分佈規律，可以比較明確地推斷出《晏子賦》《秦將賦》《秦婦吟》三種内容的抄寫順序（圖 3）。而《大乘百法明門論開宗義決》殘片卷背習字與《晏子賦》《秦將賦》卷背習字内容重出，無法從習字内容來推斷順序，但它是與《晏子賦》《秦將賦》《秦婦吟》相鄰的。

〔1〕 田衛衛《敦煌寫本北宋〈重修開元寺行廊功德碑並序〉習書考》，《文史》2016 年第 1 輯，117—133 頁。

〔2〕 其中“…”鏈接符號表示寫本僅可遥綴，不可完全拼接。

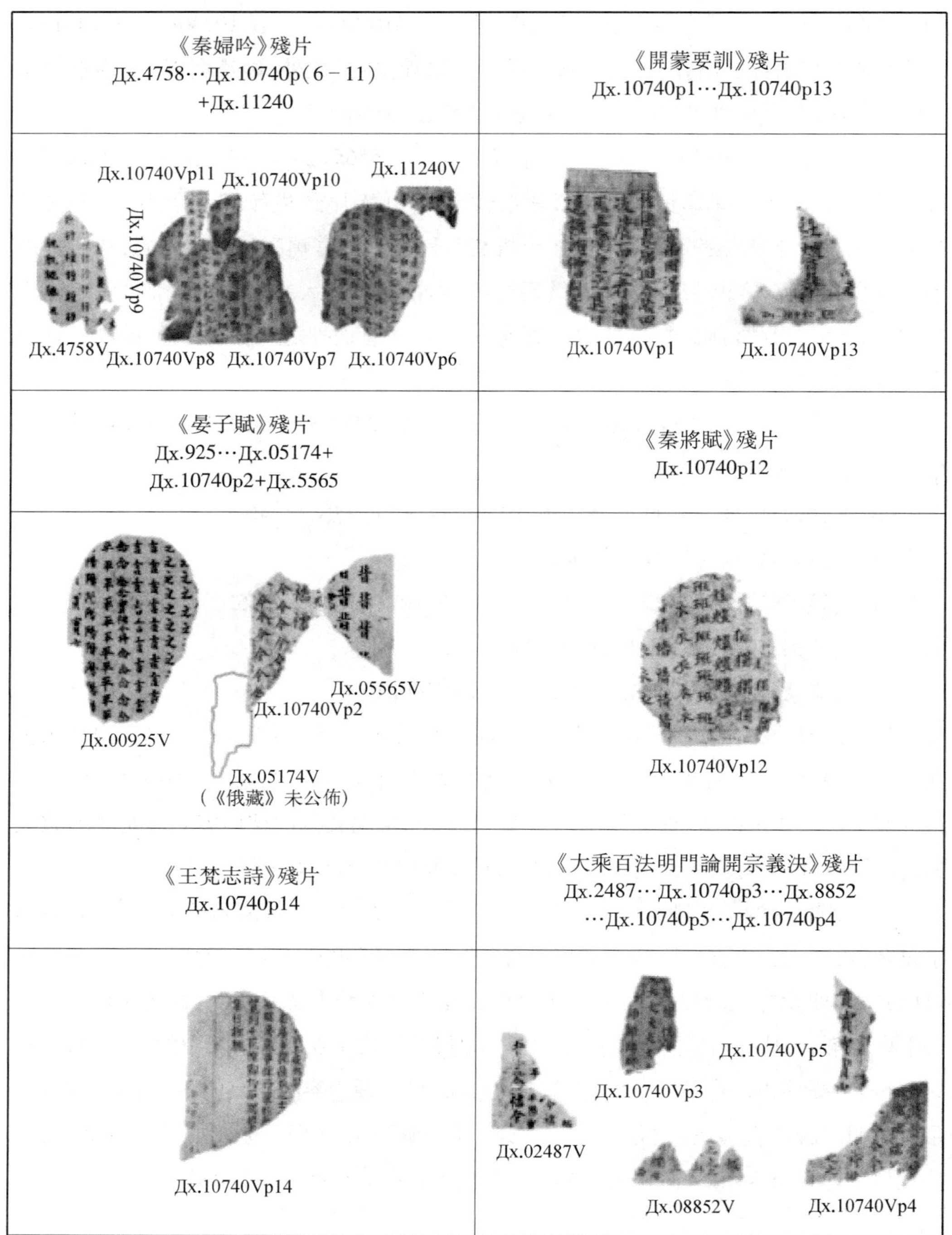

圖1　Дх.10740六種内容背面習字簡圖

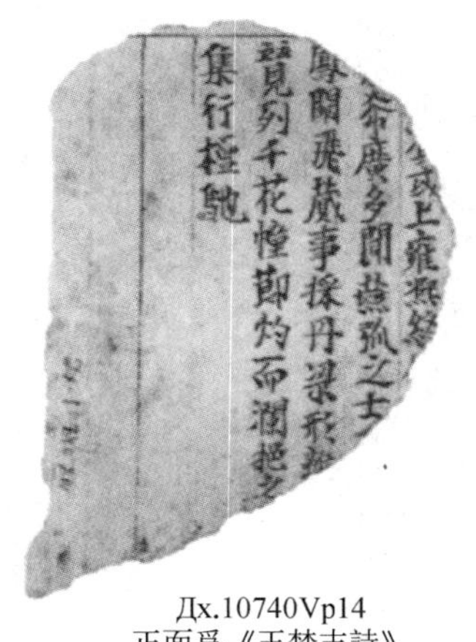

Дx.10740Vp14
正面爲《王梵志詩》

Дx.10740Vp1
正面爲《開蒙要訓》

Дx.10740Vp13
正面爲《閞蒙要訓》

圖 2　Дx.10740《開蒙要訓》《王梵志詩》殘片背面習字内容順序

本文目前已將上述六種内容順序組合爲《開蒙要訓》《王梵志詩》;《晏子賦》《秦將賦》《秦婦吟》;《大乘百法明門論開宗義決》三部分。接下來需進一步對此三部分内容進行排序,可從以下兩條綫索進行判斷。

其一,敦煌藏經洞所見寫本中,佛教典籍與世俗内容抄寫規律有别,世俗内容應當相鄰。據學者研究,敦煌藏經洞是道真匯聚修復材料的故經處,敦煌藏經洞出土的許多世俗文書材料是作爲修復配補佛教經卷的紙張材料而匯聚入藏[1]。就目前所見抄有文學作品的寫本内容來看,佛經内容與世俗内容合抄情況極少。另有一件王梵志詩寫本 P.3716 與此件寫本抄寫内容類似,此件正面抄《瑜伽師地手論》卷卅一、卅二。背面内容依次爲《新集書儀一卷》、題記"天成五年(930)庚寅歲五月十五日敦煌伎術院禮生張儒通",其後抄《王梵志詩》《晏子賦》《醜婦賦》《百鳥鳴》四種文學作品。因此Дx.10740 中的《開蒙要訓》《王梵志詩》與《晏子賦》《秦將賦》《秦婦吟》這五種世俗文書應該相鄰。

其二,《大乘百法明門論開宗義決》抄寫字跡與五種世俗内容字跡有别。《大乘百法明門論開宗義決》5 件殘片筆跡一致,《開蒙要訓》《王梵志詩》《晏子賦》《秦將賦》《秦婦吟》五部分世俗内容筆跡一致。

綜合上述綫索,(A)《開蒙要訓》《王梵志詩》、(B)《晏子賦》《秦將賦》《秦婦吟》、

〔1〕 參見張涌泉、羅慕君、朱若溪《敦煌藏經洞之謎發覆》,《中國社會科學》2021 年第 3 期,180—203 頁。

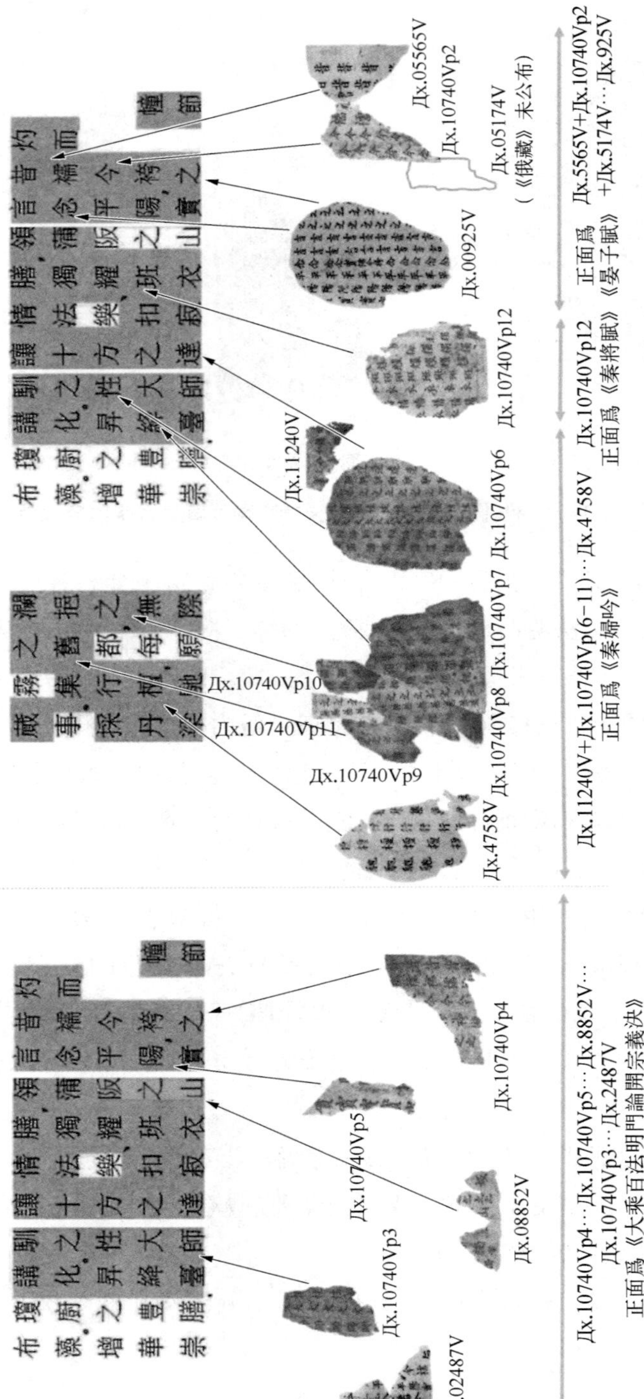

圖 3　四種內容卷背的單行習字順序

(C)《大乘百法明門論開宗義決》三部分,目前得到的條件有,A 和 B 相鄰,B 和 C 相鄰,C 的筆跡及抄寫内容與 AB 不一致。因此 Дх.10740+……依正面抄寫内容爲序,依次爲《大乘百法明門論開宗義決》《秦婦吟》《秦將賦》《晏子賦》《王梵志詩》《開蒙要訓》(圖 4),綴合後的編號爲:Дх. 2487 … Дх. 10740p3 … Дх.8852… Дх. 10740p5 … Дх.10740p4… Дх. 4758 … Дх. 10740p(6 - 11)+ Дх. 11240 … Дх.10740p12… Дх. 925 … Дх.5174…Дх.10740p2+Дх.5565…Дх.10740p14…Дх.10740p1…Дх.10740p13。

(二)王梵志詩寫本 Дх.10736…Дх.4935、S.4669+S.5794 綴合考述

前文已揭張新朋《敦煌本〈王梵志詩〉殘片考辨五則》一文新發現 Дх. 4935、Дх.10736 殘片爲一卷本王梵志詩内容[1],但未指出兩件殘片之關係。本文發現 Дх.10736 與 Дх.04935 爲同一寫本,抄寫内容正好相接(圖 5、6)。另外,這兩件殘片字跡與 Дх.10740 p14 王梵志詩殘片以及 Дх.10740 其他世俗文獻抄寫行款、字跡相似(圖 7),疑可與 Дх. 10740p14 遥綴。復原後,Дх. 10736 + Дх. 4935 單行 18—21 字,Дх.10740p14 單行 21—23 字,二者單行文字疏密略有不同。由於《俄藏》Дх. 10736、Дх.04935 背面圖版未公佈,證據不足,暫不與 Дх.10740 p14 相綴(圖 8)。綴合後殘存王梵志詩 13 行,内容爲一卷本王梵志詩集 161 至 173 首殘句。

S.4669+S.5794 綴合考述。S.4669 與 S.5794 最早由劉銘恕《斯坦因劫經録》著録,之後的研究者一直將此兩件寫本作爲兩件獨立的王梵志詩寫本進行研究。本文發現兩件寫本可以完全拼接。綴合圖見圖 9。

本文從寫本學角度入手,梳理了敦煌 36 件王梵志詩寫本的發現始末。對情況較複雜的 Дх. 10740 寫本綴合順序進行了詳細考察,並新綴合 Дх. 10736 … Дх. 4935、S.4669+S.5794兩件寫本,對敦煌王梵志詩寫本的整理與研究及敦煌文學文獻目録的編纂具有一定借鑒意義。

(作者單位:復旦大學中華古籍保護研究院)

〔1〕 張新朋《敦煌本〈王梵志詩〉殘片考辨五則》,62—64 頁。

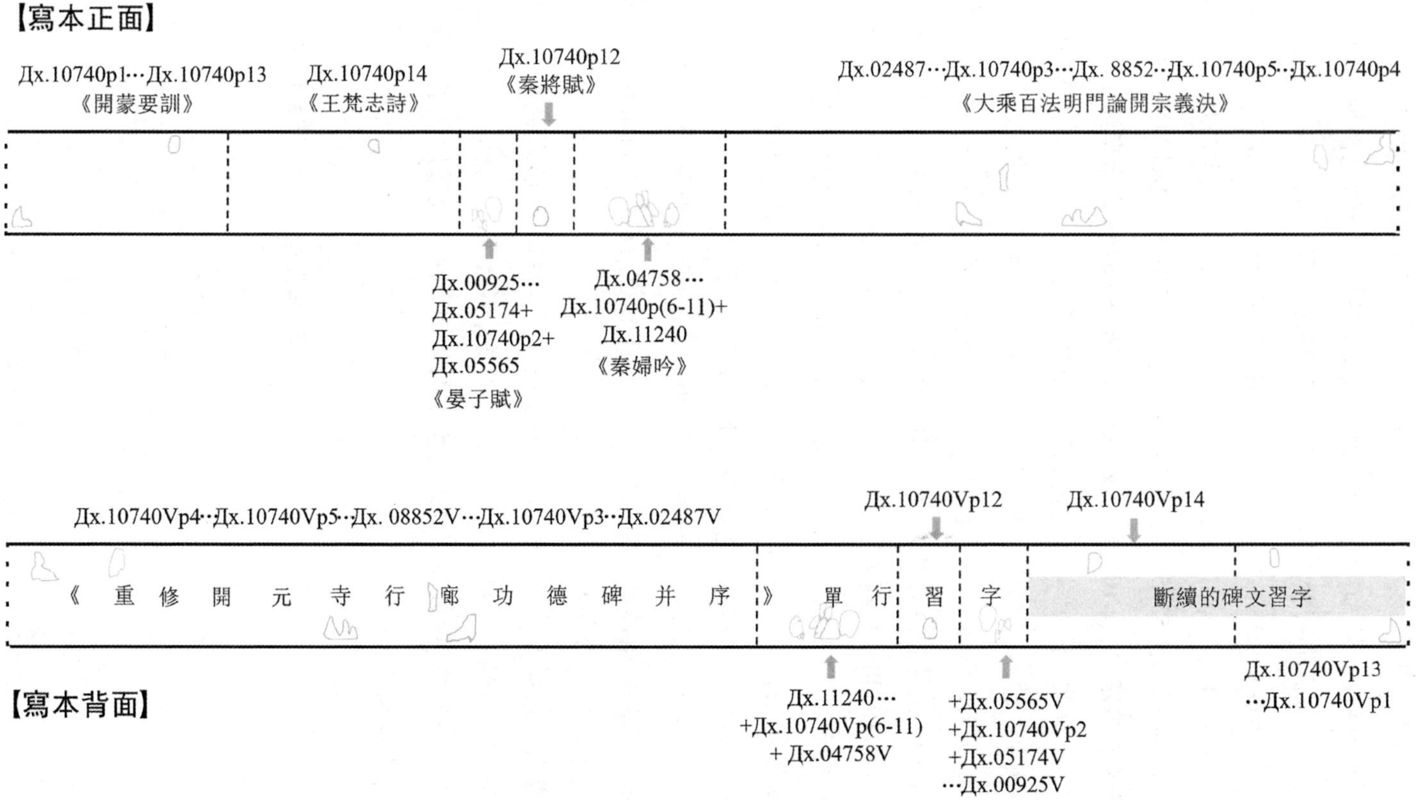

【寫本正面】

Дx.10740p1…Дx.10740p13
《開蒙要訓》

Дx.10740p14
《王梵志詩》

Дx.10740p12
《秦將賦》

Дx.02487…Дx.10740p3…Дx. 8852…Дx.10740p5…Дx.10740p4
《大乘百法明門論開宗義決》

Дx.00925…
Дx.05174+
Дx.10740p2+
Дx.05565
《晏子賦》

Дx.04758…
Дx.10740p(6-11)+
Дx.11240
《秦婦吟》

Дx.10740Vp4…Дx.10740Vp5…Дx. 08852V…Дx.10740Vp3…Дx.02487V

Дx.10740Vp12

Дx.10740Vp14

《重修開元寺行廊功德碑并序》 單行 習 字 斷續的碑文習字

【寫本背面】

Дx.11240…
+Дx.10740Vp(6-11)
+ Дx.04758V

+Дx.05565V
+Дx.10740Vp2
+Дx.05174V
…Дx.00925V

Дx.10740Vp13
…Дx.10740Vp1

圖4 **Дx.10740+……正背面抄寫内容示意圖**

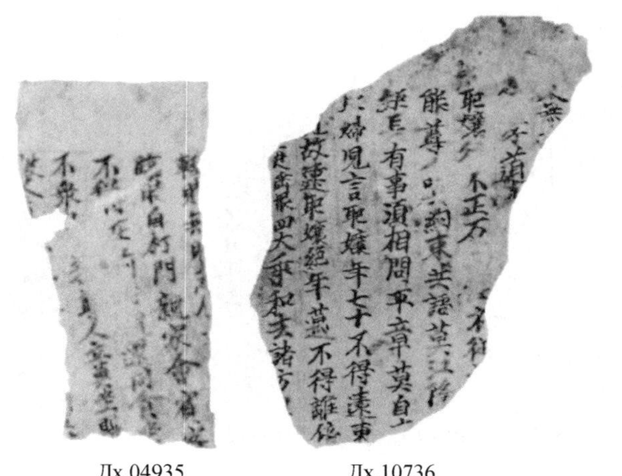

圖 5　Дх.10736+Дх.04935 綴合圖

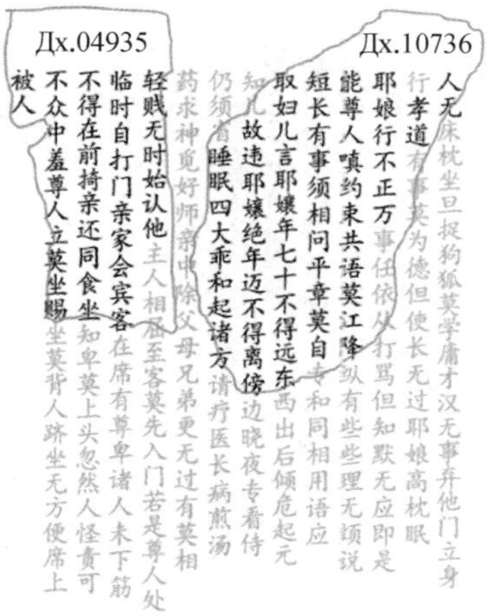

圖 6　Дх.10736+Дх.04935 抄寫内容復原圖

第一組字形對比

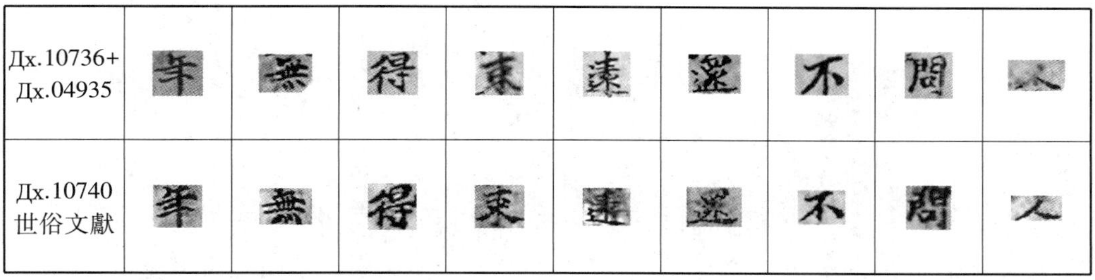

Дх.10736+Дх.04935	年	無	得	東	遠	遥	不	問	人
Дх.10740 世俗文獻	年	無	得	東	遠	遥	不	問	人

第二組字形對比

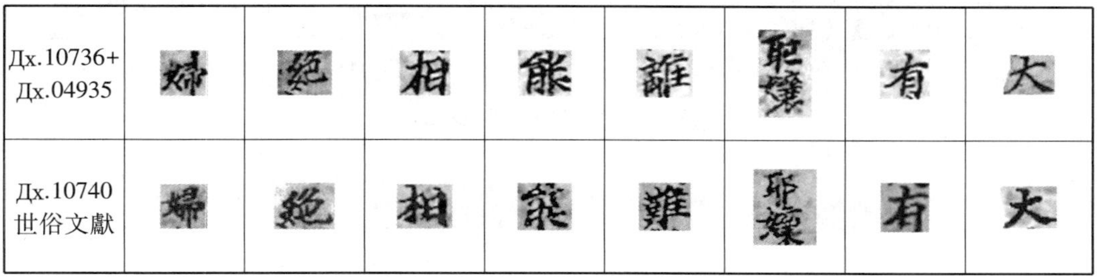

Дх.10736+Дх.04935	婦	絶	相	能	離	耶孃	有	大
Дх.10740 世俗文獻	婦	絶	相	能	離	耶孃	有	大

圖 7　Дх.10736+Дх.04935 與 Дх.10740 世俗文獻筆跡對比

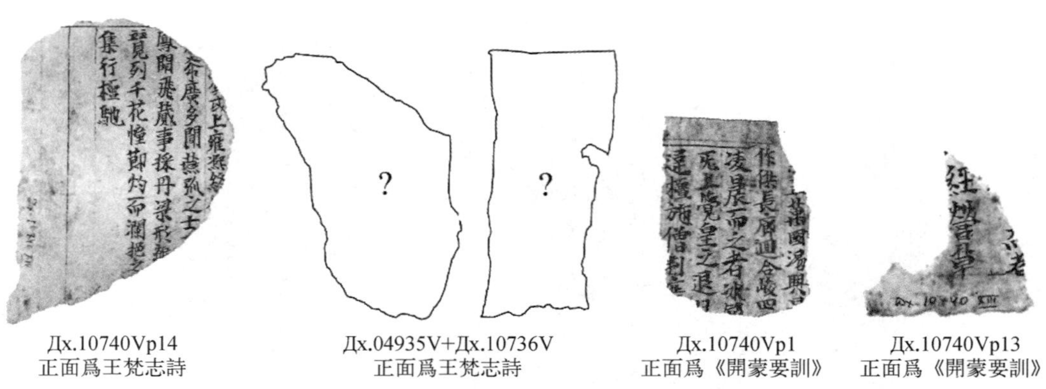

Дх.10740Vp14 正面爲王梵志詩

Дх.04935V+Дх.10736V 正面爲王梵志詩

Дх.10740Vp1 正面爲《開蒙要訓》

Дх.10740Vp13 正面爲《開蒙要訓》

圖 8　Дх.10736+Дх.04935 與 Дх.10740 卷背綴合圖(存疑)

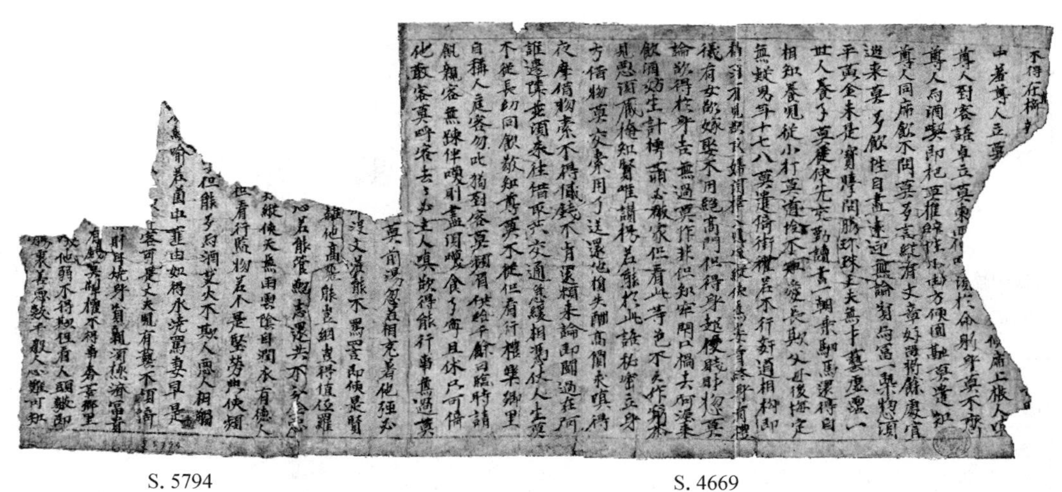

S. 5794　　S. 4669

圖 9　S.4669+S.5794 綴合圖

《敦煌吐魯番研究》第二十二卷
2023 年,285—319 頁

日本杏雨書屋藏敦煌遺書補綴

——兼論遺書真僞問題*

定　源

引　　言

1900 年,敦煌藏經洞在偶然的因緣下被發現,之後數年間斯坦因、伯希和等人聞訊而至,陸續取走洞中遺書。隨著敦煌遺書不斷向世界範圍内流散,其文物、文獻價值逐漸受到關注。在這一背景下,大約自 20 世紀 20 年代以後,有些遺書便成爲古玩,或作爲商品流入古物市場。其結果受經濟利益的驅動,僞造敦煌遺書便隨之出現。學術研究旨在去僞存真,我們既不能將研究建立在僞造的遺書上,也不能將真品誤作僞卷而剔出研究範圍。因此,敦煌遺書的真僞辨别自然成爲敦煌學研究领域不可回避的課題。

放眼世界,英藏、法藏、俄藏以及 1910 年入藏京師圖書館(即今中國國家圖書館)的敦煌遺書,屬於早期直接從敦煌藏經洞流出,其中混入僞卷的可能性較小。相比之下,其他散藏則不盡然。例如,日本散藏敦煌遺書,大部分是 20 世紀 20 年代以後通過各種渠道從中國傳入,由於來源複雜,其真僞問題長期成爲人們關注的焦點。尤其是大阪杏雨書屋藏敦煌遺書,其核心部分來自李盛鐸(1858—1937)舊藏,而李盛鐸又是僞造敦煌遺書頗受争議的人物,故其藏品的真實性廣受質疑[1]。20 世紀 80 年代,日本學者藤枝晃先生通過考察鈐在京都博物館藏敦煌遺書中的"德化李氏凡將閣珍藏""木齋審定"等印章,認爲李盛鐸舊藏大部分是贋品[2]。這一觀點在當時可謂石破天驚,

---

* 本文初稿以"杏雨書屋藏敦煌寫本の真僞判定——世界各地の所藏品との關連性に着目して"爲題,於 2022 年 3 月 19 日在京都國立博物館主辦的"敦煌寫本僞卷與絲綢之路研究現狀"國際學術研討會上(綫上會議)作過口頭發表,特此説明。此外,本文爲 2021 年度國家社科基金一般項目"日本古寫經所見中國古逸佛教文獻編目、整理與研究"(項目編號: 21BZJ006)的階段性成果。

〔1〕 相關研究可參見榮新江《李盛鐸藏卷的真與僞》,《敦煌學輯刊》1997 年第 2 期,1—18 頁。

〔2〕 藤枝晃《"德化李氏凡將閣珍藏"印について》,《京都國立博物館學叢》第 7 號,1985 年,153—173 頁。

引起不小反響,甚至有報道指出,日本散藏敦煌遺書 98%都是僞造的[1]。

敦煌遺書的真僞鑒别是一個十分複雜的問題,既需要考察原件,關注寫本的紙張、文字、題記、收藏印,也需要分析寫本内容及其遞藏路徑,如果條件允許,還應該進行化學分析。然而,對一般研究者而言,親自查閲敦煌遺書并非易事。如果在無法考察原件的情況下,我們認爲,除了利用圖版采取上述因素進行綜合分析之外,通過文獻綴合辨析其真僞,或許也是一種有效方法。

如所周知,敦煌遺書以殘篇斷簡居多,表明有些遺書在放入藏經洞之前就已首尾斷裂。除此之外,有些則是藏經洞被發現以後,在王道士、斯坦因、伯希和等人挑選攫取過程中,或被"劫餘"之後清政府下令運回北京途中無意間破損的。甚至在運抵北京之後,經過李盛鐸等人的監守自盜,最終爲了充當其數,而被人爲地撕裂。總而言之,導致敦煌遺書斷裂的原因有很多,無論何種情況,皆是文獻完整性及其價值的一種損失。這種現象顯然與僞造敦煌遺書的目的相違背。因爲僞造敦煌遺書是爲了謀取經濟利益,不可能主動將其撕破,而這一造僞行爲,基本發生在 20 世紀 20 年代以後,客觀上幾乎没有人爲致其斷裂的可能。因此,從這一層面看,將世界散藏敦煌遺書進行綴合整理,不僅是恢復文獻原貌的有效途徑,也能爲辨别遺書真僞提供一種佐證。换言之,敦煌遺書的綴合工作雖不能辨僞,但有助於證真。

本文主要考察杏雨書屋藏敦煌遺書的綴合情況,之所以選取這一對象,基於兩方面原因: 第一,如前所述,該特藏主體是李盛鐸舊藏,其遺書真僞向來頗受争議,對其進行綴合辨析具有特殊意義;第二,2015 年我申請獲得國家社科基金一般項目"杏雨書屋藏敦煌遺書編目與研究"(已結項),在逐號編目過程中,掌握了不少該特藏遺書的綴合數據,對於鑒别遺書真僞或有裨益。粗略而言,杏雨書屋藏敦煌遺書的綴合可以分爲兩類,第一類是該特藏内部之間的綴合;第二類是與其他散藏的綴合。從遺書辨僞的角度看,後者無疑更能説明問題。所以,本文選定後者的情況作一全體考察。

需要指出的是,關於杏雨書屋藏敦煌遺書研究,國際學界迄今已積累了大量學術成果,其中不乏綴合研究。據我所知,無論直接和間接綴合,目前就該特藏與其他散藏可以綴合,前人已確認有 63 組(具體情況,詳見文末附表)。不過,就我考察顯示,實際綴合數據遠不止這些。有鑒於此,本文擬就前人尚未言及的杏雨書屋藏敦煌遺書與其他散藏的綴合部分略加梳理並附解説,以期爲辨别該特藏遺書的真僞提供微薄助力。

〔1〕 參見《國内千點の〈敦煌寫本〉がニセ物》,日本《每日新聞》(夕刊),1986 年 1 月 22 日第 4 版。

以下就本文常用的簡稱及相關凡例加以説明:“羽”指杏雨書屋藏《敦煌秘笈》(武田科學振興財團,2009—2013年,簡稱《秘笈》)編號。“BD”指《國家圖書館藏敦煌遺書》(北京圖書館出版社,2005—2012年,簡稱《國圖》)編號。“斯”指斯坦因收集品編號,文中用到兩種圖録:第一,方廣錩、吴芳思主編《英國國家圖書館藏敦煌遺書》(1—50册,廣西師範大學出版社,2011—2017年,簡稱《英圖》),圖版公開從斯00001號—斯02770號;第二,黄永武主編《敦煌寶藏》(臺北新文豐出版公司,1981—1986年,簡稱《寶藏》)。“伯”指《法國國家圖書館藏敦煌西域文獻》(全34册,上海古籍出版社,2000年,簡稱《法圖》)伯希和收集品編號。“俄”指《俄藏敦煌文獻》(上海古籍出版社,1992—2001年,簡稱《俄藏》)奥登堡收集品中的俄敦(Дx)部分編號。“北大D”指《北京大學圖書館藏敦煌文獻》(上海古籍出版社,1995年,簡稱《北大》)編號。録文時若原卷殘損,僅留字痕而無法判定者用“□”表示,不知所缺字數者用“□…□”表示,前後文字可以直接綴合者用“+”表示,文字中間殘缺而不能直接綴合者用“…”表示。未盡事宜,隨文説明。

一　BD12288…羽001

1. BD12288(19 cm×13.9 cm),見《國圖》111/16。殘片,僅存1紙,12行。楷書(有隸意)。原卷缺題,《國圖》條記目録定名爲“大智度論卷八”,稱是5—6世紀南北朝寫本。

2. 羽001(721.8 cm×25.5 cm),見《秘笈》1/2A—12A。卷軸裝,首殘尾全,存20紙,共440行,行18—20字,楷書(有隸意)。尾題作“摩訶衍經卷第八”,卷末有4行題記“大魏大統八年十一月十五日,佛第(弟)子瓜州刺史鄧彦妻昌樂公主元/敬寫摩訶衍經一百卷。上願皇帝陛下國祚再隆,八方順軌。又/願第(弟)子現在夫妻,男女家眷,四大康休,殃災永滅。將來之世,普/及含生,同成正覺”。尾題下有1枚正方形陰文硃印,印文爲“李滂”。尾有2枚正方形陽文硃印,印文爲“敦煌石室秘笈”“李盛鐸合家眷屬供養”。

按:上揭兩號内容均爲《大智度論》卷八。羽001尾題作“摩訶衍經”乃是《大智度論》的另一名稱。這兩號書風、字跡相近,行款格式相同,文字前後相承,當可綴合。如圖1所示,綴合後,比勘大正藏本文字,兩號之間僅缺一行。《國圖》條記目録推斷BD12288爲5至6世紀南北朝寫本,今與羽001綴合後,可知其爲北朝寫本,且抄寫年代明確是大統八年(542)。

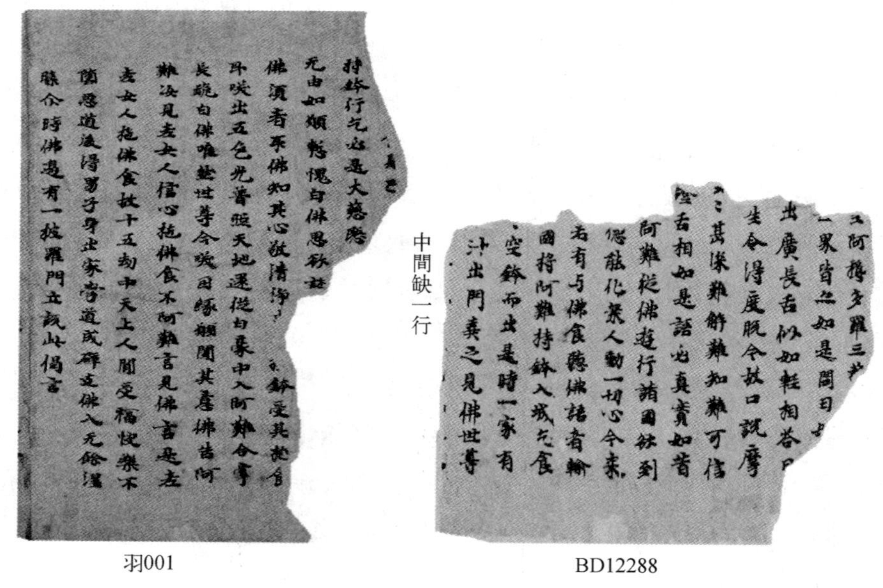

圖 1　BD12288…羽 001

二　伯 2735+羽 003

1. 伯 2735(49.5 cm×24.7 cm),見《法圖》18/22—23。卷軸裝。共 2 紙,兩面書寫,正面抄《道德經》,首尾均殘,有烏絲欄,楷書,存 44 行,存文字首起《道德經》第七十五章"其生生",直至全文抄完。之後分别有《道經》《德經》合計的章句和字數。尾題作"太極左仙公序孫師定河上真人章句",最後是跋文,其中有"至德二載歲次丁酉五月戊申朔十四日辛酉,敦煌郡敦煌縣敦煌鄉憂洽里清信弟子吴紫陽載十七歲五月八日生"云云。卷面有四處别筆重抄了本文内容,分别是"其不欲欲示堅(賢)七十四字""受國不禪是天下""無親常與善人四十字"。背面内容,行書,存 48 行,存文字首起"彼不斷故",尾訖"如是菩薩由已發"。《法圖》定名爲"辨中邊論卷上",甚是。文中有塗改及行間校加字。兩面文獻抄寫筆跡不同,相互没有内在聯繫。

2. 羽 003(99.8 cm×25.2 cm),見《秘笈》1/39A—B。卷軸裝。共 2 紙,兩面書寫,正面有 49 行,首殘尾全,有烏絲欄,楷書。尾題作"十戒經",即内容爲《洞玄靈寶天尊説十戒經》。尾題後有 13 行題記,文中有"至德二載歲次丁酉五月戊申朔十四日辛酉吴紫陽載十七載五月八日生,貴信如法"云云,卷中有一處别筆重抄"次弟子對師而伏次"和一處"疾再平學書記"。首題下有一枚正方形陽文硃印,印文爲"兩晉六朝三唐五代好墨之軒”。尾題下有1枚正方形陰文硃印，印文爲“李滂”。卷尾下有2枚正方形陽文硃印“敦煌石室秘笈”“李盛鐸合家眷屬供養”。背面内容，共54行，行書。共抄兩個文獻，先抄《辨中邊論》卷第一，有50行，每行20—27字不等。首殘尾全，存文字首起“起大菩提心”，尾訖“謂略二釋”。之後有尾題“辨中邊論卷第一”。另有倒書4行，内容爲“尚想黄綺帖”雜寫。兩面文獻抄寫筆跡不同，相互没有内在聯繫。

按：上揭兩號的正面所抄内容均爲道教文獻，兩者書風字跡相近，行款格式相同，伯2735最後1行末句“斷金爲萌，違科負誓，幽宇長夜，不敢有”與羽003首行“言”字綴合後，文意正好接續，中無缺字。此外，兩號卷末均有至德二載(757)五月敦煌信士吴紫陽發願的跋文，可知正面文獻均爲同一人所抄。

兩號背面所抄内容均爲《辨中邊論》卷上，根據書風字跡，當是8—9世紀吐蕃統治敦煌時期所抄。兩者不僅書風、行款相同，而且文字前後亦可直接綴合，如圖2所見。綴合後，正面文獻每紙抄有28行，兩號綴合處剛好是兩紙的粘接處，所以彼此分離當是因時間長久自然脱落所致。如圖3所見，背面所抄《辨中邊論》卷上“菩提心此菩提心與菩薩性爲所依止如是菩薩由己發”一行剛好抄在兩紙接合處，綴合後，筆畫分屬於兩號上的此行文字堪稱完璧，由此可知兩號確爲同一寫本的斷裂。

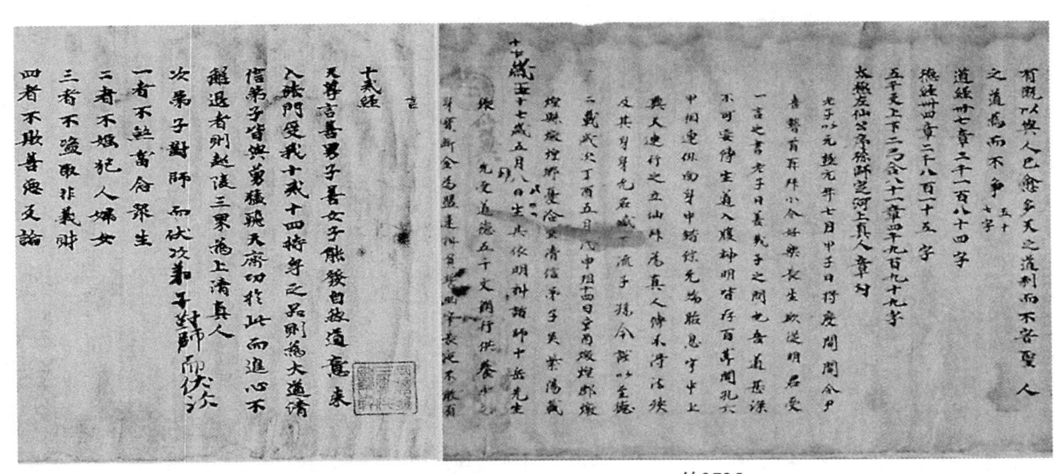

圖2　伯2735+羽003

另外我們關注到，斯02267、伯2343、斯00750以及羽615的正面均抄道教文獻，背面抄《辨中邊論》卷上或卷中，抄寫情況與伯2735、羽003完全相同。尤其是斯02267

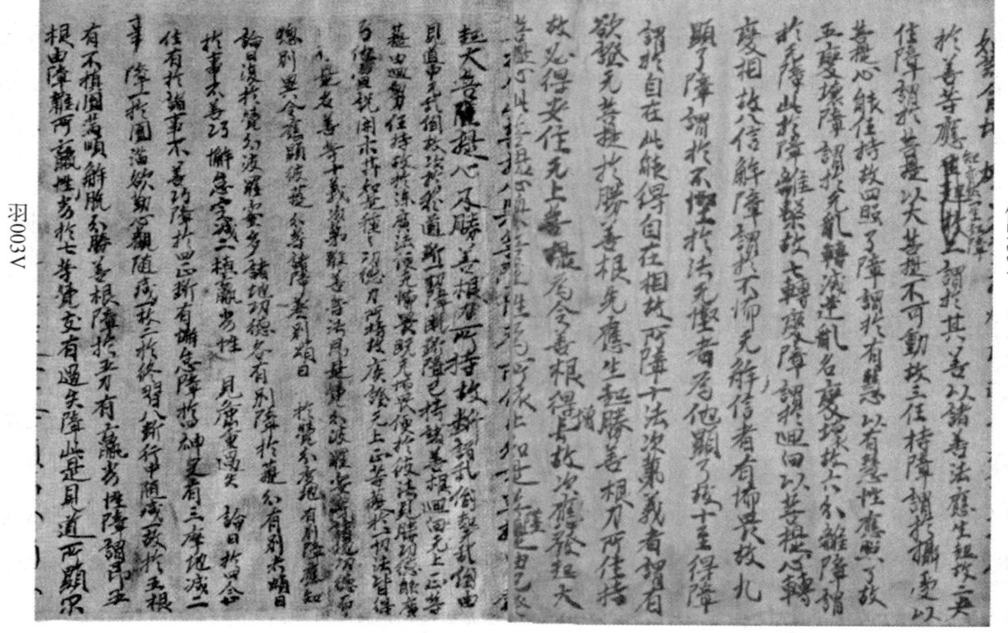

圖 3　伯 2735 背+羽 003 背

正面也抄《道德經》,内容在伯 2735 正面文獻之前,兩者内容雖不能直接綴合(其間尚缺《道德經》十八章左右),但書風、行款極爲一致。我原以爲斯 02267、伯 2735、羽 003 或是同一寫本的斷裂,然而考察斯 02267 後發現,其背面抄寫的《辨中邊論》卷上與伯 2735、羽 003 背面内容有重疊之處。一般情況,可以綴合的文獻不太可能抄寫重疊内容,故暫不考慮此三號的綴合關係。值得注意的是,前舉多種道教文獻被廢棄,而後利用其背抄寫《辨中邊論》,不僅反映出吐蕃統治時期的敦煌紙張供應緊張,而且説明道教文獻在當時的敦煌地區被棄用的命運。

三　BD10222+羽 008

1. BD10222(12 cm×20 cm),見《國圖》107/190。卷軸裝,楷書,有烏絲欄。首尾均殘,僅 1 紙 7 行,存文字首起"時世□□德本菩",尾訖"□□□□遍計"。原卷缺題,《國圖》條記目録定名爲"解深密經卷二",稱是 7—8 世紀唐寫本。

2. 羽 008(741.18 cm×26.4 cm),見《秘笈》1/87A—95A。卷軸裝,楷書,有烏絲欄。首殘尾全,存 16 紙,共 417 行,文字首起"…□阿素洛等",尾題作"解深密經卷第二",

之後是譯場列位，卷末有"貞觀廿二年十一月一日菩薩戒弟子蘇士方發心"轉寫的愿文。尾題下方有2枚印章，印文爲"木齋真賞""李滂"。卷尾有2枚印章，印文爲"敦煌石室秘笈""李盛鐸合家眷屬供養"。

按：上揭兩號内容均爲《解深密經》卷二。兩號書風字跡相近，行款格式相似，文字前後相承，可以直接綴合。如圖四所示，筆畫分屬於圖版的第3行"阿"和第7行"法"兩字，綴合後堪稱完璧。4、5兩行亦相連成句，僅6、7兩行中間尚有缺字。《國圖》條記目録推斷BD10222是7、8世紀唐寫本，今與羽008綴合後，可知其抄寫年代明確是貞觀二十二年(648)。

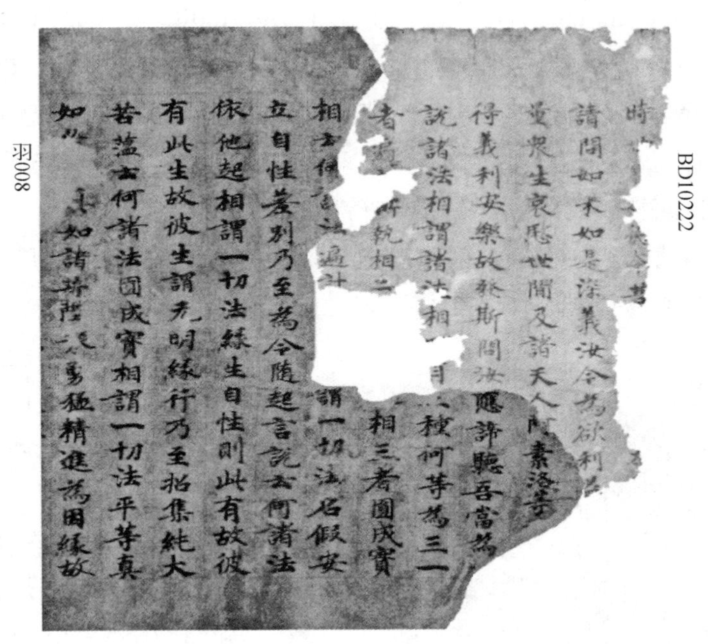

圖四　BD10222+羽008

四　BD15460+羽078…BD11898…羽021

1. BD15460(6.1 cm×9.2 cm)，見《國圖》143/384。僅存1紙4行，上下均殘，行草書。可識别文字僅有"…□苦無窮□…/…□引惡趣受生□…/…□二尊爲説甚深諸□…/…□微細業障罪□…/"。原卷無題，《國圖》條記目録定名爲"釋浄土群疑論卷七"，稱是7—8世紀唐寫本。

2. 羽078(124.1 cm×27.3 cm)，見《秘笈》1/466A—468A。卷軸裝，首尾均殘，上邊

多有殘缺,中間有殘破。行草書,有烏絲欄。存 4 紙,共 70 行,行約 24 字。存文字首起“壽命五百歲,彼……”,尾訖“罪亦如是,無有勢力能”。文中有武周新字“疋”。卷首有正方形陽文硃印,印文爲“敦煌石室秘笈”。卷尾下有 2 枚正方形陰文硃印,印文爲“李盛鐸印”“李滂”。原卷無題,《秘笈》目録定名爲“無量壽經疏”,有誤。

3. BD11898(32.3 cm×26.5 cm),見《國圖》110/139。卷軸裝,首尾均殘,通卷四周殘損,行草書,有烏絲欄。存 2 紙,共 19 行,行約 24 字。存文字首起“然寧容念”,尾訖“受生三昧境中仍”。原卷無題,《國圖》條記目録定名爲“釋浄土群疑論卷七”,稱是 7—8 世紀唐寫本。

4. 羽 021(90.6 cm×28.5 cm),見《秘笈》1/179A—180B。卷軸裝,首殘尾全,上邊多有殘缺。行草書,有烏絲欄。卷尾有軸。存 3 紙,共 47 行,行約 24 字。存文字首起“釋曰今當爲子”,尾訖“其何哉恠”。尾題作“□疑論第二”。卷尾有 1 行題記:“□…□萬歲通天元年在涼府富刹記”,其中“天”“年”爲武周新字。卷尾下方有 3 枚正方形硃印,陰文印文爲“李盛鐸印”“李滂”;陽文印文爲“敦煌石室秘笈”。

按:上揭四號内容均爲唐懷感《釋浄土群疑論》卷七。羽 021 尾題“□疑論第二”,此中殘畫當是“群”字。查歷代佛典目録,未見此論有二卷本,故此“卷二”應是“卷七”之誤。通過書風、字跡、行款及内容等不同角度比對分析,以上四號原爲同一寫本的斷裂無疑。BD15460 所存 4 行殘字,正好是羽 078 第 41 行至 44 行上方殘缺部分,可以直接綴合,詳情如圖 5 所示。不過,比勘大正藏本《釋浄土群疑論》可知,羽 078 至 BD11898 之間尚缺兩千餘字,若按此寫本每行 24 字計算,大約缺損 90 行。BD11898 與羽 021 兩號亦不能直接綴合,其間當缺 1800 餘字,約 70 餘行,詳情可見圖 6。由於此四號可確定是同一寫本,據羽 021 題記,另外三號即抄於萬歲通天元年(696),可證《國圖》條記目録的年代推斷無誤。

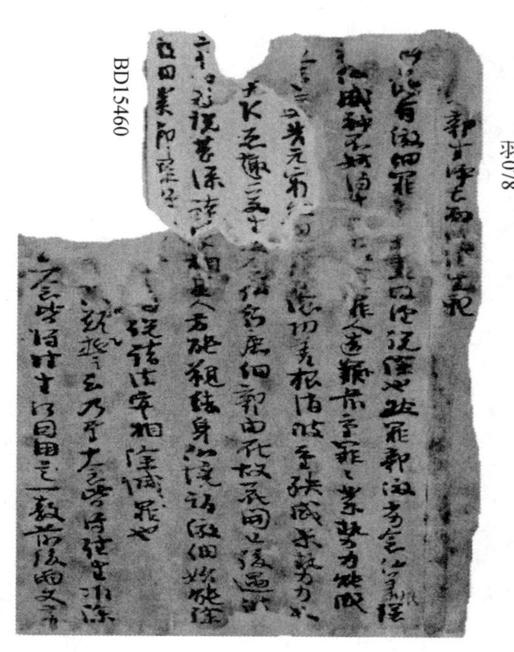

圖 5　BD15460+羽 078

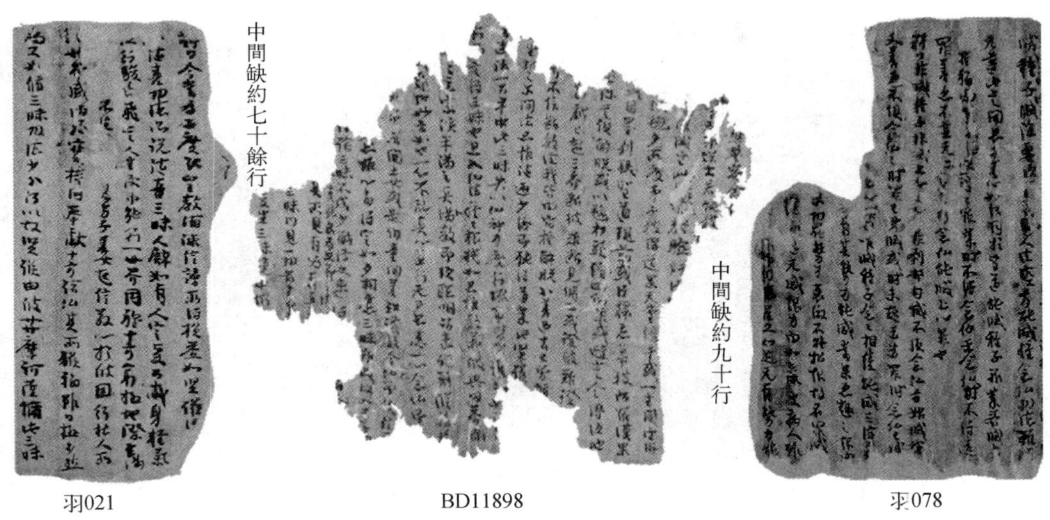

圖6　羽078…BD11898…羽021

五　北大D144+羽161

1. 北大D144(152 cm×26 cm),見《北大》2/123—124。卷軸裝,首尾均殘,存3紙,共84行,行17字。有烏絲欄,楷書。卷末下方有1枚硃筆陽文"北京大學藏"印。存文字首起"般若波羅蜜亦復如是",尾訖"若天昔已曾得得"。原卷無題,《北大》敘録定名爲"勝天王般若波羅蜜經法性品第五"。

2. 羽161(43 cm×26 cm),見《秘笈》2/493A—B。卷軸裝,首殘尾全,僅1紙,共18行,行17字。有烏絲欄,楷書。存文字首起"□墮落今還復得",尾訖"般若波羅蜜生故",尾題作"勝天王般若波羅蜜經卷第三"。

按:上揭兩號内容均是《勝天王般若波羅蜜經》卷三,行款格式相同,字跡書風一致,文字前後相承,可以直接綴合。兩號每行首字稍有殘損,殘況相似,亦可作爲兩號原是同一寫本的證據。如圖7所見,兩號斷裂正好在兩紙的粘接處,故其分離原因當是自然脱落所致。

六　BD11035…羽162

1. BD11035(8 cm×27 cm),見《國圖》108/297。卷軸裝,首尾均殘,有烏絲欄,楷書。僅1紙5行,行17字。存文字首起"如謗法其父",尾訖"[父]故即是"。原卷無題,《國

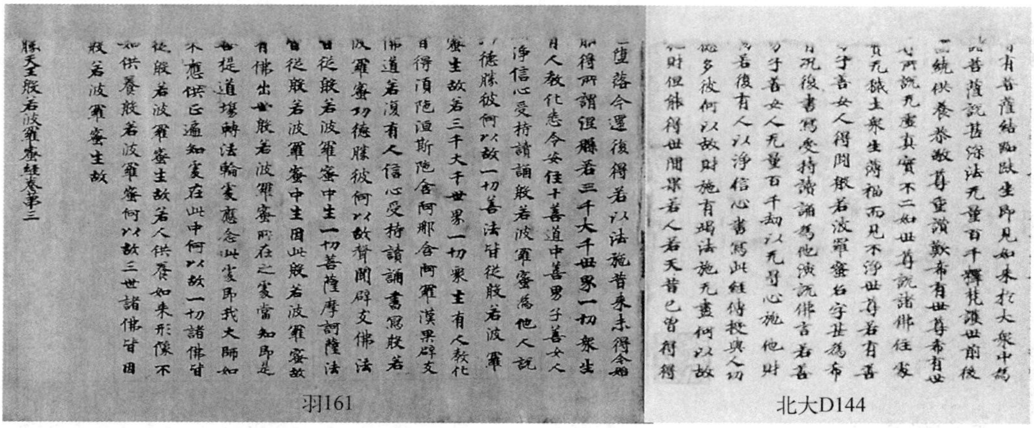

圖 7　北大 D144+羽 161

圖》條記目録定名爲“大通方廣懺悔滅罪莊嚴成佛經卷中”，稱是 6 世紀南北朝寫本。

2. 羽 162（417.3 cm×26.1 cm），見《秘笈》2/495A—499B。卷軸裝，首殘尾全，有烏絲欄，楷書。存 9 紙，共 248 行，行 16—17 字。存文字首起“見之即生信心知佛”，尾訖“不過十佛便得受記”，後有尾題“大通方廣經卷中”。

按：上揭兩號内容均爲《大通方廣懺悔滅罪莊嚴成佛經》卷中，書風字跡相同，行款格式相似，文字前後相承，當可綴合。比勘《大正藏》卷 85 所據大谷大學藏敦煌遺書同名文獻録文，殘留在羽 162 上首行字痕中的兩個“言”字旁文字，當是“誹謗”二字。綴合後，如圖 8 所示，兩號之間尚缺完整一行文字，稍有遺憾。

七　斯 11941…羽 222

1. 斯 11941（19.2 cm×8.3 cm），見 IDP 網站。殘片，僅 1 紙存 5 行，下部均殘。楷書，有烏絲欄。存文字首起“右膝著地而白”，尾訖“汝當諦聽善思念”。原卷缺題，國際敦煌項目（IDP）未定名。

2. 羽 222（129.4 cm×25 cm），見《秘笈》3/404A—406A。卷軸裝，首殘尾全，存 4 紙，共 67 行，行 17 字。楷書，有烏絲欄。存文字首起“□等菩提若有有情能□”，尾訖“聞佛所説信受奉行”，之後尾題作“佛説要行捨身經”。最後 1 紙 6 行文字書風與此前稍有不同，當是另筆所抄。

按：上揭兩號内容均爲《要行捨身經》。斯 11941 雖然下部殘損，但根據《大正藏》

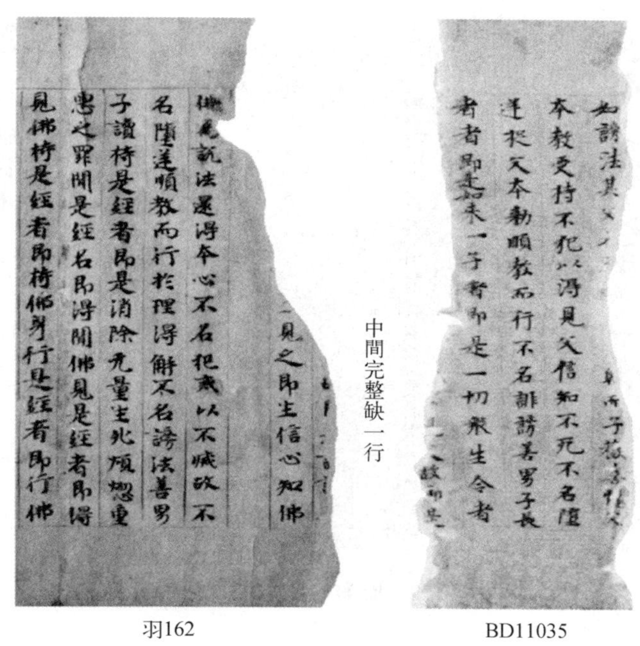

羽162　　BD11035

圖 8　BD11035…羽 162

卷八五所據龍谷大學藏敦煌遺書同名文獻録文，該寫本每行字數也是 17 字。綜合其書風字跡、行款格式以及文字前後相承等不同角度分析，此兩號當是同一寫本的斷裂。比勘大正藏本文字，綴合後兩號之間僅缺一行文字。參考圖 9 所見，綴合處所殘文字（劃綫部分）如下：

> 未久之間其光還復從口而入端身而座正
> 念不動唯願如來説其意志佛言善哉善哉
> 善男子汝當諦聽善思念之吾當爲汝説其
> 要法我以佛眼觀此林中捨身行者未來當獲
> 正等菩提若有有情能發勝上捨身之意
> 心生平等無有愛憎不生慳悋若能一發是心

八　羽 223+BD14868

1. 羽 223（42.5 cm×27.4 cm），見《秘笈》3/408A—B。卷軸裝，首全尾脱，首題“佛[1]

[1] “佛”字旁，原寫本有删除號。

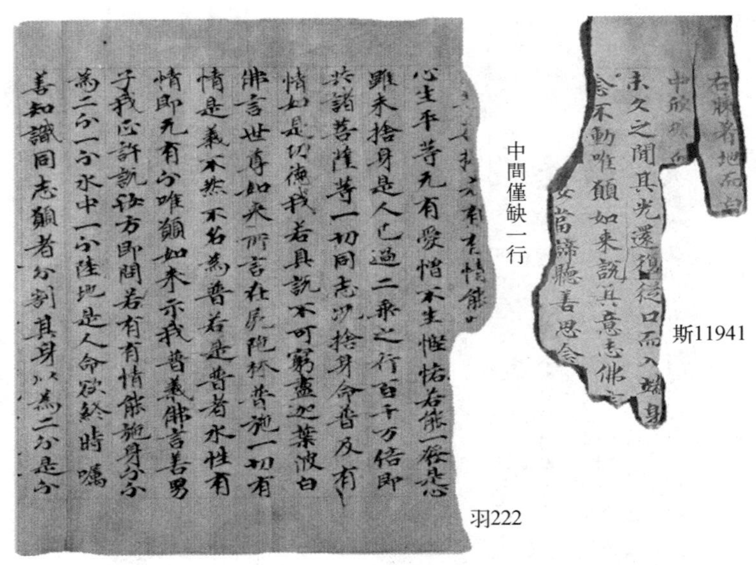

圖9 斯11941…羽222

説罪要行法一卷，翻經三藏法師義浄撰”。僅1紙，共25行，行19—20字，楷書，有朱絲欄。有行間校加字及塗改。有倒乙符及删除號。

2. BD14868(43 cm×26.5 cm)，見《國圖》134/419。卷軸裝，首尾均脱，僅1紙，共26行，行19—20字，楷書，有朱絲欄。有行間校加字及塗改。有倒乙符及删除號。原卷缺題，《國圖》條記目録定名爲“説罪要行法”，稱是9—10世紀歸義軍時期寫本。

按：上揭兩號内容均爲《説罪要行法》，書風字跡相同，行款格式一致(均是朱絲欄)，文字前後相承，可以直接綴合。綴合後，如圖10所見，兩號分裂正好在兩紙的粘接處(兩號各爲1紙，羽223雖然只抄25行，但其首題前有一空行，實有26行)。因此，兩號分離當是自然脱落所致。

九 BD15394+羽278

1. BD15394〔(7.9+240.7)cm×26 cm〕，見《國圖》143/307—310。卷軸裝，首全尾脱，楷書，有烏絲欄。存5紙，共134行，行約20字。卷首右下稍殘。首題作“大乘入楞伽經偈頌品第十之二　卷七　三藏沙門□…”，存文字首起“若諸修行者，不起於分别”，尾訖“生死無前際，是我之所説”。卷尾背面有陽文硃印，印文作“顧二郎”。背面另有兩條紙簽，分别有蘇州碼“32號”及“唐經，廿七”。《國圖》條記目録稱是7—8世紀唐寫本。

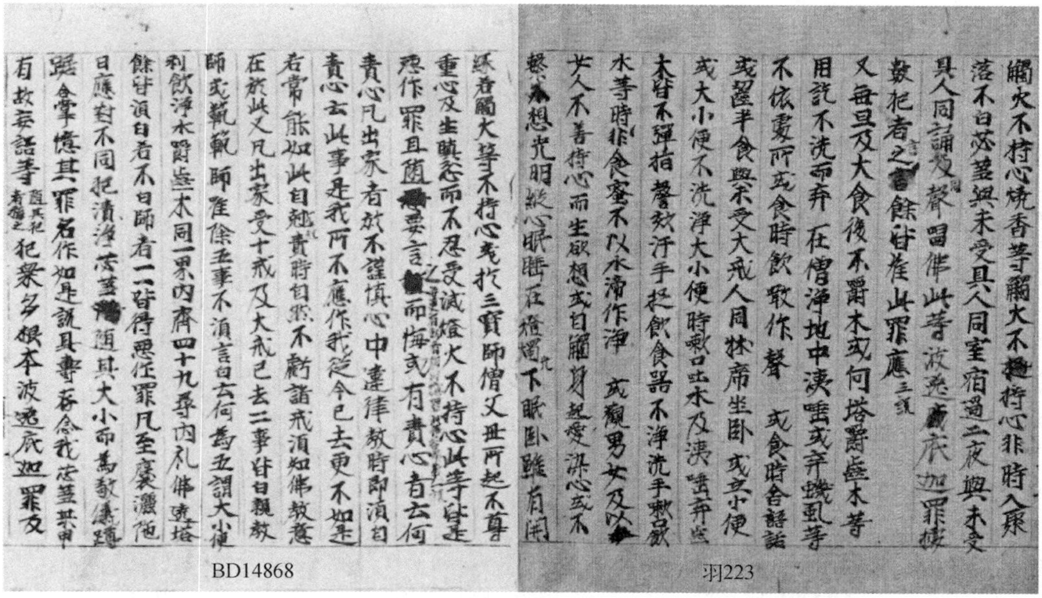

圖 10　羽 223+BD14868

2. 羽 278(544.9 cm×26.3 cm),見《秘笈》4/230A—235B。卷軸裝,首脱尾全,楷書,有烏絲欄。存 11 紙,共 291 行,行約 20 字。存文字首起"三界一切物,本無而生者",尾訖"當依此教理,勿餘分別",之後尾題作"大乘入楞伽心經卷第七"。

按:上揭兩號内容均爲《大乘入楞伽經》卷七,書風字跡相同,行款格式一致,文字前後相承,可以直接綴合。查核兩號每紙行數,均爲 27 行。如圖 11 所示,兩號分裂正好在兩紙的接縫處,因此,兩號分離當是自然脱落所致。綴合後,首尾内容完整,堪稱全璧。

十　伯 2339+羽 325

1. 伯 2339(360.9 cm×26.5 cm),見《法圖》12/149—153。卷軸裝,首尾均殘,楷書(有隸意),有烏絲欄。存 9 紙,共 171 行,有雙行小字,大字部分每行 17—18 字。存文字首起"取信故現",尾訖"是故稽首此法"。原卷無題,《法圖》目録定名爲"注維摩詰經卷第一"。IDP 網站指出書風較古,判定爲唐以前寫本。

2. 羽 325(291.1 cm×26.4 cm),見《秘笈》4/473A—477A。卷軸裝,首脱尾殘。楷書(有隸意),有烏絲欄。存 8 紙,共 136 行,有雙行小字,大字部分每行 17—18 字。存文

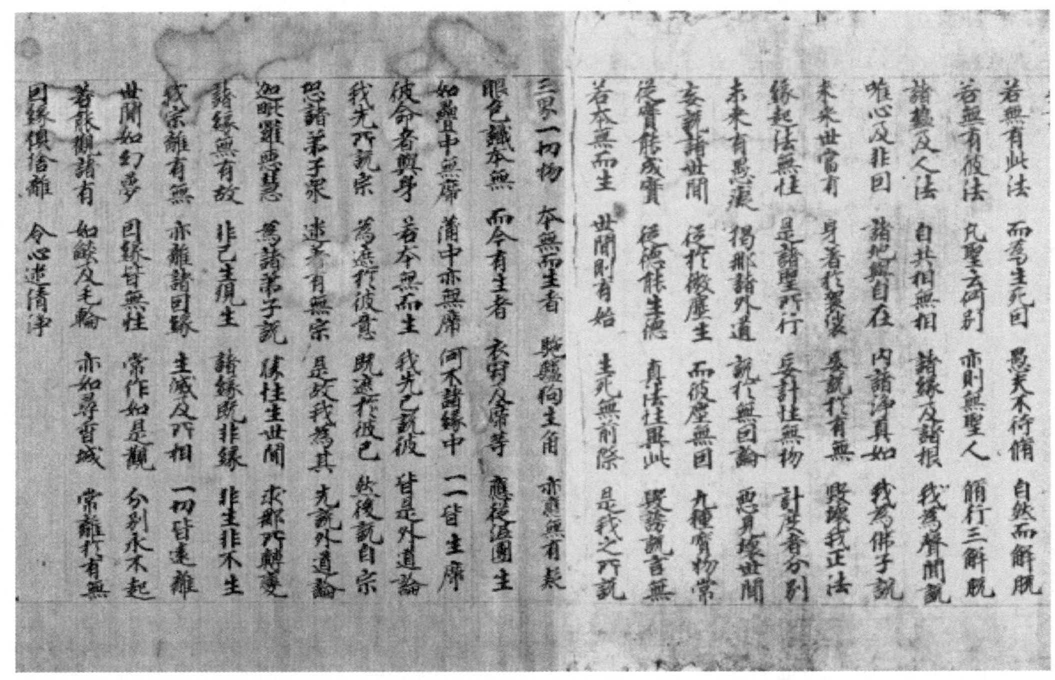
若無有此法 而爲生死因 愚夫不脩備 自然而解脫
若無有彼法 凡聖云何別 亦則無聖人 脩行三解脫
諸蘊及人法 自共相無相 諸緣及諸根 我爲聲聞說
唯心及非因 諸地與自在 内證淨真如 我爲佛子說
未來世當有 身着於袈裟 妄說於有無 毀壞我正法
緣起法無性 是諸聖所行 妄計性無物 計度者分別
未來有愚癡 羯那諸外道 說於無因論 惡見壞世間
妄說諸世間 從於微塵生 而彼塵無因 九種實物常
從實能成實 從德能生德 真法性異此 毀謗說言無
若本無而生 世間則有始 生死無前際 是我之所說
三界一切物 本無而生者 駝驢狗生角 亦應無有表
眼色識本無 而今有生者 衣服及席等 應從泥團生
如氎中無席 蒲中亦無席 何不諸緣中 一一皆生席
彼命者與身 若本無而生 我先已說彼 皆是外道論
我先所說宗 爲遮於彼意 既遮於彼已 然後說自宗
恐諸弟子衆 迷着有無宗 是故我爲其 先說外道論
迦毗羅惡慧 爲諸弟子說 勝性生世間 求那所轉變
諸緣無有故 非已生現生 諸緣既非緣 非生非不生
我宗離有無 亦離諸因緣 生滅及所相 一切皆遠離
世間如幻夢 因緣皆無性 常作如是觀 分別永不起
若能觀諸有 如燄及毛輪 亦如尋香城 常離於有無
因緣俱捨離 令心遠清淨

圖 11 BD15394+羽 278

字首起“王,肇曰世王自在于民”,尾訖“十善是菩薩”。原卷無題,《秘笈》目録擬名爲“注維摩詰經卷第一”。

按:上揭兩號内容均爲《注維摩詰經》卷一,書風字跡相同,行款格式一致,文字前後相承,可以直接綴合,屬於同一寫卷的斷裂無疑。綴合後,羽 325 首字《維摩詰經》本文的“王”,正好可以承接伯 2339 末行大字經文“是故稽首此法”之後。具體綴合情況,如圖 12 所示。因兩號分裂正好在兩紙的接縫處,故其分離當是自然脱落所致。

十一 BD08512+羽 424

1. BD08512〔(12+77.3)cm×26.5 cm〕,見《國圖》103/110—111。卷軸裝,首全尾脱,卷首下部殘損,首題“金有陀羅尼經”,楷書,有烏絲欄。存 2 紙,共 54 行,行 17 字。存文字首起“如是我聞一時”,尾訖“而捨壽命明咒秘”。《國圖》條記目録稱是 9—10 世紀歸義軍時期寫本。

2. 羽 424(45.7 cm×25.5 cm),見《秘笈》5/353A—B。卷軸裝,首脱尾全,楷書,有烏

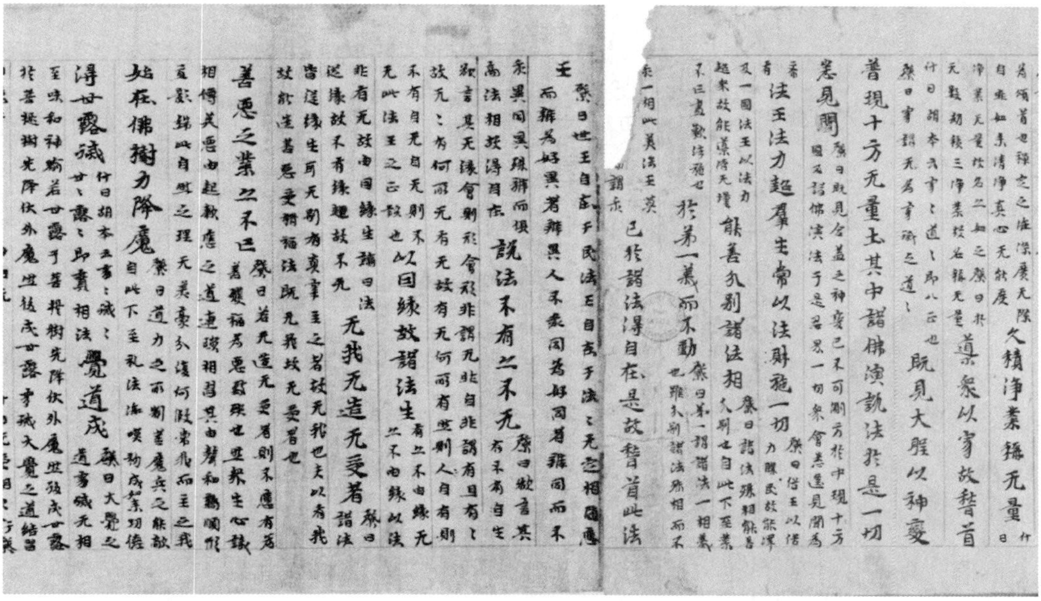

圖 12　伯 2339+羽 325

絲欄。存 1 紙，共 26 行，行 17 字。存文字首起“咒一切諸藥不能爲害”，尾訖“聞佛所説，信受奉行”，之後尾題作“金有陀羅尼經一卷”，題下有 1 行藏文題記。

按：上揭兩號内容均爲《金有陀羅尼經》，書風字跡相同，行款格式一致，文字前後相承，可以直接綴合。兩號分裂正好在兩紙的接縫處，故知其分離應是自然脱落所致。綴合情況，如圖 13 所示。綴合後，首尾内容完整，堪稱全璧。

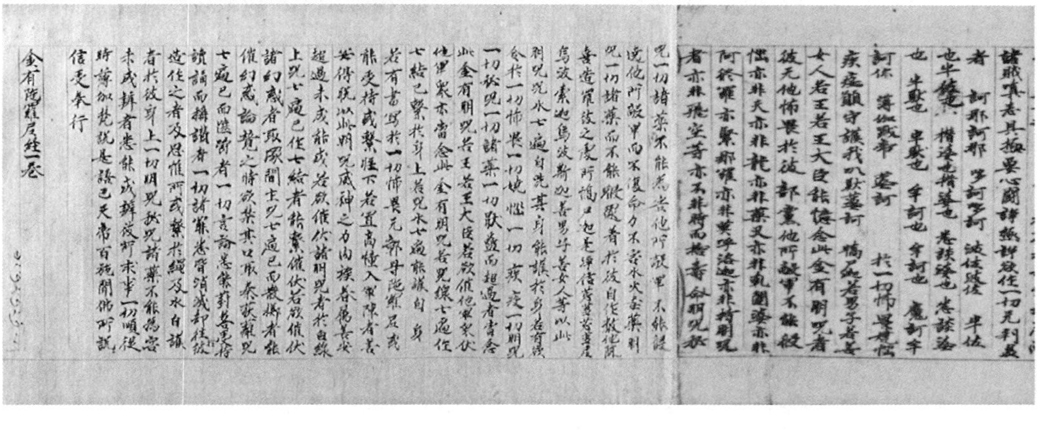

圖 13　BD08512+羽 424

十二　羽 570－2+斯 02781

1. 羽 570－2(27.8 cm×26.1 cm),見《秘笈》7/373A。卷軸裝,首尾均殘,章草,有烏絲欄。僅 1 紙,共 11 行,行約 24 字。存文字首起"□義益明輪益□",尾訖"不如義"。原卷無題,《秘笈》目録僅作"敦煌出土寫經斷片",未予定名。今考其内容,實爲唐窺基《大乘法苑義林章》卷一。比勘《大正藏》卷 45 所收同名文獻,此號首部大約僅缺 3 行文字。

2. 斯 02781(1311.9 cm×28.6 cm),見《寶藏》23/360—370。卷軸裝,首殘尾全,章草,有烏絲欄。存 35 紙,共 847 行,行約 24 字。存文字首起"□中雖敘佛語有非利",尾訖"故言具五十八唯四,深爲允當"。原卷缺題,《英圖》條記目録(未刊稿)擬名作"大乘法苑義林章卷一",稱是 8 世紀唐寫本。

按: 上揭兩號内容均爲《大乘法苑義林章》卷一,風書字跡相近,行款格式一致,文字前後相承,爲同一寫本的斷裂無疑。如圖 14 所示,字跡分佈於兩號的"經中""父"以及"義"字,綴合後筆畫完整,堪稱全璧。兹據大正藏本,列出兩號綴合處的相應經文如

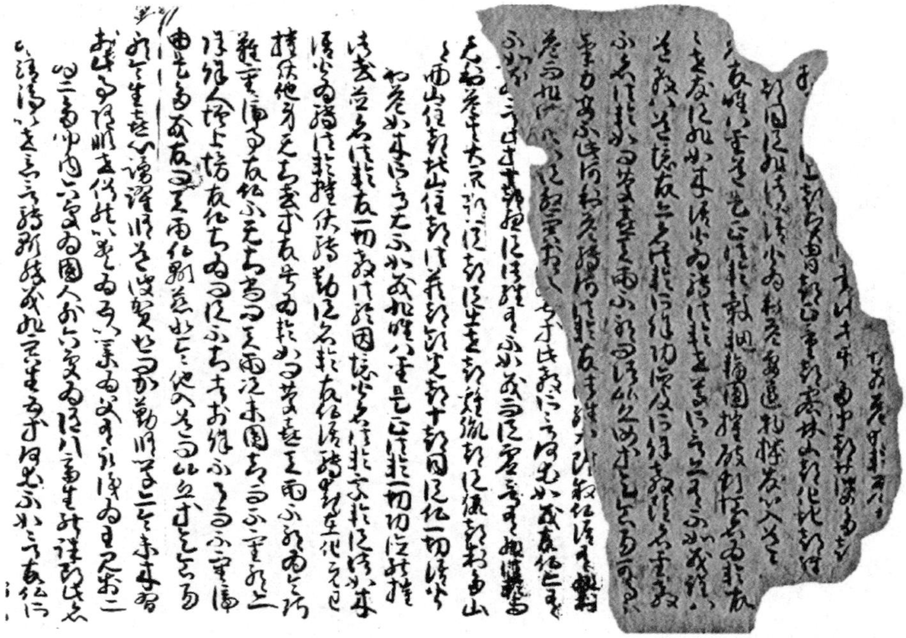

斯02781　　羽570

圖 14　羽 570－2+斯 02781

下(有底紋的文字爲羽570－2,加邊框字爲兩號文字的接合處):

不名法輪如問慶喜天雨不耶問諸比丘汝等乞食易可得不

氣力安不此何利益轉何法輪故諸經中雖敘佛語有非利

益而非法輪如説逆害於父母等此教所言何必如義故佛亦有

不如義言此等十部總説諸經有不如義而説虚言有非法輪而

十三　大谷總26+羽589－28…斯00334

1. 大谷總26,見野上俊静編《大谷大學所藏敦煌古寫經》1/69—71。卷軸裝,首尾均殘,存5紙,共114行,行17字。有烏絲欄,楷書(有隸意)。存文字首起"浄故佛□…□伺之",尾訖"求栖去就有"。原卷無題,《大谷大學所藏敦煌古寫經》目録定名作"孛經抄"。

2. 羽589－28(11 cm×14.8 cm),見《秘笈》8/063A。殘片,僅1紙,共6行,每行下部均殘。有烏絲欄,楷書(有隸意)。現存狀態已托裱,與其他殘片合爲一册,上有題簽"芳草落花"(上)。存文字首起"者愛時可附□",尾訖"而不和可知□"。《秘笈》目録僅作"不知題經",未予定名。查其内容,乃是《孛經抄》部分文字。

3. 斯00334(412.1 cm×26.5 cm),見《英圖》5/307—315。卷軸裝,首殘尾全,卷首右下殘缺,上下邊略殘。存11紙,共227行,行17字,有烏絲欄,楷書(有隸意)。存文字首起"王曰四臣之",尾訖"皆受五戒,歡喜奉行",之後有尾題"孛經一卷"。《英圖》條記目録稱是6世紀南北朝寫本。

按:上揭三號内容均爲吴支謙譯《孛經抄》,書風字跡相同,行款格式相近,文字前後相承,當可綴合。大谷總26與羽589－28可以直接綴合,字痕殘留在兩號上的"增""之道""疏""知"等字,綴合後筆畫完整,堪稱全璧。羽589－28與斯00334文字無法直接綴合,其間約缺550字,若以該寫本1行17字計算,大約缺損了32行。具體綴合情況,可見圖15。

十四　羽604+浙敦199

1. 羽604(263.3 cm×27.9 cm),見《秘笈》8/165A—168B。卷軸裝,首全尾殘。章草,有烏絲欄。存7紙,共176行,行約30—31字。卷首上下邊有破損。首題作"大乘起信論廣釋卷第五　京西明道場沙門曇曠撰",首題下有1枚長方形陽文硃印,印文爲"何彦昇家藏唐人秘笈"。存文字首起"論分别發趣至趣向義故",尾訖"云何菩薩一身作無"。

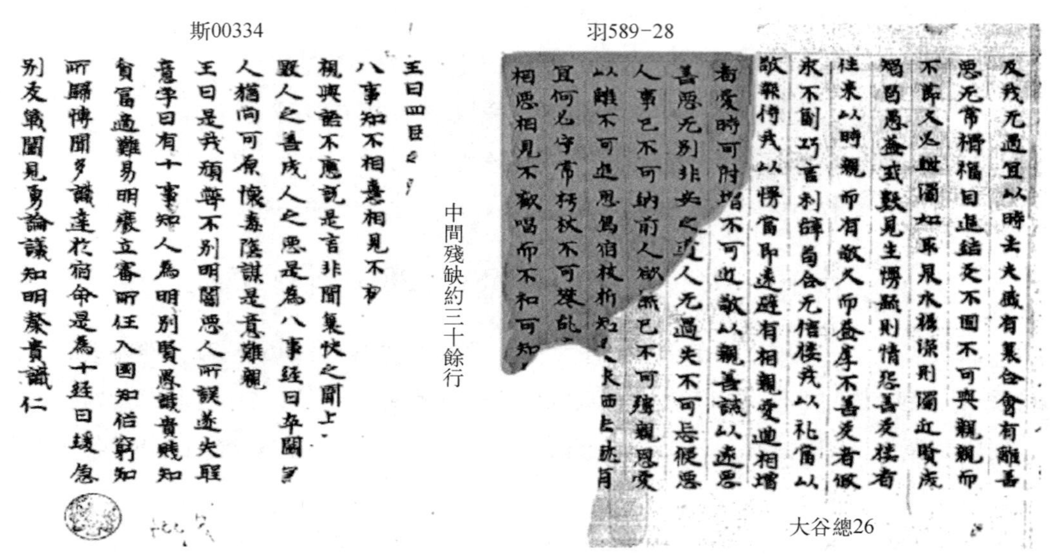

圖 15 大谷總 26+羽 589－28…斯 00334

2. 浙敦 199(4.7 cm×27.5 cm),見《浙藏》1/258。存 1 紙,殘片,章草,有烏絲欄。僅 3 行,行 29—31 字不等。據《浙藏》敘録,此號遺書爲黄賓虹舊藏,原卷無題,敘録僅作“佛經殘片”。宗舜法師曾定名此爲曇曠撰《大乘起信論廣釋》卷五,甚是[1]。

按:上揭兩號内容均是曇曠撰《大乘起信論廣釋》卷五,書風字跡相同,行款格式一致,文字前後相承,可以直接綴合。羽 604 最後的“無”字,可與浙敦 199 首行第一個“量”字相接。綴合後,即成“云何菩薩一身作無量身”,文連成句。具體綴合情況,可見圖 16。

十五 俄 00750…羽 615

1. 俄 00750,見《俄藏》7/87—88。卷軸裝,首尾均殘,僅存 1 紙,兩面抄寫,正面存 15 行,行 17 字,楷書,有烏絲欄。首題殘存“本通微”三字,文至“開通童子”止,之後殘缺。原卷無題,《俄藏》定名爲“大玄真一本際經卷第十”,即存該經卷十道本通微品的卷首部分。背面存 19 行,行 24 字不等,行書,無烏絲欄。存文字首起“依根本三真實中”,尾訖“…□真實建□…攝”。原卷無題,《俄藏》擬名爲“佛經論釋”。今查其内容,實爲《辨中邊論》卷中部分文字。

〔1〕 宗舜《〈浙藏敦煌文獻〉佛教資料考辨》,《敦煌吐魯番研究》第 6 卷,北京大學出版社,2002 年,335—352 頁。

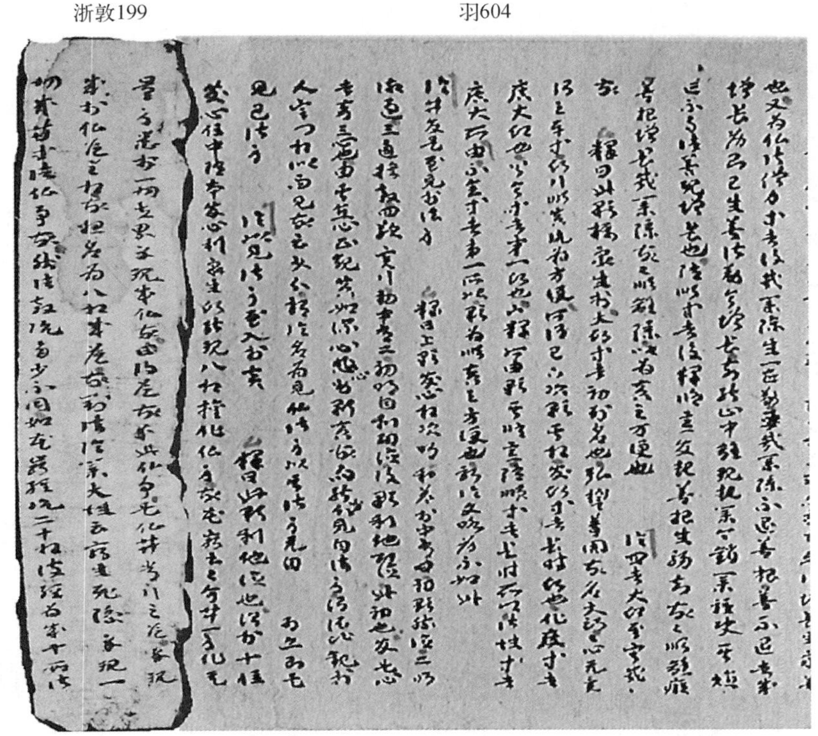

圖 16　羽 604+浙敦 199

2. 羽 615（134.5 cm×24.5 cm），見《秘笈》8/239A—242A。卷軸裝，首脱尾脱，存 3 紙，兩面書抄。正面存 84 行，行 17 字，楷書，有烏絲欄。存文字首起“屬安心不動如玉京山”，尾訖“一心諦視翹仰”，文中有品題“顯明功德品第二”。原卷無題，《秘笈》目録定名爲“大玄真一本際經卷第十”。背面存 79 行，行 24 字不等，行書，無烏絲欄。存首起文字有“辯中邊論第一　世親菩薩造　玄奘法師奉詔譯”，尾訖“應知因果真實謂聖四”，文中見有“辯中邊論卷第二　世親菩薩造　玄奘法師奉詔譯”，即抄寫《辨中邊論》卷上和卷中部分文字。卷面插入兩行《佛母讚》文字，不知何故。

按：上揭兩號均爲兩面抄寫，正面抄《本際經》卷十，背面抄《辨中邊論》卷中。對照兩號正背面文獻，其書風字跡，行款格式完全相同，文字前後相承，當可綴合。參照《本際經》原文，兩號正面文字，其間尚缺約 20 多行。比勘大正藏本《辨中邊論》文字，背面文獻兩號之間也殘缺 20 行左右。正背面所缺文字大體相同，可證兩號同屬於一寫本的斷裂。綴合詳情，如圖 17、圖 18 所示。

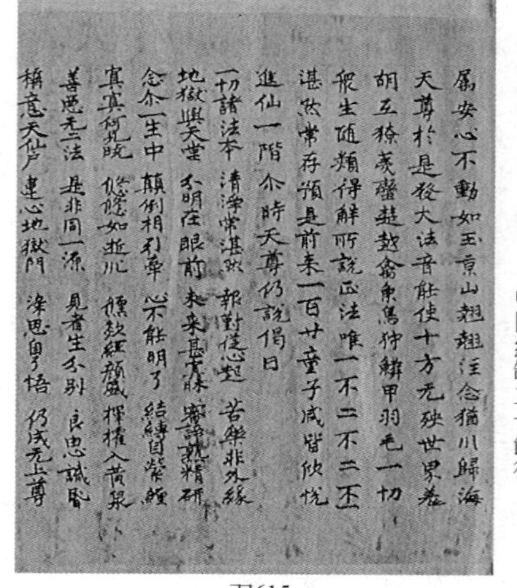

羽615

中間約缺二十餘行

俄00750

圖 17　俄 00750…羽 615

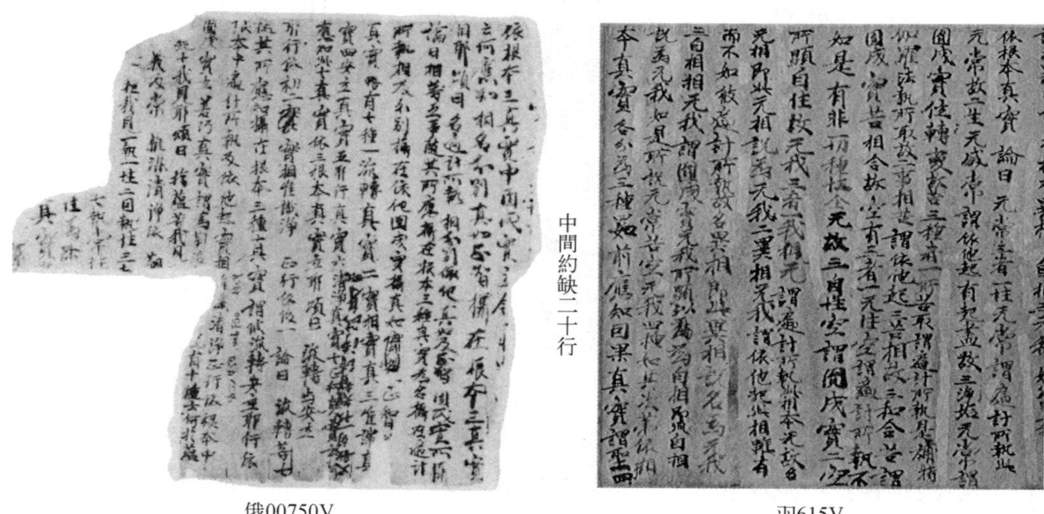

俄00750V

中間約缺二十行

羽615V

圖 18　羽 615 背…俄 00750 背

十六　BD06059+羽 621

1. BD06059〔(147+1.5)cm×26 cm〕,見《國圖》81/276—278。卷軸裝,首尾均殘,全卷下部有等距離破裂。楷書,有烏絲欄。存 4 紙,共 83 行,行 17 字。存文字首起“夜波逸提/若比丘尼”，尾訖“戒經中半月□…□/尼□”。原卷缺題，《國圖》條記目録定名爲“十誦比丘尼波羅提木叉戒本”，稱是6世紀隋代寫本。

2. 羽621（564.7 cm×25.3 cm），見《秘笈》8/274A—280A。卷軸裝，首殘尾全。楷書，有烏絲欄。存12紙，共299行，行17字。存文字首起“次來所説諸比丘尼”，尾訖“僧一心得布薩”。之後有尾題“十誦戒本”。卷末另有5行題記“大業四年四月廿五日經生郭英寫/用紙廿七張/禪定道場沙門 校/莊（裝）潢人/秘書省寫”。後配尾軸，上有“十誦戒本，大業四年秘書省”字樣。卷尾下有1枚正方形陽文硃印，印文爲“德化李氏凡將閣珍藏”。

按：上揭兩號均爲法顯所集《十誦比丘尼波羅提木叉戒本》，書風字跡相近、行款格式一致，文字前後相承，可以直接綴合。如圖19所見，字痕分屬在兩號的“月”“尼”“先”三字，綴合後筆畫完整，故爲同一寫本的斷裂無疑。今據羽621題記，明確是大業四年（608）所抄，爲隋代宫廷寫本，可證《國圖》條記目録推斷BD06059之抄寫時代無誤。值得注意的是，兩號綴合銜接處自左上至右下，裂痕大體豎直，僅横跨2行文字，明顯有人爲撕裂的痕跡。

羽621　　　　BD06059

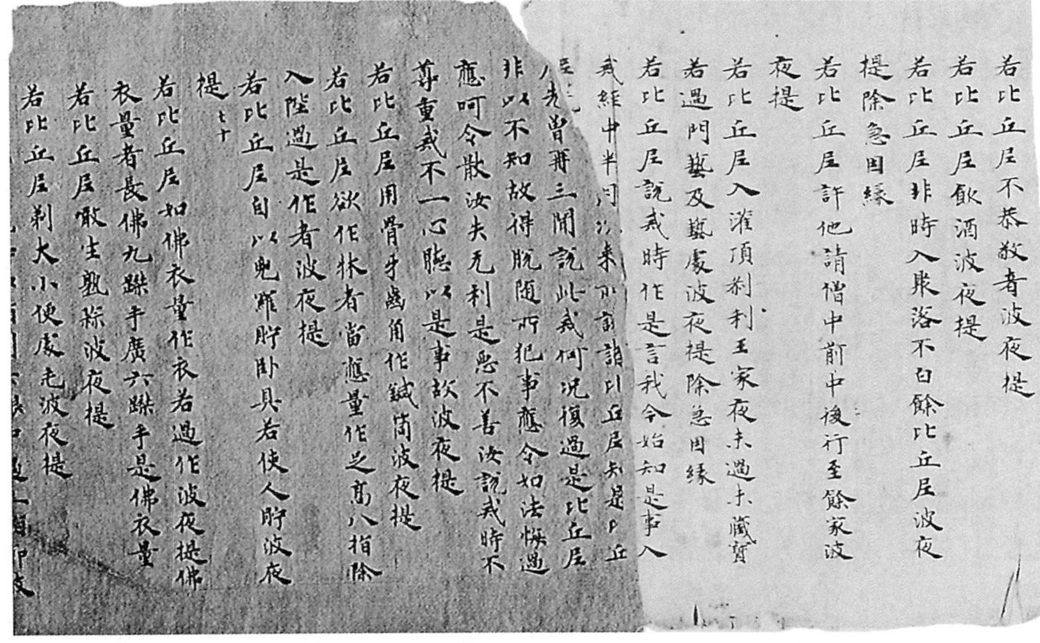
若比丘尼不恭敬者波夜提
若比丘尼飲酒波夜提
若比丘尼非時入衆落不白餘比丘尼波夜
提除急因緣
若比丘尼許他請僧中前中後行至餘家波
夜提
若比丘尼入灌頂刹利王家夜未過未藏寶
若過門塶及塶處波夜提除急因緣
若比丘尼說戒時作是言我今始知是事入
戒經中半月□來所誦比丘尼知是比丘
尼先曾再三聞說此戒何況復過是比丘尼
非以不知故得脱隨所犯事應如法悔過
應呵令散汝失无利是惡不善汝說戒時不
尊重戒不一心聽以是事故波夜提
若比丘尼用骨牙齒角作鍼筒波夜提
若比丘尼欲作牀者當應量作之高八指除
入陛過是作者波夜提
若比丘尼自以兜羅貯卧具若使人貯波夜
提 七十
若比丘尼如佛衣量作衣若過作波夜提佛
衣量者長佛九磔手廣六磔手是佛衣量
若比丘尼噉生熟蒜波夜提
若比丘尼剃大小便處毛波夜提

圖19　BD06059+羽621

十七　京博藏守屋 244+羽 704

1. 京博藏守屋 244(1163 cm×28.6 cm),完整圖版尚未正式公布,《守屋孝藏氏蒐集古經圖録》僅公開卷末一張圖版[1]。筆者承京都博物館上杉智英研究員的好意,獲睹此卷全貌。卷軸裝,首殘尾全,存 30 紙,首紙因殘僅剩 15 行,卷末兩紙各 22 行外,中間各紙均爲 26 行,共 761 行。每行字數不定,以 5 字或 7 字偈頌爲主,楷書,有烏絲欄。存文字首起"如法,蓮花葉里更飛香",尾訖"各隨喜云爾",之後有尾題"浄土五會念佛誦經觀行儀卷下",尾部有軸。卷首背面下方有 1 枚硃色陽文印章,印文爲"木齋審定"。卷尾背面有 1 枚硃色陽文印章,印文爲"德化李氏/木齋閣家/供養經",可知其爲李盛鐸舊藏。前揭《守屋圖録》指出,卷首第 15 行後大約缺脱了 52 行,現代已修整,背面托裱。

2. 羽 704(70.5 cm×30.8 cm),見《秘笈》9/113A—B。卷軸裝,首尾均殘。兩面有字,正面有 3 紙,第 1 紙 5 行,第 2 紙 33 行,第 3 紙 3 行,共 41 行,行 24 字不等。行書,存文字首起"絶粒法雄黄一分",尾訖"呼嘻秘妙之劣"。《秘笈》目録定名爲"絶粒法"。背面有 2 紙,第 1 紙 21 行,第 2 紙 26 行,共 47 行,每行字數不定,以 5 字或 7 字偈頌爲主。楷書,有烏絲欄。存文字首起"到彼花開蒙授記",尾訖"人人收得祴盛歸"。《秘笈》目録定名爲"浄土五會念佛誦經觀行儀卷下"。

需要注意的是,羽 704 雖然兩面有字,但並非同一張紙的兩面抄寫,而是"絶粒法"文獻作爲裱補紙粘貼在《浄土五會念佛誦經觀行儀》的背面。從《浄土五會念佛誦經觀行儀》文獻尾部上方餘出一紙上有倒書文字"□於是佛告"來看,"絶粒法"文獻是爲兩面書寫,一面文字蓋因裱補而被遮蓋。换言之,《浄土五會念佛誦經觀行儀》寫本背面原來並没有文字。

需要指出,羽 704 背面文獻下方見有三張横貼的裱補紙,最左邊一張文字朝内粘貼,辨識不清。另外兩張從右到左第 1 紙有 2 行,第 2 紙有 3 行,具體情況,如圖 20 所見。

再查下方這 5 行文字,兩者不僅内容可以前後相接,而且是正文《浄土五會念佛誦經觀行儀》的首殘部分。包括這三張殘紙在内,本號遺書的整體裱補,究竟是古代所爲,還是現代所爲,這需要結合京博藏守屋 244 加以考察。

---

〔1〕 京都國立博物館編《守屋孝藏氏蒐集古經圖録》,京都:便利堂,1964 年,98 頁。

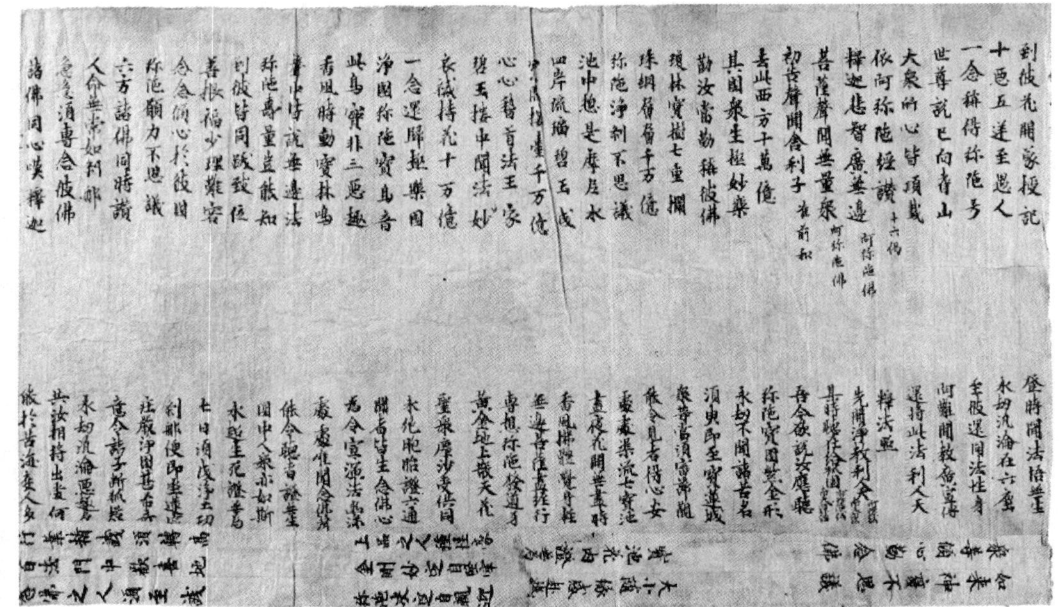

圖 20　羽 704 下方裱補

按：前揭《守屋圖録》業已指出，守屋 244 卷首第 15 行後大約脱落 52 行，即缺少相當於原遺書的兩紙行數。查核羽 704 所存情况，如上所述，第 1 紙雖然 21 行，但與其下方兩紙裱補屬於首殘的 5 行文字接合後則有 26 行，再加第 2 紙 26 行，共計 52 行，正好與《守屋圖録》推測守屋 244 卷首脱落的行數吻合。如果將羽 704 接合後的文字内容與守屋 244 進行分析比較，兩者書風字跡、行款格式完全相同。再比勘《大正藏》卷八五所收《浄土五會念佛誦經觀行儀》文字，羽 704 現存的文字實際就是守屋 244 第 15 行後所缺脱的部分，兩號内容可以直接綴合。詳細綴合情況，可參見圖 21。

如圖所示，羽 704 第 1 張補紙"如來神變不思議"可接在守屋 244 第 1 紙末"彌陀迎接更無疑"之後。第 2 張補紙可接在第 1 張補紙後，而其末句"彌陀決定自親迎"又可接下一紙。守屋 244 第 1 紙與羽 704 第 1 張補紙之間正好是紙張的接合處，因此，兩者分離的原因當是自然脱落所致。至於羽 704 原本 26 行的 1 紙，爲何被割裂成 3 紙？因爲第 1 紙與第 2 紙以及第 2 紙與第 3 紙之間皆非接合處，所以不可能是自然脱落，再視其痕跡，也似非單純撕裂，而可能是人爲裁剪的結果。此外，羽 704 末句"人人收得裓盛歸"，正好可以接在守屋 244 第 2 紙首句"空中片片雨天花"，具體綴合情况，可見圖 22。

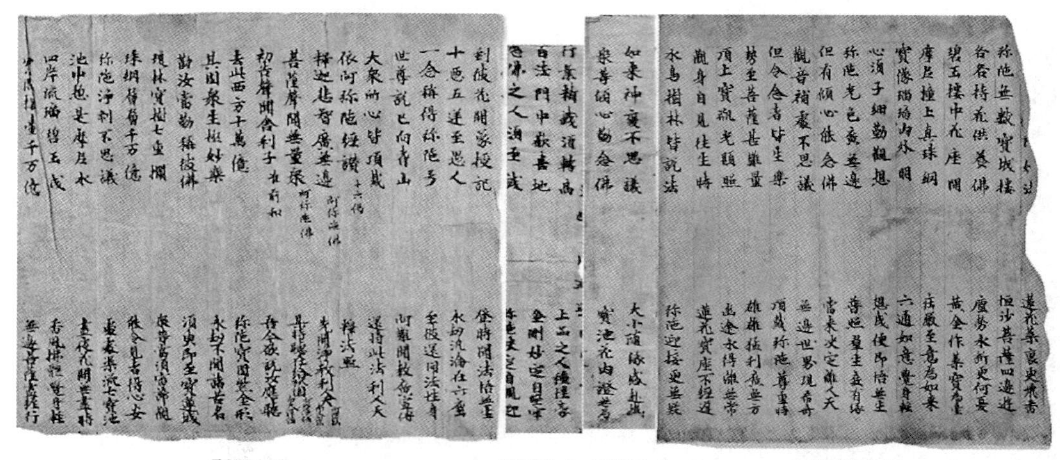

圖 21　京博藏守屋 244 第 1 紙+羽 704－1+羽 704－2+羽 704－3

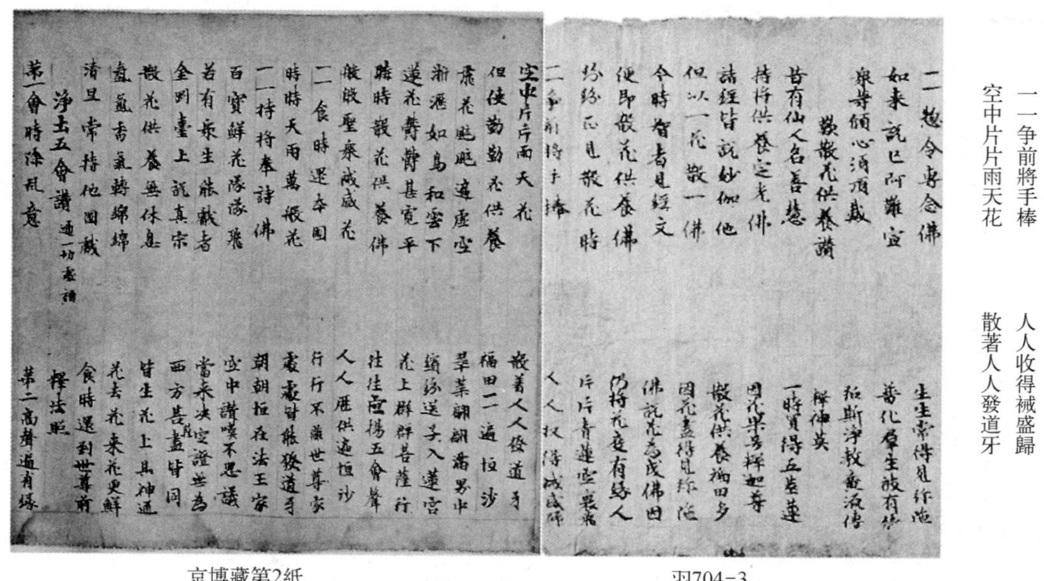

圖 22　羽 704－3+京博藏守屋 244 第 2 紙

綜上所述，羽 704 現存《浄土五會念佛誦經觀行儀》部分，正可補足守屋 244 之缺文，可以肯定兩號原爲同一寫本。

附帶指出，根據《秘笈》目録，從羽 591 至羽 736 均是日人江藤濤雄於 1939 年 11 月至 1942 年 12 月期間購得，之後再由江藤轉手給羽田亨，其中羽 704 則是江藤於 1942 年 4 月所獲。另承上杉智英研究員告知，守屋 244 入藏京都博物館的時間最遲在 1954 年 4 月 24 日以前。由此看來，江藤當年買到的《浄土五會念佛誦經觀行儀》，很可能包括守屋 244 在内。若再結合守屋 244 與羽 704 可以直接綴合的事實來看，《浄土五會念佛誦經觀行儀》寫本當是流傳到日本之後，先脱落了兩紙，之後再被割裂，而先脱落的兩紙就是目前看到的羽 704 背部分。也就是説，羽 704 的裱補可能是在 1942 年傳到日本後，至 1954 年歸藏京都博物館之前的這一段時期内進行的。當然，這僅是筆者個人的推斷，詳情待考。

十八　斯 07483…羽 759

1. 斯 07483(33.5 cm×25.5 cm)，圖版尚未正式公布(IDP 亦未見)。卷軸裝，首脱尾殘，下部殘損較甚。存 2 紙，共 18 行，行 17 字。有烏絲欄，楷書(有隸意)。原卷缺題，方廣錩編著《英國圖書館藏敦煌遺書目録》(斯 6981—斯 8400)定名爲“增一阿含經卷八”，稱是東晉或南北朝早期寫本[1]。

2. 羽 759(1183.5 cm×26.2 cm)，見《秘笈》9/328A—340A。卷軸裝，首殘尾全，尾題作“增一阿含經第五”，卷末有 2 行題記“仁壽三年(603)八月弟子皇太子廣爲/法界衆生敬造一切經流通供養”。卷首右上殘缺，卷尾左下殘缺。存 24 紙，共 676 行，行 17 字。有烏絲欄，楷書(有隸意)。卷尾下有 1 枚正方形陽文硃印，印文爲“德化李氏凡將閣珍藏”。

按：上揭兩號内容均爲《增一阿含經》，書風字跡相同，行款格式相近，文字前後相承，顯然爲同一寫本的斷裂。不過，兩號綴合後，其間尚缺完整文字一行，詳情可見圖 23。

另據羽 759 尾題可知，此文獻爲《增一阿含經》卷五，業師方廣錩先生之所以將斯 07483 定名爲“增一阿含經卷八”，乃因方先生依據的大正藏本《增一阿含經》與敦煌寫本分卷不同。在敦煌遺書中，有一些佛教寫本與傳統藏經本的分卷不同，就《增一阿含經》寫本方面，屬於異卷的還有斯 00495、BD15062 以及鄂博 22 等。

[1] 方廣錩編著《英國圖書館藏敦煌遺書目録》(斯 6981 號—斯 8400 號)，北京：宗教文化出版社，2000 年，140 頁。

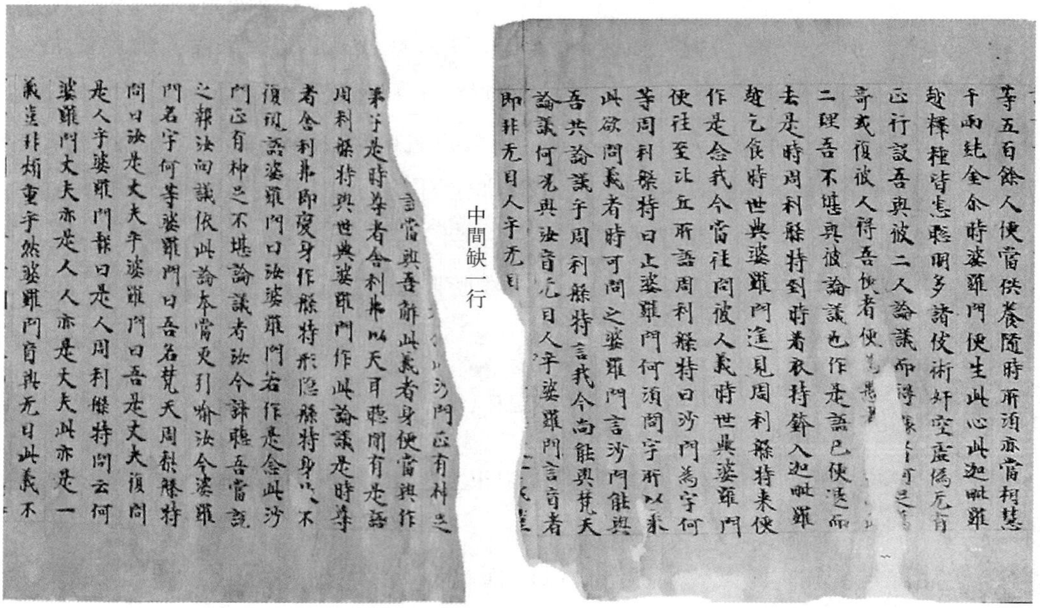

中間缺一行

羽759　　　　斯07483

圖 23　斯 07483…羽 759

結語與餘論

杏雨書屋藏敦煌遺書與其他散藏的綴合，前人已經揭出了 63 組，本文在前人研究的基礎上，如前所述，又補綴了 18 組，共計 81 組。每組綴合寫本少則兩號，多則十餘號。其中，如本文第 4 組所示，有時一組涉及兩號杏雨書屋藏敦煌遺書，因此，就寫本號數而言，該特藏遺書目前有 82 號可以與其他散藏遺書綴合，佔 758 號總數的約 11%。此外，在這 82 號寫本中，有時一號寫本可以與多家單位的散藏遺書綴合，若分別按藏品單位計算，杏雨書屋藏敦煌遺書與國圖本可以綴合的有 40 號，與英藏本可以綴合的有 20 號，與法藏本可以綴合的有 10 號，與俄藏本可以綴合的有 9 號。與日本國立國會圖書館、京都有鄰館、大谷大學、龍谷大學、京都國立博物館、英國印度事務部圖書館、上海博物館、浙江省博物館、天津市圖書館、北京大學圖書館、香港脈望館、濱田德海舊藏、羅振玉舊藏等多家單位敦煌遺書可以綴合的各 1 號。可以看出，這是一份相當可觀的綴合數據。

當然，如上綴合數據，僅是筆者目前掌握的情況，囿於所見以及隨著今後的進一步研究,實際可以綴合的寫本想必還會增加。雖則如此,如上數據已足以反映這些寫本在藏經洞被發現之前的斷裂,以及被發現之後"分身"各地的情況,由此略可窺探敦煌遺書流散歷史的一個側面。我們認爲,將這些"分身"各地的寫本進行綴合,不僅能恢復各寫本的原貌,進而爲文獻定名、判定寫本年代以及研究寫本内容等方面提供極大的幫助,同時對敦煌遺書的真僞辨别也不無裨益。以下僅就杏雨書屋藏敦煌遺書與其他散藏的綴合數據,略加申説它在敦煌遺書真僞辨别方面的特殊意義。

(一)基於與國圖本綴合的情況分析

如本文所示,杏雨書屋藏敦煌遺書與國圖本綴合的寫本,目前得以確認的至少有40號,與其他散藏相較,所佔比例最多。這一現象並非巧合,因爲杏雨書屋藏敦煌遺書均來自中國,而與國圖本具有更爲密切的關係。比如,中國國家圖書館編號BD00001至BD13800部分,屬於1910年被"劫餘"之後運回北京的這批敦煌遺書。這批敦煌遺書當年在上交京師圖書館(即後來的國圖)之前曾放在學部,部分被李盛鐸等人監守自盜。而杏雨書屋藏敦煌遺書核心部分的李盛鐸舊藏共432號寫本,就是從1910年運回北京的這批敦煌遺書中攫取而來的,與國圖BD13800之前的寫本屬於同一來源。至於BD13800以後的國圖本,主要是1949年新中國成立以後,通過文化部調撥、社會各界人士捐贈等方式入藏國圖的。也就是説,杏雨書屋藏敦煌遺書如果與BD13800之前的國圖本可以綴合,那麼就基本可以判定它們直接來自藏經洞。

根據統計,在杏雨書屋藏敦煌遺書與國圖本可以綴合的40號寫本中,有36號能與BD13800之前的國圖本綴合。由於這批國圖本直接來自藏經洞,與之綴合的寫本,也理應是藏經洞之物。至於剩下的4號寫本,與之綴合的國圖本,雖然在BD13800之後,但湊巧的是,它們都是李盛鐸舊藏的432號部分,具體情況如下:羽44+BD15774+BD15773《百怪圖》以及本文揭出的BD15460+羽078…BD11898…羽021《釋浄土群疑論》卷七和BD15394+羽278《入大乘楞伽經》卷七。如果以李盛鐸舊藏432號直接來自藏經洞爲前提,同樣道理,與之綴合的寫本自然無需懷疑。如此看來,杏雨書屋藏敦煌遺書與國圖本可以綴合的40號均爲真寫本無疑。

此外,我們注意到,張磊、周思宇兩人通過《維摩詰經》的綴合指出[1],國圖藏的該經寫本,有些是被人爲地撕裂。同時馮國棟、秦龍泉兩人也指出[2],杏雨書屋李盛鐸

〔1〕 張磊、周思宇《從國圖敦煌本〈維摩詰經〉系列殘卷的綴合還原李盛鐸等竊取寫卷的真相》,《文獻》2019年第6期。

〔2〕 馮國棟、秦龍泉《李盛鐸舊藏敦煌殘卷〈妙法蓮華經〉綴合研究》,《浙江大學學報》2021年第5期。

舊藏《法華經》殘卷,有四組寫本與國圖本綴合,即 BD07058+羽 006、BD11333+羽 122、BD06992+羽 296、BD08739+羽 398,這些寫本也明顯有人爲撕裂的痕跡,這不僅證明李盛鐸當年監守自盜的事實,也能説明這些寫本的確出自藏經洞。本文的綴合也能補充説明這一點,如第 16 組 BD06059+羽 621 的分離,同樣爲刻意撕裂所致。羽 621 雖然没有編在李盛鐸舊藏 432 號之内,但此卷末尾鈐有"德化李氏凡將閣珍藏"印章。姑且不論這枚印章的真假,僅從羽 621 與 BD06059 可以直接綴合來看,既然原爲同卷寫本,那就不太可能是僞造的,甚至在運入學部以前可能尚未分離,而是由李盛鐸等人爲了充數而被刻意撕裂的。

(二)基於與英藏、法藏和俄藏綴合的情況分析

英藏、法藏和俄藏的敦煌遺書,雖有可能混入各自探險隊在中國新疆、甘肅等地所獲的文書,但就敦煌遺書部分則直接來自藏經洞,這一點恐怕無人質疑[1]。如果承認這一點,那麼與英藏、法藏和俄藏可以綴合的寫本,其真實性也就不容懷疑了。僞造敦煌遺書的方法之一,可以根據真遺書進行仿製,但不可能存在同一件寫本,前半部分是真,後面部分是假,或是前假後真的情況。既然如此,杏雨書屋藏敦煌遺書與英、法、俄所藏可以綴合的部分,無論如何都不可能將其輕易視爲僞寫本。

(三)基於與其他散藏的綴合情況分析

從上述分析已不難瞭解,敦煌遺書的真僞鑒别,需要警惕的就是英、法、俄藏之外與 BD13800 之後的國圖本以及其他散藏的敦煌遺書。據目前所知,除英、法、俄藏以及國圖本之外,杏雨書屋藏敦煌遺書與其他散藏綴合的寫本共有 13 號。但我們注意到,其中羽 88、羽 024、羽 161、羽 180 等 4 號寫本是李盛鐸舊藏,各自綴合情況是:BD11970…BD12138+BD12149…C.91…羽 88…(俄 01784、俄 01830 俄 01855)…俄 00217+BD11812…俄 18066…俄 06852《金光明經》、伯 2592+斯 03907+斯 04901+羅振玉舊藏+羽 024《敦煌縣敦煌郡龍勒鄉都鄉里天寶六載籍》、北大 D144+羽 161《勝天王般若波羅蜜經》卷三、上博 20C+羽 180《究竟大悲經》。顯然,這 4 號不僅是李盛鐸舊藏,而且羽 88 同時可以與 BD13800 之前的國圖本、俄藏本以及英國印度事務部圖書館藏寫本綴合,羽 024 同

[1] 日本學者藤枝晃曾一度質疑英藏敦煌遺書的真實性,認爲其中混入斯坦因第三次探險獲得的由李盛鐸僞造於 1911 年以後流入敦煌的若干寫本(見 Dalya Alberge, "Hundreds of fakes found in library's Chinese collection", *Times*, Monday June 23, 1997)。受此觀點影響,1997 年 6 月 30 日至 7 月 1 日大英圖書館中文部召開"二十世紀初葉的敦煌寫本僞卷"研討會,邀請國際學界的敦煌研究專家共同探討這一問題。藤枝晃的這一觀點有過一定影響,但目前學界依然普遍認爲英藏是真真切切的敦煌遺書。

時可以與法藏本和英藏本綴合。可見,我們没有理由懷疑它們的真實性。此外,如羽673R+斯03071…日本國立國會圖書館WB32《靈寶金籙齋儀》、大谷總26+羽589-28…斯00334《孛經抄》所示,羽673R與羽589-28同時還與英藏本可以綴接,若根據英藏本的可靠來源,同樣没有理由懷疑它們的真實性。

如此算來,餘下7號寫本,即羽533+津圖175、伍倫1+羽538、羽561+大谷3075、羽619+香港脈望館39、羽722+有鄰館36、羽604+浙敦199、京博藏守屋244+羽704的真實性最值得關注。但需要指出的是,根據日本學者片山章雄的研究,羽561並非敦煌遺書,而是吐魯番出土文書[1]。它與大谷3075可以直接綴合,與大谷3449+大谷3078…大谷3089…大谷3095同屬於唐人物價文書的資料群。這些大谷文書本是100多年前大谷探險隊從吐魯番地區的一古墓中獲得,來源無需質疑。羽561原爲梁素文舊藏(梁從何處所得,不明),後經日人清野謙次之手,於1937年賣給羽田亨,故今歸藏杏雨書屋。至於其他幾號寫本,如果相信卷末所鈐的印章,其中羽619、羽722爲李盛鐸舊藏,羽604爲何彦昇舊藏,而羽704與京博藏守屋244綴合之後,原本也是李盛鐸舊藏,它們作爲僅見於中日兩國之間的散藏敦煌遺書,雖有僞造的可能,但也不能輕下判語,則需具體分析。比如,羽722+有鄰館36爲兩面書寫,正面抄《妙法蓮華經》卷六,背面抄《致太保書簡》。高田時雄先生曾經指出,羽722+有鄰館36背面各自抄有《致太保書簡》,兩者内容幾乎一致,均屬僞造[2]。這種僞造手法極其特殊,應加注意。不過,對這兩號寫本的正面内容,高田先生則未懷疑,表明綴合情況對於判定遺書真僞具有一定參考意義。

總而言之,杏雨書屋藏敦煌遺書摻雜有僞寫本,這是不可否認的事實。尤其該特藏中的四號景教文獻,即羽013《志玄安樂經》、羽431《大秦景教宣元本經》、羽459《序聽迷詩所經》以及羽460《一神論》,長期以來,真僞争議最大,而今學界普遍認爲是僞造的。筆者曾經對杏雨書屋藏敦煌遺書編目後指出,羽002、羽461、羽611、羽626、羽732、羽763、羽768寫本的題記可疑,甚至羽629《心惠菩薩本愿經》還有全卷僞造的可能[3]。雖則如此,包括杏雨書屋藏敦煌遺書在内,以往報導日藏敦煌遺書98%以上屬

〔1〕 片山章雄《杏雨書屋〈敦煌秘笈〉中の物価文書と龍谷大學図書館大谷文書中の物価文書》,《内陸アジア史研究》第27號,2012年。

〔2〕 高田時雄《日藏敦煌遺書の來源と真僞問題》,《敦煌寫本研究年報》第9號,2015年。

〔3〕 定源《杏雨書屋藏敦煌遺書編目整理綜論》,《2021敦煌學國際聯絡委員會通訊》,上海古籍出版社,2021年。

於僞造,這肯定是不符合事實的,如今這種觀點想必已没人相信。相反,就筆者相對熟悉的杏雨書屋藏敦煌遺書而言,通過前人及本文的綴合工作已略可知,大部分都是值得依賴的真寫本。

附:前人已確認杏雨書屋藏敦煌遺書與其他散藏的綴合成果

説明:

1. 下表按杏雨書屋藏敦煌遺書編號先後排列。

2. 如羽015,包涵多個文獻時,則按不同文獻分别列出。但如果是兩面書寫,則按一組列出,而且"文獻名"一欄僅標正面内容的文獻名。

3. 有些遺書綴合,經由多位學界指出,"綴合出處"一欄盡可能列出最新研究成果,作者名稱後面所標示的數字,是表示前揭同一作者論文發表的年代。

序號	卷號	文獻名	綴合出處
1	BD07058+羽006	《妙法蓮華經》卷四	馮國棟、秦龍泉〔1〕
2	羽014－1+斯06121+斯11910	《論語鄭氏注》	許建平/劉郝霞〔2〕
3	伯2978…羽015…斯06346	《發病書》	陳于柱〔3〕
4	羽015－1+伯2669、羽015－2+俄00588	《詩經》	許建平〔4〕
5	羽018+斯02074	《尚書》	王天然〔5〕
6	伯4988+羽019	《莊子·讓王》《大目乾連冥問救母變文》	劉永明〔6〕

〔1〕《李盛鐸舊藏敦煌殘卷〈妙法蓮華經〉綴合研究》,《浙江大學學報》2021年第5期。

〔2〕許建平《杏雨書屋藏論語殘片三種校録及研究》,"從抄本到刻本:中日《論語》文獻研究學術研討會"論文,2011年;劉郝霞《流散日本的敦煌文獻綴合與真僞考》(未刊稿)。

〔3〕《日本杏雨書屋藏敦煌本〈發病書〉殘卷整理與研究》,《敦煌吐魯番研究》第15卷,上海古籍出版社,2015年。

〔4〕《杏雨書屋藏〈詩經〉殘片三種校録及研究》,《慶祝饒宗頤先生95華誕敦煌學國際學術研討會論文集》,北京:中華書局,2012年。

〔5〕《讀杏雨書屋所藏八件經部敦煌寫本小識》,《亞洲研究》第16期,韓國,2012年。

〔6〕《日本杏雨書屋藏敦煌道教及相關文獻研讀劄記》,《敦煌學輯刊》2010年第3期。

續　表

序號	卷　號	文　獻　名	綴合出處
7	伯 2592+斯 03907+斯 04901+羅振玉舊藏+羽 024	《敦煌縣敦煌郡龍勒鄉都鄉里天寶六載籍》	陳國燦〔1〕
8	羽 036+伯 3841	《沙洲會計曆》《往生禮贊偈》	陳國燦[2013]
9	羽 037R+斯 00019+俄 03903	《算經》	金少華〔2〕
10	羽 044+BD15774+BD15773	《百怪圖》	游自勇〔3〕
11	斯 00692+羽 057	《秦婦吟》	陳麗萍〔4〕
12	羽 059R…伯 3191…斯 05861D+BD10613+BD10076+斯 09951…斯 05861C…斯 05861A	《大唐天下郡姓氏族譜》	陳麗萍〔5〕
13	羽 061+BD11177…BD11178…BD11180	《唐代敦煌縣勘印簿》	赤木崇敏〔6〕
14	BD05872+羽 087A	《梵網經》	張涌泉、孟雪〔7〕
15	BD11970…BD12138+BD12149…C.91…羽 088…(俄 01784、俄 01830、俄 01855)…俄 00217+BD11812…俄 18066…俄 06852	《大般若波羅蜜多經》卷五百七十七	徐浩、張涌泉〔8〕
16	BD11333+羽 122	《妙法蓮華經》卷二	馮國棟、秦龍泉[2021]
17	羽 123+BD05527+BD05531	《妙法蓮華經》卷二	馮國棟、秦龍泉[2021]
18	羽 128…BD15238	《妙法蓮華經》卷四	張炎〔9〕

〔1〕《讀〈杏雨書屋藏敦煌秘笈〉劄記》,《史學史研究》2013 年第 1 期。

〔2〕《跋日本杏雨書屋藏敦煌本〈算經〉殘卷》,《敦煌學輯刊》2010 年第 4 期。

〔3〕《敦煌寫本〈百怪圖〉續綴》,《敦煌吐魯番研究》第 19 卷,上海古籍出版社,2020 年。

〔4〕《杏雨書屋藏〈秦婦吟〉殘卷綴合及研究》,《隋唐遼宋金元史論叢》第 3 輯,上海古籍出版社,2013 年。

〔5〕《敦煌本〈大唐天下郡姓氏族譜〉的綴合與研究——以 S.5861 爲中心》,《敦煌研究》2014 年第 1 期。

〔6〕《唐代敦煌縣勘印簿羽 061,BD11177,BD11178,BD11180 小考》,《敦煌寫本研究年報》第 5 號,2011 年 3 月。

〔7〕《國圖藏〈梵網經〉敦煌殘卷綴合研究》,《出土文獻與古文字研究》第 6 輯,2015 年。

〔8〕《杏雨書屋藏敦煌〈大般若經〉寫本綴合研究》,《浙江大學學報》2021 年第 5 期。

〔9〕《敦煌本〈法華經〉殘卷綴合研究——以八卷本爲中心》,http://www.gwz.fudan.edu.cn/web/show_newsstyle/2920,2021 年 5 月 2 日。

續　表

序號	卷　號	文　獻　名	綴合出處
19	羽 130+斯 06846	《妙法蓮華經》卷四	馮國棟、秦龍泉[2021]
20	BD11548+羽 136	《金光明最勝王經》卷八	朱若溪〔1〕
21	伯 3019+羽 137	《首羅比丘經》	張小艷〔2〕
22	BD01400+羽 149	《妙法蓮華經》卷五	馮國棟、秦龍泉[2021]
23	BD11741…BD14521…羽 170	《十誦律》	劉丹、王勇〔3〕
24	上博 20C+羽 180	《究竟大悲經》卷四	張小艷〔4〕
25	斯 07288…羽 195	《大般若波羅蜜多經》卷二百九十	徐浩、張涌泉[2021]
26	羽 243…斯 09223	《大般若波羅蜜多經》卷二百二十四	徐浩、張涌泉[2021]
27	羽 248…俄 05831+俄 05869+俄 08781	《大般若波羅蜜多經》卷五百六十六	徐浩、張涌泉[2021]
28	俄 12468…羽 255	《大般若波羅蜜多經》卷一	徐浩、張涌泉[2021]
29	羽 260+BD11943+BD10197	《八陽經》	張涌泉、羅慕君〔5〕
30	羽 261+BD02609	《金光明最勝王經》卷九	朱若溪[2017]
31	BD04286+羽 265	《大般若波羅蜜多經》卷百九十四	徐浩、張涌泉[2021]
32	BD06992+羽 296	《妙法蓮華經》卷三	馮國棟、秦龍泉[2021]
33	羽 343…斯 04097	《大般若波羅蜜多經》卷百三十	徐浩、張涌泉[2021]
34	BD10879+羽 345	《大般若波羅蜜多經》卷四百九十六	徐浩、張涌泉[2021]
35	羽 348+BD06510	《金光明最勝王經》卷四	朱若溪[2017]

〔1〕《〈金光明經〉敦煌寫本研究》,浙江大學博士學位論文,2017 年 6 月。

〔2〕《敦煌疑僞經六種殘卷綴合研究》,《文獻》2017 年第 1 期。

〔3〕《敦煌〈十誦律〉寫本綴合研究》,《敦煌學輯刊》2021 年第 3 期。

〔4〕《敦煌疑僞經四種殘卷綴合研究》,《宗教學研究》2015 年第 4 期。

〔5〕《敦煌本〈八陽經〉殘卷綴合研究》,《中華文史論叢》2014 年第 2 期。

續　表

序號	卷　號	文　獻　名	綴合出處
36	羽 353+伯 3139	《妙法蓮華經》卷七	馮國棟、秦龍泉[2021]
37	斯 07246+羽 360	《妙法蓮華經》卷七	馮國棟、秦龍泉[2021]
38	BD07498+BD11011+BD08695+BD03487+BD10279+(俄 10547+俄 10548)+BD08023+BD08723+(俄 10547+俄 10548)+BD0786…BD08704+BD10207+BD03267+羽 364+BD10268	《妙法蓮華經》卷六	張炎[1]
39	羽 394+BD01300	《大般若波羅蜜多經》卷四百八十七	徐浩、張涌泉[2021]
40	BD08739+羽 398	《妙法蓮華經》卷六	馮國棟、秦龍泉[2021]
41	羽 403+斯 04653	《金光明最勝王經》卷三	朱若溪[2017]
42	羽 405+BD04218+BD04202+BD04104+BD04198	《妙法蓮華經》卷四	馮國棟、秦龍泉[2021]
43	俄 10919…BD06023+羽 423	《大般若波羅蜜多經》卷二百二十六	徐浩、張涌泉[2021]
44	羽 427+伯 3743	《千字文》	張新朋[2]
45	BD05077…羽 450	《大般若波羅蜜多經》卷百六十二	徐浩、張涌泉[2021]
46	BD08516+羽 457－16+羽 457－2	《金光明最勝王經》卷五	朱若溪[2017]
47	羽 474 首紙+BD03432 次紙	《大般若波羅蜜多經》卷百八十七	徐浩、張涌泉[3]
48	羽 474 次紙+俄 01155	《大般若波羅蜜多經》卷百八十七	徐浩、張涌泉[2017]
49	羽 515+斯 01304	《維摩詰所説經》卷上	張磊、周思宇[4]

[1]《敦煌佛經殘卷的綴合與定名——以〈妙法蓮華經〉爲例》,《敦煌研究》2017 年第 5 期。

[2]《敦煌蒙書殘片考》,《文獻》2013 年第 5 期。

[3]《〈國家圖書館藏敦煌遺書〉誤綴四題》,《文獻》2017 年第 1 期。

[4]《從國圖敦煌本〈維摩詰經〉系列殘卷的綴合還原李盛鐸等人竊取寫卷的真相》,《文獻》2019 年第 6 期。

續 表

序號	卷　號	文 獻 名	綴合出處
50	BD11905…BD10096+BD04854+羽520	《大般若波羅蜜多經》卷百六十七	徐浩、張涌泉[2021]
51	羽522…BD06635	《大般若波羅蜜多經》卷二百六十五	徐浩、張涌泉[2021]
52	BD06779+羽531+斯09146…BD03157	《大般若波羅蜜多經》卷二	徐浩、張涌泉[2021]
53	羽533+津圖175	《金光明最勝王經》卷四	朱若溪[2017]
54	伍倫1+羽538	《妙法蓮華經》卷二	張涌泉、徐鍵〔1〕
55	羽561+大谷3449	《唐天寶二載交河郡市估案》	片山章雄〔2〕
56	俄01893+羽589－13	《原始五老赤書玉篇真文天書經》	郜同麟〔3〕
57	BD09091+BD08482+羽599	《觀無量壽經》	張涌泉、方曉迪〔4〕
58	羽619+香港脈望館39	《增壹阿含經・比丘尼品》(異本)	釋長叡〔5〕
59	斯05654B+羽637V－A	《新救衆生菩薩經》	張小豔〔6〕
60	俄05663+羽644	《大般若波羅蜜多經》卷二百十七	徐浩、張涌泉[2021]
61	BD00345+羽668	《大般若波羅蜜多經》卷二百十二	徐浩、張涌泉[2021]

〔1〕《濱田德海舊藏敦煌殘卷兩種研究》,《浙江社會科學》2017年第3期。

〔2〕《杏雨書屋〈敦煌秘笈〉中の物価文書と龍谷大學図書館大谷文書中の物価文書》,《内陸アジア史研究》第27號,2012年。

〔3〕《敦煌吐魯番道經殘卷拾遺》,《敦煌學輯刊》2016年第1期。

〔4〕《敦煌本〈觀無量壽經〉及其注疏殘卷綴合研究》,《中國典籍與文化》2020年第2期。

〔5〕《"杏雨書屋"所藏敦煌寫卷"羽619"與"阿含部類"的關係研究》,臺灣法鼓文理學院碩士論文,2015年。

〔6〕《敦煌本〈新菩薩經〉、〈勸善經〉、〈救諸衆生苦難經〉殘卷綴合研究》,《復旦學報》2015年第6期。

續　表

序號	卷　號	文獻名	綴合出處
62	羽 673R＋斯 03071…日本國立國會圖書館藏 WB32	《靈寶金籙齋儀》	張鵬〔1〕
63	羽 722+有鄰館 36	《妙法蓮華經》卷六	高田時雄〔2〕

（作者單位：上海師範大學佛教文獻研究所）

〔1〕《〈敦煌秘笈〉羽 673R 的綴合及金籙齋儀的再探討》,《敦煌學輯刊》2016 年第 2 期。

〔2〕《日藏敦煌遺書の來源と真僞問題》,《敦煌寫本研究年報》第 9 號,2015 年。中文本題爲《日藏敦煌遺書的來源與真僞問題》,《西南民族大學學報》(人文社會科學版)2016 年第 11 期。

《敦煌吐魯番研究》第二十二卷
2023 年,321—344 頁

俄藏黑水城漢文文獻殘頁内容考補*

崔紅芬

俄藏黑水城漢文文獻最早由弗魯格整理編目,之後孟列夫在弗魯格編目基礎上繼續整理並出版了《黑城出土漢文遺書敘録》〔1〕。20 世紀 90 年代我國陸續影印出版了《俄藏黑水城文獻》〔2〕,漢文文獻刊佈在 1—6 册之中。自文獻刊佈以來,學者們雖對未定名或定名錯誤的漢文佛經殘頁考證定名,對混入敦煌文獻的黑水城漢文文獻進行辨别,取得了可喜成績〔3〕,但也存在尚需進一步考證的空間。本文再次對定名不確定的漢文文獻殘頁或殘片進行考補,以使學界更全面瞭解黑水城文獻的價值和研究意義。因《俄藏黑水城文獻》所涉編號由多個殘頁或殘片組成,其内容不同,類型不好劃分,故下面以文獻編號爲題進行考證。

一　TK274V

《長阿含經》,宋刻本,卷軸裝,TK274V 粘紙多層,上層有"長阿含經卷第二十　薄""長文惡爲受也"和回鶻文一行。下一層(即虚綫處 1)存三行漢文佛經,其内容爲"三菩提""一切勇菩提""會衆生得阿",檢索其内容,應爲元魏月婆首那譯《僧伽吒經》卷

＊ 本文爲 2019 年國家社科基金重大招標項目"西夏文文獻中遺存唐譯經整理與綜合研究"(批准號 19ZDA240)、2018 年度國家社會基金重點項目冷門絶學和國别史等研究"西夏文文獻中遺存宋代譯經整理研究"(批准號 2018VJX009)的階段性成果。

〔1〕 孟列夫編著,王克孝譯《黑城出土漢文遺書敘録》,銀川:寧夏人民出版社,1994 年。

〔2〕 俄羅斯科學院東方研究所聖彼得堡分所、中國社科院民族研究所、上海古籍出版社《俄藏黑水城文獻》,上海古籍出版社,1996—2021 年。

〔3〕 宗舜《〈俄藏黑水城文獻〉漢文佛教文獻擬題考辨》,《敦煌研究》2001 年第 1 期,82—92 頁;《〈俄藏黑水城文獻〉之漢文佛教文獻續考》,《敦煌研究》2004 年第 5 期,90—93 頁;榮新江《〈俄藏敦煌文獻〉中的黑水城文獻》,沈衛榮主編《黑水城人文與環境研究》,北京:中國人民大學出版社,2007 年,534—548 頁;劉波《黑水城漢文刻本文獻定名商補》,《文獻》2013 年第 2 期,69—76 頁;佟建榮《黑水城漢文文獻補考》,《敦煌研究》2021 年第 2 期,131—139 頁。

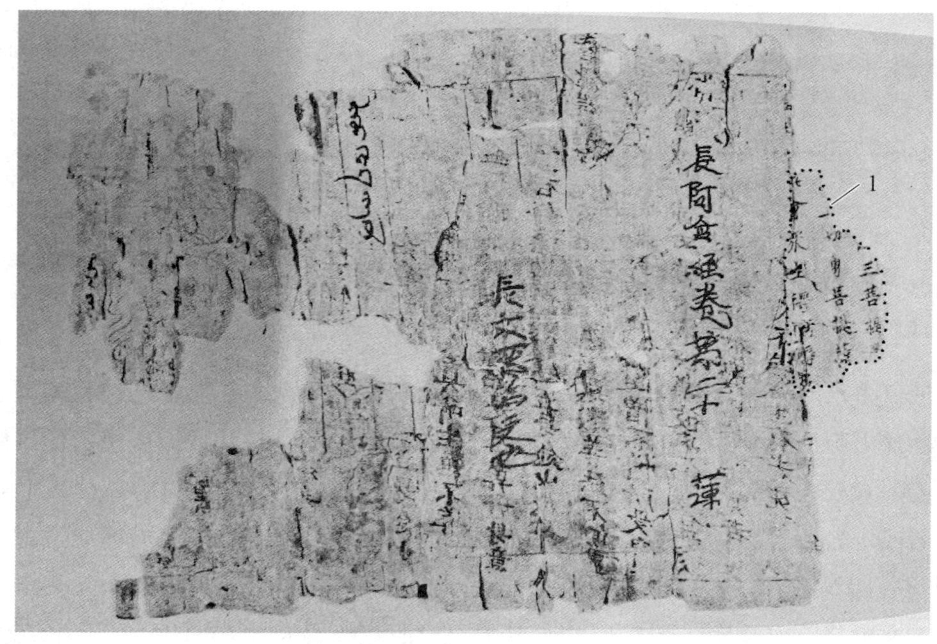

TK274V

第一相應内容：

爾時，世尊告一切勇菩提薩埵："于此會中一切衆生，當得阿耨多羅三藐三菩提，成就一切如來境界，是故佛笑。"一切勇菩提薩埵白佛言："世尊！何因緣故，此會衆生得阿耨多羅三藐三菩提？"[1]

《僧伽吒經》這是首次在黑水城文獻中被發現，之前的文獻目録中對此經都未提及，此經又補充豐富了西夏佛經種類和内容。

二 TK275V

TK275定名"護法神主"，宋刻本版畫。TK275V亦爲漢文，刊佈者未定名，存1個殘片3行，每行存5—6字，寫本，下欄綫單欄，刊佈者未定名，殘存内容僅有"……説不可説佛刹……不可説佛刹微……説佛刹微塵"。其内容可確定爲唐實叉難陀譯《大方廣佛華嚴經》。因爲缺少參照内容，具體屬於哪一卷尚待考證。或爲《大方廣佛華嚴經》卷第四四"十通品第二十八"的"又知不可説不可説佛刹微塵數世界，盡未來際有不

〔1〕 月婆首那譯《僧伽吒經》，《大正藏》第13册，第0423號，960頁上欄26—29。

可説不可説佛刹微塵數劫,一一劫有不可説不可説佛刹微塵數諸佛名號,一一名號有不可説不可説佛刹微塵數諸佛如來,一一如來……"[1]的相應内容。或爲《大方廣佛華嚴經》卷第四七"佛不思議法品第三十三之二"的"一一音聲演不可説不可説佛刹微塵數修多羅藏,一一修多羅藏演不可説不可説佛刹微塵數法,一一法有不可説不可説佛刹微塵數文字句義……"[2]的相應内容。

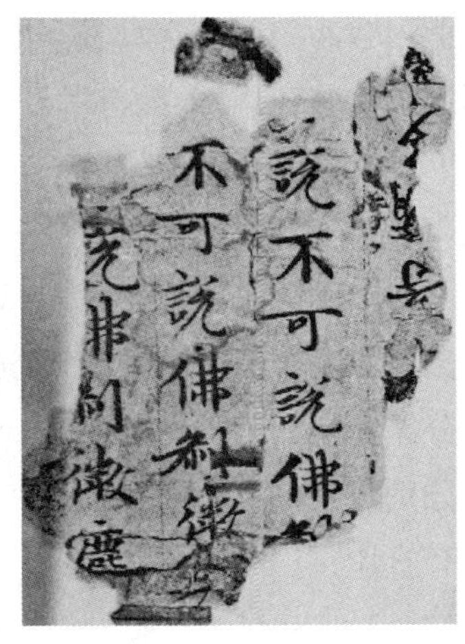

TK275V《大方廣佛華嚴經》

三　TK278V

TK278"佛經版畫",宋刻本,卷軸裝,TK278V 粘貼兩層紙:(1)"中阿含經卷第二十五　簽[3]",(2)豎粘"……十五　簽"[4],横粘有"智清浄""□□""清浄故""清浄""二無",這些横向粘

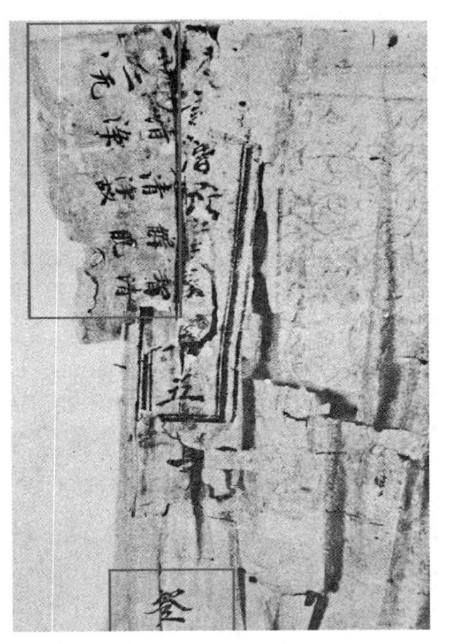

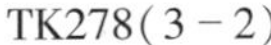

TK278(3-2)

TK278(3-1)

〔1〕 實叉難陀譯《大方廣佛華嚴經》卷 44,《大正藏》第 10 册,第 279 號,230 頁中欄 10。

〔2〕 同上書,249 頁中欄 06。

〔3〕 簽,刊佈時認爲是"興"。

〔4〕 刊佈時定爲《摩訶僧祇律》卷第十五,待考,根據圖版無法辨識,但考慮(3-1)(3-2)下面兩個字相同,應爲同部佛經,而非兩部。

貼内容大約可確定爲玄奘譯《大般若波羅蜜多經》的相應内容，因殘缺嚴重，缺少關鍵字的比對，具體卷數待考。

四　A20V

A20 定爲元刻本(?)。蝴蝶裝，由三部分組成，即(1)《大隨求陀羅尼》，(2)《一切如來心陀羅尼》，(3)《唐梵般若心經》。每頁 6 行，漢文 3 行，梵文 3 行，每折間以欄綫分開。而 A20V 殘存 35 頁，内容複雜，除詞章和詩文外，還有 4 部寫本佛經，即刊佈者分別定名爲《大佛頂如來密因修證了義諸菩薩萬行首楞嚴經》卷一〇(35－8、35－9、35－10、35－12、35－13、35－15、35－21、35－22、35－23、35－24、35－25、35－26、35－27、35－28、35－31、35－32、35－33、35－34)；《華嚴經》"梵行品第十六"(35－2、35－3、35－12、35－16、35－17、35－30、35－35)、《金剛般若波羅蜜經》(35－29)和《佛印禪師心王戰六賊輪迴表》(35－14)。A20V 前兩部殘經定名基本正確，但也存在個別殘頁定名錯誤和綴合方面的問題；後兩部殘經存在定名問題。

分析殘存 35 頁内容，刊佈者將 35－21 左右頁定爲《首楞嚴經》，其實 35－21 右面非《首楞嚴經》；(35－29)左右頁明顯字體不同，應是兩部殘經，刊佈者籠統定名《金剛經》不正確，35－30 右面和 35－35 刊佈者定名爲《華嚴經》不正確，字體不同。我們按經名編號逐一進行核對和重新綴合。

1.《大佛頂如來密因修證了義諸菩薩萬行首楞嚴經》卷一〇

比較 35 殘頁内容，35－21(左面)、35－29(右、中面)、35－31(上、下面)、35－32(左面)、35－35(右面)也是《首楞嚴經》。比對殘存内容，按經文内容排列如下，可拼接綴合給予説明：35－15，35－21(左面)與 35－21(右面)可上下拼接，35－22 與 35－13 可上下拼接，35－9 與 35－8 上下拼接，作爲 35－23(右面)下部分内容，而與 35－23(右面)上下拼接，35－23(左面)再與 35－10 上下拼接，35－31(上面)與 35－34 上下拼接，後接 35－33，35－33 與 35－28(左面)相接，後接 35－29，35－29(右、中面)與 35－25(左面)相接，後接(35－26)+(35－24)+(35－35)+(35－25)(右面)+(35－27)+(35－31)(下面)+(35－28)(右面)。綴合後殘存内容見底綫部分：

阿難！彼善男子修三摩提想陰盡者，是人平常夢想銷滅寤寐恒一，覺明虚靜猶如晴空，無復粗重前塵影事，觀諸世間大地河山如鏡鑒明，來無所粘過無蹤跡虚受照應，了罔陳習唯一精真，生滅根元從此披露，見諸十方十二衆生畢殫其類，雖未通其各命由緒，見同生基，猶如野馬熠熠清擾，……

若于所歸立真常[1]因生勝解者，是人則墮因所因執，娑毗迦羅所歸冥諦成其伴侣，迷佛菩提亡失知見，是名第一立所得心，成所歸果，違遠圓通背涅槃城，生外道種。

阿難！又善男子，窮諸行空已滅生滅，而於寂滅精妙未圓，若於所歸覽爲自體，盡虚空界十二類内所有衆生皆我身中一類流出生勝解者，是人則墮能非能執，摩醯首羅現無邊身成其伴侣，迷佛菩提亡失知見，是名第二立能爲心，成能事果，違遠圓通背涅槃城，生大慢天我遍圓種。

又善男子，窮諸行空已滅生滅，而於寂滅精妙未圓，若於所歸有所歸依，自疑身心從彼流出，十方虚空鹹其生起，即於都起所宣流地，作真常身無生滅解，在生滅中早計常住，既惑不生亦迷生滅，安住沈迷生勝解者，是人則墮常非常執計，自在天成其伴侣，迷佛菩提亡失知見，是名第三立因依心，成妄計果，違遠圓通背涅槃城，生倒圓種。

又善男子，窮諸行空已滅生滅，而於寂滅精妙未圓，若於所知知遍圓故，因知立解，十方草木皆稱有情與人無異，草木爲人人死還成十方草樹，無擇遍知生勝解者，是人則墮知無知執，婆吒霰尼執一切覺成其伴侣，迷佛菩提亡失知見，是名第四計圓知心，成虚謬果，違遠圓通背涅槃[2]城，生倒知種。

又善男子，窮諸行空已滅生滅，而於寂滅精妙未圓，若於圓融根互用中已得隨順，便於圓化一切發生，求火光明、樂水清浄、愛風周流、觀塵成就，各各崇事以此群塵，發作本因立常住解，是人則墮生無生執，諸迦葉波並婆羅門，勤心役身事火崇水，求出生死成其伴侣，迷佛菩提亡失知見，是名第五計著崇事迷心從物，立妄求因，求妄冀果，違遠圓通背涅槃城，生顛化種。

又善男子，窮諸行空已滅生滅，而於寂滅精妙未圓，若于圓明計明中虚，非滅群化，以永滅依爲所歸依，生勝解者，是人則墮歸無歸執，無想天中諸舜若多成其伴侣，迷佛菩提亡失知見，是名第六圓虚無心，成空亡果，違遠圓通背涅槃城，生斷滅種。

又善男子，窮諸行空已滅生滅，而於寂滅精妙未圓，若于圓常固身常住，同於精圓長不傾逝生勝解者，是人則墮貪非貪執，諸阿斯陀求長命者成其伴侣，

[1] 黑水城本爲“常真”。
[2] 黑水城本爲“解”。

迷佛菩提亡失知見,是名第七執著命元,立固妄因趣長勞果,違遠圓通背涅槃城,生妄延種。

又善男子,窮諸行空已滅生滅,而於寂滅精妙未圓,觀命互通卻勞恐其銷盡,便於此際坐蓮華宫,廣化七珍多增寶媛,縱恣其心生勝解者,是人則墮真無真執,吒枳迦羅成其伴侶,迷佛菩提亡失知見,是名第八發邪思因,立熾塵果,違遠圓通背涅槃城,生天魔種。

又善男子,窮諸行空已滅生滅,而於寂滅精妙未圓,於命明中分别精粗,疏決真僞因果相酬,唯求感應背清淨道,所謂見苦、斷集、證滅、修道,居滅已休,更不前進生勝解者,是人則墮定性聲聞,諸無聞僧、增上慢者成其伴侣,迷佛菩提亡失知見,是名第九圓精應心,成趣寂果,違遠圓通背涅槃城,生纏空種。

又善男子,窮諸行空已滅生滅,而於寂滅精妙未圓,若于圓融清淨覺明,發研深妙即立涅槃,而不前進生勝解者,是人則墮定性辟支,諸緣獨倫不回心者成其伴侣,迷佛菩提亡失知見,是名第十圓覺湣心,成湛明果,違遠圓通背涅槃城,生覺圓明不化圓種。

阿難! 如是十種禪那中途成狂因依,或未足中生滿足證,皆是識陰、用心交互故生斯位,衆生頑迷不自忖量,逢此現前各以所愛,先習迷心而自休息,將爲畢竟所歸寧地,自言滿足無上菩提,大妄語成外道邪魔,所感業終墮無間獄、聲聞、緣覺不成增進。汝等存心秉如來道,將此法門於我滅後傳示末世,普令衆生覺了斯義,無令見魔自作沈孽,保綏哀救消息邪緣,令其身心入佛知見,從始成就不遭岐路,如是法門先過去世,恒沙劫中微塵如來,乘此心開得無上道。識陰若盡,則汝現前諸根互用,從互用中能入菩薩金剛乾慧,圓明精心於中發化,如淨瑠璃内含寶月,如是乃超十信、十住、十行、十迴向、四加行心、菩薩所行金剛十地、等覺圓明,入於如來妙莊嚴海,圓滿菩提歸無所得。

此是過去先佛世尊,奢摩他中毗婆舍那,覺明分析微細魔事,魔境現前汝能諳識,心垢洗除不落邪見,陰魔銷滅天魔摧碎,大力鬼神褫魄逃逝,魑魅魍魎無複出生,直至菩提無諸少乏下劣增進,於大涅槃心不迷悶。若諸末世愚鈍衆生,未識禪那不知説法,樂修三昧汝恐同邪,一心勸令持我佛頂陀羅尼咒,若未能誦,寫於禪堂或帶身上,一切諸魔所不能動。汝當恭欽十方如來,究竟修進最後垂範。

阿難即從坐起,聞佛示誨頂禮欽奉憶持無失,於大衆中重復白佛:“如佛所言,五陰相中五種虚妄爲本想心,我等平常未蒙如來微細開示,又此五陰爲並銷除? 爲次第盡？如是五重，詣何爲界？惟願如來發宣大慈，爲此大衆清明心目，以爲末世一切衆與生作將來眼。”

佛告阿難：“精真妙明本覺圓淨，非留死生，及諸塵垢乃至虚空，皆因妄想之所生起，斯元本覺妙明真精，妄以發生諸器世間，如演若多迷頭認影。妄元無因，于妄想中立因緣性，迷因緣者稱爲自然；彼虚空性猶實幻生，因緣、自然，皆是衆生妄心計度。阿難！知妄所起，説妄因緣；……”〔1〕

2.《大方廣佛華嚴經》卷一七“梵行品第十六”

比對殘存内容，35－30右面、35－35右面皆非《華嚴經》，依據内容，殘存編號調整順序爲35－35（左面），35－16與35－35（中面）可上下拼接，35－3與35－17可上下拼接，35－12（左面），35－30（左面），35－2。重新拼接後的殘存内容見底綫部分：

爾時，正念天子白法慧菩薩言：“佛子！一切世界諸菩薩衆，依如來教染衣出家。云何而得梵行清淨，從菩薩位逮于無上菩提之道?”……梵行則是起居問訊、略説、廣説、諭説、直説、贊説、毁説、安立説、隨俗説、顯了説。若意是梵行者，梵行則應是覺、是觀、是分别、是種種分别、是憶念、是種種憶念、是思惟、是種種思惟、是幻術、是眠夢。若意業是梵行者，當知梵行則是思想、寒熱、饑渴、苦樂、憂喜。若佛是梵行者，爲色是佛耶？受是佛耶？想是佛耶？行是佛耶？識是佛耶？爲相是佛耶？好是佛耶？神通是佛耶？業行是佛耶？果報是佛耶？若法是梵行者，爲寂滅是法耶？涅槃是法耶？不生是法耶？不起是法耶？不可説是法耶？無分别是法耶？無所行是法耶？不合集是法耶？若僧是梵行者，爲預流向是僧耶？預流果是僧耶？一來向是僧耶？一來果是僧耶？不還向是僧耶？不還果是僧耶？阿羅漢向是僧耶？阿羅漢果是僧耶？三明是僧耶？六通是僧耶？若戒是梵行者，爲壇場是戒耶？問清淨是戒耶？教威儀是戒耶？三説羯磨是戒耶？和尚是戒耶？阿闍梨是戒耶？剃髮是戒耶？著袈裟衣是戒耶？乞食是戒耶？正命是戒耶？如是觀已，於身無所取，于修無所著，於法無所住；過去已滅，未來未至，現在空寂；無作業者，無受報者；此世不移動，彼世不改變。此中何法名爲梵行？梵行從何處來？誰之所有？體爲是誰？由誰而作？爲是有，爲是無？爲是色，爲非色？爲是受，爲非受？爲是想，爲非想？爲是行，爲非行？爲是識，爲非識？如是觀察，梵行法不可得故，

〔1〕般剌蜜諦譯《大佛頂如來密因修證了義諸菩薩萬行首楞嚴經》，《大正藏》第19册，第945號，153頁中欄04－下欄01。

三世法皆空寂故……[1]

3.《梁傅大士頌金剛經》

A20V(35－29)存左、右2頁,字體完全不同,刊佈者籠統定爲《金剛經》,不正確。其内容應存2部分内容:(1) A20V(35－29)(右面)存4行,上欄綫單欄,下欄綫無存,行存11－12字;A20V(35－29)(中面)還有1行字,倒寫,與A20V(35－29)(右面)字體相同,爲同一部分内容,應爲《首楞嚴經》卷一〇,而非《金剛般若波羅蜜經》。(2) A20V(35－29)(左面)存1頁4行,行存3—4字,殘存爲"何如來""得不不也""法實無""菩薩莊嚴",比對其内容,應爲《梁傅大士頌金剛經》的内容,也非《金剛經》。故A20V(35－29)應爲兩部分内容,右面《首楞嚴經》卷一〇、左面《梁傅大士頌金剛經》相應内容。

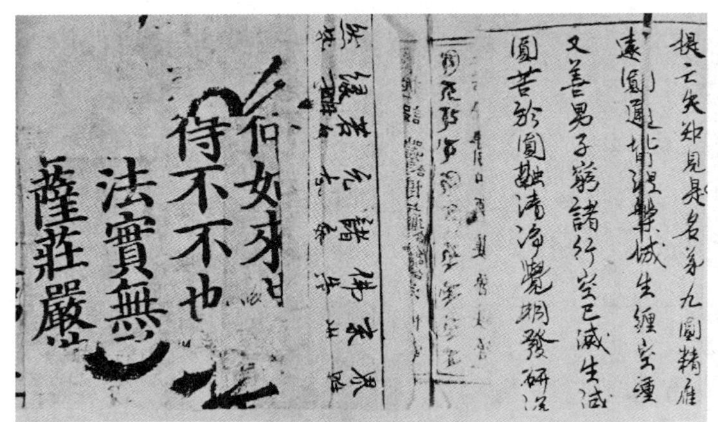

A20V　17. 梁傅大士頌金剛經(35－29)

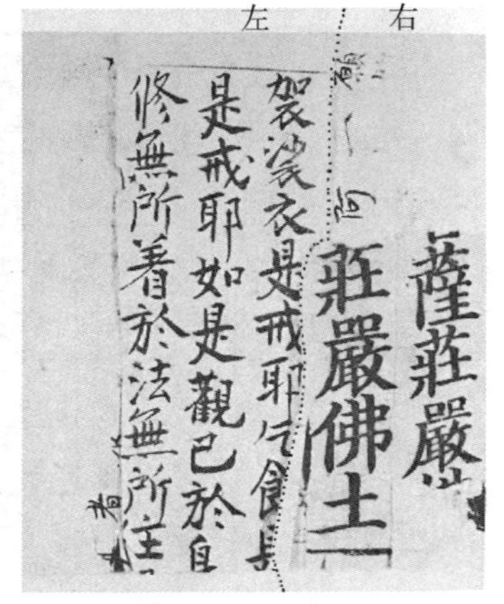

A20V(35－30),左爲《華嚴經》,右爲《傅大士頌金剛經》

A20V(35－30)(左面)爲雜寫,不論,A20V(35－30)右面,刊佈者定名爲《大方廣佛華嚴經》卷第十七"梵行品第十六",實際上右面殘頁左右内容的字跡不一致,定名也存在問題,應將左右内容分開考釋定名。而A20V(35－30)右面之左3行,内容爲《大方廣佛華嚴經》卷第十七"梵行品第十六"。

A20V(35－30)(右面右)存2行,行存3—4字,字體與A20V(35－29)(左面)一致,存"薩莊嚴""莊嚴佛土",其非《金剛經》,而爲《梁傅大士頌金剛經》,殘存内容爲底

〔1〕 實叉難陀譯《大方廣佛華嚴經》,《大正藏》第10册,第279號,88頁中欄06—09。

綫部分：

佛告須菩提：于意云何？如來昔在然燈佛所，於法有所得不？不也世尊，如來在然燈佛所，於法實無所得。……須菩提，于意云何？菩薩莊嚴佛士不？不也世尊。何以故？莊嚴佛土者，則非莊嚴，是名莊嚴。[1]

A20V(35－30)(右面右2行)與A20V(35－29)(左面左4行)皆爲《梁傅大士頌金剛經》。殘存内容A20V(35－29)(左面)在前，A20V(35－30)(右面)在後。故將A20V(35－30)籠統定《大方廣佛華嚴經》卷第十七“梵行品第十六”不正確，應爲《華嚴經》(左3行)和《傅大士頌金剛經》(右2行)。

4.《夾山無礙禪師降魔表》

A20(35－14)定名爲《佛印禪師心王戰六賊輪迴表》，存1頁7行，行12—13字。宗舜定名爲《佛印禪師心王戰六賊出輪迴表》還有TK272，宋寫本，共8行，行3字，上單邊，首尾皆殘，僅存“妄想之”“三毒”“精進軍”“之賊臣”“惡之門”“之路逡”“部領塵”“觀色”。

比較A20(35－14)、TK272内容，其出自《佛果圜悟禪師碧岩録》卷第一後所附慧芳附刊“夾山無礙禪師降魔表”後半部分，TK272内容在前(楷體底綫)，A20V(35－14)(斜體底綫)内容在後。黑水城本殘存與“夾山無礙禪師降魔表”比較：

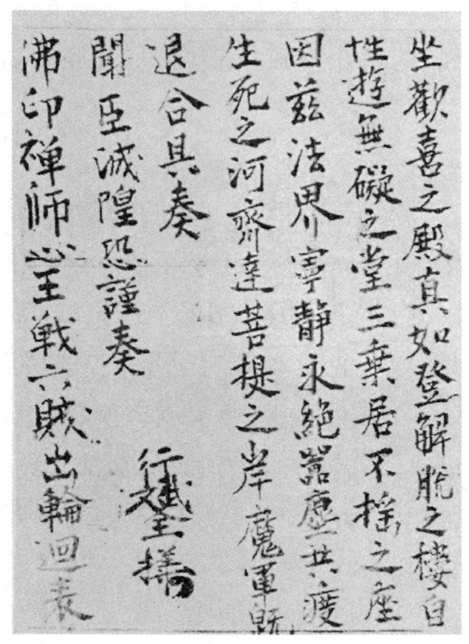
坐歡喜之殿真如登解脫之樓自
性遊無礙之堂三乘居不擇之座
因茲法界寧靜永絶囂塵共渡
生死之河齊達菩提之岸魔軍既
退合具奏
聞臣誠惶恐謹奏
佛印禪師心王戰六賊出輪迴表

A20V(35－14)

……搜求妄想之蹤，抄截無明之跡。復使慈悲王，破三毒之寨，忍辱帥伐嗔怒之城。精進軍除傲慢之妖，喜舍士捉慳貪之賊，逡巡而魔軍大起，殺氣沖天。臣乃部領摩訶，一時齊入。當爾之時，眼不觀色，耳不聽聲，鼻不嗅香，舌不了味，身不受觸，意不攀緣，一志向前，念念不退。倏忽而魔軍大敗，六賊全輸，殺戮無邊，掃除蕩盡，生擒妄想，活捉無明。領向涅槃場中，以慧劍斬爲三段，煩惱林當時摧折，人我山化作微塵，癡愛網遭智火焚燒，邪見林被慧風吹竭。因兹三明再朗，四智重圓，内

[1] 《梁傅大士金剛般若波羅蜜經》，《大正藏》第9册，第73h號，176頁上欄14、上欄19。

外無瑕，廓然清浄，心王坐歡喜之殿，真如登解脱之樓。自性遊無礙之堂，三身踞法空之座。從兹法界寧静，永絶囂塵，共渡生死之河，齊到菩提之岸，魔軍既退，合具奏聞。〔1〕臣誠惶恐謹奏，佛印禪師心王戰六賊輪迴表。〔2〕

既然黑水城殘存内容與《佛果圜悟禪師碧岩録》卷第一後所附慧芳附刊"夾山無礙禪師降魔表"内容一致，那將其定名爲"佛印禪師心王戰六賊出輪迴表"不妥，應定名爲"夾山無礙禪師降魔表"。

鑒於黑水城文獻殘存内容，故將 A20（35－14）定爲"夾山無礙禪師降魔表"，不能僅以"佛印禪師心王戰六賊出輪迴表"命名。

五　TK144（3－1）（3－2 右）

文獻刊佈時將 TK144《般若波羅蜜多心經》，西夏刻本經折裝，共 3 折 6 面，每面 5 行，行 11—17 字，上下單邊，已列成數段，有佚文，尾題爲"般若波羅蜜多心經"，刊佈者因受（3－3）尾題"般若波羅蜜多心經"的影響而定名。可實際上，刊佈者將這 6 面定名爲《般若波羅蜜多心經》是不正確的。

TK144 的 1—4 面内容與《大正藏》本《般若波羅蜜多心經》比較，缺首題，缺"究竟涅槃。三世諸佛依般若波羅蜜多故，得阿耨多羅三藐三菩提。故知般若波羅蜜多，是大神咒，是大明咒，是無上咒，是無等等咒，能除一切苦真實不虚"的内容，也就是缺倒數第二面的内容。

可以説 TK144（3－1）（3－2 右）爲玄奘譯《般若波羅蜜多心經》，但第四折面最後一行偈語"天阿蘇羅藥叉等，來聽法者應至心"，這顯然不是《般若波羅蜜多心經》的内容。"天阿蘇羅藥叉等，來聽法者應至心"與 TK144（3－2 左）的内容相連"擁護佛法使長存，各各勤行世尊教"。

第 5 折面 TK144（3－2 左）的内容爲：

> 天阿蘇羅藥叉等，來聽法者應至心；擁護佛法使長存，各各勤行世尊教。
>
> 諸有聽徒來至此，或在地上或居空；常于人世起慈心，日夜〔3〕自身依法住。
>
> 願諸世界常安隱，無邊福智益群生；[所有]罪業並消除，遠離衆苦歸圓寂。

從内容看，第四面最後一行和第五面内容相連，這偈頌非常流行，其内容出現在多

〔1〕《佛果圜悟禪師碧岩録》卷一，《大正藏》第 48 册，第 2003 號，151 頁上欄 02。

〔2〕此句《大正藏》本無。

〔3〕《大正藏》本爲"晝夜"，義浄譯《佛説大孔雀咒王經》（卷上、中、下）與 TK144 本相同，用"日夜"。

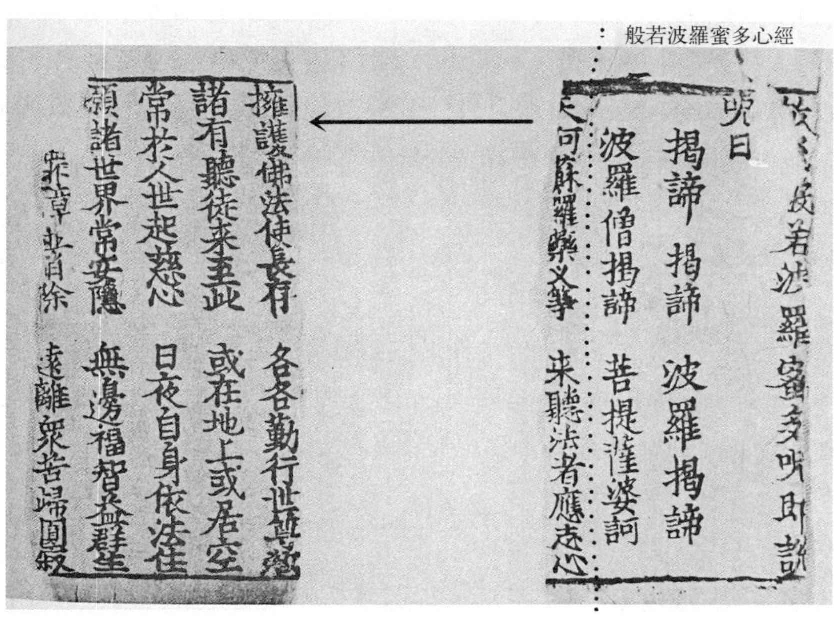

TK144(3－2)

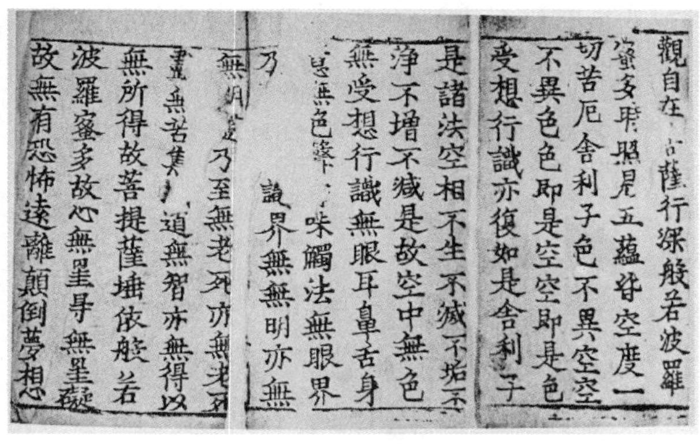

TK144(3－1)

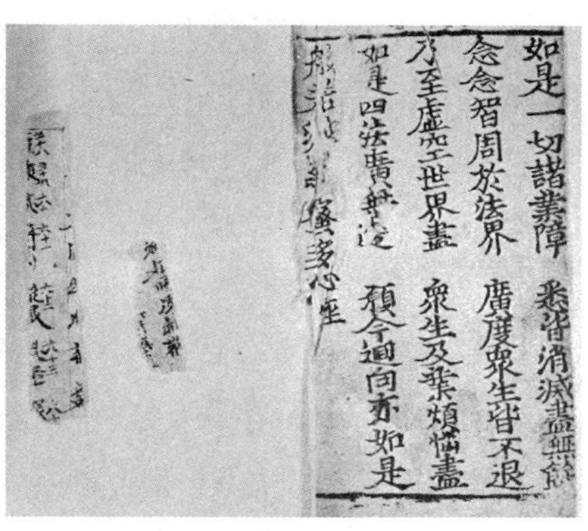

TK144(3－3)

部佛經結尾偈頌或尾題後偈頌之中，如唐義淨《佛説無常經》、《佛説大孔雀咒王經》(卷上、中、下)、《根本説一切有部毗奈耶雜事》(卷四)結尾偈頌，唐不空譯《佛母大孔雀明王經》(卷上、中、下)、《大雲輪請雨經》(卷下)結尾偈頌和不空譯《普遍光明清淨熾盛如意寶印心無能勝大明王大隨求陀羅尼經》(卷上、下)尾題後偈頌之中。

第 6 折面的内容爲：

如是一切諸業障，悉皆消滅盡無餘；念念智周於法界，廣度衆生皆不退。

乃至虚空世界盡，衆生及業煩惱盡；如是四法廣無邊，願今迴向亦如是。

這幾句偈頌或出自不空譯，（西夏）護國仁王寺法師不動金剛重集《瑜伽集要焰口施食儀》。後來被《諸經日誦集要》《禮舍利塔儀式》等文獻收入。

故 TK144 定名爲《般若波羅蜜多心經》不妥，它是由三部分内容組成，即《般若波羅蜜多心經》《瑜伽集要焰口施食儀》《佛説無常經》或《佛説大孔雀咒王經》（卷上、中、下）、《根本説一切有部毗奈耶雜事》、唐不空譯《佛母大孔雀明王經》（卷上、中、下）、《大雲輪請雨經》（卷下）、《普遍光明清淨熾盛如意寶印心無能勝大明王大隨求陀羅尼經》（卷上、下）等。若依刊佈者將第六面《般若波羅蜜多心經》視爲尾題，那西夏人在《心經》之後加上了當時比較流行的偈頌文和迴向文。

六　B62

B62 爲漢文，宋寫本，經折裝，刊佈者籠統定爲《大方廣佛華嚴經》不準確。它由四部分組成，共存 8 殘頁，即(1)“大周新譯大方廣佛華嚴經序”，共 3 面，每折面 6 行，行 13 字，上下單邊，首題下有“卷第一　平”，另行小字“天册金輪聖神皇帝制”，序文未完。(2)《大方廣佛華嚴經》“菩薩問明品第十”，共 10 面，每面 5 行，行 14 字，上下單邊，刊佈者編排順序需要調整。(3)《大方廣佛華嚴經入不思議解脱境界普賢行願品》，共 4 面，每面 5 行，行 11 字。(4)“七言偈語”，共 1 面存 3 行，行存 7 字，下欄綫單欄，上部分不存，其定名不妥。

B62 已斷裂成數段，實際上内容應爲三部分，即 B62（1）（2）爲一部分，（3）爲第二部分，（4）爲第三部分。

1. B62（8－1）至 B62（8－5）爲唐實叉難陀譯《大方廣佛華嚴經》的序文和卷第十三相應内容，刊佈時順序不妥，重新綴合的順序爲 B62（8－1）右面+B62（8－1）中面（後缺）、B62（8－1）左面（後缺）；B62（8－2）存 3 折面間皆有佚文，彼此不相接；B62（8－4）存 3 折面，右面+中面（後缺）、左面（後缺）；B62（8－5）存 1 折面，與 B62（8－4）左面相接。殘存内容見底綫部分：

蓋聞：造化權輿之首，天道未分；龜龍系象之初，人文始著。雖萬八千歲，同臨有截之區；七十二君，詎識[1]無邊之義。由是人迷四忍，輪迴於六趣之中；家纏五蓋，没溺于三塗之下。及夫鷲岩西峙，象駕東驅，慧日法王超四大而高視，中天調禦

〔1〕 黑水城本缺“識”字。

越十地以居尊，包括鐵圍，延促沙劫。其爲體也，則不生不滅；其爲相也，則無去無來。念處、正勤，三（後缺）無邊；一毫之中，置刹土而非隘。摩竭陀國，肇興妙會之緣；普光法堂，爰（後缺）

譬如地性一，衆生各别住；地無一異念，諸佛法如是。

亦如火性一，能燒一切物；火焰無分别，諸佛法如是。

亦如大海一，波濤千萬異，

（佚文5行）

亦如地界一，能生種種芽；非地有殊異，諸佛法如是。

如日無雲曀，普照於十方；光明無異性，諸佛法如是。

亦如空中月，世間靡不見，

（佚文1行）

譬如大梵王，應現滿三千；其身無别異，諸佛法如是。

爾時，文殊師利菩薩問目首菩薩言："佛子！如來福田，等一無異。云何而見衆生布施果報不同？所謂：種種……"[1]

2. B62(8-6)(8-7)爲唐般若譯《大方廣佛華嚴經》卷第四十"入不思議解脱境界普賢行願品"，共存4折面，重新綴合順序爲B62(8-6)右面、中面+左面+B62(8-7)，殘存内容見底綫部分：

善財言：善男子！如來功德，假使十方一切諸佛，經不可説不可説佛刹極微塵數劫，相續演説，不可窮盡。若欲成就此功德門，應修十種廣大行願……（缺）……生十者、普皆迴向。善財白言："大聖！云何禮敬，乃至迴向？"普賢菩薩告善財言："善男子！言禮敬諸佛者：所有盡法界、虚空界十方三世一切佛刹極微塵數諸佛世尊，我以普賢行願力故，起深信解，如對目前，悉以清浄身、語、意業，常修禮敬；一一佛所，皆現不可説不可説佛刹極微塵數身，一一身……（缺文）盡。而衆生界乃至煩惱無有盡故，我此禮敬無有窮盡，念念相續，無有間斷，身、語、意業無有疲厭。"復次，善男子！言稱讚如來者……[2]

3. B62(8-8)刊佈者定爲"七言偈語"，共1面存3行，行存7字，下欄綫單欄，上部分不存。殘僅存有底綫部分："以此禪定勝功德，迴向法界諸衆生；同見西方無量光，成

[1] 實叉難陀譯《大方廣佛華嚴經》卷13，67頁上欄24中欄17。

[2] 般若譯《大方廣佛華嚴經》卷40，《大正藏》第10册，第193號，844頁中欄20—下欄12。

就普賢廣大願”[1]，比對其内容，僅定名爲“七言偈語”，不妥。應爲《瑜伽集要施食儀軌》《修習瑜伽集要施食壇儀》（卷下）或《瑜伽焰口注集纂要儀軌》（卷下）。因爲缺少其他可比對的内容，故將相關的三部經典列於此。

B62（1）爲“大周新譯《華嚴經》序”首題下有“卷第一　平”爲1—10卷帙號，與《開元釋教録略出》（卷一）、P.3313號《開元目録》中記載《華嚴經》“平、章、愛、育、黎、首、臣、伏”帙號相同，也與山西應縣遼代木塔出土遼代刻八十卷本《華嚴經》、豐潤天宫寺塔出八十卷《華嚴經》帙號“平、章、愛、育、黎、首、臣、伏”一致。

七　TK218

刊佈者定名爲“密教儀軌”，宋寫本，卷軸裝，存2頁，上下欄綫單欄，每行間有豎格，存2紙共24行，每行字數不同。録文如下：

TK218（2－1）

[　　　]□□□□□□□謹請南方火頭金剛爲結

□□□□□□金剛爲結界　謹請北方□[　　　]

□□□謹請下方火頭金剛

□□□前不舍本願不辭劬勞遠

謹請□方大神龍王七界王結界金

謹請□方大神龍王七界結界

謹請□□大神龍王七界王結界

謹請北方大神龍王七界王結界　金剛宅

謹請上方大神龍王七界王結界　金剛宅金剛宅

謹請下方大神龍王七界王結界　金剛宅金剛宅

謹請中方大神龍王七界王結界　金剛宅金剛宅

謹請善神擁護　謹請上方□□天王　謹請刀利天王

謹請□□大將軍　謹請香積世界諸善神王　謹請[　　　]

中方世界中方世界諸善神　謹請東方諸善神王

謹請南方諸善神王　謹請西方諸善神王

[1]《瑜伽集要施食儀軌》，《卍新續藏》第59册，第1080號，261頁中欄07；《修習瑜伽集要施食壇儀》，《卍新續藏》第59册，第1083號，312頁中欄18；《瑜伽焰口注集纂要儀軌》，《卍新續藏》第59册，第1084號，336頁下欄11。

謹請北方諸善神王　謹請上方諸善神王

謹請東方天帝釋　謹請西方天帝釋　謹請▭

謹請南方天帝釋　謹請北方天帝釋　謹請上方天帝釋▭

TK218(2－2)

▭謹請南方大神龍王七界王結界　金剛宅

謹請北方大神龍王七界王結界　金剛宅

謹請上方大神龍王七界王結界　金剛宅

謹請下方大神龍王七界王結界　金剛宅

謹請中方大神龍王七界王結界　金剛宅

謹請善神擁護　謹請上方□□天王　謹請刀利天王

謹請□□大將軍　謹請香積世界諸善神王　謹請

中方世界中方世界諸善神　謹請東方諸善神王

謹請南方諸善神王　謹請西方諸善神王

謹請北方諸善神王　謹請上方諸善神王

謹請東方天帝釋　謹請西方天帝釋　謹請

南方天帝釋　謹請北方天帝釋　謹請上方天帝釋

謹請中方天帝釋　謹請東方□□□

謹請南方梵釋　謹請西方梵釋　謹請北方梵

釋　謹請上方梵釋　謹請下方梵釋▭

九地那邏迦[1]神散　諸大將▭

善神、護伽藍神　三歸五戒▭

閻羅天子啖▭

TK218(2－1)(2－2)内容有一定的重復，刊佈者定名爲“密教儀軌”不正確，從遺存内容有請各方金剛、龍王、諸善神、各天王、各大將軍、天帝釋、那邏迦、伽藍神、閻羅天子等，這些神靈是水陸法會迎請的神靈，僅存中堂和下堂的神靈，與S.2144及後來《天地冥陽水陸儀文》[2]中涉及的神靈相似，故應定名“水陸法會儀文奉請文”或“水陸法會儀文啓請文”。

[1] 那邏迦即那羅迦，指地獄。

[2] 學者認衆《天地冥陽水陸儀文》形成於南宋時期，那西夏水陸法會依據的儀文如何，已另文考證。

八　TK300、TK300V

TK300(2－1)(2－2)漢文,西夏刻本,卷軸裝,共24行,上下單欄,刊佈者定爲“願文”。TK300V爲漢文,刊佈者分爲(1)有關黑水城人的信劄,共3行,行17—19字。(2)文書,共2行,行10字。

1.TK300(2－1)(2－2)的内容録文如下:

南無{四十八願彌陀佛
十二名彌陀佛
五須彌光彌陀佛
大神祇壽彌陀佛
願名具足彌陀佛
壽光具足彌陀佛}

{今稽首禮願生極
大慈悲父垂湣念我
樂國上品蓮臺中}

南無{七佛祖師大聖尊　文殊菩薩
尋聲救苦觀世音　大悲聖者
念佛三昧誘群迷　勢至菩薩
□説波羅蜜等法無盡意尊
一生補處大慈尊　寶積菩薩
善現色身苦行身　藥王菩薩
味塵同通契本心　藥上菩薩
慈心三昧救迷津　彌勒菩薩
稽首彌陀慈悲父　海會聖衆}

{願生極樂國
我今稽首禮
上是速還中}

南無{三寶彌陀遊會衆　保我求生浄土心
聖者何當蒙授手　得遂我等往生心}

{願生極樂國
我今稽首禮
上品蓮臺中}

南無西{方無量　觀音勢至□加護
觀音勢至海會衆
壽如來　大菩薩海會衆}

{得相逢
願我臨終
生樂國}

南無{彌陀
如來}

{應正等覺願與□生速奉慈習
大慈悲父□與童蒙速奉慈顔
所居□□捨命已必生其中}

2. TK300V 内容較複雜，實際存三個殘片，除去“有關黑水人的信劄”“文書”外，其主體部分與 TK300 内容相同，只是背面殘缺嚴重，録文可參見 TK300，此處略。

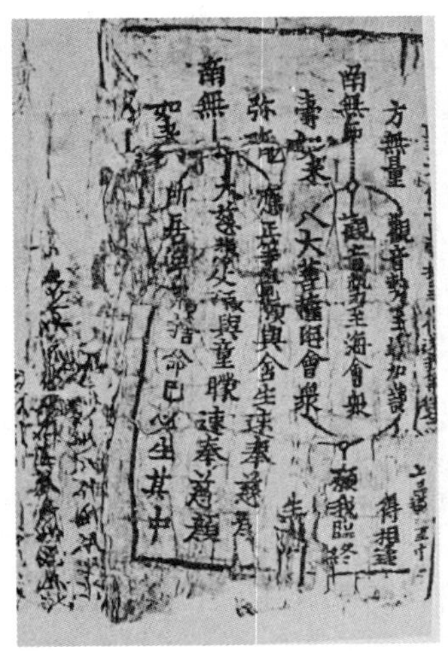

TK300（2－2）

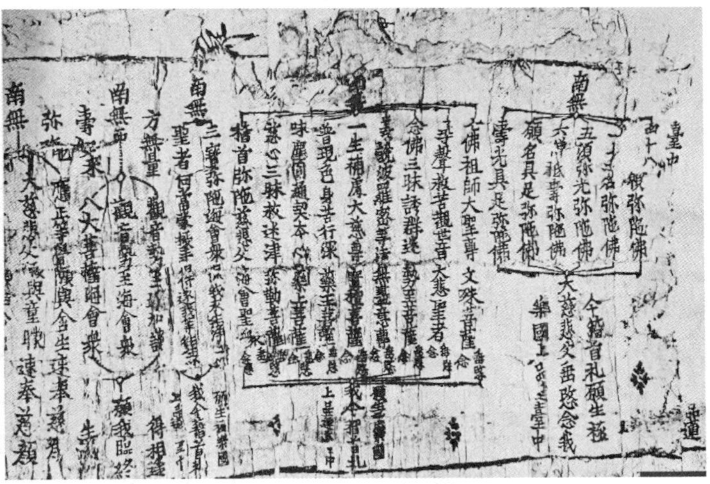

TK300（2－1）西方極樂净土念佛讚

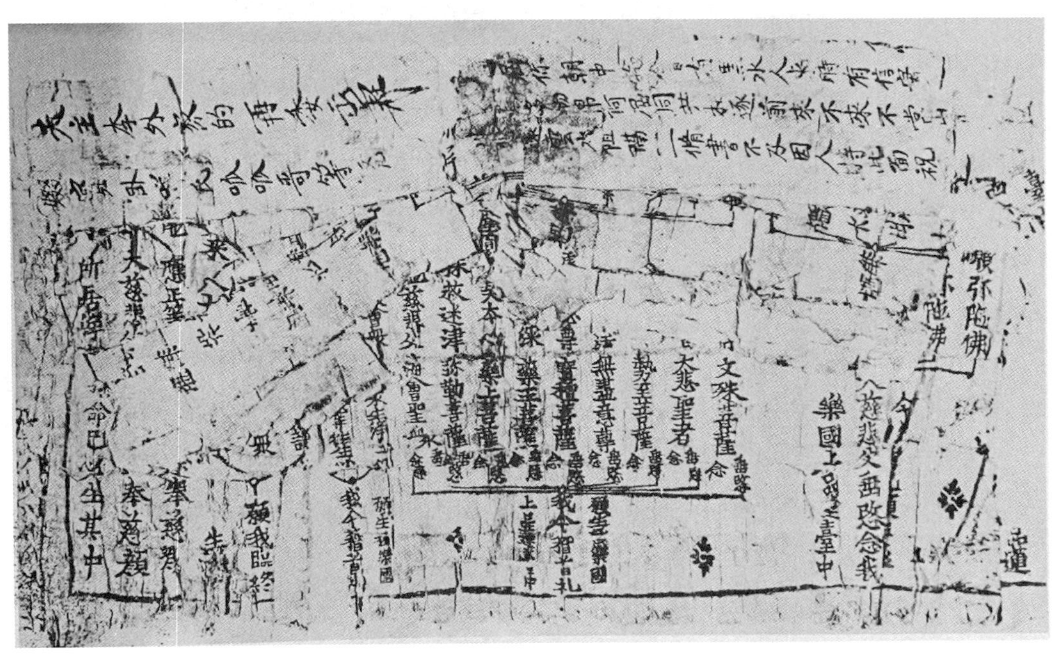

TK300V 西方極樂净土念佛讚+文書

從内容判斷，此殘頁强調讚頌諸佛、諸菩薩，尤其突出稱讚西方三聖，希望往生净土，定爲“願文”過於籠統，故定爲“西方極樂净土念佛讚”更爲合適。

九　TK322(5)

TK322 存五部分内容，TK322(1—4)爲世俗文獻，不論。TK322(5)又由四個殘片組成，漢文，刻本，刊佈者定名爲“鐵發亥頭欲護神求修序等”，版式、字體明顯不同，從文獻字跡和版式判斷，TK322(5)應分爲三部分内容。故刊佈者對 TK322(5)的定名不嚴謹。TK322(5)從右往左殘片依次編爲 1、2、3、4，分别闡釋如下：

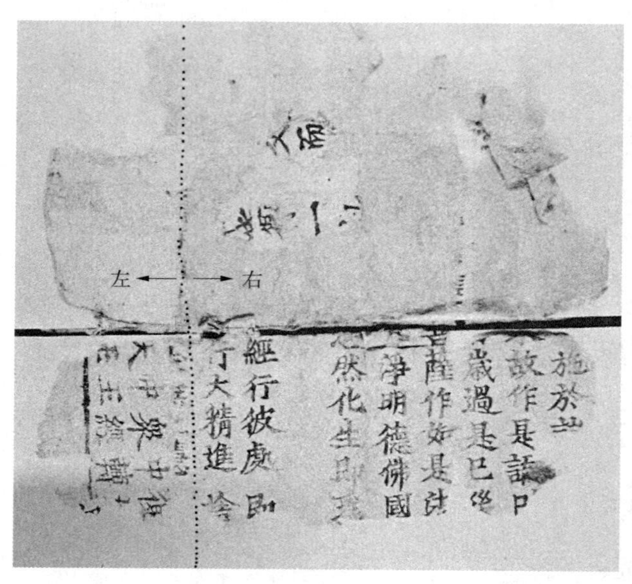

TK321(4)《妙法蓮華經》卷六

1. 從右面往左第 1 殘片《鐵發亥頭欲護神求修序》(釋沙門　智深述)，爲一部分内容，僅存 2 行。

2. 第 3、4 殘片爲同一版式，是第二部分内容，宗舜法師定名爲鳩摩羅什譯《妙法蓮華經》卷六“藥王菩薩本事品第二十三”，無誤。但 TK322(5)第 3、4 殘片與 TK321.4 爲同部佛經内容，據内容重新排序爲 TK322(5)第 3 殘片、TK321(4)(右側)、TK321(4)(左側)、TK322(5)第 4 殘片，但 TK322(5)第 3、4 殘片與 TK321(4)不能完全拼接，有佚文。

3. 第 2 殘片是另一部分内容，存 3 行，上欄綫單欄，下欄綫無存，宗舜法師定名爲

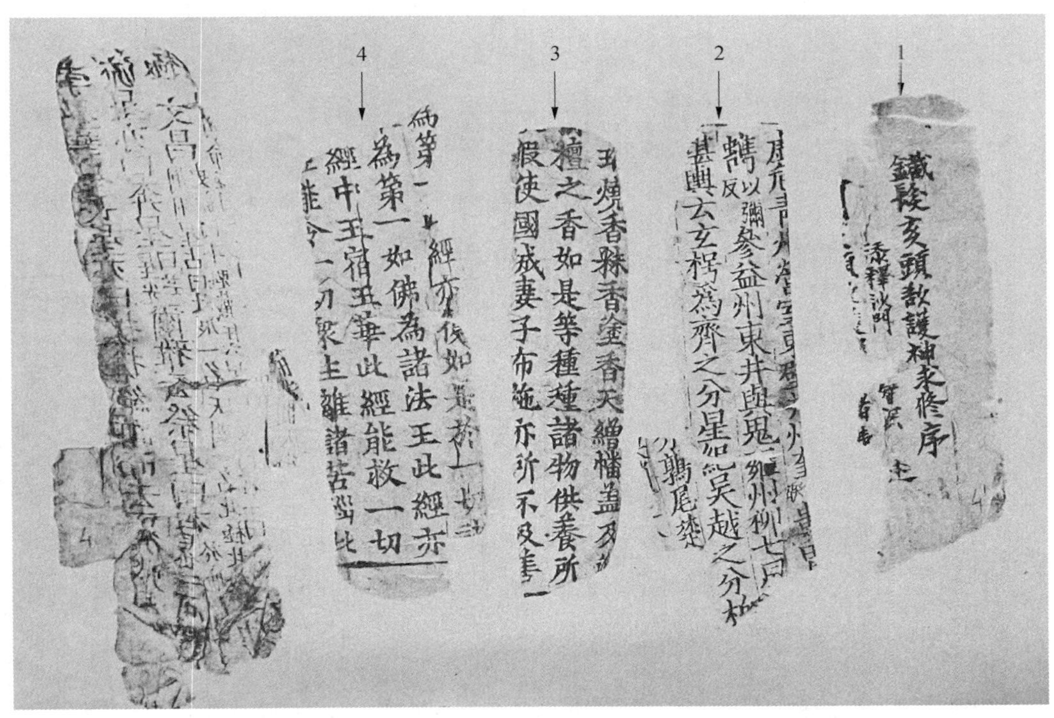

TK322(5)(第3、4)殘頁《妙法蓮華經》卷6

“世俗文獻”。我們將TK322(5)第2殘片殘存内容録文如下：

虚危青州，營室、東壁并州，奎、婁、胃☐

觽(以反)參益州，東井與鬼雍州，柳、七星☐

堪輿云：玄枵爲齊之分，星紀吴越之分，析☐

☐鶉尾楚之☐

殘存内容前2行與宋四明沙門釋知禮述《金光明經文句記》卷第二(上)一致：

虚危青州，營室、東壁並州，奎、婁、胃徐州，昴、畢冀州，觜、**觽、參益州，東井與鬼雍州，柳、七星**、張……〔1〕

“堪輿云”後的内容又與宋釋從義撰《金光明經文句新記》相似，卻不完全一致：

虚危室壁，西方七者，謂奎、婁、胃、昴、畢、觜、參，南方七者，謂井、鬼、柳、星、

〔1〕 知禮《金光明經文句記》卷二(上)，《大正藏》第39册，第1786號，100頁下欄17。或知禮述《金光明經文句記會本》卷二，《卍新續藏》第20册，第358號，164頁下欄06。

張、翼、軫……十二次之分也。星紀吴越也、玄枵齊也……鶉尾楚也，壽星鄭也……析木燕也。[1]

類似内容在《七曜攘災決》卷中也有記載：

虚危（爲青州齊分野），營室東壁（爲并州衛分野），奎婁胃（爲徐州魯之分野），昴畢（爲冀州趙之分野），觜參（爲益州晉魏之分野），東井輿鬼（爲雍州秦之分野），柳星張（皆周之分野），翼軫長沙轄（爲荆州楚之分野）……[2]

可見，黑水城 TK322（5）第 2 殘片内容與十二星曜、二十八宿有一定的關係，也與我國古代九州分野、星紀有關。同時考慮黑水城本還出現"堪輿云"，故 TK322（5）第 2 殘片應是與星宿有關的"占星文"内容。

十　TK17P1

TK17 爲西夏刻本經折裝《金剛經》，背面由 2 部分組成，TK17P1 爲漢文寫本，宗舜重新定爲《彌勒上生兜率天經》殘字。P1 有 2 行，内容爲"最初名拘留孫，最後樓至。有此嬌陳、迦葉、大目捷連、舍利弗、天、龍"，實際上，上述内容出自《觀彌勒菩薩上生兜率天經》（劃綫字）："今於此中有千菩薩，最初成佛名拘留孫，最後成佛名曰樓至。説是語已，尊者阿若憍陳如即從禪起，與其眷屬二百五十人俱；尊者摩訶迦葉，與其眷屬二百五十人俱；尊者大目犍連，與其眷屬二百五十人俱；尊者舍利弗，與其眷屬二百五十人俱；摩訶波闍波提比丘尼，與其眷屬千比丘尼俱；須達長者與三千優婆塞俱，毗舍佉母與二千優婆夷俱；復有菩薩摩訶薩，名跋陀婆羅，與其眷屬十六菩薩俱；文殊師利法王子，與其眷屬五百菩薩俱；天、龍、夜叉、乾達婆等一切大衆，睹佛光明皆悉雲集。"作者只是摘出了《觀彌勒菩薩上生兜率天經》的一些關鍵字，故應定爲《觀彌勒菩薩上生兜率天經》摘抄，作爲《金剛經》折縫裱補紙保存。

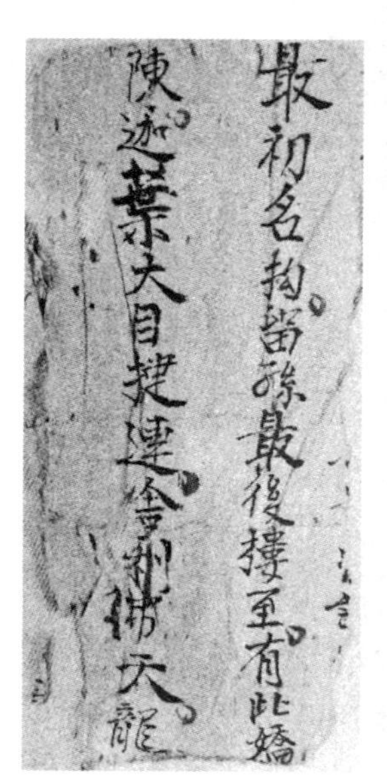

TK17P1

〔1〕 從義《金光明經文句新記》卷二，《卍新續藏》第 20 册，第 360 號，400 頁中欄 09。

〔2〕 金俱吒集《七曜攘災決》卷中，《大正藏》第 21 册，第 1308 號，448 頁下欄 05。

十一　A38IV、A38II

A38I 正面爲《釋摩訶衍論》卷第三，A38IV 存 2 個半頁，漢文，刊佈者定名《分門記》。A38II 刊佈者定名《釋摩訶衍論》卷第五（封面），它們爲同一内容遺存。

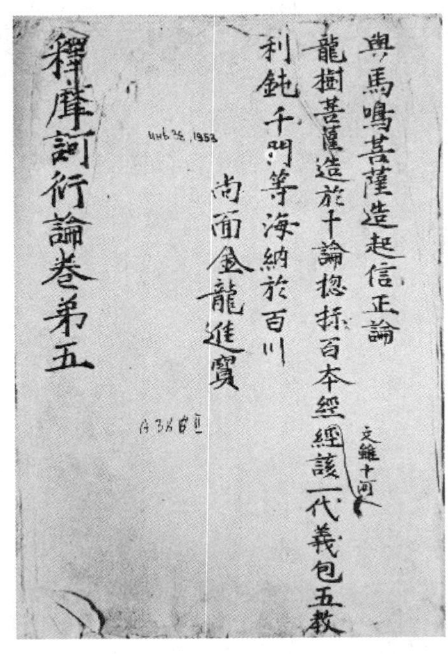

A38II　封面

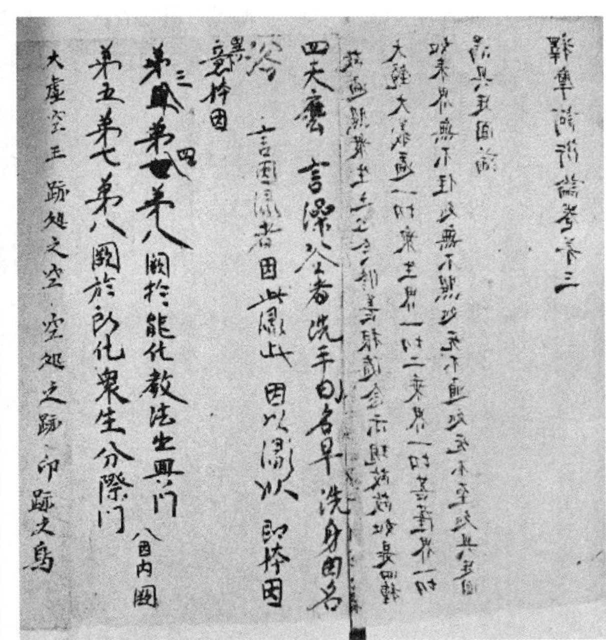

A38IV（2－1）

1. A38I（2－1）存 6 行，欄綫無存，字數不一，寫本，有修改的痕跡，録文如下：

四天麽言：澡浴[1]者，洗手曰名澡[2]，洗身曰名

浴。　言緣者，因是緣、是因，是緣，以即體，因

意體因，

第三、第四、第八，闕於能化教法出興門，

第五、第七、第八，闕于所化衆生分際門，

大虚空王，跡處之空，空處之跡，印跡之鳥。

分析 A38I（2－1）背面抄寫内容殘存，不連貫，很隨意，其内容出自多部論疏：

〔1〕 黑水城本爲“縠”。

〔2〕 黑水城本爲“早”。

南宋戒度述《靈芝觀經義疏正觀記》卷中:"經云:澡浴,洗手曰澡,洗身曰浴。"[1]

姚秦三藏筏提摩多奉譯《釋摩訶衍論》卷一:"第三因緣爲分别發趣,道相作正因緣,是名爲能化教法出興門,謂三種發心,善根成就衆生者,總舉所化衆生分際門。"

宋法悟《釋摩訶衍論贊玄疏》卷二:"故揀異太虚之空相,乃空處之跡不可見其長短等。故揀異沙土之跡,將斯一喻開爲四種:一太虚之空配所依果海不二大乘;二跡處之空配所入十六摩訶衍法;三空處之跡配能入十六行位等門;四印跡之鳥配詮門教及言下義。"

A38I(2-1)不能僅定名爲《釋摩訶衍論》卷第三,殘存内容出自多部論疏,但内容並不連貫,或可定名爲"論疏雜抄"。

2. A38I(2-2)存7行,欄綫無存,字數不一,寫本,有修改的痕跡,録文如下:

言:教、理、行、果者,教者,能伏□,理之,行

者,所伏出小之德,□□□取伏之能,

果有結實讎(酬)因之德,遍記。所執緣智實性,

依[2]他起性故者,因由所依之義,

遍記。　　郎辣 心者緣慮之義,

真揀於妄,如揀於倒,各爲真如,

言:一味一相者,同一無漏味,同一解脱相。

分析A38I(2-2)背面抄寫内容殘存,不連貫,很隨意,其内容亦出自多部論疏:

唐棲復集《法華經玄贊要集》卷一:"教有能敷妙理之功德,理有所敷出水之力,行有因敷趣果之用,果有結實酬因之能故也"。

唐玄奘譯《大乘廣百論釋論》卷一〇:"是諸世間妄情立故,依他起性從因緣生,非妄情爲應信是有,彼證己義。"

唐曇曠《大乘百法明門論開宗義記》:"此前通義通名心者,緣慮集起。"

元雲峰集《唯識開蒙問答》卷下:"真揀於妄,如揀於倒。"

姚秦三藏筏提摩多譯《釋摩訶衍論記》卷三:"而與法界和合平等,同一無漏味,同一解脱相,俱行俱轉無差别。"

---

[1] 南宋淳熙八年(1181)戒度述《靈芝觀經義疏正觀記》(三卷),是宋元照撰《觀無量壽佛經義疏》的論釋書。

[2] 黑水城本爲"衣"。

A38I(2－2)不能僅定名爲《釋摩訶衍論卷第三》,殘存内容出自多部論疏,但内容並不連貫,或可定名爲“論疏雜抄”。

3. A38II 刊佈者《釋摩訶衍論》卷第五(封面),存 5 行,寫本,字數不一,有修改過的痕跡,録文如下:

與馬鳴菩薩造《起信正論》。

龍樹菩薩造于《十論》,總標百本,經文雖十行經該一代義,包五教,

利鈍千門等,海納於百川,

尚面金龍進寶。

釋摩訶衍論卷第五

A38II 内容殘存也不連貫,内容隨意,只定爲《釋摩訶衍論》卷第五,不妥,其内容出自多部論疏,且内容不連貫,可視爲多部“論疏雜抄”:

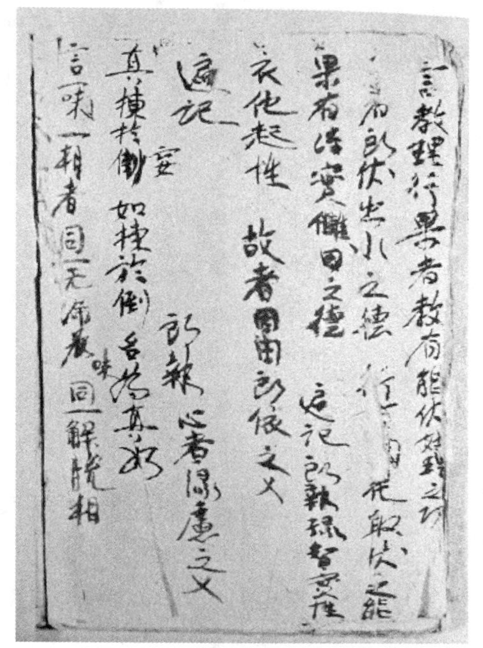

A38I(2－2)

宋法悟《釋摩訶衍論贊玄疏引文》:“故立義分文,雖十行經該一代義,包五教理統千門等,海納於百川,猶空含于萬像耳。”

A38I 和 A38II 殘存内容與相關疏論比較,殘存内容不連貫性,抄寫隨意,分别出自不同論疏,故不能定爲《分際門》和《釋摩訶衍論》卷第五封面,可定名爲“論疏雜抄”。

西夏、元時期佛教論讚比較流行,種類豐富。A38I 和 A38II 殘存内容有“郎辣”“尚面金龍”,可能是抄寫的人名,他們抄寫很不整齊,且别字較多,説明他們抄寫水準不高。

十二　Инв.№.1366

Инв.№.1366 西夏寫本,由四部分組成,即(A)五更轉;(B)佛經科文,宗舜定爲《釋摩訶衍論》卷第八科文,無誤;(C)佛經論釋,宗舜定爲《釋摩訶衍論》卷第七,無誤;(D)刊佈者定名爲《佛名經》,不妥,共 2 殘片,第 1 殘片共 9 行,行 11 字;第 2 殘片共 14 行,行 4 字。

我們僅對(D)殘片録文分析:

□南無盈利意佛、南無護王佛、南無蓮華眼佛、南無思名稱佛、南無樹幢佛、南無浄護佛、南無師子步佛、南無德悦佛、南無德香悦佛、南無智者護(丹贊)佛、南無德度佛、南無慧光佛□南無普覺佛、南無大游步佛、南無月幢佛、南無堅固誓佛、南無浄供養佛、南無天所敬佛、南無成堅固佛、南無最勝佛、南無一切功德備具佛、南無堅解佛、南無寂光佛、南無大音聲佛、南無極上音聲佛□南無莫能勝佛、南無妙見佛。

九百佛(過去)。

禮三寶已,次復懺悔。

□南無下方師子遊戲佛、南無上方月幢王佛。

如是十方盡虚空界一切三寶。

□南無威神力佛、南無人名稱柔佛、南無覺光佛、南無最音聲佛、南無堅意佛、南無力通佛□[1]

Инв.№.1366(D)不能定爲《佛名經》,太泛,而應改爲《過去莊嚴劫千佛名經》,重新排列順序爲:第1殘片左面、第2殘片左面、第2殘片右面第4—5行、第2殘片右面第1—3行、第1殘片右面。各殘片之間有缺文,不能完全拼接。

綜上所述,通過對上文十餘個編號内容細緻地梳理和考證分析,我們糾正了刊佈者的錯誤,對俄藏黑水城遺存一些漢文文獻給予重新定名,對刊佈順序的錯亂給予糾正,進一步完善了黑水城文獻的具體内容,也豐富了黑水城漢文文獻的種類。黑水城漢文《華嚴經》的帙號與敦煌出土唐代經目、遼應縣木塔所出《華嚴經》的帙號一致,雖然學界公認西夏佛教文獻受宋影響較大,但我們也不能忽略敦煌、西夏、遼間的文化交流,或者説唐佛經對西夏、遼的影響。黑水城漢文文獻來源管道不一,裝幀多樣,年代不一,受到唐宋相關文獻影響,並融入了西夏本地文化特色。重新定名的内容十分豐富,且首次發現水陸法會儀文和《僧伽吒經》等,這既豐富了黑水城出土文獻的類型,也爲學界充分認識黑水城出土文獻的價值等提供了更翔實的素材。

(作者單位:上海師範大學歷史系)

〔1〕《過去莊嚴劫千佛名經》,《大正藏》第14册,第446a號,368頁上欄25—370頁中欄25。

《敦煌吐魯番研究》第二十二卷
2023 年,345—351 頁

敦煌研究院舊藏一葉《妙法蓮華經玄贊》寫本殘片研究*

張鐵山　阿依達爾・米爾卡馬力

《妙法蓮華經玄贊》(以下簡稱《玄贊》),係《妙法蓮華經》之注疏,又稱《法華經玄贊》《法華玄贊》,由大慈恩寺沙門窺基(632—682)所撰,收於《大正藏》第 34 册,8—11 世紀在敦煌吐魯番一帶廣爲流傳。窺基作爲唯識法相宗的大師,主張三乘方便一乘真實説,提出衆生皆需佛性等思想。

回鶻文《玄贊》譯自漢語。據德國皮特・茨默(Peter Zieme)對德國柏林藏《玄贊》回鶻文跋文(Mainz 778、U 1857)的研究,其譯者名爲失爾米爾・比孜・都統(Širmir Biži T[utung]),應忻犒(Sinkau)之請求從漢語譯爲回鶻語[1]。同時,《玄贊》在語言表達、佛教術語、翻譯風格等方面,與 11 世紀回鶻著名翻譯家勝光法師所譯《金光明最勝王經》保持高度一致[2],故《玄贊》的翻譯時間與回鶻文《金光明最勝王經》屬同一時代的可能性較大。兩個文獻雖譯者不同,但翻譯風格相同,其譯者同屬一派無疑。

現已知回鶻文《玄贊》分草書、楷書兩種抄本[3]。草書體爲一卷子,僅存一件,收

* 本文係敦煌研究院科研處與中央民族大學少數民族語言與古籍所合作研究項目"敦煌研究院舊藏回鶻文文獻研究"的成果。本項目的完成得到了敦煌研究院、科研處領導的大力支持,特别得到了科研處李國、陳列中心梁旭澍、王海雲等先生的幫助,並提供了清晰的圖片,使文獻識讀工作得以順利進行,在此對他們表示衷心感謝。

〔1〕 Peter Zieme, Uighur versions of the Lotus Sutra with special reference to Avalokiteśvara's transformation bodies, ユーラシア古語文獻の文獻學的研究 Newsletter No.13, 2005/9/22, pp.3－4; Peter Zieme, Some Notes on Old Uigur Translations of Buddhist Commentaries, *Annual Report of The International Research Institute for Advanced Buddhology at Soka University for the Academic Year 2011*, vol.XV, 2012, pp.147－160.

〔2〕 關於回鶻文《玄贊》的翻譯風格、翻譯時間及佛教術語的討論,本文不作贅述,詳見百濟康義《〈妙法蓮華經玄贊〉のウイグル訳斷片》,護雅夫編《内陸アジア・西アジアの社會と文化》,東京:山川出版社,1983 年,200 頁;阿依達爾・米爾卡馬力《國家圖書館藏一葉回鶻文〈妙法蓮華經玄贊〉研究》,《文津學志》第 12 輯,2019 年,317—321 頁;阿依達爾・米爾卡馬力《國家圖書館收藏回鶻文〈妙法蓮華經玄贊〉研究》,《西域研究》2022 年第 1 期,81—92 頁。

〔3〕 有關柏林、斯德哥爾摩、巴黎和京都收藏回鶻文《玄贊》的編號、尺寸、行數、研究情況等詳細信息,見阿依達爾・米爾卡馬力《國家圖書館藏一葉回鶻文〈妙法蓮華經玄贊〉研究》,317—321 頁。

藏在德國柏林國立普魯士文化遺産圖書館(Staatsbibliothek Preussischer Kulturbesitz),編號 Mainz 732,共 129 行,現分成四段夾於玻璃框内存放;楷書體寫本皆爲貝葉式,但根據行數多少又可分爲兩種:第一種爲羽田亨收藏照片共 4 張,原件應爲寫本 2 葉,僅殘存原紙的 1/2,每頁 13 行,故原寫本行數爲 20 行有餘;第二種爲每頁 8 行寫本,分藏在斯德哥爾摩、巴黎、京都、北京等地。斯德哥爾摩民族學博物館(The Ethnographic Museum in Stockholm)藏寫本 1 葉(編號 No.41),尺寸爲 30×14 釐米;巴黎吉美博物館(Musée Guimet)藏寫本 7 葉(編號 No.63322),部分葉面殘缺,根據完整 1 葉作判斷,原尺寸與斯德哥爾摩民族學博物館藏本相當[1];另,在羽田亨處收藏照片 64 張(應爲 32 葉寫本的正背兩頁),特徵與斯德哥爾摩本、巴黎本同,百濟康義刊佈了柏林、斯德哥爾摩、巴黎收藏寫本和羽田亨收藏照片中的 No.73、No.61 和 No.34[2],其中巴黎吉美博物館收藏的 V-212(百濟康義論文中的寫本 D)與羽田亨收藏照片 Haneda photo No.75 可以綴合,吉美博物館收藏的 EV-226(百濟康義論文中的寫本 E)與羽田亨收藏照片 Haneda photo No.61 可以綴合。此外,以上寫本在紙張、筆跡、字體、行數、貝葉式、朱筆天地綫、留穿孔圓綫等諸多方面具有共同點,據此可以斷定斯德哥爾摩本、吉美博物館本、羽田亨藏照片之第 2 種皆爲散落在各處的同一寫本。此外,茨默教授告知,德國柏林吐魯番文獻中心也存有幾件與上述文獻保持同一類型的寫本殘片,編號 Mains 342(T II 638),表明其來自德國第二次吐魯番考察隊。近期,阿依達爾・米爾卡馬力從國家圖書館藏敦煌吐魯番文獻中考證出 5 件回鶻文《玄贊》寫本殘片(編號分别爲 GT15-14、GT15-15、GT15-16、GT15-36、GT15-63),其特徵與以上各地收藏楷書體一頁 8 行寫本相同。

本文研究的敦煌研究院舊藏一葉回鶻文《玄贊》寫本殘片,編號 D0200-A-1(正面)、D0200-A-2(背面),高 18.5 釐米,寬 14.5 釐米,楷書體兩面書寫,頁下有紅色下邊欄,正面殘存 8 行下部分,第 1 行下面有"任子宜"印章[3]。第 2—4 行爲朱筆書寫,此種部分内容使用朱筆的現象也見於國家圖書館藏回鶻文《玄贊》寫本中,顯然指代引自《妙

〔1〕 巴黎吉美博物館藏 7 葉寫本中的 1 葉(寫本 G)爲有關該文獻的跋文,字體爲草體,具體見百濟康義《ギメ美術館所蔵〈妙法蓮華經玄贊〉ウイグル訳斷片》,《龍谷紀要》第 12 卷第 1 號,1990 年,1—30 頁。

〔2〕 百濟康義《ウイグル訳〈妙法蓮華經玄贊〉》(1),《仏教學研究》第 36 號,1980 年,49—65 頁;濟康義《〈妙法蓮華經玄贊〉のウイグル訳斷片》,185—207 頁;Kudara Kōgi, "Uighurische Fragmente eines Kommentars zum Saddharmapundarika-Surta," In Jens Peter Laut and Klaus Röhrborn (eds.), *Der Türkische Buddhismus in der japanischen Forschen*, Wiesbaden, 1988, pp.34-55;百濟康義《ギメ美術館所蔵〈妙法蓮華經玄贊〉ウイグル訳斷片》,1—30 頁。

〔3〕 任子宜原任敦煌民衆教育館長、教育局局長等職,與于右任、張大千、向達、閆文儒、夏鼐等人有交往,收藏有大量漢文、回鶻文、西夏文敦煌寫本、刻本、版畫和文物拓片等,大部分印有紅色"任子宜"印章。這些文獻後歸敦煌研究院和敦煌市博物館收藏。

法蓮華經》的内容。漢文《玄贊》對《妙法蓮華經》進行注釋時,使用"經: A 至 B"模式從《妙法蓮華經》中摘取需要注疏段落的前後兩個關鍵字句。如本文涉及的《妙法蓮華經》注釋内容爲"諸子幼稚,未有所識,戀著戲處,或當墮落,爲火所燒",而《玄贊》在引用時將其簡化爲"經: 諸子幼稚(至)爲火所燒",即省去了中間的"未有所識,戀著戲處,或當墮落",而回鶻文譯本則不然,選擇全文翻譯《妙法蓮華經》中需要注釋的語句,且用朱筆突出其來自《妙法蓮華經》。這一特徵也説明,國家圖書館藏 5 葉回鶻文《玄贊》寫本殘片與本文研究的敦煌研究院舊藏本同屬一個寫本,出自敦煌,且其正字特點帶有明顯的元代特徵,顯然出自敦煌莫高窟元代洞窟。從内容來看,來自《妙法蓮華經》第二卷"比喻品"之"諸子幼稚,未有所識,戀著戲處,或當墮落,爲火所燒"(《大正新脩大藏經》, Vol.09, No.262, p.12b26 – b27),和《玄贊》第五卷(末)(《大正新脩大藏經》Vol.34, No.1723, p.748a10 – a14),是國家圖書館藏本 GT15 – 36、GT15 – 15 的前面部分。下面對該殘片進行語文學考證,包括拉丁字母轉寫、譯文、漢文原文和注釋等,其中漢文原文來自《大正新脩大藏經》[1]。

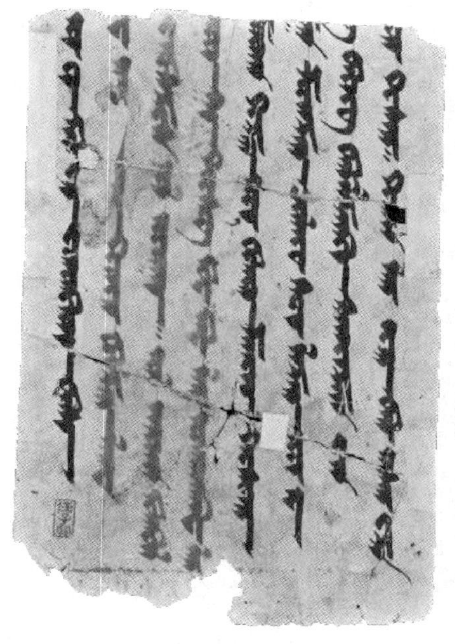

D0200 – A – 1(正面)

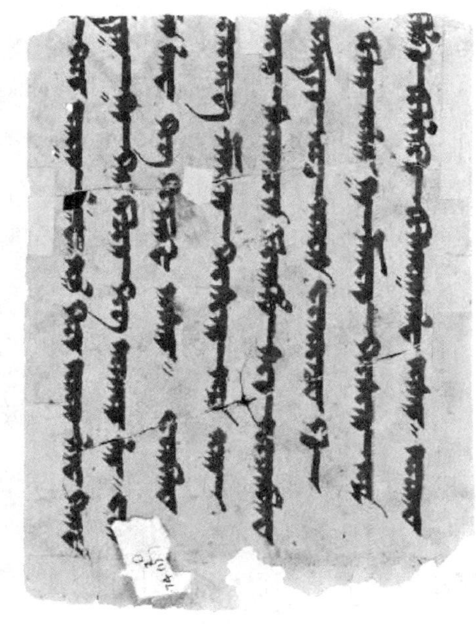

D0200 – A – 2(背面)

〔1〕 凡例: 轉寫時,[ ]表示原文殘缺,其間内容爲筆者根據上下文和漢文原文進行補寫;( )内的内容表示抄寫者漏寫,由筆者補寫的内容;斜體字表示文字不甚清楚,ṭ 表示寫作 d,但應讀作 t,ḍ 表示寫作 t,但應讀作 d。轉寫的拉丁字母中黑體字表示寫本原爲朱筆書寫,内容來自《妙法蓮華經》。Skt. = 梵語。

一　回鶻文原文轉寫

正面

1 [ ] uzun käzig yörigintä basa

2 [**oγlan-]ï anča///////tetir bilmäkläri**

3 [**yoq ärip] yapïšmïš ol oyunqa: ol antaγ köngül-**

4 **[in] otqa tüšüp küygäylär örtängäylär**

5 [ ] muntaγ temäk üzä birök m(a)xayan tayšïng

6 [nomta ayïγla]maq münämäk čulayu sözlämäk üzä

7 [yavlaq yolqa čomï]p batïp bäklämäkin saqïnmaqïγ

8 [ ]wr tesär: tïnl(ï)γ-lar-nïng bar ärsär ymä

背面

1 [ ]tüz uruγ-larï ol tüz uruγ-larï taqï

2 [yorï-]maduq-qa tar kičig tep atanur: yer

3 [ ]maq-larï tep temäki ärsär: yügärü

4 [bilgä bilig] öritip m(a)xayan tayšïng nom-nung

5 [ ] täring suγančïγ körklä-sin ötgürü

6 [topulu] umadïn üč uγuš yertinčü-kä

7 [yapïšmaqï ärür] birök olar-qa m(a)xayan tayšïng nom

8 [nïng] bilgä biligin bïšrunγalï usar: ötrü

二　譯　　文

正面(1)……較長的注釋後(如下。)(2—4)《妙法蓮華經》: 諸子没有……所識,故執著於遊戲,因此(貪)心……墜入火中被燒。(5—7)《玄贊》: 通過如此言語,深思因誹謗戲説大乘經典,而墜入並糾纏於(三)惡道……(8)若説衆生有……

背面(1—2)(衆生雖有)出世之種子,(但)那出世種子没有(引起)修行(之實施),故名爲"窄小"。(3—7)所謂"未有所識者"指的是,未發起現智,理解通達大乘佛教的神妙,而執著於三界。(7—8)若他們能够修行大乘佛經,便……

三 漢文原文

《妙法蓮華經》：諸子幼稚，未有所識，戀著戲處，或當墮落，爲火所燒（Vol.09，No.262，p.12b26－b27）。

《玄贊》：經：諸子幼稚（至）爲火所燒。贊曰：若起誹謗沈縈惡道。衆生雖有出世種子未起現行尚名幼小，稚者小也、未有所識者，未起現智達於大乘深妙佛法，戀著三界。若即爲説大乘，由著三界返生誹謗更起惑業，或當隨落，永沈難處，順行得出誹謗永沈，以不定故名爲或當，爲煩惱損名爲火燒（Vol.34，No.1723，p.748a10－a14）。

四 注 釋

1）uzun käzig yörigintä basa：可譯爲"（這）較長的注釋後……"漢文原文没有對應内容，應爲譯者的解釋性附加内容，其中 yörüg"注釋"表示《玄贊》對《妙法蓮華經》的注釋。柏林藏回鶻文《玄贊》寫本（Mains 342）中有相同的表現，如第 1 行：bu uzun käzigdä ba[r]、第 7 行：uzun käzig üzä inčä tep yörür。茨默將其分别譯作 it is in the long line 和 it is explained in the long line，並表示其意不明[1]。

2）[oɣlan-]ï：對應漢文原文"諸子"，在回鶻文文獻中"諸子"多譯作 oɣlan-larï，即 oɣlan"子"後附加複數附加成分-lar/-lär，但在國家圖書館藏回鶻文《玄贊》中"諸子"只對應 oɣlan[2]，故此處補正未加複數附加成分-lar。

2—3）bilmäkläri [yoq ärip]：對應漢文原文的"未有所識"，bilmäkläri 後殘缺，因 yok 具有與動名詞附加成分-maq/-mäk 連用的例子，在回鶻文《金光明經》就有出現 6 處，故殘缺部分補正爲 yoq ärip。

3）yapïšmïš ol oyunqa：對應漢文原文的"戀著戲處"，其中 yapïš-對應"戀"，意爲"執著"，其同義詞 yapšïn-在回鶻文佛教文獻的出現頻率更高。

6）čulayu sözlämäk：對應漢文原文的"誹謗"，與其前面的 münä-爲同義詞。這種表達在回鶻文佛教文獻中多以 čulvu sözlä-形式出現，但第一個詞明顯寫作 čwl'yw，讀作 čulayu 無誤，其詞根應爲 čul。

7）bäklämäkin saqïnmaqïɣ：似對應漢文原文的"縈"。"縈"表示"纏繞"，對應

〔1〕 Peter Zieme, "Some Notes on Old Uigur Translations of Buddhist Commentaries." pp.149－150.

〔2〕 阿依達爾·米爾卡馬力《國家圖書館收藏回鶻文〈妙法蓮華經玄贊〉研究》，85 頁。

bäklä-"緊緊地綁",而 saqïnmaq"思考"應支配其前面的 m(a)xayan tayšïng [nomta ayïγla]maq münämäk čulayu sözlämäk üzä čomïp batïp bäklämäk"深思因誹謗戲説大乘經典,而墜入並糾纏於(三)惡道……"

背面 1) tüz uruγ: 根據上下文應該對應漢文原文"出世種子",故 tüz 對應"出世"。"出世"意爲"出生",指脱離人世之束縛,此種用法在回鶻文文獻中尚屬首次出現。

3—4) yügärü [bilgä bilig]: 對應漢文原文的"現智",指現前的智慧、直接通達的智慧。

6) üč uγuš yertinčü: 對應漢文原文的"三界",指衆生所輪迴的欲界、色界和無色界,也稱"三有生死"、"三有"等。

五 結 語

《玄贊》在回鶻文佛教文獻中具有特殊的位置,這不僅僅是因爲它標誌著唯識學派在西域的傳播和影響,還因爲其性質、特色和翻譯特點所具有的獨特性質。上述漢文原文的"經: A 至 B"模式,回鶻文譯本未採用漢文模式,而採取全文引自《妙法蓮華經》中的語句,並用朱筆標記其來自《妙法蓮華經》的方法就是其特點,這種方法在敦煌吐魯番出土回鶻文佛教文獻中並不多見。另外,回鶻文《玄贊》也並非採用漢文《玄贊》所用每卷分本、末的分類方式,而將本末歸卷。比如漢文本第三卷之本部分在國家圖書館藏 GT15-63 屬"第五卷",如此計算,漢文第二卷之末在回鶻文本屬於第四卷。此種方法是回鶻文本譯者在翻譯過程中創造性採取的方法還是回鶻文本的漢文底本就已如此,這一點需進一步深入研究。此外,窺基在撰寫《玄贊》時從《爾雅》《廣雅》《玉篇》《切韻》《説文》等文獻引用大量語句,故譯者需要精通各類漢文典籍,譯文的事實證明,譯者不僅具有很高的佛學造詣,更具有很深的儒學知識。如: 譯者將"宣尼"一詞準確的還原爲"名爲宣尼的聖人孔夫子"[tsüin-ni atl(ï)γ bögü qung-vutsi],突顯了譯者深厚的中華文化功底和豐富的背景知識。

根據翻譯特點和佛教術語可確認,回鶻文《玄贊》的翻譯時間應與勝光所譯《金光明經》同代,即 10 世紀末至 11 世紀初,但根據國家圖書館和敦煌研究院藏回鶻文寫本殘片的正字特點,明顯帶有元代特徵。國家圖書館藏回鶻文文獻多來自敦煌和吐魯番兩地,而關於此部分回鶻文《玄贊》的出土地没有相關記載,但從敦煌研究院所藏任子宜印章的情況看,來自敦煌莫高窟的可能性較高。但需要注意的是,根據皮特·茨默的研究，勃蘭登堡科學院吐魯番文獻中心尚保存有一定數量的同一類型寫本，即貝葉型楷書體一頁8行寫本，故也有部分寫本散落在吐魯番，其原因也有待進一步考證。根據國家圖書館藏保存完整的一葉回鶻文寫本的推算，正背一葉回鶻文對應漢文原文中大概80個漢字，如此計算，全文《玄贊》譯爲回鶻語至少在3800葉左右，而現存回鶻文《玄贊》僅佔其0.01%，我們期待今後能發現更多寫本，以復原其大致原貌。

（作者單位：張鐵山，中央民族大學中國少數民族語言研究院；
阿依達爾·米爾卡馬力，新疆大學中國語言文學學院）

《敦煌吐魯番研究》第二十二卷
2023 年,353—365 頁

敦煌研究院舊藏回鶻文《大乘無量壽宗要經》殘卷研究*

吐送江·依明　阿不都日衣木·肉斯台木江

《大乘無量壽宗要經》是一部"經文"和"咒文"混合組成的密教佛經,原典爲梵文,現有漢文、於闐文、粟特文、藏文、回鶻文、西夏文和蒙古文譯本。《大乘無量壽宗要經》梵文作 Ārya-aparimitāyur-jñāna-nāma-mahāyāna Sūtra,藏文作 phags pa tshe dang ye shes dpag tu med pa zhes bya ba theg pa chen po'i mdo,回鶻文作 amita ayuše sudur 或 tözün ülgülänčsiz öz yaš atl(ï)γ uluγ kölüngü sudur。德藏回鶻文 U4648(1—5 行)、U4187(1—3 行)《大乘無量壽宗要經》殘卷中出現此佛經的梵文、藏文、回鶻文名稱[1]。本文對敦煌研究院舊藏三葉回鶻文刻本《大乘無量壽宗要經》殘卷進行釋讀研究。

一　回鶻文《大乘無量壽宗要經》及其研究狀況

回鶻文《大乘無量壽宗要經》文書出土於敦煌、吐魯番等地,該文書殘片體量頗大,多數爲木刻印刷本,現存殘卷有 202 葉。它是存世的回鶻文密教經典文書中數量最多的文書,現藏於中、英、德、俄、日等國家。《元史》卷三五《文宗紀四》載,至順二年四月戊辰,"詔以泥金畏兀爾字書無量壽佛經千部"[2]。我們無法得知這項詔令是否順利得以施行,目前發現的回鶻文寫本《大乘無量壽宗要經》皆爲黑墨所書,但是如果千部回鶻文《無量壽經》在公元 1331 年後得以成書,足可見其受重視程度和影響力。正如 1928 年拉德洛夫(W. W. Radloff)刊佈德藏 U351 號回鶻文《大乘無量壽宗要經》殘片時

* 本文係國家社科基金重大項目"海外藏回鶻文獻整理與研究"(20&ZD211)、社科基金一般項目"敦煌研究院藏回鶻文文獻整理與研究"(21BZS025)、蘭州大學學科交叉創新團隊建設項目(21lzujbkytd004)的階段性成果。

[1] 請參見 A. Yakup, *Altuigurische Aparimitāyus-Literatur und kleinere tantrische Texte*, *Berliner Turfantexte XXXVI*, Turnhout: Brepols Publishers n.v., 2016, p.48.

[2] 《元史》卷三五《文宗紀四》,北京:中華書局,1976 年,784 頁。

所敘述的那樣:"《無量壽經》,該刻本殘片(77＊27 cm)的底本,肯定在回鶻人中流傳甚廣。我面前擺放著除該件殘片之外數量甚多的各式刻本和寫本文書,有的附有婆羅謎文注釋。"[1] 拉德洛夫帶有先見之明的預判在後來的研究中逐漸得以證實。

阿不都熱西提·亞庫甫在 2012 年撰文對回鶻文《大乘無量壽宗要經》佛經殘片狀況進行介紹[2],該佛經回鶻文殘片共有 202 件,其中 167 件藏於德國柏林吐魯番文獻中心,剩下的 35 件則分散於敦煌、吐魯番、東京、倫敦、聖彼得堡等地的收藏機構中。該佛經回鶻文的殘片信息最早由繆勒(F. W. K. Müller)刊佈[3]。而後拉德洛夫刊佈了編號爲 U351(T II M6)這一德國吐魯番文獻中心保存較好的殘片[4]。1961 年羽田明和山田信夫刊佈了東京大谷收藏品中的 3 件木刻本殘片[5]。而後伊斯拉斐爾·玉素甫、闞白爾、阿不都熱西提·亞庫甫和張鐵山等對柏孜克里克石窟以及莫高窟北區出土的木刻本殘片進行了刊佈與研究。1997 年,牛汝極在《維吾爾古文字與古文獻導論》中刊佈了九件名爲"回鶻文婆羅謎文雙語佛經印刷本文獻"的照片,同本著作中還刊佈了另外一件文書的照片,該文書與柏林藏 U4648 以及京都藏 Ot. Ry. 6276 爲行數相同的平行版本[6]。聖彼得堡藏 12 件相關殘片由阿不都熱西提·亞庫甫進行了比定,確認這 12 件殘片和柏林、吐魯番、京都所藏的 8 件殘片同爲一份《大乘無量壽宗要經》文獻。同時,亞庫甫也對上述 20 件殘片進行了整理和釋讀,得出該回鶻語經文譯自古藏語、且與漢文佛典對應較好的結論[7],柏林殘片的相關信息詳見德國東方寫本目録中的輯

[1] W.W. Radloff, *Uigurische Sprachdenkmäler*, Materialen nach dem Tode des Verfassers mit Ergänzungen von S[ergej] Malov herausgegeben, Leningrad, (Akademie der Wissenschaften der Union der Sozialistischen Sowjetrepubliken.) 1928. [Reprint, Osnabrück 1972], p.150.

[2] 阿不都熱西提·亞庫甫《〈大乘無量壽宗要經〉回鶻文譯文的多語言原典》,新疆吐魯番學研究院編《語言背後的歷史:西域古典語言學高峰論壇論文集》,上海古籍出版社,2012 年,61—72 頁。

[3] F. W. K. Müller, *Uigurica* II, Abhandlungen der Preußischen Akademie der Wissenschaften, philhist. Klasse, Nr. 3, 1910.

[4] W. W. Radloff, *Uigurische Sprachdenkmäler*, Materialen nach dem Tode des Verfassers mit Ergänzungen von S[ergej] Malov herausgegeben. Leningrad. (Akademie der Wissenschaften der Union der Sozialistischen Sowjetrepubliken.) 1928. [reprint, Osnabrück 1972]

[5] A. Haneda, N. Yamada, A list of the manuscript remains in Uigur script preserved in the Ryukoku Librrary, The Research Society of Central Asian Culture (ed.), *Buddhist manuscripts and secular documents of the ancient languages in Central Asia*, Kyoto: Hozokan, 171－206, 1961. (Monumenta Serindica, volume IV.)

[6] 參見 A.Yakup, *Altuigurische Aparimitāyus-Literatur und kleinere tantrische Texte*, *Berliner Turfantexte XXXVI*, Turnhout: Brepols Publishers n.v., 2016, p.47,阿不都熱西提·亞庫甫認爲目前還不清楚該文書是一件新的殘片還是 Ot. Ry. 6276 的複製件。

[7] A.Yakup, *Studies in some Late Uighur Buddhist texts preserved in Russia*, Kyoto, 2000 (Doctoral dissertation submitted to the Graduate School of Letters, Kyoto University).

録内容〔1〕。敦煌莫高窟北區出土的四件回鶻文文書殘片内容所對應的佛經根據張鐵山的觀點即爲《大乘無量壽宗要經》〔2〕。

2016年,阿不都熱西提·亞庫甫在柏林吐魯番文書第36卷(BTT 36)《回鶻語Aparimitāyus文獻和較小的密宗文書》中以佛經爲主題,分七類整理了較爲重要的回鶻語無量壽經文書和其他密宗文書,其中體量最大的是《大乘無量壽宗要經》。書中將德藏、俄藏、日藏、英藏以及國内藏的《大乘無量壽宗要經》回鶻語文書,根據文書所載内容的相關性,按照《大正藏》中《大乘無量壽宗要經》的經文順序進行了排列、轉换寫和德文翻譯,並給出《大正藏》中《大乘無量壽宗要經》的對應的漢語經文以及瓦理瑟(M. Walleser)1916年翻譯的梵語經文以供對比研究〔3〕。茨默(P. Zieme)對該卷吐魯番文書中的《大乘無量壽宗要經》部分給出了7點有益的補充和指正,其中還指出文書U 4763中的d頁部分内容與森安孝夫《ウイグル語文獻[Uigurica from Tun-huang]》〔4〕

〔1〕《德國東方寫本目録(VOHD)》第13卷19册古代突厥語寫本11第一部分"密宗文書"中(pp.95-150)收録了《大乘無量壽宗要經》相關文書共101件(編號99—199)。文書多爲木刻本折裝文書片段或刻本單頁,紙張多呈米色、淺棕色或其間過度色,紙張上乘,少部分文書保存完好或略帶污損,如U 4187 (T II S 45)、U 4644 (T I D)、U 4673 (T I u)、U 4643 (T I D)、U 4622 (T I D)、U 4641 (o. F.)、U 351 (T II M 6),文書保留尺寸較小(長寬皆小於10 cm)的文書亦佔少數。《德國東方寫本目録》第13卷第23册古代突厥語寫本15第三部分爲"頭韻詩、曆法相關文書、圖片、不明殘片和補録文書",《大乘無量壽宗要經》相關文書收録在補録文書一欄中(pp.182-193),共22件(編號337—358): U 4029(T I)、U 4177 (T II M 880)、U 4250 a-g (T II Xanthippe)、U 4623 (T I D)、U 4720 (T III M 225)、U 4722 (T III M 225)、U 4723 (T III M 225)、U 4724 (T III M 225)、U 4725 (T III M 225)、U 4727 (T III M 227)、U 4767 (T M 19)、U 4798 (T M 44)、U 4819 (o.F.)、U 4022 (T I)、U 4392 (o.F.)、U 4459 (o.F.)、U 4537 (o.F.)、U 4543 (o.F.)、U 4626 (T I D)、U 4588 (o.F.)、U 4730 (T III M 225)、U 6365 (o.F.),所列文書均爲木刻本單頁文書,紙張多呈米色、淺棕色或其間過度色,紙質上乘,部分文書保存完好或略帶污損,如U 4623, U 4720、U4722, U4723等,部分如出土地標籤爲o. F.的文書保留尺寸較小(長寬皆小於10 cm)且損毁較嚴重。參見A. Yakup und M. Knüppel, *Alttürkische Handschriften Teil 11: Die Uigurischen Blockdrucke der Berliner Turfansammlung.; Teil 1: Tantrische Texte.*; Beschrieben von A. Yakup und M. Knüppel. Stuttgart: Franz Steiner Verlag (VOHD 13, 19), 2007. A. Yakup, *Alttürkische Handschriften Teil 15: Die Uigurischen Blockdrucke der Berliner Turfansammlung.; Teil 3: Stabreimdichtungen, Kalendarisches, Bilder, unbestimmte Fragmente und Nachträge*. Stuttgart: Franz Steiner Verlag (VOHD, Band 13, 23), 2009.

〔2〕張鐵山《敦煌出土回鶻文〈大乘無量壽宗要經〉殘頁研究》,《民族研究》2005年第5期,64—68頁。四件文書的編號依次是B137:2、B138:10、B160:12、B160:6.

〔3〕A. Yakup, *Altuigurische Aparimitāyus-Literatur und kleinere tantrische Texte, Berliner Turfantexte XXXVI*, Turnhout: Brepols Publishers n. v., 2016.; M. Walleser, *Aparimitāyur-jñāna-nāma-mahāyāna-sutram: Nach einer nepalesischen Sanskrit-Handschrift mit der tibetischen und chinesischen Version, Sitzungsberichte der Heidelberger Akademie der Wissenschaften12*, Heidelberg: Carl Winter's Universität, 1916.

〔4〕森安孝夫《ウイグル語文獻》,山口瑞鳳責任編集《講座敦煌6敦煌胡語文獻》,東京:大東出版社,1985年,66頁。

一文中提到的法藏回鶻語文書 BN Pell. Ouig. 181.207 正面的内容相對應[1]。此外旅順博物館藏吐魯番文書中的兩件回鶻語文書殘片中,有一件與柏林藏《大乘無量壽宗要經》文書殘片 U4690 相對應[2]。

除了上述的刊佈與學術成果之外,土耳其學者阿拉特(R. R. Arat)和德國學者茨默曾研究德國柏林藏一篇與該佛經相關的回鶻文跋文[3]。根據茨默所書内容[4],我們可對吐魯番出土文書中的這則回鶻文 Amitāyus-Sūtra 跋文的文書形制和内容有所瞭解。

關於回鶻文《大乘無量壽宗要經》的版本分類問題,阿不都熱西提・亞庫甫在其文章中,按照寫卷的内容和形式等做了一些梳理與分類。回鶻文殘片可分爲刻本與寫本兩種形式。其中刻本又可以根據形式分爲兩種,其一是每頁 5 行内容的木刻本經折式殘片,約有 150 件;其二,包含各式各樣佛教經文,每頁行數不等的木刻本經折式殘片,可明確劃分進這一類的有 4 件殘片[5]。寫本共存在 9 件寫本保存在柏林與東京[6],這些寫本根據字跡字體等可分爲三類:寫本 A,單面寫本,每頁存 5 行内容,有 5 件藏於柏林,2 件藏於東京,且 7 件應屬於同一個寫本書籍[7];寫本 B,寫於一份漢文文書的背面,字體爲半草書式回鶻文,共 1 件[8];寫本 C,單面寫本,頁面上伴有紅墨書寫的陀羅尼咒文,共 2 件[9]。通過對比内容與字母的書寫樣式,阿不都熱西提・亞庫甫判斷,寫本 A 與木刻本的第一種類型高度相似,前者很有可能是後者刻寫的底本。關於分類,張鐵山也表達了自己的看法,他認爲的第一種似與阿不都熱西提・亞庫甫的劃分相同,且敦煌北區出土的 4 件文書顯然也應該是這一類。他認爲的第二種版本是阿拉特刊佈的那一種,每頁存 6 行回鶻文,行間没有婆羅謎文注釋。

關於回鶻文《大乘無量壽宗要經》翻譯時所依託的底本的問題,此前,石濱純太郎、

[1] 參見 P. Zieme, *Notizen zum altuigurischen Ārya-aparimitāyur-jñāna-nāma-mahāyāna Sūtra (BT XXXVI A)*, academia. edu, 2016, p.1.

[2] 橘堂晃一《旅順博物館所蔵のウイグル語仏典》,《中アジア出土仏教寫本》,京都,61—62 頁。

[3] 相關内容參見張鐵山《敦煌出土回鶻文〈大乘無量壽宗要經〉殘頁研究》,64 頁;牛汝極《回鶻藏傳佛教文獻》,《中國藏學》2002 年第 2 期,104—105 頁。

[4] 參見 P. Zieme, *Buddhistische Stabreimdichtungen der Uiguren*, Berlin: Akademie Verlag, 1985, pp.155－158.

[5] 這四片殘片都是藏於柏林吐魯番文獻中心,編號分别是 U3902a－d(T III 218)、U4017(T I)、U4628(T II D 325)、U4763(T M 17)。

[6] 然而,根據阿不都熱西提・亞庫甫在文中列舉的寫本殘片數量,應該是有 10 片,詳見下文。

[7] 7 片的編號爲 Ot. Ry. 1115、Ot. Ry. 2775、U 4836 (TM 432, T I 500)、U 4877 (T I X 507)、U 4880 (T II 501)、U 4913 (T II D 68)、U 5102 (T III TV 57)。

[8] 編號爲 Ch/U 6633。

[9] 編號分别爲 Ot. Ry. 1117、Ot. Ry. 1371。

三木勝美、茨默、埃爾弗斯科格（J. Elverskog）和牛汝極等都認爲回鶻文該佛經翻譯所依託的底本是藏文本的《大乘無量壽宗要經》。然而，阿不都熱西提・亞庫甫詳細比對各個版本後得出一個並不完全相同的結論，其認爲回鶻文《大乘無量壽宗要經》翻譯過程中確實是大量依託了藏文本的内容，但是其也確實參考了梵文本與漢文本的内容〔1〕。

《藏文大藏經》中現存《大乘無量壽宗要經》一部，不見題記〔2〕，且各地出土的兩千多件古藏文《大乘無量壽宗要經》寫本〔3〕及西藏甘珠爾目録都未曾記載譯者。關於名稱方面，《藏文大藏經》中的首題是《聖無量壽命及智慧大乘經》'phags pa tshe dang ye shes dpag tu med pa zhes bya ba theg pa chen po'i mdo，而敦煌本首題均爲《無量壽大乘經》tshe dpag tu med pa zhes bya ba theg pa chen po'i mdo，未見“智慧”一詞，但兩者的内容一樣。

雖然，傳世本和敦煌本《大乘無量壽宗要經》都未著録其譯者名。但據法藏敦煌藏文文獻 Pel. tib. 999 號記載，吐蕃曾爲贊普墀祖德贊（815—842）之功德，在沙州抄寫了藏漢《無量壽經》，藏於敦煌龍興寺經籍倉庫中，漢文《無量壽經》135 卷，藏文《無量壽經》480 卷，共 615 卷〔4〕。因此可以肯定，《大乘無量壽宗要經》至少在贊普墀祖德贊（815—842）時期已譯至藏文。

另值得一提的是，日本學者西岡祖秀整理了所有法藏敦煌藏經洞出土的古藏文《無量壽宗要經》文書的卷末所書寫經生和校勘者人物姓名〔5〕，發現《無量壽宗要經》與《大般若經》的寫經生和校勘者名録一致，故認爲二者出於同一寫經組織，由此根據關於《大般若經》寫經現實狀況的相關研究，嘗試復原了《無量壽宗要經》的真實寫經過程〔6〕。

二　敦煌研究院舊藏回鶻文《大乘無量壽宗要經》殘卷釋讀

敦煌研究院舊藏文獻主要以“敦研”和“D”開頭，其中 D 開頭文獻主要是老一代敦

---

〔1〕 阿不都熱西提・亞庫甫《〈大乘無量壽宗要經〉回鶻文譯文的多語言原典》，70 頁。

〔2〕《聖無量壽及智慧大乘經》，《甘珠爾》（續部）第 91 册，拉薩木刻版。

〔3〕 夏吾措、桑傑東知《敦煌藏文寫本〈大乘無量壽宗要經〉的分類與流變關係研究》，《西藏大學學報》2021 年第 3 期，58 頁。

〔4〕 多布旦《法藏敦煌藏文文獻勘録》（10），拉薩：西藏人民出版社，2017 年，47 頁。

〔5〕 參見西岡祖秀《ペリオ蒐集チベット文『無量壽宗要経』の寫経生-校勘者一覧》，《印度學仏教學研究》Vol.33，No.1（1984），pp.314－320.

〔6〕 參見西岡祖秀《沙州における寫経事業—チベット文『無量壽宗要経』の寫経を中心として》，《講座敦煌 6 敦煌胡語文獻》，379—393 頁。

煌研究人員或當地名人收集並捐贈給敦煌研究院的。經研究發現敦煌研究院舊藏回鶻文文獻中的三葉是《大乘無量壽宗要經》木刻本殘卷。編號爲：D0886(尺寸爲長25.6 cm,寬 10.4 cm,天頭4 cm×地腳 1.4 cm),D0887(尺寸爲長24.3 cm,寬 10.5 cm,天頭2.5 cm×地腳 1.4 cm),D0889(尺寸爲長 15.6 cm,寬 10.6 cm,天頭 5 cm),上述藏品均爲任子宜收集品,蓋有“任子宜”印章。本回鶻文木刻印刷本殘卷每頁寫有 5 行字,其中出現的梵語借詞和佛名均有婆羅謎文注釋。其中 D0889 末尾有破損,其他兩葉保存完整。本文對三葉回鶻文《大乘無量壽宗要經》殘卷進行了釋讀和翻譯,並將其與藏文本《聖無量壽及智慧大乘經》進行了比較。

縮略語説明：///表示殘缺的或無法識别的字母;(　)表示根據回鶻人的習慣不寫的,後來填充的字母;[　]表示根據上下文補充的詞彙;…表示無法翻譯的内容;<表示來自某一個語言。

D0887

1 tüpgärmäk qïlu y(a)rlïqar. tïnl(ï)γ larqa

2 nom y(e)mä nomlayur. äšidgil mančuširi urï

3 ya bu čambudiviptaqï tïnl(ï)γ lar qïsγ a

4 özlüg yašlïγ yintäm yüz yašlïγ

5 oq ärip, olarta y(e)mä üküši üd-

譯文：…滲透生命,爲衆生説法。聽童子文殊諦！這贍部洲的人們皆短壽,僅僅活以百歲,他們其中多人[以非時死者居多]。

《大乘無量壽宗要經》在《大正藏》中的對應的部分[1]：

T0936_.19.0082a10：菩提現爲衆生開示説法。曼殊諦聽。南門

T0936_.19.0082a11：浮提人皆短壽。大限百年。於中殀枉横死者

T0936_.19.0082a12：衆。曼殊如是無量壽如來功德名稱法要。若

《甘珠爾》藏文版對應的部分[2]：

sems can rnams la chos kyang ston to/

'jam dpal gzhon nur gyur pa nyon cig/

[1] 《大乘無量壽宗要經》,《大正藏》第 19 册,82 頁 a10—11。大阪大學《大正新脩大藏經》資料庫：https://21dzk.l.u-tokyo.ac.jp/SAT/satdb2015.php.

[2] 《聖無量壽及智慧大乘經》,《甘珠爾》(續部)第 91 册,233b 頁 1—2 行。

'jam bu'i gling 'di'i mi rnams ni/

tshe thung ba las tshe lo brgya thub pa sha stag ste/

de dag las kyang phal cher dusa ma yin par 'chi bar bstan to//

譯文：爲衆有情亦開示説法，童子文殊諦聽！這贍部洲的人們皆短壽，僅僅活以百歲，其中以非時死者居多。

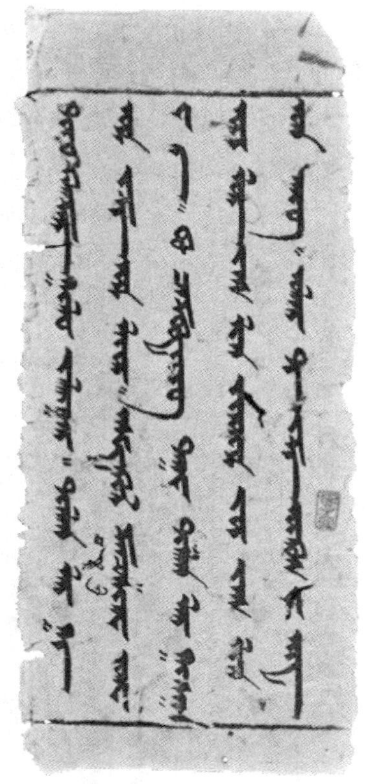

圖 1　D0887（敦煌研究院陳列中心提供）

注釋：

從内容來看本段更近於藏文。D0887 號文獻只有 1 個平行版本 B172：3 正面，此殘卷背面寫有西夏文文書，莫高窟北區 B172 出土，圖版收録在《敦煌莫高窟北區石窟》第 3 卷中[1]。B172：3 有三頁，與 D0887 對應的是第二頁，中間第二行第三個詞開頭部分和末行開頭結尾部分有破損。B172：3 由張鐵山[2]在 2004 年進行過整理研究。B172：3 收録在阿不都熱西提·亞庫甫在 2016 年出版的柏林吐魯番文書 36 卷文獻 A 29（016—020 行）中[3]。D0887 保存完整，補充了 B172：3 中破損的第五行 oq ärip, olarta y(e)mä üküši üd（其中多人[以非時死者居多]）。

1）tüpgärmäk qïlu y(a)rlïqar：此段上段在莫高窟北區出土 B172：3 號文獻正面，全句爲：öz yašïγ särgürüp öz yašïγ tüpgärmäk qïlu y(a)rlïqar.（如來佛祖）致力於澄清生命，滲透生命。

1－2）tïnl(ï)γlarqa nom y(e)mä nomlayur：爲衆生説法。

2－3）äšidgil mančuširi urï ya：聽童子文殊諦。mančuširi urï：童子文殊諦，mančuširi 爲文殊菩薩，來自梵語 mañjuśrī。urï 爲男孩、童子。ya 爲感歎詞。

〔1〕 彭金章、王建軍編《敦煌莫高窟北區石窟》第 3 卷，北京：文物出版社，2004 年，圖版一一〇（CX）。

〔2〕 張鐵山《敦煌莫高窟北區出土回鶻文文獻譯釋研究（二）》，彭金章、王建軍《敦煌莫高窟北區石窟》第 3 卷，395 頁。

〔3〕 A. Yakup, *Altuigurische Aparimitāyus-Literatur und kleinere tantrische Texte*, *Berliner Turfantexte* XXXVI, Turnhout: Brepols Publishers n.v., 2016, p.48.

3－4）bu čambudiviptaqï tïnl(ï)γlar qïsγa özlüg yašlïγ yintäm yüz yašlïγ oq ärip：這贍部洲的人們皆短壽，僅僅活以百歲。čambudivip 贍部洲，來自梵語 jambudvīpa。qïsγa 爲短，öz yaš 爲對偶詞表示生命、壽命等意。yintäm 爲僅僅、總是等意。yüz yašlïγ 百歲的，oq 强調語氣詞。

5）olarta y(e)mä üküši üd-：本段後句出現在德藏 U4644 中，完整的句子爲 olarta y(e)mä üküši üdsüz ölümin ölürlär，他們其中多人［以非時死者居多］。

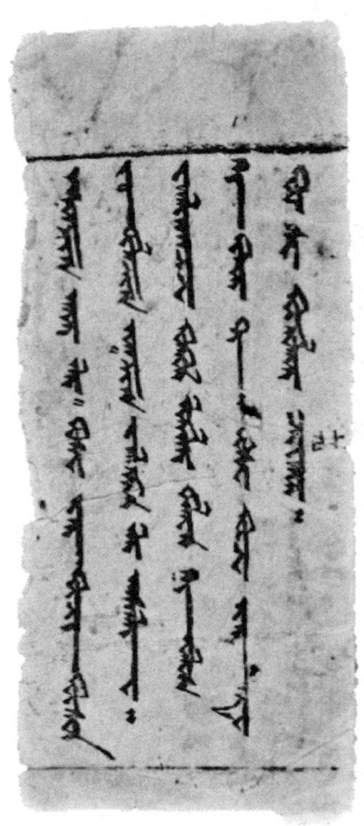

圖 2　D0886（敦煌研究院陳列中心提供）

D0886[1]

1　ašunmïš ärürlär，bušïnïng küčin küsün-

2　-in bilmiš uqmïš yalnguqlar arslanï

3　yarlïqančučï köngüllüglär balïqqa uluš-

4　-qa kirürtä bušï küčining aṭï

5　küüsi kükülür čavïqur. 十九

譯文：1—2 ［通過布施的力量諸佛真正地］超越了［輪迴］。領悟到布施的力量人師子，3—4 慈悲之人步入這城與國時，布施的力量的聲名顯著。

《大乘無量壽宗要經》在《大正藏》中的對應的部分[2]：

T0936_.19.0084c15：布施力能成正覺　悟布施力人師子

T0936_.19.0084c16：布施力能聲普聞　慈悲階漸最能入

《甘珠爾》藏文版對應的部分[3]：

sbyin pa'i stobs kyis sangs rgyas yang dag 'phags//

mi yi senge sbyin pa'i stobs rtogs te//

snying rje can gyi grong khyer 'jug pa na//

sbyin pa'i stobs kyi sgra ni grags par 'gyur//

［1］ U351 第三十五行有本殘卷的前一句内容：bušï küčintä burxanlar könin ärtmiš 通過布施的力量諸佛真正地超越了［輪迴］。請參見：W. Raddloff, USp, 1928, p.150, 和 A.Yakup, Abdurishid, BTT XXXVI, 2016, p.78, A298. 第一行 ašunmïš“超越”在 VOHD, Band 13, 23, AT teil 15, p.188 中寫作 ašmïš“增長”。

［2］《大乘無量壽宗要經》，《大正藏》第 19 册，84 頁 C15—16。

［3］《聖無量壽及智慧大乘經》，《甘珠爾》（續部）第 91 册，233b 頁 4—5 行。

譯文：因布施力諸佛真正地超越了（凡人），人師子悟到了布施的力量，於是當進入慈悲之城時，將響起布施力之聲。

注釋：

1）ašunmïš ärürlär：本段前句可以在德藏 U351 號文獻中找到，全句爲：bušï küčintä burxanlar könin ärtmiš ašunmïš ärürlär 通過布施的力量諸佛真正地超越了輪迴。bušï 爲布施、施捨，來自漢語布施。burxan 爲佛，來自漢語佛和構詞詞綴-xan。köni 爲正真的、準確的。ärt- ašun-爲對偶詞表示超越。

1－2）bušïnïng küčin küsünin bilmiš uqmïš yalnguqlar arslanï yarlïqančučï köngüllüklär：領悟到布施的力量人師子，慈悲之人。küč küsün 爲對偶詞，意爲力量、力氣。bil- uq-爲對偶詞意爲知道和懂得。yalnguqlar arslanï 對應漢語中的人師子。yarlïqančučï 爲慈悲。

3－5）本段回鶻文内容更近於藏文，如 3—4 行 balïqqa ulušqa kirürtä 當慈悲之人步入這城與國時，藏文作：snying rje can gyi grong khyer ‘jug pa na//於是當進入慈悲之城時。D0886 號文獻存在多個平行版本，如德藏木刻本回鶻文 U 4727 b、U 4767、U 4678、U 4177、U 4359、U 4316，手抄本 U 4880 等。上述平行版本目録收録在柏林吐魯番文書目録 VOHD, Band 13, 23，teil 15 號中[1]，木刻本 U 4727b 和手抄本 U 4880 由阿不都熱西提・亞庫甫進行整理研究並收録在柏林吐魯番文書 BTT 36 卷文獻 A 29（299—303 行）中[2]。文獻第五行 čavïqur 旁寫有漢字十九。

3－5）balïqqa ulušqa kirürtä bušï küčining atï küüsi kükülür čavïqur：布施的力量的聲名被讚賞。balïq 爲城市，uluš 爲國家。ad küü 爲對偶詞表示名聲、聲望。kükül- čavïq-爲對偶詞，意爲出名，被讚賞。

-

B D0889[3]

1 tatyada oom sarva san[skari parišutda]

〔1〕 U 4727 b、U 4767、U 4678、U 4177、U 4359、U 4316 目録請參見 A. Yakup, *Alttürkische Handschriften Teil 15: Die Uigurischen Blockdrucke der Berliner Turfansammlung. Teil 3: Stabreimdichtungen, Kalendarisches, Bilder, unbestimmte Fragmente und Nachträge*. Stuttgart: Franz Steiner Verlag (VOHD, Band 13, 23), 2009, pp.187－188.

〔2〕 A. Yakup, *Altuigurische Aparimitāyus-Literatur und kleinere tantrische Texte, Berliner Turfantexte XXXVI*, Turnhout: Brepols Publishers n.v., 2016, p.78.

〔3〕 本殘卷梵語咒文旁寫有婆羅謎文注釋，轉寫中的第二行爲婆羅謎文注釋的轉寫和復原。本段部分咒文内容與 U351 相同。請參見：W. Raddloff, *Uigurische Sprachdenkmäler. Materialien, nach dem Tode des Verfassers mit Ergänzungen von S. Malov herausgegeben*. Leningrad 1928 (Akademie der Wissenschaften der Union der sozialistischen Soviet-Republiken), p.148.

2 darmate gagana samutgade [suvabva]

3 višutde m(a)xan-ay-a p[arivare svaha]

4 yana y(e)mä q(a)ltï vipa[syin sikin visvabu]

5 karkasunde kanakamuni k[asyapa Sakyamuni]

行中婆羅謎文注釋轉寫:

1 tadyathā oṃ sarvasaṃ[skāra pariśuddha]

2 dharmate gagaṇa samudgate [svabhāva-]

3 viśuddha m(a)hānaya p[arivāre svāhā]

4 Vipa[śyin Śikhin Viśvabhū]

5 Krakucchanda Kanakamuni K[asyapa Sakyamuni]

譯文: 1—3 即説咒曰:諸行清浄法性虚空超勝自性清浄大方便圍繞 4 如是毘婆尸佛、[尸棄佛。毘舍浮佛] 5 俱留孫佛、倶那含牟尼佛、[迦葉佛、釋迦牟尼佛][等七寶供養。]

《大乘無量壽宗要經》在《大正藏》對應的部分[1]:

T0936_.19.0084b05: 南謨薄伽勃底一阿波唎蜜哆二阿喻紇硯娜

T0936_.19.0084b06: 三須毘儞悉指陀四囉佐耶五怛他羯他耶六怛

T0936_.19.0084b07: 姪他唵七薩婆桑悉迦囉八波唎輸底九達磨

T0936_.19.0084b08: 底十伽迦娜十一莎訶某持迦底十二薩婆婆

T0936_.19.0084b09: 毘輸底十三摩訶娜耶十四波哆婆囇莎訶

T0936_.19.0084b10: 如是毘婆尸佛。尸棄佛。毘舍浮佛倶留孫佛。

T0936_.19.0084b11: 倶那含牟尼佛。迦葉佛。釋迦牟尼佛

T0936_.19.0084b12: 若有人以七寶供養。如是七佛。其福有限。書

《甘珠爾》藏文版對應的部分[2]:

di lta ste/dper na/de bzhin gshegsa pa rnam par gzigs dang/gtsug tor can dang/thams cad skyob dang/log par dad sel dang/gser thub dang/'od srung dang/shakya thub pa la sogs pa la rin po che sna bdun gyi mchod pa rnams kyis mchod pa byas pa'I bsod nams kyi phung po'i tshad ni/bgrang bar nus kyi/tshe dpag tu med pa'i mdo sde ' di

[1] 《大乘無量壽宗要經》,《大正藏》第19册,84頁b07—11。

[2] 《聖無量壽及智慧大乘經》,《甘珠爾》(續部)第91册,232b頁3—6行。

rnams ‘di’i bsod nams kyi phung bo’i tshad ni/bgrang bar mi nus so//

譯文： 如是，以七寶供養如來勝觀、寶髻佛、一切勝佛、除邪信、金寂佛、飲光佛、釋迦牟尼等所得福蘊，猶能度量，（供養）此無量壽經所得福蘊，則不可量也。

注釋：

1）本段爲咒文，藏語作壽命陀羅尼 tshe gzungs，梵語作 Dhāranī。此咒文梵語原文爲 tadyathā oṃ sarvasaṃskāra-pariśuddha-dharmate-gagaṇa-samudgate svabhāva pariviśuddha mahānaya parivāre svāhā。漢文、藏文和回鶻文《大乘無量壽宗要經》中咒文都爲梵語音譯，没有進行釋譯。此段不見於吐魯番出土德藏、日藏和俄藏版本中。本文中對本殘卷首次進行釋讀。關於《大乘無量壽宗要經》的結構，王堯指出《大乘無量壽宗要經》的結構跟一般佛經不同[1]。它是由“經文”和“咒經”混合組成。經文帶有敘述性，咒文帶有誦讚性，二者交叉，每一段經文之後，緊接一段咒文，有點像後期的“説唱文學”作品那樣。全經經文三十段，咒文二十九組。在最後，用一長偈二十四句，算是結尾。事實上，這偈語也可分爲六節，每節一個標題，分别標明“布施、戒法、忍辱、精進、彈定和智慧”等六度的功德順序及覺悟的最高境界，完全符合浄土法門的最根本要求。《大乘無量壽宗要經》由於經咒互見，因之被歸入“秘密類”或“陀羅尼類”。

回鶻文《大乘無量壽宗要經》留存版本不全，咒文在回鶻文《大乘無量壽宗要經》中出現十九組，而原文咒文有二十九組。回鶻文《大乘無量壽宗要經》咒文具體分佈在 U4819、U4643、B127：2、U4690、U4626、U4634、U4623、U4675、U4698、SI Kr III 18/1、SI Kr III 18/4、U4691、U4641、U4689、U4672、U4642、U351 和 U4763 等文書中[2]。

1）**tatyada**：梵語爲 tadyathā“譬如”，漢語佛經裏一般譯作“即説咒曰”。**oom**：梵語爲 oṃ 唵，種子咒語。如六字真言：回鶻語 oom mani pad me hung，梵語 oṃ maṇi padme hūṃ。**sarva san[skari]**：梵語原文爲 sarva-saṃskāra 一切皆行，通常譯作諸行。**[parišutda]**：梵語原文爲 pariśuddha 清浄，純清浄。

2）**darmate**：梵語原文爲 dharmate 法性。**gagana**：梵語原文爲 gagaṇa 虚空、天空。**samutgade**：梵語原文爲 samudgate 超勝；升起、出現。**[suvabva]**：梵語原文爲 svabhāva 自己的狀態；自性、自體。

---

〔1〕 王堯《藏漢佛典對勘釋讀之三〈大乘無量壽宗要經〉》，《西藏研究》1990 年第 2 期，103 頁。

〔2〕 詳情參見 A. Yakup, *Altuigurische Aparimitāyus-Literatur und kleinere tantrische Texte, Berliner Turfantexte XXXVI*, Turnhout: Brepols Publishers n.v., 2016, p.78.張鐵山《敦煌出土回鶻文〈大乘無量壽宗要經〉殘頁研究》，64 頁；張鐵山《敦煌莫高窟北區出土回鶻文文獻譯釋研究（二）》，384、392 頁。

3）**višutde**：梵語原文爲 viśuddha 浄、清浄、已清浄。**m(a)xan-ay-a**：梵語原文爲 mahānaya 大方便。**p[arivare]**：梵語原文爲 parivāre 圍繞、伴隨。[**svaxa**]：梵語原文爲 svāhā 祭品；娑婆訶。

圖3　D0889（敦煌研究院陳列中心提供）

4—5）咒文後出現供養七佛的内容。梵語復原内容爲：vipa [śyin Śikhin Viśvabhū] Krakucchanda Kanakamuni K [asyapa Sakyamuni]。

4）**yana y(e)mä q(a)ltï**：yana y(e)mä 爲對偶詞表示再、又；q(a)ltï 爲譬如。

4—5）**Vipaśyin** 毘婆尸佛[1] 又作毗鉢尸，微鉢尸，鞞婆尸，毗婆沙，維衛，過去七佛之第一佛。**Śikhin** 尸棄佛[2] 又作式，式棄，式詰。**Viśvabhū** 毘舍浮佛[3] 又作毗舍符，毗濕婆部，鞞恕婆附，毗攝羅，毗恕沙付，毗舍婆，鞞舍，隨葉，浮舍。**Krakucchanda** 俱留孫佛[4] 又作拘留孫佛。**Kanakamuni** 俱那含牟尼佛[5] 又作拘那牟尼。**Kāśyapa** 迦葉佛[6] 於現世界人壽二萬歲時出世而成正覺，釋迦佛以前之佛也。過去七佛之一。**Sakyamuni** 釋迦牟尼佛[7] 印度迦毗羅城 Kapilavastu，主浄飯王 Suddhodana 之子，母曰摩耶，名呼悉多太子。

5）**Karkasunde** 俱留孫佛。其他回鶻文文獻中以 **Krakasunde** 形式出現[8]。梵語原文爲 **Krakucchanda**，吐火羅語 A 中以 **Krakasundi** 形式出現，回鶻語中的

〔1〕丁福保編《佛學大辭典（下）》，上海書店出版社，2015年，1591頁。

〔2〕同上書，446頁。

〔3〕同上書，1586頁。

〔4〕同上書，1776頁。

〔5〕同上書，1365頁。

〔6〕同上書，1183頁。

〔7〕同上書，2911頁。

〔8〕参見 P. Zieme, *Buddhistische Stabreimdichtungen der Uiguren*, BTT XIII, Akademie Verlag Berlin, 1985, p.75.

Krakasunde 通過吐火羅語 A 進入到回鶻語。本文獻中的 **Karkasunde** 形式與蒙古文文獻中的 **Karkasundi** 形式一樣[1]。

三 結 語

回鶻文《大乘無量壽宗要經》中的"經文"都翻譯成了回鶻語,然而"咒經"部分與藏文和漢文譯文中的那樣都使用音譯,並帶有誦讀性。梵語、漢語和藏語本《大乘無量壽宗要經》全經經文三十段,咒文二十九組。然而在回鶻文譯本留存 403 行,咒文十九組。本文中解讀的三葉回鶻文殘卷都爲木刻本,並有婆羅謎文注釋。其中 D0886、D0887 均有莫高窟北區和吐魯番出土的其他平行版本,而 D0889 均無其他平行版本。

附記:本文中的回鶻文殘卷高清圖片和尺寸由敦煌研究院陳列中心梁旭澍、王海雲等先生提供,在此表示衷心感謝。

(作者工作單位:吐送江·依明,蘭州大學敦煌學研究所;
阿不都日衣木·肉斯台木江,敦煌研究院敦煌文獻研究所)

[1] 參見 J. Wilkens, *Handwörterbuch des Altuigurischen: Altuigurisch-Deutsch-Türkisch*, Göttingen Universitätverlag, 2021, p.416.

《敦煌吐魯番研究》第二十二卷
2023 年,367—381 頁

U5335 回鶻文音譯《五臺山讚》研究
——兼談 U5335 文書的寫作背景*

白玉冬

南北朝時期,中國的佛教徒把佛教典籍記録的文殊菩薩的道場清涼山附會於山西五臺山〔1〕。自此,五臺山文殊信仰以中原爲中心日益興盛起來,並影響到周邊地區。其中,作爲絲路沿綫重要的華戎文化彙集交融之地,以敦煌壁畫中的文殊變和《五臺山讚》等出土寫本爲代表,敦煌地區的五臺山信仰深入到社會上下〔2〕。此外,晚唐五代宋元時期,五臺山信仰還波及吐蕃〔3〕、印度〔4〕、回鶻〔5〕、契丹〔6〕、

---

* 國家社科基金重大項目“海外藏回鶻文獻整理與研究”(批准號 20&ZD211),中央高校基本科研業務費專項資助項目“胡語和境外漢語碑刻與唐代西北地區歷史”(編號 21lzujbkyjh004)的階段性成果。

〔1〕 相關介紹主要參見榮新江《敦煌文獻與繪畫反映的五代宋初中原與西北地方的文化交往》,《北京大學學報》1988 年第 2 期,55 頁;党燕妮《五臺山文殊信仰及其在敦煌的流傳》,《敦煌研究》2004 年第 1 期,84—85 頁。

〔2〕 關於敦煌出土文獻之“五臺山文獻”的完整的釋録和考察,見杜斗城《敦煌五臺山文獻校録研究》,太原:山西人民出版社,1991 年。其他相關敦煌地區的五臺山信仰研究,主要參見孫安邦《敦煌遺書中有關五臺山的資料》,《五臺山研究》1988 年第 3 期,20—25、6 頁;榮新江《敦煌文獻與繪畫反映的五代宋初中原與西北地方的文化交往》,56—59 頁;党燕妮《五臺山文殊信仰及其在敦煌的流傳》,87—90 頁;鄭炳林、徐曉麗《敦煌寫本 P.3973〈往五臺山行記〉殘卷研究》,《敦煌學輯刊》2002 年第 1 期,1—4 頁。

〔3〕 《舊唐書》和《册府元龜》記録長慶四年九月甲子吐蕃遣使求《五臺山圖》。榮新江據此指出《五臺山圖》當時大爲流行,故而吐蕃來求,見榮新江《敦煌文獻與繪畫反映的五代宋初中原與西北地方的文化交往》,86 頁。另,元代帝師藏族出身的八思巴是第一位到五臺山參拜的西藏佛教高僧,並撰有《在五臺山讚頌文殊菩薩——珍寶之鬘》,見嘉木揚・凱朝、迪娜・葉勒木拉提《八思巴與五臺山的關係》,待刊稿。

〔4〕 伯希和所獲 P.3931 敦煌遺書的第 4 件文書是印度普化大師五臺山巡禮記,李正宇推測其爲後唐明宗至末帝年間(926—936)作品,見李正宇《印度普化大師五臺山巡禮記》,《五臺山研究》1990 年第 1 期,32—33 頁。

〔5〕 如,回鶻佛教存在五臺山文殊菩薩信仰,漢文《五臺山讚》還曾被譯成回鶻文。主要參見楊富學《居庸關回鶻文功德記所見 uday 考》,《西北民族學院學報》2003 年第 1 期,40—42、126 頁;P.Zieme,“Three Old Turkic 五臺山讚 Wutaishanzan fragments,”《内陸アジア言語の研究》第 17 輯,2002 年,223—239 頁;茨默《三件古突厥語〈五臺山讚〉殘片》,楊富學、熊一瑋譯,《吐魯番學研究》2006 年第 1 期,122—131 頁。

〔6〕 契丹在其境内,今河北省蔚縣移植了一個“五臺山”,並推崇文殊信仰。相關介紹,主要參見杜斗城《遼朝的五臺山》,《敦煌五臺山文獻校録研究》,123—125 頁;程嘉静、楊富學《考古資料所見遼代之文殊信仰考屑》,《内蒙古社會科學(漢文版)》2020 年第 1 期,67—73 頁。

蒙古[1]、新羅[2]、日本[3]等,儼然成爲東亞佛教社會的一大核心信仰。本文擬基於對U5335回鶻文文書收録的回鶻文音譯《五臺山讚》的整理復原,就回鶻人的五臺山信仰作一考述,並就U5335文書的寫作背景略加考證,以求教於方家。

一 U5335回鶻文音譯《五臺山讚》譯注

U5335回鶻文文書,現藏柏林勃蘭登堡科學院,20世紀初德國第二次吐魯番探險隊所獲。彩色圖版已在網上公開(圖1、圖2)[4]。據圖版,該文書屬於册子本,四角磨損不一,漸呈圓弧狀。紙張高約14—14.5釐米,寬約17.5—18釐米,共35頁。其中,第35頁屬於跋文。對該文書最早進行介紹的是德國著名回鶻學家茨默(P. Zieme)。他在對敦煌出土漢文《五臺山讚》的回鶻語譯文進行解讀時,介紹説U5335文書整個册子由多件漢語佛典構成,其中大多爲用回鶻文書寫的漢語佛典,其第22頁第1行至第23頁第5行是以回鶻文拼寫的漢文《五臺山讚》的開頭部分[5]。據其説,該回鶻文音譯《五臺山讚》,當年擬由日本學者莊垣内正弘和美國學者卡拉(G. Kara)進行合作研究。不過,其最終成果,是由莊垣内正弘和阿布都熱西提·亞庫甫等學者完成,收入柏林吐魯番文獻的第34卷,其中包括回鶻語文獻中的漢語借詞介紹部分,以及U5335的文本解讀、語言學分析和詞注等[6]。

---

[1] 在至正三年(1343)鐫刻的居庸關雲臺《建塔功德記》西壁八思巴蒙古文第2—3行言元世祖忽必烈"在五臺山附近成爲具有賢明名望的大汗……具有廣博的智慧和洪福的菩薩薛禪汗"。主要參見照那斯圖《八思巴字和蒙古語文獻2 文獻彙集》,東京外國語大學,1991年,171、174、176頁;白玉冬《元代回鶻語專用稱謂Uluγ Suu(蒙古皇帝)釋義》,《清華元史》第7輯,2022年,244—245頁。另,北京雍和宫收藏有三世章嘉呼圖克圖口述《聖文殊顯勝地五臺山讚頌、文殊歡喜供雲誦》,見嘉木揚·凱朝《三世章嘉呼圖克圖若必多吉與五臺山——以〈聖文殊顯勝地五臺山讚頌、文殊歡喜供雲誦〉爲例》,《五臺山研究》2020年第2期,44—46頁。

[2] 如,新羅有山名"五臺山",新羅僧人曾巡訪五臺山。參見杜斗城《新羅的五臺山》,《敦煌五臺山文獻校録研究》,125—128頁。

[3] 日本自奈良時代開始就有五臺山信仰,且境内亦有"五臺山",日本僧人曾巡遊五臺山。參見杜斗城《日本的五臺山》,《敦煌五臺山文獻校録研究》,128—131頁;遠藤隆俊《宋代的外國使節與文書傳遞:以成尋〈參天台五臺山記〉爲綫索》,《歷史研究》2008年第3期,140—143頁;伊井春樹《成尋阿闍梨の夢と「夢記」:参天台五臺山記の世界》,《語文》第62—63合卷,1995年,3—14頁。

[4] http://turfan.bbaw.de/dta/u/dta_u0222.html,2022年7月3日7:00檢索。

[5] P. Zieme, "Three Old Turkic 五臺山讚 Wutaishanzan fragments", p.236;茨默《三件古突厥語〈五臺山讚〉殘片》,130頁。

[6] Masahiro Shōgaito et al, *The Berlin Chinese Text U5335 Written in Uighur Script: A Reconstruction of the Inherited Uighur Pronunciation of Chinese*, Berliner Turfantexte 34, 2015.

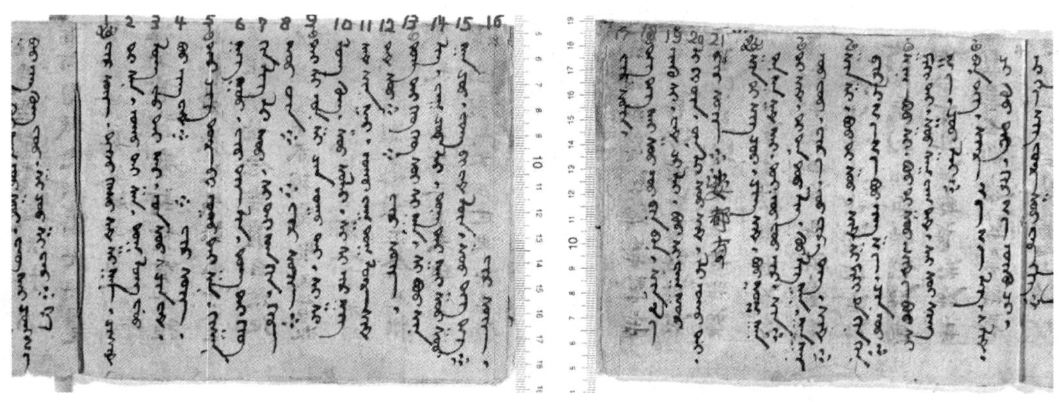

圖 1　　　　圖 2

據莊垣内正弘等介紹[1]，U5335 文書封面裝訂，寫在漢文面的背面，漢文面位於册子本内面，内容可以勘同爲《大方廣佛華嚴經》[2]，但與回鶻文文本無關。包含在 U5335 的文本可以歸類爲三大類别，即純回鶻語文本、漢語和回鶻語平行文本，以及主要由漢語句子組成的文本[3]。據筆者觀察，U5335 文書，除第 20—21 頁屬於殘片外，其餘均保持完整。其中，第 3、4、11、12、13、20、21 頁寫有楷書體漢文佛典，其餘爲回鶻文。漢字端莊秀麗，回鶻文第 21 頁第 2 行末尾寫有漢字"了"，第 23 頁第 5 行末尾寫有漢字"娑都南(sadu-nom，善經之義)"。以回鶻文拼寫的漢文《五臺山讚》共 21 行，包括第一讚至第五讚的完整内容和第六讚的開頭部分。回鶻文字跡清晰，屬於工整的草書體。按回鶻人的佛教信仰時期而言，其年代大致屬於 10—14 世紀。總體來説，包括《五臺山讚》和封底的跋文在内，筆者的釋讀與前人釋讀大同小異。不過，竊以爲這些"小異"或許對《五臺山讚》相關文本的構成及其流傳，以及 U5335 文書的寫作背景之討論有所裨益。兹據勃蘭登堡科學院公開的圖版，並參考莊垣内等人的釋讀[4]，首先給出 U5335 回鶻文拼寫的《五臺山讚》的换寫(transliteration)、轉寫(transcription)、對譯、譯文和簡單必要的詞注，再做討論。

〔1〕 Masahiro Shōgaito et al, *The Berlin Chinese Text U5335 Written in Uighur Script*, pp.49－51.

〔2〕 内容對應《大正藏》卷 9，666—668 頁部分内容，但分散在第 4 頁正面和第 11、12、13、20、21 頁。

〔3〕 其中的十個文本内容已經由解讀者與漢文原文進行了勘同。它們分别是《大方廣佛華嚴經》卷八〇、《無相禮》、《五會讚》(《浄土五會念佛略法事儀讚》)、《念佛之時得見佛讚》下卷(《浄土五會念佛誦經觀行儀》)、《入阿毗達摩論》上卷、《云何梵》(《浄土五會念佛略法事儀讚》)、《五臺山讚文》、《六根讚》(《浄土五會念佛誦經觀行儀》中卷)、《太子五更轉往生極樂讚》、《和菩薩戒文》。

〔4〕 Masahiro Shōgaito et al, *The Berlin Chinese Text U5335 Written in Uighur Script*, pp.71－72.

01. (第一讚) vyr swyn. t'vcw kyrsw s'm s̈y ẍ'ṅ. cysym

vïr sön： tavčo kirsu sam ši qan. čisim

佛子(?)：道 場 屈請 暫 時 間,志心

02. ty s'ṅ. 'wxw t'y s̈'ṅ. twẍ lwnk yẇw

ti san uγu tay šan. toq lung yuu

聽 讚 五 臺 山。毒 龍 雨

03. lwnk yw t'y x'y. 'wn s̈ww s cyn y'm.

lung yu tay qay. un šuu čin yam

龍 入 大 海。文 殊 鎮 壓

04. pww nynk v'm ∵ (第二讚) ∵ vyr swyn.

buu nïng vam ∵ ∵ vïr sön.

不 能 翻。 佛子(?)：

05. t'y cyv twnk py ʻwẍw t'y s̈ṅ. kys̈'ṅ

tay čïv tong pi uγu tay š(a)n. kišan

代 州 東 北五 臺 山。 其山

06. ẍ'v ẍww. yyw tyn lyn. twnk t'y vywn

qav qou yiü tin lin. tong tay vion

高 廣 又 天 連。東 臺 望

07. kyn lyv ly xww. sy t'y x'n kyn. kyw

kin liv li qoo. si tay qan kin kiü

見 琉 璃 國。西 臺 還 見 給

08. xww wyn ∵ (第三讚) ∵ vyr swyn ∵

qoo ön ∵ ∵ vïr sön ∵

孤 園。 佛子(?)：

09. t'y sy 'wṅ s̈y čyn 'wẍw t'y. sy s̈y

tai si un ši čin uγu tay. si ši

大 聖 文 殊 鎮 五臺, 自是

10. lwnk kwnk. s̈ww swl'y. s̈y sy 'yr ẍyv

lung küng sou žulai. ši si ir qïv

龍 宮 相 如來。 獅 子 一 吼

11. s’m syṅ ẍ’y. ’wxw v’ẍ twẍ lwnk sym
sam sen qay. uγu vaq toq lung sim
三 千 界，五 百 毒 龍 心

12. t’m sww ∵（第四讚） ∵ vyr swyn.
tam suu ∵ ∵ vïr sön.
膽 摧。 佛子（?）：

13. twnk t’y yywn yywn swy sy ẍ’ṅ. sy bww syṅ
tongtay yiün yiün suy se xan. si buu sin
東 臺 豔 豔 最 清幻，四 方 巡

14. lyk. v’ẍ čww l’y. twṅk tay ẍ’y šww šww
lik vaq čuu lay. tong tay qay šuu šuu
歷莫 辭 累（?）。 東 臺 海 水 水

15. ẍ’ṅ čww. vwnk py v’m lwyn. šww t’v t’v ∵
qan čuu. vong pe vam lün šuu tav tav ∵
涫 漲。風 波 泛 浪 水 滔 滔。

16. （第五讚） vyr swyn.
vïr sön.
佛子（?）：

17. vyr swyn.
vïr sön.
佛子（?）：

18. t’v t’v ẍ’y šww ’ww pyṅ p’ṅ. syṅ l’
tav tav qay šuu uu pen pan. sin la
滔 滔 海 水 無 邊 畔。新 羅

19. ’ynkw sy. v’m čy l’y. pww sy v’ẍ ẍwr
ingü si vam či lay. buu si vaq qor
王（?） 子 泛 舟來，不 辭 白 骨

20. ly ky wyn. w’ṅ ly sww sym. ly ’wxw t’y.
li ki ön. on li soo sim li uγu tay
離 鄉 遠。萬 里 將 身 禮 五 臺

21.（第六讚） vyr swnk∴娑都南
vïr song∴娑都南
佛子（?）∴娑都南

詞注

01. vyr swyn>vïr sön（佛子?）：茨默録寫作 vyr swy，視作用來轉寫“佛子”[1]。莊垣内等指出 vyr swyn 的 swyn 與子的語音不合，推測 vyr swyn 是佛尊的音譯。同一單詞還出現於第二讚至第六讚的起始處，即第 6、8、12、16、17、21 行。其中，在第五讚，即在第 16—17 行中重復出現。在莊垣内正弘研究的俄藏回鶻文標記漢文佛典中，元人釋智漢譯的《聖妙吉祥真實名經》的殘片 SI Kr. IV 817 文書中，佛對音爲 vyr[2]。此處 vyr>vïr 爲漢語佛的譯音没有疑問。問題在於之後的 swyn。在杜斗城整理的敦煌出土漢文《五臺山讚》中[3]，甲乙丙丁四類《五臺山讚》的對應處均是“佛子”。佛子，即佛的弟子或信佛之人。在漢文《五臺山讚》中，佛子充當的是讚頌者，之後是佛子唱誦用的讚詞。鑒於佛尊即佛之義，佛尊不能充當《五臺山讚》的唱誦者，兹不取佛尊。另一方面，swyn>sön/sün 存在“孫”的音譯的可能。不過，現存《五臺山讚》中並不見“佛孫”一詞。姑把 vyr swyn>vïr sön 視作“佛子”的特殊寫法。

01. kyrswsw>kirsu（屈請）：在不同版本漢文《五臺山讚》所保留的第一讚中，均作“屈請”[4]。此處 kyr>kir 對應帶有入聲韻尾-t 的屈没有問題，但 sw>su 視作請之對音略感勉强。原因在於請的回鶻漢字音作 sy>se[5]。雖然在手寫體回鶻文中，詞尾 y 的變體寫法有時與詞尾的 w 近同（帶有圓圈），但在本文書中詞尾 y 的寫法明顯不同於詞尾的 w（無圓圈）。若轉寫作 kirso，或可以視作屈坐的譯音。只是漢文《五臺山讚》中並無“屈坐”。

02. ’wxw >uγu（五）：即五臺山（’wxw t’y š’ṅ>uγu tay šan）的五。同一單詞還出現於第 6 行（‘wẍw>uγu）、第 9 行（‘wẍw>uγu）、第 11 行（’wxw>uγu）、第 20 行（’wxw>uγu）。

---

〔1〕 茨默《古代回鶻佛教之中的五臺山與文殊師利》，釋妙江主編《一山而五頂：多學科、跨方域、超文化視野中的五臺信仰研究》，杭州：浙江大學出版社，2016 年，119 頁。

〔2〕 文本 A 第 13 行，見莊垣内正弘《ロシア所藏ウイグル文獻の研究—ウイグル文字表記漢文とウイグル語仏典テキスト—》，京都大學大學院文學研究科，2003 年，12 頁，圖版見同書テキストA SI Kr.IV271。

〔3〕 杜斗城《〈五臺山讚〉録文校注》，《敦煌五臺山文獻校録研究》，2—81 頁。

〔4〕 杜斗城《〈五臺山讚〉録文校注》，《敦煌五臺山文獻校録研究》，2、17、20、24、32、36、39、40 頁。

〔5〕 參見莊垣内正弘《ロシア所藏ウイグル文獻の研究—ウイグル文字表記漢文とウイグル語仏典テキスト—》，135 頁梗攝。

其中,在第 6、9 行中,x 左側加二點,以區别於詞中的 q。

02. yẇw>yuu(雨):詞中的 w 右側(後方)加有一點,或許是筆誤。在能够見到的漢文《五臺山讚》(S.5573、S.4039、S.4429、S.5487、P.4560、北 8325、列 0278、列 1009)的第一讚中,相對應的部分寫作雨降、猶江、雨降、游江、雨降、有降、已降、爲降[1]。其中的雨、猶、遊、有、已,均存在音譯作 yẇw>yuu/you 的可能。不過,此處下一行第 1 字確切無誤寫作 lwnk>lung(龍),並非降、江可能的譯音。參考該 lung(龍)與緊前面的 twẍ lwnk>toq lung(毒龍)而言,此處 yẇw 視作限定 lung(龍)的修飾用語於理可通。或爲遊之對音。

03. 'wn šww>un šuu(文殊):在第 9 行的第三讚中,作 'wṅ šy>un ši(文殊)。

03. y'm>yam(壓):莊垣内等釋讀作 v'm,推定是押,後加問號以示存疑,並指出 v'm 與押之音不合,可能是與後一行的翻(v'm)相混了。不過,回鶻文詞頭的 y 與 v 寫法近同。此處雖然寫法接近於 v,但亦可能是 y 的不規則寫法。

05. t'y cyv>tay čïv(代州):莊垣内等作大周,兹不從。漢文《五臺山讚》對應處,S.5573 和 P.4647 作代州,S.4039、P.4560 和北 8325 作大周,S.4429、S.5487、P.3563、列 0278 和列 1009 作大州[2]。按大周即武則天稱帝后之周。早年任二北曾據此推測《五臺山讚》作於武周時期。不過,誠如杜斗城所言,《五臺山讚》的大周應即代州之音訛,僅據此無法推定《五臺山讚》的創作年代[3]。在《五臺山讚》的回鶻文譯文中,代州作 taičiu[4]。此處帶有韻尾 v 的 čïv 不同於五代宋元時期的回鶻語文獻中多見的 čiu,而是與後突厥汗國碑文所見 altï čub soɣdaɣ(六州胡)的 čub(州)近同[5]。

06. yyw tyn lyn>yiü tin lin(又天連):在漢文《五臺山讚》中,S.5573、S.4039、S.4429、S.5487、P.4560、北 8325 均作共天連,列 0278 作已天連、列 1009 作供天連[6]。在已知回鶻漢字音中,已作 yy>yi/'i,供作 kwynk>küŋ/kuŋ[7]。此處文字 yyw 可能的語音

[1] 分别見杜斗城《〈五臺山讚〉録文校注》,《敦煌五臺山文獻校録研究》,2、18、20、24、32、36、39、40 頁。

[2] 見杜斗城《〈五臺山讚〉録文校注》,《敦煌五臺山文獻校録研究》,2、18、20、24、27、32、35、36、39、40 頁。

[3] 相關介紹和批判,見杜斗城《〈五臺山讚〉録文校注》,《敦煌五臺山文獻校録研究》,98—100 頁。

[4] P. Zieme, "Three Old Turkic 五臺山讚 Wutaishanzan fragments", pp.227 - 228;茨默《三件古突厥語〈五臺山讚〉殘片》,124 頁。

[5] 關於 čub 即州的考證,見克利亞什托爾内《古代突厥魯尼文碑銘——中亞細亞史原始文獻》,李佩娟譯,哈爾濱:黑龍江教育出版社,1991 年,99—100 頁。

[6] 分别見杜斗城《〈五臺山讚〉録文校注》,《敦煌五臺山文獻校録研究》,3、18、20、24、33、36、39、40 頁。

[7] 莊垣内正弘《ロシア所藏ウイグル文獻の研究—ウイグル文字表記漢文とウイグル語仏典テキスト—》,129 頁之韻,136 頁鍾韻、燭韻。

yiü/yio/yiu 均與此不同。相反,在有、又的回鶻漢字音中存在 yyw 的寫法[1]。兹取又天連。

10. lwnk kwnk šww>lung küng sou(龍宮相):在漢文《五臺山讚》的第三讚中,S.5573、S.4039、S.4429、S.5487、P.4560、北 8325、列 1009 分别作龍種上、龍宮想、龍種上、龍宮相、龍衆上、龍重上、龍□上[2]。回鶻漢字音中,相作 sw>so 或 sww>sou[3]。雖然此處 šww 存在復原做 šoo/šuu,是其他漢字如殊、數等譯音的可能[4],但亦存在相的可能。兹取相。

10. swl'y>žulai(如來):在回鶻文中,唇齒音 z 和 s 之間的文字互换現象多見於蒙元時期,且多在 s 右側(後方)加二點用於表示 š 音。雖然此處 s 右側並未加二點,但在回鶻漢字音中,如作 sw/šw/ṣw/šy>žu/ži[5]。兹據此復原。

13. sy ẍ'ṅ>se xan(清幻):莊垣内等推定是清高,但後附問號存疑。在已知漢文《五臺山讚》的第四讚中,S.5573、S.4039、S.4429、P.3563、北 8325、列 1009 均作清高,S.5487 作青高,P.4560 作責高[6]。其中,第 1 字的清或青之音與 sy>se 相合[7]。但第 2 字高之音無法與ẍ'ṅ>qan 對應。據莊垣内研究,幻的回鶻漢字音爲q̈'n/q'n(即 ẍ'ṅ/x'n>xan)>xan[8]。兹取清幻。

14. l'y>lay(累?):對應的漢文作"勞"。莊垣内等指出可能是 l'v(勞)的筆誤。

19. 'ynkw sy>ingü si(王? 子):漢文對應處作王子。不過,第 1 個單詞 'ynkw 與王的語音之間存在齟齬。姑存疑。

21. 娑都南:第 3 字雖然近似"卓"的異體字,但與"南"更爲接近。兹從莊垣内等意見,讀作娑都南。娑都南可以復原爲回鶻語 sadu nam/sadu nom,其前二字視作回鶻語 sadu 的譯寫較爲穩妥。sadu 源自梵語 sādhu,經由粟特語 s'δw 或吐火羅語 A 方言的

---

[1] 莊垣内正弘《ロシア所藏ウイグル文獻の研究—ウイグル文字表記漢文とウイグル語仏典テキスト—》,130—131 頁流攝尤韻。

[2] 分别見杜斗城《〈五臺山讚〉録文校注》,《敦煌五臺山文獻校録研究》,3、18、20、24、33、36、40 頁。

[3] 莊垣内正弘《ロシア所藏ウイグル文獻の研究—ウイグル文字表記漢文とウイグル語仏典テキスト—》,129 頁之韻,134 頁宕攝陽韻、藥韻。

[4] 同上書,127 頁遇攝。

[5] 同上書,127 頁遇攝鱼韻。

[6] 分别見杜斗城《〈五臺山讚〉録文校注》,《敦煌五臺山文獻校録研究》,3、18、20、27、36、40、24、33 頁。

[7] 參見莊垣内正弘《ロシア所藏ウイグル文獻の研究—ウイグル文字表記漢文とウイグル語仏典テキスト—》,135 頁梗攝。

[8] 同上書,132 頁山攝。

sādhu 傳入回鶻語中,“優秀、好”之義。[1] nom 是教法、經文等之義,sadu nom 即“優秀的教法,優秀的經書”之義。看來,娑都南(sadu nom)即是經文書寫者對音譯《五臺山讚》的評價。

綜上,U5335 所收以回鶻文拼寫的《五臺山讚》,其語音與已知敦煌出土漢文《五臺山讚》的任何一個均不能完全保持一致。這雖然存在源自抄寫者筆誤或音訛的可能性,但若著眼於 vyr swyn>vïr sön(佛子?)、sy x̌'ṅ>se xan(清幻)、yẇw lwnk>ỵuu lung(雨龍)等用詞,這亦可以理解作該《五臺山讚》的底稿不同於已獲刊佈的其他版本的《五臺山讚》。以此類推,漢文《五臺山讚》,除了杜斗城整理的 11 種寫本之外,還可能存在過另一個寫本。

關於漢文《五臺山讚》的創作年代,杜斗城據其中的“解脱和尚滅度後”“佛陀波利裡中禪”“新羅王子泛舟來”“有一天女名三昧”等語句,推定是在中晚唐時期[2]。此外,敦煌出土 S.4429《五臺山讚》卷後提“戊辰年六月四日”,S.4012《五臺山曲子》後提“天成四年正月五日午際孫□書”。杜斗城推定上述戊辰年爲 908 年或 968 年,天成四年爲後唐明宗朝的 929 年[3]。如是,這些敦煌抄本的寫作年代大致是在歸義軍時期。鑒於以回鶻語翻譯的《五臺山讚》和以回鶻文拼寫音譯的《五臺山讚》並存,且漢文《五臺山讚》均出自敦煌,不難看出高昌回鶻地區的佛教與敦煌佛教之間有著密切聯繫,且當時的回鶻人之中存在過五臺山文殊菩薩信仰[4]。

二 寫作年代、地點與背景

除上述以回鶻文拼寫音譯的 U5335《五臺山讚》外,吐魯番出土文獻中還包括以回

〔1〕 J. Wilkens, *Handwörterbuch des Altuigurischen, Altuigurisch-Deutsch-Türkish*, Universitätsverlag Göttingen, 2021, 2021, p.573.

〔2〕 杜斗城《〈五臺山讚〉的創作年代》,《敦煌五臺山文獻校録研究》,101—104 頁。

〔3〕 杜斗城《卷子的抄寫年代》,《敦煌五臺山文獻校録研究》,96 頁。

〔4〕 關於回鶻人五臺山文殊信仰的考察,主要參見松井太《敦煌諸石窟のウイグル語題記銘文に關する劄記》,《人文社會論叢(人文科學篇)》第 30 輯,2013 年,29—50 頁;楊富學、張豔《回鶻文〈五臺山讚〉及相關問題考釋》,《五臺山研究》2014 年第 4 期,50—56 頁;松井太《敦煌諸石窟のウイグル語題記銘文に關する劄記(二)》,《人文社會論叢(人文科學篇)》第 32 輯,2014 年,27—44 頁;茨默《古代回鶻佛教之中的五臺山與文殊師利》,117—126 頁;楊富學、張豔《裕固族先民的文殊信仰及其心目中的文殊道場——以莫高窟、榆林窟回鶻文題記爲中心》,《河西學院學報》2019 年第 1 期,1—11 頁;陳愛峰《高昌回鶻新樣文殊圖像研究——以柏孜克里克第 34、39 窟爲例》,《西域研究》2019 年第 4 期,104—109 頁;Simone-Christiane Raschmann, “Pilgrims in Old Uyghur Inscriptions: A Glimpse behind Their Records,” In: *Buddhism in Central Asia I—Patronage, Legitimation, Sacred Space, and Pilgrimage*, Edited by Carmen Meinert & Henrik H. Sørensen, Brill, 2020, pp.205 - 208.

鶻語翻譯的數種《五臺山讚》,即 Ch/U6956(T III 62－1004)背面文書和 U5684a、b、c 文書,以及俄羅斯科學院東方文獻研究所藏、寫於漢語卷軸背面的 SI4033（4bKr 16a）文書[1]。另據茨默介紹,俄羅斯科學院東方文獻研究所藏 SI5497（Kr IV 742）之中還有另一個殘片,《五臺山讚》中的部分關鍵字彙,如"屈請""志心""臺""東向"等出現在近似書信的文獻中[2]。茨默對這些文獻進行了解讀,並指出《五臺山讚》的回鶻語翻譯最早可以追溯到 10 世紀[3]。Ch/U6956 背面文書和 U5684a、b、c 文書,前者字體爲半草書體,後者爲半楷書體。從高昌回鶻的佛教信仰年代和回鶻文書寫特徵來看,前者約創作於 11—13 世紀,後者約創作於 10—11 世紀[4]。SI4033（4bKr 16a）文書,由於見不到圖版,筆者此處無法從字體上推論其寫作年代。不過,據松井太意見,漢語卷軸背面的這些回鶻文文書中,同一頁的 4bKr 16a 寫作年代可推定爲 1240 年[5]。這一年代,對討論 SI4033（4bKr 16a）回鶻文《五臺山讚》的年代可以提供一個參考。至於 SI5497(Kr IV 742)文書,雖然年代無法推定,但果真是在書信文書中出現《五臺山讚》,那麼這表明五臺山信仰於書信的雙方來説均是個日常談論的話題。反觀此處討論的 U5335《五臺山讚》,字體屬於工整的草書體,而且同卷中出現回鶻文中夾寫漢字的情況。據此,推定 U5335 回鶻文拼寫的《五臺山讚》寫作於蒙元時期,比較穩妥。换句話説,自漢文《五臺山讚》在約 10 世紀傳入高昌回鶻地區後,曾在不同時期被翻譯成回鶻語,同時漢文《五臺山讚》直至蒙元時期還留存於高昌地區,且在蒙元時期被音譯成回鶻文。鑒於吐魯番出土有其他回鶻語音譯漢文佛典等,且 U5335 亦收録有此類佛典,不難看出當時吐魯番地區曾流行以漢字音誦讀佛典。其背景首先是漢傳佛教在高昌回鶻地區的流傳,其次是蒙元時期中央王朝統治的影響力促使回鶻人迎合蒙元政府推崇佛教[6]。

---

〔1〕 P. Zieme, "Three Old Turkic 五臺山讚 Wutaishanzan fragments";茨默《三件古突厥語〈五臺山讚〉殘片》;茨默《古代回鶻佛教之中的五臺山與文殊師利》,120—122 頁。

〔2〕 茨默《古代回鶻佛教之中的五臺山與文殊師利》,122 頁。

〔3〕 茨默《古代回鶻佛教之中的五臺山與文殊師利》,119 頁。

〔4〕 關於回鶻文書體特徵與年代斷定之間的關係,森安孝夫在系列研究《回鶻文書劄記》中,專設《根據書體的年代判定》一節進行了探討,見森安孝夫《ウイグル文書劄記(その二)》,《内陸アジア言語の研究》第 5 輯,1989 年,69—72 頁。其觀點,現已成爲回鶻文年代判定的重要參考指標,兹不贅引。

〔5〕 松井太《シヴシドゥ・ヤクシドゥ問係文書とトヨク石窟の仏教教團——ペテルブルク所藏ウイグル語世俗文書節記——》,收入森安孝夫編《中央アジア出土文物論叢》,京都:朋友書店,2004 年,61 頁。

〔6〕 相關討論,參見 Yukiyo Kasai, "Uyghur Legitimation and the Role of Buddhism," In: *Buddhism in Central Asia I: Patronage, Legitimation, Sacred Space, and Pilgrimage*, pp.87－90.

關於上述以回鶻文拼寫的《五臺山讚》的寫作地點等信息，附於 U5335 文書卷尾的跋文會給我們提供參考。該跋文位於册子的最後第 35 頁（圖 3），自左向右，回鶻文共 8 行。其中，第 1、2 行文字稍顯漫漶，第 6—7 行的下半段跋文與其他部分無銜接關係，第 3—8 行筆跡相同、文義相關。據筆者釋讀，該跋文內含三條跋文。第 1 條即回鶻文的第 1—2 行，第 2 條即第 3—8 行，第 3 條即第 6—7 行下方的 3 行回鶻文。關於上述跋文，解讀者們釋讀出 6 行。對筆者給出的第 1 條跋文的第 2 行，第 2 條跋文的第 2 行，以及第 3 條跋文未予以釋讀。此外，部分字詞的釋讀與筆者不同。兹據彩色圖版，按跋文 1、跋文 2、跋文 3 分類，給出筆者的换寫、轉寫、對譯和譯文，以及必要詞注，再做討論。

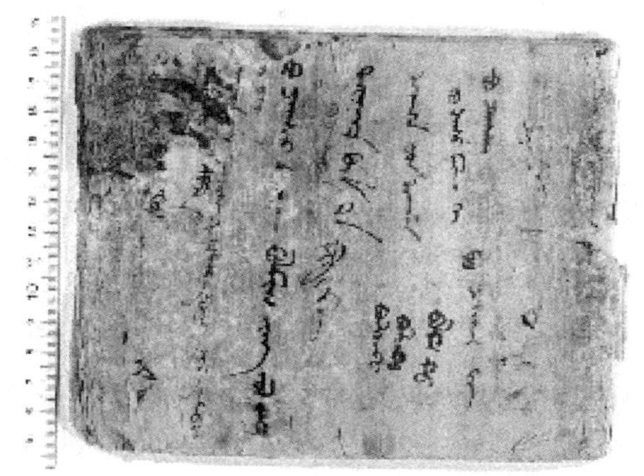

圖 3

跋文 1

1. 'ntd' nwom m'nčwsry kwm'k' pwdwk xyy' n'mpy

antada nom mančušri kümäkä bütüg qïya nampï

在此　經書文殊師利 闊睦哥稱號　Bütüg Qïya人名　Nampï南平地名

2. t' pyt//m

ta bitidim.

在 寫動詞過去式+第一人稱

1—2 此刻，文殊師利之經書由我闊睦哥（Kümäkä）Bütüg Qïya 寫於南平（Nampï）。

詞注

1 行 nom mančušri（文殊師利之經書）：其中的 nom，莊垣内等未給出轉寫。按 U5335 是册子本，且内含衆多佛教經典而言，此文殊師利之經書恐怕即指 U5335 所收各類經文。

1 行 kümäkä（闊睦哥）：莊垣内等换寫作 *kwm'w-'*，未給出轉寫。筆者此前與松井太合作，建議把出現於呼和浩特白塔回鶻語題記 C 中的 kümkä，以及赤峰出土元代 1253 年所建回鶻語基督教徒約翰（yonan）墓誌中的 kümkä 視作職官稱號，考述其是源自敘利亞語 qwmky'[qūmkāyā]的借用語[1]。在東方基督教(景教)教會中,qnky'—qwnky'—qwmky' 的職掌不一,多譯作守衛、管理人、餐具管理者、會計等[2]。關於赤峰出土元代基督教徒墓誌中的 kümkä,張佳佳勘同爲《鉅野縣誌》卷二〇所收元代濟寧路景教徒墓誌中的嶽雄(嶽難)[3]。馬曉林進而將墓誌中的"特授□睦哥職事"的□睦哥復原爲闊睦哥或古睦哥,勘同爲赤峰出土約翰墓誌中的 kümkä[4]。此處出現的 kümäkä,正與闊睦哥語音相合。據緊隨其後出現的 bütüg qïya 是人名而言,此處 kümäkä 依然構成某一職官稱號。誠然,帶有景教教會稱號的人物書寫佛教經典,這與常理不合。或者此稱號不一定只屬於景教,抑或是景教徒在幫助佛教徒抄寫經文。相關問題,有待進一步討論。

1 行 bütüg qïya: 莊垣内等换寫作 *pwdy-'*,未給出轉寫。其中的第一個單詞,首先可以讀作 pwdk'。據筆者淺識,其可能的詞彙 bütkä/bütgä/bötkä/bötgä 尚不爲所知。相反,該第一個單詞的最後一個字母,亦可以識讀作詞尾的 k。在莊垣内研究的回鶻文《阿毗達磨俱舍論》中[5],出現動詞 bütü(成爲、完成)的派生名詞 bütüg,是"圓滿、滿、完成"之義。鑒於 t 緊下面的字母讀作 w 亦於理可通,該第一個單詞讀作 bütüg 於理不悖。第二個單詞 qïya 充當人名要素,參見付馬的研究[6]。

1 行 nampe(南平): 莊垣内等换寫作 n'mw-',轉寫作 *namo*,引注認爲文中的 n'mw-' 對應梵語的 namo(南無),最後的'是多見於 U5335 文書的用於填充空間的字母。據圖片,該詞末尾字母亦存在讀作 Y 的可能性。不論讀作',抑或讀作 Y,筆者釋讀出的 nampe 或 nampï,均是漢語地名南平的音譯[7]。據松井太研究,地名 nampï 出現於日本龍谷大學藏 Ot. Ry. 1696 西州回鶻時期的回鶻文契約文書,以及俄藏蒙元時期的 SI Uig 14 回鶻文行政文書中,同時存在變體 lampï,今維吾爾語名 Lampu[8]。高昌國與唐代

〔1〕 白玉冬、松井太《フフホト白塔のウイグル語題記銘文》,《内陸アジア言語の研究》第 31 輯,2016 年,33—36 頁。

〔2〕 白玉冬、松井太《フフホト白塔のウイグル語題記銘文》,35—36 頁。

〔3〕 張佳佳把"嶽雄"視作"嶽難"的誤寫,嶽難即 yonan 的音譯,見張佳佳《元濟寧路景教世家考論》,《歷史研究》2010 年第 5 期,44—45 頁。

〔4〕 馬曉林《元代景教人名學初探》,《北京大學學報》2016 年第 1 期,136—137 頁。

〔5〕 莊垣内正弘《ウイグル文アビダルマ論書の文獻學的研究》,京都: 松香堂,2008 年,540 頁。

〔6〕 付馬《12—14 世紀回鶻人名中的家族成分及其産生原因》,《民族研究》2019 年第 5 期,81—93 頁。

〔7〕 J. Wilkens, *Handwörterbuch des Altuigurischen, Altuigurisch-Deutsch-Türkish*, p.485 nampe/nampı.

〔8〕 Matsi Dai, "Old Uigur Toponyms of the Turfan Oases," In: *Kutadgu Nom Bitig: Festschrift für Jens Peter Laut zum 60. Geburtstag*, Edited by Elisabetta Ragagnin and Jens Wilkens, Wiesbaden: Harrassowitz Verlag in Kommission, 2015, pp.288–292;松井太《吐魯番諸城古回鶻語稱謂》,楊富學、陳愛峰譯,《吐魯番學研究》2017 年第 1 期,105—108 頁。

西州的南平,故址即今吐魯番市以南 15 公里、高昌故城以西 26 公里、托克遜以東 48 公里的 Lampu 遺址。漢語名勒木丕、拉木拍,或讓布工尚。

2 行 ta bitidim:解讀者未進行釋讀。茲據殘餘筆畫復原。

跋文 2

3. pw č'xsy mn pwlmys nynk 'wl ym'

bu čaγsi män bolmïš nïng ol. ymä

這個册子$_{\text{漢語借詞}}$我 Bolmïš$_{\text{人名}}$的是。另

4. pw pwnč' s'pyn

bu bunča sabïn

這個 這些 事情$_{\text{名詞賓格詞綴}}$

5. t'vẍ'č kwyn tn pydyy'

tavγač kün tän bitiyä

桃花石 卷 從 寫$_{\text{副動詞}}$

6. t'rkn kwtn k' mn

tärkän küd(ä)n kä män

Tärkän Küd(ä)n$_{\text{人名+名詞與格詞綴}}$我

7. pw č'xsy mn kä

bu čaγsi män kä

這個 册子 我$_{\text{名詞與格 詞綴}}$

8. pw č'xsy pw č'xsy mn

bu čaγsi bu čaγsi män

這個 册子 這個册子我

3—6 這個册子是我 Bolmïš 的。而且,這些故事由我從漢文卷書寫,獻給 Tärkän Küdän。7 這個册子屬於我,8 這個册子、這個册子(是)我的。

詞注

4 行 bu bunča sabïn(把這些故事):解讀者未進行釋讀。

5 行 tavγač kün tän bitiyä(從漢文卷書寫):莊垣内等釋讀作 tavγač kün-tä pydyy-',譯作"在中國的丙丁(或平定)日"。鑒於緊前一行末尾的 sabïn 是 sab(話,事項,事情)後續賓格詞綴 ïn,這裏的 pydyy' 轉寫作 bitiyä-,視作及物動詞 biti-(書寫)的副動詞合乎

情理。

6 行 tärkän küdän kä（獻給 Tärkän Küdän）：莊垣内等轉寫作 tavγač kuun-tä，譯作"在漢文卷裏"。不過，第一個單詞與前一行的 tavγač 差異明顯，讀作 tärkän 較爲穩妥。之後的第 2 個單詞，雖然存在 küün 的可能性，但讀作 küdän 亦於理可通。第 3 個單詞，相比 tä，更應該是 k'>kä 的開頭部分缺失使然。tärkän 含有太子、王子稱號等含義，同時充當人名要素[1]。küdän 含有客人之義，同時也是人名要素[2]。單純從字面上來講，tärkän 與 küdän 結合起來，存在"王子之客人"之義。此處姑視作人名。

跋文 3（第 6—7 行下方，前人未釋讀）

1. pwl kwrkw

   bol körgü

   成爲詞幹充當對第二人稱的命令值得看

2. pwlwmw

   bolumu

   成爲嗎

3. pwlmz mw

   bolmïš mu

   成爲了嗎

1—3 你要成爲值得看（的書）！能成嗎？成爲了嗎？

詞注

1 行 bol-（成爲）：動詞詞幹充當對第二人稱的命令和祈使。顯然，這是對 U5335 册子本的祈願。

綜上，若筆者的釋讀無大過，則據上述跋文 1、2、3，我們可以歸納出以下信息：第一，U5335 册子本是由帶有教會稱號闊睦哥（Kümäkä）的、名爲 Bütüg Qïya 的人物寫於吐魯番下屬的南平。第二，U5335 册子本屬於名爲 Bolmïš 的人物，内含的多個經典是 Bolmïš 從漢文卷抄寫或翻譯或音譯，用於獻給 Tärkän Küdän 這一人物。第三，祈願該册

〔1〕 J. Wilkens, *Handwörterbuch des Altuigurischen, Altuigurisch-Deutsch-Türkish*, p.702 t(ä)rkän/Tärkän.

〔2〕 J. Wilkens, *Handwörterbuch des Altuigurischen, Altuigurisch-Deutsch-Türkish*, p.437 küdän/Küdän.

子本能够成爲值得看的讀物。對比跋文 1、2、3 的筆跡,可以看出跋文 2 與跋文 3 筆跡相同,出自同一人物之手,而跋文 1 作者不同於跋文 2 和跋文 3。這一看法,與從跋文内容獲得的推定相合。按回鶻文的書寫習慣而言,跋文 1 最早寫出,然後是跋文 2,最後是追加的跋文 3。縱觀三條跋文,可以梳理出以下綫索:第一,闊睦哥 Bütüg Qïya 精通漢文和回鶻文,在南平書寫這些經文後寫下跋文 1,Bolmïš 收到該册子本後寫下跋文 2 和跋文 3。第二,Bolmïš 組織了這場抄經譯經活動,委託具有教會稱號闊睦哥的 Bütüg Qïya 翻譯和抄寫了這些經文。第三,這場抄經譯經活動的最終目的是給 Tärkän Küdän 獻禮,Tärkän Küdän 是該抄經譯經活動的最高負責人和最終受益者。第四,由於是册子本,U5335 文書可能是用於教授或學習佛教(尤其是漢傳佛教)的教科書。

結　　論

回鶻佛教,有兩個重要來源:一個是漢傳佛教,一個是吐火羅佛教[1]。如敦煌出土 S.6551《佛説阿彌陀講經文》所記録,約 10 世紀 30 年代[2]高昌回鶻境内已經有漢傳佛教廣爲流傳,講經誦經活動規模宏大,且與高昌回鶻統治階層密切相關。S.6551 講經文内含有大量篇幅内容,用於讚頌高昌回鶻的偉大和强盛,並祝福可汗、可敦、特勤、公主等王族成員,宰相、敕使、將軍、達幹等官僚階層,以及都統、律師等佛教界人物。正如 S.6551 文書所展現那樣,與回鶻國家融合一體的漢傳佛教當時在新疆地區獲得了長足發展。此類漢傳佛教講經活動的開展與普及,促使回鶻人以回鶻語大量翻譯漢文佛典,或以回鶻文回鶻語拼寫漢文佛典,開始以漢語音誦讀漢文佛典。包含有回鶻文拼寫的《五臺山讚》等多個不同佛典的 U5335 文書,即是此種不同文化和諧共生的代表性作品。

(作者單位:蘭州大學敦煌學研究所)

〔1〕 此外,藏傳佛教和契丹佛教與高昌回鶻佛教亦有過交流或相互影響。

〔2〕 相關研究主要參見張廣達、榮新江《有關西州回鶻的一篇敦煌漢文文獻——S.6551 講經文的歷史學研究》,《北京大學學報》1989 年第 2 期,收入張廣達《西域史地叢稿初編》,上海古籍出版社,1995 年。另收入張廣達《文書典籍與西域史地》,桂林:廣西師範大學出版社,2008 年,153—176 頁。

書　評

***Catalogue of the Old Uyghur Manuscripts and Blockprints in the Serindia Collection of the Institute of Oriental Manuscripts, RAS*, vol. I** (ed. IOM, RAS & The Toyo Bunko, Tokyo: The Toyo Bunko, 2021, XL+386 pp.)

榮新江

俄羅斯聖彼得堡的俄羅斯科學院東方文獻研究所(Institute of Oriental Manuscripts of the Russian Academy of Sciences,簡稱 IOM, RAS)是當今世界上收藏西域出土文獻的幾大中心之一,有來自敦煌、吐魯番、庫車、和田、黑水城等地的大量寫本和印本,其中還有相當數量的資料没有公佈。相對於其豐富的收藏而言,相關資料的編目工作卻進展緩慢,這當然有多種原因,其中古代中亞語言的解讀困難是重要的一個方面。因此,當我們看到這本《俄羅斯科學院東方文獻研究所西域藏品中的古代回鶻語寫本與印本目録》第一卷的出版,無疑感到十分振奮,這卷目録的出版預示著俄羅斯西域藏品中的大宗回鶻語文獻將陸續編目出版。

根據最新的統計,在西域(Serindia)藏品(簡稱 SI)編號下,計有 6737 項,每項少則一件,多則數百件。這些藏品來自 19 世紀末、20 世紀初俄國在新疆外交官的收集和探險隊的發掘與購買,其中除了駐喀什總領事彼得羅夫斯基(N. F. Petrovsky)的和田收集品和俄國第二次中亞探險隊奥登堡(S. F. Oldenburg)的敦煌收集品之外,大多數藏品來自西域北道,特别是吐魯番盆地,這裏是古代高昌回鶻王國的首府,因此,聖彼得堡西域藏品中的回鶻語文獻就有 4730 項。這些回鶻文收集品分别來自 1893—1895 年俄國皇家地理學會羅博羅夫斯基(V. I. Roborovsky)中亞考察隊、1898 年俄國科學院克列門兹(D. A. Klementz)吐魯番考察隊、1906—1907 年科卡諾夫斯基(A. I. Kokhanovsky)考察隊、1906—1907 年别列佐夫斯基(M. M. Berezovsky)庫車考察隊、1909—1910 年奥登堡的俄國第一次中亞考察隊、1909—1911 年和 1913—1914 年馬洛夫(S. Ye. Malov)考察隊、1907—1909 年科兹洛夫(P. K. Kozlov)考察隊,還有就是俄國駐新疆各地外交官的收集,包括 19 世紀 80 年代俄國駐喀什總領事彼得羅夫斯基、1908 年俄國駐庫爾勒領事吉雅科夫(A. A. Dyakov)、1898—1918 年俄國駐烏魯木齊總領事克羅特科夫(N. N.

Krotkov),特別是最後一位的收集品中有大量的回鶻語文獻,構成俄藏回鶻文收集品的主體。

從這些收集品運抵聖彼得堡之時起,俄國學者就展開了整理和研究,比如拉德洛夫(W. W. Radloff)開始、並由馬洛夫完成的有關回鶻文契約文書的研究,對後來的回鶻語世俗文書的研究影響深遠。吐古舍娃(L. Ju. Tugusheva)有關回鶻語《玄奘傳》、《摩尼教懺悔詞》、白蓮社經典和10—14世紀的官、私文書的刊本,都是回鶻語研究領域的重要著作。最近二三十年中,隨著俄藏收集品對學者的開放,特別是日本東洋文庫拍攝了以克羅特科夫收集品爲主的俄藏西域文書縮微膠卷,在東洋文庫閱覽室中可以方便地瀏覽,大大地推進了俄藏回鶻文獻的研究,如茨默(P. Zieme)有關各類回鶻文獻中所利用的俄藏文書,莊垣内正弘與吐古舍娃等對《慈悲道場懺法》的整理刊佈,松井太有關回鶻文世俗文書的考釋,拉施曼(S.-Ch. Raschmann)有關回鶻文《十王經》的研究等,使得俄藏回鶻語文獻的研究有了長足的進步和相當豐厚的積累。

此卷由茨默主編,倫迪舍娃(O. Lundysheva)、圖蘭斯卡婭(A. Turanskaya)、梅村坦(Hiroshi Umemura)合編,共計收録564個殘片,編爲603個號,大多數是已刊或已經研究過的回鶻語文獻,内容涵蓋回鶻語文獻的各個方面。具體來説,0001—0110號是非大乘佛典,包括《長阿含經》(Dīrghāgama)、《中阿含經》(Madhyamāgama)、《雜阿含經》(Saṃyuktāgama)、《增一阿含經》(Ekottarikāgama)、《佛説毗沙門天王經》(Vaiśravaṇadevarāja sūtra)、《諸方吉祥偈》(Diśāsauvāstika)、《天請問經》(Devatāparipṛcchā sūtra)、《一百五十贊》(Śatapañcāśatka)、《佛所行贊》(Buddhacarita)、《十業道譬喻鬘》(Daśakarmapathāvadānamālā);0111—0159號是大乘佛典,有《大方廣佛華嚴經》(Buddhāvataṃsaka sūtra)、《觀世音經》(Avalokiteśvara sūtras)、《如意輪陀羅尼經》(Padmacintāmaṇi dhāraṇī)、《千眼千臂觀世音菩薩陀羅尼神咒經》(Nīlakaṇṭha dhāraṇī)、《金剛般若波羅蜜經》(Vajracchedikā prajñāpāramitā sūtra)、《緣起聖道經》(Nidāna sūtra)、《佛説十力經》(Daśabala sūtra)、《金光明最勝王經》(Suvarṇaprabhāsottama sūtra);0160—0166號是阿毗達磨文獻,包括《入阿毗達磨論》;0167—0276號是漢文僞經譯本,有《白蓮社經》《圓覺經》《善惡因果經》《慈悲道場懺法》《金剛經纂》《金剛經注》《佛頂心陀羅尼》《胎解(脱)經》《觀無量壽經》《佛説北斗七星延命經》《佛説天地八陽神咒經》《大乘法苑義林章》《十王經》《悉談章》;0277—0301號是密教經典,有《大乘無量壽經》(Aparimitāyurjñāna sūtra)、《白傘蓋陀羅尼》(Āryasarvatathāgatoṣṇīṣasitātapatrāparākotānāma dhāraṇī)、《佛頂尊勝陀羅尼》

(Āryasarvadurgatipariśodhanyuṣṇīṣavijayanāma dhāraṇī)、《五護》(Pañcarakṣā)、《聖妙吉祥真實名經》(Mañjuśrīnāmasaṃgīti);0302—0379 號是其他佛典,有《玄奘傳》、《彌勒佛贊》、《聖天特勤贊》、《支提贊》、佛教詩歌、《法明贊》、懺悔文,以及未比定文獻、佛典題記;0380—0409 號是字書,有《千字文》《開蒙要訓》;0410—0416 號是其他宗教文獻,包括摩尼教懺悔詞、願文等;0417—0558 號是世俗和行政文書,有詔令、契約、帳簿、名籍、其他官私文書、書信、雜寫、習字;0559—0567 號是雜文獻,有關於回鶻起源的歷史書、解夢書、吉日占、未比定佛教文獻、佛像彩繪、供養人像等;0568—0585 號是婆羅謎文拼寫的回鶻語文獻;0586—0603 號是回鶻文拼寫的漢語文獻。

每一件著録項目包括來源、寫本或刊本、文字、語言、形制、殘缺情況、大小尺寸、紙張情況、欄格、正背行數、名稱或内容、刊本和圖版的參考文獻,十分詳細。目録有各種索引,包括現編號與原編號、本書目録編號對照索引,原編號、先編號與本書目録編號對照索引,漢文文獻的編號和名稱索引,最後是縮略語和參考文獻。

這本目録雖然著録的不是俄藏回鶻語文獻的全部,但已經讓我們系統瞭解俄藏回鶻語文獻的大致面貌,這些寫本或刻本主要來自克羅特科夫收集品,也就是來自吐魯番盆地的各個遺址,是研究高昌回鶻王國文化的重要材料。

通過對此前一百年來相關研究的系統整理,這本目録給我們進一步利用這些回鶻語文獻提供了很好的指南,不僅按類别把同一文獻的不同斷片歸到一處,而且把相關的研究文獻也羅列出來,極便後人採用。

目録著録項目完整,因爲係自原卷編目,所以對於紙張、欄格等物質形態方面都有記録,這是此前一些研究論文没有包含的内容,對於今後研究寫本會有幫助。難能可貴的是,回鶻文寫本背面的漢文文獻(主要是佛典)也基本都予以比定,並指出現存文句在《大正藏》中具體的位置,這爲今後開展文書綴合工作奠定了基礎。

筆者曾編纂《吐魯番文書總目(歐美收藏卷)》(武漢大學出版社,2007 年),根據已經發表的材料對俄藏回鶻語文獻做了部分編目。現在,這本書的出版,大大豐富了我們對俄藏回鶻語文獻的認識,在吐魯番文獻編目工作上前進了一大步。

真誠希望俄藏西域文獻的編目工作能够繼續下去,不僅僅是吐魯番出土的回鶻語文獻,而且還有西域南北道的梵文、吐火羅文、于闐文、粟特文等各種文字材料,希望能陸續系統整理編目,這項工作必將多方面推動相關學術領域的進步。

(作者單位:北京大學歷史學系)

《從張騫到馬可·波羅：絲綢之路十八講》（榮新江著，南昌：江西人民出版社，2022 年 11 月，6+473 頁，120 圓）

張小貴

榮新江教授長期致力於中外關係史、絲綢之路、隋唐史、西域中亞史、敦煌吐魯番學的研究，相關成果頗豐，一身數專而各成大業，早已享譽學林。新近出版的《從張騫到馬可·波羅：絲綢之路十八講》一書，延續了作者二十年前出版《敦煌學十八講》的風格，在專題研究的基礎上兼顧學科普及的功能。本書以張騫鑿空之前的絲綢之路前史爲開端，至 13 世紀蒙古西征與馬可·波羅來華結尾，堪稱跨逾千年的絲綢之路史通識力作。内容則廣涉絲綢之路上的政治變遷、民族互動、貿易往來、文化交流等，題材博洽。至於書中所涉及的史料，舉凡傳世文獻、出土文書、遺址遺物、中外論著，作者均廣搜博採，信手拈來，因此所論雖是中西交通史上的經典課題，卻給人以耳目一新之感，創意豐富。

本書大致按編年順序，選取中外交往史上的典型個案，力圖呈現 14 世紀以前絲綢之路史的豐富面貌，又儘量避免傳統教科書直話直寫的手法，因此在近年來林林總總的絲綢之路史著作中依然獨樹一幟，正如作者在《導論》中的夫子自道："在構建本書的寫作框架時，曾經反復琢磨，是按照一般教科書那樣平鋪直敘，面面俱到地講述絲綢之路呢，還是更多地依據自己的研究成果而不求全面。最後我採用了後面的想法，在照顧每個時段東西交往的主要内容之外，更多地把自己若干年來研究中外關係史的一些收獲融入其中，這和我的《敦煌學十八講》有些類似，而且更加凸顯個性。"

以第二講《張騫"鑿空"與漢代的絲綢之路》爲例，作者首先指出中國與西方世界的真正溝通，是從漢武帝時期開始的。文中重點介紹了漢朝通西域以後，打敗了匈奴王國，在河西走廊設立四郡等郡縣體制，建設玉門關、陽關及長城烽燧等防禦體系，開通驛道並完善驛站等交通設施，從而對漢代絲綢之路的開通與建設進行了基本梳理。同時，作者又特别强調張騫兩次出使西域對於中國歷史進程的重大意義：一方面達到了儘可能瞭解西方的目的；另一方面還打破了匈奴等遊牧民族對東西方貿易的壟斷，使中國和中亞、西亞、南亞諸國間建立了直接的貿易往來關係。而有關長城的功能，作者專門指出與秦長城凸顯的"南北對抗"意義相比，河西的漢長城更加具有"東西交通"的意味。與長城防禦性質的亭障和烽燧相輔而設立的，是接待、供給來往使者的驛站（漢代稱作"置"），這些驛站與漢朝全國網狀的驛路相連，也使得從長安到玉門關的道路，暢通無阻。正是基於深厚的學養,作者並未局限於從《史記·大宛列傳》《漢書·西域傳》《後漢書·西域傳》的記載勾勒漢朝在西域地區的政治經營和武力攻佔,而是從懸泉置漢簡的有關材料來發掘漢朝與西域各國的物質文化交往,並指出這才是兩漢時期絲路往來的主體内容。

第三講《從貴霜到漢地——佛法的傳入與流行》,首先根據現存的史料和考古發現的零散文物,指出大月氏佔領的大夏地區在公元前3世紀已經有了佛教,到公元前1世紀許多月氏小王成爲佛教的贊助者,並推動了佛教的傳播,到公元1世紀由於貴霜帝國的推動,以犍陀羅爲中心的犍陀羅語佛典和犍陀羅風格的佛教藝術開始向外傳播,大概在2世紀進入塔里木盆地的于闐等地。以上所論,主要在湯用彤、吕澂等諸前輩學者的基礎上,對佛教入華之前的東傳史進行了基本概括。作者尤其關注到20世紀90年代以來阿富汗地區發現的後入藏英國圖書館的犍陀羅語寫本,特别是其中的《法句經》(*Dharmapada*)對於西域佛教研究的重大意義。有關佛教初傳中土的時間與路綫問題,學界歷來衆説紛紜。作者早年曾撰文專論漢代佛教傳入的途徑和流行區域,提供了與傳統觀點頗爲不同的解釋[1]。本書除了梳理早期佛教入華史外,還注意到小浮屠里簡的發現意義重大,指出其在貴霜與東漢之間的佛教傳播鏈上增加了一個關鍵的點,填補了此前史料的空缺。作者指出,"浮屠"一詞的用法和早期漢文典籍的用法一致,更説明佛法是經過敦煌傳入内地的,雖然不排除有些西域的使者先於公元前2年把簡單的佛教經義傳給中原士人。佛法流行時期正值公元400—600年間,當時中原戰亂頻仍,政權交替很快,但作者仍然客觀地指出這樣分裂的局面,産生了多個政治、文化中心,有利於佛教文化藝術的擴散。這一政權間對立的局面並没有影響中西之間已經開拓的往來。

從以上兩個例子來看,作者首先對相關史事進行了系統梳理,這當然是教科書的基本寫法,使得相關史實和脈絡一目瞭然,極爲方便讀者參考。然而作者並不滿足於此,而是不時融入個人研究心得,給人以認識上的啓發。一般來説,文采天生,文思難采,思路則非具高瞻遠矚的胸襟難有突破[2]。作者提供了不只是教科書,且不能只是教科書的書寫範例。

恩格斯説:"有了人,我們就開始有了歷史。"歷史是由人民創造的,歷史研究自應

---

〔1〕 榮新江《海路還是陸路——佛教傳入漢代中國的途徑和流行區域研究述評》,《北大史學》第9輯,北京大學出版社,2003年,320—342頁。

〔2〕 董橋《没有童謡的年代》,香港:牛津大學出版社,2016年,74頁。

以人爲本,然而在史學研究實踐中,卻常常出現忽視具體人物活動的情況。蔡鴻生先生曾總結中外關係史研究中所存在的非人本傾向:見路不見人,見物不見人,見神不見人〔1〕。這一弊端也同樣見於絲綢之路史的研究。舉例來説,絲綢之路上的東西路綫問題、涉及的古地名考證等一直備受學者關注,這些問題固然非常重要,但往往容易導致忽視在絲路上活動的人群。本書第四講《紙對佛典在絲路上傳播的貢獻》,雖然直接討論的是紙對佛典傳播的貢獻,但是背後卻離不開中國僧人西行求法運動的推動。正是由於從魏晉到唐初,中國僧人掀起一股西行求法運動,去中亞、印度抄寫佛典,中國發明的輕便紙張爲這項求法抄經運動作出巨大貢獻。作者注意到不同的載體所承載的文本在長短、結構、内涵等方面都會有所不同,不同物質的載體承載量的多少,對於知識文明在絲綢之路上傳播的廣遠有極大的關係;傳播的數量大而且快捷,自然會促進知識的不斷進步和文明之間的交往。然而不可否認的是,正是求法僧侶使用中原製造的紙張來抄寫佛經,才能抄寫較爲大部頭的經書。這種做法的推廣,也在一定程度上取代了西域口口相傳的傳統。

第五講《絲綢之路也是一條"寫本之路"》指出從漢代到元朝這一陸上絲綢之路比較興盛的時期,由於西北、中亞一帶氣候條件乾燥,絲路沿綫保存下來大量的寫本,有竹木簡牘、羊皮紙、紙草、樺樹皮、絹布、麻紙等等,其中保存最多且信息量最大的,要數吐魯番、敦煌等地保存的紙本文書。然而,作者並不限於討論這些寫本的物質形態,而是從絲綢之路的運作離不開寫本的角度來審視這條"寫本之路"。在漫長的絲綢之路上,商旅行人一定要有過所以及證明自己所攜人口、牲畜來歷的寫本文書,方能順利通行。從吐魯番出土的《唐開元二十年(732)瓜州都督府給西州百姓遊擊將軍石染典過所》,可以真切地看到絲綢之路沿綫唐朝各級軍政機構的勘驗記録。絲綢之路上的商人做買賣,要訂立契約,這是私人之間進行買賣、借貸時所必不可少的,是公平交易的記録和保障。如此内容豐富多樣的寫本,正是絲綢之路上各色人員往返活動的真實寫照。

活躍於絲綢之路上的各色人員中,商人無疑頗受矚目。第六講《商胡、薩保與粟特貿易網絡》,則專門聚焦於絲綢之路商貿網絡中的粟特商旅。他們如何以商隊的形式組織起來,長途跋涉過程中如何推舉首領進行指揮,路上過夜,及防盜、防獸等問題,都應納入學者的考察範圍。自1999年太原隋虞弘墓,2000年西安北周安伽墓,2003年西

〔1〕 蔡鴻生《歷史研究要以人爲本》,收入陳春聲主編《學理與方法——蔡鴻生教授執教中山大學五十周年紀念文集》,香港:博士苑出版社,2007年,25—35頁。

安北周史君墓等胡裔墓葬出土以來,墓葬圖像資料所藴含的祆教信息一直是學者們討論的焦點[1],作者獨具慧眼,特别關注了該等墓葬的圖像内容所反映的胡人商旅生活。在書中,作者指出把粟特聚落稱爲"胡人聚落",可能更符合一些地方的聚落實際的種族構成情況。通過出土文獻與考古圖像相互印證,粟特商隊和聚落的整套運作系統得以呈現,正是由薩保和祆祠的首領們來處理各種事務,從而保證貿易的運行和日常生活的維持。作者還注意到,北朝隋唐的中央政府對粟特聚落的控制是一個漫長的過程,各地的胡人聚落向鄉里的轉變也是不同時期完成的,甚至有些胡人一直就在漢人眼界之外的聚落中生存,直到晚唐時突然冒了出來,比如那些後來加入沙陀中的索葛(粟特)部人。這一卓見顯然是作者長期關注入華粟特人的遷徙路綫、生存狀態的必然結果。尤其是晚唐五代粟特人對北方中國的歷史發展所産生的影響,也早就受到學術界的關注[2]。至於粟特商人在中國的活動情況,作者也根據出土文書進行了復原,指出他們是以自己建立的聚落爲基地,派出一批批商人,到不同的地方去經營,相互之間有信使溝通情報,並隨時回饋到聚落首領那裏,而聚落首領也就是商隊首領與粟特本土的出資人也保持著聯絡。作者還聯繫到現實,指出當前熱播的某些歌舞劇中的波斯商人應當改成粟特商人,才符合歷史事實。在北方絲路沿綫發現的大量的波斯銀幣和少量的東羅馬金幣,應當是粟特人貿易的印證,而不是錢幣源出國的波斯人和拜占庭人。

第八講《波斯與中國:政治聲援與文化影響》則主要討論了絲綢之路上的波斯人。根據史料記載,薩珊波斯王朝曾與中國北朝、隋唐王朝有過密切的交往,而隨著阿拉伯崛起並攻擊薩珊波斯,唐朝也給予波斯王國政治聲援。正是在這一歷史背景下,作者注意到流亡的波斯王族及大批貴族進入長安洛陽,甚至不乏入仕唐朝者,他們在唐朝的外交、軍事、科技領域發揮作用並産生深遠影響。同時,中晚唐開始,無論長安及其周圍地區,還是東南沿海地區,都不乏波斯商人的身影,正是這種亞洲形勢發生變化的反映。作者根據墓誌及相關資料,生動再現了阿羅憾(616—710)及李素(744—817)爲代表的波斯人及其家族入仕唐朝,經過數代,對中國文化逐步認同的歷史。

有關絲綢之路上的物質文化交流,以往的研究對海陸輸入輸出的商品較多措意,五花八門的絲路命名,如"絲綢之路""茶葉之路""陶瓷之路"恰恰是絲綢之路上豐富多彩的物質文化交流的反映,但是這種命名的隨意性也凸顯了絲路研究"見物不見人"的弊

〔1〕 最新的集中討論可參閲沈睿文《中古中國祆教信仰與喪葬》,上海古籍出版社,2019年。

〔2〕 如森部豊《ソグド人の東方活動と東ユーラシア世界の歴史的展開》,大阪:関西大學出版部,2010年;森部豊編《ソグド人と東ユーラシアの文化交渉》,東京:勉誠出版,2014年。

端,進而導致複雜的絲路貿易的中間環節往往被視而不見。第十講《唐代長安的多元文化》從盛唐長安所彙聚的舶來品講起,這些物品無論是直接的輸入品,還是粟特或波斯工匠在中國製作的,抑或中國工匠照舶來品仿製的物品,都表現了盛唐時期中外物質文化交流給長安帶來的異域文化精華。粟特商人經營的物品,大到供宫廷貴族打獵使用的獵豹、供貴族官人驅使勞作的奴隸、唱歌跳舞的胡族童男童女、當壚的胡姬,小到精美的金銀器皿、首飾、戒指、玻璃器皿等等,大大豐富了長安市場的商品種類,也給中古中國的物質文化增添了色彩。由物及人,作者筆下也展現了西域胡人是如何逐漸融入長安社會當中的,他們在學習和交往中如何利用中國傳統儒家的價值觀念,以及他們通過園林的優雅生活,來與唐朝士大夫交遊,最後完全融入唐朝長安上流社會。正如作者所説,這些典型的案例,也爲觀察長安社會在安史之亂後的逐漸轉型,提供了一個觀察視角。西域胡人作爲長安城中特異的一類人物,是推進長安城豐富多元的文化生活的一股强勁動力。

絲綢之路上的宗教交流無疑是文化交流的突出現象。一部宗教史就是一部造神史,而神的世界是按照人間的模式來創造的。宗教研究固然要關注經典的傳播、教義和禮儀的變遷,但同樣不能忽視人的因素。宗教所關注的人無非兩類,即教士(僧人)和信徒。他們的關係如何建立?信徒爲什麽信教?如何信教?他們通過什麽管道與神溝通?用什麽語言溝通?本書若干章節討論絲綢之路上的多元宗教文化交流,見神又見人,勾勒了絲綢之路上宗教傳播的完整圖景。第十二講《從波斯胡寺到大秦景教》,在作者此前有關入華景教史的專題研究基礎上[1],結合傳世文獻和出土寫本及墓誌,首先闡述了景教從唐初阿羅本入華傳教開始,通過依附道教來立足中國,到德宗樹立"景教碑"的歷史,進而述及中晚唐時期與景教相關的波斯占星術的流傳及會昌滅法之後景教的命運,最後討論了高昌回鶻王國中景教教團的存在,讓我們對景教士東扇景風的歷史有了全景的瞭解和深刻的體會。第十三講《拂多誕、摩尼光佛與吃菜事魔》則討論了差不多同時代入華的另一個著名外來宗教摩尼教,作者指出第一位入華傳教的拂多誕,是一位地位相當高的摩尼教法師,雖然因摩尼教發源於波斯而被説成"波斯人",不過考慮到當時波斯已經被大食佔領,而摩尼教在薩珊波斯本土只有短暫流行,所以這位

[1] 榮新江《一個入仕唐朝的波斯景教家族》,《伊朗學在中國論文集》第2集,北京大學出版社,1998年,82—90頁;《〈歷代法寶記〉中的末曼尼與彌施訶——吐蕃文獻中的摩尼教和景教因素的來歷》,王堯編《藏學研究叢刊·賢者新宴》,北京出版社,1999年,130—150頁;《唐代佛道二教眼中的外道——景教徒》,程恭讓主編《天問》丁亥卷,南京:江蘇人民出版社,2008年,107—121頁。

拂多誕應當是從中亞來的波斯人。這一論斷顯然符合摩尼教産生及早期傳播的歷史,以及當時絲綢之路上的社會政治形勢。入華後的摩尼教因爲武則天、唐玄宗的政治喜好,而分别依附於佛教道教,獲得了一定程度上的傳播。而後其興衰成敗被回鶻與唐的關係所左右。摩尼教借回紇助唐平定安史之亂有功而得以重新在長安建寺傳教,繼而到大曆六年(771)“回紇請於荆、揚、洪、越等州,置大雲光明寺”,靠的是摩尼教法師睿息等人“妙達名門,精通七部,才高海嶽,辯若懸河”,從而在極短的時間里説服可汗皈依摩尼教。當然隨著教徒們因寵恃傲,奉法懈怠,加上回鶻内亂,摩尼教等也逐漸不被唐廷所容,亦在情理之中了。無論是景教還是摩尼教,他們興衰成敗的榮辱史,背後皆是僧侶和教衆們孜孜不倦忙碌的身影。

絲綢之路不是單一的國與國之間交往的通道,而是多種文明不同文化發生關係的網絡。在第一講《月氏、斯基泰與絲綢之路前史》中,作者著眼於西亞與希臘、羅馬,羅馬與印度,中亞與西亞、印度等文明之間交往的角度,指出早在張騫鑿空之前,絲綢之路就已在歐亞大陸存在。文中選取了張騫西行之前歐亞大陸的絲綢之路上非常活躍的兩個民族——月氏與斯基泰爲研究對象,通過考古資料與出土文獻的證據,揭示了絲綢之路前史時期不同文明交互影響的圖景。

第九講《條條大路通長安》,著重講述了隋唐統一之後絲綢之路的重新開通。作者指出隋煬帝時期的使臣裴矩撰寫《西域圖記序》,記録了當時絲綢之路的走向,使我們瞭解當時絲綢之路通向東羅馬、波斯、印度的情況,也説明敦煌在隋唐時期中西文化交往中的重要地位。到了唐高宗、武則天時期,唐朝通過陸上和海上絲綢之路與印度、中亞地區的交往一直在延續,從而造就了唐朝中外文化交流的盛況。當然,這與唐朝對絲綢之路路政設施的建立與維護密不可分,比如安西都護府的建立和對四鎮地區的穩固統治,加之北庭都護府的建立,以及館驛傳遞制度的保障,使得分立的西域緑洲王國及天山北路草原遊牧部族成爲一體,當時東西交通頗爲輝煌。有關這一問題,作者根據傳世典籍和出土文書進行了細緻的復原。作者還專門舉出裴伷先以北庭爲經營的基點,東起洛陽,北入胡地,西達碎葉的貿易網絡,以他的事蹟爲例,來彰顯北庭作爲遊牧民族和農耕居民交換商品的重要地點在絲綢之路上的重要地位。在作者筆下,以長安爲中心圍繞絲綢之路展開的貿易網絡生動地再現出來。

國内學界在談到中外文化交流時往往關注外來文化輸入的成分,然而文化交流從來都不是單向進行的。第十一講《〈蘭亭序〉的西傳與唐代西域的漢文明》,則主要考察中華文化西傳的問題。文章以敦煌發現的中晚唐甚至五代時期的《蘭亭序》習字寫本爲例,指出唐朝民間自有《蘭亭序》摹本的流傳,不僅長安有,而且西漸敦煌,爲當地學子習字之資。而于闐當地的學童和敦煌一樣,也把《蘭亭序》和《尚想黄綺帖》當作習字課本。作者强調了《蘭亭序》于闐摹寫本的發現具有十分重要的意義,因爲《蘭亭序》是以書法爲載體的中國文化最根本的範本,是任何一部中國文化史都不能不提的傑作,它在塔里木盆地西南隅的于闐地區傳抄流行,無疑是中國傳統文化西漸到西域地區的最好印證。第十五講《中國與阿拉伯世界的交往和"四大發明"的西傳》,考察了唐宋時期中國與阿拉伯世界的交往。歷史上雙方的關係,包括豐富的物質文化交流和頻繁的人員往來,以及造紙術、印刷術、黑色火藥、指南針等"四大發明"的西傳,一直是中外關係史領域的重要課題,作者還是專辟一章,使本書所展現的 14 世紀以前的絲綢之路史更加豐富和完整。

在第十六講《歸義軍與東西回鶻的貢獻——緑洲王國與中轉貿易》中,作者繼續强調文化交往不會是單向的,印度的僧人也没有在東行傳法上停止從東漢以來的腳步,五代宋初也有印度的僧人前來中原傳播佛法、巡禮聖跡、翻譯佛經。作者從零星的傳世史料、大量的出土文獻以及域外文獻出發,證明唐末五代宋初雖然没有像四大帝國横亘絲路時那種大國支撑的官方和民間貿易往來,但絲路上的每個國家,都不會放棄絲路貿易帶來的豐厚利潤。因此以各個小國或地方政權爲單位,仍然努力推進絲綢之路的貿易往來,以中轉貿易的方式,使得陸上絲路没有斷絶。這些緑洲王國之間也同樣存在著朝貢貿易。

第十四講《唐朝的"鄭和"——出使黑衣大食的楊良瑶》,作者根據 1984 年陝西涇陽發現的《楊良瑶神道碑》,勾勒了唐朝貞元年間派遣中使楊良瑶,從廣州出發,經海路前往巴格達,出使黑衣大食的過程,由此豐富了唐朝與阿拉伯帝國關係史的篇章,並可看出中國從陸地大規模走向海洋的重要時點。第十七講《跨越葱嶺東西:于闐、薩曼與哈喇汗王朝》,則利用傳世典籍、敦煌漢語和于闐語文書對 10 世紀于闐與敦煌之間、于闐與中原王朝之間交往的事例多有增補。第十八講《從蒙古西征到馬可・波羅來華》,討論的儘管不是作者主要關注的蒙元以降的絲綢之路史領域,但作者長期主持北京大學國際漢學家研修基地"馬可・波羅研究項目組"學術工作,並出版了多種重要成果〔1〕,爲書寫 10—14 世紀的絲綢之路史做了充足的學術準備。以上三講大大豐富了我們對絲綢之路錯綜複雜的交流網絡的認識。

〔1〕 榮新江、党寶海主編《馬可波羅與 10—14 世紀的絲綢之路》,北京大學出版社,2019 年;榮新江、党寶海編《馬可波羅研究論文選萃》(中文編),上海:中西書局,2021 年;《馬可波羅研究論文選萃》(外文編),上海:中西書局,2022 年。

本書通過以上十八講的講述,無疑有助於加强對"絲綢之路"歷史進程和内涵的認識。作者在《結語》部分專門指出,今後絲綢之路的研究,還有不少工作要做,包括:從學科建設角度來思考絲綢之路研究與中外關係史研究的關係,加强有關中外關係史或絲綢之路的中外文史籍的整理工作,儘快將考古發現的文物資料和文獻資料轉化爲研究素材,加大對伊斯蘭時代中西交往的研究,將普及與提高相結合。這些建議無異於金針度人。以整理絲路沿綫出土的漢語和胡語文獻爲例,20 世紀 30 年代發現的穆格山粟特文法律文書,60 年代初蘇聯粟特文專家里夫什茨就已翻譯整理,對文書進行了詳細的注釋和研究〔1〕。2008 年里夫什茨出版《中亞和謝米列契的粟特文碑銘》,重新對文書進行了譯釋與研究〔2〕。2015 年其著英文版出版,納入辛維廉主編的《伊朗碑銘叢刊》(*Corpus Inscritionum Iranicarum*),修訂了俄文版的一些錯誤,提供了更爲權威可靠的譯本〔3〕。這説明隨著語言學、歷史學等研究的推進,已有現代語文譯本的胡語文獻尚需不斷修訂與更新,更遑論還有大量未被釋讀者,當然中文學界的翻譯整理工作更是遠遠不足〔4〕,亟待加强,相關研究未有窮期。

在第七講《祆神東來與祆祠祭祀》中,作者對起源於波斯瑣羅亞斯德教並經由中亞沿絲綢之路傳入中土的祆教進行了系統梳理,内容涉及薩珊銀幣上所見的祆神圖像、祆教的喪葬禮俗與祭祀、從河西經兩京到河北的祆祠分佈、宋元文獻所見的祆教因素,使讀者對祆教東傳及其華化的歷史一目瞭然。作者特别提到唐寶曆二年(826)四月在恒州西南五十里的獲鹿縣所立鹿泉胡神祠可能是所祆祠,唐長慶三年(823)定州東南的瀛洲樂壽縣所置"本號天神"的祆神廟,表明河北地區直到中晚唐時期,還有粟特民衆不斷建立新的祆祠以供奉天神。限於資料,以往我們考察了中晚唐入華祆教不斷華化的過程〔5〕,但對當時仍有粟特移民新立祆祠的記録則較少關注,相關問題值得進一步考察。

再如上文提及的第十三講有關摩尼教的研究,作者在文末指出隨著回鶻西遷,摩尼教又在原來就有教徒存在的吐魯番盆地發展起來,形成高昌的摩尼教團,在高昌城中建

〔1〕 В. А. Лившиц, *Юридические документы и письмаз*, Москва, 1962.

〔2〕 В. А. Лившиц, *Согдийскаяэпиграфика средней азии и семиречья*, Санкт-Петербург, 2008.

〔3〕 V. A. Livshits, *Sogdian epigraphy of Central Asia and Semirech'e*, translated from the Russian by Tom Stableford, ed. by Nicholas Sims-Williams, School of Oriental and African Studies, London, 2015.

〔4〕 有關粟特文和中古波斯文史料的漢譯,可參閲畢波《粟特文古信劄漢譯與注釋》,《文史》2004 年第 2 輯,73—97 頁;王媛媛《中古波斯文〈摩尼教讚美詩集〉跋文譯注》,朱玉麒主編《西域文史》第 2 輯,北京:科學出版社,2007 年,129—153 頁。

〔5〕 張小貴《唐宋祆祠廟祝的漢化——以史世爽家族爲中心的考察》,《中山大學學報》2005 年第 3 期,72—76 頁。

立了摩尼寺。20世紀初以來吐魯番出土的大量用中古波斯文、粟特文、回鶻文寫的摩尼教文獻,以及柏孜克里克石窟的摩尼教壁畫,皆可見摩尼教傳教師爲將高昌回鶻建成9—12世紀世界摩尼教中心而做的努力。最後作者强調道,時移勢易,逃到東南沿海的摩尼教傳教師也並未放棄努力,衍生出摩尼教的新形態。惜未展開討論。20世紀80年代以來,隨著地方文物遺跡、民間文獻不斷出土,學界對唐後摩尼教的中國化,即潛修式明教和結社式明教的認識進一步深入[1]。2008年福建霞浦等地民間宗教科儀文書的發現,爲探討夷教華化之路及其最終歸宿提供了新資料,重新掀起入華摩尼教研究的熱潮[2]。相關問題頗有研究旨趣,值得深入研討[3]。

從原始材料出發,經過獨立思考,在具體問題上得出新見和勝解,是學術研究的基本準則。本書作者一如既往,做了很好的示範。更爲難能可貴的是,本書論題多涉及傳統中西交通史領域的經典課題,向以艱深著稱,但是作者卻並未故作高深,也未簡單套用今下時髦的"全球史""内陸歐亞"等宏闊的概念進行包裝,而是以平實的語言和邏輯,展示著千古絲綢之路上的傳奇,可謂"有才華,卻不願以絢爛示人,收斂得天衣無縫;給人看的乃是另一面,即含蓄匀潔是也"[4]。學問深而下筆淺,追求深厚的造詣,並拓展博大的容量,如是方能演繹更廣的"專業"含義。

(作者單位:暨南大學歷史學系)

《和田出土唐代于闐漢語文書》(榮新江編著,北京:中華書局,2022年9月,35+223頁,17圖版,86圓)

沈　琛

和田是敦煌、吐魯番之外出土唐代漢文文書最多的地方,于闐王國作爲西域南道最

〔1〕 林悟殊《唐後潛修式明教再思考》,余太山、李錦繡主編《歐亞學刊》新6輯,北京:商務印書館,2017年,19—37頁;《唐後結社式明教再認識——以北宋"温州明教"爲個案》,余太山、李錦繡主编《歐亞學刊》新7輯,北京:商務印書館,2018年,114—132頁。

〔2〕 林悟殊《霞浦抄本研究之心路歷程》,余太山、李錦繡主编《絲瓷之路——古代中外關係史研究》第6輯,北京:商務印書館,2017年,325—345頁;《絲路夷教之華化歸宿》,朱玉麒主编《西域文史》第13輯,北京:科學出版社,2019年,1—24頁。

〔3〕 最新出版的專著見尤小羽《明流道場——摩尼教的地方化與閩地民間宗教》,上海古籍出版社,2022年。

〔4〕 吴小如《廢名的文章》,氏著《書廊信步》,瀋陽:遼寧教育出版社,1996年,6—7頁。

爲重要的大乘佛教中心,在唐代又屬安西四鎮之一,因此和田所出土的唐代于闐文書是我們瞭解唐代于闐歷史、西域史乃至中外關係史的最爲重要的第一手材料。但由於和田文書流散多國,刊佈並不完整,因此學界利用較爲困難。榮新江教授《和田出土唐代于闐漢語文書》在 2022 年 9 月由中華書局出版,對域外所藏和田出土漢語世俗文書進行了集中刊佈,包括英國、瑞典、俄羅斯、德國、日本各國收集品以及中國散藏寫卷,按内容共計有 347 件文書。除去即將分别刊佈的中國國家圖書館、中國人民大學博物館與新疆維吾爾自治區博物館藏卷之外,幾乎將目前所見于闐漢語世俗文書一網打盡。每件文書均著録其定名、解題與參考文獻,並按照原件或者高清圖版進行録文、標點。卷首有部分重要文書的彩色圖版。前言題爲"和田出土唐代于闐漢語文書概説",將各個于闐文書收集品的來歷、年代和刊佈狀況都做了詳細交代。卷末編製有人名地名索引和于闐文書編號索引,符合通行國際規範,極便查找。

筆者獲得此書以後,捧讀再三,對其價值有較深入的體會。筆者認爲,本書的價值主要體現在以下幾個方面。

(一) 收録全面,囊括各家。以往對和田出土文書的整理基本都是集中於某一收藏單位,此次將全部域外的和田出土漢文文書進行集中編目、録文,在學術史上是開創性的。本書收録英國國家圖書館藏霍恩雷(A. F. R. Hoernle)收集品 14 件、斯坦因(M. A. Stein)收集品 236 件,瑞典人種學博物館藏赫定(S. Hedin)收集品 7 件,俄羅斯科學院東方文獻研究所藏收集品 29 件,德國國家圖書館和亞洲藝術博物館藏吐魯番探險隊收集品 7 件,慕尼黑五州博物館藏弗蘭克(A. H. Francke)收集品 40 件,日本龍谷大學藏大谷探險隊收集品 5 件,附録中國公私散藏的 3 組收集品 9 件。這些文書大部分都是紙質文書,也包括 50 多件木簡與 3 件壁畫題記。

其中英藏和田文書數量最多,包括霍恩雷收集品與斯坦因收集品。霍恩雷收集品數量雖然不多,但這十幾件文書分别得自戈德弗雷(S. H. Godfrey)與馬繼業(G. Macartney),具體來源也不甚清楚,作者在前言中根據原始記録與文書内容對這些文書的來源進行了仔細考辨。斯坦因收集品數量最大,其三次和田考察所獲漢文文書分别被英國博物館編入 Or.8210/S.、Or.8211、Or.8212,但除第三次所獲漢文文書編號比較清晰之外,前兩次收藏編號都屬於英國博物館的誤編,而其中相互混雜之處亦不少見。作者曾經結合考古報告對各組文書的來源一一詳辨,甚至將丹丹烏里克所出文書具體復原到各個房址内,該成果也體現在前言當中,爲我們利用英藏和田文書掃除了障礙。英藏文獻研究較爲充分,沙畹(É. Chavannes)、馬伯樂(H. Maspero)、郭鋒、陳國燦、王冀青、沙知與吴芳思(Frances Wood)先生皆曾進行部分刊佈,其中沙知、吴芳思先生所著《斯坦因第三次中亞考古所獲漢文文獻(非佛經部分)》(上海辭書出版社,2005年)除了收録第三次中亞探險所獲和田文書外,也收録了被誤編入 Or.8210/S.(原爲斯坦因第二次中亞探險所獲敦煌文獻編號)的第一次中亞探險所獲和田紙文書。除此之外,編入 Or.8211 的斯坦因第二次中亞探險所獲和田漢文書刊佈情況不够充分,最早由沙畹刊佈了幾乎全部的紙文書與部分木簡,其後漢文木簡又有藤田高夫、荒川正晴陸續整理,但亦不完整,因此這一部分的漢文文書中文學界利用並不充分。本書不僅涵蓋了前人已經刊佈的英藏和田漢文文書,同時根據英國國家圖書館提供的高清圖片,將前人未經釋讀的漢文木簡盡數録出,由此成爲最完整的録文本。本書最後的三四七號補遺文書《唐漢語—漢字音寫突厥語詞彙對譯》(Or.8210/3948)是 2016 年由松井太檢出的誤入斯坦因所獲黑水城文獻部分的麻札塔格文書,也一併收入。

瑞典人種學博物館藏赫定收集品中的漢文文書雖然僅有 7 件,主要出土於于闐六城地區,不少是漢語—于闐語雙語木簡,史料價值極高。之前未有專門整理,其圖版散見於貝利(H. W. Bailey)《于闐語文書集》四(*Khotanese Texts*, vol.IV, Cambridge, 1961)及相關展覽圖録當中,録文也較爲分散,此次也得以彙集校録。

俄國所藏 29 件和田漢文文書主要是俄國駐喀什總領事彼得羅夫斯基在任期間從和田挖寶人手中購得,主體來自丹丹烏里克遺址,多數被編入"敦煌"(Дх.)編號。張廣達、榮新江先生曾合撰《聖彼得堡藏和田出土漢文文書考釋》(《敦煌吐魯番研究》第 6 卷,北京大學出版社,2002 年)進行校録,後圖版收入《俄藏敦煌文獻》。此外,還包括 5 件俄藏于闐語文獻中夾雜的漢文文書(編號爲 SI P)及 1 件混入黑水城文書的俄 Инв. 5949《唐建中六年(785)十月家人疾祚牒》。作者多次前往聖彼得堡核對原文,進一步整理形成本書的面貌。

德國所藏主要分爲兩家,第一家收集品爲國家圖書館和亞洲藝術博物館藏吐魯番探險隊收集品 7 件,係英國駐喀什總領事馬繼業贈予勒柯克探險隊之物。最早作者撰有《德國吐魯番收集品中的漢文典籍與文書》(饒宗頤主編《華學》3,北京:紫禁城出版社,1998 年)一文著録其大部分,其後西脇常記在《德國吐魯番探險隊所獲漢文文獻》(2001)一書中續有刊佈,此次將 7 件文書全部校録。德國第二家收藏單位爲慕尼黑五州博物館,前身爲慕尼黑人種學博物館,有弗蘭克收集品 40 件,係得自於英國駐喀什總領事與和田商人之手。西脇常記在《中國古典社會における佛教の諸相》(東京:知泉書館,2009 年)一書中進行了初步録文,2017 年作者親至德國核對原文書,進行了重新綴合與録文,使録文品質更爲可靠。

大谷收集品總共5件,皆收藏於龍谷大學圖書館,刊佈於《大谷文書集成》(京都:法藏館,1984年)一書當中,録文粗劣,本書的録文大爲改觀。

此外,本書還收録了3組中國公私散藏和田文書,包括吐魯番地區博物館藏品3件,和田某氏藏漢語—于闐語雙語木簡4件,北京某氏藏品2件,基本均曾由本書作者整理或研究,而北京某氏私藏02《唐某年于闐狀》則係首次刊佈。

(二)定名科學,録文準確。較之敦煌吐魯番文書,和田文書更加細碎,幾乎没有完整的卷子。此外,和田文書以世俗公私文書爲主體,漢文典籍數量很少,更加增加了録文的難度。就本書所收録的三百余件文書來看,目前僅有如下一些漢文典籍:《古文尚書正義》卷八《商書・太甲上》(Ot.8089),《經典釋文》卷二四《論語音義》同一寫本的2件斷片(M.T.c.001.b, T IV Chotan),《劉子・禍福》第四十八(M.T.0625),佚名唐詩文2件(M.T.086, M.T.0394+M.T.0391),《千字文》習字(M.T.0199.a),唐唱詞(Or.8212/1448v,113頁),《尚想黄綺帖》習字2件(M.T.095, M.T.b.006),《蘭亭序》習字2件(M.T.b.006、Дx.18943)。佛典雖然大多未收,但比較重要的漢文禪籍《神會語録》(M.T.b.001)以及另外一件佚名禪籍(M.T.a.003)皆有收録。另外,弗蘭克收集品中的2件漢文佛典《合部金光明經》(Kh.67)與《大般涅槃經》(Kha.117)也一併附録。像英藏《經典釋文・論語音義》與佚名禪籍都是首次完整定名和録文。最近段真子所撰《漢籍抄本在于闐——以中國人民大學藏西域漢文文書爲中心》(《中國人民大學學報》2022年第1期)一文結合國家圖書館與中國人民大學圖書館未刊藏品系統梳理了和田出土的漢文典籍,用功頗多,但本書所標佚名唐詩文、唐唱詞與禪籍等仍可對此文有所補充。

和田出土世俗文書主要關係到唐朝于闐鎮守軍的鎮戍館驛體系、于闐國本身的國—州—鄉—村各級組織以及當地寺院,各個系統内部、各系統之間以及與外部世界人員之間交涉往來的文書構成了和田漢文文書的主體。其文書類型有官方牒狀、百姓辭訴、公驗過所、私人書信、契約、百姓納税記録、入破曆、人員名籍、寺院文書等,年代從唐朝統治時期一直延續到吐蕃統治時期,有些文書是漢語—于闐語雙語文書。在整理這些文書時,除了要對唐朝文書格式與文書學有深入瞭解之外,還要對于闐國史乃至相關的于闐語、藏語文書有相關的知識。由於作者多年從事出土文書的整理與研究,對於于闐歷史的研究也無出其右,這些成爲本書録文優於前人的重要原因。另外,對前人研究的竭澤而漁式的充分參考和利用是本書的另一制勝法寶,各件文書解題目録之後羅列的參考文獻既包括刊佈與整理當件文書的基本文獻，也包括推進文書録文或者理解的主要研究文獻，而僅僅引用或提及文書的則不會列入，實際上提供了每一件文書的研究史，使得本書能够在吸收衆家之長的基礎上，後出轉精。如一五六號 M.T.0634，沙知、吴芳思先生定名“貞元六年(790)館子王作郎抄”，第 1 行録作“善政坊羅勃帝分神山鄉？馬料青麥”，筆者曾撰文將“分”録作“芬”，“鄉”字録作“納”字，即被本書採用，並據此定名爲“唐貞元六年善政坊羅勃帝芬納神山馬料抄”(77 頁)，可見凡有一字之推進亦在參考之列。當然，對和田漢文文書推進最多的仍然要屬作者本人，史料價值較高的文書都可以見到他本人既往研究的貢獻，這是其他整理者所不能比擬的。

本書對每一家收集品都根據原卷或高清圖片進行了細緻録文、標點，甚至將漢語—于闐語雙語文書的于闐語部分也根據最新研究進行了轉寫録文，故而每一批收集品的録文質量都屬最高。例如，就英藏和田紙質文書部分而言，沙知、吴芳思先生的録文大多非常可靠，但並未標點，有些拿不準的録文則標有“?”。作者核對圖版，對沙知、吴芳思先生的録文進行了一一核對、點斷，尤其是許多前書録文拿不準的地方多有訂正，並對原擬題進行了斟酌修正。若取兩書進行比對，可以發現本書英藏部分録文質量有整體地推進。全書録文改進最多的當屬德國弗蘭克收集品。弗蘭克收集品刊佈時間較晚，2009 年始有西脇常記未加綴合、未加標點、未附圖版的簡略録文，本書録文不僅更加符合文書整理規範，大部分文書録文都有改字和補字，乃至綴合，每件文書均重新定名，使這一部分文書成爲可資引用的史料。例如 Ho.1(205a+b)+Ho.3(205)原先録作 3 件殘片(238—239)，本書則綴合爲 1 件完整録文。大谷文書數量較少，但《大谷文書集成》的録文質量差强人意，如 Ot.1556《大谷文書集成》定名爲“官庁文書斷片”，録作“□□□表示五佰　田退葶□□□牒爲由處往行馬□□□”(《大谷文書集成》，81 頁)，完全不知所云，本書擬題“唐牒文”，録作“□□□表等各牒所由，追節□□□牒所由，虞候領□”(172 頁)，可見差距之大。因此，可以説，本書是目前爲止和田漢文文書的最佳整理本。學問無止境，未來隨著研究的深入，部分文書的釋讀可能會更進一步，而本書無疑爲此提供了最堅實的基礎。

（三）體例完備，解題詳盡。筆者看來，本書體例有如下兩個突出特點：一是文書排序。本書首先按照收集品排序。之所以按照收集品進行排列，是因爲各家收集品的來歷各不相同，其編號與整理狀況也大相徑庭，如文書數量最多的斯坦因收集品，幾乎都有出土地原始編號與英國圖書館現藏編號，出土地也非常明確。霍恩雷收集品、德國吐魯番探險隊收集品與弗蘭克收集品雖有兩種編號，但多是購自和田民間，出土地不清晰，其他收集品則僅有一種編號，出土地也大多不詳，僅能靠文書内容或者少見的綴合狀況來推測，因此不宜將各家收集品打亂。這些文獻的性質絶大多數又都是公私文書，因此也不能像《吐魯番出土文獻散録》那樣按照文獻類別排序，按照各國收集品進行排序是最爲合理的。各收集品内則按照出土地—原始編號排序，出土地不明確的徑以原始編號爲序，無原始編號則以收藏單位現編號爲序。按照出土地—原始編號爲序是本書凡例的一大創新，前人基本都是按照館藏現編號進行排序，如沙知、吴芳思《斯坦因第三次中亞考古所獲漢文文獻（非佛經部分）》一書。根據原始編號幾乎可以將所有文書復原到各出土地，而出土地相當程度上決定了文書的性質。如丹丹烏里克是傑謝鄉與傑謝鎮所在，出土了傑謝鄉頭斯略與唐代傑謝鎮文書以及當地護國寺文書；麻札塔格爲神山堡與神山館所在，包括神山堡鎮軍及其收糧文書和神山館的館驛文書，而漢文典籍也多出於此；達瑪溝爲于闐東部的六城州所在，所出文書大多與六城州及附近的坎城守捉有關係，一直延續到吐蕃時期。按照出土地排序，不僅能够使讀者回到考古現場，復原歷史場景，也爲其他各家收集品的探源提供了參照系。

本書在體例上另一優點在於其附有詳盡參考文獻的解題。解題包括對文書的編號、文書材質、裝幀、片數、尺寸、殘損程度等物質形態的描述，也有對行數、鈐印、墨色、點記、勾畫、小字等文書學特徵的交代。另一方面，文書的綴合、具體年代、胡語内容、關聯文書以及出土地予以詳細説明。最後則是羅列刊佈和研究的參考文獻。這部分即便脱離録文也能單獨成爲一部精到的解題目録（descriptive catalogue）。此種解題目録的體例在作者主編的《吐魯番出土文書總目（歐美收藏卷）》（武漢大學出版社，2007 年）已經有所體現，而在《吐魯番出土文獻散録》（中華書局，2021 年）、《旅順博物館藏新疆出土漢文文獻總目索引》（中華書局，2020 年）兩書中得到徹底貫徹。就敦煌、吐魯番、和田、庫車等地出土的各語言文書而言，編製帶有參考文獻的解題目録無疑是未來出土文書整理的必由之路。目前來看，將和田出土各語言文書編製一部完備的解題目録條件已經完全成熟，而《和田出土唐代于闐漢語文書》的解題部分爲漢文文書部分提供了底稿。

出土文獻的整理工作很難做到盡善盡美，就筆者看來，本書主要的缺憾是僅收録非佛教文獻，除去英藏 2 件禪籍與弗蘭克收集品的 2 件佛經之外，其他漢文佛典未予收録。這是因爲英藏的和田漢文佛教文獻没有經過集中刊佈，國際敦煌項目網站亦未全部上網，若根據散見的發現著録的話，必至缺漏。不過總體看來，和田出土的漢文佛教文獻數量應該不多，就沙畹、馬伯樂所刊佈漢文文獻以及藏文、于闐文獻中夾雜的漢文佛典來看,有如下幾件:《金剛般若波羅蜜經》(M.Tagh.a.004, Or.8211/956; M.Tagh.a.iv.00162, Or.15000/149)[1]、《大般若波羅蜜多經》(Kha.i.207, Or.8212/9)[2]、《大般涅槃經》卷九(Khad.i.158, IOL Khot 212/1)、《妙法蓮華經》卷三(M.T.b.004, Or.8211/959+ M.T.b.004.a, Or.8211/960)[3]、《妙法蓮華經》卷四〔M.T.0634(3), Or.8212/718〕[4]、《妙法蓮華經》卷五(M.T.a.004.a, Or.8211/955)[5]、《阿毗達磨順正理論》卷九(M.Tagh.b.004.b, Or.8211/961)[6]。若未來能將和田所出漢文佛典盡數補全,當成完璧。

本書還存在一些需要改進之處。《前言》第7頁末段"根據霍恩雷《中亞寫本的第三批收集品》(Three Further Collections of Central Asian Manuscripts)一文",該文章標題應譯作"另外三批中亞寫本收集品"較爲合適。《前言》中對斯坦因收集品中得自丹丹烏里克遺址的文書介紹沿用了作者之前的説法(《丹丹烏里克遺址:中日共同考察研究報告》,北京:文物出版社,2009年,15、42頁),有的細節仍需更新,如第12頁斯略曾"任傑謝地區的'城主'(auva-haṃdasta)",此處auva-haṃdasta應對譯作漢文文書之"鄉頭"。第13頁提到D.vii.3.a《大曆某年許十四舉錢契》,應與正文的新標題《唐大曆年間(766—779)女婦許十四典牙梳舉錢契》(第15頁)保持一致。第22頁"此名的藏文形式還見於'赫定收集品'中的一件藏文文書Hedin Tib 2號文書第2行:bu-blon li sar-zhong,表明他是一個跨越唐朝統治和吐蕃統治年代的人物"。此處延續了貝利的釋讀,將"bu-blon"視作Li Sar zhong的職銜[7],其實該詞是"債務、欠款"的意思,業已經武内紹人指出[8]。第25頁對弗蘭克收集品編號的介紹,"Ho.1－96"當爲"Ho.1－29",

---

〔1〕 É. Chavannes, *Les documents chinois découverts par Aurel Stein dans les sables du Turkestan oriental*, Oxford, 1913, p.202; Takeuchi Tsuguhito, *Old Tibetan Manuscripts from East Turkestan in the Stein Collection of the British Library*, 2 vols, Tokyo-London, 1997－1998, pp.111, 69, No.211.

〔2〕 P. O. Skjærvø, *Khotanese Manuscripts from Chinese Turkestan in the British Library. A complete catalogue with texts and translations*, with contribution by U. Sims-Williams, London: British Library Publishing, 2002, p.42.

〔3〕 Takeuchi, *Old Tibetan Manuscripts from East Turkestan in the Stein Collection of the British Library*, pp.124, 78, No.242.

〔4〕 H. Maspero, *Les documents chinois de la troisième expédition de Sir Aurel Stein en Asie Centrale*, London: The British Museum, 1953, p.189.

〔5〕 Chavannes, *Les documents chinois découverts par Aurel Stein dans les sables du Turkestan oriental*, p.202.

〔6〕 Chavannes, *Les documents chinois découverts par Aurel Stein dans les sables du Turkestan oriental*, p.203.

〔7〕 H. W. Bailey, *Khotanese Texts, vol.IV*, Cambridge, 1961, p.56.

〔8〕 Takeuchi Tsuguhito, *Old Tibetan Contracts from Central Asia*, Tokyo, 1995, p.188.

“Kh.001－124”當爲“Kh.001－00124”[1]。正文第132頁二六二號文書Дx.18918《唐某年五月簡王長史王□□帖爲缺税錢事》第3行“件人各欠税”首脱“右”字,似爲排版時誤删。這些小問題再版時稍加訂正即可,無損於本書的巨大價值。

本書是作者數十年來整理出土文獻的又一塊重要拼圖,從敦煌、吐魯番到庫車、和田……,絲綢之路上的這一個個緑洲恰恰成爲作者學術名山之上的一顆顆閃亮明珠,在學術史上綻放出奪目的光輝。本書無疑將成爲研究于闐歷史乃至唐代西域史的必備工具書,並爲將來西域出土文獻的整理樹立新的典範。

(作者單位:南開大學歷史學院)

《樓蘭考古調查與發掘報告》(侯燦編著,南京:鳳凰出版社,2022年3月,彩版59,圖版65,2+7+133+11頁,168圓)

鄭　豪

1979年中國科學院新疆分院組成羅布泊綜合考察隊,先後3次對樓蘭地區進行了考古調查與發掘。第一次和第二次是1979年,第三次是1980年3月下旬至4月下旬。1987年,侯燦主筆《樓蘭考古調查與發掘報告》(簡稱《報告》)完成。然而《報告》一直没有機會出版,只在《文物》1988年第7期上發表了一組簡報文章[2]。直到去年三月,這部考古報告才得以出版。雖然此次考古調查與發掘工作持續時間較短,但卻是20世紀40年代以後、迄今爲止唯一一次嚴格意義上的樓蘭考古調查與發掘[3]。所以,儘管

[1] G. Gropp, “Eine neuentaeckte Sammlung khotanesischer Handschriftenfragmente in Deutschland,” *Middle Iranian Studies, Proceedings of the International Symposiumorganized by the Katholieke Universiteit Leuven from the 17th to the 20th May 1982*, ed. W. Skalmowski & A.van Tongerloo, Leuven, 1984, pp.148－149.

[2] 新疆樓蘭考古隊《樓蘭古城址調查與試掘簡報》(簡稱《古城址簡報》),《文物》1988年第7期,1—22、98頁;新疆樓蘭考古隊《樓蘭城郊古墓群發掘簡報》(簡稱《城郊簡報》),《文物》1988年第7期,23—39、97、99—100頁;侯燦《樓蘭新發現木簡紙文書考釋》(簡稱《考釋》),《文物》1988年第7期,40—55、101—102頁。前2篇文章的執筆人均爲侯燦。

[3] 此後也有學者、普通民衆或電視臺等以各種名義進入樓蘭。王炳華等人多次進入樓蘭進行考察。1988年4月6日至5月2日,新疆考古所對羅布淖爾地區進行較大規模考古調查,踏查自米蘭至樓蘭一綫遺址,找到斯坦因編定的LK,摸清環境及沿途交通情況。1988年11月,平山郁夫組織“樓蘭學術考察團”,一行人進入樓蘭故城。2000年3月28日至4月3日,巴音郭勒蒙古族自治州“樓蘭研究學會”組織“走進羅布泊——樓蘭歷史文化考察”,從庫爾勒市沿孔雀河谷東行,先入樓蘭,再穿羅布荒漠,南下若羌。2003年3月,沿着孔雀河故道勘 (轉下頁)

《報告》的問世遲到了35年,其體量在同類著作中並不算十分厚重,但它仍然是目前最新的、也是最可靠的樓蘭考古報告,值得學界重視。

以下從《報告》本身及簡報文章與《報告》對勘兩個維度,對其内容及價值進行審視。

就考古報告本身而言,最重要的是要明晰它對器物遺存的描述,是否做到了全面、詳細、準確、客觀〔1〕。以下試詳論之。

第一,整理成果,描述全面。此處所説的"全面",指的是對本次調查與發掘成果整理與描述的全面。除序言和附録外,《報告》分爲6個部分:一,工作經過;二,古城遺跡;三,採集與試掘的遺物;四,出土木簡、紙文書及其考釋(附佉盧文殘木牘);五,城郊墓葬發掘;六,結語。從框架結構來看,《報告》編寫科學合理,描述全面客觀。全書圖文並茂,圖表並重。附録三《遺址採集與試掘文物表》《墓葬發掘清理文物表》是2份翔實的文物記録表格,反映了調查與發掘的遺物成果。彩版和圖版佔據全書1/3强的篇幅,在正文中還有大量綫描圖和數據統計表。

第二,科學分類,翔實記録。附録三前2份表格,對遺址採集與試掘的文物、墓葬發掘清理的文物做了記録和整理,既便於讀者瞭解遺址情形,也爲後續研究工作提供了一份索引目録和文物清單。描述方面,無論石器,抑或陶器,還是木器、銅器等器物,《報告》均予以著録解説。即使是執筆人並不瞭解的佉盧文殘木牘、糧食作物等材料,也分别呈請研究專家作出釋讀和鑒定,並附上考釋結果。

《報告》能够做到翔實的前提之一,在於執筆人對相關器物做了科學合理的分類。

(接上頁)察營盤、龍城、土垠、樓蘭等遺址,歷時9天完成了"穿越羅布泊——樓蘭歷史文化綜合考察"。2005年9月20日至10月10日,王炳華與馮其庸等人共同勘踏玄奘西行返國之途。2012年4月,進入樓蘭實拍古城。參看王炳華《王炳華丨我所親歷、瞭解的羅布淖爾考古碎片》,澎湃新聞"私家歷史",2022年7月11日,https://www.thepaper.cn/newsDetail_forward_18912176(瀏覽日期:2022年9月28日);侯燦《西域歷史與考古研究》附録二《作者簡歷》,上海:中西書局,2019年,415頁。林梅村等人曾於1994年進入樓蘭進行實地調查,在羅布泊北岸尋找LE城,參看林梅村《樓蘭——一個世紀之謎的解析》,北京:中共中央黨校出版社,1999年,18—19頁。2014年,由中科院地質與地球物理所牽頭,聯合中科院遥感所、中科院新疆生地所、新疆文物考古所和吉林大學邊疆考古中心共同承擔的科技部基礎性工作專項科考調查項目——羅布泊地區自然與文化遺産綜合科學考察啓動,歷時5年獲得了大量科考發現,參看新疆維吾爾自治區文物考古研究所《新疆古樓蘭交通與古代人類村落遺跡調查2015年度調查報告》,文化遺産研究與保護技術教育部重點實驗室等編《西部考古》第13輯,北京:科學出版社,2017年,1—35頁;馮麗妃《羅布泊自然與文化遺産綜合科考成果出爐》,《中國科學報》2019年12月15日,https://news.sciencenet.cn/htmlnews/2019/12/433874.shtm(瀏覽日期:2022年8月26日)。但這些科考活動與嚴格意義上的考古調查與發掘尚有一定距離。

〔1〕 齊東方《書評:中國社會科學院考古研究所〈六頂山與渤海鎮〉》,榮新江主編《唐研究》第5卷,北京大學出版社,1999年,549頁。

出土木簡、紙文書以什麼樣的方式分類編排,並無一定之規。《樓蘭漢文簡紙文書集成》[1](簡稱《集成》)一書,完全按出土地點順序對簡紙文書進行編排。《報告》採取了另一種方式,即分爲木簡文書和紙文書兩類。木簡文書按文書内容主題,分爲釋官、釋地、簿書、名籍、屯戍、廩給、器物、買賣、雜釋 9 類,在釋文下方注明出土地點編號。紙文書由於數量很少,故不再細分。《報告》的分類編排方式與《考釋》完全一致。

在筆者看來,這樣做有三個優點。其一,避免因年代不清導致的編年混亂甚至錯誤。從出土木簡、紙文書的内容來看,大多殘破不堪,很多没有明確紀年。若按年代先後編排,無疑困難重重,徒增負擔[2]。其二,突出主題,爲學術研究提供便利。現代學術研究總是從問題意識出發、圍繞問題進行研究的。"問題"在某種程度上就是"主題"。按主題分門別類進行釋文和解讀,不僅凸顯出執筆人在撰寫《考釋》《報告》時始終帶有一種自覺的研究意識,而且非常便於其他學者的使用。其三,《報告》《集成》採取兩種不同的編排方式,皆有其科學性和合理性。《報告》所收録的木簡文書、紙文書,僅限於本次考古隊所得,屬於新獲文獻,就主題進行分類不僅可行而且合理。《集成》作爲一部總結性的著作,要把分散在各地的簡紙文書集中於一書,且需要保持文書的原始面貌。故按出土地點編號順序整理,不僅便於整理和彙集,而且可以借此對簡紙文書複雜的編號情況作一清理,對前人錯號、漏號、跳號之處予以糾正。二者的主旨與追求不同,但都依據實際情況而行,故皆有其科學性和合理性。

第三,運用科技,力求準確。以樓蘭古城的具體位置爲例。關於樓蘭古城位置的經緯度,歷來説法不一,研究者各自標定,不知以何爲是。斯文·赫定《1899—1902 年中亞旅行的科學成果》(*Scientific Results of a Journey in Central Asia, 1899 - 1902*, Vol.2)所附平面圖標定在東經 89°50′53″、北緯 40°31′34″[3]。斯坦因的數據最爲複雜。《沙漠契丹廢址記》(*Ruins of Desert Cathay*)標定在東經 89°55′、北緯 40°31′[4],《亞洲腹地考

[1] 侯燦、楊代欣編著《樓蘭漢文簡紙文書集成》,成都:天地出版社,1999 年。

[2] 關於樓蘭古城漢文簡牘的年代分析,可參看孟凡人《樓蘭鄯善簡牘年代學研究》,烏魯木齊:新疆人民出版社,1995 年,11—58 頁。

[3] S. A. Hedin, *Scientific Results of a Journey in Central Asia, 1899 - 1902*, Vol.2, P1 67: Ruins of Loû-lan in the northern Lop Desert, Scale: 1 : 1500, between p.630 and p.631.

[4] M. A. Stein, *Ruins of Desert Cathay: Personal Narrative of Exploration in Central Asia and Westernmost China*, Vol. 1, London: Macmillan, 1912, Map I. (General) showing portions of Chinese Turkestan and Kansu, Scale 1 : 3, 000, 000.

古記》(*Innermost Asia*)所附地圖標定在東經 89°45′、北緯 40°30′22″[1],《西域考古記》(*On Ancient Central-Asian Tracks*)又標定在東經 90°06′、北緯 40°29′[2]。長澤和俊《樓蘭王国史の研究》標定在東經 89°50′53″、北緯 40°31′34″[3]。欲澄清此疑問,唯一的辦法就是深入樓蘭腹地,利用現代科學技術重新進行勘定。考古隊得到駐軍某部測繪工程師張占民的幫助[4],重新將位置核定在東經 89°55′22″、北緯 40°29′55″。

第四,敘述客觀,坦誠相告。客觀表現之一:執筆人没有採取"夾敘夾議"。夾敘夾議固然可以表現執筆人的研究與思考,但倘若研究與思考有誤或有偏差,又與原始材料混雜在一起,則極易導致讀者對原始材料的理解與運用。綜觀全書,執筆人基本採取了客觀的描述方式,有關個人研究認識的部分,予以單獨説明,保證了《報告》的科學性與準確性,體現了執筆人的考古學素養。客觀表現之二:《報告》用詞恰當、據實相告。關於前者,討論遺址 F1 小房間時,發現了一些官方來往的函件和吏士的廩給簿籍,由此推斷"這間小房間有可能是儲藏辦完文案後的木簡紙文書的儲藏室。牆壁上的那個小孔洞,很可能是辦完文案扔進木簡紙文書用的"(12 頁),討論三間房的大垃圾堆(斯坦因編號 LA. Ⅵ. ⅱ,考古隊編號 T)時,則説"大垃圾堆出土的這些木簡紙文書,我們可以毫不懷疑地判定,應是三間房官署中傾倒的廢棄之物"(14 頁)。對於不確切的想法,使用推測語氣;對於可以確定的結論,直接予以肯定。後者爲此後的考古工作留下了空間。《報告》坦言,斯坦因編號 LE 的城堡只做了直升機探察(20 頁),未做進一步的工作。

---

[1] M. A. Stein, *Innermost Asia: Report of the Exploration in Central Asia Kan-su and Eastern Iran*, Vol.1, 29 Singer, Lou-lan,據 1906—1907 年、1914 年考察編繪,Scale 1 : 5,000,000。

[2] M. A. Stein, *On Ancient Central-Asian Tracks: Brief Narrative of Three Expedition in Innermost Asia and North-Western China*, New York: Pantheon Books, 1933, Map: At end of Volume Chinese Turkistan and adjacent parts of Central Asia and Kansu, Scale 1 : 6, 000, 000。

[3] 長澤和俊《樓蘭王国史の研究》,東京:雄山閣,1996 年,47 頁。《報告》在引用上述數據時,出現了一些錯誤。侯燦引述斯文·赫定的數據爲東經 89°40′、北纬 40°30′。但侯氏在發表的另外兩篇論文中都正確標注了斯文·赫定的數據,參看侯燦《艾爾迪克發現古樓蘭城辨誤》,《新疆大學學報》1998 年第 1 期,41—42 頁;《樓蘭研究析疑——樓蘭問題駁難之二》,《敦煌研究》2002 年第 1 期,67 頁。《報告》的這個數據應屬筆誤。《報告》引用長澤的數據時,用的是《樓蘭王国》一書,且前後所説數據來源並不一致。《古城址簡報》稱長澤的數據引用自森鹿三(該文收入《高昌樓蘭研究論集》時仍是如此,參看侯燦《高昌樓蘭研究論集》,烏魯木齊:新疆人民出版社,1990 年,332 頁),但《報告》稱引用自斯文·赫定。查《樓蘭王国》(東京:角川書店,1963 年)一書,53 頁有一幅圖,文字標注爲:"1900 年のクム川探検,1901 年のローテン探検による測量図。"可知該圖應來自斯文·赫定。書後附圖《ローテン王国領域図》與該圖一致。據此可知長澤《樓蘭王国》的數據應來自斯文·赫定,《報告》修正了《古城址簡報》的錯誤。長澤《樓蘭王国史の研究》雖然對斯文·赫定的數據標注正確,但誤將數據來源標注爲斯坦因(スタイン)。

[4] 《古城址簡報》,22 頁。斯文·赫定等人的數據是通過星象測量法測定的。據夏訓誠披露,考古隊使用了軍事地圖。長澤和俊《樓蘭王国史の研究》明確説明,當時利用軍方製作的 1 : 10, 000 的地圖測算出該數據。

這意味着《報告》未能涵蓋樓蘭遺址的全部内容〔1〕。

當年出版社拒絶出版《報告》的原因之一,是簡報文章已涵蓋《報告》的主要内容。事實是否真正如此?實際上,只要把簡報文章與《報告》作一比勘,不僅清楚地知道簡報文章過於簡略,而且有助於更加深入地瞭解《報告》的地位與價值。

(一)《古城址簡報》與《報告》的對勘

《古城址簡報》分成"古城遺跡""城郊遺跡""文化遺物""結語"4個部分。第1部分"古城遺跡",介紹了① 樓蘭古城的位置與環境,② 史前人類活動遺物,③ 城市範圍與結構,④ 古水道,⑤ 城内遺跡等情況。其中,① 位置與環境對應《報告》第二章第一節,但前者敘述簡略,前人對樓蘭古城位置的測定只在注釋中簡略提及,探險考察史、城址發現的種植物殘存未做交代。② 史前人類活動遺物對應第六章第一節,但《古城址簡報》缺少與華北、内蒙同時期遺址比較,學術史回顧則付之闕如。③ 城市範圍與結構、④ 古水道、⑤ 城内遺跡對應第二章第二節。城市範圍與機構部分,《古城址簡報》未能提供風蝕點測量數據、氣象資料,城牆描述亦不如《報告》詳盡。《古城址簡報》對古水道的敘述與《報告》大體一致,但後者還附有古水道横剖面圖及古水道圖版。城内遺跡分爲東北區和西南區。東北區部分,《古城址簡報》缺少對斯文·赫定、斯坦因發掘工作的記述和討論,斯坦因編號爲LA. Ⅸ的臺地亦未作申論。西南區部分,官署遺址敘述,《古城址簡報》缺少對研究成果的分析,斯坦因所獲文書亦未舉例予以説明。三間房及大垃圾堆周圍的敘述,《古城址簡報》在細節描述上不如《報告》詳細,對前人研究未作過多敘述,還出現了一些重要疏漏。如LA. Ⅱ. ⅳ房間李柏文書發現問題,《古城址簡報》未置一詞;大垃圾堆西面和北面本有幾組大宅院,但《古城址簡報》只敘述西面宅院,造成資料不完整。兩相比較,《報告》這一部分的篇幅幾乎是《古城址簡報》的3倍之多。

第2部分"城郊遺跡"大體對應第二章第三節,《古城址簡報》介紹了① 東北郊小佛塔、② 西北郊烽燧、③ 北郊建築遺跡。但《報告》還有近郊兩個土臺、西北部佛寺遺址的描述,《古城址簡報》對前者隻字未提,後者僅作簡要描述。《古城址簡報》涉及的部分,内容也多不完備。如未交代壘砌東北郊小佛塔的土塊大小(47 cm×27 cm×10 cm),未附上清理發現的佛像眼睛、胳膊照片,比較含糊地説西北郊烽燧内部建築時

〔1〕 侯燦曾著文説明,樓蘭古城雖因風蝕變得十分殘破,但考古工作還没有做完,參看侯燦《樓蘭研究析疑——樓蘭問題駁難之二》,71—72頁。

間早於外部(《報告》明確爲兩漢)。

第3部分“文化遺物”對應第三章。《古城址簡報》對石器的描述往往只選取其中一兩件,其他則一概省略,《報告》有更詳細的反映。《古城址簡報》稱石器類有細石器82件,《報告》著録爲58件。原因是前者將《報告》中的細石器(58件)、石片石器(24件)均歸爲細石器,分類不够細緻。《古城址簡報》將細石器中的石葉(53件)分爲5種,《報告》分爲14種;《古城址簡報》將石片石器(16件)分爲3類,《報告》重新統計爲24件7類,原因是《古城址簡報》將石鏃6件、石矛2件另歸爲一類,《報告》均歸爲石片石器。《古城址簡報》將磨製石器(19件)分爲4類,《報告》重新統計爲25件12類,原因是《古城址簡報》將石權勺(1件)、石花押(1件)等5件(其他3件未曾言明是何器物)歸入“其他石器”。《古城址簡報》稱石器共106件,《報告》爲107件。筆者猜想其中1件石斧爲玉石質,《古城址簡報》恐將其歸入其他類,故有1件之差。陶器部分情況類似。《古城址簡報》對陶器描述簡略,分爲8類129件,其中僅有罐、壺、杯作了簡要分類且不完整,其他均無分類敘述。分析研究陶器的形制、花紋與器類組合,即可區分出所屬的考古學文化類型及其與另一考古學文化類型的縱向、横向關係。《古城址簡報》對此僅有寥寥數語,顯然不足以全面反映出樓蘭古城的考古學文化面貌。木器部分,《古城址簡報》分爲木建築構件(18件)、生産及飼養牲畜用具(8件)、生活用具(20件)、雜器(9件)4類,《報告》將雜器細分爲2類:木人(2件)、其他木件(7件),各大類下又作細分,且敘述完整。銅器部分,《古城址簡報》分爲鏃(15件)、釜(1件)、鏡(9件)、鑷(1件)、飾件(65件)5類121件,《報告》分爲銅鏃(15件)、戒指(17枚)、銅鏡(9件)、銅飾件(46件)、銅器件(27件)、銅釜(1件)、殘銅鼎(2件)、溶注(1件)、銅渣(1件)9類119件。2件之差,恐係計算之誤。《報告》附録三“甲、遺址採集與試掘文物表”關於銅器件數統計(“小計”部分),表一“古城遺址區(LBC)”100件、表六“古城中二號房址(LBF2)”1件、表九“古城西南近郊(LBXN)”1件、表十“古城東北郊小佛塔(LBFO)”15件、表十一“古城北郊建築遺址(LBB)”4件,合計121件。筆者按照器物個數重新計算,表一“古城遺址區(LBC)”實出銅器98件,“小計”部分統計有誤,《報告》據此總計,故有2件之差。鐵器部分,《古城址簡報》分爲鏃(12件)、釘(23件)2類,其餘類别未見著録,《報告》完整描述鏃(12枚)、刻刀(2枚)、月牙形小刀(1件)、釘(23件)、殘鐵器(10件)5類48件器物。鉛器部分,《古城址簡報》著録紡輪20件,《報告》著録紡輪(20件)、梭形器(1件)共21件器物。玻璃殘器6件,《古城址簡報》僅描述1件(C:180A),《報告》予以完整描述。紡織品部分,《古城址簡報》《報告》均著録絲織品(8件)、毛織品(39件)、棉織品(6件)、麻織品(5件),但後者分類更爲細緻、描述更爲完整。錢幣部分,《古城址簡報》按時代先後,分爲西漢錢幣(8枚,含榆莢半兩1枚、五銖5枚、小五銖1枚、剪輪五銖2枚)、新莽錢幣(7枚,含大泉五十2枚、小泉直一2枚、貨泉3枚)、東漢錢幣(123枚,含五銖14枚、剪輪五銖109枚)及貴霜銅幣(1枚)。《報告》比照洛陽燒溝漢墓和滿城漢墓出土錢幣以及傳統錢幣研究,分爲榆莢半兩(1枚)、西漢五銖(5枚2式)、小五銖(1枚)、西漢剪輪五銖(2枚)、新莽錢幣(7枚3種)、東漢五銖(10枚3式)、東漢剪輪五銖(109枚6種)及貴霜銅幣(1枚)。《報告》著録完整貨幣135枚(《古城址簡報》稱有134枚),東漢五銖有4枚殘缺,故不録。金、銀、骨器及其他飾件部分,《古城址簡報》著録金戒指(1件)、銀戒指(1件)、骨梳(1件)、骨鞘(1件)、骨雕刻飾件(1件)、料珠(3串)、海貝(4枚)、蚌飾(4件)、珊瑚(2件)及麥秸、麥粒、糜子、桃核、動物骨、動物角等,且大多一筆帶過。《報告》予以詳盡完整的描述。2件金銀器均爲戒指,故附於銅器戒指部分(不計入銅器件數)。另有骨器、皮革製品部分,著録骨器(6件)、皮革製品(3件)2類,設貝、蚌、珊瑚、料珠及其他飾件部分,著録海貝(4枚)、小海螺(1件)、蚌飾件(4件)、珊瑚(2件)、肉紅鳥草紋玉髓戒指面飾(1件)、料珠(3串)6類,置動物骨、角等物部分,著録黄牛角(4隻)、黄牛蹄(1件)、山羊角(3隻)、綿羊角(1隻)、羊下頜骨(1塊)、馬毛(1束)6類,又有糧食作物及其他部分,著録麥秸麥粒、糜子、糜子殼、炭化糜子、桃核、水螺殼6類。

不難看出,雖然在結構和分類上《古城址簡報》和《報告》大體對應,但前者受篇幅限制,内容大量缺失,分類也不够細緻合理。

(二)《城郊簡報》與《報告》的對勘

《城郊簡報》也存在大體類似的情形。特别是《城郊簡報》只附有圖片64幅,彩色圖片僅有2幅;《報告》附有黑白綫圖17幅、黑白照片92幅、彩色圖片37幅,總計146幅。不僅極大地擴充了《城郊簡報》的内容,而且提供了數倍於《城郊簡報》的圖像信息。

(三)《考釋》與《報告》的對勘

《考釋》一文對應第四章。在3篇簡報文章中,《考釋》内容和結構與《報告》差異最小,但仍有數處細節差異。《考釋》第42頁稱"長史之官,本於中朝",《報告》改爲"長史之官,本於漢朝",又增補《通典》原文以爲論據(64頁)。《考釋》43頁論"檢署之簡"僅有寥寥數字,《報告》增補檢署之解釋、都督二字横書的原因、此簡對研究都督設置時間的幫助等信息(64頁)。《考釋》45頁討論簡T:015、簡F3:2頗爲簡略,《報告》增補説明簡 F3：2(《報告》編號改爲簡 16)出自“緊靠三間房東北側的房間前,編號爲 F3”(68 頁)。《考釋》47 頁、48 頁簡單論述糜子“王國維《流沙墜簡・戍役類》中考證甚詳”,《報告》69 頁直接引用《西征道里記》《本草綱目》原文爲己申説。《考釋》49 頁僅説明“官吏加强了糧食控制”,《報告》補充道:“並不能表明此種簡式書寫有何本質區别。”(71 頁)《考釋》50 頁論簡 T：058、簡 T：026,《報告》73 頁補充《説文》《釋名》《宋書》等文獻。《考釋》53 頁稱三間房西大垃圾堆中獲得佉盧文木牘殘片 1 枚,有待進一步考釋,《報告》增補了林梅村的釋讀成果(73 頁)。《考釋》所謂“薄片”,《報告》均改爲“刨花”。

通過簡報文章與《報告》的對勘,還發現《報告》另外兩點價值。其一,《報告》全書貫穿着與同行對話的意識。它不僅與國内同行對話,也與國際同行對話。《報告》不僅回顧學術史,而且也把自身置於學術史之中,能够使讀者比較方便、準確地對它進行定位和評價。其二,由問題意識與反思精神延展而來,《報告》的增補與修改反映出執筆人認識的深入,吸收了學界不斷湧現的研究成果。

總之,《報告》對本次樓蘭調查與發掘的遺跡、器物作了全面、詳細、準確、客觀的記録和描述。《報告》中的大量細節描述、學術史回顧與商榷、珍貴圖版、3 份附録完全不見於簡報文章。《報告》涵蓋面之廣、内容之詳細,尤爲簡報文章所不及。《報告》還貫穿着與同行對話的意識,緊跟學術前沿,不斷深化和修正自己的觀點與認識。它以大量第一手資料,豐富了學界對樓蘭王國史前文化時期、兩漢時代與魏晉時期的歷史認知。

由於執筆人已於 2016 年病逝,無法通讀書稿,故《報告》主要據手寫稿進行整理,在編校方面難免存在一些訛誤。以下僅就筆者目力所及,作出糾正,以便再版和讀者使用時參考。

(一) 數字編號

1. 文字描述有編號,但圖片部分缺失。

22 頁,單脊寬刃石葉 1 件,標注“彩版一,3”,但彩版無數字編號。類似問題還有多處。42 頁,押花戒指 6 枚,其中編號 80LBC：83④標注爲“彩版八,2”。然彩版八標注“Ⅱ式殘銅鏡、押花戒指”,無數字編號。45 頁,扁鈴Ⅰ式,編號 80LBBFO：16A,“鈴身輕薄中空,兩足外敞,上端有橋形耳鼻”,標注“彩版一一;圖版二〇,17”;Ⅱ式編號 80LBBFO：16B,“鈴身呈方扁體,中空,上端有小鼻”,標注“圖二一,3;彩版一一;圖版二〇,18”。既然扁鈴分爲兩式,那麼兩式肯定存在差異。但爲何都對應彩版一一?彩版一一確有兩個扁鈴。默認從左到右的順序,也可識讀。79 頁,灰陶小杯 1 件,編號

80LBMA1：1，標注“圖三〇，1；圖版三八，5”，另外一座墓出土殘銅鏡 1 枚，編號 LBMA2：4，標注“圖三〇，2、3；圖版三八，3”。然 80 頁圖三〇無序號，不知 1、2、3 對應照片所指。80 頁，叢葬墓，編號 80LBMA7，出土帶流單耳紅陶杯，編號 80LBMA7：1，標注“圖三四，1；圖版三八，8”；81 頁，連弧紋陶杯，編號 80LBMA7：2，標注“圖三四，2；圖版三八，6”；五銖錢 2 枚，編號 80LBMA7：4A、B，標注“圖三四，3、4；圖版三八，1”；小殘銅鏡 1 件，編號 80LBMA7：5，標注“圖三四，5、6；圖版三九，1”；82 頁，殘銅鏡 1 件，編號 80LBMA7：7，標注“圖三四，7、8；圖版三九，3”。這些器物圖片均在圖三四，然 82 頁圖三四無序號。

以上所列，雖没有編號，但據從上到下、從左到右的默認順序及文字描述，大體可識讀出對應圖片。但有的描述若無編號，則造成很大麻煩。87 頁，80LBMB1 墓出土五銖銅錢 4 枚，編號 80LBMB1：1①②③④，標注“圖版四二，6”。但圖版四二，6 無序號。幾枚銅錢“錢徑均爲 2.5，穿寬①④爲 1，②③爲 0.9 釐米，錢正面有外郭，外郭厚度除①爲 0.2 釐米外，其餘三枚厚約 0.15 釐米。背面有内外郭。① 重 3.75 克，② 3.5 克，③ 3.7 克，④ 4.5 克”。如此細微之差别，要想在一張不甚清晰的圖中分辨出來，幾無可能。

2. 文字描述的編號和圖片實際位置不一致。

27 頁，圓頭礪石 2 件，一件爲褐紅色石灰岩質，標注“彩版五，1；圖版一〇，11”，方頭礪石 2 件，一件爲暗緑色板岩，標注“彩版五，2；圖版一〇，12”。彩版五標注“圓頭礪石、方頭礪石”。按文字解説，應是圓頭礪石在上、方頭礪石在下。實則方頭礪石在上、圓頭礪石在下，位置顛倒。51 頁，玻璃殘片 4 件，其中 80LBC：180C 兩件，分爲大小兩塊。小塊半透明淡紅色，大塊半透明草緑色，標注“彩版一五，上；圖版二三，15”。彩版一五確實“上”有兩塊玻璃殘片。按默認順序，應是小在左、大在右。實爲小在右、大在左。

3. 編號略有混亂，體例不一。

未使用編號部分已見前述。使用部分，56—57 頁，西漢五銖，Ⅰ式 2 枚，一枚編號 LBBFO：10②，標注“彩版二一，左”；Ⅱ式 3 枚，一枚編號 80LBBFO：10①，標注“彩版二一，右”。此處使用漢字左右編號。83 頁圖三五、圖三六則用阿拉伯數字編號。整理出版時應作統一。

4. 編號與對應圖片有誤。

84 頁，鐵鏃 6 件，分爲三式，“Ⅱ式 2 枚，鏃身 4.3，兩尾間寬 2.4，通長 6.8 釐米（圖三七，2）；Ⅲ式 2 枚，鏃身 4.2，兩尾間寬 2.2，通長 6.8 釐米（圖三七，3）。”圖三七，2 確爲鐵鏃,但圖三七,3 爲陶罐。右上角鐵鏃無編號,但無法判斷屬於Ⅱ式或其他。88 頁圖三九雖有編號,但原圖過小,難以識別。

(二) 部分圖片清晰度低,難以識讀

受限於當時的技術水準,很多照片不够清晰,特别是木簡和紙文書。圖版三五附佉盧文木牘照片過小,幾乎無法分辨。該木牘編號 T∶055,長 9.3 釐米,寬 1.2 釐米,厚 0.2—0.5 釐米。同一張圖版紙文書 F1∶7,長 14 釐米,寬 4 釐米,文字清晰可讀。且紙文書圖片明顯大於佉盧文木牘,二者實際大小相差不遠,圖片顯示卻差距過大。此份佉盧文木牘圖版見於《考釋》圖四,5(編號 T∶055),同樣不甚清晰。可參看林梅村《樓蘭新發現的東漢佉盧文考釋》的摹文和拉丁字母轉寫。[1] 依據林文考釋,《報告》76 頁轉引第一行拉丁文轉寫有誤,應爲(saṃ) me 3 maṣe 43 divaṣe 10 taṃ (kalaṃmi) ṣaloya。

(三) 文字誤植

4 頁引黄文弼編號"Lち"有誤。此處使用民國時期創製的注音符號ㄘ,而非日文平假名ち。44 頁圖二〇單位標注爲 m(米),應爲 cm(釐米)。71 頁正文第 2 行,"茬口相投"不通,似應作"茬口相接"。111 頁附録二,拉丁文學名格式錯誤。黍(即稷)的學名中的屬名和種加詞 *Panicum miliaceum* 誤作正體,應用斜體。同理,裸大麥學名 *Hordeum vulgare var. nudum*(即青稞,最新訂正爲 *Hordeum vulgare var. coeleste*)、圓錐小麥學名 *Triticum turgidum* L.(L. 即命名者林奈)也應用斜體。附文《樓蘭未了情》X 頁注釋①,"李伯"應爲"李柏","幾年"應爲"紀念"。

(四) 其他

如前所述,《報告》對本次發掘成果的整理與描述十分全面,但調查和發掘工作遠未到盡頭,且從《報告》整體内容來看,也有待完善。英文序言(或摘要)、目録的缺失,影響了本書在國際上的流傳與使用。即使原稿闕如,整理者也應增補。涉及木簡、紙文書文字,似用繁體字編排更好。發掘人骨,若有高清照片,更便於利用研究。關於人種的討論,在當時屬流行且必要,但現在看來有些過時。《報告》雖已注意到糜子、桃核等種植物,但對生態環境調查所做工作較爲粗糙,未能提供更多有關氣候環境變遷的材料。

以上指出《報告》的種種訛誤,並不意味着它失去了應有的地位與價值。恰恰相反,這再一次提示我們:考古資料的整理與出版跟考古發掘同等重要。甚至可以説,整

〔1〕 林梅村《樓蘭新發現的東漢佉盧文考釋》,《文物》1988 年第 8 期,68 頁。

理與出版比發掘更爲重要。没有整理和出版的資料,形同於未發掘。所以,《報告》的出版不應是這一工作的終結,它應該代表著中國學者樓蘭考古工作新的開始。

〔本文的寫作得到中國國家留學基金(CSC)資助。寫作過程中承蒙朱玉麒、沈琛、何劍葉諸位老師提供指導與幫助,特致謝忱!〕

(作者單位:中央民族大學、加州大學伯克利分校聯合培養博士生)

《6—10世紀敦煌地區抄經史研究》(趙青山著,北京:民族出版社,2019年11月,3+3+537頁,55圓)

武海龍

如所周知,敦煌藏經洞所出文書90%以上屬於佛教文獻,包括三藏典籍、齋願文、講唱文、歌詞曲子、疑僞經等,種類繁多,不一而足。尤爲可道者,敦煌文書多屬非傳世文獻,中外學者已利用這批珍貴材料,就僧尼社會生活、宗派教義、儀軌風俗、佛教文學等方面實現了諸多突破。筆者最近拜讀趙青山先生著《6—10世紀敦煌地區抄經史》(北京:民族出版社,2019年,下文簡稱"趙著"),這是作者國家社科基金的最終成果,出版時又做了進一步的修改和補充。趙著充分利用敦煌文書,並結合傳世史料和佛教文獻,深入地探討6—10世紀敦煌地區乃至全國抄經活動的諸多層面,論著既有立足於中印文化的宏觀考察,也有對民衆抄經信仰和道場抄經制度的細微分析,在繼承前人研究基礎上,推陳出新,佳論迭出。

在審視基礎材料的特性和研究對象特徵基礎上,趙著分爲三篇:"上篇——抄經活動在中土盛行的歷史背景和思想""中篇——官府和寺院的抄經制度""下篇——信衆抄經活動"。

佛教産生於古代印度,卻在中土異域文化中取得發展,創造出新的輝煌。其中轟轟烈烈的抄經活動能够在印度千里之外的中土社會經久不墜,是值得深思和探討的問題。趙著上篇從宗教學、歷史學的視角整體分析了中土抄經活動興盛的原因。首先,趙著從中土重視書寫的歷史傳統以及佛經傳抄的有利條件等角度,闡釋了中土抄經興盛的原因。衆所周知,古印度文化傳承的主要手段是口耳相傳,以文字記録歷史的意識非常薄弱。佛教誕生後佛法"皆口口相傳",無有寫本。此種傳法手段致使佛經大量流失,教團内部也因記誦上的差異等原因出現分歧,並導致教團分裂。與此相反,中土文化卻有“聲不能傳於異地、留於異時,於是乎書之爲文字”的認識,對於外來佛教,無論是帝王還是僧侣均積極傳譯抄寫(1—40頁)。但趙著卻忽略了古代印度、中亞等地乃至後世藏地普遍存在的抄經事業。如僧祐《出三藏記集》、法經《總經目録》中都有大量的印度抄經的記載;在論及敦煌抄經盛行的原因時,認爲主要原因在於大一統之下的文字統一與紙張使用使得中土擁有抄經活動轟轟烈烈展開的必要條件和物質基礎,這一論斷還是過於簡單。

其次,趙著從哲學的角度,結合抄經題記,從佛教思想方面探討中土抄經興盛的原因。

其一爲佛教末法思潮。佛教末法意識始於何時已無法考證,但該思想“真正成爲一種時代觀或危機意識,且有組織體系,則屬於中國佛教界”。在這種思潮籠罩之下,中土有識之士積極傳抄佛經以備法難來臨,房山石經便是此種意識刺激的産物。從敦煌文書和石窟壁畫來看,這種思潮也曾流傳至敦煌(37—40頁)。

其二,趙著指出,真正刺激信衆抄寫佛經的則是“業力果報”和“功德迴向”思想,這是作者結合數以百計的抄經題記得出的可信的結論。佛教認爲,人的行爲有善業和惡業之分。善、惡之業産生業力,業力會牽引出將來之結果。這種思想原是印度古老的學説,佛教將其吸收發展,演繹爲佛教的理論框架和立説基石。在這種理論影響下,中土民衆逐漸接受抄寫佛經是一種善業,認爲抄經行爲是“勝因”“功德”“善根”“福”“善果”“勝業”“福善”“福田”等,希望通過書寫佛經達到預期目標。一些抄經題記中屢屢用“藉此”“因此”“以兹”等動詞,即是對業力説的認可(51—62頁)。

敦煌抄經題記經常提到“以此功德消滅罪業”“罪障消滅”“以此勝因莫墜三途”“領受功德,離苦解脱”等話語,就是功德迴向的思想體現。以往論著很少注意抄經題記中的這一細節,趙著鋭意於此,獨具慧眼。功德迴向的一個重要内容是:功德可以抵消自身和他人惡業。雖然這種理論與佛教正統“自作自受”“作如是因,感如是果”觀點相矛盾,但信衆非常坦然地面對這種衝突,並主動選擇有利於自身的説教,將其淋漓盡致地運用到極致,爲其行爲找到合理依據。可以説,通過做功德來消滅自身和他人惡業的思想,是佛教民衆化的特點,是佛教教義在中土鬆動的表現,是信衆積極優化信仰成本的結果。這種認識,在一定程度上增强了信衆改往修來、一心向上的信心,緩和了造惡業得惡報、自作自受的緊張氣氛,也成爲民衆尊奉佛教的方便法門(62—69頁)。趙著對功德迴向的討論,一是説明了信衆抄寫佛經的思想理論,二是揭示了佛教適應中土文化而所做的調適。

其三,佛教六道輪迴觀念。趙著收集了隋至宋初,民衆爲亡者發願而書寫的題記一百五十餘件,通過梳理發願者的身份、發願對象,發願内容等,指出亡者死後世界和生存狀態成爲亡者家人關注的焦點,這也是影響中土信衆抄寫佛經另外一個重要原因。

中土原有文化中主張"人生一世""人死不可復生",佛教傳入後大大突破了這種觀念,認爲"來生無窮",死後輪迴於六道之中。佛教的生死觀極大地豐富了中土文化有關死後世界的認識。受佛教思想影響,中土人士開始認爲,死亡並不是生命的終點,等待的將是對生前善惡的審判,這一點與儒家"蓋棺定論"的輿論評價有著本質區别。佛教以爲,人死之後依據生前所造善惡業的不同,靈魂將在地獄、餓鬼、畜生三惡道和天、人、阿修羅三善道中流轉輪迴。爲避免惡業業力的牽引,亡者家屬積極抄寫佛經,希望以抄經之善因,消除亡者罪業,免遭三途八難。更有甚至,祈求亡靈神遊浄土,永絶輪迴之苦。受佛教中陰身理論影響,以及後來發展出的十王審判的新思想影響,中土人士在亡者輪迴和接受審判的關鍵時刻,積極爲亡者抄經祈福。可以説,受佛教宣説,中土民衆在原有的事死如事生、重視陪葬的物質救濟的舊框架内,增加了救贖亡者靈魂的新内容,其中書寫佛經便是這種消除亡者罪業、拯救亡靈不墜惡道的方式之一。這也是6—10世紀敦煌民衆書寫佛經極爲重要的原因之一(73—83頁)。

在材料使用上,敦煌文書是趙著重點考察的對象,但是敦煌地區的抄經活動並不是獨立存在的社會現象。除將正史資料、佛教文獻以及古代石刻題記納入考察範圍外,還要將印度、中亞的相關材料納入進來,横向對比考察。只有將敦煌抄經活動放在中西歷史坐標軸中,才能構建敦煌地區抄經活動的宏大背景。可惜的是,趙著僅停留在中印佛教文化的對比上,而未將中亞佛教文化對中國佛教的影響納入考察的範圍内,這在研究過程中勢必會造成論據的缺環,不能全方位考察,因此在結論上説服力稍欠。

趙著中篇集中考察了官府和寺院的抄經活動。本篇得以完成全賴史家眼中的"邊角料",即敦煌抄經道場遺留下來的抄經曆、配紙曆、勘誤曆、抄經名册等各種原始記録。趙著通過細緻地爬梳這些歷史碎片,試圖鉤織6—10世紀道場抄經活動的全景。本篇最大的特點是動態地考察了抄經道場的每一個環節,使得古代道場抄經活動成爲活的歷史。

趙著首先鉤沉了敦煌執政者的抄經材料,因材料所限,主要涉及吐蕃贊普和曹氏歸義軍節度使的抄經活動。需要指出的是,世俗執政者的抄經活動實際由寺院承擔,因此官府和寺院的抄經模式實際上是一致的。通過對這些材料的分析,交代了敦煌地區佛教盛行的原因和抄經活動在此轟轟烈烈展開的政治和社會背景。在此基礎上,趙著對抄經道場抄經生的選派流程、紙張的領取兑廢程式、抄經格式、檢校制度、經藏管理等做了深入探討。

敦煌地區的抄經活動主要由10所僧寺、4所尼寺承擔,抄經者由僧人和當地百姓充任。囿於材料不足,道場抄經生來自何處,通過何種方式甄選等諸多問題,之前的研究均未給出答案。本書作者披沙揀金,考證出S.2711、S.7945、P.3205、S.6028四件文書是反映吐蕃時期同一次寫經活動的一組文書,動態地再現了寺院抄經生選派的流程。並借用藏文文書Ch.73,xv5考察了吐蕃時期抄經生另一重要來源:部落百姓。趙著還特别關注了曹氏歸義軍抄經活動中,寺院法律和官府押衙出現頻率較高的原因,認爲這一時期這兩種職務設置濫濫,人浮於事,因此有抄經活動時,就派這些具有書寫能力的閒散人員充任抄經任務。

關於抄經格式,宋代僧人知禮曾言:"古以散説一十七字爲行;偈頌二等:四五言則四句爲行,七言偈則二局爲行。"敦煌的抄經道場即是嚴格按照這一格式書寫佛經的,那麽這一制度始於何時,其形成後又有何意義?趙著通過分析紙張代替竹簡及書體演變的歷史過程,並在對晉到南北朝大量佛經樣本考察後指出,這種書寫格式與楷書的形成和佛經特殊的宗教意義有很大關係,這種書寫格式在南北朝時期成爲全國統一的抄經範式,並被後世沿用。在此基礎上,考察了這種抄寫格式在抄經道場檢校佛經、朝廷試經、佛教科判和傳播、散佚經文的辨别方面所具有的價值。法國學者戴仁《中國古代漢文寫卷文本排置》强調,在重視寫本歷史文獻價值的同時,不可忽視寫本文物價值,如抄本排列格式、標注方式、字體大小選擇方式等。趙著中抄經格式的研究即是在前人研究的啓發下,利用寫本學的方法研究敦煌文書的成功示範。

古代紙張極爲珍貴,敦煌抄經道場從紙張發放、兑换、收集均有嚴格的規定,道場中抄經紙張出入記録前後關聯,是寫經道場紙張管理的重要依據。趙著通過《配紙曆》,分析了抄經道場紙張分配原則、《配紙曆》記録方式。以往的研究對佛經紙面上"兑"字的含義解釋較爲偏頗,趙著指出該字具有兩種意思:一是指抄寫佛經過程中報廢的經頁;二是指勘點寺院所藏佛經時,兑换下來的破敗經卷。這一結論對認識敦煌文書中大量的兑廢稿件提供了重要的參考。佛經紙張的報廢流程和報廢經頁的處理也是值得關注的問題,文中對此做了詳細的考察,並辨析了報廢經頁上各種報廢標記。抄經生報廢的經頁數目由道場統一登記在册,這是防止抄經生浪費和偷盜紙張的重要措施。對於偷盜紙張者,道場制定了嚴格的經濟和刑罰懲治措施。

佛經抄寫完畢,需經過認真校閲。從兑廢經頁所注批語看,校閲的内容主要有衍行、漏行、漏字、用墨、經頁污染、經頁佈局美觀與否等。一般情況下,佛經需要經過三次校閲,但在吐蕃時期有些藏文佛經需要經過八至九次校閲。文中通過分析抄經生的民族成分揭示了其内在原因,指出吐蕃時期參與藏文寫經的抄經生中,吐蕃人只佔很小部分,漢人及其他民族才是抄經主力軍,但因不熟藏文,導致所抄佛經品質不高,因此抄經道場對這些人所抄佛經格外關注,因此校閲次數也就相對多。因爲校閲嚴格,校閲者與書寫者之間産生了各種矛盾。

校閲者的勘誤工作由抄經道場一一記録在案,這是道場考核校閲者和抄經者工作品質的重要指標,也是日後道場支付工酬的重要依據。趙著考察了 S.4117、Дx.6621、P.4779 三件文書的内容,指出它們是 1002 年,曹宗壽夫婦出資建造的抄經道場遺留下來的佛經勘誤記録,與 Φ32《咸平五年(1002)壬寅歲曹宗壽夫婦發願捐經題記》是反映同一歷史事件的一組文書。文中還考察了抄經道場中造食人、蘭解、孔目等執事人員,使得今人對 6—10 世紀敦煌地區抄經道場有了一個全面的認識。

佛經抄寫校閲完畢後,入藏貯藏。依據敦煌文獻中的佛經目録、經濟文書、借貸文書、書信、佛經勘點目録等材料,趙著考察了寺院在經目編撰、佛經保護措施、佛經借閲條規、經藏所由職責等方方面面的問題,對我們認識古代敦煌地區乃至全國寺院經藏管理有重要意義。

此篇中還考察了武后發願抄經活動。敦煌文書中保存了一批武后爲其父母祈福抄寫的《金剛經》和《妙法蓮華經》,佛經尾部保存了抄經列位信息,這些内容是學界考察帝王組建的抄經道場運行模式的寶貴資料,是一把今人打開古代皇室抄經歷史的金鑰匙。池田温、趙和平諸位先生對武后發願文書已有極爲精彩的討論,趙著在前人研究的基礎上,系統全面地考察了武后發願抄經道場中經生的來源、校閲制度、抄經史和抄經判官的職責、裝潢的内涵。爲了充分考察,文中綜合利用了相關的正史文獻、佛教資料、墓誌石刻、筆記小説等。雖然武后發願寫經反映的不是敦煌地區的抄經活動,但是它對於我們考察古代抄經活動有十分重要的學術意義,這也是趙著將此内容納入考察對象的原因所在。

趙著下篇關注的是民衆的佛教信仰,依據的材料主要是抄經題記。

古代信衆抄寫完佛經後,通常在每卷佛經的尾部書寫一段“題記”,用以記述抄經背景、祈願内容等。抄經題記格式千變萬化,内容豐富多彩。抄經題記首先體現了民衆的佛教信仰以及對佛法的理解,從中不難窺探佛教思想與中土文化交融的歷程,是佛教中土化的折射鏡。其次,傳世文獻中記載民衆生活的内容少之又少,而民衆的歷史才是真正的、温情脈脈的歷史。敦煌抄經題記恰好爲我們認識古人生活提供了可能。抄經題記所載均爲中土民衆最爲關注者,是其内心世界最爲直接的暴露。毫不諱言,抄經題記並不是古人生活内容的全部,但它是現知材料中觀察古人生活世界最爲直接的窗口。

古人抄寫佛經的原因因人而異,因此抄經題記所反映的内容千差萬别,如何在錯綜複雜的文字表述面前,尋找出内在的規律是趙著一直努力尋找的方法。本篇在具體研究過程中,運用了數學統計法和歸納法來探討個體抄經與6—10世紀敦煌民衆抄經群像之間的相互聯繫。事實證明,這種方法是可行有效的。

趙著首先將抄經題記化整爲零,對抄經題記各個部分進行了全方位的解讀,釐清了各部分的概念,爲深入研究奠定了基礎。在分析題記基礎上,論文考察了四個主要的抄經祈願對象:眷屬、七世父母、師僧、國家。這一分析視角主要效法於日本學者佐藤智水先生對佛教石刻題記的分析。文中指出,"夫妻軸"家庭是敦煌地區主要的家庭組織形式,宗族觀念在時人意識裹並不强烈,因此題記中的"家眷大小""闔家大小""諸親眷屬"等詞語指的是上下不出三代的小家庭,而不是大家族。"七世父母"是抄經題記中經常出現的祈願對象。"七世父母"與儒家七廟説有本質不同,後者是建立在血緣關係基礎之上,以祭祀父祖以上七世爲内容。前者則以"靈識"於六道中輪迴轉世爲根基,並視六道衆生爲父母。此外,"七世父母"指此身以前過亡的七世父母,不包括"現世父母"和"現在父母",這一點與中土七廟説一樣,祭祀的對象是已經過亡之人。而"現世父母"和"現在父母"分别指現生之世已亡父母,後者則指現世未亡父母。"七世父母"並非僅是七代而已,可以寬泛地理解爲"代代祖先",這與數字"七"是古印度文化中的聖數有關。文中還運用石刻資料動態地考察了"七世父母"觀念在中土傳播歷程及其影響。最後指出,在時間上"七世父母"思想將孝道責任擴大至七世乃至久遠世,積極體現佛教大孝精神,這種擴大化的孝道觀念在中土文化中是没有的。在空間上,"七世父母"思想將父母概念延伸到六道之中,以救贖墜落於三惡道的父母爲孝道主要内容,這是對中土孝道範圍的擴充,以此表現佛教孝道相對於中土孝道文化之優越性。

"師僧"在抄經題記中也較爲突出。"師僧"主要受到僧衆和受了三歸五戒的清信士(女)的供養。題記中的"師僧"並非對整體僧團的稱呼,而是有其特定的指稱對象。

近言之,題記中的"師僧"應是與發願者的修行和生活息息相關的人,即依止師和親教師,而其餘僧人由抄經題記中"三寶"統攝。文中通過戒律和現實生活考察了佛教中的師徒關係,指出在學業上,師僧傳道、授業、解惑,資長弟子慧命,成就弟子們的道品。同時,因爲出家者特殊的生活環境,弟子們視師僧如父母。"師僧"作爲主要奉爲,是弟子們表達孝道和追思師恩的方式。可以説,題記中的"師僧"是儒家孝道思想在僧團中的延續。

佛教主張上報四重恩,下濟三途苦。"國主恩"便是"四恩"之一。抄經者對國家的關心表現在對君主、皇室的祈願,同時希望"國界永隆""國土安寧""兵家休息""八表歸一",等等。皇室是對國家社稷最爲關心者,因爲國家的長治久安代表著皇祚永隆。民衆作爲社會的主角,國家的命運與其息息相關,特别當社會動亂、瘟疫流行、天災降臨時,他們是災難的主要承受者和被衝擊對象,生死存亡,性命攸關。因此在抄經時,國家長治久安自然而然成了他們的心願。地方執政者也是民衆祈願的對象之一。趙著以甘圖 017 號抄經題記爲例,詳細考察了敦煌地區百姓一方面奉中原爲正朔,一方面又通過抄寫佛經希望歸義軍政權能够永爲"西垂之主"這種離經叛道的現象。通過分析指出,這種現象是歸義軍政權長期以來,向敦煌民衆不斷表達"唯吾獨尊"的同時,出於政治考量又奉中原政權爲正朔的結果。

疑僞經是學界關注的熱點。敦煌文獻中還保存了爲消除病患而抄寫的僞經,其中《勸善經》《新菩薩經》《救諸衆生一切苦難經》最具代表性。中土所造僞經雖然並不完全吻合佛教教義,卻是仿照真經格式,借用佛教基本義理,並摻雜中土傳統文化編纂而成的。所以,其内容最細緻地反映了中土宗教心理,最生動地展現了民衆日常生活,也最直接地透露了信徒宗教信仰表達方式。趙著探討了三部僞經的抄寫形式、時間、目的,糾正了以往階級理論研究和政治史套路研究方法的局限性。並結合吐魯番高昌王朝因疾病流行所抄寫的佛經,總結出古代民衆將病患分爲"身病"和"罪病"兩種系統,他們病患時一般先求醫後求佛,後者是其最後的救命稻草。

趙著通過對 6—10 世紀民衆的抄經日期統計歸納,顯示民衆在抄寫佛經時,抄經的日期具有一定的趨向性,並汲取人類學的研究理論指出,信衆抄寫佛經一般選擇在佛教神聖的日子中進行,這與古人意識中時間有神聖和非神聖區别有關,他們認爲在適宜的時間内書寫佛經,功效大於平日,更爲靈驗可感。

趙著最後總結性地考察了民衆抄經活動的總則。佛教一直强調善惡果報的必然性。信衆也堅信寫經是善因,會帶來好的果報。然而事實上,信衆的祈願並不能如願以償。按此推理,信衆的抄經活動應該猶如曇花一現,而不應在歷史上久行不墜。那麽,這種有悖常理的現象背後隱藏著什麽樣的邏輯呢？趙著指出，受佛教"後報"理論影響，信衆同意將福報實現延遲至下世，並通過如刺血寫經、書寫重要典籍等虔誠的行爲，希冀福報的結果最優化。隨著佛教信衆增多，以盈利爲目的的抄經坊和抄經生出現，"買福賣罪，如持左契，交手相付"，抄經供養完全世俗化，信衆抄經是在世俗利益尺規下所做的宗教信仰行爲，書寫佛經是其獲得福報的手段之一。

除卻上文提及趙著在上篇中存在的問題，在編輯校對上還存有個別錯誤。

第 48 頁"第一、五項的内容"，應與上文呼應改爲"第①⑤項的内容"。第 58 頁"BD14813(新 1013)《佛説如來相好經天請問經》"應爲"BD14813(新 1013)《天請問經》"。第 59 頁"作善將之百祥"應爲"作善降之百祥"。第 75 頁"無刀兵之亂，水火之災"應爲"無刀兵之亂、水火之災"。第 77 頁"浄土長年、恒生於此"應爲"浄土長年，恒生於此"。第 92 頁"上圖 044《大佛名經》卷 2 云"應爲"上圖 044《大佛名經》卷 2 題記云"。第 98 頁注釋①"美□長滋""曳捉衆生"應爲"美貌長滋""捕捉衆生"。第 239 頁"唐慧琳《法苑珠林》卷 86"應爲"唐慧琳《一切經音義》卷 86"。第 239 頁"並繫上錶帶"應爲"並繫上縹帶"。等等。

文獻處理的失誤。第 282 頁討論了僧人出家儀式，但文中卻使用了 P.3320《乾德二年(964)九月十五日沙州三界寺授娘子張氏五戒牒》，因爲此牒乃是授予在家弟子的，故不能反映出家弟子受戒儀式。

然而瑕不掩瑜，趙著借助敦煌文獻所記載的歷史碎片，勾勒出了 6—10 世紀敦煌地區乃至全國信衆、寺院和官府抄經活動的全景，得出了符合歷史實際、令人信服的結論，文中既有對精神信仰的細膩考察，也有對制度人事的透徹分析，因此這也是一部研究中古社會生活史的精彩論著。

(作者單位：敦煌研究院《敦煌研究》編輯部)

Constructions of Gender in Late Antique Manichaean Cosmological Narrative
(by S. Towers, Turnhout: Brepols, 2019, 324 pp.)

胡曉丹

摩尼教作爲一個 3 世紀起源於波斯統治下的美索不達米亞核心區的宗教，在薩珊帝國、羅馬帝國、中亞和中國境内廣泛傳播,成爲古代晚期的宗教中不可忽視的存在。在諸如猶太—基督文學和拉比文獻研究的領域,性别研究早已深入宗教研究。凱文·科伊爾(Kevin Coyle)在《摩尼教及其遺産》(*Manichaeism and Its Legacy*)[1]中以專章探討了摩尼教研究領域中的女性研究,提出摩尼教研究中,性别研究相關的有兩個核心的研究問題:其一是在選民與聽者所組成的等級分明的教團中,女性角色所建構的性别;其二是宇宙論神話中的性别建構。蘇珊娜·托爾斯(Susanna Towers)的新作《古代晚期摩尼教宇宙論敘事中的性别建構》(*Constructions of Gender in Late Antique Manichaean Cosmological Narrative*)便是著眼於後者,對摩尼教宇宙論中的性别建構進行了系統地研究。全書由序言、第一章《明父(Father of Greatness)》、第二章《摩尼教的主要統御(Chief Archon)》、第三章《初人(First Man)》、第四章《善母(Mother of Life)》、第五章《摩尼教貪魔和惡的傾向(Yetzer hara)》、第六章《明女(Maiden of Light):摩尼教宇宙論中的凝視與展示》及結論組成,通過三男三女六個神魔的畫像,探討了摩尼教宇宙論神話中的性别建構。

1950年代以來,性别研究逐漸興起於社會學、人類學等領域。在序言部分,作者首先通過對約翰·曼尼(John Money)和朱迪斯·巴特勒(Judith Butler)的代表性理論的探討,對"性别建構"這一概念進行了開宗明義的討論。接著分别從女性研究和男性研究的角度進行了學術史的梳理。

第一章中,作者分析了瑣羅亞斯德教背景下薩珊的意識形態。爲了争取沙卜爾一世的支持,摩尼教有意識地將薩珊理想中的君主形象,尤其是以摩尼同時代的沙卜爾一世爲典型的帶有力量、威權和神聖選擇(divine election)的男性形象投射到摩尼教神譜中的最高神明父身上,使其成爲人間君主在光明天界的平行版本。而明父在摩尼教神譜中的地位同樣也平行於薩珊社會父權制的家庭結構中父親的地位。

第二章聚焦摩尼教神話譜系中另一個極端的男性形象,與光明王國的統治者明父對立的黑暗王國的主要統御。摩尼本人的作品《書信集》(Epistula Fundamenti,直譯爲"根基信件")將主要統御被描繪爲一個外族的、野蠻的、未開化的渴求權力的軍事野心家。在獻給沙卜爾一世的《沙卜拉干》中,摩尼更是將主要統御直接對應成瑣羅亞斯德教神魔體系中的阿赫里曼。而後世作品科普特語《導師的克弗來亞》中,主要統御則從"外來的入侵者"變成了"暴虐的統治者"。這一轉變折射出伴隨著瑣羅亞斯德教主祭

[1] Kevin Coyle, *Manichaeism and Its Legacy*, Brill, 2009.

司(Kartīr)權力擴張,摩尼教由沙卜爾一世統治時期的公開傳教,到後來在巴赫拉姆一世(Bahram I)在位期間受到日益嚴酷的迫害的社會環境和政治背景。

第三章中作者使用了瑞温·康奈爾(Raewyn Connell)所建立的"霸權的男性氣質"(hegemonic masculinity)的經典範式來分析初人的形象。初人是摩尼教創世神話中的關鍵角色。他是在光明王國面臨黑暗王國入侵的威脅下,善母遵循明父的意志所流溢出的最初的神格。他和他所流溢出的五子在與黑暗王國諸魔的戰鬬中,輸掉了最初的戰役,被囚禁在黑暗的深淵之中,悲鳴著等待拯救。而戰敗的五子則沉淪於物質世界中,與黑暗的肉體混合,成爲困在物質中承受苦難的"活靈"(Living Soul),等待著解脱之日回到其神聖的起源。初人的戰敗及隨之而來的五子被困構成了拯救"活靈"的摩尼教教義和實踐的核心原理。

兩類矛盾的男性氣質交雜在摩尼教文學中初人形象的描繪中。一方面,在奔赴黑暗王國之前的敍事中,他是全副武裝、整裝待發的戰士。與薩珊藝術、圖像資料、帝國的政治宣傳(imperial propaganda)及瑣羅亞斯德教文獻所呈現的霸權的、好戰的男性氣質相一致。另一方面,他戰敗之後的敍事則滲入了無助、苦難和脆弱。從歷史和文化諸層面來看,霸權是許多人渴望的,但卻是由社區内的少數精英實現的。康奈爾與詹姆斯·梅塞施密特(James Messerschmidt)的進一步研究補充道,在經歷邊緣化和壓迫的社區中,同時存在另一些從屬的男性氣質。這些從屬的男性氣質常被女性氣質所同化。初人的形象從一個好戰的戰士轉變爲一個哭泣的受害者代表著從屬的男性氣質的出現,這正是對摩尼教團在摩尼死後所經歷的邊緣化和迫害的回應。

摩尼教文獻中的善母被視作最高神明父智慧的化身。她在摩尼教神話中創造性和母性的活動表明母親是父親智慧的實體。在第四章中,作者論述了摩尼教善母成爲智慧的女性化身,植根於猶太—基督文學中將智慧化身視作女性的傳統。在此傳統中,常用基於妻子、母親、女兒、戀人等女性角色的意象和隱喻來表現智慧。本章的第一部分首先聚焦於猶太智慧文學中將智慧擬人化爲女性的重要文化因素。第二部分考察了善母這一神格建構過程中有明顯的平行和發展關係的猶太—基督教文學中的智慧形象。作者認爲,在拉比文學中,智慧的語義主要是"教導"(instruction),摩尼教文本則擴展了其語義場(semantic field),將智慧作爲武器的隱喻也包括在内。這從摩尼教的傳教和摩尼在薩珊宫廷上的論辯均可見一斑。第三部分則通過善母與她的兒子——在明父的旨意之下所流溢的初人——之間的行爲和對話探討了善母的"母性"類型。

第五章是摩尼教女性貪魔和惡的傾向的比較研究。作者在本章中按照文獻的年代和脈絡,分析了摩尼教貪魔的女性性别的建構過程,揭示了摩尼教貪魔與猶太惡的傾向在建構上的相似性。

Yetzer hara“惡的傾向”這一概念源於《創世記》。在其敘事中,惡的傾向被描繪爲早在生命之初就植根於人心之中,永久存在。它可以被視爲一種人類與生俱來的天性或一種寄生於人心的獨立存在。在猶太第二聖殿時期,出現了將惡的傾向描述爲一種外部的魔鬼的力量的文獻。發現於庫姆蘭的公元前 3 世紀到公元 1 世紀的文本顯示,在這個社團的魔鬼學信仰體系中,惡的傾向是一種需要被驅逐出人體的力量。許多驅魔的文本將惡的傾向與其他的一些魔鬼和邪靈列在一起。另一方面,在一些庫姆蘭文獻中,罪惡被擬人化爲“邪惡的女性”。

從瑣羅亞斯德教神話體系的角度來看,作者認爲摩尼教貪魔是兩個魔鬼形象的合流——一是同名的瑣羅亞斯德教貪魔,二是從絶望的沉睡中唤醒魔王阿赫里曼的女魔 Jēh。由於巴列維語没有標記名詞的陰陽性,瑣羅亞斯德教貪魔的性别存在争議。有學者從摩尼教的貪魔爲女性反推瑣羅亞斯德教貪魔亦爲女魔;也有學者認爲瑣羅亞斯德教貪魔是雌雄同體的。在巴列維語瑣羅亞斯德教宇宙論經典《班達希申》(Bundahišn,意爲“創世”)中,貪魔位列阿赫里曼的侍從之中,它貪得無厭地吞噬一切,最後連自己也一併吞噬。它也與性慾相聯繫,其力量會使男性不滿足於自己的妻子,搶奪他人之妻。另一個重要角色是在《班達希申》中只有簡短出場的女魔 Jēh。在光明之神阿胡拉馬兹達使阿赫里曼陷入三千年的沉睡之時,儘管隨從之魔衆多,只有 Jēh 充滿讎恨之火的激烈言辭最終能將它唤醒。這兩個魔鬼的形象包含了後來摩尼教文獻中貪魔形象建構的基本要素。

在摩尼的《書信集》中有一個無名的女魔,她接受了主要統御的精子,孕育出亞當和夏娃。這個敘事中,女魔的形象單純是一個生殖工具,没有其他的特徵描寫,甚至連名字都没有。而在中古波斯語《沙卜拉干》中,貪魔的形象有了進一步的細化和發展。《沙卜拉干》吸收了瑣羅亞斯德教的神魔譜系,貪魔也包含在内。此時貪魔的性别仍是不確定的。鑒於中古波斯語基本已經不再標記名詞的陰陽性,只能通過母親、女兒、姐妹等典型的女性修飾語來判斷,但《沙卜拉干》中並未出現此類修飾語。而在一些稍晚的文獻中,則表現出了 Ǎz 的女性性别。

在光明與黑暗的鬬争中,最高神明父派出明女誘惑黑暗王國的主要統御,這個神話片段引發了衆多争議。第六章《明女：摩尼教宇宙論中的凝視與展示》主要以圍繞上述片段展開討論,揭示了“誘惑統御”神話與明女純潔和智慧的標籤之間形成的緊張和矛盾。

作者首先從《聖經》和《塔木德》的敘事傳統中討論了“男性凝視”(Male Gaze);然後以《友弟德傳》(*Book of Judith*)和《以斯帖記》(*Book of Esther*)爲個案,討論了女性對男性凝視的尋求;最後通過摩尼教神話體系中明女對黑暗王國的主要統御的誘惑及明女本身在摩尼教神譜中作爲純潔與智慧的象徵兩條脈絡,揭示了兩者之間的緊張與矛盾。作者認爲,“誘惑統御”神話爲奥古斯丁等人指控摩尼教教團對女性選民的壓迫提供了可能性。

通過以上六個神魔畫像,作者考察了摩尼教宇宙論神話中男性和女性的構建,並指出摩尼教宇宙論在性别建構上所受到的兩個主要的影響分别來自猶太的社會文化意識形態和薩珊宫廷文化。她認爲不同於摩尼教與猶太教在教義上的分歧,摩尼教神話中的性别建構表現出許多與猶太教相似之處。這正反映出摩尼早期生長於一個源於厄勒克塞派(Elchasaite)的猶太—基督教派的成長背景。在此過程中,他可能廣泛地接觸過猶太—基督文學作品。雖然難以找出文本上直接依賴某個特定作品的證據,但整體而言,摩尼教神話與猶太—基督文學作品有諸多相似性。而薩珊宫廷文化作爲另一個重要的影響因素,其影響尤其反映在摩尼教神話中男性氣質的建構。

在對男性、女性的建構進行考察的基礎上,作者進而考察了光明王國的社會結構中的“等級”與“和諧”。她認爲光明王國的等級結構是按照世俗的國家和家庭的結構設計的。例如,最高神明父作爲男性,處於家庭和王國中權力的最高點。善母服從於明父的指令,暗示出女性對男性的服從。在宇宙論神話中,善母與其子初人的互動也值得注意,她在對初人實施行爲之前,都先以祈禱和懇求的方式向明父徵求同意。這些都暗示出男性主導的模式。而三者之間的關係反映出,兒子對父親的服從,以及母親在家庭事務中的核心地位。光明王國的諸神以等級分明、和諧共處的方式緊密結合在一起,共同對抗黑暗王國的諸魔。與之相對,黑暗王國的結構則混亂而失序。最高權力從男性的主要統御傳遞到了女性貪魔。並且後者的行爲完全獨立於他。女性的篡權挑戰了主要統御的權威,這就導致了男性主導的單一領導的等級社會的崩潰,進而引發了不平衡和分裂。總體而言,光明王國和黑暗王國分别極化地表現了社會的秩序與失序。

從選題上看,作者的眼光獨到。摩尼教作爲古代晚期的新興宗教,教義正處於生成階段,因而能反映出更多的時代特徵和現實情況。在結構和内容上,本書中規中矩,論證比較清晰。從選擇的六個神魔個案來看,作者考慮了男性、女性,黑暗、光明等不同維度的平衡,希望設計一個完整、全面的討論框架。初看全書的内容目録時,不由得産生一種面面俱到的印象。但仔細閲讀之後,發現由於文本的殘損和稀缺,一些章節的討論受到了限制,也使作者原本完整均衡的研究計劃在最終呈現的結果上顯現出完成度上的差異。

作者在探討諸層面時主要結合猶太—基督教傳統和薩珊波斯的宫廷文化兩個脈絡來進行梳理。猶太—基督教的資料基本來源於一些有著類似主題或背景的鬆散的平行文本及基督教對摩尼教進行批判的材料;而薩珊波斯的資料主要來源於摩尼教教團内使用的以中古波斯語爲代表的中古伊朗語文獻、瑣羅亞斯德教中古波斯語文獻及少量碑銘、圖像資料。薩珊的資料在男性形象方面顯然更爲豐富、立體,爲作者的諸多論斷提供了足够的支撑,但女性的資料有明顯的欠缺,導致作者在第四至六章考察三個女性神魔的性别畫像時,明顯偏重猶太—基督教傳統的單一脈絡,薩珊文化的層面則較爲貧乏。

第六章對明女的探討問題尤爲突出。作者非常迫切地希望套用性别研究中常用的“男性凝視”的範式來解釋明女誘惑主要統御的神話片段。事實上卻並未能完整呈現明女這一角色在摩尼教宇宙論神話中的真正形象。當光明與黑暗的戰鬭已進入中間階段,天地、日月已成,但世界仍是静止的,也尚無生命存在。爲了使黑暗諸魔釋放出其所吞噬的大量的光明因子,最高神明父第三次流溢出一批神。位列其首的就是第三使。緊接著,第三使召唤了明女。第三使和明女一同向諸魔展示美麗的裸體,使男女諸魔以精子和流産物的形式釋放出了光明因子。這些尚未完全净化的光明因子部分變成了植物和動物,最初的生命由此誕生於世界之中。在這個完整的故事里,明女並非獨自以女性身份扮演了誘惑者和展示者的角色,反而是作爲男性神格的第三使更多地主導了這次策略性的進攻。作者爲了將明女置於“男性凝視”的討論框架内,人爲地切割了第三使在這個片段中的關鍵作用,將一個男女並行的雙綫敘事扭曲爲女性誘惑男性的單綫敘事。

在整個章節中,作者也引用了和第三使相關的文獻,但並未明確第三使與明女的關係,在論述中將第三使和明女混同。如原書 247 頁作者稱“中古波斯語和帕提亞語文本也用 dīdan(美麗的外表)、pādgirb(美麗的形式)和 bām(光輝)一類的術語來集中表現女性形象的美麗”。頁下注所引爲克林凱特書[1] 37 頁、57 頁和 60 頁。核查克林凱特

〔1〕 H. J. Klimkeit, *Gnosis on the Silk Road: Gnostic texts from Central Asia*, San Francisco: Harper SanFrancisco 1993.

書,這些術語在這三處贊美詩片段(原文書分别爲德藏帕提亞語文書 M741、M77 和 M737)所修飾和稱頌的對象均是男性神第三使,而非作者所謂表現女性美。不僅如此,作者在接下來的段落中從另一來源,即博伊斯的論文[1]中再次引用了 M741,且將文書編號誤作 M471。在 251 頁提及 M741 時又將其誤作中古波斯語贊美詩文書。

從現有的摩尼文中古波斯語、帕提亞語文書來看,稱頌第三使的贊美詩遠遠多於明女,可見其在教義中的重要性和在教團内的認知度均更高。摩尼文中古波斯語和帕提亞語文書中涉及明女的文書集中於《柏林吐魯番叢刊》(*Berliner Turfantexte*)第四册,即宗德曼(W. Sundermann)主編的《中古波斯語和帕提亞語摩尼教宇宙論和譬喻文獻》[2],包括中古波斯語文書 M765(49 頁)、M292(47 頁)和帕提亞語文書 M2098(66 頁)等,作者一件未用;在書後的參考文獻中,作者僅列出了《叢刊》第十一册,即宗德曼主編的《中古伊朗語摩尼教教史文獻》[3],不能不算是一個較大的遺憾和硬傷。

此外,還有一些技術性的問題,如作者没有統一全書中古波斯語、帕提亞語的引文規範,有時用拉丁轉寫(transliteration),有時用譯音(transcription),較爲混亂;使用譯音時,長音符的使用也有問題,如 53 頁 kârnâmag 等詞的長音符全部使用了折音符;甚至有一些錯誤,如 101 頁神名 Xradevahr 應作 Xradešahr。

(作者單位:復旦大學歷史學系)

Chinese Calligraphy and Early Buddhist Manuscripts (by Tsui, Chung-hui, New Zealand: Indica et Buddhica, 2020, xxxvii+ 137pp.)

劉 禕

自 20 世紀初起,以敦煌、吐魯番爲代表的絲綢之路沿綫地帶,因考古而出土了不計其數的文獻資料,其物質形態涉及簡牘、紙張、碑刻等,它們共同構成了西域出土漢文文

[1] M. Boyce, Sadwēs and Pēsūs, *Bulletin of the School of Oriental and African Studies, University of London*, Vol.13, No.4, 1951, pp.908-915.

[2] W. Sundermann, *Mittelpersische und parthische kosmogonische und Pararabeltexte der Manichäer mit einigen Bemerkungen zu Motiven der Parabeltexte von Friedmar Geissler*, Berlin: Akademie Verlag 1973.

[3] W. Sundermann, *Mitteliranischen manichaiesche Texte kirchengeschichtlichen Inhalts*, Berlin: Akademie Verlag 1981.

獻的主體。前輩學者對敦煌吐魯番文獻乃至整個絲綢之路出土文獻的史料收集與相關問題的研究,爲敦煌吐魯番研究開闢了道路。今日研究者在這一領域邁出的每一步,幾乎都要立足於《西域考古圖譜》《敦煌書法叢刊》《吐魯番出土文書》《敦煌寶藏》,以及後來的《敦煌吐魯番文獻集成》等經典圖録的基礎之上〔1〕。

圖録的出版爲深入開展書法史研究提供了基本條件,後者也一直是敦煌吐魯番研究關注的重點之一。近百年前,中外學人就開始有意識地關注敦煌吐魯番文獻的書法。1926年,中村不折出版《禹域出土墨寶書法源流考》,系統梳理書道博物館所藏西漢成帝綏和二年(前7)至宋太宗太平興國二年(977)的書法;數年後,中華書局影印出版六册《六朝隋唐寫經真跡》,是爲中國首次出版敦煌吐魯番圖録〔2〕。但相對於數以萬計的出土文獻而言,學界目前所擁有的對於它們的書法史研究還相當匱乏〔3〕。近年來,關於絲綢之路沿綫書法的研究得到了進一步發展,由王乃棟、西川寧兩位學者的著作道夫先路〔4〕,書法史研究者逐漸開始運用簡牘、紙寫本和碑刻等文獻材料來討論不同寫本的物質形態、書法特徵,進而反思早期書體的發展、民間書法與名家書法之關係等問題,取得了令人矚目的成果〔5〕。

最近,崔中慧博士的新作《中國書法與早期佛經寫本》(下文分别稱"作者"、"本書")出版,是爲對西域出土文獻書法的進一步深入研究。作者先後求學於倫敦大學亞非學院、香港大學佛學研究中心,並於2010年以《基於敦煌吐魯番出土佛經(3—5世紀)的早期佛經書法研究》爲論文題目獲得香港大學博士學位〔6〕。本書脱胎於作者的

〔1〕毛秋瑾曾對敦煌吐魯番文獻圖録出版情況作過比較全面的梳理,參看作者《墨香佛音:敦煌寫經書法研究》,北京大學出版社,2014年,1—9頁。

〔2〕中村不折《禹域出土墨寶書法源流考》,東京:西東書房,1926年;李德範中譯本,北京:中華書局,2003年;《六朝隋唐寫經真跡》,中華書局玻璃版部製版,1929年。

〔3〕關於絲綢之路漢文書法的研究進展,參看毛秋瑾《絲綢之路漢文書法研究綜述》,榮新江、朱玉麒主編《絲綢之路新探索:考古、文獻與學術史》,南京:鳳凰出版社,2019年,258—268頁。

〔4〕王乃棟《絲綢之路與中國書法藝術》,烏魯木齊:新疆人民出版社,1991年;西川寧《西川寧著作集(第四卷):西域出土晉代墨蹟の書道史的研究》,東京:二玄社,1991年;姚宇亮中譯本《西域出土晉代墨跡的書法史研究》,北京:人民美術出版社,2015年。

〔5〕舉其要者,如白謙慎《與古爲徒和娟娟發屋:關於書法經典問題的思考》,武漢:湖北美術出版社,2003年;王曉光《新出漢晉簡牘及書刻研究》,北京:榮寶齋出版社,2013年;《秦漢簡牘具名與書手研究》,北京:榮寶齋出版社,2016年;陳松長《中國簡帛書法藝術編年與研究》,上海書畫出版社,2015年;毛秋瑾《墨香佛音:敦煌寫經書法研究》;《敦煌吐魯番文獻與名家書法》,濟南:山東畫報出版社,2014年;馬國俊主編《敦煌書法藝術研究》,北京:文物出版社,2017年。

〔6〕Tsui, Chung Hui, *A study of early Buddhist scriptural calligraphy: based on Buddhist manuscripts found in Dunhuang and Turfan (3 - 5 century)*. PhD thesis, The University of Hong Kong, 2010.

博士論文,並據作者2010至2016年的部分發表增補而成,可視爲作者近年研究成果的一次集中展現。以下將按照使用資料、章節梗概、學術價值與改進空間的次序,對本書作簡要評介。

本書分爲前言、正文、參考文獻與索引三個部分。在前言部分,作者提到本書參考的資料主要分爲四種:考古發掘所得佛經寫本,包括有確切紀年的石刻史料;公元500年前譯出、且可與《出三藏記集》等佛教經録對勘的早期漢文佛典;公元500年前抄寫的、書風有特色的佛經寫本;已經出版的出土文獻目録、圖録,如薄小瑩、陳國燦、池田温、井之口泰淳、香川默識、中村不折、小田義久、榮新江、施萍婷、唐長孺等學者,以及旅順博物館、吐魯番研究院等學術機構所編纂的成果。從研究範圍來看,本書著重探討絲綢之路尤其是敦煌吐魯番出土文獻所見書法的早期發展史,在書法分期上接近藤枝晃先生提出的"北朝時期類型的早期階段"(AA′型)〔1〕。研究方法和目的方面,作者繼承前人確立的書法史類型學、年代學理論,在收集和整理資料的基礎上,對先行研究相對模糊、粗略的書法分期有更具體的修正,並著重討論佛教對早期中國書法的影響,以及"北涼體"〔2〕的淵源、發展與特徵〔3〕。

本書正文分爲四章,每章四至六小節不等,結構設計比較完善。全書的論述大體上按時代順序,把中國書法的早期發展,放在漢晉書法對北魏以前佛教寫經書法的影響、早期漢傳佛典的譯介與抄寫,以及佛經所用北涼體的生成與發展等數個部分中敘述。具體内容如下:

第一章"早期佛教寫經書法"(3—22頁),簡述早期中國書法從隸書到"正書"(standard script)演變過程,以及官府所用書體(正書)如何應用至北涼以前的佛經抄寫當中。本章是全書的第一部分,作者認爲,以鍾繇爲代表的漢魏書風影響了後世佛經抄手(如竺法首、慧嵩、道養和樊海)的書法,以及佛經抄手對書法名家(如鍾繇、王羲之等)的推崇與借鑒。

第二、第三章分别爲"竺法護譯經團隊之書法"(23—48頁)與"曇無讖譯經團隊之書法"(49—84頁),論述集中於法護(Dharmarakṣa,約229—306)與曇無讖(Dharmakṣema,

〔1〕 Fujieda Akira, "The Earliest Types of Chinese Buddhist Manuscripts Excavated in Turfan", *Acta Orientalia Academiae Scientiarum Hungaricae*, Vol.43, No.2/3 (1989), pp.325-329;劉禕中譯本《吐魯番出土漢文佛經寫本的最早類型》,《吐魯番學研究》2018年第1期,134—138頁。

〔2〕 爲行文方便,以下除參考文獻外,皆省略雙引號。

〔3〕 本書文獻綜述、方法論等方面著墨較少,此據作者博士論文: *A study of early Buddhist scriptural calligraphy: based on Buddhist manuscripts found in Dunhuang and Turfan (3-5 century)*, pp.5-12.

385—約 433）譯經團隊之書法研究，可視爲本書的第二部分。在論述中，作者著重强調佛經抄手在早期書法的傳播、發展等方面的作用，他們的寫經書法相當有特色，卻在中國書法史上鮮有人知。與此同時，作者也認爲流行於十六國時期的北涼體受到了來自中亞文字書寫風格的影響，它創立於十六國時期（304—439），隨後也見諸部分北涼官方文獻中。

第四章“早期涼州寫經坊”（85—107 頁）則是全書的第三部分，著重討論佛教寫本與涼州、敦煌、吐魯番等地考古發掘石刻史料之間的關係。通過收集寫本、石刻文獻，並將其與《出三藏記集》等佛教經録作對比研究，作者認爲北朝官方寫經機構的形成可以追溯至北魏以前，特别是公元 5 世紀前期的北涼寫經坊，其制度設計與功能影響了後世的官方抄經機構。

以上可見，作者在各個章節均有所側重，並非面面俱到，而是重點討論某些問題。在分析具體問題時，往往站在佛經寫本與石刻文獻、抄經僧人與書法名家等雙方的立場來考慮，如此則較前人多從其中某一方面考慮要周到一些。在出版本書時，作者或許尚有保留，和其博士論文篇幅有明顯的差别，且在敘述詳略、文獻徵引等方面也較作者其他論著爲略。作者以早期佛教寫本文獻爲研究的立足點，但由於廣義的“中國書法”同爲本書的關注重點，因而對非佛教出土文獻的書法似可予以適當的討論〔1〕。所以如本書或作者的博士論文有後續的修訂，則可期待新資料、新觀點的補入。

概括來説，本書的學術價值可以總結爲以下三點。

首先，本書可以作爲早期中國書法史研究的重要參考，特别是利用北涼石塔、沮渠安周造寺碑等石刻史料討論北涼書法的形成，是對早期書法史研究的完善。此前，書法史研究者曾從書法類型學、年代學等角度，對敦煌吐魯番文獻做過許多重要的研究〔2〕，本書則在前人成果的基礎上，將書法史研究的上限提前到西晉、北涼時期，填補了前人早期書法史研究的一些空白。

其次，本書從東晉十六國譯經、寫經制度發展史的角度，重新梳理早期北朝寫經書法的演變歷程，以及佛教傳播對於北涼體形成的影響。作者認爲，北涼的書法因官方組

---

〔1〕 可參看西川寧《西川寧著作集（第四卷）：西域出土晉代墨蹟の書道史的研究》。

〔2〕 研究史梳理參看毛秋瑾《絲綢之路漢文書法研究綜述》，258—268 頁；史睿《旅順博物館藏新疆出土寫經的書法斷代》，王振芬、榮新江主編《絲綢之路與新疆出土文獻——旅順博物館百年紀念國際學術研討會論文集》，北京：中華書局，2019 年，63—87 頁。

織的寫經、譯經活動而逐漸流行,對隋唐寫經向楷書的轉變起到了推動作用。同時,作者從譯經團隊的角度探討早期佛經書法的形態,認爲北朝佛經書法可能受到來自中亞文化的影響,也是可圈可點的研究貢獻。

第三,與作者的博士論文相同,本書全部使用英文撰寫,書中對漢文書法、寫經術語以及部分佛經名稱的對譯,可爲中外書法研究者提供比較統一的參考標準。

如通讀全書,不難發現本書並非盡善盡美,主要表現在行文間有疏失、注釋與參考文獻的使用不統一等方面。這或許是本書主要内容由作者博士論文相關章節縮略而得,付梓前又疏於詳校所致。爲避免重復提示,筆者將同時參考作者此前的博士論文,對本書的部分觀點、所用資料進行補充和商榷。

在使用資料方面,作者兼顧了簡牘、紙張、石刻文獻,資料搜集比較全面,但仍然有待補充。例如,作者運用敦煌、吐魯番出土漢簡討論漢代書法,則簡牘資料可根據橫田恭三近年製作的索引再作增補,後者不僅提供了近年的出土簡牘與研究成果索引,且在介紹之餘設立專欄,討論書法史、寫本學中的部分常見問題,方便讀者參考〔1〕。

本書所用部分寫本文獻圖録亦需更進一步的資料搜集。試舉一例,作者利用磯部彰教授主編的大型圖録《台東區立書道博物館所藏中村不折舊藏禹域墨書集成》(以下簡稱《中村集成》),討論吐魯番出土佛經的書法樣式〔2〕。作者使用的佛經寫本材料,以保存較完整者爲主,值得注意的是,《中村集成》中尚有數百件佛經殘片,它們同樣是吐魯番佛教研究、書法史研究的重要材料。包曉悦曾撰文討論過這些殘片的學術價值,並根據《中村集成》,利用漢文大藏經電子數據庫,比定斷片,重編目録,相信可爲本書提供更多有價值的信息〔3〕。

本書使用的石刻史料,以涼州及絲綢之路沿綫出土石塔、墓表爲主。吐魯番出土的磚誌中,存有少量創作於北涼時期的磚誌,其書法雖不及同時代的寫經體,但在某種程度上反映了當時的非佛教文獻風格,同樣值得作者進一步關注〔4〕。

〔1〕 參看橫田恭三著,張建平譯《中國古代簡牘綜覽》,北京:聯合出版公司,2017年;毛秋瑾《絲綢之路漢文書法研究綜述》,259—264頁。

〔2〕 磯部彰編《台東區立書道博物館所藏中村不折舊藏禹域墨書集成》,東京:二玄社,2005年。可參看梶浦晋書評,載季羨林,饒宗頤主編《敦煌吐魯番研究》第10卷,上海古籍出版社,2007年,414—417頁。

〔3〕 包曉悦《日本書道博物館藏"寫經殘片册"的文獻價值》,《文獻》2015年第5期,36—47頁;《日本書道博物館藏吐魯番文書目録(上篇)》,《吐魯番學研究》2015年第2期,96—146頁;《日本書道博物館藏吐魯番文書目録(中篇)》,《吐魯番學研究》2016年第1期,132—155頁;《日本書道博物館藏吐魯番文書目録(下篇)》,《吐魯番學研究》2017年第1期,125—153頁。

〔4〕 侯燦、吴美琳《吐魯番出土磚志集注》,成都:巴蜀書社,2003年,3—14頁。

本書在論述竺法護譯經團隊的譯經過程時,以《出三藏記集》等經録爲參考,注重吸收 Daniel Boucher、船山徹、辛嶋静志等佛教學者關於早期漢傳佛教的經典研究,從而能够得出較一般書法史研究更深刻的結論。作者認爲,竺法護、曇無讖等僧人譯經團隊中的書手同時擔任翻譯、抄寫兩個方面的職責,同時受到中亞與漢地兩種文化傳統的影響(28—33 頁)。至於這些書手帶來的具體影響到底是譯經用語、還是書法風格,抑或是佛經製作的其他方面,作者則未給出確定的答案,這些都是頗具研究潛力的方向。

關於早期來華僧人及其譯經活動,那體慧(Jan Nattier)的研究報告提供了豐富的材料,其内容涉及東漢三國時期來華僧人及其所譯經典、譯經風格、失譯經録,以及現代學者研究成果等,是一部早期來華僧人的研究索引[1]。本書出現的安世高、安玄、嚴佛調等僧人,在該報告中均可檢得相關的研究成果,以補充現有論述。

本書中,作者認爲北涼體的書風受到來自中亞書寫文化的影響(76—77 頁)。這是本書得出的一個重要結論。關於北涼體的書寫特點,施安昌、華人德、毛秋瑾等學者對北涼體的形成與書風已有所論及,並傾向於將其歸爲一種獨立的書法類型[2]。作者則在這些研究的基礎上,以岷州廟所藏漢—婆羅謎雙語石塔來討論早期漢文寫經體所受中亞文字書寫傳統的影響,可謂眼光獨到[3]。但不論是本書還是作者的博士論文,都未進一步分析兩者之間的關係。中亞不同文字之間的書法互動,目前雖然尚未有新的發現,但對於漢文佛經紙張利用情況的研究,或可從另一角度作出回答。最近,研究者在柏林國家圖書館藏吐魯番文獻中找到數件使用漢文—吐火羅文抄寫的佛經,其漢文部分書寫於公元 5 至 6 世紀初,後來被對折粘貼並重新裁剪,原本用來書寫漢文的紙張背面被用來書寫吐火羅文,成爲了正面[4]。這種隱藏舊文字、書寫新文字的寫本面

〔1〕 Jan Nattier, *A Guide to the Earliest Chinese Buddhist Translations: Texts from the Eastern Han 東漢 and Three Kingdoms 三國 Periods*, Tokyo: The International Research Institute for Advanced Buddhology, 2008.

〔2〕 施安昌《"北涼體"析——探討書法的地方體》,此據作者《善本碑帖論集》,北京: 紫禁城出版社,2002 年,240—245 頁;華人德《"北涼體"芻議》,《書法研究》2004 年第 3 期,65—84 頁;毛秋瑾《墨香佛音: 敦煌寫經書法研究》,197—204 頁。

〔3〕 參看覺明居士(向達)《記敦煌出六朝婆羅謎字因緣經經幢殘石》,《現代佛學》1963 年 1 月,8—12 頁;戈哈理(V. V. Gokhale)著,景行譯《敦煌所出婆羅謎字石刻(拓本)之研究》,《現代佛學》1963 年 1 月,13—14 頁;殷光明《北涼石塔研究》,新竹: 覺風佛教藝術基金會,1999 年,91 頁;陳浩《敦煌岷州廟塔發願文補釋》,《敦煌研究》2021 年第 3 期,79—85 頁。按: 前人多關注該石塔婆羅謎文《緣起經》的文本内容,而對其書法藝術少有措意。

〔4〕 Ruixuan Chen and Tao Pan, "The Tip of an Iceberg: Traces of Chinese Buddhist Scrolls in Fragments of Tocharian Poṭhīs," *Annual Report of the International Research Institute for Advanced Buddhology at Soka University* 創価大學國際仏教學高等研究所年報, vol.24, 2021, pp.187 - 215.

貌,或可爲當時可能存在的書風影響提供更多的旁證。

從行文角度來看,本書也有值得商榷之處,兹舉四例。首先,本書部分圖像資源的使用需再斟酌,這是針對本書重點討論的《沮渠安周造寺碑》而言的。在討論這塊"高昌史上第一碑"時,作者使用的圖片有兩件,分别來自 Durkin-Meisterernst 所編圖書論文,以及中國國家圖書館所藏拓片,而前者實際上來自書中所載榮新江先生的英文論文附圖[1]。此照片最早由德國學者福蘭閣(Otto Franke)所攝,後者在 1907 年出版研究報告,並附有此碑的初步録文[2]。該照片現已以高清圖片形式隨其研究報告公佈於網絡[3]。因此,本書似當直接使用福蘭閣所攝照片,乃至略述其報告内容,並提及伯希和(Paul Pelliot)等學者對該碑的考釋。

其次,在本書正文第 25 頁,作者認爲安世高是出身安息的僧團成員(Parthian missionary)。關於安世高的族裔與身份,富安敦(Antonino Forte)、榮新江等學者都已有所論及,本書中則被一筆帶過[4]。由於安世高在早期佛教傳播史中屬代表性人物之一,因而關於他的基礎研究成果或許需在本書中得到更詳細的學術史梳理。

第三,本書在討論北涼體之前的佛教寫經書法時,著重討論早期佛經寫本所受到的中亞文化影響,但對來自南朝文化與書風的影響卻鮮有提及,更未著意彼時涼州與長安、荆州等地的交通。關於南北朝特别是十六國時期的北涼、南朝交通情況,唐長孺、朱雷等先生早年都有全面的論述,對其時姑臧、長安與建康之間的文化交流多有抉發[5]。另外,榮新江先生在討論"吴客"的近著中,也對北朝寫經的南朝影響有所關照[6]。雖然南北朝的對峙極大地影響了兩地的交流,但並不意味著其交通被完全隔絶,不同的文化仍然通過使者、商人等群體在南北兩方得以流通,因而來自南朝寫經的書法同樣值得納

[1] Rong, Xinjiang, "Juqu Anzhou's Inscription and the Daliang Kingdom in Turfan" (tsl. by Wang Yuanyuan), in Desmond Durkin-Meisterernst et al. eds, *Turfan Revisited- The First Century of Research into the Art and Cultures of the Silk Road*, Berlin: Dietrich Reimer Verlag, 2004, pp.268 – 275+pls.1 – 3+figs.1 – 2.中文本《〈且渠安周碑〉與高昌大涼政權》,《燕京學報》新 5 期,北京大學出版社,1998 年,65—92 頁。

[2] *Abhandlungen der Königlich Preussischen Akademie der Wissenschaften aus dem Jahre 1907*, pp.1 – 92.

[3] 網址: biodiversitylibrary.org/item/93093#page/711/mode/1up(登録時間: 2022 年 11 月 13 日).

[4] Antonino Forte, *The Hostage An Shigao and his OffspringAn Iranian Family in China*, Occasional Paper 6, Kyoto: Italian School of East Asian Studies, 1995;榮新江《安世高與武威安姓——評〈質子安世高及其後裔〉》,黄時鑒編《東西交流論譚(一)》,上海文藝出版社,1998 年,366—379 頁。

[5] 唐長孺《南北朝期間西域與南朝的陸道交通》,收入作者《魏晉南北朝史論拾遺》,北京: 中華書局,1983 年,168—195 頁;朱雷《東晉十六國時期姑臧、長安、襄陽的"互市"》,黄惠賢、李文瀾主編《古代長江中游的經濟開發》,武漢出版社,1988 年,197—208 頁。

[6] 榮新江《絲綢之路上的"吴客"與江南書籍的西域流傳》,榮新江主編《絲綢之路上的中華文明》,北京: 商務印書館,2022 年,236—253 頁。

入討論。

最後,作者認爲敦煌吐魯番文獻所見北涼體與王羲之書法的整合帶來了 5 世紀中期北魏楷書的演化,後者也成爲隋唐楷書之原型。這一論斷爲我們瞭解唐前寫經書風的轉變提供了重要參考,但仍需提煉更加宏觀的結論。筆者認爲,作者提出的書風融合問題,本質上反映了佛教寫經書體發展的新動向。相對於同時期的其他書法作品,唐前佛教寫經的最大特色在於書法的古樸,這是由其宗教的神聖性所決定的,出於虔敬之心,抄手會使用當時的正體字或稍早的正書,而非同一時代的俗體字〔1〕。至於北涼寫經書法爲何相對古拙、典雅,書法史家則有不同的意見,例如毛秋瑾延續前輩學者的研究,認爲石刻與寫經體常以既有佛經爲範本,是字體的因襲模仿導致了寫經書法"滯後性"的産生〔2〕;史睿則從佛教發展史的角度進一步指出,寫經體書法的相對滯後,不僅是出於佛經對神聖性的要求,而且與早期寫經中心一直在北朝有密切聯繫〔3〕。

就物質層面而言,本書以電子書、實體書兩種形式同時出版,後者排版精美,並以略大於 A4 的開本刊印;全書共 12 個表格、49 張全彩高清圖片,在保持學術價值的同時,也有較高的審美價值,方便讀者閱讀、參考。在行文之外,本書尚存少許翻譯與拼寫疏失,兹列舉如下。

翻譯問題,例如對《開元釋教録》的翻譯,作者將其譯爲 *Record of Śākyamuni's Teachings Compiled During the Kaiyuan period*,其中文直譯爲"開元年間所編佛祖教法之記録"。《開元釋教録》於唐代開元十八年(730)成書,本質上是一部佛教目録學著作。在漢語語境中,"釋教"同時有"佛教"與"佛祖教法"兩種含義,若譯爲後者,則在某些場合或令讀者産生歧義,故其譯名或可爲 *Catalogue of Buddhist Literary Compiled During the Kaiyuan Period*。另外,正文第 61 頁《僧伽羅刹所集經》(*Saṃgharakṣasaṃgṛhīta-sūtra*)作者將"僧伽"譯爲 Sengqie,"伽"字爲果攝羣母,《廣韻》記爲求迦切,故宜按中古音將其譯爲 Sengjia。

拼寫失誤,例如本書首頁簡介部分,"東蓮覺苑"(Tung Lin Lok Yuen)當爲 Tung Lin Kok Yuen;正文第 32 頁,支法度(Zhi Fadub)當作 Zhi Fadu;第 33 頁第二節第 5 行,疑衍

〔1〕 參王振芬《從西晉元康六年〈諸佛要集經〉寫本探寫經體之源》,《書法叢刊》2006 年第 6 期,17—29 頁。

〔2〕 華人德《論六朝寫經體——兼及蘭亭論辯》,華人德、白謙慎主編《蘭亭論集》,蘇州大學出版社,2000 年,284—297 頁;劉濤《魏晉新書風在江南的發展與南朝書法的北傳》,巫鴻主編《漢唐之間的視覺文化與物質文化》,北京:文物出版社,2003 年,599—635 頁;毛秋瑾《墨香佛音:敦煌寫經書法研究》,178—216 頁。

〔3〕 史睿《旅順博物館藏新疆出土寫經的分期與實例》,《中國書法》2020 年第 10 期,198—206 頁。

出一個 that;第 61 頁,作者提到僧伽跋陀羅出身於罽賓國,並以 Kophen 代稱“罽賓”,前者是古希臘人對喀布爾河的稱呼,但本書無對應漢字,似易引起誤讀。參考文獻第 109 頁,侯燦(Ho Can)先生名當爲 Hou Can;“旅順”(Lushun)當爲 Lüshun;第 113 頁引戈哈理(V. V. Gokhale)《敦煌所出婆羅謎字石刻(拓本)之研究》,“拓本”(tuoben)當爲 taben;第 114 頁引華人德《北涼體争議》,當爲《“北涼體”芻議》;第 117 頁引河野訓《竺法護の経典訳出年等再考》,“訳出”(hon'yaku)當作 yakushutsu;第 118 頁引町田隆吉《〈前奏建元十六年(380)梁阿廣墓表〉試釈》,“前奏”當作“前秦”;第 121 頁,“唐長儒”當作“唐長孺”;等等。

此外,本書多處徵引中文文獻的簡繁未能統一,此處不再贅述。

總而言之,本書將書法史的研究時段提前至公元 3—5 世紀,開拓了早期書法史的研究視野;同時,本書兼顧了對不同載體文獻書法的討論,對敦煌吐魯番文獻的運用也較前人更加細緻。如在後續修訂中增補更多的學界研究成果,甚或於得以譯爲中文,相信可以廣惠學林,爲國際學界的敦煌吐魯番研究、書法史研究提供更多有益的參考。

(作者單位:香港中文大學中國語言及文學系)

《敦煌吐魯番研究》第二十二卷
2023 年,433—443 頁

新 書 目

常蓋心

《2022 敦煌學國際聯絡委員會通訊》,郝春文主編,上海:上海古籍出版社,2022 年 8 月。

《安岳唐宋石窟研究》,陳晶鑫著,北京:光明日報出版社,2022 年 3 月。

《北大史學》(第二十二輯・海洋史與海上絲綢之路專號),北京大學歷史學系主辦,北京:社會科學文獻出版社,2022 年 3 月。

《北方絲綢之路與東北亞古代民族》,萬明、王禹浪、謝春河主編,北京:中國社會科學出版社,2021 年 10 月。

《長安:考古所見唐代生活與藝術》,吴中博物館(吴文化博物館)編,上海:上海古籍出版社,2022 年 8 月。

《長安:絲綢之路的起點》,朱鴻著,西安:陝西人民出版社,2022 年 8 月。

《長安歷史文化與絲綢之路》,西安文理學院長安歷史文化研究中心編,蘭州:西北大學出版社,2021 年 12 月。

《出土文獻研究》(第二十輯),中國文化遺産研究院編,上海:中西書局,2022 年 12 月。

《出土文獻與古文字研究》(第十輯),復旦大學出土文獻與古文字研究中心編,上海:上海古籍出版社,2022 年 7 月。

《出土文獻與中國中古史研究》,張銘心著,桂林:廣西師範大學出版社,2022 年 7 月。

《穿越亞洲腹地》,[瑞典]斯文・赫定著,林曉雲譯,廣州:廣東旅遊出版社,2021 年 11 月。

《从張騫到馬可・波羅:絲綢之路十八講》,榮新江著,南昌:江西人民出版社,2022 年 11 月。

《大漠明珠:敦煌莫高窟》(考古與文明叢書),常青著,王仁湘主編,北京:文物出版社,2022 年 6 月。

《党項與西夏碑刻題記》(全三册),鄧文韜、杜建録主編,西安:三秦出版社,2022 年 9 月。

《道家與道教研究著作提要集成(1901—2017)》(全六册),詹石窗總主編,北京:國家圖書館出版社,2021 年 9 月。

《東アジアの家族とセクシュアリティ:規範と逸脱》,[日]小浜正子、板橋曉子編,京都:京都大學學術出版會,2022 年 2 月。

《東魏——北齊石窟造像研究》,唐仲明著,北京:科學出版社,2021 年 8 月。

《敦煌,敦煌——常書鴻自傳》(常書鴻全集),常書鴻著,常沙娜主編,長沙:湖南文藝出版社,2022 年

6月。

《敦煌》(中國壁畫綫描精品系列叢書),王啓江著,南昌:江西美術出版社,2022年4月。

《敦煌·一窟一世界》,胡同慶著,蘭州:甘肅文化出版社,2022年6月。

《敦煌本〈大乘百法明門論〉注疏研究》(儒道釋博士論文叢書),張磊著,成都:巴蜀書社,2021年11月。

《敦煌壁畫漫談》(常書鴻全集),常書鴻著,常沙娜主編,長沙:湖南文藝出版社,2022年6月。

《敦煌壁畫女性妝飾藝術研究畫集》,芮櫻著,杭州:中國美術學院出版社,2021年3月。

《敦煌壁畫中的婦女生活故事裏的敦煌》,胡同慶、王義芝著,蘭州:甘肅文化出版社,2022年1月。

《敦煌壁畫中的人生哲理》,胡同慶、王義芝著,蘭州:讀者出版社,2022年3月。

《敦煌變文語法研究》(修訂本),吴福祥著,北京:商務印書館,2022年3月。

《敦煌彩塑縱論》(常書鴻全集),常書鴻著,常沙娜主編,長沙:湖南文藝出版社,2022年6月。

《敦煌藏文寫本〈入菩薩行論〉研究》,索南著,上海:上海古籍出版社,2022年11月。

《敦煌草書寫本識粹·百法論疏抄上卷》,馬德、吕義主編,北京:社會科學文獻出版社,2022年2月。

《敦煌草書寫本識粹·大乘百法明門論疏卷下》,馬德、吕義主編,北京:社會科學文獻出版社,2022年3月。

《敦煌草書寫本識粹·大乘起信論廣釋卷三、卷四節抄》,馬德,吕義主編,北京:社會科學文獻出版社,2021年3月。

《敦煌草書寫本識粹·大乘起信論略述》,馬德、吕義主編,北京:社會科學文獻出版社,2022年3月。

《敦煌草書寫本識粹·法華玄贊卷一》,馬德、吕義主編,北京:社會科學文獻出版社,2021年12月。

《敦煌草書寫本識粹·法華玄贊卷二》,馬德、吕義主編,北京:社會科學文獻出版社,2022年2月。

《敦煌草書寫本識粹·法華玄贊卷五》,馬德、吕義主編,北京:社會科學文獻出版社,2022年1月。

《敦煌草書寫本識粹·法華玄贊卷十》,馬德、吕義主編,北京:社會科學文獻出版社,2022年2月。

《敦煌草書寫本識粹·法華義疏鈔》,馬德、吕義主編,北京:社會科學文獻出版社,2022年1月。

《敦煌草書寫本識粹·法華義疏釋二種》,馬德、吕義主編,北京:社會科學文獻出版社,2022年2月。

《敦煌草書寫本識粹·法句經疏》,馬德、吕義主編,北京:社會科學文獻出版社,2021年12月。

《敦煌草書寫本識粹·恪法師第一抄》,馬德、吕義主編,北京:社會科學文獻出版社,2022年1月。

《敦煌草書寫本識粹·文心雕龍上部殘本》,馬德、吕義主編,北京:社會科學文獻出版社,2022年3月。

《敦煌草書寫本識粹·因明入證理論略抄暨後疏》,馬德、吕義主編,北京:社會科學文獻出版社,2021年12月。

《敦煌傳統遊戲尋蹤》(敦煌藝術書系),胡同慶著,北京:文物出版社,2021年11月。

《敦煌大歷史》,邢耀龍著,北京:北京聯合出版有限公司,2022年12月。

《敦煌的光彩——常書鴻、池田大作對談録》(常書鴻全集),常書鴻著,常沙娜主編,長沙:湖南文藝出版社,2022年6月。

《敦煌飛天》,史敦宇、金洵瑨繪,蘭州：敦煌文藝出版社,2021年8月。

《敦煌佛爺廟灣——新店台墓群2015年度發掘報告》(全三册),甘肅省文物考古研究所編著,蘭州：甘肅教育出版社,2021年11月。

《敦煌歌辭》,[日]三本木健治編譯,三本木健治,2021年12月。

《敦煌公文研究》,王使臻著,北京：光明日報出版社,2022年3月。

《敦煌古藏文語詞匯釋》,陳踐著,北京：中國藏學出版社,2021年12月。

《敦煌講唱體文獻研究：寫本時代の文學と佛教》,[日]高井龍著,京都：朋友書店,2022年3月。

《敦煌考古與藝術研究》,趙聲良主編,蘭州：甘肅人民出版社,2021年。

《敦煌美術東西交界史論》,[日]田林啓,東京：中央公論美術出版,2022年2月。

《敦煌民族史》,楊富學、張海娟、胡蓉、王東著,北京：社會科學文獻出版社,2021年12月。

《敦煌莫高窟藝術》(常書鴻全集),常書鴻著,常沙娜主編,長沙：湖南文藝出版社,2022年6月。

《敦煌男科醫方集成與應用》,邢喜平、王志平主編,北京：中國醫藥科技出版社,2022年6月。

《敦煌南朝寫本書法研究》,王菡薇、陶小軍著,南京：江蘇人民出版社,2022年3月。

《敦煌人生：我的父親段文傑》,段兼善著,杭州：浙江人民出版社,2022年5月。

《敦煌山水畫史》,趙聲良著,北京：中華書局,2022年11月。

《敦煌石窟藝術》(浙江學者絲路敦煌學術書系),常書鴻著,劉進寶、宋翔編,杭州：浙江大學出版社,2022年4月。

《敦煌是我生命的全部——段文傑回憶録》,段文傑著,敦煌研究院編,西寧：青海人民出版社,2022年3月。

《敦煌守護人》,董洪亮等著,北京：人民日報出版社,2022年5月。

《敦煌守望四十天》,蔣理著,北京：中華書局,2022年8月。

《敦煌絲綢藝術全集・敦煌卷》,趙豐主編,上海：東華大學出版社,2021年10月。

《敦煌絲綢藝術全集・旅順卷》,趙豐主編,上海：東華大學出版社,2021年10月。

《敦煌吐魯番研究》(第二十一卷),郝春文主編,上海：上海古籍出版社,2022年9月。

《敦煌文書にみる民間文藝》,[日]伊藤美重子著,東京：汲古書院,2022年1月。

《敦煌文獻通讀字》,王繼如、吴蘊慧撰,北京：商務印書館,2022年8月。

《敦煌寫本醫籍與日本漢籍比較研究》,王亞麗著,上海：上海古籍出版社,2022年10月。

《敦煌學新論》(增訂本),榮新江著,蘭州：甘肅教育出版社,2021年10月。

《敦煌醫學研究大成・診法卷》,田永衍主編,北京：中國中醫藥出版社,2022年3月。

《敦煌遺書書法選集》(第一輯)(全十册),國家圖書館編,北京：國家圖書館出版社,2021年11月。

《敦煌遺書書法選集》(第二輯)(全十册),國家圖書館編,北京：國家圖書館出版社,2021年11月。

《敦煌藝術與社會美育》,何鴻編著,杭州：中國美術學院出版社,2021年。

《俄藏黑水城文獻：西夏文佛教部分》(30),俄羅斯科學院東方文獻研究所、中國社科院民族學與人類學研究所、上海古籍出版社編,上海：上海古籍出版社,2021年4月。

《俄藏黑水城文獻：西夏文佛教部分》(31),俄羅斯科學院東方文獻研究所、中國社科院民族學與人類學研究所、上海古籍出版社編,上海：上海古籍出版社,2022 年 7 月。

《法國國家圖書館藏敦煌藏文文獻目録解題全編》(全八册),王啓龍主編,桂林：廣西師範大學出版社,2021 年 12 月。

《佛教史六講》,王邦維著,北京：商務印書館,2022 年 9 月。

《佛教影響下的敦煌文學》(敦煌研究院學術文庫),王志鵬著,北京：人民出版社,2021 年 11 月。

《佛足跡尋蹤：佛教美術樣式的跨文化傳播》,祁姿妤著,上海：上海古籍出版社,2022 年 7 月。

《甘肅藏敦煌藏文文獻：散藏卷》(31),王琦主編,敦煌研究院編纂,上海：上海古籍出版社,2022 年 8 月。

《甘肅藏敦煌遺書研究文獻引得》,李國、師俊傑主編,蘭州：甘肅教育出版社,2021 年 4 月。

《甘肅中小石窟調查報告・天水卷》,敦煌研究院、甘肅省文物局編著,北京：科學出版社,2022 年 6 月。

《古代海上絲綢之路演講集》,萬明、黄純豔主編,北京：科學出版社,2022 年 9 月。

《固原古代石窟佛像概覽》,馮敏著,北京：中國社會科學出版社,2022 年 4 月。

《観相の文化史》,[日] 相田満著,東京：勉誠出版,2021 年 2 月。

《哈佛大學、耶魯大學與波士頓美術博物館藏中國佛教造像》,劉洪彩著,上海：上海三聯書店,2022 年 9 月。

《海内外散藏敦煌古藏文抄經題記集録》(四川大學中國藏學研究所系列研究叢書),張延清編,北京：中國藏學出版社,2022 年 7 月。

《海上絲綢之路的陶瓷》,[德] 吉樂著,北京：中國科學技術出版社,2022 年 9 月。

《漢傳佛教寺院與亞洲社會生活空間》(佛教觀念與社會史研究叢書),聖凱、[新加坡] 惟儼編,北京：商務印書館,2021 年 8 月。

《漢唐絲綢之路歷史文化論叢》,石雲濤著,北京：人民出版社,2021 年 8 月。

《漢唐之際絲綢之路上的遺址美術》,高明朱編,西安：陝西師範大學出版總社有限公司,2022 年 5 月。

《和田出土唐代于闐漢語文書》,榮新江著,北京：中華書局,2022 年 9 月。

《黑水城出土漢文醫學文獻研究》,于業禮、張如青著,上海：上海交通大學出版社,2021 年 4 月。

《黑水城出土元代律令與詞訟文書整理研究》,張笑峰著,北京：中國社會科學出版社,2021 年 7 月。

《胡風西來：西域史語譯文集》,白玉冬譯,上海：上海古籍出版社,2021 年 5 月。

《互動與交流：希臘化世界與絲綢之路關係研究》(《南開史學家論叢》第四輯),楊巨平著,北京：中華書局,2022 年 11 月。

《華戎所交一都會：敦煌博物館》,石明秀著,西安：西安出版社,2021 年 12 月。

《慧超的旅行》,[美] 唐納德・洛佩兹著,馮立君譯,北京：社會科學文獻出版社,2022 年 8 月。

《肩水金關漢簡綴合》,姚磊撰,天津：天津古籍出版社,2022 年 8 月。

《犍陀羅的微笑：巴基斯坦古跡文物巡禮》，張嘉妹主編，上海：上海三聯書店，2021 年 1 月。

《簡帛》（第二十三輯），武漢大學簡帛研究中心主辦，上海：上海古籍出版社，2021 年 12 月。

《簡帛》（第二十四輯），武漢大學簡帛研究中心主辦，上海：上海古籍出版社，2022 年 5 月。

《簡帛研究》（二〇二一秋冬卷），鄔文玲、戴衛紅主編，桂林：廣西師範大學出版社，2022 年 1 月。

《〈金剛經〉鳩摩羅什譯本在唐代的流傳和接受》，張開媛著，北京：中國社會科學出版社，2021 年 3 月。

《錦程：中國絲綢與絲綢之路》（修訂本），趙豐著，合肥：黄山書社，2021 年 10 月。

《晉唐佛教行記考論》，陽清、劉静著，北京：中華書局，2021 年 11 月。

《絶色敦煌之夜：絲綢之路（敦煌）國際文化博覽會服飾精粹》，劉元風主編，北京：中國紡織出版社有限公司，2021 年 6 月。

《看見敦煌》，謝成水著，長沙：湖南美術出版社，2022 年 4 月。

《空間的敦煌：走近莫高窟》，巫鴻著，北京：生活・讀書・新知三聯書店，2022 年 1 月。

《蓮華覆海：敦煌莫高窟北朝至隋代藻井研究》，侯翔宇著，北京：清華大學出版社，2021 年 8 月。

《龍門石窟保護工程實録》，陳建平主編，北京：科學出版社，2022 年 10 月。

《龍門石窟保護與地學研究》，楊剛亮著，北京：科學出版社，2021 年 10 月。

《龍門石窟考古報告：東山萬佛溝區》，龍門石窟研究院編著，北京：科學出版社，2021 年 7 月。

《樓蘭考古調查與發掘報告》（新疆師範大學黄文弼中心叢刊），侯燦編著，南京：鳳凰出版社，2022 年 3 月。

《羅馬——拜占庭帝國嬗變與絲綢之路：以考古發現錢幣爲中心》，郭雲豔著，北京：中央編譯出版社，2022 年 4 月。

《麦積山石窟史話》，麥積山石窟藝術研究所編，南京：江蘇鳳凰美術出版社，2021 年 7 月。

《蒙塵千年的敦煌寶藏》，郝春文著，蘭州：甘肅教育出版社，2021 年 9 月。

《明清宫藏絲綢之路檔案圖典》，中國第一歷史檔案館、中國歷史研究院編著，北京：國家圖書館出版社，2021 年 6 月。

《南北朝隋唐宋方言學史料考論》，劉旭著，北京：科學出版社，2022 年 9 月。

《南方絲綢之路研究叢書：歷史地理卷》，陸韌著，合肥：安徽人民出版社，2022 年 2 月。

《南方絲綢之路研究叢書：民族節慶卷》，王萬平著，合肥：安徽人民出版社，2022 年 2 月。

《南方絲綢之路研究叢書：民族歷史卷》，朱映占、張晗著，合肥：安徽人民出版社，2022 年 2 月。

《南方絲綢之路研究叢書：文物考古卷》，劉西諾、何兆陽著，合肥：安徽人民出版社，2022 年 2 月。

《歐亞學刊》（新 11 輯），余太山、李錦繡，北京：商務印書館，2022 年 6 月。

《青藏高原絲綢之路的考古學研究》，仝濤著，北京：文物出版社，2021 年 4 月。

《青州龍興寺遺址窖藏佛教造像圓雕佛像・卷一》，青州市博物館編，北京：文物出版社，2021 年 10 月。

《沙漠與餐桌：食物在絲綢之路上的起源》，［美］羅伯特・N.斯賓格勒三世著，陳陽譯，唐莉校，北京：

社會科學文獻出版社,2021 年 11 月。

《神話與儀式: 破解古代於闐氍毹上的文明密碼》,段晴著,北京: 生活・讀書・新知三聯書店,2022 年 9 月。

《神異僧と美術伝播》,[日] 百橋明穂、田林啓編,東京: 中央公論美術出版,2021 年 12 月。

《石窟寺研究》(第 12 輯),龍門石窟研究院編,北京: 科學出版社,2021 年 12 月。

《石窟寺研究》(第 13 輯),龍門石窟研究院編,北京: 科學出版社,2022 年 10 月。

《石窟藝術研究》(第 5 輯),麥積山石窟藝術研究所編,北京: 文物出版社,2021 年 4 月。

《石窟藝術研究》(第 6 輯),麥積山石窟藝術研究所編,北京: 文物出版社,2022 年 4 月。

《時代楷模・2020——敦煌研究院文物保護利用群體》,中共中央宣傳部宣傳教育局編,北京: 學習出版社,2021 年 7 月。

《釋俗之間: 雲岡石窟故事圖雕刻藝術》,趙昆雨著,青島: 青島出版社,2022 年 5 月。

《守正傳承岐黄術——王道坤與敦煌醫學學派》,王道坤主編,北京: 科學出版社,2021 年 4 月。

《斯坦因西域考古探險記: 發現敦煌》,[英] 奥雷爾・斯坦因著,巫新華譯,北京: 商務印書館,2022 年 2 月。

《絲綢之路: 駝鈴聲中的歷史》,水木森著,北京: 中國法制出版社,2022 年 1 月。

《絲綢之路東西方文化交流和北方草原藝術》,沈愛鳳著,成都: 四川美術出版社,2022 年 3 月。

《絲綢之路犍陀羅藝術綜論》,王蕴錦著,鄭州: 鄭州大學出版社,2022 年 7 月。

《絲綢之路考古》(第 5 輯),羅豐主編,北京: 科學出版社,2021 年 12 月。

《絲綢之路歷史文化影像傳播研究》,徐兆壽、張哲瑋主編,北京: 清華大學出版社,2021 年 12 月。

《絲綢之路上的明代中國與世界》,萬明著,北京: 中國社會科學出版社,2022 年 3 月。

《絲綢之路上的中華文明》,榮新江主編,北京: 商務印書館,2022 年 3 月。

《絲綢之路學》,趙叢蒼主編,北京: 科學出版社,2022 年 3 月。

《絲綢之路研究》(第二輯),中國人民大學國家發展與戰略研究院、中國人民大學國學院編,北京: 生活・讀書・新知三聯書店,2021 年 9 月。

《絲綢之路研究集刊》(第七輯),陝西師範大學歷史文化學院等編,北京: 社會科學文獻出版社,2022 年 3 月。

《絲綢之路藝術: 龜兹造像》,張澤珣、黄君榑著,杭州: 浙江大學出版社,2022 年 9 月。

《絲綢之路音樂交流的歷史鉤沉》,張伯瑜主編,北京: 中央音樂學院出版社,2021 年 10 月。

《絲綢之路與東西文化交流》(第二版),榮新江,北京: 北京大學出版社,2022 年 3 月。

《絲綢之路與中外文明交往》(中外文明互鑒與中國國情發展系列),紀宗安、劉永連編著,廣州: 暨南大學出版社,2022 年 8 月。

《絲綢之路語言新探》,王啓濤著,北京: 社會科學文獻出版社,2021 年 11 月。

《絲路風雲・亞洲腹地的煙雲烽火》,徐兆壽、曹忠著,蘭州: 敦煌文藝出版社,2021 年 6 月。

《絲路甘肅建築遺産研究: 階州古建築實測圖》,孟祥武、葉明暉著,北京: 科學出版社,2022 年 2 月。

《絲路行記：消逝的王朝與定邦的先驅》，冉昊著，廣州：廣東人民出版社，2021 年 8 月。

《絲路明珠：敦煌》（敦煌文化・譯叢），鄭炳林、李軍著，賈慧等譯，蘭州：甘肅教育出版社，2021 年 11 月。

《絲路視域下拜占庭、仲介民族與中國關係研究》，張爽著，北京：中國社會科學出版社，2022 年 9 月。

《絲路文明》（第六輯），劉進寶主編，上海：上海古籍出版社，2021 年 11 月。

《絲路文明》（第七輯），劉進寶主編，上海：上海古籍出版社，2022 年 11 月。

《絲路遊牧民族樂舞文化研究》，畢研潔著，北京：人民出版社，2022 年 7 月。

《絲路之光：2019 敦煌服飾文化論文集》，劉元風主編，北京：中國紡織出版社，2022 年 1 月。

《絲路之光：2021 敦煌服飾文化論文集》，劉元風主編，北京：中國紡織出版社，2022 年 1 月。

《隋唐遼宋金元史論叢》（第十一輯），中國社會科學院古代史研究所等編，上海：上海古籍出版社，2021 年 7 月。

《隋唐遼宋金元史論叢》（第十二輯），中國社會科學院古代史研究所等編，上海：上海古籍出版社，2022 年 9 月。

《隋唐五代辭賦研究》，劉偉生著，合肥：安徽大學出版社，2022 年 1 月。

《隋唐五代繪畫藝術史》（插圖本中國建築雕塑史叢書），史仲文主編，上海：上海科學技術文獻出版社，2022 年 1 月。

《隋唐五代建築雕塑史》（插圖本中國建築雕塑史叢書），史仲文主編，上海：上海科學技術文獻出版社，2022 年 1 月。

《隋唐五代揚州地區石刻文獻集成》，李文才疏證，南京：鳳凰出版社，2021 年 9 月。

《塔拉兹傳：根脈深沉的絲路古城》，［哈］涅斯普別克・達吾太著，葉爾克西・斯爾哈孜、哈依夏・塔巴熱克譯，北京：新星出版社，2022 年 11 月。

《探掘梵跡：中國佛教美術考古概説》，楊泓著，北京：生活・讀書・新知三聯書店，2022 年 1 月。

《唐・吐蕃・大食政治關係史》，王小甫著，北京：生活・讀書・新知三聯書店，2022 年 1 月。

《唐朝域外朝貢制度研究》，李葉宏著，北京：中國社會科學出版社，2021 年 4 月。

《唐代長安與西域文明》（中國學術論著精品叢刊），向達著，北京：中國書籍出版社，2022 年 1 月。

《唐代長安鎮墓石研究》，［日］加地有定著，翁建文、徐璐譯，西安：三秦出版社，2021 年 7 月。

《唐代景教再研究（增訂本）》（歐亞備要），林悟殊著，北京：商務印書館，2021 年 8 月。

《唐代女性妝飾文化中的西域文明》，張曉妍著，北京：中國紡織出版社，2021 年 9 月。

《唐代詩人墓誌彙編・出土文獻卷》，胡可先、楊瓊編著，上海：上海古籍出版社，2021 年 5 月。

《唐帝国の統治體制と"羈縻"：〈新唐書〉の再検討を手掛かりに》（山川歴史モノグラフ，41），［日］西田祐子著，東京：山川出版社，2022 年 3 月。

《唐陵的佈局：空間與秩序》（增訂本），沈睿文著，北京：文物出版社，2021 年 3 月。

《唐宋歷史評論》（第九輯），包偉民、劉後濱主編，北京：社會科學文獻出版社，2022 年 5 月。

《唐研究》（第二十七卷），葉煒主編，北京：北京大學出版社，2022 年 3 月。

《同文之盛：〈西域同文志〉整理與研究》，烏雲畢力格、張閌著，上海：上海古籍出版社，2022 年 8 月。
《圖像及其意義：龜兹石窟佛像畫研究》，苗利輝著，蘭州：甘肅教育出版社，2021 年 12 月。
《圖像與政權：敦煌曹議金第 98 窟研究》（敦煌與絲綢之路石窟藝術叢書），鄭炳林主編，邵强軍著，蘭州：甘肅教育出版社，2021 年 7 月。
《吐蕃御制目録研究》（北京地區少數民族古籍研究叢書），徐麗華著，成都：巴蜀書社，2022 年 1 月。
《吐魯番出土文書補編》，朱雷著，成都：巴蜀書社，2021 年 12 月。
《吐魯番出土文書新探》（第二編），劉安志主編，武漢：武漢大學出版社，2021 年 12 月。
《吐魯番出土文獻散録》，榮新江、史睿主編，北京：中華書局，2021 年 5 月。
《吐魯番文獻合集·醫藥卷》，王興伊編，成都：巴蜀書社，2021 年 12 月。
《晚清吐魯番坎兒井與地域社會研究》，趙毅著，鄭州：鄭州大學出版社，2021 年 5 月。
《魏晉南北朝隋唐史資料》（第四十四輯），武漢大學中國三至九世紀研究所編，上海：上海古籍出版社，2021 年 11 月。
《魏晉南北朝隋唐史資料》（第四十五輯），武漢大學中國三至九世紀研究所編，上海：上海古籍出版社，2022 年 5 月。
《魏晉南北朝隋唐史資料》（第四十六輯），武漢大學中國三至九世紀研究所編，上海：上海古籍出版社，2022 年 11 月。
《温玉成文集：龍門石窟卷》，温玉成著，龍門石窟研究院編，北京：科學出版社，2021 年 11 月。
《文化認同視域下的西夏藏傳佛教研究》，崔紅芬、文志勇著，北京：中國社會科學出版社，2021 年 7 月。
《文殊山石窟研究》，李甜著，蘭州：甘肅教育出版社，2022 年 2 月。
《紋樣與圖像：中國南北朝時期的石窟藝術》，［日］八木春生著，姚瑶等譯，上海：上海古籍出版社，2021 年 12 月。
《烏魯伯格：撒馬爾罕的天文學家》，［法］讓·皮埃爾·盧米涅著，羅聲遠譯，上海：上海人民出版社，2022 年 9 月。
《武威西夏碑整理研究》，楊才年、嚴複恩著，蘭州：讀者出版社，2021 年 12 月。
《西藏藏傳佛教建築史》，汪永平著，南京：東南大學出版社，2021 年 12 月。
《西夏監軍司遺址及軍事佈局》，張多勇著，北京：中華書局，2022 年 9 月。
《西夏文書種類功用及體式研究》，趙彦龍著，上海：上海古籍出版社，2022 年 8 月。
《西夏文字和語言研究導論》，聶鴻音著，上海：上海古籍出版社，2021 年 12 月。
《西夏學》（第二十二輯），杜建録主編，蘭州：甘肅文化出版社，2021 年 11 月。
《西夏學》（第二十三輯），杜建録主編，蘭州：甘肅文化出版社，2021 年 12 月。
《西夏學論集（2011—2020）》，杜建録主編，北京：科學出版社，2021 年 10 月。
《西夏藝術論集》，唐曉芳著，上海：上海三聯書店，2021 年 5 月。
《西域古代繪畫研究》，顧穎著，上海：上海人民出版社，2022 年 6 月。

《西域歷史與文獻論叢》(新疆師範大學西域文史叢書·第三輯),吴華峰、施新榮主編,北京:學苑出版社,2021年11月。

《西域歷史語言研究集刊》(第十六輯),黄維忠主編,北京:中國藏學出版社,2021年12月。

《西域南海史地考證譯叢續編》(海上絲綢之路基本文獻叢書),馮承鈞譯,北京:文物出版社,2022年7月。

《西域南海史地考證譯叢三編》(海上絲綢之路基本文獻叢書),馮承鈞譯,北京:文物出版社,2022年7月。

《西域探險記》,[英]奥雷爾·斯坦因著,巫新華譯,桂林:廣西師範大學出版社,2021年11月。

《西域文化與唐詩之路》(唐詩之路研究叢書),海濱著,北京:中華書局,2022年10月。

《西域文史》(第十六輯),朱玉麒主編,北京:科學出版社,2022年11月。

《西域之路:斯坦因西域考古探險記》,[英]奥里爾·斯坦因著,巫新華譯,北京:商務印書館,2022年3月。

《象雄至吐蕃經濟史研究》,石越著,北京:中國財政經濟出版社,2021年1月。

《蕭管霓裳:敦煌樂舞》(敦煌文化·譯叢),王克芬、柴劍虹著,崇天霖譯,蘭州:甘肅教育出版社,2021年11月。

《謝稚柳敦煌流風》,謝稚柳著,北京:人民美術出版社,2021年9月。

《新疆石窟藝術》(常書鴻全集),常書鴻著,常沙娜主編,長沙:湖南文藝出版社,2022年10月。

《新疆吐魯番洋海先民的農業活動與植物利用》,蔣洪恩著,北京:科學出版社,2022年3月。

《新史學:中古時代的知識、信仰與地域》(第十四卷),魏斌主編,北京:社會科學文獻出版社,2022年4月。

《宿白集》,宿白著,北京:生活·讀書·新知三聯書店,2021年9月。

《玄奘三蔵:新たなる玄奘像をもとめて》,[日]佐久間秀範、近本謙介、本井牧子編,東京:勉誠社,2021年12月。

《懸泉漢簡》(貳),清華大學出土文獻研究與保護中心等編,上海:中西書局,2021年11月。

《學術訓練與學術規範:中國古代史研究入門》(第二版),榮新江,北京:北京大學出版社,2022年4月。

《一切経音義古寫本の研究》,李乃琦著,東京:汲古書院,2021年12月。

《遺響千年:敦煌的影響》(敦煌文化·譯叢),劉進寶著,曾麗馨譯,蘭州:甘肅教育出版社,2021年11月。

《儀禮與佛教研究》,[美]太史文著,余欣、翟旻昊編譯,北京:生活·讀書·新知三聯書店,2022年2月。

《英藏敦煌社會歷史文獻釋録》(第十八卷),郝春文等編著,北京:社會科學文獻出版社,2022年5月。

《英藏敦煌社會歷史文獻釋録》(第十九卷),郝春文等編著,北京:社會科學文獻出版社,2022年

12 月。

《英藏敦煌寫本文獻研究》,吕麗軍著,北京:中國書店出版社,2022 年 7 月。

《英國國家圖書館藏敦煌西域藏文文獻》(15),才讓、沙木主編,西北民族大學、上海古籍出版社、英國國家圖書館編纂,上海:上海古籍出版社,2021 年 12 月。

《永遠的敦煌》,艾紹强著,孫志軍攝,北京:中國科學技術出版社,2022 年 9 月。

《郵説敦煌》,金曉宏著,海口:南方出版社,2022 年 8 月。

《于闐史叢考》(增訂版),張廣達、榮新江著,上海:上海書店出版社,2021 年 10 月。

《域外漢籍研究集刊》(第二十一輯),金程宇編,北京:中華書局,2021 年 11 月。

《域外漢籍研究集刊》(第二十二輯),卞東波編,北京:中華書局,2021 年 12 月。

《域外漢籍研究集刊》(第二十三輯),童岭編,北京:中華書局,2022 年 7 月。

《元代地方行政運作研究——以黑水城文獻爲中心》(國家哲學社會科學成果文庫),杜立暉著,上海:上海古籍出版社,2021 年 3 月。

《雲岡石窟的考古學研究》,[日] 岡村秀典著,徐小淑譯,成都:四川人民出版社,2021 年 10 月。

《雲岡石窟空間藝術》,王天鑾著,天津:天津人民美術出版社,2021 年 8 月。

《雲岡石窟山頂佛教寺院遺址發掘報告》,雲岡研究院、山西省考古研究院、大同市考古研究所編,北京:文物出版社,2021 年 12 月。

《雲岡石窟文化及其傳播研究》,劉鴻慶著,北京:中國國際廣播出版社,2022 年 2 月。

《翟門生的世界:絲綢之路上的使者》,吴强華、趙超編著,北京:文物出版社,2022 年 8 月。

《正倉院:寶物與交流》,[日] 東野治之著,龔婷譯,北京:社會科學文獻出版社,2022 年 9 月。

《中国文化の統一性と多様性》,[日] 渡邉義浩編,東京:汲古書院,2022 年 4 月。

《中国中世の服飾》,譚蝉雪著,麻麗娟譯,福岡:中国書店,2022 年 10 月。

《中國傳統色:敦煌裹的色彩美學》,郭浩著,北京:中信出版社,2022 年 11 月。

《中國道教寫本經藏》,劉志著,北京:社會科學文獻出版社,2021 年 5 月。

《中國古代物質文化史·繪畫·卷軸畫·晉唐五代》,劉科編著,北京:開明出版社,2021 年 12 月。

《中國漢傳佛教經籍西文譯本書目(1831—2017)》,朱峰編,北京:中國社會科學出版社,2021 年 7 月。

《中國三大石窟藝術巡遊》,毛君炎著,南昌:江西美術出版社,2021 年 3 月。

《中國石窟簡史》,常青著,杭州:浙江古籍出版社,2021 年 12 月。

《中國石窟寺》,李裕群著,北京:科學出版社,2022 年 8 月。

《中國石窟寺遺産特徵研究》,陳昀著,北京:文物出版社,2022 年 8 月。

《中國石窟藝術精講》,常青著,北京:東方出版中心,2022 年 6 月。

《中國移民史》第三卷《隋唐五代時期》,吴松弟著,上海:復旦大學出版社,2022 年 1 月。

《〈中論佛護釋〉譯注》,葉少勇著,上海:中西書局,2022 年 1 月。

《中原東部唐代佛堂形組合式造像塔調查》(石窟考古專題叢書),朱己祥著,蘭州:甘肅文化出版社,

2021 年 6 月。

《重走天山路：東天山吐魯番古道考察與研究》,巫新華著,桂林：廣西師範大學出版社,2022 年 9 月。

《衆望同歸：絲綢之路的前世今生》,趙豐主編,北京：商務印書館,2022 年 6 月。

《軸心時代的波斯與中國——張騫通西域前的絲綢之路》,林梅村著,蘭州：西北大學出版社,2021 年 9 月。

《朱雷新刊佈吐魯番文獻研究》,王啓濤著,成都：巴蜀書社,2022 年 7 月。

《朱雷學記》,劉進寶編,杭州：浙江古籍出版社,2022 年 5 月。

《注維摩詰經校補》(中國佛教典籍選刊),(後秦)僧肇述,王孺童校,北京：中華書局,2022 年 12 月。

《莊嚴佛國：中國石窟寺》(考古與文明叢書),常青著,北京：文物出版社,2022 年 5 月。

《宗教遺産テクスト學の創成》,[日] 木俣元一、近本謙介編,東京：勉誠社,2022 年 3 月。

A Corpus-based Study of Dunhuang Culture Translation, by Mei Bai、Tianlin Chong, Independently published, 2022.

Buddhism and Daoism on the holy mountains of China, edited by Thomas Jülch. Paris, Bristol, CT: Peeters, 2022.

Cultural histories of Central Asia, by Rashmi Doraiswamy, Routledge, 2022.

Fu poetry along the Silk roads: third-century Chinese writings on exotica, by Xurong Kong, Arc Humanities Press, 2022.

Interrelatedness in Chinese Religious Traditions: An Intercultural Philosophy, by Diana Arghirescu, Bloomsbury Academic, 2022.

Philosophical enactment and bodily cultivation in early Daoism: in the matrix of the Daodejing, by Thomas Michael, Bloomsbury Academic, 2022.

Qarakhanid roads to China: a history of Sino-Turkic relations, by Dilnoza Duturaeva, Boston: Brill, 2022.

Temples in the cliffside: Buddhist art in Sichuan, by Sonya S. Lee, University of Washington Press, 2021.

The Daode jing Commentary of Cheng Xuanying: Daoism, Buddhism, and the Laozi in the Tang Dynasty, by Friederike Assandri, Oxford University Press, 2021.

The world of the ancient Silk Road, by Xinru Liu, Routledge, 2022.

Toward a new image of paramartha: yogacara and Tathagatagarbha Buddhism revisited, by Ching Keng, Bloomsbury Academic, 2022.

Treasured Oases: A Selection of Jao Tsung-i's Dunhuang Studies, by Tsung I. Jao, Brill Academic Pub, 2022.

《敦煌吐魯番研究》稿約

本刊由中國敦煌吐魯番學會、首都師範大學歷史學院、香港大學饒宗頤學術館、北京大學東方學研究院合辦。每年出版一卷,編輯部設在首都師範大學歷史學院。

本刊以刊登研究敦煌吐魯番及相關地區出土文獻的中文論文爲主,也發表英文論文和書評。内容包括歷史、地理、藝術、考古、語言、文學、哲學、宗教、政治、法律、經濟、社會等各方面的學術問題。本刊的特色是追求學風嚴謹、創新有據,倡導發表新史料、新書評和相關學術信息。

本刊爲國際性學術輯刊,園地公開,不限字數,歡迎海内外學者賜稿。但書評採用編委會約稿形式,一般不接受投稿。本刊只登載未曾發表過的論文和書評等(網上首發亦視爲已發表),請勿一稿兩投。

來稿請附作者簡歷(包括姓名、工作單位及聯繫方式)。中文論文投稿需附英文題目,其他語種投稿請附中文題目及提要。稿件最好用微軟 Windows 操作系統下的 Word 文檔或用 PDF 格式編輯(中文稿一律使用通行繁體字)。投稿請提供電子版或 A4 型紙單面隔行打印稿。注釋采用脚注。詳細書寫格式見後。

投稿一般要經過兩位編委或外審專家審讀,編輯部負責將審閲意見反饋給作者。投稿及書評一經採用,作者可得到該卷本刊一册及所撰論文或書評的 PDF 版,從十九卷起,本刊不再寄送抽印本。其他學術信息提供者,可得到該卷本刊一册。大陸地區作者,酌付稿酬。

論文、書評及新書作者或出版社寄贈本刊待評圖書,均請寄至:

100089　北京市海淀區西三環北路 83 號　首都師範大學歷史學院　游自勇收

投稿或聯繫其他事宜,請使用下列電郵地址: Dunhuangturfan@ 163.com

稿件書寫格式

一、手寫稿件,務請使用橫格稿紙單面書寫;字體使用通行繁體字,除專論文章外,俗字、異體字請改用繁體字;引用西文,務請打字。歡迎使用電腦打字,請用 A4 型紙單面隔行打印。

二、請一律使用新式標點符號,除破折號、省略號各佔兩格外,其他標點均佔一格。書刊及論文題目均用《》,此點尤請海外撰稿人注意。

三、凡文稿中第一次提及中國帝王年號,須括加公元紀年;第一次提及外國人名,須附原名。中國年號、古籍卷、葉數,用中文數字,如貞觀十四年,《新唐書》卷五八,《西域水道記》葉三等。其他公曆、雜誌卷、期、號、頁等均用阿拉伯數字。引用敦煌文獻,用 S.、P.、Ф.、Дx.(以上編號簡寫後要加點)、千字文、大谷等縮略語加阿拉伯數字形式,後不加"號"等表述。

四、注釋號碼用阿拉伯數字表示,作〔1〕、〔2〕、〔3〕……其位置放在標點符號前。再次徵引,用"同上"第幾頁或"同注〔1〕第幾頁"形式,不用合併注號方式。

五、注釋一律采用脚注形式;除常見的《舊唐書》《新唐書》《册府元龜》《資治通鑑》等外,引用古籍,應標明著者、版本、卷數、頁碼;引用專書及新印古籍,應標明著者、章卷數、出版地、出版者及出版年代、頁碼;引用期刊論文,應標明期刊名、年代卷次、頁碼;引用西文論著,依西文慣例,如 P. Demiéville, *Le concile de Lhasa*, Paris, 1952, pp.50-51. 注意:書刊名用斜體,論文名需加引號。

六、中文論文須提供大作的英文譯名及來稿字數。

七、來稿請寫明作者姓名、工作單位和職稱、詳細地址和郵政編碼,地址有變更時,請及時通知編輯部。

圖書在版編目(CIP)數據

敦煌吐魯番研究. 第二十二卷 / 郝春文主編.—上海: 上海古籍出版社, 2023.7
ISBN 978-7-5732-0732-6

Ⅰ. ①敦… Ⅱ. ①郝… Ⅲ. ①敦煌學—文集②出土文物—文書—吐魯番市—文集 Ⅳ. ①K870.64-53

中國國家版本館 CIP 數據核字(2023)第 115500 號

書　　名　敦煌吐魯番研究(第二十二卷)
主　　辦　中國敦煌吐魯番學會等
主　　編　郝春文
責任編輯　曾曉紅
出版發行　上海古籍出版社
(上海市閔行區號景路 159 弄 1-5 號 A 座 5F　郵政編碼 201101)
(1) 網址: www.guji.com.cn
(2) E-mail: guji1@guji.com.cn
(3) 易文網網址: www.ewen.co
印　　刷　上海顓輝印刷廠有限公司
版　　次　2023 年 7 月第 1 版
2023 年 7 月第 1 次印刷
規　　格　開本/787×1092 毫米 1/16
印張 28.5　字數 507,000
國際書號　ISBN 978-7-5732-0732-6/K・3393
定　　價　128.00 元

Fig. 1–2. The *Book of Zambasta*, folio *221 (recto and verso). Montage by the author. Photos published by permission of the National Library of China, Beijing.

Fig. 3–4. The *Book of Zambasta*, folio *222 (recto and verso). Montage by the author. Photos published by permission of the National Library of China, Beijing.

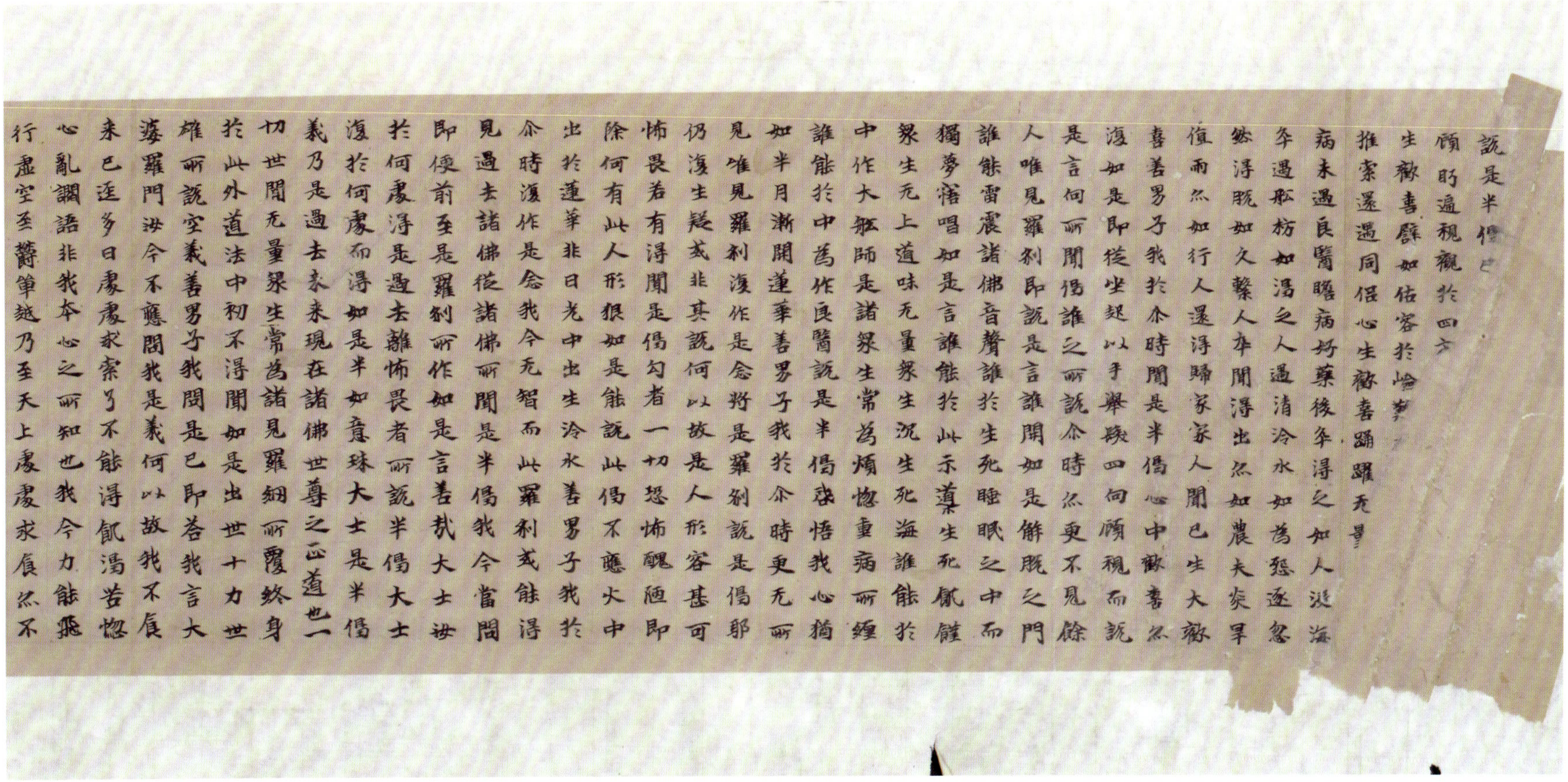

圖 1–5 LD28393 前部

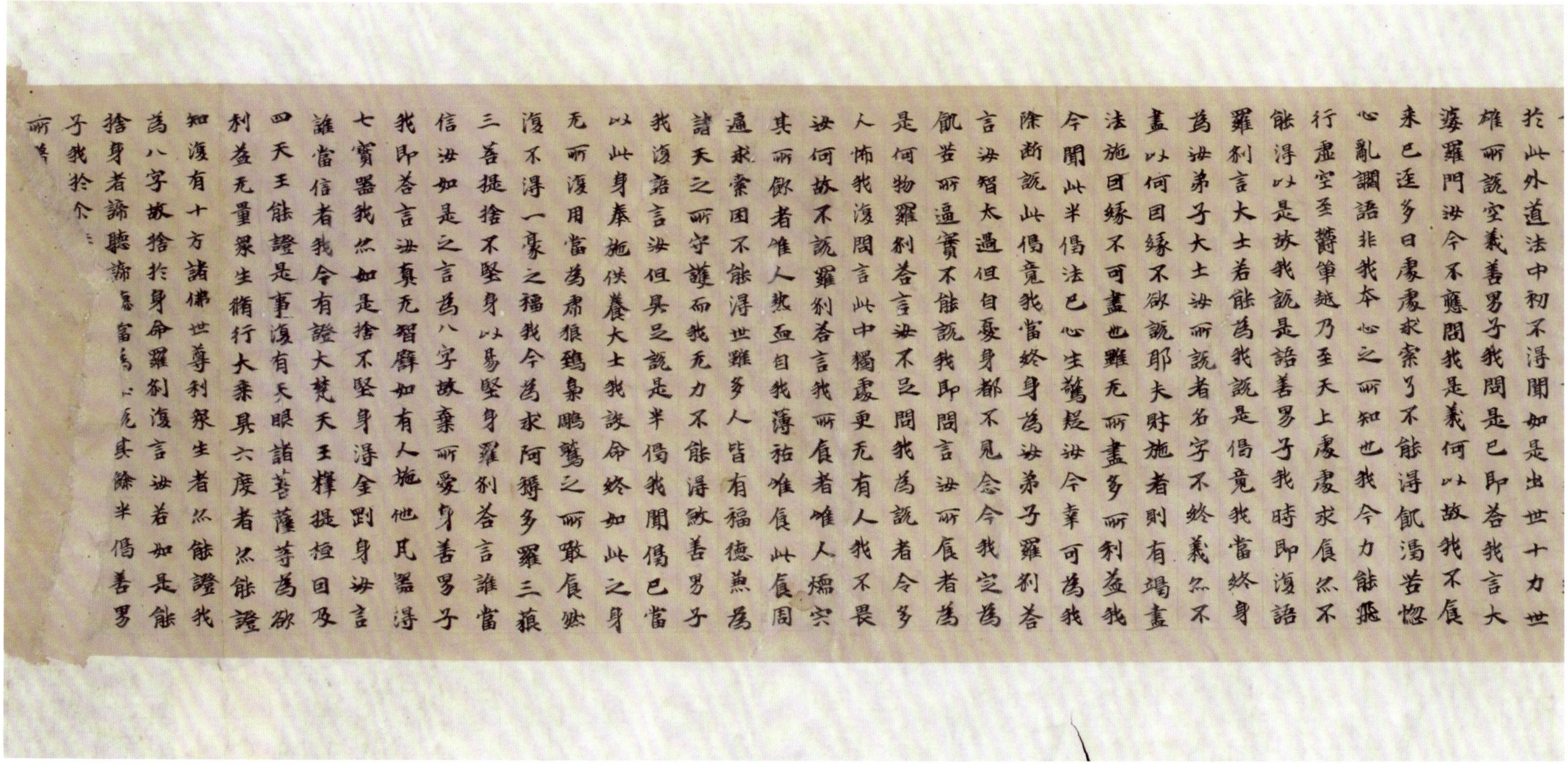

於此外道法中初不得聞如是出世十力世
雄所說空義善男子我問是已即答我言大
婆羅門汝今不應問我是義何以故我不食
來已逕多日處處求索了不能得飢渴苦惱
心亂讇語非我本心之所知也我今力能飛
行虛空至欝單越乃至天上處處求食然不
能得以是故我說是語善男子我時即復語
羅剎言大士若能為我說是偈竟我當終身
為汝弟子大士汝所說者名字不終義亦不
盡以何因緣不欲說耶夫財施者則有竭盡
法施因緣不可盡也雖無所盡多所利益我
今聞此半偈法已心生驚疑汝今幸可為我
除斷說此偈竟我當終身為汝弟子羅剎答
言汝智太過但自憂身都不見念今我定為
飢苦所逼實不能說我即問言汝所食者為
是何物羅剎答言汝不足問我若說者令多
人怖我復問言此中獨處更無有人我不畏
汝何故不說羅剎答言我所食者唯人煖肉
其所飲者唯人熱血自我薄祐唯食此食周
遍求索困不能得世雖多人皆有福德兼為
諸天之所守護而我無力不能得殺善男子
我復語言汝但具足說是半偈我聞偈已當
以此身奉施供養大士我設命終如此之身
無所復用當為虎狼鵄梟鵰鷲之所噉食然
復不得一毫之福我今為求阿耨多羅三藐
三菩提捨不堅身以易堅身羅剎答言誰當
信汝如是之言為八字故棄所愛身善男子
我即答言汝真無智譬如有人施他瓦器得
七寶器我亦如是捨不堅身得金剛身汝言
誰當信者我今有證大梵天王釋提桓因及
四天王能證是事復有天眼諸菩薩等為欲
利益無量衆生脩行大乘具六度者亦能證
知復有十方諸佛世尊利衆生者亦能證我
為八字故捨於身命羅剎復言汝若如是能
捨身者諦聽諦聽當為汝說其餘半偈善男
子我於介
所著

圖1-6 LD28393 後部

圖 2 LD29400 局部

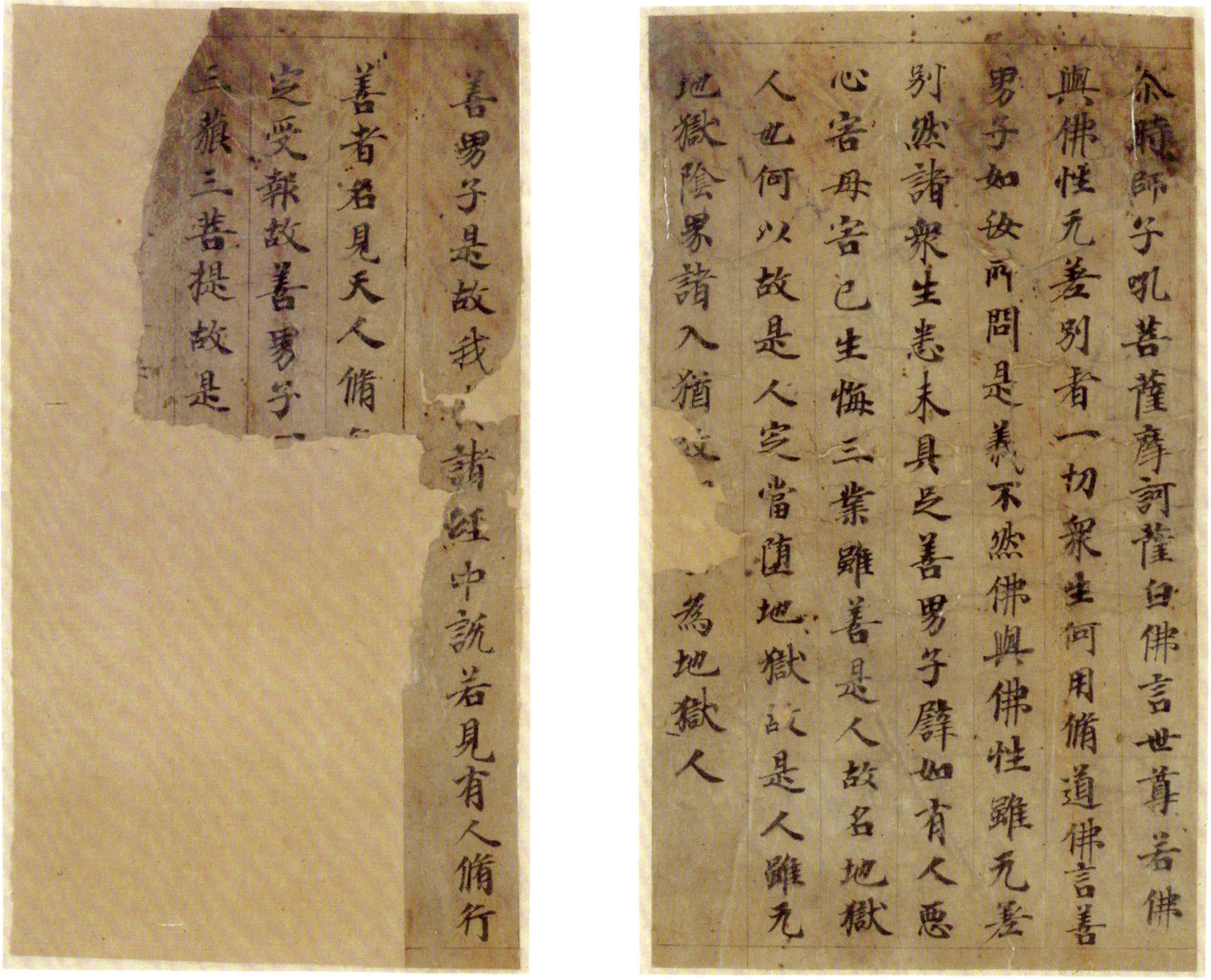

尒時師子吼菩薩摩訶薩白佛言世尊若佛
與佛性无差別者一切衆生何用脩道佛言善
男子如汝所問是義不然佛與佛性雖无差
別然諸衆生悉未具足善男子譬如有人惡
心害母害已生悔三業雖善是人故名地獄
人也何以故是人定當墮地獄故是人雖无
地獄陰界諸入猶故[illegible]為地獄人

善男子是故我[illegible]諸經中説若見有人脩行
善者名見天人脩[illegible]
定受報故善男子[illegible]
三藐三菩提故是

圖 3 LD5137–05 局部

圖 3 LD5137-06 局部

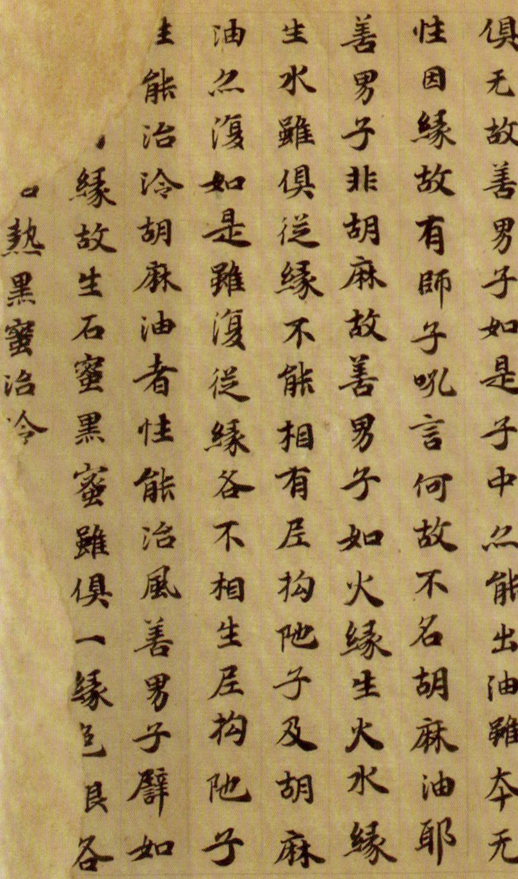

圖 4 LD5142-07 局部

石璽以

師子吼菩薩言世尊如其乳中无有酪性麻
无油性尼拘陁子无有樹性泥无瓶性一切
衆生无佛性者如佛先說一切衆生悉有佛
性是故應得阿耨多羅三藐三菩提者是義
不然何以故人天无性以无性故人可作天
天可作人以業緣故不以性故菩薩摩訶薩
以業緣故得阿耨多羅三藐三菩提若諸衆

生有佛性者何因緣故一闡提等斷壞善根
墮於地獄若菩提心是佛性者一闡提等不
應能斷若可斷者云何得言佛性是常若非
常者不名佛性若諸衆生有佛性者何故名
爲初發心耶云何而言是毗跋致阿毗跋致
毗跋致者當知是人无有佛性世尊菩薩摩
訶薩一心趣向阿耨多羅三藐三菩提大慈
大悲見生老死煩惱過患觀大涅槃无生老

圖 4 LD5142-14 局部

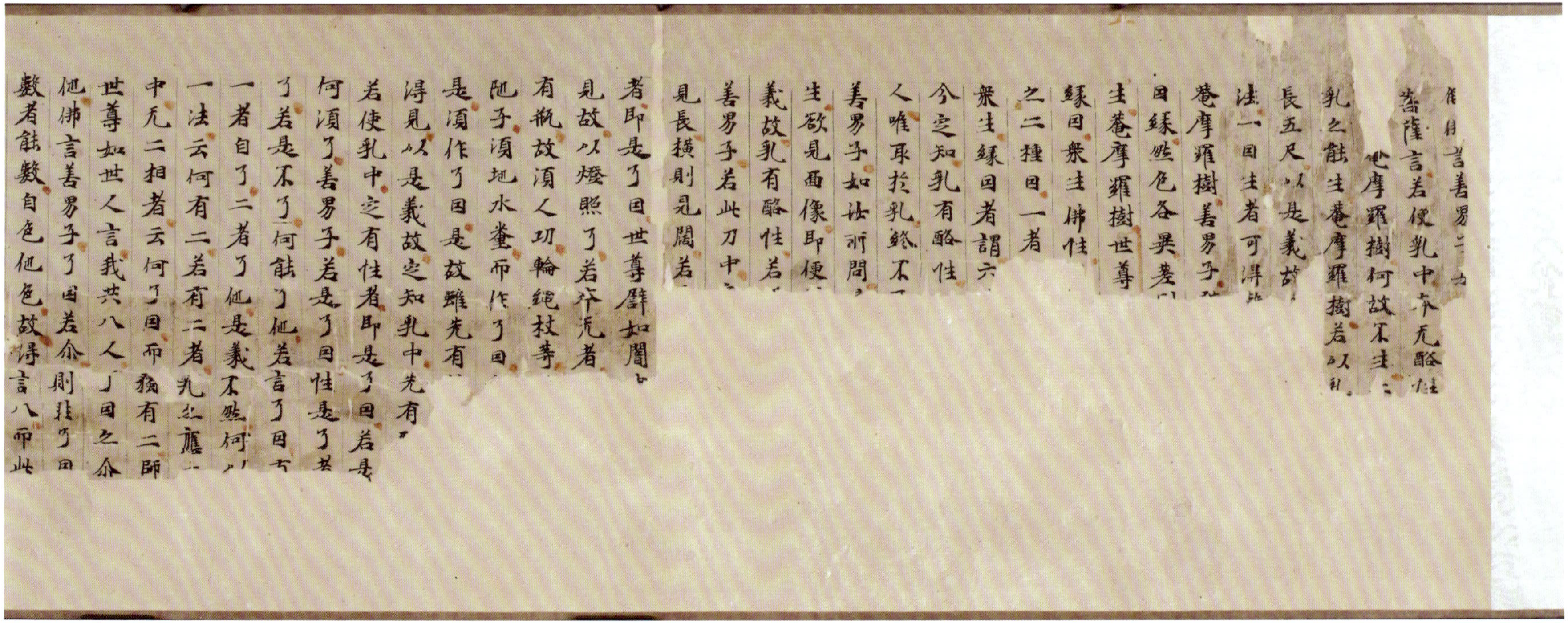

圖 5 LD29450(A)、LD29450(B) 前部

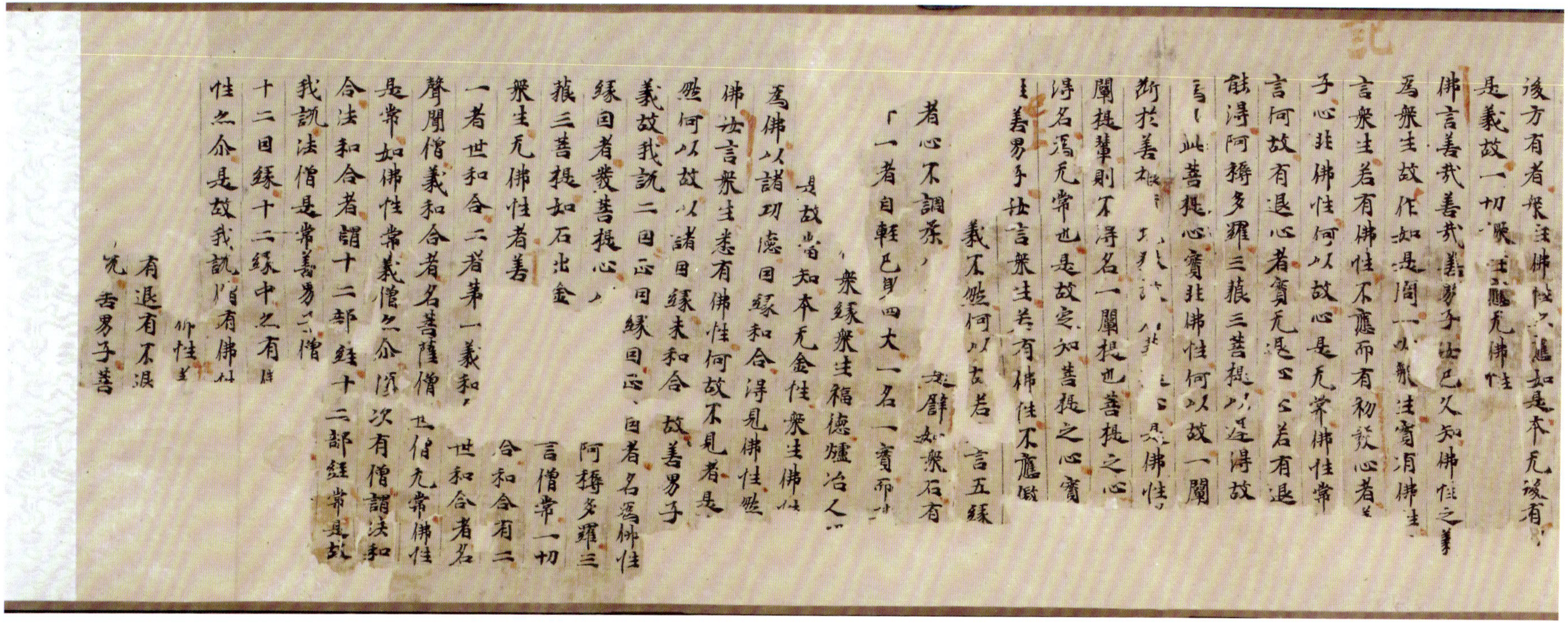

圖 5 LD29450(B) 後部、LD29450(C)

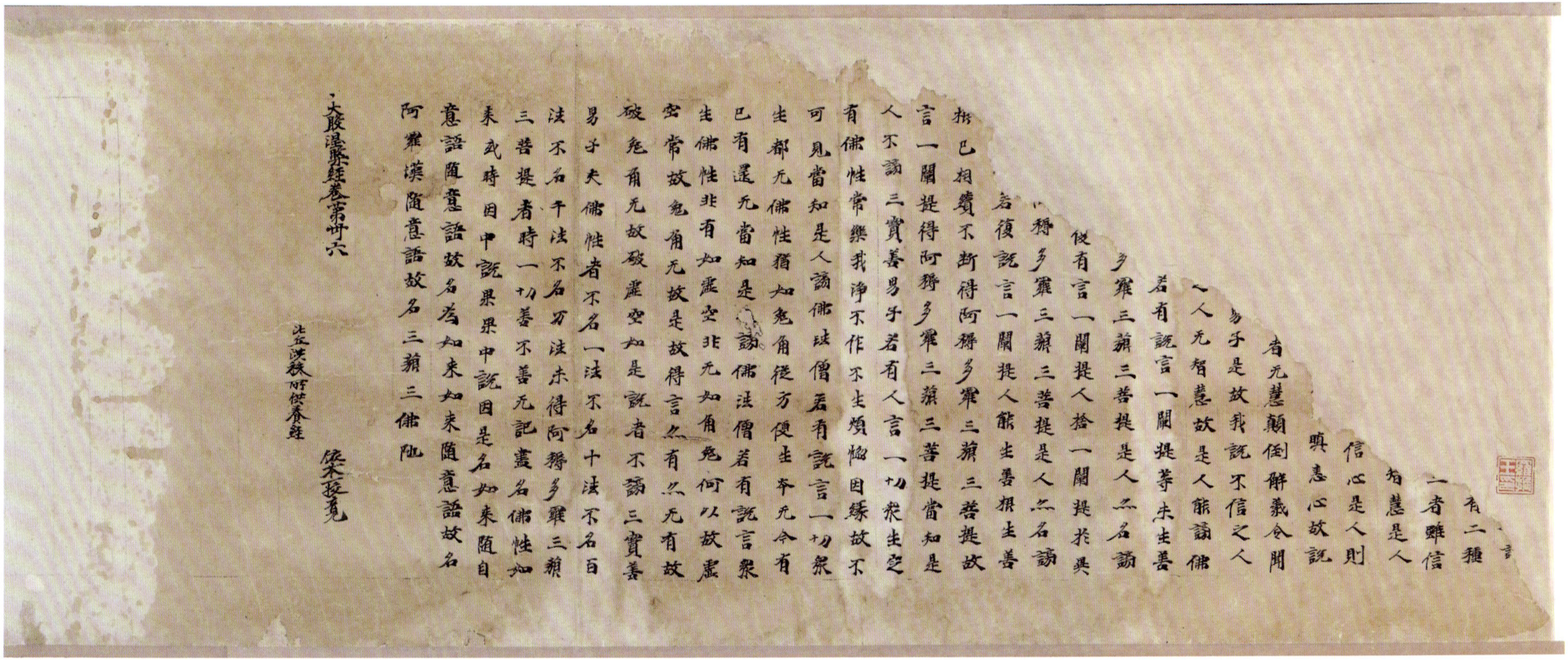

言
有二種
一者雖信
智慧是人
信心是人則
瞋恚心故說
者无慧顛倒解義令聞
男子是故我說不信之人
人无智慧故是人能謗佛
若有說言一闡提等未生善
多羅三藐三菩提是人亦名謗
佛有言一闡提人捨一闡提於異
耨多羅三藐三菩提是人亦名謗
若復說言一闡提人能生善根生善
根已相續不斷得阿耨多羅三藐三菩提故
言一闡提得阿耨多羅三藐三菩提當知是
人不謗三寶善男子若有人言一切衆生定
有佛性常樂我淨不作不生煩惱因緣故不
可見當知是人謗佛法僧若有說言一切衆
生都无佛性猶如兔角從方便生本无今有
已有還无當知是人謗佛法僧若有說言衆
生佛性非有如虛空非无如兔角何以故虛
空常故兔角无故是故得言亦有亦无有故
破兔角无故破虛空如是說者不謗三寶善
男子夫佛性者不名一法不名十法不名百
法不名千法不名万法未得阿耨多羅三藐
三菩提者時一切善不善无記盡名佛性如
來或時因中說果果中說因是名如來隨自
意語隨意語故名為如來如來隨意語故名
阿羅漢隨意語故名三藐三佛陁

大般涅槃經卷第卅六

比丘洪秩所供養經

悕求拔覺

圖 6 LD4969-03

張鐵山、阿依達爾・米爾卡馬力《敦煌研究院舊藏一葉〈妙法蓮華經玄贊〉寫本殘片研究》彩圖

D0200-A-1（正面）

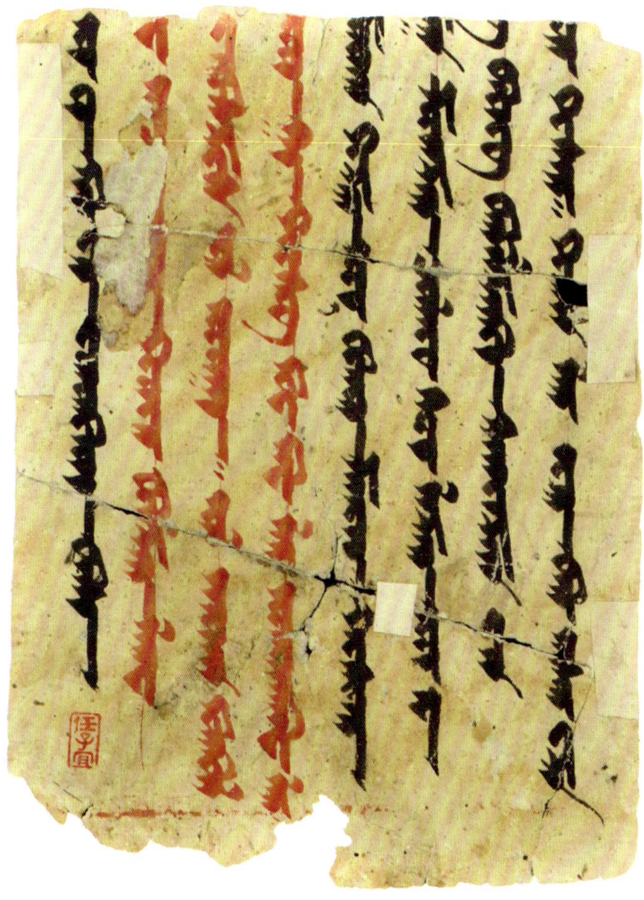
D0200-A-2（背面）

吐送江·依明、阿不都日衣木·肉斯台木江《敦煌研究院舊藏回鶻文〈大乘無量壽宗要經〉殘卷研究》彩圖

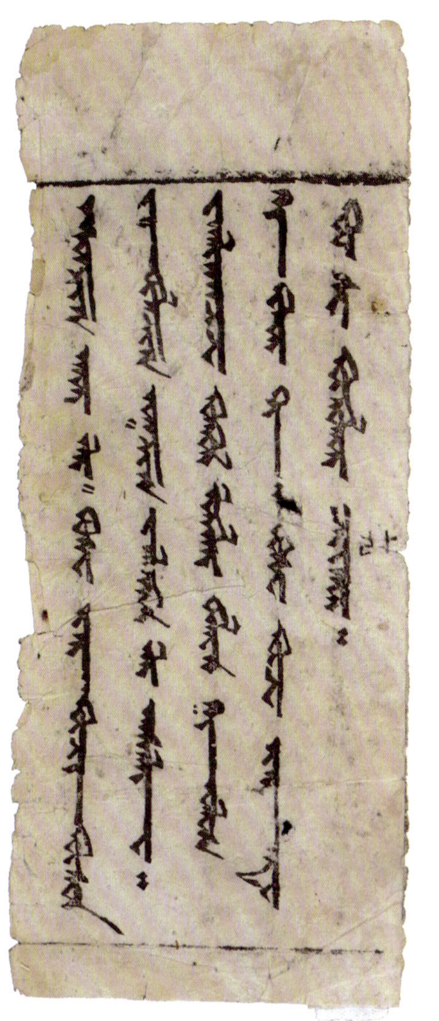

圖 2 D0886

圖 1 D0887

圖 3 D0889